aufbau

AUFBAU VERLAGSGRUPPE

Oscar A. H. Schmitz, um 1897

Oscar A. H. Schmitz

Das wilde Leben der Boheme

Tagebücher

Band 1
1896–1906

Herausgegeben von
Wolfgang Martynkewicz

Aufbau-Verlag

Mit 23 Abbildungen

ISBN-10: 3-351-03097-5
ISBN-13: 978-3-351-03097-1

1. Auflage 2006

Einbandgestaltung Andreas Heilmann, Hamburg
Druck und Binden Kösel, Krugzell
Printed in Germany

www.aufbau-verlag.de

Tagebuch

6. Dezember 1896–31. Dezember 1906

München, Sonntag, den 6. Dezember 1896.

Ich habe beschlossen, ein Tagebuch zu führen, vielleicht wird es bald nur ein Wochen- oder Monatsbuch werden. Ich tue es aus keinerlei Sentimentalität noch irgend einer Zärtlichkeit gegen mich selbst, sondern aus einem kalten vom zerlegenden Verstand herrührenden Bedürfnis, das Nacheinander meines Erlebens in der Erinnerung zu einem Nebeneinander reproduzieren zu können. Ich beginne heute, weil ich im Begriff stehe, meine Lebensverhältnisse zu ändern, aber von den alten, vielleicht nicht so bald wiederholbaren Zuständen erst ein Bild entwerfen möchte. Ich will zunächst den Lebensabschnitt bezeichnen, an dem ich augenblicklich stehe. Von meiner Schulzeit trennen mich nunmehr 5 Jahre, die ich meist in großen Städten, zum Teil auf Universitäten verbrachte. Diese Zeit ist ausgefüllt durch mannigfache wissenschaftliche Studien der verschiedensten Art, durch dichterisches Arbeiten und allerhand Erlebnisse, wie man sie in großen Städten findet. Drei Versuche, Gelehrter zu werden, sind gescheitert. Die Rechtswissenschaft stieß mich durch ihre Starrheit ab, ehe ich mich noch anders, als empfänglich ihr gegenüber verhalten hatte. Gesetze interessierten mich nicht, vielmehr suchte ich die mir fehlende, eigene, aus der Persönlichkeit herrührende Wertungsskala. In der Volkswirtschaft wagte ich eine entwickelungsgeschichtliche Arbeit, die wenig wissenschaftlich und willkürlich in der Optik der Erscheinung gewesen sein soll. Auf philologischem Gebiet suchte ich mich nun durch eine Ameisenarbeit zu retten, bei der jegliche Kühnheit der Schlußfolgerung durch die Art des Stoffes ausgeschlossen schien, und hier fehlte es an der geduldigen Gründlichkeit. Der Zweck dieser Versuche war hauptsächlich, dem Wunsche meiner Familie zu willfahren, die mich als Doktor irgend einer Fakultät sehen wollte. Für mich war das Resultat davon die Sammlung mannigfacher Kenntnisse, die

Einsicht, daß meine Begabung mehr auf plötzlich ans Licht kommenden Einfällen, als auf der Methodik des Gelehrten beruht. Der Trieb, endlich etwas mehr, als Mittelmäßiges zu leisten, mich zu objektivieren, veranlaßte mich vor etwa ¾ Jahr, die Universität zu verlassen und mich einmal, zum mindesten zeitweise, der Tätigkeit zuzuwenden, zu der sich bereits in meiner Kindheit ein Hang zeigte, der im zweiten Jahr meiner Studienzeit sehr ausgesprochen hervortrat, ohne mich seitdem je zu verlassen, der Hang zum dichterischen Schaffen. Ich hatte bereits die Übertreibungen des Naturalismus und Symbolismus durch eigene unvollkommene Versuche eingesehen, als ich mich im Februar dieses Jahres von dem regen geistigen Treiben Münchens in die Ruhe von Frankfurt a/Main zurückzog, wo ich, umgeben von meiner Familie, einer Geliebten und mehreren bisweilen zu Besuch kommenden Freunden einige Novellenstoffe, die mich seit dem Sommer 1893, meinem zweiten Studienjahre, beschäftigten, bearbeitete. Durch fortgesetztes Arbeiten, unterstützt von dem Rat der Freunde, gelangte ich bis zum September schon so weit, daß ich für das, was ich zu sagen hatte, einen eigentümlichen Stil fand, in welchem damals 5 Novellen vorlagen. Es ist klar, daß in dieser Sammlung von Prosadichtungen die Mängel aller jener Arbeiten zu erkennen sind, an denen sich ein Autor entwickelt hat: eine gewisse Uneinheitlichkeit des Stils. Einen ganz neuen Stoff würde ich heute ganz anders anpacken; indessen ist an diese Arbeiten soviel Kunst verschwendet worden, daß ich auf eine Veröffentlichung nicht gern verzichten würde. Ende September begab ich mich, der Frankfurter Ruhe müde, nach München zurück. Ein Versuch, die Novellen zu verlegen, scheiterte an der mir entgegengesetzten künstlerischen Tendenz der Firma, möglicherweise auch an Intriguen.

Ich beschloß, die Arbeiten zunächst bei einzelnen Zeitschriften anzubringen, und während ich der Entscheidungen harre – ich tue es noch heute – die übrigen älteren Entwürfe zu vollenden, um dann alle Entwickelungsarbeiten in einen Band zu bringen. Mit der Fertigstellung dieses Buches bin ich noch beschäftigt. Im übrigen sind es 2 Kreise, die meinem augenblicklichen Leben seine

Färbung geben. Der eine gruppiert sich um meine Freunde, vielleicht besser gesagt intime Bekannte, Carlo Philips und Paul Gutmann, der zweite um meine Freundin Eleonore Karwat. Philips und Gutmann sind diejenigen Menschen unter allen meinen Bekannten, in denen ich die Vereinigung der künstlerischen Instinkte mit der starken Intellektualität am vollkommensten finde. Darum ziehen wir drei uns stark an, fühlen uns einsam gegenüber jener Masse dummer Genies oder lebloser Verstandesnaturen. Darum sind wir zuviel zusammen und saugen gewissermaßen an einander.

Lori ist deshalb meine Freundin und weiter nichts, weil meine Liebesinstinkte fast nichts mit ihr gemein haben. In der Gesellschaft, welche sie umgibt, hat nur mein Verstand als Beobachter etwas zu suchen. Zu lieben ist mir da nicht möglich. Diese Kreise hindern mich an intensivem Arbeiten, geben mir aber dafür keine genügende Entschädigung an Leben, Erleben, wofür ich gern das Arbeiten eine zeitlang beiseite ließe. Außerdem hat die Großstadt für mich nicht mehr Neues genug, um mich ohne speziellen Anlaß dort niederzulassen. Ich habe die bürgerliche Gesellschaft und die künstlerische Bohème kennen gelernt, den Kaffeehausverkehr und das Abenteuer der Straße. Vor keiner dieser Sphären hatte ich einen Ekel, vielleicht wird mir aus ihnen noch manches schöne kommen, aber es müßte durch den Zufall kommen. Das Milieu an sich gibt mir nicht eher etwas Neues, bis ich nicht selbst als ein neuer, d. h. für die Augen der das Milieu Bildenden Neuer, etwa als anerkannter Künstler, wiederkomme. Das möchte ich eine kurze Zeit hindurch erleben, in einer weiteren Welt einmal zu herrschen, verehrt zu werden, wie es mir jetzt in dem kleinen Kreise um Lori Karwat geschieht. Ich weiß, daß es eitel ist, dies zu wünschen. Aber ich möchte diese Eitelkeit überwinden, indem ich sie erlebe. Wie ich mich kenne, werde ich desto weniger eitel sein, je mehr ich Grund dazu habe. Der Erfolg wird mich einfacher machen; ich will, wie der heilige Augustinus sagt, meine Begierden nicht extinguere, sondern explere. Erst dann steht man über dem Leben, wenn einem alle Wünsche einmal erfüllt wurden, wenn man wie Heine sagen kann: »Ich habe gerochen alle Gerüche in dieser holden Erdenküche.« Das Ende dieser Linie wird wohl beschauliche Einsamkeit und Zufriedenheit bilden. Ja, ich will den Erfolg. Darum will ich einsamer sein, um mehr arbeiten zu können. Ich will in eine kleine Stadt gehen, wo mich eine reizende Natur umgibt. Im Winter bin ich daher auf den Süden angewiesen; der nächst gelegene Ort, der für mich in Betracht kommt, ist Riva am Gardasee. Dorthin will ich am 1. Januar reisen. Noch nicht heute, weil mich eine Sentimentalität davon abhält, die Weihnachtszeit in der Fremde einsam zu verbringen.

Montag, den 7. Dezember.

Gestern sprach ich mit Gutmann über sein vor ein paar Jahren erschienenes Gedichtbuch. Ich habe von Anfang an nicht sehr viel von diesen Gedichten gehalten, weil ich darin zu viel Hervordringen einer nicht einmal besonders eigentümlichen Subjektivität, zu viel psychisches Rohmaterial künstlerisch unverarbeiteter Jugendgefühle sehe. Bei der Offenheit, die zwischen ihm und mir im persönlichen Verkehr waltet, habe ich ihm aus dieser Ansicht nie einen Hehl gemacht, wie er auch manche meiner Anfangsarbeiten weidlich zerfleischt hat. Indeß überzeugte ich mich vorgestern abend, als ich Lori aus den Gedichten vorlas, vielleicht durch ihren Tadel zum Widerspruch gereizt, daß Gutmann doch ein ausgesprochenes Talent zur plastischen Darstellung hat. Ich fand einzelne der Gedichte ganz gut, in vielen einiges Gute, wenn mir auch heute noch die Mehrzahl als des Druckes unwert erscheint. Ich teilte ihm meine Meinungsänderungen gestern mit, wir stehen zusammen so, daß er mir gegenüber ruhig die hohe Meinung äußern darf, die er von sich und seiner Produktion hat. Er sprach seine Verwunderung darüber aus, daß die Gedichte bei ihrem Erscheinen wenig Staub aufwirbelten. Ich befürchte, die persönliche Note fehlt bei Gutmann, den ich sonst so sehr schätze. Er ist subjektiv, aber nicht persönlich. Seine gute Beobachtung, seine Strenge gegen sich selbst, wird ihn, so bin ich geneigt anzunehmen, doch nicht weiter, als zu einer erfreulichen Tüchtigkeit bringen. Diese Dinge sagte ich ihm natürlich nicht. Er fühlte, daß wir hier auf einen profunden Gegensatz unserer beiden Naturen stießen, der sich in dem oft zwischen uns wiederholten Streit über die von mir so hoch geschätzten Poe, Baudelaire, E. T. A. Hoffmann und Heine äußerte. Eine seltsame Unklarheit ist die: er wirft mir vor, daß ich zu sehr das apollinische Element betone, wenn ich ihm zuviel psychologisches Rohmaterial in seinen Gedichten vorhalte. Übrigens ist das mit seinen neuesten noch ungedruckten Arbeiten, die er gestern bei Lori vorlas, etwas anderes. Hier sind die Empfindungen mehr in Kunst aufgelöst, und zwar in erfreuliche. Ferner glaube ich, daß meine Hochschätzung der Eigenart gerade doch eine Betonung des Dionysischen, wenn auch im Apollinischen Aufgelösten ist. Ich glaube vielmehr, daß gerade er aus Mangel an Eigenart das Dionysische unterschätzen muß. Nur eine apollinische Klarheit scheint ihm vergönnt zu sein.

10. Dez.

In der Gesellschaft posiert Anna Maria auf die Weltdame und freut sich, wenn der Schein entsteht, ich sei der Cicisbeo in ihrer Ehe. Nun ist sie trotz ihrer fast mädchenhaften Schönheit für mich ganz reizlos. In ihrer Nähe empfinde ich Kälte, und selbst meine Bemühungen, etwas galant zu sein, scheitern daran, daß wir nie aus der kühlen Konversationsstimmung herauskommen. Sie beneidet Lori um ihre gattenlose Unabhängigkeit und läßt deutlich erkennen, daß sie ihre Ehe mit dem Verlagsbuchhändler, die nur ein halbes Jahr währt, bereut. Dieser Mann verdient nun allerdings, Hörner aufgesetzt zu bekommen, durch seine Läppischkeit, die mit einer bauernklugen Berechnung verbunden ist. Er hat sie des Geldes wegen geheiratet, und ich glaube fast, daß er ein Auge zudrücken würde, wenn sie ein Verhältnis anfinge. Sie ist in ihrer dritten Ehe. Ihre zweite war das Ereignis ihres Lebens. Ein Maler von raffinierter Sinnlichkeit, der sie, – ich weiß alles dies von Lori – in alle Geheimnisse eingeweiht hat und sie dann wieder heimschickte. Sie heiratete dann den Verlagsbuchhändler, weil sie es nicht ertrug, wieder wie ein junges Mädchen zuhause behandelt zu werden. Diese Ehe ist das schauderhafteste Verhältnis, welches erfindbar ist. Sie haben Gütertrennung. Alles, was sie von Geschenken erhält, ist urkundlich beglaubigt, damit sie im Falle einer neuen Trennung nicht um ihre Habseligkeiten kommt. Sie ist ganz und gar egoistische Berechnung. Dazu kommt eine Art sexuelle Perversität, eine gewisse psychische Impotenz, welche sie nur durch künstliche Mittel zum Orgasmus gelangen läßt. Ihre Mutterinstinkte sind verkümmert, sie befindet sich zwar in anderen Umständen, spricht aber jetzt schon in der lieblosesten Weise von dem »Balg«, welches ihr wohl viel Störungen verursachen wird. Alle Vorbereitungen für das Ereignis überläßt sie ihrer unverheirateten Schwester, vor der ich die allerhöchste Achtung habe. Sie ist bereits ältlich, das aufopfernde Weib. Sie sagte mir selbst, daß Anna Maria's Liebe zu ihr nur auf ihrer großen Nützlichkeit für sie beruht, und dennoch liebt sie Anna Maria. Anna Maria's Liebesneigungen konzentrieren sich in einer fast krankhaften Neigung zu ihrer Katze, welche die Schwester zugunsten des kommenden Baby's heimlich aus dem Wege geschafft hat. Auch die Schwester ist empört über die läppische Art des Mannes, der in Gesellschaft die unglaublichsten Fadheiten begeht, z. B. sich an das Klavier setzt und minutenlang, wie ein Kind, mit einem Finger klimpert. Indessen hat Anna Maria sehr viel Verstand, wohl mit etwas Blaustrumpfigkeit. Sie spricht sogar oft kleine Weisheiten aus, aber mit der naiven Miene eines altklugen Kindes. Sie sprach neulich vortrefflich über Segantini und Liebermann. Einmal war ich mit ihr in der Generalprobe einer Novität im Residenztheater, wo sie durch einen ausgezeichneten poetischen Einfall dem schwachen Stück Fulda's »Sohn des Kalifen« aufhelfen wollte. Lori vergleicht sie immer mit Hedda Gabler. Sie möchte leben, alles mitleben, aber ihre Feigheit läßt sie zu nichts kommen.

Gestern abend begleitete ich sie durch den Hofgarten. Es war dunkel und leer. Sie ging so langsam, wie möglich. Wir sprachen kein Wort, aber nichts geschah. Für mich hat sie nur psychologisches Interesse. Ich brachte sie brav zu ihrem Mann zurück, der mich trotzdem haßt. Ich verfluche oft meine Subtilität, die es mir unmöglich macht, eine in jeder Hinsicht so schöne Gelegenheit auszunutzen, wie sie mir Anna Maria bietet. Darum bin ich, trotzdem es mir nicht an Chancen fehlt, doch meist ohne das notwendige, – ein Weib, das Geist, Herz und Sinne zugleich befriedigt. Nelly hatte teilweise das Zeug dazu.

Ich saß bis heute morgen um 4 Uhr mit Gutmann und dem Komponisten Weinhöppel beim Wein. Dieser Mensch ist für mich ein Ereignis. Robust, schön, très mâle, wirkt unendlich auf die Frauen, ist dabei von ausgesuchter Noblesse im Umgang, scheint bon garçon zu sein. Er lebte lange in Paris und New Orleans. Er genießt das Dasein wirklich aus dem Vollen und erkannte sofort die Gefahr, in der sich Gutmann und ich befinden, – zu literarisch, d. h. zu subtil zu werden. Er ist 7 Jahre älter als ich. »Sie suchen zu viel«, meinte er, »Sie fühlen sich noch zu sehr als Mittelpunkt Ihrer Welt. Sie verlangen von allen, besonders den Frauen, im Voraus bestimmte Eigenschaften, statt einfach das Leben herankommen zu lassen. Sie sind zu fein, zu gescheit.« Ja, ich muß fort aus dieser literarischen Atmosphäre, welche das Leben vergessen läßt. Ich komme vor lauter hastender Neugier nicht zum Genuß des Daseins. Ich sollte alle Pläne aufgeben und in den Tag hineinleben. Hoffentlich gelingt es. Nur erst fort von hier.

Übrigens beschäftigte mich ein sehr ähnlicher Konflikt vor 3 Jahren, als ich mit Löwenherz verkehrte, der mir auch ähnliche Dinge vorwarf, nur alles viel weniger fein, als Weinhöppel, erkannte. Er nannte es in seiner Grobheit Pedanterie. Aber er hatte in einem Recht: Die Menschen, die planlos, vermögenlos in der Welt umhergeworfen werden, erleben das meiste. Mein Vermögen ist vielleicht nächst meinem Verstand der größte Feind meiner Künstlernatur, des lebensvollen Drängens, das ich in mir fühle. Mein Unglück ist humoristisch. Ich Unglücklicher kann z. B. keine Schulden machen, denn ich muß sie ja von meinem eigenen Gelde bezahlen. Ich kann keine schönen Verrücktheiten begehen, denn mein Verstand warnt mich zu früh, nimmt mir oft den Aplomb, der zu einer spontanen Aventure nötig ist. Kultur im weiteren Sinne besitzt freilich Weinhöppel nicht. Sehr vieles Menschliche ist ihm daher fremd. Was er nicht erlebt hat, weiß er nicht. Wir können wenigstens mit der Phantasie und mit dem Verstand das nicht Erlebte begreifen und vieles innerlich erleben. Er hat Humor, aber keinen Witz, wie er überhaupt nicht sehr subtilen Geistes ist. Er versteht auch nicht, daß man die Dinge, die man um sich herum hat, wie ich meine Schlafröcke und mein rotes Teeglas, liebt, Dinge, die ich seit Jahren überall hin mitschleppe. In wieviel bösen Stunden habe ich die rote Teeflasche geöffnet, um meinen Nerven zur Belebung einen Tee zu machen! – Wieviele Mädchen habe ich in diese Schlafröcke gesteckt! Darum liebe ich einige Gegenstände wie lebendige Tiere. Das begreift Weinhöppel nicht, ebensowenig alle Distanzgefühle anderen Menschen gegenüber.

Soeben kommt wieder ein Brief von Nelly. Sie gesteht ihre Sehnsucht, die sie nach meinem ersten ironischen Briefe empfand. Dagegen hatte sie der zweite, viel ernstere Brief überzeugt, daß wir uns nie verstehen werden. Seit unserer Trennung habe sie nicht mehr gearbeitet. Ich schickte ihr ein paar Gedichte zu, die ich, ohne daß sie es wußte, seinerzeit an sie gemacht habe:

»Ich liebe die zitternden Lippen.«

»Laß in Dämmerung uns versinken.«

»In Deinen müden Augen.«

Freitag, den 11. Dezember.

Es ist nicht notwendig, daß in der Dichtung, besonders der romantischen, die Symbole in der Wirklichkeit ganz aufgehen. Wir wandeln durch den Wald und hören bisweilen das Rauschen eines unterirdischen Stroms, dann verschwindet es wieder. Darauf beruht der Reiz der ungelösten Symbole, die nicht ganz klar werden, aber unter ihrer Hülle tiefere Beziehungen ahnen lassen. Es ist in der romantischen Dichtung besonders nicht notwendig, daß man immer den Faden in der Hand behält. Man darf ihn verlieren und fühlt sich dann um so erschütterter dem Walten elementarer Kräfte gegenüber.

Gestern nachmittag bei Lori zum Tee. Doktor Epstein war da, ein Zerebralmensch, der sich aber als solcher ganz wohl fühlt. Lori war entzückt, daß wir nur über ihren Charakter debattierten, wie über ein Rätsel. Ich gab zu, daß Lori Temperament besitzt, denn im stillen erinnerte ich mich der von ihr geschilderten Szene, als sie zu Rübke sagte »Entweder lieben Sie mich, oder Sie dürfen nicht wiederkommen«. Indeß scheint mir ihre Lustigkeit in Gesellschaft immer krampfhaft, ein Sich-hinwegtäuschen über gewisse Leeren. Sie will das nicht zugeben. Was ich an ihr liebe, ist ihre große Güte. Als Freundin ist sie mir in uneigennützigster Weise zugetan. In ihrer übertreibenden Phantasie sinnt sie die tollsten Pläne aus und möchte mir am liebsten bei einflußreichen aber scheußlichen Leuten durch ihre Schönheit nützlich sein. Sie redet davon sehr amüsant. Der Ton ihres früheren Milieus, der preußischen Offizierskreise, haftet ihr bei aller Bohème immer noch an. Wie gut versteht sie mich oft, wenn wir unter vier Augen sind. Aber wie oberflächlich urteilt sie über alles in Gesellschaft. In den letzten Jahren ist das Gute in ihr immer stärker hervorgetreten. Die Liebe zu Rübke, die sie selbst als ein großes Unglück ihres Lebens empfindet, hat sie sicher gefördert. Ich sage ihr das möglichst oft.

Ich ging mit Epstein nachhause. Ich habe schon lange das Bedürfnis nach einem psychologisch verständnisvollen Arzt. Ich glaubte, ihn in ihm gefunden zu haben und enthüllte ihm mein Nerven-, Liebes- und Seelenleben. Er meint, daß ich von den dunklen Disharmonien, die mich bisweilen stören, durch das Vermeiden derselben während eines Jahres ganz geheilt werden müsse, und daß mit ihnen alles übrige, was mich stört, verschwindet, auch dies, daß ich mich oft nach einem Kunstgenuß, nach bacchischer Lustigkeit oder nach Naturfreuden und Liebe sehne und wenn mir die Gelegenheit dazu kommt, soviele Hemmungsvorstellungen dazwischen treten, daß ich kalt bleibe.

Abends mit Gutmann zur Abwechselung einmal in einem Varieté. Er hat neulich von mir in sein Tagebuch geschrieben: »Seine Gehirntätigkeit ruht nie, gleichgiltig, ob er auf der Straße, im Kaffeehaus oder in der Natur ist.« Sie ist sicher die Schuld an meiner Verwirrtheit dem Leben gegenüber. Ich muß fort von hier, ich habe zu viel geistige Anregung. Gutmann meint, daß ich diesen Sommer in Frankfurt, wo ich wenig Anregung hatte, ganz anders war. Wir befinden uns beide im Übergang zum Mannesalter. Wir haben viel Erlebtes zu verdauen, denken viel an die Zukunft, die entschieden anders werden muß, als das gestern und heute. Dieser Zustand erinnert an die Pubertät.

Wir verkehren hier mit ein paar sonderbaren Leuten, über deren Typus Gutmann und ich erst gestern klar geworden sind, – der Typus des dünnen Menschen. Der Schweizer Maler Baumann besonders. Kleine dünne Leute mit eleganten spitzgeschnittenen Bärten, weiße durchsichtige Haut, wässerige Augen, Pariser Eleganz. Ich denke mir, daß Baumann so den Tag verbringt: Steht spät auf, braucht lange zur Toilette und denkt bereits an das Lokal, wo er speisen wird. Er wählt sich schon einen Platz im Geist. Wenn er ihn nicht frei findet, vergeht ihm vielleicht jeder Appetit. Sonst bestellt er irgend eine kleine feine Speise, die sonst niemand ißt, vielleicht nur 2 Eier mit Parmesan oder Tomaten. Dazu trinkt er ein Glas Madeira. Es stört ihn, wenn jemand zu ihm an den Tisch kommt. Er hat nichts zu reden. Er ist ungeistig, lebt eigentlich nur in sinnlichen Eindrücken, die von außen kommen, ist aber deshalb um Gotteswillen kein sinnlich veranlagter Mensch. Er liebt nur die schwachen Eindrücke. Er liebt es von kleinem zierlichen Geschirr zu essen, dann geht er und denkt an das Kaffeehaus. Auch hier sucht er einen vorher bestimmten Platz. Indeß vielleicht immer einen anderen. Er bestellt einen Café double und denkt: »Wie klein ist dieser double.«

Vermutlich sitzt er immer bei derselben Kellnerin, mit der er aber nie spricht. Er will von den Frauen nur den Duft. Dabei aber hat er auch nichts von der bewußten Ästhetik des geistigen Dandy. Er lebt nur im Triebhaften, aber das ist bei ihm ganz klein. Er ist die dünne Spitze einer wohl ganz verausgabten aber guten Rasse. Nachmittags malt er ein bischen, abends geht er vielleicht in ein Konzert. Mitunter rührt ihn in der Musik irgend etwas ungemein, selten etwas künstlerisches, gewöhnlich irgend etwas neurasthenisches. Er denkt nicht und er liebt nicht, er haßt nicht, dieser dünne, kleine, blonde, elegante Mensch.

Ein Nachtrag zu meiner Unterredung mit Dr. Epstein: Die dunklen Dinge, von denen ich ihm sprach, sagt er, seien weder unschön, noch unmoralisch, höchstens unzeitgemäß. Er täuscht sich darin, das Häßliche, Verworrene, Disharmonische besteht darin: c'est plus fort que moi, während mir sonst jeder Excess erlaubt ist, weil ich darüber stehe. Selbst der Ehrgeiz, der Rausch, ja die Prostitution sind für mich ganz ungefährlich, so sehr mich alles dieses im Augenblick reizen mag. Sie stören nie mein Gleichgewicht, so oft ich diesem Drängen nachgeben mag, ja, ich könnte sogar ohne Gefahr eine Zeitlang darin untertauchen und doch nie zum Trunkenbold, nie zum Stammgast im Bordell oder zum eitlen Gecken werden. Ich kann mich ohne Gefahr allen meinen Trieben überlassen, nur diese dunklen Dinge erschrecken mich; und weil ich darum immer auf der Hut sein muß, wird der Instinktmensch in mir überhaupt gehemmt, wodurch dann dem Intellekt immer wieder neue Macht zugeführt wird. Ich bin augenblicklich anderthalb Monate, seit dem 1. November, mit Ausnahme einiger schnell gedämpfter Phantasien, frei davon.

Sonntag, den 12. Dezember.

Von Nelly ein Brief. Sehr freundschaftlich, dankt für die Gedichte. Ich antwortete: Daß Du in meinen Gedichten nicht alles verstehst, kommt daher, meine liebe Nelly: sie sind an die liebe Nelly gerichtet, wie sie nur in wenigen Stunden existierte, z. B. wenn ich Klavier spielte, oder an jenem Nachmittag, als wir solange in der Dämmerung saßen, an die stille Nelly mit den oft ein wenig fragenden Augen, die mich nie verstanden, außer, wenn ich Musik machte. Nur die liebe, stille Nelly werde ich im Gedächtnis behalten, die andere vergesse ich.

Ein Nachtrag zu dem Abend mit Weinhöppel: Er erzählt folgende Geschichte aus America: eine reiche Amerikanerin hat von ihm gehört, von seinen Verrücktheiten, seiner Begabung. Beide haben sich nie gesehen. »Ist es Ihnen der Mühe wert, zu kommen?« schreibt sie ihm, »Es ist mir der Mühe wert!« antwortet er. Er wird in ein dunkles Zimmer geführt, eine Frau tritt ein. »Wir wollen uns erst als Menschen kennen lernen«, sagt sie, »damit wir durch das Äußere nicht irregeleitet werden.« Sie fragt ihn Intimitäten, ob er eine sinnliche Natur sei, u. s. w., ermutigt ihn bald, bald weist sie ihn ab, läßt ihn erraten, wie sie aussieht. Zum Schluß leidenschaftliche Küsse. »Zünden Sie Licht an« sagt sie. Er tut es. Indeß verschwindet sie. Er steht in einem prachtvollen Salon, ein Diener meldet: »Madame läßt sich entschuldigen, hat soeben Kopfschmerzen bekommen.« Nach einigen Tagen sitzt er in einem Restaurant, plötzliches Unbehagen, Mangel an Appetit. Er dreht sich um, eine elegante Dame mit einem alten Herrn sitzt hinter ihm. Sie muß es sein. Mit einem mephistofelischen Lächeln geht er an ihr vorbei. Sie versteht, daß sie erkannt ist. Am anderen Tage hat er einen Brief: »Kommen Sie, besuchen Sie mich, die Komödie ist aus!« Nun wird er von ihr im Negligé in einem Boudoir empfangen.

In München *muß* man dahin kommen, wo ich heute bin, zu jener Hypertrophie der Hirntätigkeit. München ist eine Stadt ohne viel Leben, mit viel künstlicher Geistigkeit; keine anmutige Erholung, immer nur Debatten im Café, ernste Konzerte und Theater. Keine wirklich geschmackvollen Chantants, Café-Häuser oder Kokotten. In der Gesellschaft bemühen wir uns, geistreiche Zirkel zu sehen, in den Cafés und Varietés genießen wir Dinge, die es hier nicht gibt. Unsere Phantasie, sowie die Reminiszenzen an Wien, Brüssel, Italien müssen nachhelfen. Alles kommt aus der Phantasie, aus dem Verstand. Es gibt nicht genug peripherische Reize, darin liegt etwas Masturbatorisches.

Gestern traf ich im Theater die kleine Geliebte des schönen, eleganten, gut essenden, umfassend gebildeten Malers Gustav Richter. Es ist unfaßbar, wie er mit diesem Mädchen doch schon anderthalb Jahre verkehren kann. Sie wohnen sogar meist zusammen. Er ist schon circa 30, hat nach langen juristischen Studien sich der Malerei gewidmet. Er ist der Sohn des bekannten Malers Gustav Richter, ein Enkel Meyerbeers. Seit Monaten lebt dieses Mädchen bei ihm im Atelier. Sieben Stunden des Tages sitzt er im Sessel mit der Zigarre in der Hand und zeichnet nach einer Gipshand, weil er zu bequem ist, in die Malschule zu gehen. Währenddessen liest Emmy aus Bulwer vor. Dann dreht er sich bisweilen um und fragt: »Wie war das? Also der heiratete sie?« – Mittags lassen sie sich das Essen holen, und so kommen sie fast nie unter Menschen. Eine Zeitlang, während ein Familienereignis erwartet wurde, das aber dann ausblieb, waren eine Hebamme und eine barmherzige Schwester Mitbewohner des Ateliers und der 2 bis 3 angrenzenden Zimmer. Von dieser Ruhe könnte ich etwas brauchen. Emmy sprach über Fritz Cassirer, den Musiker. Sie haßt sein ewig witzelndes Wesen, bei dem man nie auf den Grund blickt. Wenn von mir, den er haßt, gesprochen wird, soll er sagen: »Nicht von meinem guten Freund reden.« Er hat ein instinktives Wissen seiner vielen Blößen und weiß mit Witzen über alles hinwegzukommen. Vom Juden hat er nicht einmal die Intellektualität. Er hat indessen sehr großes musikalisches schauspielerisches Talent. Auch als Dichter hat er in seinem abstrusen »Edgar« Begabung verraten. Einer von den Menschen, die überall Talent haben, dabei durchaus unkünstlerisch und unproduktiv sind. Der typische, verfeinerte Dilettant. Er ist dekadent, Mensch des Ressentiment. Dagegen echte jüdische Familien- und Rassen-Instinkte. Seine Geliebte ist – ein seltener Fall – ein kleines jüdisches Mädchen. Er sagte einmal: »Als ihr Germanen noch auf Bärenhäuten lagt, hatten wir Juden bereits das Alte Testament.«

Ich war gestern im »Hamlet«. Was mich an diesem Stück so mächtig fesselt, ist die Atmosphäre, welche die Handlung umgibt: ein Schloß voll bunter Säle, durch die unter Posaunenklang ein König zieht, ein junger Träumer, voll von Weisheit deutscher Hochschulen, wandelt sinnend umher. Daneben die fast kleinbürgerlichen Verhältnisse der Familie des Polonius. Der Sohn, der die Schwester warnt, der Vater, der den Sohn warnt: bürgerliche Weisheit! Und dann in der bitterkalten Winternacht, die der König bei Schmaus und Trunk durchwacht, während unten im Park dem blassen Träumer ein Geist erscheint; dann wieder eines Wintermorgens kommen Schauspieler zu dem träumenden Prinzen, ihm Kurzweil zu bereiten. Und dann wieder in der eisigen Nacht in gothischen Räumen bei flackernden Kerzen ein betender König, ein Neffe, der den Oheim morden will, eine Mutter, die vor dem Sohne bebt. Und dazwischen geht ein weißgekleidetes blondes Mädchen mit dem Wahnsinn in den dunklen Augen, das Blumen streut und wollüstige Lieder singt, durch die bunten Säle des gothischen Schlosses, fern am winterlichen Meer.

Am Abend begleitete mich Schuster nachhause, ein junger Jude, der ganz Verstandesmensch ist, der durch einen Mißgriff des pädagogischen Philips in unseren Kreis kam. Wir sprachen über Essen, Blumen und Düfte. Er haßt den haut goût des Wilds, Gemüse, wie Rosenkohl, Tomaten, den hessischen Handkäse, den Heliotropgeruch. Er liebt Veilchen, die Rose La france, das Moosröschen, den Goldlack. Ich liebe dagegen etwas haut goût und alles andere, was er verabscheut. Die Rose La france ist mir langweilig, während ich die Teerose liebe, die er nicht versteht. Auch die Lilie und den Fingerhut. Goldlack scheint mir gewöhnlich. Unser Geschmack trifft sich bei der Tulpe, dem Chrysantemum, dem Flieder. Den Hummer ißt er barbarischerweise mit Mayonnaise. Ich sehe in diesem Gegensatz die 2 Grundrichtungen des Geschmacks ausgeprägt. Übrigens mag sein Geschmack gesünder sein, als der meine. Er liebt auch nicht die starken Lippen bei Frauen, während ich kaum je andere, als etwas üppige Lippen küssens wert fand.

Meine Freude an Gluck und Mozart nimmt stark zu, während ich bei den modernen Komponisten die Verworrenheit unsympathisch empfinde, so sehr ich bei einigen gerade das musikalische Talent anerkenne, – Tschaikowski. –

Bei Lori zum Tee. Sie ist vollauf mit Weihnachtsarbeiten beschäftigt. Frau Jordan erklärte, daß sie es haßt, für andere zu Weihnachten zu arbeiten, noch eher möchte sie kaufen; wenn sie nur ihre Ruhe hat. Sie bewunderte meine Fähigkeit, mit dem kleinen Wolfgang, Loris Sohn, zu spielen. Sie behauptet, garnicht zu wissen, wie man mit Kindern umgeht. In 5 Monaten wird sie Mutter sein. Sie kann einem verheirateten Mann eine Untreue nie verzeihen. Die Untreue der Frau dagegen sei weniger verdammenswert, denn der Mann trage mit seiner Untreue Geld und Arbeitskraft aus dem Hause. Was die Frau aber dadurch hineinträgt, das vergißt sie. Diese Frau verdient eigentlich Prügel. Ich möchte mit ihr soweit kommen, daß ich ihr das wenigstens sagen kann.

Montag, den 14. Dezember.

Gestern kam endlich der längst erwartete Brief von Nelly, folgenden Inhalts: »Komm, ich muß Dir mein Herz ausschütten.« Ich habe indessen einen kaum bekämpfbaren Abscheu, ihr Zimmer wieder zu betreten, das für mich voll peinlicher Erinnerungen ist. Zudem quälte sie mich so oft mit ihren Launen. Ich habe ein Recht, zu verlangen, daß sie deshalb zu mir kommt. Auch wohnt sie in einer Vorstadt, sodaß es mich sehr viel Zeit kosten würde. Aus diesen Gründen möchte ich sie auch gleich daran gewöhnen, falls das Verhältnis wieder beginnen sollte, daß sie zu mir kommt. Der Brief enthielt ein beunruhigendes Wort, als ob sie in anderen Umständen sei. Das ging mir doch ein wenig auf die Nerven, wenn ich bedachte, wofür das alles geschehen ist. Es handelt sich um eine einzige Nacht, in welcher das Unglück hätte passieren können. Und da war ich nur wider Willen auf ihr unablässiges Bitten mit ihr hinaufgekommen, denn sie hatte mich vorher durch ihr Benehmen entsetzlich verstimmt. Ich blieb schließlich, denn ich schreckte davor zurück, einen Menschen abzuweisen, der mir sein Allerbestes entgegenbringt. Indeß, es half nichts, meine Verstimmung wich nicht, sie wurde sogar durch die höchst unbequemen Verhältnisse der Wohnung noch vermehrt; man hörte jeden Laut und Atemzug im Nebenzimmer, sodaß ich einen etwas traurigen Liebhaber spielte, bei welcher Gelegenheit Nelly fast bis zur Gefühlsroheit taktlos war, wodurch sie die Situation noch verschlimmerte. Trotzdem ist es nicht ganz ausgeschlossen, daß sie empfangen hat, da gegen Morgen beim Aufwachen meine Verstimmung mit dem Schlaf verschwunden war. Für eine solche Nacht nun alle die Unannehmlichkeiten, von denen ihr Brief spricht, das ist ein bischen hoch bezahlt. Ich war, als ich den Brief empfing, äußerst verstimmt. Am Abend hörte ich den ersten Aufzug der »Walküre« und obwohl ich nicht besonders empfänglich war, erhoben mich mehrere Stellen über meine Besorgnisse hinaus. Dann war ich bei Philips im kleinen Kreis und vergaß eine Zeitlang diese Unannehmlichkeiten. Philips hat wohl dramatisches Talent, wie ich aus einigen vorgelesenen Stellen seines Dramas schließe, aber er produziert zu wenig und ist doch bald 30. Er treibt bald griechisch, bald übt er Klavier, bald befaßt er sich pädagogisch mit jungen Leuten oder vertieft sich in einen Dichter. Dazu kommt eine Frau, die vielleicht geistig zu anspruchsvoll ist und ihn ermüdet, wie mich das geistige München. Wir Männer brauchen wohl, wenn wir arbeiten sollen, eine mehr tändelnde Erholung: la petite femme. Im Sommer war Philips von seiner Frau getrennt in Frankfurt ein ganz anderer. Produktiver und lebensvoller. Jetzt verspießbürgert er. Sein großer Verstand tyrannisiert die einst anmutige Frau, die er allmählich aller Reize entkleidet, und wenn eine Frau einmal ernst wird, dann ist sie erschreckend gründlich, dann verachtet sie gleich alles Heitere, Anmutige. Das ist vielleicht das Correlat des Besten in der Frau, sich ganz für eins oder einen einsetzen, alles opfern zu können. Philips behauptet, er sei jetzt in seiner Entwickelung auf einem Plateau, er bedürfe einer Zeit der Sammlung, der Überschau, behaglicher Verhältnisse. Im Frühjahr wolle er in ländlicher Einsamkeit arbeiten. Hoffen wir es! Ich kann es mir nur getrennt von seiner Frau denken. Es war auch Fräulein Anna Hintermayer da: die redlich bestrebte Halbbildung, gut und innig, voll Leidenschaft, doch stört sie mich in diesem Kreise, wo ich gewohnt bin, per »wir« zu sprechen, und die Anwesenden einschließe; ich befürchte, daß sie darin ein verborgenes ausschließendes Du oder Ihr hört. Das verletzt solche Menschen zwar garnicht in ihrer Bescheidenheit, aber dennoch macht mir dieser Gedanke den Verkehr peinlich. Gutmann kennt dieses Gefühl nicht, den Unterlegenen gegenüber scheint er mir grausam, fast gefühlsroh zu sein.

Meine Sehnsucht, von hier fortzugehen, wächst. Heute mit Gutmann im Café, vor dem Fenster hält ewig ein Fiaker mit einem versoffenen Kutscher. Schwere Menschen schleichen durch die graue, schmutzige Straße. Keine Eleganz, kein Leben. Ich will eine Zeitlang einsam sein, das geistige München verdauen und zugleich die noch übrigen beiden Novellenentwürfe beenden, im Frühjahr dann nach Paris gehen.

Donnerstag, den 17. Dezember.

Gestern Jour fixe bei dem Musikdirektor Porges. Man hat mich in diesem Hause mit größtem Wohlwollen und Interesse aufgenommen. Gestern bemerkte ich bei Frau Porges und Frau Strindberg eine merkwürdige Kühle. Man hatte mich um ein Manuskript gebeten, ich schickte ihnen »Das große Leben«. Wenn man darüber auch verschieden urteilen mag, so ist doch sicher der künstlerische Ernst darin unverkennbar. Ich kann diese Kühle also kaum auf ein Mißfallen meiner Novelle zurückführen, über die man völlig schweigt. Wenn ich nicht von selbst dahinter komme, werde ich Frau Porges offen fragen. Ich verließ das Haus in größter Verstimmung.

Abends bei Philips, der Weihnachten nach Offenbach reist, Abschiedsessen. Außer mir nur Gutmann anwesend. Dieser für lange Zeit wohl letzte Abend brachte manches tiefe Gespräch. Zuerst ein Streit. Ich warf Philips in vielleicht zu heftigem Tone seine unleidliche Art vor, abgeschmackte Witze zu machen, wenn man von ernsten Dingen spricht, vorliest u. s. w. Er ist überhaupt bei allem künstlerischen Geschmack in Fragen des äußeren Lebens von barbarischer Stillosigkeit. Mir wirft er nun einen Mangel an Witz vor, weil ich seine Äußerungen, auch etwa die trivialen Schlüsse mancher schönen Heine'schen Gedichte, abscheulich finde. Dann kamen wir zu der oft behandelten Frage, ob ich Gemüt habe. Ich weiß es selbst nicht. Ich habe jedenfalls ein feines Zartgefühl, welches leidet, wenn ein Waffenloser verletzt wird. Ich kann darum auch den niedrigsten Frauen gegenüber nicht anders, als höflich sein. Ich nehme ein nie verlöschendes Interesse am Menschen, mit denen ich nur kurze Zeit zusammen gelebt habe. Es ist mir, besonders seit ich an mein eigenes Talent glaube, Herzenserlebnis, wenn ich bei anderen, mir sonst sympathischen, ein ähnliches Talent entdecke. Es ist mir peinlich, mit Menschen zu verkehren, die mir sehr unterlegen sind, weil ich sie beständig zu verletzen fürchte. Neidlosigkeit, gibt Philips zu, sei der größte Zug meines Charakters. Ich bin oft mitleidig und kann mir auch die flüchtigsten Liebesverhältnisse nicht ohne eine starke zärtliche Note denken. Ich habe ein gewisses Bedürfnis, bei Frauen und jüngeren Freunden erzieherisch zu wirken. Es macht mir Freude, zu unterrichten und von meinem Eigenen zu verschwenden. Ob dieses alles auf Gemüt oder nur auf einen gesitteten Verstand schließen läßt, weiß ich allerdings nicht.

Zum Schluß kamen wir wieder auf unsere alten Fragen. Ich äußerte meine Meinung über die große Gefahr, zu literarisch zu werden, in der wir steckten, und sagte, was Weinhöppel für mich deshalb bedeutet, und daß ein kürzlich zu unserer Charakteristik von Freunden gebrauchter Ausdruck »platonische Lebemänner« zwar noch nicht stimmt, aber wenn es so weiter geht, bald stimmen wird. Nun hielten mir Gutmann und Philips mit großem Pathos vor, es komme auf das innere Erleben an, auf das Betrachten mehr, als auf das Genießen, besonders für den Künstler. Das ist unfehlbar richtig, aber in einem Alter, wo die Seele noch nach heißem Genießen lechzt, ist es lächerlich, all dieses Begehren in phantastischen Gebilden, Grübeleien, ja auch in künstlerischem Gestalten aufzulösen. Ich meine, daß wir in der Idee lebenden Menschen bisweilen des Lebensrausches umsomehr bedürfen, um die Berührung mit den unkomplizierten, naiv genießenden lebensvollen Augenblicksnaturen nicht zu verlieren, um nicht zu abstrakt zu werden. Aber Gutmann und Philips, auch ich oft genug, glauben bereits, für alles Kategorien zu haben. Wie kleinlich, z. B. einem Menschen, wie Weinhöppel, seine naturalistische Art vorzuwerfen. Ich habe nichts gegen die Kategorie naturalistisch, aber damit einen Menschen zu verurteilen, scheint mir der völlige Sieg einseitigen abstrakten Verstandes über die Wirklichkeit. Aus dieser Erkenntnis will ich München verlassen.

Freitag, den 18. Dezember.

Endlich hat Nelly in einem Brief versprochen, zu mir zu kommen. Indessen ließ sie mich vergeblich warten. Die Geschichte wird immer dunkler.

Soeben war Philips hier, um sich zu verabschieden. Fortsetzung des Mittwochsgesprächs. Die Einseitigkeit der Lebensauffassung, die ich bei Philips und Gutmann feststellte, gilt auch bei der Beurteilung geistiger Erzeugnisse. Das wegwerfende Urteil Gutmanns über Huysmans' »A Rebours«, weil es allerdings kein Roman, kein reines Kunstwerk ist, ist lächerlich. Die Verkennung, daß hier ein höchst wertvoller Mensch grundlegend über unsere Zeit, ihre Kunst und ihre Gewohnheiten spricht. Auch mir scheint ja die gestaltende Kunst als das menschlich Höchste, als die einzige Möglichkeit, dem Metaphysischen des Lebens gleich oder nahe zu kommen. Nächst dem Gestalten schätze ich das jenem zugrunde liegende Schauen sub specie aeterni. Hat nun einer so geschaut, ohne das formale, synthetische, bildnerische Talent zu haben und teilt nur mit, was und wie er schaute, entweder verallgemeinernd, systematisierend, wie Nietzsche, oder erzählend, Einzelfälle beschreibend, mit ihrer typischen Bedeutung, wie Huysmans, so will mir das gleichfalls sehr viel erscheinen, und es muß schon einer ein großes Kunstwerk gebildet haben, wenn ich ihn über diese großen aber nicht künstlerisch formenden Schauer stelle, denen allerdings die Sonnenhöhe der Kunst verwehrt bleibt; denn dazu gehört außerdem noch das plastische Gestalten. Wenn nun einer einiges schauen kann, und dies traue ich Gutmann und Philips völlig zu, und hat nur einige wenige gute Strophen oder Szenen hervorgebracht, so ist er gewiß minder wertvoll, als ein anderer großer Schauer, der viele seiner Gesichte, wenn auch nur beschreibend, nicht gestaltend, mitgeteilt hat. Darum will mir Gutmanns Urteil über Huysmans arrogant erscheinen. Philips gibt ihm Recht. Diese enge literarische Anschauung tötet mich und macht mir täglich klarer, daß ich fort muß aus dieser Atmosphäre.

Samstag, den 19. Dezember.

Herrlicher Spaziergang durch den blau und weißen Winternachmittag in Klein-Hesselohe. Unterwegs fiel mir das Sonett »Heimat« ein (»Dies ist das Land der lichten Wiesenhänge –«), angeregt durch die Thomasche Lithographie einer Taunus-Landschaft, die viele Kindheitserinnerungen wachrief. Ich hoffe, von der Richtung der Blätter für die Kunst immer freier zu werden. Gewonnen habe ich in dieser Schule die Form und die Geringachtung des Subjekts in der Dichtung, des Rohstoffs individueller Gefühle. Sie müssen ins Typische erhoben werden. Gutmann verdanke ich dagegen die Stärkung der plastischen Anschauung.

Sonntag, den 20. Dezember.

Gestern mondklare Nacht, gefrorener Schnee, die Formen der Frauenkirche überwältigend. Mit Gutmann zusammen. Ein Wirbel beständig wechselnder Sensationen: Spitzwegromantik, betrunkene Ekstasen, Selbstanalyse, ein Lupanar mit rasselosen Münchener Weibern. An der Isar alles weiß und dunkelblau. Trotz der Kälte war es in uns sommernächtlich.

Eine Stunde war Stiglmaier mit uns. Er führte uns in ein Beisel. Er ist ein etwas verkommener Münchener Journalist, der in ungeheurer Breite erzählt, mitunter sehr originell, doch nicht genug, um jene Vergötterung zu rechtfertigen, die ihm von Wolfskehl und Fuchs zuteil wird. Manchmal langweilt er sogar ein bischen.

Meine Dichtungen sollen starken Farbensinn bezeugen, dennoch ziehe ich die Graphik der Malerei vor. Vielleicht ist mein am Mittelmeer genährter Farbensinn so stark, daß er in der Malerei doch nicht befriedigt werden kann. Vor den wegen ihrer Farbenglut gepriesenen Bildern habe ich fast immer Enttäuschungen erlebt.

Ich lese in der russischen Reise von Hermann Bahr. Sehr berührt mich sein Verhältnis zu dem kleinen Fräulein: »Ich begehre sie nicht; wenn sie mich auffordern würde, sie zu besitzen, ich müßte es ihr verweigern.« Dabei ist sie ihm sehr lieb, unentbehrlich. Sie ist jung und schön. Das ist wie mein Verhältnis zu Lori. Ich habe das lange für einen Defekt meines Gefühls gehalten, dies darum zu bekämpfen gesucht und manchmal doch versucht, Gelegenheiten zu benutzen, die mir Frauen gewährten, zu denen ich zwar eine Neigung, aber keine erotische hatte. Im Laufe der letzten Zeit erkannte ich nun, gefördert durch die Bekenntnisse anderer gleichfalls sehr erotisch veranlagter Männer, daß dieses Nichtreagieren auf jedes junge schöne Weib kein Defekt, vielmehr nur eine Verfeinerung sein muß, eine Art Zuchtwahlinstinkt, der außer der Sympathie noch einer ganz besonderen Art der Zuneigung bedarf, um die erotische Fähigkeit zu erwecken. Bahr sieht in dem Verhältnis zu dem kleinen Fräulein eine verfeinerte Wollust des Gehirns, der die physischen Organe zu grob sind. Er beweist das mit großer Sophistik. Ich glaube aber nicht an diese Erklärung. Es hat vielmehr mit der Wollust garnichts zu tun und ist ganz gewiß nicht höher zu bewerten, als eine Beziehung zu einer Frau, die man mit allen Fasern der Natur begehrt und besitzen will; ein rein psychisches Verhältnis ist ebenso, wie ein rein wollüstiges Verhältnis in der vollkommenen Vereinigung inferior. Aber es ist ein oft freundlicher Notbehelf für die, deren Kompliziertheit nur selten oder nie das ganz große Erlebnis gestattet. Die Frauen sind sich dessen gewiß nicht bewußt, obwohl es bei ihnen sehr ähnlich ist. Nur können sie sich eben leichter hingeben, wie der Mann, weil sie nicht an bestimmte Fähigkeiten gebunden sind. Darum meinen sie auch leicht, Jugend und Schönheit müsse den Mann immer verführen. Gewöhnlich ist es ja wohl auch so. Was mich mit Sicherheit erotisch erregt, sind primitive, einfache, klare, einheitliche, übersichtliche, unzusammengesetzte Triebnaturen. Sie vermögen, wenigstens momentan, immer einen Reiz auszuüben, falls ihnen nicht sonst eine, meinen Nerven unangenehme Äußerlichkeit anhaftet. Je mehr die Natur des Weibes zu Ungunsten einheitlicher Triebsicherheit sich fortentwickelt, desto schwerer wird diese intensive, alles umfassende Wirkung auf den Mann meiner Art. Darum ist es so viel leichter, unter den Mädchen des Volkes, wenn auch nur für kurze Zeit, eine Geliebte zu finden. Darum gehen einem die Frauen der halbkultivierten Bourgeoisie so leicht auf die Nerven. Nur da, wo die Frau die Kultur wirklich verdaut hat, d. h. sie ohne Schaden in ihre Natur aufgenommen hat, nur da vermag sie mich vollkommen zu bezaubern. Ich sehe überhaupt in der Welt drei Stufen, Tier, Philister und künstlerischer Mensch. Der mittlere Grad ist das Wertlose, eine Zurückentwickelung, während der künstlerische Mensch die kultivierte Fortentwickelung des Natürlichen und Animalischen ist. Überall liebe ich zugleich das Einfache und das wahrhaft Verfeinerte, nie das Mittlere.

Mittwoch, den 23. Dezember.

Ich spiele viel Mozart. Er ist der größte aller Musiker. Bei ihm ist das Apollinische nur Gefäß des Dionysischen. Alle vor ihm, selbst Bach, hatten eine Hypertrophie der Form, alle nach ihm eine Hypertrophie des Gedankens. Er ist die höchste Erfüllung des rein Musikalischen. Für das, was er zu sagen hat, findet er immer den restlosen Ausdruck. Es bleibt nichts Ungelöstes, wie bei dem späteren Beethoven oder Wagner. Auch sagt er nicht mehr, als er fühlt, nie, bloß um zu sagen, wie bisweilen Händel, der Formalist.

Von Nelly nichts mehr gehört; indessen kam ein Brief ihrer Hauswirtin, den ich unbeantwortet ließ. Sie wünscht mit mir eine Zusammenkunft, um mir über Nelly und ihr lockeres Leben Enthüllungen zu machen. Ich verzichte darauf.

Gutmann und Philips sind nachhause gereist. Am Montag jour fixe bei Jordan. Am Schluß Fortsetzung in der Osteria Bavaria. Fast extatische Lustigkeit bei heimlicher Feindschaft der 2 Parteien, die sich in dem Salon bilden: die Männer der praktischen Arbeit, Jordan an der Spitze, die philosophischen Nichtstuer mit mir an der Spitze und den Damen im Gefolge. Jordan kompromittiert sich beständig. Zur wahrhaften Fröhlichkeit fehlt diesen Frauen aber das Genie. Sie geben sich nicht ganz der Freude hin, weil sie immer noch bisweilen glauben, es passe sich nicht. Dies trotz all ihrer künstlerischen Aspirationen. Im letzten Moment weichen sie stets aus. Gerade, wenn Leben in die Unterhaltung kommt, brechen sie auf, besonders dieses Fräulein Schacko, welches sich gern an Männern reibt und in der unbegründeten Hoffnung auf eine Ehe ihre Jugend vergeudet. Dabei hat sie entschieden Temperament.

Schuster las mir seine Gedichte vor. Er hat Formtalent und sieht ganz plastisch. Vielleicht wird er einmal etwas. Aber Talent haben beweist ja garnichts in der Kunst, das haben so unendlich viele, und dennoch haben wir so wenig Künstler. Schuster erinnert mich oft an meinen Entwickelungszustand in Berlin. Wir haben doch manches Gemeinsame: aus einem Milieu stammend, welches dem Künstler wenig gibt, aber dem Menschen doch zu viel, um ein träumerisches Insichversenken zu gestatten, wie es dem gelingt, der auf dem Lande aufgewachsen ist. Dazu dieses beständige Schüren der Eitelkeit, die zum planlosen Aufhäufen von allerlei Wissen führt, welches ein unbegründetes, arrogantes Selbstbewußtsein und eine unjugendliche Sprache erzeugt. Dadurch macht man sich wenig beliebt, und auch bei der Selbsterkenntnis ist ein Abgewöhnen dieser Fehler nicht leicht möglich. Der Fehler korrigiert sich nur dadurch, daß allmählich durch weitere Ausarbeitung des Charakters dieses Selbstbewußtsein von Jahr zu Jahr mehr Berechtigung erhält und dadurch aufhört, als Arroganz zu wirken. Am schlimmsten wirken diese Eigenschaften bei Menschen, wie Schuster und ich, die außerdem noch einen starken Trieb haben, sich mitzuteilen und dadurch ihre Blößen beständig aufdecken. Das ist der Grund, warum wir anderen oft so leicht auf die Nerven gehen. Man weicht uns zu schnell aus, ehe man uns erkannt hat, und hält uns darum leicht für hohl und aufgeblasen oder schwatzhaft. Dabei sind wir nicht dumm genug, um das nicht zu bemerken. Ich glaube, daß es für Schuster viel qualvoller ist, wie für mich, weil er es noch nicht erkannt hat und darum auch keinen Ausweg sucht.

Gestern mit Brehm zusammen, der Dichter werden will. Er gefällt mir ganz gut, er hat Temperament und einen natürlichen Verstand, ohne nach Kategorien zu urteilen. Obwohl er erst 20 Jahre alt ist, hat er über Gutmann und Philips dasselbe Urteil, wie ich.

Er nennt sie weltfremd, einseitig. Über Gutmanns Gedichte urteilt er, wie ich. Über seine Kritikfähigkeit wiederholt er das, was ich anläßlich des Gutmannschen Urteils über Huysmans hier niedergeschrieben habe.

Ich treffe hier öfters noch einen Zwanzigjährigen, der dichtet, namens Wolff. Er ist fast seraphisch schön, eitel und Poseur. Er leidet unter der Idiotie der Maler und Musiker, unter denen er verkehrt, die beständig an ihm korrigieren und schon Früchte von ihm verlangen. Dabei fühlt er sich, und mir scheint nicht ganz ohne Recht, diesen Menschen überlegen, obwohl er noch nichts zeigen kann, die Ausdrucksform für sein Innenleben noch nicht hat. Er erkennt richtig, daß diese Menschen gar keine Psychologie haben, kein Wissen vom Menschen, kurzum keinen Intellekt. Sein Kreis sind die Maler von Kardorff, Richter, Scharf, Hey, Bruck, der Musiker Hey, die wohl alle Talent haben, aber, trotzdem manche recht belesen und einige auch gute gesellschaftliche Formen haben, doch ohne eigentliche Kultur. Auch ich bin dort wenig beliebt.

Anna Maria ist feige. Am Montag kam sie mir in der Weinlaune zum ersten Male wirklich reizend vor. Unter dem Tisch ließ sie mir ihre Hand. Auch heute beim Tee gefiel sie mir noch. Sie verstand es, in raffinierter Weise ihren Mann zu entfernen, aber dann hielt sie es auf einmal für zweckmäßig, die Tür nach seinem Arbeitszimmer zu öffnen. Sie hatte es sich wieder anders überlegt.

Donnerstag, den 24. Dezember.

Gestern Abend Gemma Bellincioni als Traviata. Über alle Maßen schön. Sie hat einen großen, schlanken, biegsamen Körper, eine unerhört fein modellierte Büste, die sich in beständiger fibernder Bewegung befindet, runde Schultern, aber dabei doch jene reizvolle Magerkeit des Halses. Die Hände sind jene schöngeformten großen italienischen Hände, die gewissermaßen ein Mienenspiel haben. Das Wundervollste ist das Gesicht. Wenig bedeutend waren die langen, kleinen Augen; aber die starke, fast griechische

Nase und der herrliche Mund! Anfangs hatte er die feinen herben Linien der vornehmen Milanesin. Aber je mehr das Gefühl erwachte und die Krankheit zunahm, desto weicher, unregelmäßiger schienen die Linien zu werden. Im 3. Akt hatte sie das air chiffonné der Neapolitanerin, nicht in dem Sinne der Pariser Grisette, sondern fast déchiré, zerwühlt von Verzweiflung und Wollust. Und die Bewegungen – wie sie sich in einen Sessel fallen läßt, während sich die Hand auf eine Tischkante stützt, der Gang, die Naturtöne, welche die Süßigkeit der Flöte und die grausame zerreißende Musik verstimmter Geigen in der Gewalt haben! Die Stimme an sich übertrifft nicht das Niveau der anderen großen italienischen Sängerinnen. Sie ist größer als die Sembrich und suggestiver, aber lange nicht so rund. Etwas Manier ist indessen bereits in ihr. Die ewig gespreizten Finger, die Gesten vor dem applaudierenden Publikum zeigen, daß sie schon den Keim der Bühnenverderbnis in sich hat.

Freitag, den 25. Dezember.

Den Weihnachtsabend bei Lori verbracht. Zum Nachmittagstee und zur Bescherung waren Anna Maria und ihre Schwester anwesend. Dann wir beide allein. Bis 10 Uhr spielte sie mit dem Jungen, dann unterhielten wir uns bis nach 11 Uhr. Ich fühlte, wie wenig sie mir im Grunde ist. Einmal konnte ich in der Erinnerung an die schönen Weihnachtsfeste meiner Kindheit, an meinen verstorbenen Vater und meine unheilbar kranke Mutter das Weinen nicht zurückhalten. Lori schloß mich in die Arme und küßte mich. Aber das bedeutete mir wenig, ich sehnte mich weg von ihr. Von Lori ging ich in die Christmesse in die Heilige Geist-, Frauen- und Hofkirche. Ich sah mehrere Bekannte, denen ich aus dem Wege ging. Auf den Straßen war es um 1 Uhr lebhaft wie am Tag. Ich blickte von außen in die Café-Häuser, es hielt mich etwas vom Eintreten ab. Es wurde Billard gespielt, wie sonst. Ein paar Einsame saßen an Tischen, den Kopf in die Hand gestützt. Es begegneten einem viele Menschen mit Paketen unter den Armen. Dies ist das erste Mal, daß ich infolge der traurigen Verhältnisse Weihnachten nicht zuhause verbracht habe. In der Nacht träumte ich von Mathilde.

Zum letzten Mal vor dem gestrigen Abend habe ich im vorigen September geweint beim Abschied von Mathilde, obwohl ich ihrer doch überdrüssig war. Ihr Hirnchen war doch zu klein, und ihr Wille zu schwach, als daß sie mich hätte fesseln können. Aber dennoch hatte ich sie lieb. Davor weinte ich zum letzten Male im Januar 1895 beim Tod meines Vaters, davor im Herbst 1890, als ich zum ersten Male das Elternhaus verließ und nach Weilburg auf das Gymnasium geschickt wurde. Besonders einen Abend im November. Mein Vater war auf einen Tag zu Besuch gekommen, um 8 Uhr mußte ich nach Hause. Er ging noch in ein Restaurant, um mit Bekannten zusammen zu sein, aber ich verließ heimlich mein Zimmer und eilte ihm nach. Was davor war, waren Kindertränen.

Samstag 26. Dezember.

Die Münchnerin wird in der Erotik den Gedanken, daß da etwas höchst Drolliges geschieht, etwas »Gespassiges«, nie ganz los. Die Südländerin hat in dem letzten Augenblick dagegen den verzweifelten Ernst eines Kampfes.

Die ganz Unausgesprochenen, also Keinseitigen, werfen uns vor, daß wir einseitig seien.

Die Frauen zerfallen in 2 Gruppen. Die einen haben den Offiziersgeschmack, die anderen den Künstlergeschmack. Zum ersteren gehört starker Schnurrbart und eine Glatze wird gern verziehen, zum anderen gehören glattrasierte Gesichter und meistens starkes Haupthaar.

Als ich den Treibhäusern der Bourgeoisie entgangen war, konnte mich die rohe Formlosigkeit des Naturalismus, ja des Materialismus fesseln. Auf der anderen Seite stieß mich der völlige Mangel an Geschmack, Zartheit, Stilsinn der Naturalisten ab. Dieses Dilemma begann für mich im Sommer 93 in München und dauerte etwa bis in den Winter 1894 bis 95, den ich wieder in München verbrachte. Dazwischen lag mein Berliner Winter, meine große Mittelmeerreise von Februar bis Oktober 1894, Italien, Tunis und Teile von Österreich-Ungarn. Damals war ich mit Löwenherz befreundet, dessen Einfluß mich ganz auf den Naturalismus orientierte, in dem ich mich auch schriftstellerisch ohne alles Glück versuchte. Dort hielt man mich für ein talentloses Bourgeoissöhnchen, das gerade einmal in Modernismus macht. Den Gesitteten dagegen erschien ich als ein Revolutionär. Es war die Zeit meiner tiefsten Verwirrung. Das Geheimnis, daß nur die gebändigte Kraft Wert hat, vermittelte mir Wolfskehl und die Blätter für die Kunst. Er war der zweite Mensch, der mich intellektuell stark beeinflußte nach Löwenherz. Ich war bald gewonnen, da ich von Natur stark zur Form begabt war. Ich ging natürlich auch hier anfangs zu weit, indem ich häufig aus der Form eine Pose machte. Diesen Fehler erkannte ich im Winter 1895 bis 96.

Hier gestattete ich Philips einen starken Einfluß auf mich. Ich glaube, daß nun niemand mehr eine solche Wirkung auf meine Entwickelung haben wird, als diese drei, die seltsamerweise alle semitisches Blut in sich haben. Wolfskehl ist sogar ganz Jude. Weinhöppel würde nie einen solchen Einfluß auf mich erlangen können, da er doch schließlich nur eine Erinnerung bedeutet an Dinge, die ich zu vergessen im Begriff war. Er ist in vieler Hinsicht ein verbesserter und bereicherter Löwenherz. Übrigens glaube ich, daß aus diesen dreien, denen ich so vieles verdanke, nichts Rechtes werden wird. Ich habe immer eine große Neigung gehabt, auf andere zu hören. Man sagt sogar, daß ich zu leicht bestimmbar sei, auch habe ich in der Kunst unwillkürlich fremde Muster nachgeahmt. Ich habe auch Talent, in Poesie, Musik und Schauspielkunst fremde Stile zu kopieren. Trotzdem glaube ich, daß ich in der Einrichtung meines Lebens und auch in allem, was ich schreibe, mich zu einer größeren Eigenart durchzuringen im Begriff bin, als meine früheren Kameraden aus der naturalistischen Zeit, die sich gegen fremde Individualität sperrten und heute noch da sind, wo sie damals waren, z. B. Plöcker und auch Rath.

Lori ist gütig und gemütvoll von Grund auf, aber ihr Verkehr in den Berliner Gesellschaftskreisen, besonders ihre Ehe hat sie furchtbar verdorben. Sie hat eine unbezwingliche Freude an hohlster Koketterie und einen sehr geringen Wertungsinstinkt für Männer. Als ich sie kennen lernte, war es wohl nur meiner Jugendlichkeit zuzuschreiben – im Sommer 93 in München – daß ich mich überhaupt mit ihr in so enge Beziehungen einließ. Ich glaube, auch einigen Einfluß auf sie gehabt zu haben, noch mehr aber der gelehrte und gemütvolle Fuld und besonders die Liebe des Instinktmenschen Rübke haben ihr die Augen etwas geöffnet über ihre gelegentlich schamlose Oberflächlichkeit. Auch Dr. Epstein zweifelte anfangs daran, ob es sich überhaupt lohnt, mit dieser Frau zu reden. Als Psychologe schaute er jedoch bald tiefer. Ich habe gehofft, daß sie, wenn ich abgereist sein werde, sich mit Epstein und Gutmann etwas befreunden würde, damit sie nicht wieder verlottert bei diesen entweder zu jungen oder zu dummen Männern, die sie umgeben, die sie entweder anbeten oder als amüsante kleine Frau behandeln. Sie will aber von Dr. Epstein und Gutmann nicht zu viel wissen, weil es Juden sind.

Ein mich immer wieder tief beschäftigender Gedanke: ob ein großer, das Leben durch kräftige Triebe beherrschender Mensch zu sein, der alles kann und erträgt durch die Gewalt seiner Persönlichkeit, ob das vereinbar ist mit dem Künstler, der der Phantasie und der Reflexion bedarf, welche die Instinkte hemmen. Daß dies große Sein mit dem Verstandesmenschen nicht vereinbar ist, weiß ich, aber ob mit dem künstlerischen? Carmen, das allmächtige Weib, ist nicht als Künstlerin zu denken. Don Juan ist kein Künstler. Dagegen sind Künstler oft kleine Menschen, voll von diesen liebenswürdigen Eigenschäftchen, wie Sentimentalität, Heimweh, Mitleid, Schüchternheit oder Sinnlichkeit ohne Leidenschaft. Künstler sind zu sehr der débauche mentale ausgesetzt, die weder Carmen, noch Don Juan kennen. Ich kann mir nicht denken, daß Carmen, selbst in der Einsamkeit des Gefängnisses, masturbiert, was faute de mieux wohl alle Künstler und Künstlerinnen tun. Auch die Kunst ist vielleicht nur ein Lebenssurrogat, wenn vielleicht auch ein süßeres und kräftigeres, als der abstrahierende Verstand.

Gestern die Bellincioni als Carmen gesehen. Die erste glaubhafte Carmen, in der mir das allmächtige Weib einleuchtete. Durch diese Oper geht ein heißer Geruch. Die Bellincioni paßt alles dem Stil der Rolle an. Wenn sie als Traviata vor die Rampe gerufen wird, kommt sie langsam, verbeugt sich und erhebt die Arme bittend, wie eine Heilige des Carlo Dolci. Als Carmen kommt sie gehüpft und nimmt die Huldigungen des Publikums an, so wie Carmen den Beifall der Sevillaner annehmen würde, wenn sie ihrer Schönheit Blumen streuten. Das ist eine liebenswürdige Pose, welche indeß mit der Kunst kaum etwas zu tun hat, fast unkünstlerisch ist. Neulich schrieb ich, die langen kleinen Augen der Bellincioni bedeuteten wenig, heute muß ich schreiben, daß diese Augen erstens groß sind und zweitens viel bedeuten. Sie sind eben beständig anders. Sie hat eine seltsame Art, die inneren Augenwinkel in die Höhe zu ziehen, sodaß ein Blinzeln entsteht, das halb listig, halb wollüstig ist. Und dann das Zusammenkneifen der Lippen, dieser feinen langen Lippen, die dann plötzlich all das Unanständige, Derbe, Schmutzige, aber Wilde einer gemeinen südlichen Rasse auszudrücken vermögen, ja, die nach Knoblauch zu riechen scheinen. Und die Beredtheit dieser gekrampften Fäuste! Die Hände waren ungepudert, sodaß sie einen derben rötlichen Ton hatten. Und zwischen all dem Wollüstigen, Boshaften, Listigen, das auf diesem Gesicht spielte, kam dann bisweilen ein Zug von Vornehmheit, der die Königin Carmen verriet, die Königin des Lebens. Dann waren die dünnen Lippen geschlossen, der Kopf halb nach der Seite gehoben, und die Augen wurden groß und tief. Doch schnell kam wieder das Lachen, jenes ewige Lachen, womit Carmen herrscht.

Dienstag, den 29. Dezember.

Neulich riet ich Jordan scherzweise, als er mir gleichfalls scherzweise zurief, seine Frau habe keinen Respekt vor ihm, er solle sie einmal schlecht behandeln. Ich riet ihm auch die Lektüre der Zähmung der Widerspenstigen, worin sich die ganze Weisheit über das Weib befinde. Nun hat dieser Mensch, wie es scheint, wirklich den Versuch gemacht, mir zu folgen, aber nicht dadurch, daß er sie energisch anpackt, sondern durch kleine Niederträchtigkeiten, Schikanen und Tölpeleien. Die Schwester hat mich daher dringend gebeten, ihm derartige Dinge nicht mehr zu sagen, und sie hat Recht, denn in dieser Ehe ist es immer noch besser, die Frau herrscht.

Kälte ist für eine Frau stets eine große Versuchung zur Oberflächlichkeit, die das Triebhafte verkennt, keine Achtung hat vor dem Unberechenbaren, wie eine Naturkraft Hervorbrechenden. Dieser Mangel dürfte die Hauptschuld an Loris Oberflächlichkeit sein, die mir in den letzten Tagen manches bittere Wort gegen sie entlockte. Gestern hätte ich sie am liebsten geohrfeigt. Ich nehme sie viel zu ernst. Dann ärgern mich ihre Schwächen, ferner jenes beständige Verlästern der anderen, natürlich »ohne jede böse Absicht«. Ich bin nicht der Pedant, das weiblich Sprunghafte und Flatterhafte, was Ignoranten für Unvollkommenheiten halten, zu tadeln, aber das Weib muß durch ein sicheres Triebleben ahnungsvolle Schauer vor den Tiefen haben. Lori bleibt immer die kleine elegante Frau, die fesch sein will, ihren Ruf wahrt und sich nie ganz hingibt, bei aller Lustigkeit immer bewußt handelt und sich trotzalledem dennoch kompromittiert. Der Mann kann sich durch Denken über die Kleinlichkeit des Augenblicks hinwegsetzen und sub specie aeterni sehen lernen. Die Frau kann es nur durch Trieb. Davon hat weder Lori, noch Anna Maria etwas. Die kleine Schacko hat es vielleicht, aber sie bekämpft es. Der richtige Mann würde es in ihr vielleicht zum vollen Leben erwecken. Mir gefällt sie nicht genug, um es zu probieren.

30. Dezember.

Viele begreifen die griechische Liebe bei der Vorstellung eines Antinous, nicht gegenüber einem deutschen Gymnasiasten, der Sohn eines Beamten, Kaufmanns oder dergleichen ist. Solche Realitäten erwecken meist schon Hemmungsgefühle, die der

Wirklichkeit gegenüber solche Gedanken gar nicht aufkommen lassen. Dies ist der Sinn der débauche mentale, die nach gar keiner körperlichen Befriedigung sucht. Sicher eine äußerst gefährliche Gewohnheit.

Freitag, den 31. Dezember.

Nelly haßt die Männer, weil sie sie wider Willen lieben muß.

Seitdem ich eine künstlerische Form finde, habe ich auf einmal auch Einfälle, an die ich früher nie dachte.

Gestern traf ich meinen früheren Mitschüler, den Arzt Dr. Rudolf Schild. Wie leblos ist er geworden. Generalisierend, schablonenhaft, grausam. Es kam die Rede auf eine Umarmung in einer Sommernacht unter freiem Himmel. Schild fand das ordinär. Der Mann hätte doch wenigstens in ein Hotel gehen können, meint er. Ist ihm jemals schweigend jemand, von dem Augenblick überwältigt, in die Arme gesunken? – Ich bemerkte ihm, daß es Momente gibt, wo eine Frau, die zur Hingabe bereit wäre, auf einen solchen Hotelvorschlag hin den Mann von sich stoßen würde. Das verstand er nicht. Dabei hat er viel Verkehr mit Frauen, sogar mit einigem Erfolg, wie es scheint. Er behandelt sie burschikos und plaudert unkavaliermäßig seine Geheimnisse aus.

Ein Punkt, an dem die meisten Mediziner scheitern, sind die Anomalien verfeinerter Naturen. Da ist alles gleich krankhaft. Für mich ist die débauche mentale die Fähigkeit, von dem sinnlichen Vorgang alles Sinnliche zu unterdrücken, was freilich zu unerhörten Ausschweifungen der Phantasie führen kann, ohne den leisesten Versuch einer wirklichen Ausführung, wegen der auf die Sinne unlustvoll wirkenden Reize, die dann hinzukämen, sowie gewisser hemmender Associationen halber. Die galanten Schriftsteller sind oft keusch im Leben. Jede Perversität hat eine verführerische Grundidee. Sie ist Symbol dieser Idee. Vom Cunnilingus bis zur Koprophagie: die Idee des sich ganz und gar Hingebens.

Innsbruck, den 2. Januar 1897.

Vielen würde es nichts nützen, wenn sie auch die ganze Welt bereisten. Sie sehen in Italien doch nichts anderes als den Stiefel.

Den Sylvesterabend verbrachte ich noch in München in Loris Kreis. Ich kam als erster zu ihr und ließ mich hinreißen, allen aufgespeicherten Unmut über sie loszulassen. Es ist vielleicht gut, daß ich ihr nocheinmal alles gesagt habe, wie sie das Beste in sich tötet und eine Art weibliche Geckerei in sich entwickelt. Sie hat eine unbezwingliche Neigung, sich mit mittelmäßigen Menschen zu umgeben. Trotz dieser Szene verbrachten wir in großer Gesellschaft einen recht lustigen Abend in einem Weinrestaurant, woran sich noch ein letzter Besuch im Café Luitpold anschloß. Der Ton war sehr frei. In München herrscht die Sitte, um 12 Uhr in der Neujahrsnacht in allen Restaurants die Lichter zu löschen. Die paar Minuten der Dunkelheit werden allgemein mit Küssen ausgefüllt. Jeder stürzt sich auf seine Nachbarinnen. Das ist charakteristisch für München. Ich saß zwischen Frau Jordan und einer anderen Frau. Anna Maria war von einer für ihre Verhältnisse sehr großen Zärtlichkeit. Die Hände der anderen Frau zu küssen hatte ich mir längst gewünscht. Trotzdem fühle ich nicht einen Augenblick die Versuchung, noch länger in München zu bleiben.

Am Neujahrstag verließ ich München um ½ 2 Uhr. Der Zug fuhr durch schneeiges Hügelland, dann kamen die großen weißen Tiroler Bauernhäuser und Hochgebirg. Mir kamen diese Linien unschön und aufdringlich vor, wie noch nie, wenn ich an die Linienschönheit des deutschen Mittelgebirges, z. B. des Taunus dachte. Hier in Innsbruck bitter kalt. Abend verbrachte ich in einer anti-spiritistischen Vorstellung. Heute früh Rundgang durch die Stadt, Goldnes Dachl, Hofkirche. Stattliche hohe Häuser in engen schneegepolsterten Straßen, dazwischen fast lautlos ein lebhafter Morgenverkehr. Bisweilen ragt hinter den Häusern ein kolossales Stück beschneiten Berges auf.

Riva, Sonntag, den 3. Januar.

Gestern durch die verschneiten Alpentäler bei heller Sonne und wolkenlosem Himmel nach Trient. Ich litt furchtbar unter der Kälte. Am Abend führte mich in Trient ein Subjekt durch die ziemlich kläglichen Lupanare. Trient ist eine herrliche Stadt mit durchaus italienischem Duft. Heute morgen sah ich den schönen romanischen Dom, die Paläste der Stadt und irrte zwischen den Vignen auf den umliegenden Höhen umher. Die Farben durchaus südlich, die Kälte furchtbar. Die Bergformen wundervoll. Nachmittags Abreise. Die Täler zwischen Trient und Riva von unbeschreiblicher Schönheit. Braune, laublose Höhenzüge, auf den Gipfeln sonniger Schnee, tiefer bisweilen die schwarzen Flecken immergrüner Pflanzen um weiße kleine Häuser, dazwischen die blaue Etsch. Auf dem Wege von Mori nach Riva gibt es eine fast norwegische Landschaft, ein See, in dem sich die schroffen, kahlen Felsen spiegeln, weiße sonnige Firnen. Hier ist alles frühlingsmäßig, viel Grün, viel Sonne, doch in den Häusern sehr kalt. Sonst wie bei uns in Mitteldeutschland schöne Märztage. Das italienische Milieu macht mich schwermütig. Ich glaube, unbewußt spielen Reminiszenzen an meine früheren italienischen Reisen mit. Ich machte heute nachmittag einen Spaziergang am Westufer des Gardasees, die Einsamkeit zwischen den starren Bergformen, der stille See griffen mich derart an, daß mich ein plötzlich erscheinendes Vorgebirge von wilden Formen fast in Schrecken versetzte. Als ich das Rauschen des Ponalfalles vernahm, mußte ich umkehren, da es mir zuviel wurde. Auf dem Rückweg trat ich in ein Haus, das ich für eine Weinschenke hielt. Eine nicht mehr junge, aber keineswegs reizlose italienische Schweizerin kredenzte mir den Wein mit sonderbarer Liebenswürdigkeit. Bald erkannte ich den Charakter des Hauses. Die Zimmer waren groß und ungeheizt. Ich war der einzige Gast in dem öden Saal, der an eine Osteria di campagna erinnerte. In einem Nebenzimmer waren ein paar Soldaten, die ein Harmonikaspieler belustigte.

Arco, 5. Januar 1897

Arco, Dienstag, den 5. Januar.

Ich habe nun wieder meine alten Gewohnheiten aufgenommen. Heute nachmittag konnte ich mir wieder in meinem gemütlichen Arbeitszimmer einen Tee bereiten. Der gestrige Tag ging mit dem Suchen nach einer Wohnung hin, die ich schließlich hier fand. Hier ist man auf nordische Lebensgewohnheiten einigermaßen eingerichtet. Ich bin sehr zufrieden. Die Temperatur gestattet am frühen Nachmittag das Sitzen im Freien. Schon seit 3 Wochen herrscht der sprichwörtliche ewig blaue Himmel. Die Landschaft ungemein reizvoll: ein weites Tal, das sich bis zum See erstreckt, von vielen Dörfern und Gehöften belebt, rings ein Kranz kupferbrauner Berge, deren Gipfel dicht beschneit, davor mit Oliven bewaldete Hügel. In den Kuranlagen ist alles grün. Zedern, Palmen, Magnolien, Zypressen, Oleander usw. Es gibt viele Schwindsüchtige hier, die Spucknäpfe neben sich haben, und Kranke, die in Stühlen gefahren werden. Alles dies in der zauberischen Landschaft hat einen sehr traurigen Reiz. Ich gehe allein zwischen all dem umher. Niemand kennt mich, ich kenne niemand. Ich bin zufrieden so. Mitten in diese Ruhe kam mir die Nachricht, daß der Tod meiner Mutter in den nächsten Wochen, resp. in Monaten zu erwarten stehe. Ich war auf diese Nachricht vorbereitet, ja, ein baldiger Tod wäre eine Erlösung für sie. Die Nachrichten von Hause, so traurig sie sein mögen, bekommen ihre wahre Macht erst dann über mich, wenn ich mein Elternhaus betrete. Die Nachricht vom Tod meines Vaters, die ich im Januar 95 in München erhielt, machte mich anfangs nur innerlich starr, in der Eisenbahn war ich sogar zum Lesen fähig, während der bloße Anblick meiner Mutter bei der Leiche geradezu Weinkrämpfe hervorrief. Jedenfalls werde ich Mama lebend, wenigstens bei vollen Sinnen, nicht wiedersehen. Ich träume fast jede Nacht von Papa; seltsamerweise immer von einem Streit, den ich mit ihm habe über unsere verschiedenartige Lebensauffassung, bei dem ich aber nie zürne. Ich bin überzeugt, wenn er noch lebte, hätte ich mich in diesen 2 Jahren nicht so weit entwickeln können. Er hätte mich entweder zu allerlei Konzessionen in der Berufswahl, oder wider meinen Willen zu einem zeitweiligen Lossagen von ihm gezwungen. In letzterem Falle hätte ich auf Gelderwerb sinnen müssen. In beiden Fällen hätte ich meine beste Zeit äußeren Dingen geopfert. Käme Papa eines Tages zurück und sähe die Beweise meiner Begabung und hörte die Gründe meiner reiferen Weltauffassung, wir würden zweifelsohne die besten Freunde sein. Er hatte ja nie bornierte, konventionelle Vorurteile. Er wollte nur das Glück seiner Kinder, und da mußte ihm ein Sohn mit meinen Extravaganzen ohne die mindesten Beweise einer wirklichen Begabung viel Sorgen machen. Heute stehe ich meinem Bruder Richard ähnlich gegenüber, wie Papa einst mir. Richard will das Studium der Architektur aufgeben und zum Kunstgewerbe übergehen. Wer bürgt mir für seine Begabung? Scheut er das mühsame Technische der Architektur aus Faulheit oder aus einer selbständigen Veranlagung, die mehr inspiratorisch als methodisch ist? Vorläufig konnte ich nichts tun, als bei einem Maler, bei dem er zeichnet, anfragen, welchen Eindruck ihm Richards Begabung macht. Und was beweist schließlich dessen Urteil? Er soll jedenfalls eine Zeitlang sich versuchen auf dem neuen Gebiet, schlimmstenfalls verliert er ein paar Jahre und kehrt dann zu einem praktischen Beruf zurück.

Mittwoch, den 6. Januar.

Ich arbeite an »Mela«. Ein Gedanke, den ich als zu deiktisch ausscheiden muß aus der Novelle, aber bewahren möchte: die Logik des Mannes ähnelt den feinausgeklügelten Finten des Säbelfechters, doch das Weib lacht über die Künste mit der Brutalität des Pistolenschützen. Manche werden behaupten, es sei gerade umgekehrt.

Donnerstag, den 7. Januar.

Ob die Italiener ein Wissen davon haben, wieviel Schönheit in ihrem Tun ist? Am Sonntag früh sah ich bei meinem Spaziergang außerhalb Trients auf einem Felsen über der Stadt 3 Jungen gelagert, die Karten spielten: ein Murillo. Dabei schauten sie mich so listig lächelnd an, als wüßten sie von der Schönheit, die sie entfalten.

In dem Leben der deutschen Frau, die zwar im allgemeinen auch sinnlich ist, spielt meist die Liebe nicht die alles andere verdrängende erste Rolle, wie in dem Leben der Italienerin. Gerade, weil sie die Liebe nicht so ernst nimmt, knüpft das unbewachte deutsche Mädchen leichtsinniger, aus bloßer Sinnlichkeit, ohne Leidenschaft, ein Liebesverhältnis an. Andererseits macht die geringere Leidenschaftlichkeit – Sinnlichkeit allein ist nicht stark genug, alles aufs Spiel zu setzen – die deutsche Frau zu einer verhältnismäßig treuen Gattin. Das italienische Mädchen ist, auch in den niederen Ständen, meist viel zu gut bewacht, um leichtsinnige Verhältnisse anzuknüpfen. Die Prostitution hat damit nichts zu tun. Sie wird nicht aus Schwäche des Fleisches, sondern aus reiner Berechnung und Gewinnsucht einer Frau zum Schicksal. Dagegen ist die wahre, ernste Leidenschaftlichkeit der italienischen Frau so groß, daß sie keine Bande respektiert. Liebesverhältnisse mit Mädchen der niederen Stände, wie sie in Deutschland jeder Student gehabt hat, kennt man gar nicht oder nur ausnahmsweise in Italien. Ist aber erst einmal die soziale Position begründet, dann kennt die Italienerin viel weniger Schranken, als die Deutsche. Die bloße Sinnlichkeit beherrscht sie viel besser, als die Deutsche, die indessen zum Durchbrechen großer Schranken meist nicht stark genug ist. Auch dadurch ist das italienische Mädchen sehr geschützt, daß der Verführer der Rache der Verwandten anheimfallen würde. In Deutschland dürfte wohl jede Prostituierte eine Zeit gehabt haben, in welcher sie freie Verhältnisse aus Sinnlichkeit unterhalten hat. In Italien durchaus nicht. Die meisten kommen dort mit vollem Bewußtsein durch einen einmaligen Schritt zu ihrem Gewerbe, oft unter den Auspizien der Mutter, wenn sie einsehen, daß die Aussichten auf eine materiell und sozial befriedigende Ehe gering sind. Die Italienerin sinkt nicht langsam, wie die schwächere und naivere Deutsche, die einen langen Kampf mit dem Gemüt und dem Idealismus durchmacht, ehe sie sich prostituiert.

Ein seltsamer, etwas kindischer Zug, der durch die deutsche Romantik geht, der mir jetzt wieder bei der Lektüre von E. T. A.

Hoffmann »Elixiere des Teufels« auffällt, ist der: der geheimnisvolle Reiz, mit dem das prunkvolle Leben vornehmer Frauen und routinierter Lebemänner ausgestattet wird, überhaupt das Mystische der großen Welt, gepaart mit ziemlicher Unkenntnis dieser Kreise. (Tieck, William Lovell, der Roman eines Lebemanns, geschrieben von einem fast keuschen Jüngling; die schönen vornehmen Frauen bei Novalis, Immermann, ja noch bei Spielhagen, die meist Puppen sind und ihren Ursprung aus der Phantasie junger weltfremder, heißblütiger Teutonen verraten.)

Nur wo eine große einheitliche Linie durch eine Persönlichkeit geht, fallen Begriffe, wie Laster und Perversität fort. Nur solche Menschen stehen jenseits von Gut und Böse, weil sie ihr Maß in sich haben.

Der Grad der Unvertretbarkeit der Arbeit des Menschen bestimmt das Maß, was ihm die bürgerliche Gesellschaft an moralischer Freiheit gestattet, und darin hat sie Recht. Offizieren und Beamten ist ein sklavischer, teils ungeschriebener Sittenkodex auferlegt, dem Künstler und dem großen Forscher dagegen ist fast alles gestattet, weil ihre Werke von gar keinem anderen geleistet werden können, kurz, weil sie Einzelindividuen von Wert sind, nicht nur gut rollende Räder einer Maschine, die jederzeit durch andere ersetzt werden können.

Freitag, den 8. Januar.

Am Tag der Heiligen Drei Könige saß ich abends lange in einer einfachen Osteria und trank ziemlich viel Wein. Eine hübsche Person, eine Verwandte des Wirtes, forderte mich auf, nach Schluß des Lokals mit in ein Tanzlokal zu gehen, wo die deutsche Bevölkerung von Arco (die niederen Stände) das Fest begingen. Ich beobachtete dort von meinem Tische aus einige der deutschen Kellner, die hier in den ersten Hotels angestellt sind, und wunderte mich über die erlebnisreiche Buntheit ihres Daseins. Überall kommen sie hin, machen neue Bekanntschaften, die ihr Leben in wenigen Tagen von Grund aus umgestalten können. Ihr Beruf ist nur Gelegenheit, Neues zu erleben. Es ist begreiflich, daß auf viele Menschen ihrer Klasse dieser Beruf eine so große Faszination ausübt. Welche Verbindungen eröffnen sich ihnen mit dem anderen Geschlecht! Der Beruf ist ihnen natürlich nur Vorwand für ihre Erlebnisse. Das im Beruf aufgehen, kennen sie nicht. Dort bemerkte ich auch an einem Nebentisch ein sehr sonderbares Paar, einen älteren und einen jüngeren Menschen, die mir manchesmal wie zwei geheime Verbrecher vorkamen. Der ältere sprach mit mir. Er ließ durchblicken, daß er als verarmter Adliger beim diskreten Bettel in hohen Häusern viel Glück habe, ließ aber plötzlich das Gespräch fallen und ging zu Bett, offenbar in der Angst, daß ihn der Wein zu noch mehr Äußerungen verleiten würde. Der jüngere Begleiter warf mir oft Blicke zu mit etwas verächtlichem Ausdruck gegen den anderen. Der Junge steht im Fremdenbuch als Friseur, ein anderer Begleiter, der schon früh zu Bette gegangen war, als Kellner. Eine höchst sonderbare Gesellschaft.

Arco, Freitag, 8. Januar 1897.

Von großer Schönheit sind in dieser Gegend die an den Hügeln hinziehenden Olivenwälder, in denen ich viel herumstreife. Die Wege sind rauh von Geröll und Felsen, dazwischen die phantastischen Formen der silbergrünen Oliven. Seit einigen Tagen ist der Himmel bewölkt; der graue Ton, der über allem ruht, erhöht die Schwermut der Landschaft, dabei herrscht eine laue Wärme, die das Blut in Unruhe bringt. – Vormittags arbeite ich an meinen Novellen oder ich lese. Nach Tisch gehe ich spazieren, zwischen 4 und 5 komme ich zurück und verbringe die Zeit bis zum Nachtessen wie Vormittags. Abends sitze ich beim Wein. Ich habe einige oberflächliche Bekanntschaften mit Alltagsmenschen gemacht, deren Gesellschaft ich nicht zu oft haben möchte, bisweilen sind sie mir jedoch lieb zur Unterbrechung meiner Einsamkeit, zumal sie mich nicht in meinem Innenleben stören, von dem ich ihnen nicht viel mitteile.

Samstag, 9. Januar.

Ein furchtbarer Tag. Zu dem schwülen bedeckten Himmel kommt nun anhaltender Regen; die Eingeborenen meinen, daß damit der Winter vorbei sei. Kein Spaziergang möglich, den ganzen Tag im trüben Zimmer. Ich warte seit Tagen auf Geld. Jedes Klingeln an der Haustür läßt mich erschrecken, da ich stündlich schlechte Nachrichten von Zuhause über Mama's Befinden erwarte. Ich lag einige Stunden im Halbschlaf auf dem Bett, dann Thee. Lektüre von alten Aufsätzen von Hermann Bahr. Das rüttelt etwas an den Nerven. Es ist etwas Suggestives, von Person zu Person wirkendes, in diesem so viel angegriffenen Stil. Nun ist mir besser. Draußen liegt die Sarca-Brücke in einem milden blauen Dämmerlicht.

Gestern Abend lernte ich beim Wein in einer einfachen Trattoria einen blonden Deutschen von etwa 40 Jahren kennen. Wir kamen in Unterhaltung. Er verriet vielseitige Halbbildung, Verstand der nach Erkenntnis strebt, offene Sinne doch große Befangenheit. Er reist mit einem 20jährigen, der mich mit den Blikken fast verschlang. Bald erriet ich ein eigentümliches Verhältnis zwischen den Beiden und er merkte, daß ich etwas merkte, ohne mich zu entrüsten. Er wurde vertraulicher und so erfuhr ich, daß er angeblich alten Adels sei (von Senden) und sein großes Vermögen verloren habe. Er reise in der ganzen Welt herum; wo er Geschäfte mache, halte er sich auf, dann gehe er weiter. Über die Geschäfte machte er geheimnisvolle Andeutungen, verlangte plötzlich von mir, ihm zu sagen, was ich von ihm hielte, worauf ich erwiderte: Sie haben Ihr Vermögen verloren und Ihren Verstand bewahrt, der Ihnen nun mehr als ein Vermögen ist und Ihnen erlaubt, die Verhältnisse auszunützen. Da schüttelte er mir höchst geschmeichelt die Hand und nun sprachen wir über andere Dinge.

Donnerstag, 14. Januar.

Gestern endlich wieder ein schöner Tag. Ich benutze ihn zu einem Ausflug nach dem Varone-Wasserfall und den Ponal-Fällen. Frühlingswärme.

Frankfurt a. Main, 22. Januar 1897.

In Arco bekam ich eines Morgens ein Telegramm, das mir den Tod meiner Mutter mitteilte. Eine Verkehrsstörung hinderte die sofortige Abreise, sodaß ich den ganzen Sonntag bis um 5 Uhr in Arco bleiben mußte.

Am Nachmittag Abschiedsgang durch Arco: Zwischen Palmen und Cedern ächzte die Kurkapelle, italienische Opernmusik. Eine hölzerne Wandelbahn. An den Wänden sitzen die Kranken. In der Mitte gehen Menschen auf und nieder mit dampfenden Regenschirmen. Graues Licht.

Die Straße der Magnolien: eine lange Allee von Magnolien und Lorbeer, die sich ablösen, dahinter die immergrünen Palmenbosquets. Dahinter die niedrigen einfachen Kurbauten, dahinter die olivenbedeckten Bergwände, die oben schneebedeckt sind.

Der Marktplatz: ganz italienisch. Eine Barockkirche, rundum alte Arkaden, Lauben, wie man in Österreich sagt. Den ganzen Sonntagnachmittag steht italienisches Volk umher, die Hüte im Nacken, die Hände in den Hosentaschen

Indessen schlichen die graublauen nebligen Nachmittagsstunden dahin, bis die gelben Gasflammen angezündet wurden.

Auf der Bahnfahrt fiel mir ein Gedicht ein: »Gäb' es ein Leben, hell und still und kalt«.

Am Montag Nachmittag hier angekommen. Mein Bruder an der Bahn. Ich kam in dem Gefühl nach Hause, nun, nach Mamas Tod in meiner Familie wenig Widerhall zu finden, doch war bei dem Anblick meiner mir in Trauerkleidern entgegenkommenden Schwestern die alte Zärtlichkeit wieder vorhanden. Hedwig führte mich in das Zimmer, wo Mama zwischen Blumen aufgebahrt war. Ich brach zum ersten Mal in Tränen aus. Mama war garnicht verändert. Sie hatte die letzten 14 Tage in der Wahnvorstellung verlebt, Papa sei zurückgekehrt, und das hat sie glücklich gemacht. Ihr Gesicht trug den Ausdruck von Ernst, fast von Selbstbewußtsein, ein Ausdruck, den sie im Leben nur selten hatte und der ihr bei längerem Anschauen etwas Fremdes gab. Von wunderbarer Schönheit waren die Hände. Sie trug ein schwarzes Kleid, dasselbe, in dem sie mit Papa die letzte Festlichkeit erlebt hatte. So war es ihr Wunsch gewesen, auch hat ihr Hedwig eine Photographie von Papa zugesteckt, wie sie gewünscht hatte, da sie selbst Papa ihr eigenes Bild mit in's Grab gegeben hat. Auch mit meinem Schwager Otto scheint mich dieser Trauerfall wieder näher gebracht zu haben. Er ist zwar ein vollständiger Alltagsmensch, aber ohne jede Bosheit. Trotzdem empört sich, trotz seinem guten Willen, manchmal etwas in ihm gegen mich. Richard ist ganz verworren. Arrogant und ungeschliffen. Aber wie's scheint, entwickeln sich Gaben in ihm. Er befindet sich in einem Zustand der Revolte gegen alles. Ob er aus dieser Gärung als Reifer hervorgeht, ist unmöglich zu sagen. Ich war in seinem Alter ähnlich. Doch scheint mir, daß es ungünstig mit ihm steht. Tilly ist ein verliebter Backfisch. Es macht mir Sorge, daß sie so leicht in Flammen gesetzt wird. Bis jetzt fast immer von unbedeutenden Männern. Vielleicht ist auch dies nur die Verwirrung der Pubertät, vielleicht aber auch mehr.

Großmama finde ich sehr ruhig und für ihre 73 Jahre ungeheuer rüstig. Durch Papas Voreingenommenheit, die sich auf Mama und leider auch lange auf uns Kinder übertrug, wurde sie viel verkannt, ja undankbar behandelt. Sie hat halbfranzösisches Blut, liebt den Bombast, aber ist dennoch eine gute Natur, unendlich generös, doch hat sie wenig Gemüt, viel Lebensklugheit, Energie, wenig Kunstverständnis, sodaß sie nicht imstande ist, meine Interessen zu teilen. Im ganzen fühle ich mich hier in Frankfurt wohl. Ich habe eine eigene Wohnung gemietet und denke morgen wieder zu arbeiten.

Samstag, 23. Januar.

Gestern erschien ein junger Mann, der um Tilly's Hand warb. Sie hat ihn in Bensheim, wo sie sich in den letzten zwei Monaten in einer Pension befand, kennen gelernt. Er ist ein 26jähriger Fabrikbesitzer aus früher adligem Haus, nennt sich aber nicht mehr »von«. Distinguierte, schmächtige, fast knabenhafte Erscheinung, wohlerzogen, offenbar ziemlich zartfühlend und in alldem Otto weit überlegen. Indessen gänzlich unbedeutend, wenig Verstand, wenig Welterfahrung, aber bon garçon. Tilly liebt ihn angeblich. Der Entschluß der Familie, ich eingeschlossen, geht dahin, daß beiden durch Korrespondenz und zeitweiligen Besuch seinerseits Gelegenheit gegeben werden soll, ihr Gefühl zu erproben. Zeigt es sich bei Tilly als nachhaltig – bei ihm ist es zweifellos so – so wäre sie wohl für mich verloren. Sie käme in ein Alltagsmilieu, für welches mir das Verständnis fehlt. Er geht ganz in seinem Beruf auf und in den ängstlichen Vorstellungen der kleinstädtischen haute volée. Ich sagte Tilly das heute alles ziemlich offen, als sie zum Thee bei mir war. Ich hielt ihr vor, auf was sie alles verzichten wolle, auf jeden geistigen Lebensinhalt, und daß sie noch so jung sei und viel interessantere Männer kennen lernen könne. Daß er ihr sogar in vieler Hinsicht unterlegen sei. Er hält sie für einen Engel und dabei ist sie sich mit ihren 17 Jahren klar darüber, daß er sie überschätzt. Ich erinnerte sie an das viele Gemeinsame, was immer zwischen uns beiden gewesen ist. Ich halte das ganze bei ihr für einen sinnlichen Rausch, denn dieser Georg Alewyn ist für den Geschmack mancher Frauen sicher ein sogenannter süßer Kerl, wovon er indessen bisher wenig Gebrauch gemacht zu haben scheint.

Dinstag, 26. Januar.

Gestern kam Mathilde. Es war ein sehr glückliches Wiedersehen. Wir verbrachten einen schönen Abend in alten Erinnerungen mit vielen »weißt Du noch«. Sie versucht unser Verhältnis zu einem Freundschaftsverhältnis zu machen. Ich gehe scheinbar darauf ein, und so erlebe ich noch einmal die Schauer einer ersten erobernden Liebe. Allzulange scheint ihre Standhaftigkeit nicht zu dauern, denn ich habe sie bereits wieder mehr als freundschaftlich geküßt. Ich habe im letzten Sommer an unserem Verhältnis viel verdorben, indem ich mich zu sehr um ihre etwas verworrenen Lebensverhältnisse kümmerte. Sie ist nun einmal leichtsinnig und schlampig. Das gab viel überflüssigen Streit. Ich werde mich nun um diese Dinge nicht mehr kümmern, solange ich nicht allzusehr unter ihrer Unpünktlichkeit zu leiden habe.

Mittwoch, 27. Januar.

Ich werde meinen Aufenthalt hier möglichst abkürzen. Das Klima gestattete heute zum ersten Mal einen kleinen Spaziergang zwischen den dichtbeschneiten Feldern vor der Stadt. Leben giebt es hier nicht, geistige Menschen gar nicht. Durch die Familie fehlt es mir an der notwendigen Einsamkeit.

Mein Schwager Otto ist mir unerträglich, nicht wegen seiner Meinungsverschiedenheit, sondern der unsagbaren Trivialität seiner Formen und Äußerungen. Wäre seine Lebensauffassung doch wenigstens jener echt konsequente altpreußische Konservatismus mit dem Königtum von Gottes Gnaden und der christlichen Moral. Darin wäre Einheitlichkeit. Aber bei aller Preußentümelei ist er, ohne es zu ahnen, von utilitaristischem Demokratismus erfüllt. Auch hiergegen hätte ich wieder nichts, wenn er dann nicht wieder jene sittliche Entrüstung vor meinen Meinungen hätte, die er unmoralisch nennt.

Großmama ist sehr unglücklich und das mitanzusehen ist furchtbar. Sie ist nun ganz allein. Es waren stets häßliche Verhältnisse. Mit Mama hatte sie garnichts gemeinsam. Darum blieb Mamas beste Seite, ihr Gemüt und eine gewisse Kindlichkeit, vor ihrer Ehe unberücksichtigt. Papa verstand Großmama nicht, umso besser verstand er aber Mama. In ihr keimte ein unerklärlicher Haß gegen Großmama auf. Sie behauptete oft, von ihr als Kind schlecht behandelt und schlechter erzogen worden zu sein, als in Großmamas Kräften stand. Das war offenbar ein Irrtum, denn was Großmama zu geben hatte, war nichts für Mamas Natur. So wurde Großmama beständig verkannt, zumal die Meinung von ihrer Bösartigkeit auch lange Zeit auf uns Kinder übertragen wurde. In Wirklichkeit hatte sie bloß eine gewisse kaufmännische Nüchternheit, manchmal wohl auch Mangel an Zartgefühl. Indessen ist alles, was ich aus eigener Erfahrung von ihr weiß, eine Kette von Aufopferung, Generosität und Güte gewesen. Mama hat ihren Irrtum während ihrer Krankheit eingesehen und ihn bei Großmama und auch bei Hedwig eingestanden. Ich begann schon zu Papas Lebzeiten selbständig über diese Verhältnisse zu denken. Übrigens hat sie etwas zweideutig doppelsinniges, was man auf die Dauer schwer erträgt. Möglich, daß sie an ihren Enkeln gutmachen wollte, was sie gegen die eigene Tochter versäumt hat und daß ich dadurch so gern an ihre Güte glaube.

Montag, 1. Februar.

Es war unausbleiblich, daß das alte Liebesverhältnis mit Mathilde sich wieder herstellte. Nicht aus Leidenschaft, vielmehr waren wir eines Abends in meiner Wohnung zusammen und kamen uns in Gesprächen sehr nahe. Wir lagen Arm in Arm auf der Chaiselongue. Da war nun der Gedanke, sich an diesem Abend zu trennen, noch hinauszugehen in die Winternacht, unerträglich und so wurde es wieder wie früher. Gestern waren wir dann wieder ganz freundschaftlich zusammen. Ich begehre sie nicht mehr so stark wie früher, aber sie ist mir fast lieber und wertvoller geworden. Ich glaube, dieser Zustand ist in einer guten Ehe das gewöhnliche. Mathilde allein macht mir Frankfurt augenblicklich erträglich. Eine Feinfühligkeit von ihr: Gestern versagte sie sich mir aus anfangs unerklärlichen Gründen, die ich natürlich schweigend respektierte. Beim Weggehen gestand sie mir ihre Geldverlegenheit. Nun begriff ich ihre Zurückhaltung. Wenn sie umfassender gebildet wäre, wäre sie überhaupt das für mich geschaffene Weib. So zwar begreift sie instinktiv sehr vieles, wenn ich es ihr erkläre, ist aber nicht imstande, allein ein ernsteres Buch zu lesen.

Mit Tilly viel ärger. Sie mag nun tun, was sie will. Im Sommer habe ich mich täglich eine Stunde mit ihren Studien befaßt und, soweit es bei ihrem Alter möglich war, in ihr künstlerisches Verständnis zu erwecken gesucht. Nun hat sie in meiner Abwesenheit, wie sie mir gesteht, eine Schwenkung zu den »praktischeren Anschauungen« Otto's gemacht. In ihrem Benehmen gegen Großmama, bei der zu wohnen sie sich weigert, zeigt sie sich sehr hart. Mit ihrer Verlobung scheint es nun doch vorbei zu sein, da sich Alewyn's pekuniäre Lage als unbefriedigend erwiesen hat, d. h. die Familie, nicht sie selbst, erkennt diesen Grund als triftig an. Es besteht augenblicklich eine Parteiung: Otto,

Hedwig und Tilly einerseits, die zusammen wohnen, Großmama, Richard und ich andererseits. Die Verhältnisse sind, besonders Großmamas drohende Verlassenheit, unerträglich. Ich zähle die Tage, bis ich hier fortkomme, lese viel Schopenhauer.

Gestern mit Oscar Priester zusammen, ein früherer Mitschüler, jetzt Referendar, unzufrieden, oberflächliches Bedürfnis nach Freiheit, ohne besondere Begabung und Kraft. Er pfuscht ohne Talent in den Künsten herum. Ihm gegenüber muß ich mich als unendlich vom Glück begünstigt fühlen.

Neulich bei Georg Fuchs in Darmstadt. Seit Herbst sitzt er dort ohne Anregung bei der Arbeit. Er ist ganz Gefühls- und Triebmensch, ohne viel Denkbegabung, sodaß wir uns nicht so viel zu sagen haben, wie etwa ich mit Gutmann und Philips, die er wieder gering schätzt. Man kommt ihm nicht nahe. Er besitzt, scheint es, eine gewisse Keuschheit, die ihn hindert, sein Inneres zu zeigen. Eine Mischung von Verschlagenheit und Kindlichkeit. Ich habe keine Ahnung, warum er eigentlich den Verkehr mit mir aufrecht erhält, ob ich ihm lieb bin, ob er von mir etwas hält oder sonst irgend etwas erwartet. Wir treffen uns im Hause Hoby. Dort eine ungleiche Ehe. Er ein unbedeutender Alltagsmensch, sie soll, wie Wohlfskehl sagt, von antiker Größe der Lebensauffassung sein. Aus äußeren Gründen kann die Ehe nicht geschieden werden, doch lassen sie sich beide volle Freiheit. Frau Hoby hat eine gewisse Neigung zu mir, die sogar einmal eine sinnliche Form annahm. Im Sommer war ich oft bei ihr in Darmstadt, wo wir manche Nacht bis 3 Uhr zusammen saßen. Ich las ihr aus meinen Novellen vor, da traf es sich einmal, daß sie mir um den Hals fiel und mich küßte. Sie ist vielleicht einmal hübsch gewesen, doch jetzt schon 40. Ich entzog mich ihr leise und flüsterte ihr ins Ohr: »morgen werden wir uns gegenübertreten, ohne ein Wort davon zu reden, als wäre nichts vorgefallen. Auch wenn wir allein sind, werden wir nie darüber reden.« Sie antwortete mit einem wie erlöst klingenden »Ja«. Am Morgen beim Frühstück traten wir uns ohne Befangenheit entgegen und das freundschaftliche Verhältnis ist in keiner Weise beeinträchtigt. Ihr Verhältnis zu Fuchs ist mir nicht klar, es war sicher einmal sinnlicher Art.

Wie es heute ist, weiß ich nicht. Alle ihre Liebesangelegenheiten sind so naiver Art, daß Wolfskehl sie wohl aus diesem Grunde antik nennt. Ihre Tochter Louisa, die mit Tilly befreundet ist, ist ein merkwürdiges Mädchen mit tiefen Augen. Sie hält Tilly für etwas oberflächlich.

Wieder eine Scene zu Hause mit Großmama. Sie nötigt einen, irgend einen Gefallen von ihr anzunehmen und beklagt sich dann bei anderen, wie man sie inkommodiert. Diese Doppelsinnigkeit trotz aller sonstigen Güte hat ihr ewig Feindschaft mit Papa und Mama verschuldet. Ich habe es ihr offen und gründlich gesagt. Nun ist wieder Friede.

Strenge Erziehung ist darum wertvoll, weil der Starke erst durch seine Emancipation von gewissen Vorurteilen eine Kraftprobe abzulegen hat. Keiner dürfte von Anfang an ganz frei sein, nur wenige haben das Recht auf Freiheit, welches sie dadurch erweisen, daß sie sie erringen.

Freitag, 5. Februar.

Obwohl Tillys Verlobung nun rückgängig gemacht ist, ist sie doch durchaus vergnügt. Sie ist doch ziemlich oberflächlich.

Mit Absicht gehe ich nun Mathildens Umarmungen aus dem Wege, obwohl ich den persönlichen Verkehr mit ihr nicht missen möchte.

Bisweilen treffe ich mit Prange und Luhde zusammen, beide Schriftsteller, wie mir scheint, ohne eigentliche Produktivität, aber mit vielen anderen Gaben. Prange war früher Schauspieler, hat viel erlebt, Luhde Redakteur des Frankfurter Journals, hat für mich etwas körperlich Widerwärtiges, ich reiche ihm ungern die Hand. Da beide recht viel künstlerisches Empfinden haben, ist mir der Verkehr mit ihnen hier in Frankfurt doch erwünscht.

Der Opernsänger Candidus hat ein großes, altes Bild, welches er für einen Tizian im Wert von einer Million Mark ausgibt. Auf mein wiederholtes Fragen gab ich ihm meine Ansicht darüber kund, daß ich mich dieser Ansicht nicht anschließen könne. Er fragte mich, ob ich ihm das schriftlich geben wolle und ich konnte es ihm nicht verweigern. Ich schrieb ihm auf, daß ich das Bild für die Arbeit eines Bologneser Eklektikers vom Ende des 16. Jahrhunderts halte. Nun hat mich dieser Tor zum Zweck einer künstlerischen Konferenz mit dem Restaurator des Bildes zu sich gebeten, benützte aber die Gelegenheit, mich sofort mit Grobheiten zu überfallen. Ich empfahl mich umgehend, er aber gab durch Öffnen der Tür meinem Weggehen vor dem Personal des Hotels den Schein des unfreiwilligen. Ich schrieb ihm daher ebenso offen auf einer Postkarte: »An den Sänger Candidus, Ihr völliger Mangel an Wissen und Erziehung hindert mich auf Ihr kindisches Betragen so zu antworten, wie ich es bei meinesgleichen tun würde.« Darauf ist keine Antwort erfolgt.

Samstag, 6. Februar.

Mein Aufsatz über die Münchener Ausstellung im Glaspalast 1896 ist dieser Tage erschienen. Viel Raum habe ich Hans Thoma gewidmet, dem ich die Arbeit zusandte. Ich erhielt einen sehr liebenswürdigen Brief von ihm, mit der Aufforderung, ihn zu besuchen.

Prange ist in gewisser Beziehung mein Gegenpol: wenig Psycholog, hat er viel in den Tag hinein gelebt, und kommt jetzt zur Besinnung, wird fleißig. Ich habe nie in dem Maße gebummelt wie er. Zwischen allen Genüssen immer Arbeit, gehe aber jetzt nach Paris, in der Absicht, mich einmal ganz vom Schicksal treiben zu lassen, keine ausgedehnten Arbeiten oder Studien zu beginnen, nur herumgehen, sehen, beobachten, genießen. Daheim einige Gedichtsbücher etc., in die man sich einmal eine halbe Stunde vertiefen kann, ohne sich lang daran fesseln zu müssen. Prange hat nun die Neigung, gerade Männer zu schildern, die sich selbst psychologisch unter die Lupe nehmen, während ich in meinen Dichtungen die psychologische Analyse möglichst vermeide. Er gibt immer die Gedanken seiner Menschen über sich selbst wieder, ich suche nur Empfindungen zu geben, so strebt jeder nach dem, was ihm nicht selbstverständlich ist.

Dienstag, 9. Februar.

Am Samstag Besuch bei Thoma: ein kleiner, liebenswürdiger Mann, mit sehr klugem und hellem Gesicht, schönem weißen Vollbart; seine letzten Arbeiten sind technisch aber doch zu unzulänglich, er hält sich für einen bedeutenden Techniker und freut sich darüber, daß man nicht weiß, ob er raffiniert oder naiv ist. Er weiß es selbst nicht, spricht ausgesprochen schwäbischen Dialekt.

Die letzten Woche eifrig mit Schopenhauer beschäftigt. Ich zolle ihm viele Bewunderung, nur nicht seiner Ethik. Er überschätzt mir das Mitleid zu sehr, das dem tief Erkennenden unbedingt eigen sei. Es erhebe das Individuum über sich selbst. Das halte ich für falsch, gerade der Mitleidige ist dem Individualismus ganz besonders unterworfen. Was liegt denn am Einzelnen? Auch die absolute Verurteilung der Begierden kann ich nicht teilen, der Kampf gegen sie nimmt Zeit und Ruhe zur Erkenntnis, die Auseinandersetzung mit ihnen aber fördert die Erkenntnis. Vielmehr suche man wenig zeit- und kraftraubende Formen, die Begierde zu befriedigen und finde sich ruhigen Blutes dann im Tempel der Schönheit ein. Auch ich strebe nach der klassischen Ruhe, die allein im Schauen aufgeht, aber die können wir nur erreichen, nachdem wir die Wertlosigkeit des Sinnenrausches am eigenen Leib erfahren. Wir müssen den Lockungskünsten der Sirene nachgegeben haben, um sie zu durchschauen und nicht immer von Neugier nach ihr ergriffen zu werden. Auf die Befriedigung folgt Ruhe, gesetzt, daß sie mit Bewußtsein gesucht wurde und nicht eine moralische Niederlage bedeutet.

Obwohl sich mein theoretischer Egoismus immer mehr festigt, soll ich liebevoller, teilnehmender, offener geworden sein. Mathilde meint, aus einem Tyrann wäre ein Lamm geworden. Prange und Luhde haben dieselbe Veränderung konstatiert, desgleichen schon im Winter Philips und Gutmann, die sogar bisweilen schon im vorigen Sommer ähnliches beobachteten. Auch äußerlich bin ich einnehmender geworden, wie alle Welt versichert, seitdem ich meinen Spitzbart abgenommen habe. Ich bin ruhiger geworden und habe die Einsamkeit nicht nur lieben, sondern bedürfen gelernt. Auch meine Nervosität hat abgenommen.

Gestern ein selten schöner Abend in meiner Wohnung mit Prange und Luhde, die ich als Menschen immer mehr schätze. Ich las ihnen Eos vor, sie hielten es für klassisch. Vom »Liebesgarten« dagegen hält Prange wenig. Wir tranken herrliche alte Weine aus Mamas Keller und saßen bis 3 ½ Uhr.

Otto fühlt sich persönlich verletzt durch den Aufsatz über Thoma, sowie über die »Arroganz« des Aufsatzes »Kultur« in den neuen literarischen Blättern. Offenbar fühlt er sich durch den Passus vom mittelmäßigen Mann persönlich verletzt. Er ist unendlich klein und scheint bereits Rücksicht auf seine Kleinheit zu verlangen. Wenn er anfängt, bescheiden zu werden, müßte man sie ja nehmen, aber er ist es nicht.

Dienstag, 16. Februar.

Neulich Besuch von Hans Weidenbusch aus Paris, sehr anregend. Er strebt sich zum harmonischen Menschen zu bilden, ist aber völlig unproduktiv, sieht die Kultur zu sehr in den Nebensachen, die ja gewiß auch dazu gehören, wie Essen, Kleidung u. s. w., ist zu stark vom Geld abhängig. Wir schafften uns in der Nacht einige orientalisch polygame Freuden, wobei ich jedoch ziemlich kalt blieb, als wir alle zusammen waren, während sich die Sache vollkommen änderte als ich allein mit einer Frau im Nebenzimmer war. Weidenbusch ist kein bedeutender Mensch, doch sehr klug, beobachtend und gewandt, gar nicht philosophisch und wie mir scheint, ungeheuer egoistisch. Er hört beim Sprechen nicht zu, redet aber selbst ungeheuer viel. Ich habe indessen nie mehr Stil und Sicherheit im äußeren Auftreten gesehen.

Mit Mathilde zusammen gewesen. Ich habe meine Gefühle zu ihr doch überschätzt. Der Intimität gehe ich geradezu aus dem Weg. Ich glaube, daß ich die Abreise nach Paris zum Abbruch unserer Beziehungen benutzen werde, sie ist doch zu halbgebildet.

Prange hat seinen Roman »Blut« vorgelesen, entschiedenes Talent, Anschaulichkeit, aber doch völlig stillos, Überwuchern eines ganz unkünstlerischen Psychologismus.

Erinnerung an eine Münchener Kaffehausscene. Nacht, man sitzt, geistig ausgeschöpft, beisammen, äußeres Leben gibt es nicht; der Mensch, der Schlag 10 Uhr kommt, zwei Eierpunsche holt und um 12 Uhr nachts die leeren Gläser zurück bringt. Gespräch: über die nächtlichen Felder vor der Stadt, dunkle Wagen ziehen dazwischen, ob sie ein Ziel haben? ob sie alle Nacht so weiter fahren, ohne Ziel? Wer kann das ermessen? Solche Gespräche mit Gutmann.

Ich beabsichtige Samstag nach Paris zu fahren, in diesen Wochen habe ich wenig gearbeitet. Meine Novellen sind alle fertig, kein angefangener Stoff mehr im Schreibtisch, sehr nervös. Es gab einige sehr schöne Vorfrühlingstage mit roten Nachmittagen. Wie sehne ich mich danach, in einer fremden Stadt mit viel Leben unbekannt, ziellos herumzuschweifen. Diese Sehnsucht ist erst in letzter Zeit entstanden, wie ich überhaupt erst seit diesem Winter die Einsamkeit lieben lernte. Ich habe nun gerade ein Jahr intensiver künstlerischer Tätigkeit hinter mir. Ich will nun absichtlich einige Wochen, vielleicht Monate nichts arbeiten, ich brauche Erholung, Leben. Ich bin in diesem Jahr gefestigter geworden, ich glaube, es ist mein entwicklungsreichstes gewesen. Mir scheint, daß nun eine neue Lebensperiode beginnen soll, ich lasse mich nicht mehr von außen beeinflussen, so sehr ich auch gegenüber Anderen Augen und Ohren öffne. Ich bin minder pedantisch geworden, besonders in Bezug auf Zeit und Geld. Ich schreibe das alles allein dem Umstand zu, daß ich Arbeit habe, die ich wirklich als Mittelpunkt meines Daseins empfinde, während ich als Student eine unfreiwillige Beschäftigung hatte, die meine Hauptkräfte nicht in Anspruch nahm, sodaß ich sie in Allotria verpuffte. Künstlerisch habe ich viel gelernt in diesem Jahr. Philips und Gutmann haben im Juli meine Novellen von den naturalistischen Schlacken befreit und mir urplötzlich das Gefühl für Stil eröffnet. Ich kam dann auf einen etwas übertriebenen phantastischen Stil (Herrn Josephs Liebesgarten, Um Rosenkränze). Meine letzte Arbeit »Thea« ist nun auch davon frei. Die Sprache ist gewählt, doch sehr einfach. Philosophisch habe ich mich der Mystik genähert. Schon im vorigen Herbst. Angeregt durch Wolfskehls Fassung des Begriffes »Pan«, teils durch Frau Hoby angeregt. Die erste Spur davon befindet sich in der kleinen Novelle Eos. Dazu kam nun in diesen Wochen Schopenhauer. Dadurch bin ich dem Christentum wieder näher gekommen, d. h. dem Katholizismus. Dabei vertrage ich mich vortrefflich mit Nietzsche, da ich das Wollen keineswegs verdamme, vielmehr nur da ein tiefes Schauen für möglich halte, wo ein Wollen war und allmählich sich ausgewollt hat, denn was anderes wir geschaut, als die Welt als Wille, wozu das eigene Individuum selbst gehört und das ein umso ausgebauterer Mikrokosmos ist, je mehr Wille und Ursprung in ihm war. Überhaupt soll und kann das Schauen ein starkes Wollen garnicht lähmen, im Gegenteil ist die Synthese beider das Wünschenswerte: der Künstlermensch Goethe.

Donnerstag, 18. Februar.

Schopenhauer sagt, in der Metaphysik der Geschlechtsliebe, daß der Intellekt von der Mutter, der Charakter und der Wille vom Vater stamme. Bei mir stimmt das. Willenskraft verbunden mit Beschränktheit hat vielleicht bei vielen seinen Grund daher, daß die Mutter eine dumme Gans war, der Vater aber ein rechter Mann.

Über Tilly bin ich nun ganz klar: oberflächlich und lieblos.

Gestern und vorgestern auf Reisen. Kehre körperlich sehr unwohl zurück. Dienstag bei Frau Hoby in Darmstadt. Sie eröffnete mir folgendes über ihr Verhältnis zu Fuchs: Erst seit einem Jahr haben sie sich ganz gefunden. Wenn Fuchs in günstige Verhältnisse kommen wird, will sie mit ihren Kindern zu ihm ziehen; die Ehe mit ihrem Mann ist auf gegenseitiges Übereinkommen schon jetzt innerlich aufgehoben, besteht nur noch nach außen, angeblich, um den Credit des Geschäftes zu erhalten und wegen der Kinder. Sie hat in meinen Augen doch sehr an Größe eingebüßt, dadurch, daß sie garnicht einsieht, daß sie nur der Schwachheit ihres Mannes zu verdanken hat, daß sie noch im Haus bleiben kann. Gegen das Fuchs'sche Verhältnis würde ich ja nichts einwenden, doch daß sie sich noch von dem Gatten ernähren läßt, ist doch merkwürdig. Sie gibt selbst zu, daß sie das Verhältnis minder ernst nimmt, als Fuchs. Als sie mich im vorigen Sommer plötzlich küßte, war Fuchs gerade auf einige Wochen abwesend, während sie es durchaus für zweifellos hält, daß Fuchs ihr treu ist. Auch ich glaube es. Früher hatte sie mit Hallwachs ein Liebesverhältnis, sie hat es aufgegeben, möchte aber seine Freundschaft behalten, aber er könne nicht bei ihr sein, ohne sie zu begehren. Ich begreife es nicht, denn trotz des gutgeformten Gesichts hat sie bereits graues Haar und einen schweren matronenhaften Körper. Übrigens legte sie es vorgestern, wie mir schien, auf eine neue Annäherung an. Ich spielte ein wenig mit ihr, ging aber der Sache dann energisch aus dem Wege. Während ich dies niederschreibe, empfinde ich großen Unwillen gegen die Frau. All' das scheint mir unschön und keineswegs groß, wie ich mir unter Wolfskehls Einfluß ihre Persönlichkeit dachte.

Gestern bei Weidenbusch in Wiesbaden. Besichtigung seiner prachtvollen Kunstsammlungen. Ich las ihm allerlei von mir vor, was er lobte. Abends mit seiner Geliebten zusammen, einer eleganten Pariserin. Sie steht unglaublich unter seiner Suggestion und während ich ihr anfangs sympathisch zu sein schien, war sie auf einmal empört, als ich seine Unfehlbarkeit in irgend etwas anzweifelte. Ich war ein wenig gereizt durch seine unverkennbare Absicht, mich vor ihr in Verlegenheit zu setzen, eine schlechte Gewohnheit von ihm, die zwar ganz gutartiger Natur ist und mit Humor verbunden, die er aber stets in Anwendung bringt, wenn Dritte dabei sind. Ich antwortete ihm stets in scherzhafter Art; er ist von maßloser Eitelkeit, was ich ihm übrigens andeutete. Indessen hat er ein ganz ausgesprochenes Kunstgefühl, instinktiv oft recht gute Ansichten und ist sehr unterhaltend, aber ohne sein Geld und seine große Gewandtheit und Sicherheit wäre er wenig. Übrigens hat sich zwischen ihm und mir Frauen gegenüber eine seltene Geschmackübereinstimmung gezeigt. Das erlebe ich zum ersten Mal mit jemand.

Auch Hallwachs habe ich in Darmstadt besucht: der kleine Mensch mit dem großen Talent, Künstler und Philister zugleich.

Scheint in dem Darmstädter Krähwinkel ganz zu verbürgern, ist ganz ohne Energie und Initiative, um sich durchzusetzen. Er und Prange sind die einzigen meiner Bekannten, die Mathilde sympathisch sind. Sie hält Gutmann für sehr unbedeutend. Tilly gefiel wiederum Gutmann. Sonnecks Nichtigkeit erkannte Mathilde sofort, gleichfalls Priesters. Indessen gefiel ihr Philips besser, aber sie gefiel Philips und Gutmann nicht.

Paris 1. März 1897.

Seit 8 Tagen bin ich hier. Meine Nervosität machte mir die letzten Frankfurter Tage unerträglich. Reise über Cöln. Mathilde war in Frankfurt an der Bahn. Ich verfehlte sie aber, da ich einen anderen Zug nehmen mußte. Ein Brief von ihr wurde mir hierher nachgeschickt, voll von Liebesbeteuerungen, ich weiß nicht, ob ich daran glauben darf. Ich antwortete ihr, jedoch glaube ich, es ist aus. Es geht nun einmal nicht anders. Auch Großmamas Abschiedstränen hatten etwas künstliches. In den letzten Tagen habe ich sie veranlaßt, ein Codizill zu machen, daß ihre Kunstgegenstände und Altertümer, natürlich gegen Entschädigung an die Schwestern, auf Richard und mich vererbt werden; es wäre jammervoll, wenn sie in Ottos Hände kämen, der allerdings gern damit prunken würde. Ich bin mir moralisch vollkommen klar, was ich tue, ich fühle mich durchaus im Recht.

Der Abschied von Otto und Hedwig war äußerst kühl, gleichfalls von Tilly, deren heimliche Verlobung doch nicht aufgehoben zu sein scheint und Ottos Billigung findet. Mögen sie tun, was sie wollen.

Diese 4 Wochen in Frankfurt brachten mich zur Einsicht, daß mit dem Tode meiner Eltern alle Bande mit meiner Familie geschwunden sind, am meisten fühle ich noch für Hedwig, gegen Tilly habe ich eine vollkommene Fremdheit. Zu Großmama stehe ich in einem kühlen Verhältnis mit dem Bewußtsein, Pflichten gegenüber ihrer Freigebigkeit zu haben.

Fastnachtsdienstag, 2. März.

Wohnungsuchen, Besorgungen, Straßenleben, Restaurants, Cabarets. Ich habe schon viel Oberfläche gesehen. Morgen oder übermorgen werde ich beginnen, die Stadt mit Baedeker zu durchstreifen. Am Abend lasse ich mich vom Zufall leiten. In den nächsten 4 Wochen soll dieser mein einziger Führer sein. Erst dann werde ich von meinen Empfehlungen und Verbindungen Gebrauch machen. Es hat einen unendlichen Reiz, mitten in diesem rauschenden Leben allein zu sein, mitten in der Buntheit des Carnevals besonders, der in diesen Tagen eine unglaubliche Ausgelassenheit in den Straßen hervorrief. Die Hauptlust besteht in dem Werfen von Confetti und Serpentinen. Die ersteren bedekken die Trottoirs der Boulevards fast fußhoch. Allen Vorübergehenden hängen die bunten kleinen Papierstückchen in Haaren und Kleidern. In die Restaurants, auf die Treppen der Häuser, in die Zimmer, überall hin werden sie geschleppt. Die Serpentinen hängen sich fest an die Bäume, von denen sie in tausend bunten Streifen herabhängen. Dazu kommt die wunderbare Nachmittagsbeleuchtung der blau und roten Februartage, das Gewühl der Menschen, die zahllosen Masken, ein prachtvoller Maskenzug aus künstlerisch ausgestatteten Karren voll hübscher Frauen bestehend, die Confetti werfen und durch die Hauptstraßen ziehen. Musik in den Caféhäusern, wo man, ohne unter Kälte zu leiden, bis um 2 Uhr nachts auf den Straßen sitzt. Überall sieht man Frauen auf den Straßen, in den Restaurants, meistens Kokotten, die aber kein Hindernis sind, daß sich andere Damen im selben Raum aufhalten. Alle zeigen eine große Mannigfaltigkeit des Äußeren. Diese Frauen könnten in Deutschland nicht über die Straße gehen, ohne angegafft zu werden. Man würde sie alle für große Kokotten oder Schauspielerinnen halten, denn sie haben fast alle etwas Besonderes in Kleidung und Ausdruck. In Deutschland würde man sagen, sie sind nicht schön, aber interessant. Der Demimonde hat hier Kultur, vor allem hat die Geldgier ein sehr starkes Äquivalent in der Vergnügungssucht. Diese Mädchen sind lustig, witzig, und wenn man sich in einem ihrer Caféhäuser befindet, hat man keineswegs das Gefühl, sich wegzuwerfen, wie in den Berliner Kokotten-Caféhäusern. Man behandelt die Kokotten hier vielmehr als Frauen, als Geliebte, macht ihnen nicht nur kurze Besuche, wie in Deutschland, sondern genießt erst ein wenig ihre Gesellschaft, besucht ein Restaurant oder Caféhaus mit ihnen. In Deutschland würde ihr Kulturniveau das unmöglich machen.

Ich unterscheide bereits die 2 ganz verschiedenen Seiten von Paris: das mondaine Paris und das Zigeuner-Paris. Zwischen diesen beiden Polen bewegte sich ja meine Natur von jeher. Ich werde mich niemals für eines der beiden allein entscheiden, und habe mir daher eine doppelte Garnitur der Toilette verschafft. In dem eleganten Paris werde ich mehr beobachten und im Zigeuner-Paris wahrscheinlich mehr erleben. Meine Wohnung habe ich so gewählt, daß ich dem Quartier Latin mit dem Boulevard St. Michel nahe bin, aber doch nicht mitten darin wohne. Meine Neigung zieht mich zunächst mehr dorthin. Aber dennoch will ich nicht auf die Gesellschaft verzichten. Dazu kommt immer wieder die leise Hoffnung, doch in ihr nur das Erlebnis finden zu können, welches meiner Unruhe und Abenteuerlust ein Ende macht, sie wenigstens mindert. Sehr anziehend sind die sogenannten Cabarets, kleine Restaurants, wo Dichter und Komponisten, meistens Volkssänger, ihre oft ausgezeichneten Werke zum Vortrag bringen. Die ernsten Sachen sind mir zu süßlich, andere sehr sozialistisch. Dagegen die komischen sind häufig ersten Ranges. Viel kommt auf Rechnung einer sehr eigenartigen Vortragsweise, die sich hier entwickelt hat, die hauptsächlich darin besteht, die Pointen gewissermaßen zu ignorieren, sie im Ton der Selbstverständlichkeit vorzubringen. Dazu eine große Mäßigkeit der Geste. Es liegt etwas ungeheuer Diskretes darin, welches dem Bild durchaus widerspricht, das man sich von der französischen Art macht, nämlich der Vorliebe für dröhnendes Pathos. Das größte dieser Cabarets ist der Chat Noir, den die beste Gesellschaft besucht, der aber keineswegs das Beste leistet. Die Sachen sind meist sehr aktuell, knüpfen an Tagesereignisse an. Selten sind sie reine Kunstwerke, sondern eher dem Kunstgewerbe nahe. Sie sind viel zu praktisch, nämlich tendenziös, aber von artistischem Geiste durchdrungen. Äußerungen hoher Kultur und der Verwandtschaft mit der Antike. Bei diesen Vorträgen, die weniger Kunstverständnis, als Gefühl für Grazie, Geist, Bizzarerie voraussetzen, verbringt die studentische Jugend ihre Abende. Die kleinen Frauen und die Kokotten finden sich zahlreich ein. Und da jeder Amateur zum Vortrag zugelassen wird, finden sich Leute aus verschiedenen Berufen ein. Alles dies, nämlich das allgemeine Gefühl für das Künstlerische, welches hier das ganze Leben beherrscht, setzt eine feinkultivierte Rasse voraus. In allen diesen Cabarets sitzt man sehr unbequem, die Consommations sind mittelmäßig. In Deutschland würden sehr gewöhnliche Leute solche Lokale nicht vornehm genug finden. Von Theatern habe ich bis jetzt nur die Große Oper besucht, um dem Maskenball beizuwohnen, der ein berauschendes Farbenspiel bot, im allgemeinen aber nichts anderes als eine Konzentration des Straßenlebens auf einen Raum. Confetti, Serpentins, doch viel mehr Masken. Dann war ich in der Comédie-Française, wo ich eine vorzügliche Aufführung der Fourberies de Scapin, sowie des Malade imaginaire mit dem älteren Coquelin sah. Die Abende bringe ich oft im Quartier zu, wo ich ein liebenswürdiges Abenteur mit einer kleinen Couturière, namens Blanche Fort hatte. Ein pikantes Geschöpfchen mit Geist und Sinnen. Sie hat mich in vieles Pariserische eingeweiht. Sie lebt en ménage mit einem russischen Studenten, wie sie erzählt, der momentan auf Reisen ist. Ich lernte sie in einem Restaurant kennen, wo sich viele solcher Mädchen zum Diner einfinden.

Einer Scheußlichkeit muß ich noch Erwähnung tun, die mir neulich nachts gegen 1 Uhr auf dem Boulevard Sébastopol passierte. Eine etwa siebzigjährige, sehr ordentlich aussehende, doch offenbar arme Frau redete mich an und fragte mich, ob ich nicht »de petites cochonneries« wünsche. Sie versprach, »très cochonne« zu sein, und als ich im ersten Augenblick verblüfft »Non, non« ausrief, fragte sie traurig, fast wie ein Kind: »Vous ne voulez pas Monsieur?«

Mittwoch, den 3. März.

Ein schlimmer Tag. Die Nacht unruhige Träume, gegen Morgen träumte ich von Mama, bis ich weinend aus meinem Halbschlummer erwachte. Den ganzen Tag verstimmt. Dazu ein quälender Westwind von ungeheurer Kraft. Ich machte nachmittags einen Spaziergang durch die Champs-Elysées, Marsfeld u. s. w., und unterschätzte die Entfernungen, sodaß ich ganz gebrochen zuhause ankam. Eine Stunde des Nachmittags im Louvre in den Antikensälen. Meine Freude an der Sculptur bedeutend gestiegen seit meiner italienischen Reise, vor allem das Verständnis für die Linie der menschlichen Gestalt.

Meine Natur vereint alle Pole in sich: bald jugendliche Kraft, bald die Mattigkeit und Kraftlosigkeit eines alten Menschen; bald verwöhnteste Gourmandise, bald die Fähigkeit, mich mit dem Schlechtesten zu begnügen; bald vollkommene Verachtung des Urteils anderer und dann wieder Eitelkeit; bald Sicherheit bis zur Frechheit, bald Schüchternheit, Erröten beim geringsten Anlaß; bald bin ich der feurigste Liebhaber, der jederzeit und unter den unbequemsten Verhältnissen bereit ist, und auch keine Einschränkung der Zahl kennt, bald bedarf ich der Bedingungen, von denen Mantegazza spricht, des caldo, carezza, und comodità, und auch das völlige Versagen kommt vor. Alles dies ist nicht einmal abhängig von dem Objekt.

Donnerstag, den 4. März.

Heute das bisher tiefste Erlebnis meines Pariser Aufenthalts: die Venus von Milo gesehen. Anfangs stand ich kalt davor und sagte mir: nun stehe ich vor vielleicht dem bedeutendsten Kunstwerk aller Zeiten; hier hat Heine geweint und mancher Andere bewundernd gestanden. Doch allmählich kam ein wunderbares Gefühl über mich, nicht ein Strahl, der mich durchzuckte, oder ein Schauer über den Rücken, wie vor manchem anderen Kunstwerk, sondern eine beseligende Ruhe voll Zärtlichkeit ohne eine Spur von sinnlicher Erregung. Als mich der Custode darauf aufmerksam machte, daß geschlossen wurde, war mir, als nehme ich von einer lieben Freundin Abschied. Eine Traurigkeit erfüllte mich, als ich durch die lange Flucht der Säle ging, stets mich rückwärts wendend, wo sich die weiße Gestalt auf dunklem Hintergrund abzeichnete. Sonst freute ich mich besonders über einige Antinousköpfe, ein von mir schon in Rom besonders geliebter Typus, besonders über den Kolossalkopf des Antinous als Osiris. Meine Freude und Aufnahmefähigkeit für Plastik war nie so groß, wie jetzt. Unter den Büsten der römischen Kaiser fiel mir folgendes auf: mit Tiberius beginnt ein Zug, den ich nicht anders, als »Canaille« nennen kann, in den Gesichtern der Julier hervorzutreten um die dünnen eingekniffenen Lippen. Man müßte die Portraits der Gemahlinnen des Augustus, der selbst diesen Zug garnicht hat, auf diesen Zug hin prüfen. Ein überraschend fremdes Element, welches wohl durch die weibliche Linie eingeschlichen ist.

Freitag, den 5. März.

Der gestrige Abend plein d'ennuis. Ich ärgerte mich, das kleine Abenteuer mit Blanche so kurz abgebrochen zu haben, irrte im Quartier mißmutig herum, kam schließlich in das Café d'Harcourt, traf dort ein Mädchen, welches aussah, als wäre es ohne Mund geboren und als habe man später mit einem dünnen Messer eine kleine kurze Spalte in das Fleisch geritzt. Sie hatte keine Lippen, nur einen dünnen, roten Strich. Es war grauenvoll. Ich ging dann mit einer anderen, wie von einer fremden Macht dazu gezwungen, denn ich versprach mir gleich wenig von ihr. Sie war faul und temperamentlos und suchte durch ein abscheuliches Krähen ihre Teilnahme an der Situation auszudrücken. Sie blieb die Nacht bei mir, und nun wollte es das Unglück, daß es gegen 9 Uhr früh an meine Tür klopft: Blanche war da. Ich mußte sie auf dem Korridor empfangen und konnte ihr die Situation nicht verschleiern. Sie war ganz ruhig, als ich ihr sagte, daß ich eine consolation pour mes ennuis de solitude gesucht hätte. Sie hatte sich so sehr gefreut, mit mir die Morgenschokolade zu trinken. Ich werde sie nun aber nicht sobald wieder loslassen, denn nach dem Abenteuer mit ihr schienen mir gestern Abend alle diese Kokotten, die mich anfangs so sehr blendeten, ziemlich reizlos.

Heute wieder im Louvre. Ich habe die Physiognomik der Julier weiter verfolgt. Jener Zug, von dem ich sprach, befindet sich bereits bei Livia, der Gemahlin des Augustus. Ich weiß aber nicht, ob sie die Stammutter der späteren Julier ist; ferner bei Germanicus, Drusus, dem Sohn des Tiberius, auch bei Claudius. Dagegen sind die infamen Lippen des Nero auf seine Mutter Agrippina, die jüngere, zurückzuführen. Indessen entwickelt sich dieser Zug erst später bei ihm. Als Jüngling ist er dem Typus Tiberius, Drusus noch ähnlich. Ebenso wenig wie Augustus hat dessen Schwester Octavia etwas von jenem Zug. In hoher Ausprägung hat ihn Caligula trotz der hoheitsvollen Schönheit seiner Mutter, Agrippina, der älteren.

Aphrodite und Artemis: die beiden Pole der Weiblichkeit. Artemis hat immer etwas, worüber sie zürnt, kennt nicht die Hingebung des Weibes. Mir scheint, daß die moderne Amerikanerin etwas von ihr hat. Diese Unterscheidung ist ein Gegenstück zu Dionysos und Apollo. Welche Scheußlichkeit offenbart Artemis in der Sage des Aktäon, den sie in einen Hirsch verwandelt, nur, weil er ihre Nacktheit geschaut. Liegt wirklich soviel an der Keuschheit eines Weibes, daß dafür ein Mann vernichtet werden darf? Der Masochismus scheint sich gerade zu dem artemisischen Weibe hingezogen zu fühlen. Gesünder scheint mir, Aphrodite, Hera oder die kindliche Psyche zu lieben.

Samstag, den 6. März.

Gestern das zweite starke, künstlerische Ereignis meines Pariser Aufenthalts: Madame Réjane als Hélène in der »Douloureuse« gesehen. Ein neues sehr viel, zu viel gelobtes Stück von Maurice Donnay. Es ist eigentlich keine Komödie, sondern es sind 4 Akte voll vortrefflicher Dinge. Die Réjane hat jene große schlanke Eleganz der Formen, wie die Nymphe von Fontainebleau des Benvenuto Cellini. Und der großen lebendigen Geschmeidigkeit dieser Formen verdankt ihr Spiel vielen Reiz. Sie trägt, wie jetzt augenblicklich viele Frauen, kein Korsett, was alle die Schauspielerinnen nachahmen sollten, welche wissen, daß man nicht nur mit den Armen, sondern mit dem ganzen Leibe Gebärdensprache haben kann. In dem Gesicht der Réjane fällt der Mund auf: ein großer, starklippiger Mund, der von vielen Erregungsmöglichkeiten der Seele spricht, und so sieht man ihn im ersten Akt voll frivolen Lächelns, obgleich voll Verachtung und Ekel gegenüber jener Finanzgesellschaft, im zweiten Akt voll Zärtlichkeit und im dritten voll Reue, Verzweiflung und Angst. Besonders die Stadien des Schmerzes, des Weinens, im dritten Akt sind wundervoll. Leider sah man infolge des neumodischen Kostüms wenig von den Händen.

Sonntag, den 7. März.

Gestern Abend mit Blanche im Odéon. Man gab Richepins Drama Le Chemineau. Heute in der Ausstellung des Goncourt'schen Nachlasses im Hôtel Drouot und der Maison Bing. Meist japanische Sachen, auf die ich durch die Weidenbusch'sche Sammlung in Wiesbaden bereits vorbereitet war. Nachmittags im Concert Lamoureux, Fünfte Symphonie von Beethoven. Mir schienen die beiden letzten Sätze dadurch ganz verdorben, daß Lamoureux zu viel Ruhe bewahrte, herrliche Details. Nur im Adagio zeigte er sich auf der Höhe.

Blanche war gestern im Theater köstlich. Sie fing mit einer entzückenden Ungeniertheit an, mit einem Ehepaar in der benachbarten Loge eine Unterhaltung zu führen, als ob sie meine Frau wäre und wir Verkehr suchten. Ihre Unbefangenheit hinreißend.

Montag, den 8. März.

Heute in der Ausstellung der von Sâr Joséphin Péladan begründeten Rosenkreuzer. Diese Maler haben nichts gemein, als den Namen und ein heftiges Suchen. Viele haben religiöse Stoffe, alle Techniken sind vertreten. Die prärafaelitische Linie bis zum impressionistischen Nebel, die Stile aller Zeiten werden nachgeahmt.

Dienstag, den 9. März.

Im Salon Carré. Rembrandt, hervorragend der Gang nach Emmaus. Es liegt darüber eine mir wohlbekannte Stimmung, die in mir besonders an trüben schwermütigen März- und Apriltagen wach wird und durch folgende Associationen genährt ist: Passionswoche, Italien, besonders Rom, Klöster, halberleuchtete hallenartige Räume. Es ist ein sehnendes Erwarten darin, das vielleicht in der Natur liegt und im Mythos der Auferstehung ausgedrückt ist. Ich kann es nicht definieren, aber es liegt deutlich über diesem Bild. Für mich ist es mit großer Sehnsucht nach Rom begleitet. Vor der Mona Lisa: es ist neben der Venus von Milo das Kunstwerk des Louvre, das mir den tiefsten Eindruck gemacht hat. Dieses mystische Lächeln wirkt bei längerem Hinschauen fast unheimlich. Ihr Blick durchschaut einen und sagt: Ich kenne dich. Darum das seltsame Lächeln, das an die Sphinx erinnert.

Mittwoch, den 10. März.

Gestern Abend in den Folies-Bergères, das größte Café-concert von Paris. La belle Otero, die gefeierte Schönheit. Sie trat auf in spanischen Liedern und Tänzen, aber man merkte, daß das Carmenhafte ihr nicht liegt, es fehlte das Temperament. Ihre Stimme steht wohl über dem Niveau gewöhnlicher Chansonettensängerinnen, desgleichen die auserlesenen Farben ihres Kostüms, während ihr Gesicht, für mich wenigstens, keinen Reiz hat, am wenigsten der abscheuliche herzförmige, stets offene Mund, der mich an die französische Plastik Louis Seize erinnert, die ich auch nicht mag. Ich stehe immer wieder vor einem Rätsel, wenn ich solche Frauen sehe, die doch die Sinne aller Männer zu berauschen scheinen. Nur die meinen nicht.

Donnerstag, den 11. März.

Ich komme eben aus der Vorstellung von Racine's Phèdre, dargestellt durch Sarah Bernhardt. Bei der Lektüre hat mich dieses Stück nicht berührt infolge der kalten Pedanterie der Sprache, die mich geradezu irreführte. So habe ich bis zum letzten Akt die Liebe der Aricia zu Hippolyt, die doch echt genug ist, für Verstellung gehalten. Dagegen ist die Psychologie der Phädra vortrefflich. Das Ensemble war erstaunlich gut. Und Sarah Bernhardt? Sie war für mich kein Ereignis, wie die Réjane, vielmehr eine Enttäuschung. Sehr viele vortreffliche Einzelheiten. Hier ist einmal viel echtes Gefühl gewesen, aber dieses verwöhnteste Kind der Pariser geht fast ganz auf in brillantem Virtuosentum, ja in Affektiertheit. Bisweilen ein wahrer Naturton, dann wieder ein hohles Pathos, wechselnd mit übertriebenem Naturalismus, besonders beim Weinen. Dann kommt wieder einmal ein Stück antike Stilisierung. Nach der Vorstellung traten 2 junge Dichter auf die Bühne, welche mit großem Pathos recht mittelmäßige Gedichte vorlasen, um für die augenblicklich von den Türken bedrohte griechische Freiheit zu begeistern. Die ganze Pariser Jugend, besonders die Künstler und Studenten und auch Sarah Bernhardt agitieren seit einigen Wochen für Griechenland, welches in diesen Tagen den Frieden Europas erschüttert. Diese Begeisterung für ein ehemaliges Kulturvolk, das von seinen großen Ahnen nichts mehr im Blute hat, nur noch den gleichen Namen trägt, ist zwar kindisch, doch nicht unschön, während die Haltung des Kaisers Wilhelm II. barbarisch ist, der die strengste Maßregelung Griechenlands vorausgesagt hat, selbst auf die Gefahr hin, die momentan herrschende Übereinstimmung der Mächte zu zerreißen. Der Dichter sprach daher mit Abscheu und Verachtung von jenem peuple ridicule et barbare und das ganze Haus dröhnte von dem stürmischen Beifall. In diesem Augenblick fühlte ich etwas von dem Schmerz, den schon mancher kultivierte Deutsche gefühlt hat in dem Bewußtsein, daß sich sein Volk beständig kompromittiert und daß das Ausland nicht immer unrecht hat, wenn es lacht und tadelt. Und alles das muß ein Volk erleiden, das seit der Antike die meisten großen Einzelpersönlichkeiten hervorgebracht hat, das trotzdem das unantikste aller Kulturvölker ist. Ist daran das Preußentum schuld? Es scheint mir, unserer alten deutschen Kultur durchaus fremd zu sein. Dennoch ist es nicht möglich, zu wünschen, daß Preußen wieder von Süddeutschland abgetrennt wird. Ein unlösbares Kulturdilemma.

Montag, den 15. März.

Vorgestern mit Blanche in der Komischen Oper. Man gab Orphée, die wundervolle Oper von Gluck. Hervorragend Marie Delna als Orpheus, eine prachtvolle warme Altstimme. Gestern allein in dem Cabaret oder schon mehr Theater La Roulotte. Chansonniers, kleine Pantomimen, Revuen u. s. w. von verschiedenem Wert, aber das meiste originell. Ein sehr schöner Abend. Vor dem Opernhaus die Gruppe »Der Tanz« von Carpeaux besichtigt, das Beste, was ich von moderner Plastik kenne.

Immer klarer wird mir, daß die Deutschen keine eigentliche Kultur, sondern nur hervorragende Einzelpersönlichkeiten gehabt haben. Das gilt sogar von der Musik. Kein Volk hat hier annähernd das aufzuweisen, was wir von Bach bis Wagner hervorgebracht haben. Dennoch gibt es bei uns unendlich viele Leute ohne alles musikalische Gehör und Melodiengedächtnis, während bei den romanischen Völkern absolut unmusikalische Leute kaum vorkommen. Und es ist bekannt, daß in Italien am folgenden Tag nach einer Opernpremière bereits die Schuhputzer die Hauptmelodien auf den Straßen pfeifen.

Das schöpferisch Große kommt von den Germanen, während nur die Romanen das Leben zu gestalten wissen. Sie legen daher garnicht den Wert auf Originalität, wie wir, und damit haben sie recht. Zum Beispiel die meisten öffentlichen Gebäude und Lokale in Paris sind nicht originell, überhaupt eigentlich stumm, nichts sagen-wollend. Einfache Räume mit Spiegeln und ruhigen diskreten Tapeten, während man bei uns alle möglichen Stile versucht und ein schreiend buntes Durcheinander gibt. Tapeten, wie in deutschen Chambres garnies, Möbel wie in deutschen Caféhäusern würde man sich hier nicht gefallen lassen. Aber in diesem unoriginellen Rahmen flutet das Leben viel bunter und im Ganzen dennoch origineller, als bei uns.

Die Prostitution ist darum so verwerflich, weil sie die Rasse verdirbt. Anstatt, daß das Individuum in seinen Handlungen seinen Rassetrieben folgt, tut es etwas diesen entgegengesetztes, dem bürgerlich berechnenden utilitaristischen Verstand folgend. Jede Erziehung, die das Rassige im Individuum bekämpft, führt zur Prostitution. Die Dirnen sind nur die, bei welchen diese Tendenz am sichtbarsten zu Tage tritt. Im gleichen Grade, nur verborgener, lebt sie in jedem Menschen, der etwas für Geld tut. Bei allen moralischen Reflexionen komme ich immer wieder auf denselben Gegensatz zurück: auf der einen Seite Rasse, Zwecke scheuen, uninteressiertes Tun und Betrachten, Kunst, auf der anderen Seite Vernunft, Utilitarismus, Materialismus, Alltagsmenschentum.

Weidenbusch ist hier. Neulich mit ihm folgende Frage besprochen: Vor 4 Jahren war in meinen literarischen Versuchen noch nicht ein geringer Ansatz von Talent zu entdecken, und heute, so unfertig alles noch sein mag, ist doch Talent und Eigenart zweifellos vorhanden. Weidenbusch bringt dies mit der Entwickelung der Sexualität zusammen. Er mag recht haben, denn verständnislose Philister haben immer eine sehr schwache oder sehr grobe Sexualität, während da, wo dieselbe entwickelt ist, auch meistens andere Werte vorhanden sind. Die Sexualität ein Correlat.

Ich bin nun seit 3 Wochen hier. Noch völlig Fremder, Reisender. Ich habe noch keine Besuche gemacht und werde es nicht eher tun, bis ich die Hauptsachen gesehen und den Baedeker aus der Hand gelegt habe. Ich stehe meist erst gegen Mittag auf, was ja hier allgemein Sitte ist. Bis 5, 6 Uhr bin ich in Museen oder an sonstigen Orten, wo es etwas zu sehen gibt. Die Zeit bis zum Diner ist dem Tagebuch und der Korrespondenz gewidmet. Die Abende sind oft sehr traurig gewesen. Ich habe das Bedürfnis nach Menschen. Über einige Abende hat mir Blanche hinweggeholfen. Sie ist wirklich ein liebes Geschöpfchen. Trotzdem fesselt sie mich nicht völlig, und ich bin immer wieder dazu verdammt, zu suchen, zu suchen. Die alte Geschichte. Bisweilen fühlte ich mich ein wenig wie ein Ausgestoßener in dem großen Leben um mich herum, denn immerhin ist mir die Sprache nicht so geläufig, wie die deutsche, und man ist hier garnicht liebenswürdig gegen Fremde. Doch nimmt meine Sicherheit von Tag zu Tag zu.

Das pariser Argot kann mir bis jetzt noch nicht sehr imponieren, da die Bilder und Metaphern doch oft so weit hergeholt sind, daß man sie garnicht versteht. Zum Beispiel poser un lapin, das heißt jemanden bei einem Rendezvous sitzen lassen, la pièce de dix sous bedeutet den Körperteil, auf welchem man sitzt, le maquereau der Zuhälter u. s. w. Vortrefflich ist dagegen la marmite, von welcher sich der Maquereau nährt. Ebenso sind auch in Deutschland viele derartige Worte eigentlich sinnlos, z. B. Moos und Draht für Geld, oder auch der Name eines gewissen Vogels für eine Dirne.

Gestern las ich in Sainte-Beuve's Roman »Volupté«, wie sich die Anlage zu dieser Eigenschaft im Helden schon als Knaben durch eine krankhaft übertriebene Schamhaftigkeit zeigte. Ich kann hierzu Beispiele aus meiner Kindheit anführen. Ich habe um mein sechzehntes Jahr aus Angst, zu erröten, bisweilen den Konfirmationsunterricht versäumt, was nicht ohne Schwierigkeiten war, wenn ich wußte, daß ein Bibelspruch vorkam, der etwa Worte, wie Keuschheit, Beschneidung oder dergleichen enthielt. Bei einem Mittagessen erzählte ein junger Arzt, daß es sehr schwer sei, männliche von weiblichen Skeletten mit Sicherheit zu unterscheiden, was mich in die furchtbarste Verlegenheit brachte, da mich der Unterschied der Geschlechter in dieser Zeit innerlich außerordentlich beschäftigte und meine Phantasie erfüllte. Noch heute habe ich mir das Erröten nicht ganz abgewöhnt, während ich auf der anderen Seite bisweilen imstande bin, mit der größten Sicherheit die heikelsten Dinge, auch mit Frauen, zu besprechen.

Samstag, den 20. März.

Gestern und heute im Luxembourg Plastik gesehen. Es scheint, je näher eine Kunst der wirklichen Gestalt kommt, umsomehr ist sie auf den Ausdruck der Ruhe angewiesen. Die höchste Leidenschaft ist in der unwirklichen Musik möglich, dann in dem gesprochenen Drama. Schon in der Malerei ist sie viel schwieriger auszudrücken, weshalb die meisten Historienbilder unerfreulich und starr wirken. Viel mehr kann sich wieder die Schwarz- und Weißkunst erlauben, die sich durch den Verzicht auf die Farbe von der Wirklichkeit entfernt, weswegen auch die gewagtesten Szenen vorzugsweise in dieser dargestellt werden. Man denke sich Félicien Rops farbig. Am gebundensten ist die Skulptur, weil sie der Wirklichkeit der Gestalt am nächsten kommt. Daher ist Bernini so furchtbar, während Rubens in der Malerei bewundernswert ist. Aus diesem Grunde ist auch vielleicht die Skulptur in unserer von dem Naturalismus so beeinflußten Zeit zurückgeblieben.

In der Salle Caillebotte. Sammlung modernster französischer Malerei. Anfangs war ich erschreckt durch die Kälte, die überall in diesen Bildern liegt. Die Landschaften drücken Sensationen aus, die der Großstädter hat, wenn er hinaus kommt, nicht die Liebe des in jener Umgebung aufgewachsenen Menschen, d. h. es ist etwas Intellektuelles in ihnen. Alle diese Bilder sind von wunderbarer Farbenharmonie und wirken aus der Ferne zugleich äußerst dekorativ. Doch alle kühl wie die Gedichte der Parnassiens.

Sonntag, den 21. März.

Wenn man das Pariser Leben in den Theatern und auf der Straße beobachtet, die Feuilletons und Berichte aus der Gesellschaft verfolgt, sowie einige Blicke in die moderne Literatur wirft, so muß einem der übermäßige Kultus der Frau auffallen. Es ist nicht das Widerliche, wie in Amerika, wo das Weib als höheres Wesen gilt und sich nach eigenem Gutdünken immer mehr entweibt und dadurch zu einem kraftlosen Hermaphroditismus gelangt, den die ungebildeten Männer, und das sind fast alle Amerikaner, sich gefallen lassen. Es ist immerhin etwas Weibliches, was hier im Weib verehrt wird, wenn auch meist nur das Äußere des Weibes. Schöne Körperformen, elegante Toiletten, Esprit und dergleichen. Dieser Kultus hat nun eine Wesensform gezeitigt, und ich glaube, daß das die typische Erscheinung der Pariserin ist, die in nichts, als in kleinen Eitelkeiten, Wünschen und Freuden aufgeht, ein Wesen, das ganz Puppe ist und hohl. Ich habe diesen Typus in der Hauptgestalt meiner Novelle Mela im Voraus geahnt, nur daß diese leere Koketterie bei ihr fast bewußt und dadurch beinahe ein raffiniertes Laster ist. Die Pariserin dagegen ist ganz naiv in ihrer Leerheit. Sie kennt garnicht einmal die eigentliche Freude an ihrer Herrschaft über die Männer, denn sie ist für sie zu selbstverständlich. Die Galanterie erreicht hier ein ganz unerhörtes Maß. Die Pariserin ist beleidigt, wenn man in ihrer Gegenwart andere Frauen hübsch findet. Auch mit Blanche bin ich im Augenblick etwas brouillé. Die Ursache ist offenbar, daß ich in diesem Punkte nicht französisch genug bin. Blanche habe ich bisher für eine schöne Ausnahme gehalten.

Vorgestern Abend in der Oper: Lohengrin. Ich war wenig aufnahmefähig, doch konstatierte ich, daß alles, was Geld und guter Wille erreichen können, hier erreicht wird: ein treffliches Orchester von wunderbarer Klangfarbe, hervorragend geschulte, stimmbegabte Künstler. Aber von dem, was Lohengrin und Elsa von einem harmlosen italienischen Opernliebespaar unterscheidet, wissen sie nichts. Lächerlich ist teilweise die Übersetzung von Nuitter, z. B. »et Lohengrin, son chevalier – c'est moi«, am Ende der Gralserzählung.

Gestern Abend in der Scala. Yvette Guilbert gehört, die Sarah Bernhardt des Café-concert. Auch hier fand ich zunächst viel kalte Routine. Ich habe auf dem Gebiet des leichten Chansons in den Cabarets manches Vortreffliche gehört, das mir viel besser gefiel, z. B. Mademoiselle Miette in der Roulotte, der es nicht möglich ist, durchzudringen, weil sie dem allgemeinen Geschmack nicht entspricht. Einen Winter lang hat sie allabendlich in einem kleinen Faubourgconcert gesungen, dabei ist jedes Wort von ihr Geist und

Empfindung. In der Scala wurde außerdem gestern eine Revue aufgeführt, in welcher die Ereignisse des letzten Jahres persifliert auf die Bühne gebracht wurden. Es geschah etwas, was eine antike aristophanische Seite des Pariser Lebens offenbarte. Unter anderem amüsierte man sich über eine Prinzessin Chimay, die sich in den Kapellmeister einer Zigeunerkapelle derartig verliebt hat, sodaß sie ihren Mann verließ, um mit jenem zu leben. Seit kurzem ist das Paar, die Prinzessin Chimay und der Primas Rigo, in Paris. Gestern Abend erschienen beide nun in einer Loge und sahen zu, wie man ihre Geschichte darstellte. Es entstand die größte Bewegung im Publikum, welches gespannt das Paar bei jedem Bonmot, oft sehr derber Art, beobachtete.

Montag, den 22. März.

Ich lese im 9. Band des Tagebuches der Goncourts und wundere mich über die geringe philosophische Kultur des Kreises um Goncourt und Daudet. Es ist die Rede davon, daß man die Freude an den Romanen darum verlöre, weil sie nicht wahr seien, nur noch wirkliche Dokumente könnten interessieren. Man vergißt dabei, daß ein gutes Kunstwerk wahrer ist, als die Wirklichkeit. Überhaupt ist der ganze Band ziemlich inhaltslos.

Der Engländer ißt, um sich zu nähren, der Franzose aus Vergnügen am Essen, der Deutsche, um das Gefühl des Hungers los zu werden, d. h. er verdirbt sich den Appetit.

In der Ecole de Pharmacie die Besnard'schen Fresken gesehen. Ich kann darin nicht mehr sehen, als ein tastendes Suchen bei nur seltenem Gelingen. Vor allem eine maßlose Stillosigkeit.

Ein Frauentypus, den ich sehr liebe: der Mund drückt beständig Scham aus über die Leidenschaft, welche die Augen aussprechen.

In keinem Jahr war meine Sehnsucht nach dem Sommer so groß, wie heuer. Täglich beobachte ich, wie weit die Blätter an den Bäumen der Boulevards sind. Seit 2 Tagen erfüllt mich nun das Frühlingswetter mit Glück. Morgen, Mittfasten, will ich aufs Land gehen, da man hier in Paris eine Wiederholung des Mardi gras mit Confetti und Geschrei veranstaltet.

Ich erhielt eine Karte von Gutmann, der am Gardasee ist. Manchmal beschleicht mich eine gewisse Sehnsucht nach dem tiefgeistigen Verkehr, dessen uns schließlich in München zu viel geworden ist. Wir waren so weit auf unsere gegenseitigen Denkformen eingerichtet, daß wir alle Erscheinungen unter 3 Kategorien brachten, welche sich durch Gutmann, Philips und mich bezeichnen ließen, je nachdem der Rhythmus einer Erscheinung einem dieser drei Individuen gemäßer war. Wir waren sogar oft gegenseitig auf Associationen eingestellt, die sonst an der Schwelle des Bewußtseins bleiben und von den Hauptgedanken unterdrückt werden. Eine Fortsetzung eines solchen geistigen Verkehrs könnte zu Ideenflucht führen. So sind wir immer zur Einsamkeit verdammt. Wolfskehl, Philips und Gutmann haben mich nun geistig so sehr verwöhnt, daß ich so leicht nie mehr als einen oberflächlichen Verkehr finden werde. Ich habe hier einige Besuche gemacht, befürchte aber, daß mir dies zu nicht mehr als bisweiligen Zerstreuungen verhelfen wird. Im Grunde bin ich einsam. Ich denke oft an meine toten Eltern. Ich habe nichts anderes von den Menschen, als bisweilen einmal ein kurzes Beisammensein mit den drei genannten Freunden. Aber diese Zusammenkünfte dürfen einige Wochen nicht überschreiten, da wir uns gegenseitig aushöhlen und uns schließlich in ewigen Analysen zersplittern. Meine Hoffnung ist immer wieder, bald eine Frau zu finden, mit welcher ich in völliger Gemeinschaft leben kann. Gutmann beobachtet übrigens ganz anders, als ich, individueller, realistischer, ich typischer, wenn man will, metaphysischer. Er beobachtet zum Beispiel besser als ich, ob sich in einer Gesellschaft ein heimliches Liebespaar befindet. Ich sehe mehr die ganze Idee, die in dieser Gesellschaft zum Ausdruck kommt.

In Italien verschwinden die Individualitäten mehr im Typus der Rasse. Fast alle Leute sehen »südländisch« aus. Auch der Geist der Bevölkerung hat etwas Unindividuelles. Die Bauern sprechen von dem Fluß, dem Berg, dem Baum, der Blume, ohne sich nur um ihre einzelnen Namen zu kümmern. So konnten sie in einer Vigne bei Rom nie mich von dem ca. 45 Jahre zählenden Bildhauer Volckmann unterscheiden. Wir waren beide »der« Fremde.

Heute im Museum und der Fabrik der Gobelins. In dieser Technik darf man nicht versuchen, mit der Malerei zu rivalisieren, wie überhaupt in schwierigen Techniken. Die Schwierigkeit der Technik darf nie als Hindernis dienen, sodaß man etwa sagt: für einen Gobelin sehr gut, sondern sie darf überhaupt nicht bemerkt werden. Ein Vergleich mit der Malerei darf gar nicht aufkommen. Die schwierige Technik muß, wie überall, zur Konzentration, zum Einfachen, Wesentlichen, Typischen führen, wie in der Poesie Sonett oder Terzine etwas ganz anderes wollen, als Prosa.

Während wir bei einer Madonna garnicht daran denken, daß wir diesen Stoff schon so oft gesehen haben, während kein Mensch bei Memling oder Bellini sich fragt, welcher von beiden die Madonna besser ausgedrückt hat, weil hier kein Mensch an den Stoff denkt, ist dies ganz anders bei Historienbildern. Da braucht nur Herr Hinz zu kommen und zu sagen: ich war selbst dabei und habe gesehen, daß es anders war, als der Maler es zeigt.

Donnerstag, den 25. März.

Ich habe gestern ein originelles Geschöpf in einer Maison de tolérance gefunden. Das ist doch der einzige Notbehelf, hier verhüllt sich das Laster nicht. Es ist sogar echt, und darum nicht ohne einen vorübergehenden Reiz, putain, im Gegensatz zur grande cocotte.

Unter den geringsten Dirnen der äußeren Boulevards gibt es nicht wenige, die, wenn sie gewaschen und in Seide gehüllt, sich in nichts, aber auch garnichts, von der Belle Otero unterscheiden würden. Man sollte daher bei bezahlten Liebesfreuden in Bezug auf das Exterieur nicht mehr als auf Reinlichkeit und eine gewisse Bequemlichkeit sehen. Das meiste Übrige ist Suggestion; wieder ein Beweis, daß zu einem sich nichts versagenden Leben zwar Geld, aber keineswegs Reichtum gehört, vorausgesetzt, daß man tatsächlich nur für sich und nur das, was einem wirklich Genuß bringt, genießen will.

Heute im Musée Carnavalet. Schöne alte Ansichten und Sittenbilder aus dem alten Paris. Rührend ist der Inhalt eines Glaskastens: die Trophäen der italienischen Diva Alboni aus der Mitte dieses Jahrhunderts. Kränze, Seidenschleifen, Stickereien, Gedichte ihrer Bewunderer; dies ist alles, was ein Bühnenkünstler übrig läßt.

Heute einige schreckliche Stunden: Seit einigen Tagen besucht mich der Dämon wieder. Glücklicherweise geringe Gelegenheit hier in Paris. Heute zufällig hineingeraten. Herausgerissen hat mich die Neugier, andere Wesen zu beobachten, die ähnliches suchten. Ich folgte ihnen, ohne aber viel Neues zu sehen. So hat mich der analysierende Verstand einmal gerettet.

Sonntag, den 28. März.

Gestern im Musée de Cluny Beobachtungen gemacht, als Bestätigung des neulich über die Gobelins Gesagten. Nur dann hat in der Kunst die Gebundenheit Wert, wenn sie produktiv wird, d. h. gewisse Vereinfachungen gebietet, die gerade eine besondere Schönheit bewirken können, die bei größerer Freiheit nicht möglich wäre, so wie sich die Tastnerven eines Blinden unendlich entwickeln. Aus der Beschränktheit wird ein Reichtum. Dies ist zugleich eine Widerlegung des Naturalismus, der etwas *sagen* will in der Kunst.

Ich habe nun bereits mehrere Besuche gemacht. Vorgestern Abend Diner bei Meier-Graefe, dem Kunstkritiker. Obwohl er schwarz ist, hat er etwas typisch Germanisches, fast Schönes und besitzt eine gewisse Art norddeutschen Humors, der sich mit großer Gutmütigkeit zu paaren scheint. Dieser Mann kann, glaube ich, obwohl er offenbar Energie besitzt, dem Weibe gegenüber ein Kind sein an Zutraulichkeit, Hingebung und Aufmerksamkeit. Er lebt mit einem Mädchen zusammen, die still ist und angenehm in den Bewegungen. Er soll sie aus dem Sumpf hervorgezogen haben. Jedenfalls merkt man nichts mehr von ihrer Vergangenheit. Das Interieur verrät viel Kultur. Sehr einfache Räume in Unitapeten mit modernen Bildern in sehr zarten pastellartigen Tönen, mit schönen stilvollen Möbeln. Allerdings ist eine gewisse Kühle nicht zu leugnen. Die Tischgeräte alle ausnahmslos von schöner Form und feinem Dessin. Viele Blumen einzeln in Gläsern. Auch die Speisen waren mit Liebe gekocht, alles verriet persönlichen Geschmack, nicht einfache Befolgung der Gesetze des Kochbuches. Es waren mehrere Journalisten da, gute Sorte, doch Leute, die ganz Beamte geworden sind. Ferner der Zeichner Vallotton, ein sehr stiller Mensch, dann die beiden Kritiker Henri Albert und Dr. Gensel, sowie ein Musiker Oscar Fried. Mit diesen dreien habe ich Verabredungen getroffen, um sie näher kennen zu lernen. Von Fried muß ich nun sagen, daß ich ihn anfangs für einen leeren Renommisten hielt, doch scheint dies nur durch schlechte Gewohnheiten von ihm zu kommen. Er muß viel gelitten haben. Er ist erst 23 Jahre alt. Bisweilen hat seine Stimme etwas ausgesprochen Schmerzliches. Er lebt in sehr beschränkten Verhältnissen. Meier-Graefe bietet ihm einen dauernden Platz an seinem Tisch.

Montag, den 29. März.

Gestern Abend bei dem Dr. Gensel, Kunstkritiker, zum Diner. Ein kleines Interieur. Auch er sucht modernen Stil, doch ist auch hier eine gewisse Kälte in der Einrichtung nicht zu leugnen. Er selbst ist, wie es scheint, ein ziemlich unbedeutender Mensch. Die Frau, – seit einem Jahre ist er verheiratet, – macht den Eindruck eines großen verständigen Mädchens. Sie scheint ein stilles angenehmes Wesen zu sein. Man merkt ihr etwas den dänischen Ursprung an. Nach Tisch spielten wir etwas Mozart, er Violine. Dann heftige Debatte über die Idee in der Kunst. Er kennt nicht den Unterschied zwischen dem, was man gemeinhin Idee oder Vorwurf nennt, und der platonischen Idee. Die Debatte wurde sehr hitzig. Er schien sich sehr dafür zu interessieren und ließ mich kaum los, denn er schien zu fühlen, daß ich Recht hatte, indem ich das, was er Idee nannte, als belanglos empfand. Trotzdem gab er mir mein Recht nicht zu und schien persönlich verletzt zu sein, obwohl er es auf meine Frage leugnete. Dennoch wollte er die Gelegenheit, zu lernen, zu profitieren, nicht verlieren. Er scheint ein kleinlicher, sogar mißgünstiger Mensch zu sein. Die Frau hörte gespannt und still zu.

Dienstag, den 30. März.

Gestern Abend mit Fried zusammen. Er spielte mir einige seiner Lieder vor, die ein ganz hervorragendes Talent bekunden, zugleich großes Können und stilistische Durchbildung. Ich hatte also recht, etwas hinter seiner blague zu vermuten. Da er erst 23 Jahre alt ist, nahm ich Gelegenheit, ihm offen zu sagen, wie er sich dadurch schadet, daß er beständig mit seinen berühmten Bekanntschaften renommiert usw. Er nahm das als wohlgemeinten Rat hin. Überhaupt scheint er ein vortrefflicher, neidloser Mensch zu sein. Pekuniär ist es ihm oft sehr schlecht gegangen, und momentan lebt er von den Vorschüssen, die ihm der Verleger auf eine Oper gibt, die er noch in der Arbeit hat, nach einem Text von Otto Julius Bierbaum. Diese Verhältnisse haben ihm eine gewisse sozialistische Hochschätzung der Arbeit beigebracht, die mit einem völligen Mangel an Verständnis verbunden ist für die Berechtigung des rein betrachtenden Menschen, der in seinem Sinne nichts tut. Manchmal hat man den Eindruck, als ob er vom Leben noch nichts wüßte, obwohl er soviel darin herumgeworfen wurde.

Mittwoch, den 31. März.

Hoffentlich sind nun die Tage vorbei, in denen mich der Dämon quälte. Heute habe ich zum letzten Male nachgegeben. Es ist der 31. Daß ich diese Pedanterie nicht los werde. Nun werde ich ihm wahrscheinlich wieder lange Zeit widerstehen, vom 1. April ab gerechnet. Eine Klippe ist der 16. April, mein Geburtstag, der wiederum einen Einschnitt bildet und Gelegenheit gibt, in dieser pedantischen Weise zu datieren. Glücklicherweise ist die Gelegenheit zum Nachgeben hier in Paris gering.

Ich lese Sainte-Beuve's »Volupté«. Eine durchaus christliche Art, den Stoff zu betrachten, die Wollust als Laster, als Verbotenes, eine Nuance, die das Christentum erst brachte, viel tiefer und problemreicher, als die antike Betrachtung, welche die Wollust nur als schöne erlaubte Freude kennt und persönlicher, als unsere moderne Art objektiv, ohne jede metaphysische Nuance zu analysieren. Durch das Christentum erst das Vampyrhafte, die Force majeure der Wollust, das Dämonische Thatsache geworden. Aber dieser Nuance verdanken wir vielleicht die interessanteste Literatur. So wird bereits die gewöhnliche Cohabitation eine Art Satanismus, wenn auch in geringem Grade, insofern der Leib ein Tempel der Seele, das heißt Gottes ist. Dazu kommt nun nach langen Skrupeln und Gewissensängsten das Sich-dem-Bösen-verschreiben, an den man aber glauben muß, um sich ihm verschreiben zu können, die Freude an der Befleckung, an der Schändung. Hierzu muß man aber Christ genug sein, um das alles für Befleckung, Schändung zu halten. Dies führt zu der Wollust, der Besudelung, der Selbsterniedrigung, welche durch die verschiedenen Formen des Lasters symbolisiert wird. Diese Sensationen sind christlicher Herkunft. Es handelt sich nicht darum, die Sinnlichkeit durch neue Reizungen zu kitzeln, was auch die Heiden thaten, sondern das Laster zum Symbol der Selbsterniedrigung zu machen.

Freitag, den 2. April.

Merkwürdig, wie wenig mich die raffinierten Versprechungen der Kokotten reizen. Ich suche dort nur schnelle natürliche Befriedigung. Außer dieser kenne ich nur wirkliche Liebesnächte mit Frauen, zu denen man zärtlich sein kann. Mit einer Frau, bei welcher Geldentschädigung eine gewisse Rolle spielt, kann ich nicht länger zusammen sein, als die Sinne erregt sind. Hier in Paris denkt man entgegengesetzt. Man verkehrt mit den Kokotten, wie mit Geliebten. Viele Liebesverhältnisse werden mit ehemaligen Kokotten angeknüpft, die nach der Auflösung wieder auf ihr altes Handwerk verfallen. Ich lernte gestern bei Bullier im Quartier Latin den norwegischen Maler Munch kennen. Wir kamen auf dieses Thema. Er sieht in dieser galanteren Art, die Kokotte zu behandeln, die höhere Kultur des Landes. Dies war ja auch mein erster Eindruck, als ich nach Paris kam. Aber meine Seele kommt nicht mit. Er verhält sich hier nur schauend und lebt mit seinen Landsmänninnen. Ich dagegen habe versucht, mich in dieses Leben einzumischen und sehe in dieser Galanterie etwas mir fremdes, eine Überschätzung der Frau als Fleisch. Geschähe dies wenigstens orientalisch. Dabei aber beherrscht dieses Fleisch die Gesellschaft. Ich glaube, der Orientale würde sich totlachen. Auch er sucht ja in der Frau nur das Fleisch, deshalb weist er ihr aber auch die untergeordnete Stellung einer Sklavin an. Wenn der Germane dem Weib eine höhere Stellung gibt, so ist es, weil er etwas höheres in ihm sucht. Hier merke ich, daß ich doch germanischer empfinde, als ich glaubte.

Ich kann den ganzen Tag einsam sein, ja, ich bin oft ungehalten, wenn man mich stört, wie heute Fried, der mich zum Déjeuner abholte. Ich will den Tag über entweder arbeiten oder allein umhergehen. Abends aber überkommt mich immer die Sehnsucht nach einem anderen Wesen, mit dem ich nicht durch intellektuelle Bande verknüpft bin. Das brauche ich ja nicht, dazu bin ich mir selbst genug, und die mannigfachen Anregungen des Tages erfüllen mich hinreichend. Ein Wesen, das ich liebe, und das mich versteht. Ich bin in diesem Sinn vielleicht mehr sentimental, als sinnlich, und das ist viel gefährlicher, da es den ganzen Charakter beeinflußt. Die Sinnlichkeit hingegen empfinde ich als eine geringere Regung und beherrsche sie dadurch, daß ich sie gelegentlich befriedige. Oft empfinde ich sie sogar als niedrig und dämonisch. Ich schalte sie aus meinem ganzen übrigen Leben aus, während ich die sentimentale Liebe gern mit allen anderen Werten des Lebens in Verbindung bringe. Natürlich ist es notwendig, daß ich auch die sentimental Geliebte körperlich besitzen muß. Schon, damit die unbefriedigte Sinnlichkeit nicht ihre eigenen Wege geht. Alles dies macht für mich die französische Kokotte mehr oder weniger unmöglich. Entweder Geliebte oder putain, das sind meine Pole.

Der Verstand ist das, was in mir die vielen Widersprüche zeitigt. Mein eigentliches Wollen ist ganz einfach. Plötzlich aber legt der Verstand Zügel an, und nun scheine ich eine Zeitlang ganz umgewandelt. Ich bin mitleidig und dann wieder hart. Verstand und Wollen liegen bei mir in ewigem Konflikt. Und da beides stark ist, wird keines von beiden endgiltig unterworfen, sondern der Kampf geht immer wieder von neuem los, zwischen dem Impulsmenschen, dem Künstler, und dem pedantischen Philister, der nach Verstandeskategorien urteilt.

Gestern Abend mit Henri Albert zusammen. Er hatte seine Geliebte Madeleine bei sich, eine liebenswürdige, doch kindische Person, die sehr hübsch ist. Wir waren bei Bullier und trafen dort Munch. Albert scheint ziemlich unbedeutend zu sein, indeß ein sehr liebenswürdiger Mensch von angenehmen Formen. Über Gensel hat man allgemein die Ansicht, daß er ein Duckmäuser sei und wenig befähigt. Weidenbusch betrachten sie hier als einen begabten Blagueur. Besonders seine Geliebte hat überall mißfallen, sie sei dumm und verwöhnt. Sie vergöttert ihn bis zur Blindheit gegen alle anderen. Madeleine nennt sie »une grue arrivée«.

Samstag, den 3. April.

Gestern nach dem Diner begegnete ich auf den Boulevards Gustav Richter, meinem Münchener Bekannten, dem Maler, der sich schon seit einigen Monaten hier aufhält und die Akademie besucht. Freudiges Erstaunen über unser plötzliches Wiedersehen. Er lebt ziemlich einsam, arbeitet viel, bummelt gegen Abend durch die Straßen, knüpft hie und da eine Liebelei an, freut sich über die schönen Straßenbilder u.s.w. Er unterhält einen regen Briefwechsel mit seinem kleinen Münchener Mädel, mit der er sich nicht entschließen kann, zu brechen. Wir brachten die Nacht in mehreren Lokalen zu. Als wir gegen Morgen nach Hause gehen wollten, lag ein so wunderbarer tiefblauer Himmel über der Stadt, daß wir beschlossen, nicht zu Bett zu gehen. Wir gingen, während die Dämmerung eintrat, nach Notre-Dame. Die Blicke von der Seine aus sind von wunderbarer Schönheit. Er führte mich in das Quartier du Marais, jetzt eines der ärmsten Viertel, unter Louis XIV. der Mittelpunkt von Paris. Noch sehr viele herrliche alte Hotels dieser Zeit von prachtvollen architektonischen Formen. Wir frühstückten in einer kleinen Crèmerie, wo einige Arbeiter hinkamen, die an ihr Tagewerk gingen. Rings herum standen Körbe, in denen Hühner schliefen. Man saß um den Herd. Als wir hinaustraten, fiel feiner Regen, die Straßen waren schon belebt. Gegen 7 Uhr früh kam ich nach Hause.

Montag, den 5. April.

Was mich von der Kokotte zurückhält, ist auch dies: Meine innerste Überzeugung ist, daß nur der Mann ein Recht an einem Weibe hat, den das Weib aus Instinkt als Mann begehrt. Ich komme mir daher kläglich vor, wenn ich gewissermaßen das, was der Mann in mir nicht fertig bringt, nämlich das Weib zu erobern, in dem betreffenden Falle durch ein Surrogat, nämlich das Geld, erzwingen würde. Ich fühle mich überhaupt nur bei dem Weibe völlig als Mann, von welchem ich die Empfindung habe, daß sie mich begehrt, wie ich sie.

Im Caféhaus habe ich einen gewissen Dr. Graf kennen gelernt, Schriftsteller aus Wien. Wir kamen auf Goethe zu sprechen. Tasso, das einzige Werk, in welchem die Nervosität in klassischer, das heißt nicht nervöser Form dargestellt ist. Tasso ist nicht Goethe, sondern nur eine Seite Goethes, wie Werther eine Episode Goethes ist, d. h. er steht über seinen Stoffen. Die modernen Darsteller der Nervosität hingegen stellen nur sich dar, und zwar sich ganz, nicht einen Teil von sich. So stehen sie im Stoff. Ihre Werke bleiben Bekenntnisse eines nervösen Menschen in nervöser Formlosigkeit, sie bleiben subjektiv, werden nicht Symbol.

Auch unsere Ansichten, d. h. die scheinbaren Resultate unserer Verstandestätigkeit stammen aus Instinkten. Würde mein Instinkt die Kokotte begehren, so hätte gewiß mein Verstand ein vortreffliches System bereit, daß die Kokotte überhaupt die einzig berechtigte Weibform wäre.

Heute in der Ausstellung der Indépendants auf dem Marsfeld. Hauptinteresse die neuen Impressionisten, unter ihnen besonders der hochbegabte Munch. Heute Nachmittag lange mit ihm zusammen. Er verdirbt sich vieles in seinen Bildern durch das vorwiegende Gedankliche.

Donnerstag, den 8. April.

Weiter Besuche gemacht. Madame Haeck, deutsche Jüdin, aber ganz französiert, sehr sympathisch im Äußeren und in den Bewegungen. Literarische Interessen. Vierzehnjähriges Töchterchen, spricht kein Deutsch mehr, frühreif, schon zu damenhaft. Dann beim deutschen Generalconsul, von der Frau empfangen. Glacial. Typus der norddeutschen, allerdings eleganten Beamtenfrau. Als ich im Gespräch bemerkte, daß die Kinder nur englisch und kein Deutsch reden, war ich doch etwas erstaunt. Dann bei Frau Alice Straßburger, geborene Löwenstein, gewissermaßen eine Schulfreundin von mir. Sehr liebenswürdiger Empfang. Auch *ihr* Kind spricht nur französisch.

In der Galerie Durand-Ruel. In Monet muß ich nun wirklich doch den Maler ersten Ranges anerkennen. Er vereinigt die souveräne Technik Renoirs mit einer noch tiefer malerischen Seele. Meist trifft er das Typische, das tiefste Symbol. Dabei eine unglaubliche Vielseitigkeit seiner Visionen. Dann in der Ausstellung der Pastellistes français. Überraschend, wie hoch hier das Durchschnittsniveau ist. In der Maison Bing. So bewundernswert und reich die modernen Dessins und Gefäße sind, so unabhängig und neu im Stil, so unvollkommen sind noch die Möbel. Überall eine gewisse steife dünnbeinige Eckigkeit, die bald an Louis XVI, bald an Japan und bald einfach an Gartenmöbel erinnert. Sehr geeignet für Gartensäle, Vorräume, aber im Salon zu kalt und unbehaglich.

Ich habe nun mit Ausnahme einiger Kunsthandlungen, die ich noch morgen besuchen will, alles gesehen, was ich hier in Paris auf dem Programm habe. Auch habe ich meine bis jetzt eingetroffenen Empfehlungen alle abgegeben. Angefangene literarische Arbeiten liegen keine mehr da. Ich bin nun also endlich soweit, wohin ich mich lange wünschte. Ich kann mich nun eine Zeitlang dem Zufall in die Arme werfen, und wie bedarf ich dessen! – Ich fühle mich abgestoßen von der eigenen analysierenden und registrierenden Art, wie ich oft zwischen den Dingen umhergehe. Aber ich habe nun meine Angst, etwas zu versäumen, doch wohl beruhigt, indem ich alles das gesehen habe, was man aufsuchen kann. Was noch übrig bleibt, und das ist wohl das Beste, ja das Einzige, kann nur der Zufall bringen. Ich werde nun eine Zeitlang ganz planlos leben, nichts nachlaufen, aber alles an mich herankommen lassen, dadurch mehr mit mir allein sein. Denn so oft ich in den letzten Monaten allein war – ich war es fast immer – so ausgefüllt war ich von Gedanken, die stets meine Hirntätigkeit überwach hielten, so daß ich nicht dazu kam, den wesentlichen Stimmen zu lauschen, die erst dann aus den Abgründen heraufflüstern, wenn der Intellekt nicht zu ausgefüllt ist. Auf die Anregungen der Außenwelt kann ich zwar nicht verzichten, aber es ist ein Anderes, diesen Anregungen nachzulaufen, alles gesehen haben wollen, oder sich ihnen hinzugeben. Hoffentlich wird mir diese Art des Lebens gelingen.

Ich komme immer mehr zu der Überzeugung, wie verfehlt ich bis jetzt gelebt habe, wie ich immer mit dem Verstand genossen habe, ja oft in meinen Dichtungen der Verstand noch zu viel mitspricht. Eigentlich sollte ich sie verbrennen darum, aber die Eitelkeit, die ich auch noch nicht überwunden habe! Ich muß nun ganz anders leben, weniger sehen, weniger lesen, weniger denken, weniger arbeiten, mehr lauschen. Die Entwickelung aus meinem Zustand heraus, nämlich dem Denkzustand, zur Mystik versuchen, von der ich so genau weiß, was sie ist und von der ich so unglaublich weit bin.

Gutmann schreibt aus Florenz, daß er sich von den Münchener Verstandesorgien dort befreie und ein reines Gefühls- und Phantasieleben zwischen Kunst und Natur führe.

Mittwoch, den 14. April.

Der Verkehr mit den Frauen hält unseren Idealismus wach. Nicht, weil die Frauen so ideale Wesen wären, sondern weil es ideal ist, etwas um seiner selbst willen zu begehren, und wäre es auch an sich nicht wertvoll.

Meine Liebe zur Nacht nimmt ab. Ich möchte mir angewöhnen, früh aufzustehen, den ganzen Tag draußen zu sein, Menschen und Dinge zu sehen und nur in regnerischen oder dunkeln Stunden zu lesen oder zu schreiben, die Abende möglichst abzukürzen.

Ein Brief von Richard, der mich aufrichtig freut. Er schreibt von einer Liaison, die er mit einer Erzieherin in Frankfurt angefangen hat. Dieses Erlebnis wird gewiß dazu beitragen, daß er sein entstelltes Gesicht weniger unglücklich empfindet. Er will nun Maler werden und teilt es mir in so verständig klarer Weise mit, daß ich ihm nicht widersprechen kann. Ferner ein Brief von Gutmann aus Florenz, der dort so lebt, wie ich hier leben möchte, vom Zufall geleitet und glücklich. Wie mich sein Brief wieder mit dem alten Heimweh nach Italien erfüllt. Hier in Paris werde ich doch immer fremd bleiben. Man ist hier viel mehr auf die Menschen angewiesen und beurteilt sie daher strenger, als in Italien, wo einem Natur und Kunst viel mehr erlauben, sich von ihnen zurückzuziehen.

Böcklins Söhne sollen zum Teil verrückt sein, einer dagegen ist Zahnarzt. Das hat mir fast einen noch traurigeren Eindruck gemacht.

Stefan George und Paul Gérardy sind seit einigen Tagen hier auf der Durchreise. Gérardy ist doch ein ausgesprochener Literat. Er beobachtet einzelnes Treffliche, hat gute Einfälle, aber welche Kälte! Er wundert sich, daß ich allein einen Ausflug aufs Land unternehme. Ich war sehr viel mit ihm zusammen, gehe ihm aber nun etwas aus dem Weg, da er mich ermüdet. Er bringt die Hälfte seines Lebens im Caféhause zu. Stefan George ist dagegen wundervoll. Er lebt meist allein und kommt nur bisweilen zum Besuch in die großen Städte. Er sprach von der Veränderung des Wohnsitzes und meint, daß wir Deutsche uns doch draußen immer fremd fühlen müßten. Wir können viel lernen in Paris, aber wir brauchen die Landschaft, in der wir groß geworden sind. Ja, unsere Naturen haben nötig, einen heftigen Winter durchzumachen, und nur ausnahmsweise dürfen wir nach dem Süden flüchten. Gerade jetzt, wo sich in Deutschland ein Umschwung vorbereite, dürfe man nicht flüchten. Er spricht sehr ungehalten über Wien. Es sei dort eine Art Miß-Kultur, die nicht aus dem Weg zu schaffen und darum aller wahren Kultur feindlich sei. Ein wirkliches Talent selbst müsse daran zu Grunde gehen, und bald würden wir dieses traurige Schauspiel an Hofmannsthal erleben. Merkwürdig finde ich seine Einseitigkeit, die Peter Altenberg alles Talent abspricht. Auch Waclaw Lieder habe ich kennen gelernt, einen polnischen Edelmann, der hier in Paris lebt. Seine Verse haben einen tiefen biblischen Zug. Er selbst erinnert etwas an einen alten jüdischen orientalistischen Sprachgelehrten.

Gestern Reception bei Madame und Monsieur Vallette, Redakteur des Mercure de France. Frau Vallette, die unter dem Namen Rachilde schreibt, eine fast vierzigjährige Frau von schöner Körperlinie, großer Lebhaftigkeit und geistreichelnder Pose. Sie hat mir ihr Buch »Les Hors-Nature« dediziert. Ferner war eine sehr lebhafte Blondine da, welche alle Welt Fanny nannte, Schauspielerin. Sehr oberflächlich und amüsant, früher Modell, Maitresse des Journalredakteurs. Außerdem war Lord Douglas da, der berühmte Freund des englischen Dichters Oscar Wilde. Douglas scheint im Äußeren nicht über die Banalität des jungen Engländers hinauszugehen, schlank, blond, bartlos, mädchenhafte Züge, kleiner fragender Mund. Doch hat seine Stimme einen traurig verschleierten Ton. Ich fragte ihn über das englische Leben und meinte: »La vie anglaise est bien triste n'est-ce pas?« Er antwortete ohne Pose: »La vie est triste partout.« Seine Gedichte, die die Schönheit des Südens, der Antike, der griechischen Liebe besingen, sind nicht ohne Talent.

Samstag, den 17. April.

Man versucht jetzt hier, gegen das Tragen von Hüten der Damen im Theater vorzugehen. Aber der Feldzug wird mit einer Niederlage enden. In allen anderen Ländern ist es selbstverständlich, daß eine Frau nicht das Recht hat, durch den Hut oder die Frisur die Zuschauer zu stören. Hier hat man eine Enquete veranstaltet. Eine der ersten Kokotten antwortete ungefähr so: C'est si rarement que je vais au parterre, et si j'y suis allée, on ne s'est jamais plaint de mon voisinage. Viele Frauen stehen hier auf dem Standpunkt, daß man nur faute de mieux auf die Bühne blickt, wenn man keine pikante Nachbarschaft hat.

Weidenbusch sagte neulich zu mir: Ich könnte nie in mittelmäßigen Verhältnissen leben, wie Sie, entweder reich oder ganz arm. In Ihren Verhältnissen würde ich mein Vermögen durchbringen, um einmal alles zu genießen, und dann als Bohémien weiter zu leben.

Wie sich bei Stefan George doch die Pose verloren hat. Es scheint, daß wir alle einmal pour épater le bourgeois eine Zeitlang posieren, allmählich aber werden wir immer einfacher.

Gestern war mein Geburtstag, zugleich Charfreitag. Den Nachmittag war ich in einem Kirchenkonzert, am Abend mit Blanche zusammen, deren einfache Anspruchslosigkeit und Diskretion in allem, was sie spricht und tut, wirklich vorteilhaft von allem absticht, was ich sonst in Paris sehe. Ich verbrachte den Tag zu meinem Staunen ohne jede Sentimentalität. Am Tage vorher war der Dämon da, d. h. ich rief ihn absichtlich, um mit meinem Geburtstag einen neuen Abschnitt zu beginnen. Von Tilly ein Geburtstagsbrief, in dem sie mir schreibt, daß sie die Verlobung mit Alewyn nicht auflöst und bald zu heiraten gedenkt. Sie macht meinen Einfluß für ihre früheren Dummheiten verantwortlich.

Soeben erfahre ich durch Gérardy, daß Richard Perls in Paris ist, und zwar in einem Zustand völliger Hinfälligkeit. Obwohl wir eigentlich wenig zusammen passen, habe ich immer eine gewisse Neigung zu ihm gehabt, und es ergreift mich eine unendliche Lust ihm in seinem Zustand zu helfen. Er ist ein Mensch von ungewöhnlicher Verfeinerung und Begabung, aber es ist, als ob sich alles bis zur völligen Auflösung in ihm spaltet. Keine Spur von Kraft mehr in ihm. Seine Gedichte sind von großer Zartheit. Er ist erst 24 Jahre und völlig dem Morphium verfallen.

Ostermontag, den 19. April.

Am Samstag Abend Diner mit George, Gérardy, Lieder, Klein und Perls, letzterer in wahrhaft schrecklichem Zustand, kann kaum gehen, macht alle Viertelstunde eine Morphiumeinspritzung. Seine alte Pose hat er jedoch beibehalten.

Gestern Brief von Gutmann aus Florenz. Er schickt ein Gedicht, das wieder recht schwach ist, zu viele geprägte Ausdrücke. Wir planen ein Zusammentreffen im Sommer. Brief von Richard, der ganz in seiner Liebe aufgeht und dadurch einen Eindruck der Reife macht, die ich bei ihm nicht kannte.

Gestern allein Ausflug nach Sceaux, von da zu Fuß nach Versailles. Eine entzückende Gegend, besonders die lachenden Dörfer mit ihren blühenden Kastanien und Flieder. Unterwegs fielen mir zwei Gedichte ein an Blanche: »Ich liebe dich wie eine weiße Blume« und »Das lichte Birkengrün an Sonnentagen«. Um die Dämmerung in Versailles. Ich betrat den Park, das Abendrot lag auf den Gewässern wie glühendes Kupfer. In der Dämmerung schienen die regelmäßig geschnittenen Taxushecken von seltsamer Phantastik.

Heute jour du Vernissage in den Champs-Elysées. Ich habe nie so viel Schlechtes beisammen gesehen. Doch wunderbar das Leben, das sich dort entfaltet und die schönsten und bestgekleideten Frauen von Paris zusammenruft. Ich traf die Löwensteins und Straßburgers und begrüßte sie natürlich deutsch, worauf sie mich ziemlich kühl behandelten. Als ich sie zum zweiten Mal sah, fingen sie gleich französisch zu sprechen an, und als sie merkten, daß ich die Sprache beherrsche, waren sie von größter Liebenswürdigkeit. Dabei waren wir alle Deutsche ohne Ausnahme.

Dienstag, den 20. April.

Heute Empfang bei Madame Rachilde. In dieser Woche habe ich ihr Buch gelesen »Les Hors-Nature«. Von ganz erstaunlicher Beobachtung, wenn auch zu breit und fast ohne eigentliche dichterische Qualitäten. Sie selbst erschien mir heute weit liebenswürdiger. In diesen Kreisen ist man theoretisch von der Oberflächlichkeit, die in Paris herrscht, und die mich so abstößt, überzeugt, und ich war es, der diesen französischen Schriftstellern gegenüber sogar die französische Kultur in Schutz nahm. Trotzdem aber bestand auch hier die Unterhaltung fast nur aus Literaturklatsch.

Donnerstag, den 22. April.

Ich finde in Sainte-Beuve's Volupté eine Stelle, die mich grausam an mich selbst erinnert. Auch er kennt diese Daten, bis zu welchen er den Dämon noch empfangen will, von welchen ab nicht mehr.

Freitag, den 23. April.

Gestern und die letzten Tage graubedeckter Himmel, dazu das Hellgrün der Kastanienbäume, die schon in Blüte stehen und die braunen, erst halb erblühten Fliederstauden in den Champs-Elysées. Zwischen diesen Farben scheint eine bläuliche Atmosphäre zu liegen. Gestern Nachmittag in den Champs-Elysées. Ich las dort Edgar Poe's Novelle »La chute de la maison Usher«, das Beste, was ich von ihm kenne.

Samstag, den 24. April.

Interessant ist, zu beobachten, wie Fried mit den Frauen steht. Er hat nie etwas besonderes erlebt, scheint sogar im Allgemeinen Unglück zu haben, was ihn aber wenig rührt. Hier in Paris ist er völlig verwandelt. Er spricht kaum ein Wort französisch, behandelt die Mädchen, d. h. die Kokotten grob, benimmt sich kindisch, wie ein Affe, und hat in einem fort Frauen, die sich ihm ohne Entgelt hingeben, während sie sonst von Berufswegen ein Geschäft daraus machen. Er meint, das würde noch viel besser, wenn er erst die Sprache kann. Ich glaube das Gegenteil. Im Augenblick, wo er zivilisiert sein wird, hört das auf. Die Mädchen halten ihn für einen Halbwilden, vor dem sie sich nicht genieren. Er rechnet garnicht als Monsieur oder als Miché; sie sind zu ihm so wie eine Weltdame einem hübschen Bauernburschen gegenüber sein könnte. Wie falsch wäre es, nun zu schließen: wenn der Bauer aber erst elegant gekleidet wäre, wie groß würden dann erst seine Chancen sein! Etwas ähnliches in der Geschichte von dem goldenen Esel bei Apulejus, als der Junius die Liebe der Witwe erringt. Gestern sah ich einen dicken braunen Menschen, der wie ein in Amerika heraufgekommener Pflanzer aussah. Er trug die merkwürdigsten Dinge, zum Beispiel Manschetten, die von schwarzen, dicken Linien karriert waren. Aber das alles paßte so völlig zu ihm, so wie das Haus zur Schnecke sich aus Stilinstinkt selbst bildet.

Ich bin mir ganz klar darüber: das Einzige, was mich immer wieder an die Großstadt fesselt, ist die Frau. Ohne dies Bedürfnis würde ich längst in der Einsamkeit auf dem Lande leben.

Eigentlich sind alle Typen unangenehm, der Deutsche so gut, wie der Franzose, der Großstädter, wie der Kleinstädter, der Fromme, wie der Gotteslästerer. Ganz falsch wäre nun, zu schließen, der Mittelweg wäre das Beste. Er ist das allerwiderlichste. Vielmehr ist nur das Individuum wertvoll, welches aus dem Typus heraustritt.

Fried legt einen ungeheuren Wert auf das Geld, wahrscheinlich, weil er es nicht hat. Darum ist eigentlich kein Gespräch mit ihm möglich, weil das immer bei ihm das A und O von allem ist.

Montag, den 26. April.

Gestern und heute bin ich auf das Land gegangen. Diese lachende Natur um Paris zieht mich sehr an. Es sind sanfte Linien, aber nicht so nachdenklich, wie in meiner Heimat. C'est joyeux, riant.

Auch keine Größe. Sanfte Hügel, hellgrüne Buchenwälder, Kastanienhaine, Landhäuser und saubere Dörfer, die schon fast Landstädtchen sind. Dazwischen die langsam fließende gewundene Seine. Hier konnten die maîtres galants des 18. Jahrhunderts, aber auch Corot reifen, und die zarten französischen Chansons, die sentimental sind, ohne vulgär zu sein. Ich glaube, in Ville-d'Avray eine Sommerfrische gefunden zu haben. Heute war der erste wahre Frühlingstag. Erst ein Gewitter, dann ist lauer Regen gefallen. Bisher war die längst schon aufgeblühte Landschaft ohne jene berauschenden Düfte des Frühlings. Heute sind sie gekommen, und mit ihnen tausend Erinnerungen, nicht etwa an andere Frühlinge nur, überhaupt an mein früheres Leben. Als ob man im Winter nicht auch lebte! Diese Düfte riefen mir meine Kindheit zurück, Frankfurt, meine Eltern. Die Goethe'schen Gedichte, die ich bei mir hatte, verstärkten nur diese Stimmung. Unterwegs entstanden die Verse: »Duftlos war das Laub gesprossen ...«

Früher interessierten mich auf Reisen besonders die Menschen, und ich gewann eine gewisse Routine, Bekanntschaften zu machen. Heute das Gegenteil. Selbst wenn mir jemand interessant erscheint, weiche ich ihm oft aus, weil ich meine Einsamkeit nicht stören will. Fried möchte gern meine Landausflüge mitmachen. Aber ich kann mich nicht dazu entschließen, nicht einmal ein Mädchen mitzunehmen. Früher konnte ich nicht einsam sein. Darum genieße ich auch jetzt zum ersten Mal wahrhaft die Natur. Welcher tiefe Genuß, als ich heute aus der Manufacture de Sèvres in den Park hinaustrat. Der Regen war vorbei, und alles in feuchtem Hauch, der über den Wiesen eine dünne, durchsichtige, zarte, bläuliche Schicht bildete. In diesem Augenblick war es Frühling geworden.

Man sollte die Kinder nicht zum Gehorchen, sondern zum Befehlen erziehen, was heute fast nur die Adligen können. Ich vermeide es, mit Untergebenen viel zu reden, da ich mich im Befehlen nicht immer sicher fühle, andererseits aber auch weder grob sein noch brüllen will, denn das wäre ja das Gegenteil jenes selbstbewußten adligen Befehlens, das nicht verletzt, weil es dem so Befehlenden durchaus ansteht. Es ist selbstverständlich, daß ein solcher herrscht, und der Sklave findet es natürlich.

Donnerstag, den 29. April.

Es gibt Menschen, denen die Beschaffung dessen, was zur Befriedigung der täglichen Bedürfnisse dient, wie Wohnungssuchen, Berechnung des Etats u.s.w. an sich ein solches Vergnügen macht, daß dadurch ihre ganze freie Zeit ausgefüllt wird. Das sind die glücklichsten Menschen. Zum Beispiel mein Schwager Otto, der mit innigstem Behagen schon jetzt berechnet, was er mit der nächsten Gehaltszulage anfangen wird. Es ist wohl dasselbe, was man den echten Bürgersinn nennt.

Es ist nun völlig Frühling seit mehreren Tagen, und mein Bedürfnis nach einem geliebten Wesen wird bisweilen qualvoll. Paris war meine letzte Verstandesneugier. Ich werde mich nun ungestört einem Gefühl hingeben ohne Egoismus. Ich entsinne mich manchmal einer kanadischen Dame, Mademoiselle Burassa, die ich flüchtig in München kannte. Sie ist sehr geistig und muß ihrem Äußeren nach auch körperlich einst meinen Gefühlen entsprochen haben, doch nun altert sie bereits. An Gutmann hat sie geschrieben, sie fühle sich mit mir »un peu de la même race«. Wir haben immer nur die gleichgiltigsten Dinge gesprochen, da wir nur in größerer Gesellschaft zusammen waren. Es war also ein geistiges Erraten. Gestern schrieb ich ihr mit der Bitte, bisweilen etwas von ihr zu hören.

In einem Journal fand ich unter dem, was man hier Heiratsannoncen nennt, einige Zeilen, die mich interessierten, sie waren, wie an mich gerichtet.

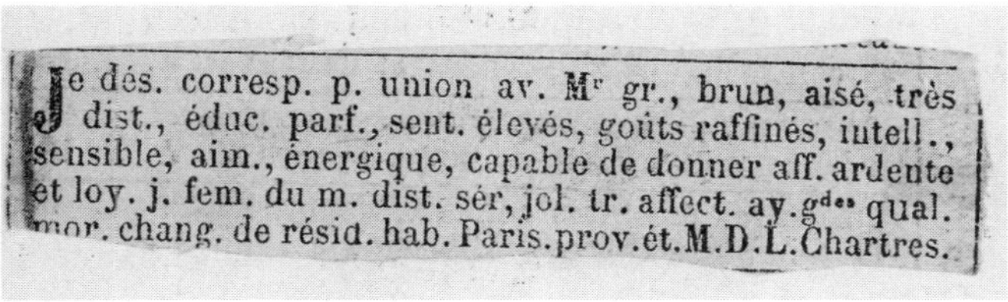
Je dés. corresp. p. union av. Mr gr., brun, aisé, très dist., éduc. parf., sent. élevés, goûts raffinés, intell., sensible, aim., énergique, capable de donner aff. ardente et loy. j. fem. du m. dist. sér, jol. tr. affect. ay. gdes qual. mor. chang. de résid. hab. Paris. prov. ét. M.D.L. Chartres.

Es hat sich daraus eine Korrespondenz entwickelt, die viel verspricht. Auf Samstag bin ich nach Chartres eingeladen. Vorläufig habe ich die Empfindung, daß sie ein aufrichtiges, feingebildetes Wesen ist. Das Einzige, was abzuwarten steht, ist, ob wir uns äußerlich gegenseitig anziehen. Geistig scheint alles zu stimmen.

Ihre Briefe geben mir die froheste Hoffnung. Ich denke an nichts anderes, während ich in den frühlingsgrünen Straßen umhergehe.

Wollte man mir in meinen Nöten, da ich die Wertlosigkeit des Verstandes einsehe, das Christentum empfehlen, so hieße das nur, mich zurückkehren heißen, um auf einem anderen Weg dasselbe Ziel zu erstreben. Auch das Christentum könnte für mich nur ein Weg sein. Es ist eine der mehreren Vorhallen, die zum Tempel der mystischen Erkenntnis führen. Ich befinde mich in einer anderen Vorhalle, in der des Lebens. Aber ich sehe den Tempel bereits im Lichte glänzen. Ich muß mit der Zeit hingelangen, auch auf meinem Weg, der mir gemäßer ist, als das Christentum. Der Weg geht steil bergan, und ehe ich wieder ein Plateau erreicht habe, wie im vorigen Jahre in Frankfurt, werde ich wohl nicht die Ruhe zur Arbeit finden. Ich muß noch ein Stück weiter leben vorher. Im vorigen Jahr erreichte ich dieses Plateau, als ich die symbolische Bedeutung der Kunst erfaßt hatte, überhaupt den Begriff Symbol.

Wenn sich meine Hoffnungen mit der Dame in Chartres verwirklichen, werde ich sofort Paris verlassen und irgendwo in der Umgegend dieser Frau und der Natur leben, bis sich wieder die Lust zum künstlerischen Schaffen einstellt, d. h. zum Ausruhen vom Leben.

Ich lese Bourget »Physiologie de l'amour moderne«. Trefflich ist die Unterscheidung des »véritable amant«, der weiß, warum er ein bestimmtes Weib liebt und geliebt wird (und dieses Weib weiß es auch), und dem Amant temporaire (dem homme gentil), der immer nette Geliebte hat, aber immer zufällig, weil er hübsch, liebenswürdig, amüsant ist, ohne die Frauen zu kennen, und dem Exclus. Was bin ich? Jedenfalls nicht der homme gentil, sondern bald véritable amant, bald Exclus. Von Temperament das erste, durch den Intellekt aber häufig in die Rolle des letzteren geschoben.

Freitag, den 30. April.

Gestern Richter getroffen. Was ich voraussah, ist gekommen. Er konnte nicht ohne seine kleine Emmy leben, nun ist sie in Paris.

Fried's ewiges Jammern über materielle Nöte, das ewige Reden vom Geld ist mir doch unangenehm. Dabei geht es ihm garnicht so schlecht. Vor allem hat er schon mit 24 Jahren einen Verleger, der ihm Vorschuß gibt und bei Ablieferung der Partitur Mk. 10000.-- bar.

Gestern mit Albert, Munch und Fried bei Bullier. Es wurde eine deutsche Literaturgröße herumgeführt, Willy Pastor. Ein stupider schwerfälliger Mensch, der allerlei Dummheiten aussprach. George sei phantasiearm und künstlerisch gering. Claude Monet fabriziere Konditorware. Berlin sei darum eine so künstlerische Stadt geworden, weil dort technisch so viel gearbeitet würde. Er ziehe die Goethesche Iphigenie in Prosa der Versbearbeitung vor.

Sonntag, den 2. Mai.

Gestern abend mit Richter und seiner kleinen Emmy zusammen. Interessant dieses einfache unbedeutende Mädchen im Quartier Latin, wo sie vor dem Kokottenwirrwarr einen direkt physischen Abscheu empfand.

Mit Fried werde ich doch die Intimität aufgeben. Er ist ein unnobler Mensch. Er gibt es ruhig zu, keinen Stolz zu besitzen und führt als Entschuldigung an, daß die widrigen Verhältnisse alles Ehrgefühl in ihm getötet hätten. Ich gestehe jedem das Recht zu, wenn er Hunger und kein Geld hat, auch oberflächliche Bekannte um eine Mahlzeit zu bitten, nicht aber, was Fried tut, der einer Dame, bei der er verkehrt, nahe legte, ihm einen neuen Hut zu kaufen, den er auch annahm. Dabei hat er im letzten Monat ungefähr 250 Frs. ausgegeben. Er spricht immer von Geld.

Der Ausflug nach Chartres verschoben. Ich treffe Mary morgen in Versailles.

Dienstag, den 4. Mai.

Also gestern in Versailles Mary getroffen. Auf den ersten Blick war mir klar, daß sie nicht die Frau ist, die ich suche. Ihr Gesicht hat wenig ausgeprägte Züge, aber auch ohne irgend einen ausgesprochen unangenehmen Zug zu haben. Sie ist groß, blond, aber dieses unangenehme farblose Blond. Entschieden älter, als 24 Jahre, wie sie angab. Vom Bahnhof nach dem Restaurant bemerkte ich bisweilen einen lieblichen Ausdruck in ihrem Gesicht, der mich wieder einen Augenblick hoffen ließ. Aber dann war ich völlig klar. Übrigens hat sie eine entfernte Ähnlichkeit mit meiner Mutter, was mich auch stört. Sie ist von ihrem Mann, einem Advokaten, getrennt. Ich glaubte, daß auch sie sofort unsere Unzusammengehörigkeit bemerkt habe und vermutete selbst, daß die Einsicht, die bei mir der Intellekt milderte, bei ihr brutaler, nämlich als direkte Antipathie zum Vorschein kommen würde. Ich schlug ihr nach dem Déjeuner einen Spaziergang durch den Park vor und sagte ihr einfach, daß ich ihre Gefühle errate. Ich hatte mich indessen getäuscht, sie hatte für mich Sympathie gefaßt. Eine furchtbar peinliche Lage, und ich dachte an die Lehre, die ich im Sommer 1895 aus meiner Beziehung mit jener Malerin Marie St. gezogen habe, die mir nur sympathisch war, mich aber liebte und dadurch in ein intimes Verhältnis verwickelte, das für mich qualvoll wurde. Jenes Verhältnis endigte damals mit einer schrecklichen Nacht in einem Hotel in Sternberg, wo ich sogar bei körperlicher Bereitschaft einen psychischen Ekel gegen diese Frau faßte. Dies zu wiederholen empfinde ich natürlich keine Lust. Es gab eine sehr peinliche Stunde. Mary war offenbar sehr enttäuscht und behauptete, mich nicht zu verstehen. Es tat mir fast wohl, als sie schließlich sagte, daß ich ihr durch mein Raisonnement nun antipathisch geworden wäre. Leider durchschaute ich jedoch, daß eher das Gegenteil der Fall war. Ich hatte direkt Mitleid mit ihr und fand die Lage fürchterlich. Sie ist am Abend nach Chartres gereist, wo sie, wie sie sagt, allein, ohne Bekannte lebt. Ich glaubte, daß diese Enttäuschung auch mich mehr angreifen würde, da ich die ganze letzte Woche in großer Erregung war und meine ganzen Lebenspläne umgeformt hatte. Aber so sehr ich mich vor einem Erlebnis aufregen kann, so leicht tröste ich mich, wenn die Hoffnung zunichte wird. Am Abend traf ich auf dem Boulevard eine kleine Freundin, mit der ich schon früher einmal zusammengewesen war und die in der Nacht das fabelhafte Wort dort ausrief »Ah que c'est beau la nature«.

Brief von Gutmann aus Rom, der dort nachts im Weinrausch zwischen den fließenden Springbrunnen durch die Gassen zieht.

Freitag, den 7. Mai.

Gestern zufällig die Bekanntschaft der Witwe Herwegh's gemacht. Sie wohnt in demselben Hotel, wie ich. Eine achtzigjährige noch sehr rüstige kleine Frau mit sehr scharfen Zügen. Sie hat etwas Hexenhaftes dem Anschein nach, was sich aber bei ihrer äußerst liebenswürdigen Konversation verliert. Sie bewohnt ein einsames Hotelzimmer, sehr altmodisch, dunkelbraun mit weißen Lambris, voll von altmodischen Bildern Herweghs, darunter ein lebensgroßes Ölbild in der Ary Scheffer-Manier. Durch sie wurde ich in ein reizendes französisches Interieur der Mme Vivier und Tochter eingeführt. Sehr gebildete Damen, die mir bei der Abfassung meiner französischen Broschüre über die deutsche Kultur stilistisch an die Hand gehen wollen. Gestern Abend zum Tee bei ihnen. Die Tochter, ca. 40 Jahre, etwas gelehrt, und die Mutter ihr gegenüber wie einem Manne, den sie bewundert. Sie gibt zu, keine eigenen Ideen zu haben, aber in Gegenwart ihrer Tochter die Ideen dieser öfters zu wecken. Trotzdem ist etwas ganz deutsches in diesem Interieur. Außerdem ein robuster Junge, noch sehr Kind, doch schon Leutnant bei der Handelsmarine, ferner eine junge hübsche Tochter, sehr germanischer Typus. Der Großvater war Deutscher. Die Tochter lebte meist in Schottland und hat sich auch einige englische Formen angewöhnt. Dieses große blonde Mädchen mit dem gesunden, aber nicht unangenehmen gesunden Äußeren hat mir zu meinem Erstaunen sehr gut gefallen, da mich früher eigentlich sonst das Mädchenhafte kalt gelassen hat. Während meine Neugier der Frau gegenüber schwindet, kommt wohl mein eigentlicher natürlicher Geschmack heraus, der viel mehr, als zu der schwarzen sogenannten interessanten Frau für die blonde, gesunde Frau inkliniert. Ich empfinde geradezu einen Umschwung in meiner erotischen Neigung, und ich halte ihn für gesund, da ich jetzt nicht mehr das mir ähnliche, raffinierte, sondern das mich ergänzende und mir wohltuende Unkomplizierte bei der Frau will. Ich kann, wie schon in München, meinen augenblicklichen Zustand wiederum nur einer zweiten Pubertät vergleichen.

Hier hat in mancher Beziehung der Begriff pariserisch den Begriff menschlich ersetzt. Ein Drama, sagt man, hat viele Vorzüge, besonders aber ist es très parisien; oder »Sie können diesen Roman nicht beurteilen, dazu muß man Pariser sein, c'est tout ce qu'il y a de plus parisien«.

Mittwoch, den 12. Mai.

Ich komme immer mehr dazu, zu glauben, daß, um sich ganz rein an Charakter zu erhalten, ohne sich zu prostituieren, um ohne jene erniedrigende Überschätzung der materiellen Güter zu bleiben, eine gewisse Vermögenshöhe, wenn nicht erforderlich, so doch sehr förderlich ist. Ich denke dabei an Fried. Auch an Überschätzung des Geldes, die ich oft selbst aus dem Munde aufrichtiger Bohemiens gehört habe.

Die französische Kultur ist so tief in die Begriffe und Anschauungen des Volkes eingedrungen, daß ganz gut eine Zeitlang diese Kultur fortbestehen könnte, ohne daß wirklich bedeutende produktive Talente da wären. Heute ist es vielleicht so. Es ist, als wenn in einem Land der König gestorben wäre, der eine ungeheure Suggestion auf das Volk hatte. Aber den Ministern gelingt es Jahre hindurch, diesen Tod zu verheimlichen, und das Volk lebt weiter unter dem Geiste seines Königs, der längst tot ist.

Ich habe nun selbst einmal eine Annonce im Journal veröffentlicht: Jeune homme du monde, littérateur, grand, brun, cherche connaissance d'une jeune jolie femme, affectueuse, bien élevée, pour union sérieuse. Ich habe 22 Antworten erhalten, die ich alle beantwortet habe, außer 2. Ich habe also diese Woche ca. 20 Rendezvous.

Das Berliner Philharmonische Orchester unter Arthur Nikisch's Leitung ist hier und spielt unter begeistertem Applaus des Publikums. Fried, der früher dazu gehörte, führt nun seine früheren Kollegen in der Stadt herum. Es war sehr interessant, diese Typen zu beobachten. Alles treffliche Musiker, die nur durch ihr Können in dies Orchester gekommen sind. Wie sie hinter den Frauen her sind! Dabei sind sie nicht mehr jung und verheiratet. Das Leben der Fremden in Paris ist meist »une continuelle débauche«. In einem Bordell letzten Ranges waren diese Männer entzückt, teilweise aber auch moralisch entrüstet. Dabei haben sie eine Niedrigkeit des Ausdrucks, die mich erstaunt. Äußerlich unterscheiden sie sich garnicht vom gewöhnlichen Bourgeois, nur sind sie gutmütiger. Unter ihnen ein jüngerer Mensch, Lebemann geringer Sorte, ewig geschlechtskrank und dabei von einer Rohheit des Geschmacks und Mangel an jeder Verfeinerung im Genuß, wie ich sie noch nie gefunden habe. Ein anderer ist Millionär, nur zum Vergnügen mitgekommen. Cotelettebart, glatt rasiertes Kinn, immer den photographischen Apparat in der Hand. Er ist der unangenehmste von allen. Als Führer diente ihnen ein junger Deutscher, der seit 2 Jahren in Paris ist, der richtige Typus des Fremden, der den Pariser spielt, dabei nicht einmal gut französisch spricht: klein, dünn, blond, Spitzbart, langer Gehrock, Sammtkragen, großer Cylinder, trockenes, meckerndes Organ, ewig blaguierend, renommierend. Und dabei ohne jeden Humor oder Wärme.

Heute im Quartier mit einem französischen Dichter zusammen, Jean Dayros. 30 Jahre alt, über die Illusionen hinaus, lebt einfach im Quartier, veröffentlicht ironische Verse, scherzt mit Kokotten, redet von der Zeit, als er noch die Abenteuer liebte. Jetzt hat er, wie er erzählt, folgendes System: er empfindet von Zeit zu Zeit das Bedürfnis »de s'encanailler«, d. h. er betrinkt sich mit einer möglichst gemeinen Dirne und schickt sie dann fort, ohne sie körperlich berührt zu haben. Seine physischen Bedürfnisse befriedigt er in einer gut eingerichteten Maison de passe. Er redet mit halb ironischem Ernst über dieses System, wie über eine zu patentierende Erfindung. Bisweilen berauscht er sich an Haschisch und an feinen Parfums. Dabei hat er gesunde Meinungen über die Welt ohne alle Verbitterung, wenigstens scheint es so. Er ist immer gut gelaunt und sehr höflich. Klein, blonder Vollbart, ziemlich kräftige Gestalt.

Brief von Richard. Er ist fest entschlossen, das Mädchen, womöglich gleich, zu heiraten. So sehr ich diese Liebe an sich begünstige, so sehr setze ich mich vorläufig einer Heirat entgegen, obwohl ich bei seiner spätreifen, aber entschlossenen Art wohl an die Dauer seiner Gefühle glauben möchte. Die Novelle seiner Braut ist freilich völlig nachempfunden, Lesefrüchte. Aber sie verrät eine vortreffliche Natur und auch ein feines Empfinden.

Freitag, den 14. Mai.

Nun beginnt hoffentlich eine neue Zeit für mich. Ich habe eine Frau kennen gelernt, die hoffentlich die gesuchte ist, und der ich mich ganz hinzugeben imstande bin. Zwar bin ich nicht von dem sogenannten »heiligen Götterstrahl« getroffen, dazu müßte ich vielleicht unerfahrener und unenttäuschter sein. Sollte meine Hoffnung zunichte werden, so fühle ich, ich würde es jetzt noch verschmerzen können. Aber ich glaube, daß mir diese Frau in kurzer Zeit das Teuerste werden kann, was ich besitze. Äußerlich schien mir Marie Louise Conty anfangs zu hübsch, um mich nicht mißtrauisch zu machen, denn ich suche nicht die ausgesprochen schönen Frauen. Sie schien mir zu pariserisch. Als ich ihr das erste Mal bei Tisch in einem Restaurant gegenübersaß, sah ich, wie sich ihre Züge oft eigentümlich belebten. Sie erzählte mir, wie sie dies Paris haßt, in welchem ihr alles falsch erscheint. Erstaunlich bei einer schönen jungen Frau, die doch alles besitzt, um hier eine Rolle zu spielen. Daß sie bei so viel Schönheit, Anmut der Unterhaltung, verfeinerter Bildung und trotz ihres Verkehrs in dem literarischen Zentrum des jungen Paris so einfach und echt geblieben ist, läßt mich glauben, daß sie der Mittelpunkt aller meiner so vielfältigen Wünsche werden kann, daß sie mir die ersehnte Einheit geben wird. Ihre Gefühle mir gegenüber errate ich nicht. Zwar hat sie mehrmals im Tone, in der Bewegung eine gewisse Weichheit geäußert, die die Frauen nur einem ihnen sympathischen Manne zeigen. Sie ist vorläufig mißtrauisch gegen meine Jugend. Sie ist ein Jahr älter als ich und glaubt mich nicht ernst genug. Sie hält es für erstaunlich, daß man nach 3 Monaten schon so kühl geworden sein kann gegen die vielgepriesenen Pariser Reize. Sie meint, mit 24 Jahren müßte man noch noceur sein.

Gestern fiel mir ein merkwürdiger Augenblick meines früheren Lebens ein: Berliner Winter 1893/94. Ein nebliger Spätnachmittag auf der Spreebrücke, dunkle Silhouetten der Häuser, Zeit des Lichtanzündens. Ich war in der Periode meiner ersten ganz unglücklichen literarischen Versuche unter Löwenherz's verkehrten Prinzipien stehend, von keinem anerkannt, abgestoßen von dem althergebrachten bürgerlichen Leben, mit dem ich gebrochen, ohne irgend einen neuen Boden zu fühlen. Die Kunst schien das einzige, doch wußte ich nicht das mindeste über mein Talent. Ich ging ganz entmutigt über die Spreebrücke. Da empfand ich plötzlich diese Großstadtlandschaft so tief, daß ich in dem Augenblick fühlte, ich sei ein Dichter. Ich wußte es in diesem Augenblick ganz bestimmt, und die Erinnerung daran hat mich oft gekräftigt. Ich erzählte Löwenherz davon, aber weder er, noch ich selbst wußten damals, daß dies ein wichtiger Augenblick in meinem Leben war. Ich begreife heute nicht, wie ich damals diesen Zustand ertrug, ohne mich eigentlich allzu unglücklich zu fühlen. Ebenso werde ich wohl später nicht begreifen, wie ich diese letzten Pariser Monate ertragen konnte bei dem steten Bewußtsein vollkommener Verlassenheit.

Es ist die intellektuelle Freude am Leben, die mich stets hinderte, mir selbst genug zuzuhören, die mir manche Tiefe verschloß, in der vielleicht viel Reichtum, aber auch sehr viel Trauer verborgen ist. Ich werde nun meinem Glücke besser zuhören, meinem gehofften Glück.

Ich glaube, daß ich doch Herz habe, und ich fasse es als Vorzug auf. Ich werde ganz und gar aufhören, diesen lächerlichen Skeptizismus, der meine ganze Umgebung erfüllt, mitzumachen.

Die Korrespondenz mit Richard hat eine gewisse Herzlichkeit in unsere Beziehungen gebracht, die ich immer erhofft habe. Ich erwarte viel von unserem nächsten Zusammentreffen.

Es ist sonderbar: in der letzten Stunde, bevor ich Marie Louise kennen lernte, hat mich der Dämon noch einmal besucht. Sie könnte mich vielleicht auch davon heilen, ebenso wie von meiner Cerebralität.

Sonntag, den 16. Mai.

Gestern mit Marie Louise zusammen. Es quält mich der Verdacht, daß sie eine kalte Natur sei, die mehr geliebt werden, als lieben will. Wenn das wahr ist, wird sie mir nie etwas sein können. Ich bin mit Absicht selbst noch sehr zurückhaltend, um nichts zu überstürzen. Sie erzählt, daß sie sich tagsüber maßlos langweilt, sie ist mir noch rätselhaft.

Vorgestern mit Weidenbusch zusammen, der seit einigen Tagen wieder hier ist. Er suchte ein Dirnenabenteuer und brauchte meine französischen Sprachkenntnisse dazu. Wir fanden ein ganz junges blondes Geschöpf, dumm und stumpf. Sie spielt mit Puppen. Die Verbindung von Naivität und Laster ist hier wirklich interessant.

Dienstag, den 18. Mai.

Es ist ein Mensch in mein Leben getreten, den ich fast schon Freund nennen kann, der Maler Paul Hermann. Zum ersten Mal wieder jemand, der seit München mir geistig näher kommt, indem er *hinter* die Dinge sieht. Er ist viel älter als ich, aber dennoch haben wir uns gut verstanden und erkannt. Er sah in mir sofort den Instinktmenschen, der zulange die Intellektualität hat reden lassen. Auch er ist ein Bewußter, wie könnte ich mich sonst mit ihm verstehen? Aber er lebt in einer Atmosphäre, die er sich selbst geschaffen, die er sorgsam hütet, indem er nichts liest, niemanden empfängt, der ihn stören könnte. Wie zerfahren und zerrissen dagegen war mein Dasein in den letzten Monaten! Aber nun wird es anders werden. Auch mit Marie Louise bin ich einig geworden. Wir gehen demnächst hinaus aufs Land und dort werde ich in einem kleinen sorgsam erwählten Kreise von Menschen, Dingen, Gedanken mit ihr leben. Eigentlich weiß ich garnichts über Marie Louise. Sie ist ein stummes Rätsel, ohne Initiative, aber nicht von jener kraftlosen Passivität, die man bisweilen in Deutschland findet, dazu ist sie zu intelligent, aber sie will zu allem gezwungen werden. Gestern waren wir zusammen in Varennes; in einem Gebüsch am Marne-Ufer habe ich sie geküßt, wahrhaftig nicht ganz sicher, ob sie es dulden würde. Ich bin niemals bei einer Frau so ohne alles Verständnis ihrer Natur gewesen. Sie äußert nichts von selbst, aber unter meinen Küssen schwand der Zweifel, sie sei kalt. Ich weiß trotzdem nicht, ob sie mich liebt. Die fremde Sprache, die ich so gut zu beherrschen glaube, hindert mich in solchen Situationen doch, mich ganz zu geben. Ich könnte nicht sagen, daß ich sie in dem ganz tiefen Sinne liebe. Dazu ist sie mir fast zu fremd. Da aber garnichts Hemmendes im Wege steht, mich nichts an ihr stört, ist es möglich, daß die große Liebe daraus wird, wenn sich unsere Atmosphären ganz verbunden haben. Bei meiner vorwiegenden Cerebralität kann ich fürs erste überhaupt wohl kaum eine tiefere Empfindung verlangen, als ich sie jetzt habe.

Alle die Männer, welche ich hier kenne, teils durch den Mercure de France, bedeuten wohl eine höhere Kulturstufe, als jenes deutsche Publikum der Literaten- und Künstlerkreise. Aber sie haben alle *eine* Physiognomie. Sie erlebten einmal den Bruch der Tradition, Übergang in das moderne Lager, welches fertig existierte. Wie ganz anders ist unsere germanische Entwickelung, die wir, wenn wir mit der bürgerlichen Tradition brechen, keinen Boden unter den Füßen haben; Einsamkeit, Suchen, Irrtümer, Zweifel an sich selbst, vielleicht zeitweilige Rückkehr zu den alten Göttern, Reisen, Leiden, das Weib, nicht die Weiber. Das ist unser Schicksal. Das ist es, was uns so viel vielseitiger und tiefer macht. Aber der Durchschnitt ist in Paris viel, viel höher. Die Deutschen sind origineller und kantiger. Welche Mannigfaltigkeit in Menschen, wie Löwenherz, Philips, Gutmann, Wolfskehl,

George, Paul Hermann, Perls, Weidenbusch und mir. Jeder ist anderer Herkunft. Jeder nahm eine andere Entwickelung und hat andere Ziele. Hier ist der Stil aller gleich. Sie stammen alle aus derselben Schicht und wollen alle »arriver«. Und einer lebt, wie der andere. Empfang in literarischen Salons, Verkehr im Caféhaus, auf den öffentlichen Bällen des Quartier Latin und Montmartre. Anderes kennen sie nicht. Gereist sind sie nicht, aber stark belesen, jedoch nur französisch. Sie sind völlig durchtränkt mit *einer* immerhin großen Kultur. Das Leben ist für sie zu leicht, zu amüsant. Sie haben alle zu wenig gelitten.

Donnerstag, den 20. Mai.

Wieviel schneller tritt man doch einem Manne nahe (Paul Hermann), als einer Frau (Marie Louise). Der Intellekt des Mannes erleichtert so sehr das Verständnis. Bei der Frau dagegen müssen die beiden Leben zusammenwachsen. Gestern mit Louise im Bois de Boulogne; sie ist die zarteste Frau, die ich je in meiner Nähe hatte. Sie hat sich mir versprochen, aber sie zögert noch. Sie fühlt, daß wir noch nicht genug eins sind. Anfangs machte ich ihr leise Vorwürfe, doch vorsichtig genug, um nicht mit meiner brutalen, alles verstehen und wissen wollenden Intellektualität an eine zarte Gefühlsregung zu stoßen. Dennoch quälte ich sie damit. Sie ist nicht fähig, über Gefühle zu reden, und um so schöner ist es, wenn sie sich durch eine schüchterne, kosende Gebärde ausdrückt. Ich liebe ihr stilles, rätselhaftes Wesen, denn gerade dies ist vielleicht in seiner Unübersehbarkeit geeignet, mich aus meinem jetzigen Zustand zu retten.

Gestern ein Gespräch mit Hermanns feinkultiviertem Freund Paul Contard über Mystik. Folgendes klärte sich in mir: das Tier besitzt eine abgerundetere Vollkommenheit, als der durch seinen Intellekt getrübte Mensch, sowie der mit einfachem Werkzeug arbeitende Handwerker vollkommener ist, als der, welcher eine komplizierte Maschine besitzt, sie aber noch nicht recht begreift. Hat er sie aber erst begriffen, dann ist er einer Vollkommenheit fähig, die dem anderen immer unerreichbar bleibt. Die Aufgabe des Menschen ist, den Intellekt zu über-winden. Er darf nicht unsere Animalität töten, das Höchste, das uns mit dem Ursein verbindet, vernichten, wie es die moderne Erziehung will. Er soll vielmehr das Animalische zum Bewußtsein erheben und es bändigen. Der Frau ist eine geringere Aufgabe gestellt, weil sie einen geringeren Intellekt besitzt, den sie zu verarbeiten hat. Darum löst sie ihre Aufgabe leichter, ist viel öfters harmonisch und ist dem Durchschnittsmanne, der mit seinem Intellekt nicht fertig wird, häufig überlegen, während der wirklich mit dem Intellekt die Natur bändigende Mann eine Höhe erreichen kann, die ihr nicht zugänglich ist. Darum kann auch der Durchschnittsbürger unsereinem an Klarheit überlegen sein, weil er seinen kleinen Instinkt mit seinem kleinen Intellekt leichter ins Gleichgewicht setzen kann, als wir, die wir geistig in großen Verhältnissen leben.

Sonntag, den 23. Mai.

Louise seit einigen Tagen krank. Ein ungefährliches, zeitweise schmerzhaftes Leiden. Wir sind nun ganz einig, und nur diese Krankheit hat bis jetzt ihre völlige Hingabe verhindert. Sie hat mir schon mehrere Male die Worte »Je t'aime« ins Ohr geflüstert und Vorwürfe gemacht, als ich sie neulich einmal nicht besuchte. Dann hat sie eine reizende Art, wenn ich etwas sage, das ihr gefällt, eine liebkosende Bewegung zu machen, ohne ein Wort zu verlieren. Sie spricht nicht von ihren Gefühlen und fragt nicht nach den meinigen. Wenn wir sprechen, reden wir fast nie über uns, sondern tauschen Meinungen oder erzählen Erlebnisse.

Samstag, den 29. Mai.

Ich will mir nichts vorlügen. Louise ist mir sehr sympathisch, aber ich liebe sie nicht. Ich habe dies in den letzten Tagen gemerkt, die ich in Marlotte zubrachte, in Gesellschaft von Stuart

Merill und Point und deren Frauen. Diese Frauen haben mich heftig gefesselt, daß ich kaum an Louise dachte, womit ich natürlich nicht sage, daß ich mich in sie verliebt habe. Ich fühlte nur von ihnen einen Reiz ausgehen, den Louise nicht besitzt. Soeben zurückgekehrt, finde ich einen Brief von ihr voll Unruhe, daß ich gestern nicht zu ihr kam. Randbemerkung vom 4. Mai 1898, London: Welche schönen freudigen Tage in Marlotte. Auch Hermann und Contard waren dabei. Ich sehe auf sie heute wie auf eine Oase zurück in jener Zeit voll Selbstbetrug.

Die Neugier nach dem Leben ist die Eigenschaft, die uns verführt, uns Dingen und Personen zu nähern, eventuell unter ihren Einfluß zu geraten, mit denen unsere wahre Natur nichts zu schaffen hat. Ich habe dieser Neugier zu lange nachgegeben und soviel Fremdes in mich aufgenommen, daß ich oft nicht weiß, was eigen in mir und was fremd ist. Da sind diese ganz unbewußten Naturen, wie Munch, viel abgeschlossener. Hermann sagt, er sei früher in demselben Zustand gewesen, habe sich aber herausgearbeitet.

Dienstag, den 2. Juni.

Das Leben hier wird immer unerträglicher. Diese ewige Zerstreuung. Ich bedarf unendlich der Sammlung, die ich hier nicht finde. Louise wieder krank. Dadurch die letzte Intimität immer noch verzögert. Vielleicht ist es gut, daß ich sie nicht eigentlich liebe, sonst würde sie mir doch wieder nur Unruhe bringen. Sie ist so still und diskret. Sowie sie gesund ist, reisen wir ab.

Mit Weidenbusch eine wilde Auseinandersetzung. Dieser Mensch hat einen ganz unheimlichen Einfluß auf mich. Sobald er erscheint, verliere ich das Gleichgewicht, die Sicherheit. Ich vermute in ihm viel heimliche Bosheit und Mißgunst gegen mich, seitdem ich ihm, seit sich mein Talent entfaltet hat, nicht mehr unterlegen bin. Er sucht mich überall durch eine geheime Ironie und niederträchtige Anspielungen lächerlich zu machen, und zwar dadurch, daß er Fehler berührt, die ich ihm in der Tat aus einer gewissen Vertrauensseligkeit offenbart habe. Hermann sagt, ich sei selbst daran schuld durch meine Unvorsichtigkeit, andere Menschen zu leicht zu ernst zu nehmen und zu Vertrauten zu machen, worin viele eine freiwillige Unterordnung erblicken. Er hat recht. Nicht jeder ist groß genug, um nicht das Szepter zu mißbrauchen, das man ihm für eine Stunde reicht. Ich bin außerordentlich nervös. Selbst Marie Louises Küsse langweilen mich bisweilen. Aber was soll ich tun? Ich muß fort von hier aufs Land. Aber die Einsamkeit kann ich jetzt weder physisch, noch psychisch ertragen. Ich brauche die Frau dazu. Louise ist mir sehr sympathisch. Ich bin es ihr auch. Möglicherweise liebt sie mich sogar ein wenig. Es ist nichts an ihr, was mich stört. Auch körperlich ist sie mir angenehm, doch bringt mich der Gedanke, sie zu umarmen, nicht gerade in zitternde Erregung. Manchesmal wünsche ich, ich hätte die Geschichte nicht angefangen. Und dann scheint sie mir wieder die einzige Rettung. Sehr quält mich ihr Unwohlsein, welches diesen Zustand in die Länge zieht und unerträglich macht.

Mittwoch, den 10. Juni.

Immer noch hier, da Louise immer noch krank ist. Mein einziger Trost der Verkehr mit Hermann und Contard, mit denen ich fast alle Nächte verbringe, teilweise auf interessanten Excursionen in die abgelegensten Viertel, wo wir besonders das Leben der untersten Volksklasse beobachten. Wenn ich nachhause komme, ist der Himmel immer schon hell. Wie traurig dieser anbrechende Tag, und doch das Gefühl: jetzt gehört die Stadt noch uns, nach einer Stunde erwacht die Menschheit. Einer meiner bleibendsten Pariser Eindrücke: das Erwachen der Stadt, besonders der rege Verkehr an den Hallen. Ich schlafe meist bis 1 Uhr, arbeite fast nichts, genieße fast nichts. Gegen 5 Uhr gehe ich zu Louise, an deren Bett ich 1 bis 2 Stunden verbringe. Abends zumeist mit Contard und Hermann. Der Arzt hat mich über die Harmlosigkeit von Louisens Krankheit beruhigt. Meine Nervosität immer stärker. Der beständige Kontakt mit dem Leben ist fast schmerzhaft, besonders der Verkehr mit Postbeamten, Kellnern und dergl.

Dazu hat mich eine Woche lang wieder der Dämon besucht. Vergeblicher Versuch, ihn nicht so pathetisch zu nehmen, ihm ruhig nachzugeben, wenn er kommt. Aber er kommt zu oft, weil die Gelegenheit doch auch hier zu groß ist. Und wenn ich ihm nicht völlig entsage, packt es mich völlig, so daß ich zu keinem Alleinsein in der Stadt fähig bin, ohne ihm zu verfallen.

Wo ich bis jetzt lebte, auch wo ich mich wohlfühlte, wie in München und Rom, ertrug ich das Leben nur, weil mir der jeweilige Zustand als ein vorübergehender erschien, und ich beklagte die Menschen, die immer so leben. Hier dasselbe, besonders Contard gegenüber. Er ist guter Abkunft und wohlhabend, begabt, aber ohne eigene Produktivität, hat Paris in jeder Hinsicht raffiniert genossen. Ein tiefes Liebesereignis erfüllte zwei Jahre seines Lebens. Nun aber flieht er alle Gefühlserregungen, alles Sentimentale, animische, wie er es nennt, um bewußt ganz cerebral zu leben. Aus diesem Grunde allein hat er seine Geliebte verlassen, zu der er immer noch eine Rückkehr befürchtet, da er sich nicht stark genug glaubt. Nun verbringt er seine Zeit mit Lektüre, Nachdenken, Verkehr mit einigen Freunden, hier und da mit Kokotten, die ihn mehr oder weniger lieben, während er sich innerlich von ihnen nicht allzu sehr berühren läßt. Niemals bezahlt er eine Frau. So fein das alles ausgeklügelt ist, so ist das doch immer dasselbe Milieu, dasselbe Paris. In jeder Hinsicht das Gegenteil von mir, der ich gerade aus dem Cerebralen herauswill. Hermann stimmt ihm theoretisch in allem bei, dadurch aber, daß er schaffender Künstler ist und vermögenslos, ist er beständig ins Leben hineingeworfen und kann sich ihm daher nicht entfremden. Ich würde Contard besser begreifen, wenn er sich überhaupt zurückzöge vom Leben. Entweder Tätigkeit oder mystisches Betrachten. Aber dazu ist ja Paris der ungeeignetste Ort. Ich träume von einer Einsamkeit in Deutschland. Sobald ich mein Vermögen in Händen habe, werde ich mir im Taunus oder in Oberbayern ein Bauernhaus einrichten und dort den größten Teil des Jahres, vielleicht mit Louise, leben und nur zum Besuch bisweilen in große Städte gehen.

Seit ich in dem Kreis um Contard bin, betrachte ich die Kokotten doch noch von einer anderen Seite. In diesem Kreise sehen die Mädchen die Männer als gute Kameraden an, keiner zahlt ihnen bar. Wenn sie aber in Geldverlegenheit sind, hilft man ihnen, wie einem Freund. Man ist »copain« miteinander. Lädt sie einer eines Abends zum Essen ein und sie haben gerade keine Zeit, so sagen sie ganz offen »Il faut que je fasse un miché aujourd'hui«, d. h. heute muß ich einen suchen, der mir Geld gibt, ich bin geschäftlich abgehalten. Neulich war eine unter uns in dieser Lage, konnte sich aber nicht entschließen, unseren Tisch, an dem es sehr lustig zuging, zu verlassen, um an ihr Geschäft zu gehen. Den Miché verachten sie.

Dienstag, den 16. Juni.

Ich habe nun einige gute Tage gehabt, der Dämon hat mich verlassen. Ich bin viel in der Umgegend herumgeschweift und habe einiges geschaffen. Marie Louise geht es viel besser.

Am Mittwoch Abend war Empfang bei Davray. Wir haben Haschisch geraucht. Anfangs war ich grenzenlos ausgelassen. Louise Davray wurde immer stiller, ich verschwand, von dem Haschisch offenbar etwas benebelt, mit ihr in einem Nebenzimmer. Sie löschte das Licht aus und sank in einen Sessel, wo sie plötzlich unter meinen Küssen wie schlafend lag. Sie ist zart und schlank und sehr jung. Dann waren wir wieder unter den anderen. Ich spielte stundenlang Klavier, besser als je. Um zwei verließen wir Davray und schweiften bis zum Morgen in seltsamen Gegenden umher.

Am Samstag in Versailles. Das 18. Jahrhundert ward mir so lebendig, als ich mich allein in dem kleinen Boskett der Marie Antoinette befand, daß in mir das geschah, was ich in den folgenden Tagen zu einem Gedichte »Maia« verarbeitete: »Dies ist der Traum der lauen Sternennacht«, doch mit dem Unterschied, daß an Stelle des 18. Jahrhunderts die Antike trat.

Mit Contard viel über Magie gesprochen. In seiner Vergötterung der Intellektualität scheint er mir auf ganz falschem Wege zu sein. Er will nicht zugeben, daß auch die Kunst hauptsächlich auf Instinkt beruht, daher seine Überschätzung von Flaubert, La tentation de St. Antoine.

Mittwoch, den 17. Juni.

Gestern die Duse im Renaissancetheater. Zuerst D'Annunzio, Sogno di una notte di primavera. Sie war in ihrem grünen zeitlosen Gewand, wie die letzte Tochter jener sterbenden Rasse der Italiener, in der sich noch einmal die ganze Schönheit der einstigen Blüte zeigt. Renaissance, aber vermengt mit dem Leiden der Décadence: Rossetti, Burne-Jones. Dann Goldoni La Locandiera. Hier ganz die Italienerin aus dem Volk in ihrer etwas derben Koketterie, ähnlich wie die Bellincioni als Carmen. Goldoni auf der Bühne sehr reizvoll, als Lektüre dagegen langweilig. Schon in Rom habe ich diese Beobachtung gemacht. Die Duse scheint mir vielleicht die größte Schauspielerin zu sein, die ich kenne, aber sie ist auch nicht frei von Pose und Affektation. Die Bühne ist doch eine inferiore Kunst, welche den Menschen ruiniert, eine ganz offenbare Prostitution der Gefühle, die durch den unmittelbar folgenden Applaus für eine geäußerte Empfindung noch unerträglicher wird.

Donnerstag, den 18. Juni.

Der Intellekt ist in unserem Seelenleben das Register, welches das Buch nicht wertvoller, aber handlicher und nützlicher macht. Wer nur oder vorzugsweise im Intellekt lebt, gleicht dem Bibliophilen, der in Katalogen herumschnüffelt, Bücher sammelt, sich an ihrer Atmosphäre freut, ohne sie zu lesen, oder dem, der lieber Kritiken, als die Bücher selbst liest, oder die Zeitschriften, worin über Bücher gesprochen wird. Ein neugieriges Tasten, das beinahe Laster ist.

Samstag, den 20. Juni.

Ich weiß, daß mich Louise nicht so liebt, wie mich Mathilde geliebt hat. Ich bin auch eigentlich zu jung für sie. Auch meine Gefühle zu ihr erreichen nicht die zu Mathilde, obwohl ich sie als Mensch bedeutend höher stellen muß.

Die mystischen Fragen beschäftigen mich momentan sehr stark, besonders der Zweifel: ist die Liebe Krischna oder Ardschuna gehörig.

Montag, den 21. Juni.

Ich lese in den Novellen Alfred de Mussets und finde sie ganz reizend. Es ist gewiß keine tiefe Poesie, keine künstlerische Ausgestaltung der Szenen, einfach charmante Erzählung. Sehr oft, meist sogar, redet er nur über die Dinge, statt sie zu schaffen. Aber das ist alles so graziös und stilvoll. Meine hiesigen Freunde finden ihn natürlich idiotisch und abgeschmackt, weil er immerhin diesem leichten, französischen, aus dem 18. Jahrhundert übernommenen Genre angehört, das der verfeinerte Franzose heute gern verleugnet. Aber sie schütten das Kind mit dem Bad aus, indem sie das wirklich Reizende in den besten Produktionen dieser Art verkennen, ebenso, wie die modernen Wagnerianer den Reiz der italienischen Oper, sodaß sie selbst von Rossini nichts wissen wollen.

Louise ist ganz romantisch. Sie träumt von fernen Ländern, Indien, Südamerika. Sie will nur Sonne, ein weißes Haus auf dem Lande mitten zwischen Arabern, und ich will Dämmerung. Dennoch verspreche ich mir einen wundervollen Winter an ihrer Seite. Ich denke sie mir still durch das Haus gehend, nie ganz glücklich, ihre Blicke immer nach unsichtbaren Horizonten gewandt.

Dienstag, den 22. Juni.

Mein Leben gestaltet sich jetzt glücklicher. Ich stehe nachmittags um 2 Uhr auf, trinke eine Schokolade. Bis 7 Uhr arbeite und lese ich. Abends bei Louise, die nun fast ganz hergestellt ist, dann auf dem Montmartre mit Hermann und Contard. Bisweilen einige Mädchen aus ihrem Kreise bei uns. Gegen 4 Uhr gehe ich zu Bett und lese noch vor dem Einschlafen.

Louise bat mich, ihr von dem Fest von Neuilly, einer großen Messe, einige »tartes de fruits« mitzubringen, »qui sentent la vieille graisse«. Das gibt ihr die Sensation dieses Festes, welches sie jährlich mit Interesse besucht hat.

Louise, die früher mit ihrem Mann in Algier gelebt hat, erzählt, daß die Mädchen dort in gewissen Häusern weiße Kränze tragen, die sie dem Mann zu Erinnerung an ihre Umarmung lassen.

Ich lese Hermann bisweilen vor in seinem riesengroßen, fast leeren Atelier, von dem aus man über ganz Paris blickt. Er hält viel von meiner Lyrik, meine Novelle Klara käme ihr fast gleich, Eos scheint ihm durchaus mittelmäßig (und war die einzige gute von allen, die ich heute 1924 noch gelten lasse).

Mittwoch, den 23. Juni.

Ich lese in Contards Bibel, dem Werk »Axèl« von Villiers de L'Isle-Adam. Dabei ist mir manches klar geworden. Unterstützt übrigens durch die gestrige Aufführung von Ibsens Komödie der Liebe im Théâtre de l'Œuvre. Nicht das Kreuz, die Entsagung genügt, sondern das Kreuz, aus dem die Rose erblüht, als Symbol des lebendig gewordenen Glaubens. Leben bis zum höchst möglichen Moment und sofort danach aufhören, um nicht die Idee, die in diesem Moment Leben erkannt wurde, herabzuziehen in das Materielle. Ein Weib so sehr lieben, daß ihre körperliche Nähe nicht mehr nötig ist, daß diese Liebe ihren Tod selbst überlebt. Die Idee ist die Wahrheit, die wir zwar nur aus der materiellen Welt erkennen, durch welche sie bisweilen durchschimmert, von der sie aber auch gleichzeitig getrübt wird. Haben wir sie einmal ganz geschaut, so ist weiteres Verweilen, vor dem Schleier der Maja, d. h. sich wieder mit dem bloßen Durchschimmern begnügen, eine unnütze Qual. Dann Einsamkeit und Weiterleben im Erinnern der einmal geschauten höchsten Idee, die für jedes Individuum freilich verschieden ist. Auf dieser Basis stimme ich heute zum ersten Mal mit Contard überein, der nun auch mit mir in dem Intellekt bloß ein Werkzeug, in dem Schauen das Wesentliche sieht, im Schauen des Göttlichen. Ich betrachte diesen Tag mit seiner großen Offenbarung für mich als einen meiner besten.

Ich begreife ein wenig das Mysterium gewisser Talismane, besonders der Zaubermäntel. An manchen Orten gibt mir eine gewisse Lässigkeit Aplomb, bisweilen auch Papas Brillantring an meiner Hand. Meist aber ziehe ich vor, ihn in der Tasche zu tragen, da seine Wirkung häufig stören würde.

Donnerstag, den 24. Juni.

Wie im physischen Leben, so gibt es auch im geistigen eine doppelte Art der Potenz. Es kann jemand die Kraft zur Umarmung besitzen, aber nicht die, Kinder zu zeugen. So ist Contard z. B. Künstler im Leben und im Schauen, ohne daß er selbst Werke hervorbringt.

Gestern fand ich das Dasein und das Schauen so schön, daß ich kaum schlief. Die letzte Nacht ging ich überhaupt nicht zu Bett. Gegen Morgen in Notre Dame, und las Akédysséril von Villiers de L'Isle-Adam. So hat sich mein Leben geändert, daß ich auch heute früh aufstand, vormittag spazieren ging, in St. Severin und im Jardin des Plantes länger Rast machend mit einem Buch in der Hand. Dann Frühstück in einem Restaurant, wohin mich der Zufall schleuderte. Eine Stunde Siesta, ein Genuß, den meine frühere Lebensart unmöglich machte. Nachmittags, wie vormittags, oder auch gelegentlich Arbeit, abends bei Louise, gegen Mitternacht zu Bett. Erst jetzt genieße ich Paris.

Freitag, den 2. Juli.

Ich lese Barbey d'Aurevilly, La vieille maîtresse, das französischste Buch, welches ich kenne, kühl, keine eigentliche Stimmung, aber von unnennbarer Grazie, Feinheit und Esprit. Diese französischen Eigenschaften erscheinen hier mit einer unerhörten Präzision und ohne in ihre lächerlichen Übertreibungen oder Verzerrungen zu verfallen. Das französischste Buch im guten Sinne. Es ist auf den Trümmern des 18. Jahrhunderts aufgebaut, dessen ganzer Geist noch darin lebt, aber gereinigt durch die Erinnerung eines schon modernen Menschen.

Eine merkwürdige Sensation: wenn irgend ein Mensch, besonders eine Frau in einer schmutzigen Affaire plötzlich gezwungen wird, einem Schutzmann die Namen anzugeben, die Vornamen der Eltern besonders, den Geburtsort, und die ganze Menge steht herum. Man weiß, daß diese Namen dem Betreffenden viele Associationen wecken, die nur er kennt, vielleicht sein Heiligstes, und dies wird nun in den Schmutz der Öffentlichkeit gezogen. Dies geschah heute Nacht in einem Café.

Heute wieder vor der Venus von Milo im Louvre und die alten Erinnerungen aufgefrischt.

Mit Contard verbinden mich immer mehr Fäden, während ich mich Hermann etwas entfremde. Ich habe ihn in jeder Hinsicht überschätzt. Außer seinem künstlerischen Talent, dem zuliebe ich viel verzeihe, hat er doch viel Inferiores. Seine Intellektualität, auf die er sich soviel zugute tut, ist verwirrt, dabei hat er die Prätention, ein Denker zu sein und will nicht begreifen, daß er etwas viel besseres ist, nämlich ein Visionär. Sein Charakter ist gleichfalls ziellos, ohne gebändigte Energie. Seine Gleichgiltigkeit wird zur unverzeihlichen Rücksichtslosigkeit, wenn er irgend etwas, einen anderen betreffendes zu tun hat. Dabei beansprucht er starke Rücksichten von seinen Freunden. Dazu kommt eine beispiellose Unerzogenheit im Verkehr. Trotzdem er aus altem Patrizierhause stammt, ist er, auch physisch, im Körperbau z. B., von einer gewissen Proletarierhaftigkeit; seine stets schmutzigen Raubtierhände und die unangenehmen Hautausdünstungen. Dazu kommt auch eine Rohheit in der Ausdrucksweise, die mich abstößt. Er spricht z. B. sehr schlecht französisch, bedient sich jedoch beständig der gröbsten Argot-Ausdrücke, die er oft genug falsch anwendet und schlecht ausspricht. Seine Freunde finden das so amüsant, daß sie ihn gewähren lassen und ihn verwöhnen. Er ist hier der deutsche Bär.

In den letzten Junitagen war der Dämon wieder da; eines abends bei Louise. Ich war froh, daß sie launisch war, das hielt uns in gewisser Entfernung. Ich hätte an diesem Abend ihre Zärtlichkeit nicht ertragen.

Sie hat zwei Seiten, die feinfühlige intelligente, auch hingebende, dann die verwöhnte, launische, pariserische.

Mit Contard über Weihnachten gesprochen. Da er nicht die Intimität der Familie haben kann, so betrinkt er sich in dieser Nacht mit Weibern des Quartier Latin. Lieber wäre ich dann noch ganz allein.

Montag, den 5. Juli.

Ich entwickele mich durch den Antagonismus. In Paris, wie schon in Rom, werden in mir gerade die germanischen Eigenschaften geweckt. Hier gegenüber dem intellektuellen Contard kristallisiert sich mein Gefühlsleben, während in München, gegenüber Philips und Gutmann, gerade der Verstand sich entwickelt hat. Hermann gegenüber preise ich eine gewisse Beherrschung der Instinkte, dem Bourgeois gegenüber gerade die Befreiung des Instinktlebens.

Es gibt im Mittelalter gewisse Worte von mystischer Leuchtkraft zwischen dem gothischen Grau, besonders bei den Mystikern, wo ein Stück elementares, sonniges, südliches, antikes Leben plötzlich in die Zelle des nordischen Klosters fällt. Ich glaube, Goethe hat das im Faust gefühlt. Überhaupt ist es reizvoll, die Dinge durch ein komplementär gefärbtes Glas zu sehen, z. B. die Antike durch die Augen des Mittelalters, Frau Venusinne durch das Christentum, Deutschland durch die französische Romantik, oder durch die Augen Mallarmé's, z. B. in »Frisson d'hiver«, »le vieux almanach allemand«. Bei Gérardy wird dies freilich zur Pose.

Dienstag, den 6. Juli.

Ich gehe von einem Krankenlager zum anderen, zu Louise, dann zu Fried, der an einer schweren Entzündung und ohne Pflege in seinem Hotel liegt. Richters Geliebte sieht einer Fehlgeburt entgegen. Es freut mich, ein wenig helfen und durch kleine Geschenke erfreuen zu können. Es hat mich gerührt, zu sehen, wie Richters Freundin sich nach einem Kind sehnt, während hier in Paris die Frauen die Mutterschaft für das größte Übel halten. Gestern Abend mit Contard darüber gesprochen, der darin ganz französisch ist. Sein Skeptizismus wirkt manchmal wie Schwefelsäure auf mein Gefühl. In dem Fall Richter hat er nur den Verdacht, daß die Frau sich darum nach einem Kind sehnt, um den Mann um so fester zu fesseln, was ja oft genug der Fall sein mag. Ich kann Contards Verachtung des Weibes verstehen, wenn ich die Frauen sehe, die ihn umgeben. Diese aus dem intimen Leben völlig auszuschließen, ist nur zu berechtigt, und sie nur als Gefäß überflüssiger Säfte zu betrachten.

Donnerstag, den 8. Juli.

Ich lese im Bhagavad Ghita. Immer wieder beschäftigen mich Zweifel über den Wert des Instinktes, den ich nun einmal nicht verdammen kann. Ist er nicht das Correlativ fast aller großen Begabungen? Sollte ein instinktarmer Philister Goethe überlegen sein, sind es nicht grade unsere Instinkte, die uns über die Enge der Bourgeoisgesellschaft erheben, macht nicht der Instinkt den Künstler? Es ist gut, wenn die Instinkte später beherrschbarer werden, aber dann wird es gewiß wertvoll sein, starke Instinkte, viele Wünsche gehabt und befriedigt zu haben, aber nun, nachdem man gelebt und gesündigt, darüber erhaben zu sein. Die Instinkte dürfen nicht unterdrückt, sie müssen erlebt werden. Sie vergeistigen sich dann immer mehr, bis man zur olympischen Heiterkeit Goethes gelangt. Sie sind eine Brücke, die zwischen Gott und dem Menschen steht, zugleich aber der einzige Weg zu Gott in der Welt zu gelangen.

Ich erkenne immer mehr den Abgrund zwischen mir und Louise. Sie wird nie an meinem Innenleben teilnehmen. Manchmal kommt sie mir geradezu nichtig vor, und es reizt mich, sie das fühlen zu lassen.

Ob wir wirklich eine so viel höhere Entwickelungsstufe sind, als der bourgeoise Mensch, oder ob vor dem Ewigen dieser Unterschied kaum besteht?

Munch hat zweimal in seinen Bildern vorahnend die Gesichter von Menschen gemalt, die er erst später sehen sollte. Die Eifersucht ist wie ein Portrait Hermanns, die Madonna wie ein Portrait des Modells Julia.

So wie in jeder physischen Monade eine spirituelle eingeschlossen ist, so ist in jeder sinnlichen Wahrnehmung die Möglichkeit einer geistigen eingeschlossen, sodaß wir zwar nur mittels der Sinne wirklich erkennen können, aber nicht in jenem materiellen sensuellen Sinn der englischen Philosophie.

Contard und Chaillet bestreben sich, das Gefühl des Ekels in sich zu überwinden, sich zu dem, was ihnen ekelhaft ist, zu zwingen, während ich diese Instinkte gerade kultiviere, welche mich dazu treiben, das mir Widerwärtige abzulehnen. Übrigens bin ich schon aus dem Grunde gegen Contards und Chaillets Theorie, weil sie doch nicht die letzte Konsequenz ziehen können, nämlich Unrat zu essen. Das Ende wäre, überhaupt immer das Gegenteil von dem zu tun, was man begehrt.

Montag, den 12. Juli.

Das Publikum ist im Theater der Ballast, der das physikalische Gleichgewicht erhält.

Da man nicht immer zarte schlanke aristokratische Hände findet, ziehe ich immer noch die verarbeiteten Hände des Arbeiters jenen fetten weißen Fleischklumpen vor, die sich wie nackte Kälber auf den feisten Schenkeln sattgegessener Leute ausruhen.

Mit Louise eine Auseinandersetzung. Sie hat Recht, ich bin zu hart und autoritativ gegen sie. Seitdem ich mich zusammennehme, bildet sich wieder jene sanfte Atmosphäre, die anfangs zwischen uns war. Louise ist nun fast hergestellt. In 8 bis 14 Tagen denken wir, an die See zu gehen.

Dienstag, den 13. Juli.

Paris ist die Stadt, wo es am wenigsten Überraschungen, »imprévu« gibt. Die Frau ist entweder femme honnête oder cocotte, eines so langweilig und konventionell, wie das andere. In jedem Fall ist sie berechnend. Dieser mystische Reiz der abendlichen Straßen, wo jeder sein verschiedenes Los trägt, existiert hier nicht in dem Grade, wie bei uns. Gestern Abend trank ich meinen Café in einem Pavillon der Champs-Elysées. Es gingen dort in der Nähe viele einzelne Damen spazieren, die nicht direkt Demimondainen waren. In einem anderen Lande hätte ich mich gewiß der einen oder anderen genähert. Hier interessierten sie mich kaum, denn ich wußte im Hirn einer jeden derselbe Gedanke: werde ich heute einen Miché machen, und wieviel wird er bezahlen? – Ich erinnerte mich mit etwas Heimweh an jene uninteressierten Frauen aller Stände, die man in Deutschland und Österreich auf allen Plätzen der Theater und Konzerte, in den Promenaden trifft, die weder rechts noch links blicken und nur selten auf eine Ansprache reagieren, außer, wenn man ihnen Vertrauen und Interesse einflößt. Das ist lange nicht so eintönig, wie hier.

Eine der vielen Schwächen des Protestantismus ist die Aufhebung des Fegefeuers und damit der Graduierung des Karma.

Es ist zu viel Lärm in unseren Seelen, zu viel gedankliche Zerstreuung. Gewiß würden wir sonst viel mehr Seelisches wahrnehmen, leise Stimmen, die sich nur im tiefsten Schweigen hörbar machen, clairvoyance. Munch kennt wohl dieses Schweigen der Gedanken. Bisweilen, wenn er unter uns saß, schien er wie ein Fakir in Benares, dessen Körper dort eingegraben ist, während sein Astralleib bisweilen in der Abenddämmerung von den Tempelhütern in Delhi zwischen den Säulen gesehen wird.

Louise erzählte mir schon mehrmals, daß sie sich, wenn ich abwesend bin, bisweilen dabei überrascht, daß sie meinen Akzent annimmt. Mir ist ähnliches mit Papa, Dr. Primer, Lori etc. passiert.

Wir kommen nicht um die drei Klassen herum, die durch ihr Verhalten zur Geldfrage immer wieder in jedem Gemeinwesen hervortreten müssen: erstens Aristokratie, die sich überhaupt nicht um Materielles kümmert, der Besitz ist einfach da und selbstverständlich, zweitens die Bourgeoisie, welche gegen ein bestimmtes Geldäquivalent ehrliche Arbeit verrichtet, drittens der Pöbel, nimmt Trinkgelder an. Natürlich verschieben sich diese hier im Prinzip gegebenen Zustände fortwährend.

Ich glaube, jetzt dadurch von der Sexualität immer mehr loszukommen, daß es für mich entweder Monogamie gibt oder einfach die physische Geschlechtsbefriedigung ohne innere Anteilnahme. Ich habe hier einer kleinen Kokotte Renée inzwischen den Hof gemacht, teils weil sie mich reizte, teils um zu sehen, ob ich dazu gelangen würde, sie uninteressiert zu besitzen. Ich bin bis zu ihrer Einwilligung gelangt, habe aber dann keinen Gebrauch davon gemacht. Plötzlich interessierte sie mich nicht mehr. Was sie zu geben hatte, habe ich empfangen, das andere wäre überflüssig gewesen. Auch wäre das Motiv ihrer Hingabe wohl im Wesentlichen Nonchalance gewesen. Sie brauchte diesen Abend kein Geld, ich schlug ihr vor, bei ihr zu schlafen. Warum nicht? dachte sie wohl. Warum? dachte ich dann. Ich glaube, ich werde nun weniger nach Frauen suchen, nur noch große Ereignisse, die entweder garnicht oder von selbst kommen, können mich reizen; im übrigen werde ich nur dafür sorgen, daß mich meine Sinnlichkeit nicht stört, indem ich sie zweckmäßig befriedige.

Gestern fand ich im Bhagavad Ghita die Lösung meiner Zweifel. In den drei Lebensformen: Sattwa, Beschauung, Goethe; Raja, Tat, Napoleon; Tama, Stumpfsinn, Alltagsmensch. Es ist klar, worin der Unterschied zwischen der Wunschlosigkeit von eins und drei besteht. Wessen Auge stets nach Sattwa gerichtet ist, kann sich ruhig in Raja ausleben. Er überwindet z. B. die Eitelkeit am besten, wenn er sie befriedigt. Nur für den ist die Eitelkeit gefährlich, der entweder zu leer ist, um Grund dafür zu haben, sie also aus Armut nicht befriedigen kann, oder bei dem sie unersättlich ist, oder bei dem nach ihrer Befriedigung gar nichts anderes übrig bleibt.

Auch der Wert der Einsamkeit wird mir problematisch. Die beiden Schächer waren einsam, Christus starb, von der Mutter, der Geliebten und den Freunden begleitet.

Ich bin nachmittags oft im Louvre. Die Sommernachmittage dort geben mir italienische Sensationen.

Donnerstag [Mittwoch], den 14. Juli.

Fête nationale.

Für mich gibt es nur zwei große Übel, vor denen ich verzweifeln würde, dauernder körperlicher Schmerz, der mich dadurch immer wieder in die Materialität verstrickt, und Gefangenschaft, denn ich finde Gott immer noch mehr in der Natur, als in mir selbst.

Louise langweilt sich immer. Schon als Kind fragte sie beständig: Maman, qu'est-ce que je pourrais bien faire, je m'ennuie, je m'agace, je m'embête. Was soll da auf unserer Reise mit ihr werden? Sie ist doch durch Paris verdorben, aber nicht méchant & rosse genug, um dadurch ihre leeren Stunden auszufüllen.

Alles ist gut, denn alles kommt von Gott. Man muß ihn nur erkennen. Dazu aber gehört Übung und Selbsterziehung. Ich verstehe nun den Spruch: Der Herr hats gegeben u. s. w.

Wie mich die immer wachsende Demokratie anwidert. Heute ist Gratisvorstellung in allen Theatern. Die Comédie-Française mit ihrer vornehmen Tradition vom Pöbel erfüllt, der sich auf den Sammtfauteuils der Logen wälzt; den Kellner, der mich zum Déjeuner bedient, heute mit seiner Frau oder Maîtresse auf den Boulevards gesehen. Sie kleidet sich in demselben Stil, wie meine Maîtresse. Der Hut voll Federn und Blumen, Spitzenmanschetten, die über die Hände fallen, die allerdings ungepflegt sind. Alles unecht und plump. Wie lächerlich, ein Dienstmädchen mit Federhut, wie schön die eigentlichen Volkstrachten, die das jedem Stande Gemäße ausdrücken.

Donnerstag, den 15. Juli.

Das einzig Schöne dieses Nationalfestes waren die nächtlichen Bälle an den Kreuzwegen der Stadt.

Ich lese Musset, Confession d'un enfant du siècle. Nie ist dieses Jahrhundert wieder so gut beurteilt worden, als in dem ersten Kapitel; dann später sogar Goethesche Feinheiten der Schilderung.

Sonntag, den 18. Juli.

Brief von Philips und Richard, beide des Inhalts, daß er einen nervösen Zusammenbruch gehabt hat.

»Hör auf, zu strömen und Wellen zu schlagen«, sprach Gott zum Fluß, »werde ein stummer klarer See.« »Wie ich«, sagte der Sumpf.

Heute mit Louise eine Szene, wohl die letzte. Ich warf ihr ihren oft unangenehmen Ton vor, der ihre Stimme so hohl erklingen läßt, daß es mir direkt weh tut, und ging soweit, dabei die ganze Misère unseres Verhältnisses zum ersten Mal auszusprechen und auch mir klarzumachen. Wir haben immer eine Leere auszufüllen und müssen über Themata reden. Ich wollte sie zwingen, wenn ein Funke Gefühl in ihr ist, ihn jetzt zu zeigen, statt dessen logische Rechtfertigungen und Raisonnements. Was mich an sie fesselte, war die Hoffnung auf eine geschmackvolle intelligente Gefährtin, die mir ein Heim schaffen würde. Aber sie versteht mich nicht und hemmt nur meine Freiheit. Wir sind so gut, wie getrennt, doch habe ich ihr die Möglichkeit einer Antwort offen gelassen. Vielleicht werde ich nun wieder einer großen sentimentalen Krise entgegengehen, da ich beabsichtige, zwei Monate allein in der Normandie und Bretagne zu verbringen. Sie hat eingestanden, daß sie ohne joie und ohne regret gereist wäre, daß sie an Glück garnicht denkt, nur an Ruhe. Meine damalige Annonce war die Folge der entsetzlichen Einsamkeit, unter der ich litt. Louise hat mich wenigstens gehindert, bei Frauen in diesen 6 Wochen etwas anderes zu suchen, als bloße Befriedigung der Sinne. Das hat mir eine Fülle reicher Stunden gegeben (ohne sie).

Rouen, den 20. Juli.

Louise wünschte, mich noch einmal zu sprechen. Ihre Worte waren wieder kalte klügelnde Logik. Ich habe ein gewisses Unrecht ihr gegenüber begangen, aber es ist rein äußerer Art. Ich kann mein Versprechen nicht halten, mit ihr an die See zu gehen, das ist wahr. Aber warum? Es ist kein Funke Gefühl für mich in ihr. Ich habe die Gelegenheit, es zu äußern, reichlich gegeben. Sie hatte den Egoismus, zu verlangen, daß ich trotzdem die Reise mit ihr machen müsse. Ihre letzten Worte waren vollkommen geeignet, jede Reue in mir zu vertilgen. Als ich mich schon verabschiedet hatte, rief sie mir nach: »Pour ça il est venu en France; il aurait bien pu rester en son pays.« Alles in ihr war Berechnung, wohl nicht in jenem ganz gemeinen Sinne, sondern wie die bürgerliche Frau berechnend ist, versorgt sein will, im übrigen aber ihre ehelichen Pflichten kennt und nicht verletzt. Louise hätte mich gewiß nie getäuscht, solange sich ihr nicht eine bessere Lebensperspektive gezeigt hätte. Sie hatte sogar eine gewisse laue vernünftige Anhänglichkeit an mich bekommen. Aber ich vertrug diesen hohlen, metallisch kalten Ton nicht, der oft schneidend wirkte. Ich hätte vielleicht darüber lächeln müssen. Sie sagt selbst sehr richtig, ich hätte sie mehr wie ein Kind behandeln müssen. Dazu hätte ich aber selbst älter sein müssen. Der Besuch bei ihr war mir zuletzt oft ein brutaler Einschnitt in einen sonst harmonisch verlebten Tag. Immerhin ist sie das Opfer meines Irrtums und kommt nun diesen Sommer nicht an die See, wie sie gehofft hat.

Gestern abend mit Contard in Rouen angekommen. Nächtliche Gänge durch die alten gothischen Gassen, die von modernen Industriestraßen unterbrochen sind. Die Luft feucht und nebelig, bisweilen von Sonne durchdrungen. Dunkle, in Duft gehüllte, auf dem Fluß schwimmende Inseln, weite Ebenen. Am Nachmittag in Croisset, Flauberts ehemaligem Wohnsitz, dessen Diener heute eine Weinwirtschaft hält. Er erzählte uns von Flaubert und seiner Mutter, Maupassant, Turgenjeff, Taine, George Sand. Nachts mit Contard in den Dirnengassen. Alte, seit einem Jahrzehnt in demselben Haus lebende Dirnen, deren Niedrigkeit in dem Gesichtsausdruck wie erstarrt erscheint. Sie scheinen alle einen momentanen Ausdruck spontaner Gemeinheit unbeweglich festzuhalten.

Heute allein die Stadt durchstreift, deren Eintönigkeit mich unsäglich deprimiert. Bemerkenswert dennoch die vielen guten gothischen Bauwerke, aber alle in jenem gothischen Barock vom Ende des 15. Jahrhunderts. Im Museum 2 schöne Corots und treffliche Fresken von Puvis de Chavannes.

Durch Contard, der gestern abend abgereist ist, habe ich ein merkwürdiges Cabaret kennen gelernt, wo ich heute fast en famille speiste. Dort eine junge Frau, die mich vorübergehend fesselte. Heute abend erwartet sie mich vor dem Schlafengehen, und aller Reiz ist verschwunden. Das scheint überhaupt jetzt der regelmäßige Ausgang meiner Abenteuer zu werden.

Carteret, Montag, den 26. Juli.

Von Rouen reiste ich die Küste von Calvados entlang, von Honfleur bis Trouville, Houlgate, Cabourg und fand überall Paris. Dann in Caen, eine alte Stadt. Während der Abenddämmerung tiefe Eindrücke, besonders in den Kirchen, darunter zwei romanische aus der Normannenzeit. In Trouville am Abend auf der Jetée ein sonderbares Erlebnis durch den Dämon, welches ich nicht zu verzeichnen brauche. Von Caen über Bayeux hierher.

Carteret ist der erste Punkt, wo ich mich etwas wohl fühle. In einem stillen englischen Hotel, keine Spur von dem Lärm der Sommerfrischen. Fast gar keine Fremden. Ein Dorf von uralten grauen Bauernhäusern, von begrünten Sanddünen unterbrochen. Wege, die von Ulmenwänden begrenzt sind. Jenseits der Dünen die Küste. Dort nichts als Meer, Sandflächen, von schwarzen Felsen umgrenzt. Nichts Menschliches, als einige Badekabinen, die von weitem wie eine in die Felsen gemauerte Stadt aussehen. Ich irre seit gestern teils in dieser Wildnis, teils in der lieblichen Ulmen- und Dünenlandschaft umher. Ich empfinde bedeutend weniger intensiv, als in den letzten Pariser Wochen. Aber ich beginne, mich wohl zu fühlen und werde darum einige Tage hierbleiben. Mein Bedürfnis nach Menschen ist sehr gering, im Gegensatz zu früheren Reisen, wo ich stets Bekanntschaften zu machen suchte. Nachts träume ich oft von Papas und Mamas Tod, den ich dann heftiger, als in Wirklichkeit empfinde. Die beiden Tage habe ich in einem Bauernwirtshaus beschlossen, welches bereits beginnt, mir lieb zu werden. Auch habe ich heute eine Arbeit begonnen.

Saint Heliers auf Jersey, Freitag, 30. Juli 1897

Ich bin vorgestern von Carteret abgereist und litt unterwegs außerordentlich an Seekrankheit. Am Abend in Gorey. Ein stummes englisches Hotel mit stillen bescheidenen Dienstboten, die Clary und Fennimore hießen. Kate Greenawaytapeten, auf denen kleine Mädchen Reifen spielen, in den Zimmern. Gestern Tour in's Innere der Insel. Vollkommen englische Impression. Wiesen mit weidenden Pferden und Kühen, grüne Hohlwege, offenstehende Parktore, aus denen blonde Kinder mit Ponnys treten. Kleine und gepflegte Farmen und Landsitze mit gothischen Dächern und Tudorfenstern, die an Holland erinnern. Ich war sehr entzückt davon. Am Abend in St. Heliers. Das englische Leben der Stadt bedrückt mich bereits. Diese furchtbar häßlichen temperamentlosen Menschen an der Table d'hôte, die ihre Abende an den Straßenecken stehend verbringen, eine Pfeife im Mund und die Hände in den Hosentaschen. Die schweren überkräftigen Speisen, die breiigen Biere, die brennenden Saucen, die bitteren Kompotts, der Mangel an Frauen. Am Abend eine mittelmäßige Aufführung des Mikado. Die Titelrolle indeß glänzend gegeben, der Schauspieler gab mit tiefer grotesker Komik den Sadismus eines orientalischen Herrschers, der geradezu unheimlich wirkte. Das Leben drückte auf mir gestern Abend im Theater, daß ich etwas, wie Wahnsinn in der Luft fühlte. Starkes Heimweh nach Paris und Blanche. Heute morgen völlig abgestumpft, über der Stadt liegt ein Londoner Nebel.

Das einzige Gute, daß ich Louise nicht hier habe. Täglich sehe ich ihre Leerheit mehr ein.

St. Heliers, Samstag, den 31. Juli.

Gestern abend einen tieferen Einblick in das nächtliche Jersey getan. Sie hieß Edith, war dünn, wie eine Birke, hatte eine weiße Bluse an, wie ein Herrenhemd, und einen Bubenstrohhut, sowie eine schwarze Herrenkravatte. Sie war häßlich, hatte aber einen schönen Teint. Sie führte mich in ein sehr ehrbar aussehendes Haus, verstand aber ihr Handwerk garnicht. Diese kleinen englischen Dirnen unterscheiden sich äußerlich gar nicht von dem gewöhnlichen Typus des englischen jungen Mädchens, so keusch sehen sie aus. Man meint, man begeht eine Schändung. Das scheint aber gerade dem Engländer zu gefallen.

Ich fühle mich hier so fremd, daß mir ein französischer Kellner aus der Touraine, der mich in einige Intima des hiesigen Lebens einweihte, fast wie ein Landsmann vorkam gegenüber dem Engländertum. Ähnlich ist es mir seinerzeit in Sizilien gegangen, als ich einige Florentiner dort traf.

Mittwoch, den 4. August 1897

Ich habe in einer mehrtägigen Tour die ganze Insel durchwandert und komme sehr befriedigt zurück. Ich habe zwar noch nicht jene Klarheit wieder erreicht, in welcher ich in den letzten Pariser Wochen war. Die Weg durch die alten gepflegten Dörfer, zwischen dunklen Parks und von Heidekraut violett strahlenden Hügeln und zwischen dunkellockigen Farren, jene großen leeren Hotels, wo ich immer der einzige Gast war und wie ein Schloßherr die ganze Dienerschaft zur Verfügung hatte; die selbstgewählten englischen Puddings und Kuchen, die mir seit meiner Kindheit vertraut sind, die Speisen, die in verdeckten Schüsseln hereingebracht werden, die Abendspaziergänge am Meer, das ich unter allen Stimmungen belauschte, die arbeiterfüllten Vormittage im Freien und dann die Poesie des Wanderns zu Fuß mit dem Ranzen auf dem Rücken, besonders am Sonntag abend, als ich ziemlich spät zu den Gasthäusern der Greve de Lecq hinabstieg, wo man mir in dem einen, vermutlich, weil ich zu Fuß kam, ein Zimmer verweigerte, als ich zufällig die Bekanntschaft der Tochter des anderen machte, wo ich 2 schöne Tage verbrachte, alles dies ließ mich gestern abend, als ich zurückkam, die Stadt in anderem Lichte sehen. Diese kleinen englischen Mädchen schienen mir sogar reizend, zumal ich in eine ihrer Eifersuchtsszenen mit den Französinnen geriet. Ich beschloß den Abend in demselben Haus, in welches mich neulich Edith geführt und beschäftigte mich mit einer ihrer Freundinnen, während sie selbst in Gesellschaft eines Engländers war. Diese Mädchen sind mit Ausnahme der Röcke durchaus männlich gekleidet. Sie tragen sogar teilweise kleine Stöcke auf der Straße.

St. Malo, den 10. August.

Seit einigen Tagen streife ich durch die alten bretonischen Städte. Mont St. Michel, St. Malo, Dinard u. s. w., wo noch völlig mittelalterliche Viertel, alte Stadtwälle u. s. w. bestehen. Und dennoch hat mein Zustand einen Rückfall erlitten. Unempfindlich ging ich zwischen diesen Schönheiten hindurch. Gestern indeß eine vollkommene Gesundung auf dem Wege nach Cancale, die sich in unaufhaltsamer Produktivität äußerte, dem sichersten Zeichen für meinen Seelenzustand. Unter anderem entstand die Ballade des Ewig Wandernden. Der Dämon kommt bisweilen wieder, aber ich versuche, ihn harmloser zu betrachten, vor allem die Pedanterie der Datierung abzuschaffen.

Paimpole, Sonntag, den 15. August.

Brief von Contard, der an der Küste der Normandie ein seliges vegetatives Dasein führt und mich auffordert, ihn, wenn meine Reise zu Ende ist, dort zu besuchen. Wie ich ihn um seine animalisch-vegetative Ruhe beneide. Ich bin nun einsam und dennoch ohne Frieden. Zwei Dinge stellen sich beständig meiner

Sammlung in den Weg: meine künstlerischen Ziele und meine Studien, die mich doch immer wieder treiben, keine Zeit zu verlieren, und dann meine Sinnlichkeit. Meine Astralatmosphäre ist derartig getrübt, daß ich außer durch Lektüre oder Arbeit kein Mittel finde, der Dämonialität zu entfliehen. Beschaulichkeit, wonach ich solange strebe, ist mir trotz meiner Einsamkeit völlig unmöglich. Die bretonische Landschaft reizt mich ungemein. Der nördliche Gewitterhimmel, unter welchem der Golfstrom stellenweise eine südliche Vegetation hervorbringt. Die Lektüre ist meine einzige Zuflucht. Die Einsamkeit ohne Buch ist vorläufig unmöglich. Ich sehne mich dennoch nicht so intensiv nach einem Weib. Ich begehre die Frau häufig zu einmaliger Umarmung, versuche aber nicht den langen Weg des Eroberns. Soviel ist mir das Erlebnis nicht wert. Und ferner möchte ich nach der einmaligen Umarmung sofort wieder allein sein. So ist mir eine tiefere Beziehung zur Frau im Augenblick ganz unmöglich.

Ich habe auf einer Wanderung in Kerity ein Kreuz an einem Brunnen gesehen, auf der einen Seite Christus, auf der anderen Seite Maria. Kleine zwerghafte Körper mit riesenhaften Köpfen, wie Fötusse.

Das monarchisch christliche Deutschland ist so bürgerlich protestantisch geworden, daß es fast verzeihlich, zum mindesten verständlich ist, wenn unsere Besten unmonarchisch und unchristlich werden. Hier in Frankreich erkennt man immer mehr die geistige Nichtigkeit jenes dritten Standes, der zwar als ein Sturmbock gerade gut war zum Umstürzen eines morschen Gemäuers, von dem aber für die Kultur nun nicht länger mehr die Rede sein kann. Die Verachtung des modernen französischen Künstlers für den Bourgeois ist maßlos, von den Romantikern an – Musset, Gautier, Baudelaire, Flaubert, d'Aurevilly, Villiers. In allen diesen der unsterbliche, aristokratische, unbürgerliche Geist.

Wir werden in Deutschland nie eine kultivierte, aristokratische Gesellschaft im romanischen Sinne haben. Andererseits ist dem materialistischen dritten Stand de facto bei uns nie dieser große Raum gegeben worden, wie in Frankreich. Die Profanation des Heiligen wurde nie so systematisch betrieben, wie hier, wo die republikanischen Schulen dem Bourgeoissohn von Kindheit an den Weihrauch seiner Souveränität zu riechen geben. Bei uns ist die Bourgeoisie lange nicht so unverschämt, ja, sie hat bisweilen aus unserem 18. Jahrhundert einen Funken Idealismus herübergerettet. Der Adel hat sich dagegen bei uns selbst negiert, indem er die Laster des Bürgertums mehr oder weniger annimmt. Freilich sind die Endpole der deutschen Gesellschaft von heute verknöcherter Idealismus auf der einen und dummdreiste Blasphemie auf der anderen Seite. Dazwischen aber wohl noch Spuren jener Gesellschaft, aus welcher Goethe stammte.

Während die Französin, in eine bürgerliche Ehe gespannt, sich leichter in Ehebrüchen vergnügt, trägt die Deutsche ihre Last noch stumm, bis sie eines Tages totmüde zusammenbricht. Für den Künstler ist sie fast interessanter, als jene beständigen Vitriolattentate in den lateinischen Ländern. Wenn wir auch keine kultivierte Gesellschaft haben, so ist in der Finsternis unseres sehr provinzialen Lebens eine Fülle entsagungsvoller Tragik. Unsere Frauen sind noch eher darum imstande, einmal echte Künstler zu gebären, während die Französinnen immer nur wieder künstlerische Menschen hervorbringen.

Roscoff, den 21. August, Samstag.

Sehr interessant hier die alten schwerfälligen Kirchen mit Holzdächern, sodaß man bisweilen in einem Zimmer zu sein glaubt, in welchem die massiven Steinwände um so eigentümlicher wirken.

Ich bin beständig von metaphysischen, religiösen Zweifeln verfolgt. Der ewige Zwiespalt zwischen Wollen und Intellekt. Heute viel stärker, als in früheren Zeiten, da eine falsche Kultur den Intellekt selbst vergiftet hat. Das Einzige, was ich zu meinem Heil tun kann, ist, intellektuell immer klarer zu werden. Ob dann der Wille von selbst folgen wird? Es gibt heilige Naturen, die von vornherein mit der Übereinstimmung von Wille und Intellekt geboren sind. Andere ganz unbewußte, deren Wille halb gut, halb schlecht ist, oft Künstler. Aber sie sind keines Fortschrittes im Geistigen fähig, und sie kennen meine Konflikte nicht.

Huelgoat, Montag, den 23. August.

Hier einen Ort gefunden, dessen Landschaft mir entspricht. Wie wenig sagt mir im Verhältnis zu diesen Wäldern, Tälern, Ebenen und Bergen das nordische Meer. Durch die palmenartigen Farren, zwischen denen das violette Heidekraut leuchtet, die reichen Moosflächen, der stete Wechsel zwischen hellem Laub und dunklen Nadeln, die oft von Epheu völlig umhüllten Stämme geben der Landschaft eine fast exotische Leuchtkraft. Ich bin auch oft an meine Heimat erinnert. Dennoch ist auch hier meines Bleibens nicht. Diese von Touristen mit Fahrrädern überfüllten Hotels, die ewigen Tables d'hôte lassen mich nicht verweilen. Ich denke nun schon weiter zu reisen bis Tours, eine Stadt, die von Erinnerungen und Traditionen voll ist und groß genug, um ein unabhängiges Leben zu gestatten. Wie oft denke ich an die wundervolle Reise am Anfang dieses Jahres, Riva, Arco u. s. w.

Ich kann das Christentum doch nur ganz sinnbildlich akzeptieren, besonders das Dogma von der Reue ist mir unmöglich. Ich kann keine Sünde bereuen, denn wenn ich sie auch vielleicht nicht wieder tun möchte, so hat sie das eine Mal mein Wissen und Erleben bereichert. Ich bewundere nur die Reinheit, die durch alle Sünden hindurchgegangen ist, betrachte also die Sünde nicht als das Schlechte, sondern als das Notwendige in der Welt. Je reiner aber unsere Erkenntnis wird, d. h. je mehr unsere Seele aus der Materie befreit ist, umsomehr bleibt übrig nach dem Tode der Materie.

Concarneau, den 30. August.

Von Huelgoat aus bin ich nach dem Cap Finistère gereist und habe die wildeste Gegend der mir bisher allzu zahm erscheinenden Bretagne besucht. In St. Guéneulé traf ich zu meiner größten Überraschung Henri Alberts Geliebte Madeleine. Ich habe in ungemein intensiver Weise den Typus der femme rosse genossen. Der skeptische Albert scheint der sentimentale Seladon zu sein vor diesem geradezu niederträchtigen Wesen, welches ihn, trotzdem er ihr 400 Franc's monatlich fest gibt, noch in der schrecklichsten Weise ausbeutet. Sie weiß, daß er lungenleidend ist, und zwingt ihn, seine Nächte durchzuarbeiten, um ihre Launen bezahlen zu können. Er scheint es wohl nicht besser zu verdienen, weil er kein größeres Vergnügen kennt, als seine Geliebte in eleganten Toiletten seinen Freunden vorzuführen. Alles dies natürlich nach ihrer Aussage. Sehr interessant dieses weiße Stück Fleisch von den groben Bauern hier hofiert. Besonders scheint eine kleine Dienstmagd eine Art lesbischer Neigung zu ihr gefaßt zu haben. Auch zwischen ihr und mir mußte natürlich die Frage des Zusammenschlafens gelöst werden. Doch verzichtete ich sofort, als ich ihre petits airs bemerkte, mit denen sie mich zu umgarnen suchte. Ich bin dann plötzlich und unvorbereitet abgereist. Sie fand mich ungemein bizarr, weil ich auf ihre kleinen Künste nicht recht eingegangen bin. Psychologisch ist es mir unfaßbar, wie man Sklave einer solchen Kreatur werden kann. Das Gute ist doch in meiner Anlage, daß ich nur eine Frau lieben könnte, die mich auch durch Geist und Charakter fesselt. Madeleine gestand mir, daß sie bis zu ihrem 22. Jahr vollkommen kalt und gleichgiltig war, jetzt aber findet sie Freude an diversen Komplikationen des Natürlichen. Sie ist weder leidenschaftlich, noch sinnlich, nur lasterhaft.

Ich bin dieses Umherziehens gründlich satt. Niemals mehr werde ich eine solche Touristenreise unternehmen. Nur längerer Aufenthalt an einem Ort, höchstens einmal eine Woche wirkliches Reisen. Man kommt zu keiner Sammlung. Die Stimmung kann sich nicht konzentrieren. Und diese fortgesetzte Abhängigkeit vom Wetter und allen möglichen anderen, äußeren Verhältnissen.

Tours, den 4. September.

Seit St. Guéneulé ist mein Zustand wesentlich besser geworden, ohne vollkommen zu sein. Ich bin über Pont-Aven gereist, wo ich eine in Paris Medizin studierende Russin kennen lernte. Freigeist, anarchistisch etc. Ich habe mit ihr einen Vormittagsausflug zu Schiff gemacht unter allerlei Gesprächen. Wie glücklich hätte mich diese Bekanntschaft vor ein bis zwei Jahren gemacht. Und heute, welcher Abgrund zwischen mir und dieser Welt, in der ich ja in Berlin selbst kurze Zeit gelebt habe. Dann zu den interessanten keltischen Überresten Carnacs, Locmariaquers und über Nantes und Anger hierher. Ich lese Salammbô von Flaubert und es langweilt mich. Flaubert hat recht, wenn er sagt, der Sockel sei zu groß für die Statue geworden. Die Statue existiert ja kaum. Was haben diese kleinen Einzelschilderungen mit Salammbô zu tun. Dennoch außerordentlich bedeutende Episoden.

Maeterlinck erinnert mich bisweilen in seiner gewollten Einfachheit an die Sätze in der Grammatik: Ich möchte anderswohin gehen. Wohin könnte man gehen? Sind die Zimmer der oberen Stockwerke geheizt? Nein, sie werden seit vielen Jahren nicht mehr geheizt. Wir könnten vielleicht in den Garten gehen? u. s. w. u. s. w.

Les Grandes Dalles, Montag, den 13. September.

Hier habe ich nun Ruhe gefunden. Contard, der seit 8 Wochen hier ist, hat mich eingeladen, die Zeit bis zur Rückkehr nach Paris mit ihm zu verbringen. Seit Donnerstag Abend in diesem reizenden Ort an der Küste. Wir streifen Tag und Nacht umher unter mannigfachen Gesprächen. Vor meinen Zimmern eine weiße Terrasse die fast von den Wellen bespült wird. Zur Rechten und Linken steile Felswände, die in dem Kupferrot der Sonnenuntergänge sizilianische Erinnerungen wachrufen. Das Land besteht aus grünen, von Ulmenwänden begrenzten Tälern, weiten Feldern, von Bauernhöfen unterbrochen. Die Mondscheinnächte haben wir auf den Felsen verbracht und sahen die vagen Wolkenschatten über dem Meer, die wie leichte Dämpfe schienen.

Auf dem Wege zum Lupanar rede ich mit Contard über die Unsterblichkeit der Seele. Unsere tiefsten esoterischen Unterhaltungen unterbrochen durch Experimente mit den beiden Bonnen des Hotels, deren Neugier und Einbildungskraft wir mit raffinierten Vorstellungen ausfüllen.

Ein sinkender Mensch kann immer noch höher stehen, als ein steigender, der erst eine geringe Stufe erklommen hat, während der sinkende noch nicht tief hinabgeraten ist.

Paris, den 10. Oktober.

Sehr zufrieden habe ich am 30. September Les Grandes Dalles verlassen. Am letzten Tage mit Contard eine merkwürdige Auseinandersetzung. Ich war etwas verletzt, daß er den letzten Abend, den wir ausdrücklich zu einem Zusammensein bestimmten, aus bloßer Gedankenlosigkeit mit dieser ewigen Familie Chevalier-Gilet verbrachte. Er ist in seiner Galanterie und Rücksicht beständig dem Zufall unterworfen. Er kann sich nicht von einem kleinen Frauchen losmachen. Diese Chevaliers sind oft in unsere tiefsten Unterhaltungen hineingeschneit und haben alles zerstört. Ich gebe mich zu sehr hin, muß gleichgiltiger werden selbst gegen die besten Freunde, wie Contard, der meine Vorwürfe kaum verstand. Hier in Paris war ich anfangs voll Begeisterung für die Stadt. Man muß fern gewesen sein, Heimweh nach Paris gefühlt haben und dann zurückkommen. Welche einzige Stadt! Ich habe einige Frauenerlebnisse gehabt, die mich aber dann wieder gründlich für längere Zeit geheilt haben durch diese hier epidemische Habgier und Kälte. Die Tage verbringe ich nun in der Bibliothèque Nationale mit dem Studium der Magie. Das Geheimnis der heiligen Zahlen als Grundrhythmen alles psychisch-spirituellen Seins wird mir etwas klarer. Ich freue mich, wenn ich Paris, meine magischen Anfangsstudien und französische Literatur hinter mir haben werde. Für das nächste Jahr ist England geplant. Dann bin ich frei, dann muß ich nichts mehr gesehen haben, dann kann ich vielleicht wirklich dem Zufall leben. Ob ich es wirklich kann, ob ich mir nicht wieder ein neues »Muß« schaffe?

Montag, den 18. Oktober.

Es herrscht ein so mildes Herbstwetter, daß ich noch einmal auf das Land zu gehen beabsichtige. Ich habe meine Tage zum großen Teil mit Studien von Eliphas Levi in der Bibliothèque Nationale zugebracht. Mit Hermann stehe ich wieder trefflich, seitdem wir alles Materielle sorgsam aus unserem Verkehr eliminieren. Ich habe jetzt viele französische Bekannte. Meine Neugier gegenüber der »putain de café« ist gestillt, seitdem ich erkenne, daß das materielle Elend an der Art ihrer weiblichen Entwickelung schuld ist. Die Gemeinheit der Männer hat eine vollkommene Gefühllosigkeit oder niedriges Mißtrauen gegen den Mann erzeugt. Ihre Sinnlichkeit ist rein peripherisch. Person oder Geschlecht sogar sind ihnen gleichgiltig. In Betracht kommt nur eine geschickte Technik des Cunnilingus, die sich häufiger beim eigenen Geschlecht findet, dabei sind sie durchaus nicht ausgesprochen homosexuell. Diese Erkenntnis hat mich wohl von der quälenden Neugier befreit, die stets zu Versuchen bereit war. Ich bin ruhiger geworden. Vielleicht ist auch das Studium der Magie eine Ursache davon, sie bringt mir wirklich Trost und führt mich dem Katholizismus in die Arme.

Montag, den 15. November.

Ein Aphorismus Contards: La femme qui jouit de son sexe en écoutant Tristan et Iseult se masturbe avec le doigt de Dieu.

Das Studium der Eliphas Levi'schen Bücher hat mich derart ausgefüllt, daß ich seit 8 Tagen zu jeder sonstigen Aufnahme unfähig bin. Ich schreibe dagegen an meiner Novelle »Die Geliebte des Teufels«. Mein Zustand sehr verschieden. Zuweilen eine furchtbare Verstimmung gegen Paris. Ich leide darunter, die Wirkung meiner in Deutschland erscheinenden Arbeiten nicht beobachten zu können, und daß unter meinen hiesigen Freunden keiner daran teilnehmen kann. Nur Hermann, dessen lebhafte Anerkennung mich bisweilen entschädigt. Paris hat mich doch wohl gereift. Übrigens hat mir Blanche wieder geschrieben. Sie will mich Donnerstag wiedersehen. Das Bedürfnis, mich in weiterem Kreise zu realisieren, wird doch wieder größer. Ich ertrage dies obscure Studentendasein nicht länger. Ich glaube, Contard und Chaillet, die beide ganz unproduktiv sind, müssen auch darunter leiden, immer étudiants en médecine zu sein. Sie wagen sich wohl darum kaum in die Gesellschaft. Chaillet ist ganz passiv. Sie nennen ihn hier eine männliche Hure, la grande blonde. Er spielt mit sich und seinen Empfindungen. Absolut Je-m'en-foutiste. Das alles ist eigentlich ein fauler Quietismus, unter dem sie aber selbst leiden. Mich hingegen verzehren immer wieder Zukunftshoffnungen, Ehrgeiz, die Möglichkeit, Einfluß auszuüben. Sobald ich ihn aber haben werde, werde ich wahrscheinlich gleichgiltig dagegen sein, da ich wohl niemals ganz in der Gesellschaft und weltlichem Treiben aufgehen werde. Im Gegenteil, ich werde es fliehen, wenn es mir entgegengebracht worden ist.

Die Prinzessin Cantacuzène hat mir lebhaft für meine Kritik gedankt. Ein zweites Buch von ihr ist angekommen. Sie lädt mich ein, auf ihrem Gut einen russischen Winter zu verbringen. Auch Richter ist wieder hier. Auch ein Quietist, aber Deutscher, der bei aller Feinfühligkeit und Aufrichtigkeit mit bourgeoisen Idealen liebäugelt, negiert absolut das spezielle Schicksal des intellektuellen Menschen dieser Zeit. Dann ist ein sehr feiner, gemütvoller Deutscher hier, der Maler Max Vogt, eine deutsche Natur im guten Sinn, wie es scheint auch ein erfreuliches Talent. Aber ohne jede Initiative. Er leidet stark unter Paris, in dem er sich garnicht zurechtfindet.

Obwohl ich zwar keineswegs Pariser geworden bin, vielmehr das deutsche Element gerade hier in mir herausgearbeitet habe, zweifele ich, ob ich mich wieder in diese deutsche beschränkte Selbstgenügsamkeit eingewöhnen werde. In Deutschland fehlt heute eine einheitliche Lebensanschauung, wie sie nur eine große Philosophie oder der Katholizismus geben kann.

Samstag, den 27. November.

Ich schließe mich wieder mehr Hermann an, dem ich vielleicht Richard schicken werde, während ich die Sterilität und Schwäche von Contard und Chaillet immer heftiger empfinde. Hermann hat mich mit Strindberg bekannt gemacht, eine gewaltige Persönlichkeit, vor welcher unsere französischen Freunde eine wahrhafte Angst empfinden. Ich fühle in ihm zugleich einen Schatz von Liebe und Gefühl, den aber heftige Leiden, verursacht durch den Mißbrauch anderer, in Mißtrauen gehüllt zu haben scheinen. Er ist bereits ganz ergraut. Vielleicht der erste Mensch, den ich kenne, vor dem ich mich beugen kann, ohne daß es auf Kosten meines Selbstgefühls geschieht.

Blanche besucht mich wieder. Dieses gute Geschöpf, welches den Anfang und das Ende meines hiesigen Aufenthalts begleitet, ist doch das einzige wirkliche Weib, das ich in Paris kannte und liebte.

Sonntag, den 12. Dezember.

Mitten in den Vorbereitungen zur Abreise begriffen, und ich reise mit Freude. Der Umgang mit meinen französischen Freunden ist mir von Woche zu Woche reizloser geworden. Das Scheinleben, Lügen gegen sich selbst, sogar bei so intellektuellen Menschen, wie Chaillet und Contard, wird mir immer klarer. Ich glaube, sie merken, wie ich mich ihnen entfremde. Mit Richter öfters zusammengewesen. Er besitzt gutes Urteil und feine Kultur, ist dabei dennoch ein vollkommen deutscher Bourgeois. Wie wohltuend seine Aufrichtigkeit, aber wie erschreckend der Abgrund, der ihn von meiner und Hermanns Kunst trennt. Als Maler macht er mir doch Zweifel an Hermanns technischen Qualitäten, der vielleicht durch seinen rein literarischen Umgang verdorben wird.

Den 17. Dezember.

Morgen Abreise. Gestern noch ein ereignisreicher Abend. Seit einiger Zeit bin ich Mitglied der faculté des sciences occultes. Gestern Abend erhielt ich feierlich die Weihen des ersten Grades des Martinistenordens. Die Zeremonie, verbundene Augen, dann schwarze Maske, ringsum alles in Masken, die Schwerter in der Hand, die breiten Seidenschärpen auf der Brust, die 3 brennenden Kerzen, der wallende Mantel, in den ich gehüllt wurde, setzten mich in starke Erregung, die mich aber innerlich so stärkte, daß ich dann vortrefflich einem Angriff standzuhalten vermochte, dem ich plötzlich um Mitternacht in einem Caféhaus ausgesetzt war. Ich traf dort einen flüchtigen Bekannten mit seinen Freunden, einen beredten Ignoranten, namens Tiercelin, der sich mit seiner Unwissenheit brüstet und dann doch alles zu wissen glaubt, der Paris für die Synthese der Welt hält, von der übrigen Welt aber nie etwas gesehen hat und dem seine fehlenden Sprachkenntnisse, irgend etwas Fremdes zu verstehen, verbieten, selbst die antike Kultur zu kennen. Die Situation war für mich doppelt schwierig, da ich einem sehr beredten Menschen in einer mir doch fremden Sprache zu antworten hatte, und da die Debatte so laut wurde, daß sich ein großes Publikum bildete. Er wollte die Lage ausbeuten, indem er sich auf den Rassenhaß der Menge gegen den Deutschen zu stützen beabsichtigte. Aber es gelang mir plötzlich, das Publikum, das schon etwas drohend aussah, für mich zu gewinnen, indem ich rief: »Je connais et j'admire trop votre nation pour ne pas savoir que vous n'êtes qu'une ridicule exception comme chaque nation en produit.« Inzwischen kamen auch noch einige Bekannte von mir herein, die mir applaudierten, während Tiercelin aus dem Höllenlärm, der sich erhoben hatte, verschwand.

Frankfurt a/M., Samstag, den 25. Dezember.

Über Reims und Nancy, wo ich nocheinmal die französische Provinz in ihrer ganzen Ödigkeit erlebte, kam ich nach Straßburg. Dort mit Richard einen Abend in einem deutschen Weinhaus gesessen. Er ist sehr gereift, aber doch noch wirr und unklar. Am folgenden Tage mit ihm in Karlsruhe. Seine Freunde sind tüchtige Maler, die auch ihm originelle Ideen zutrauen. Er kann aber noch nicht zeichnen. Hermanns Arbeiten, von denen ich einiges bei mir hatte, machten unter diesen Leuten wenig Eindruck. Hermann ist doch zu literarisch. Es scheint, daß ihn die Literaten über-, die Maler unterschätzen.

Es ist doch noch viel Fremdes zwischen Richard und mir. Vielleicht ist es nur der Altersunterschied und seine häufig ungehobelte Art.

In Frankfurt von Großmama natürlich sehr herzlich empfangen. Die ganze Familie lebt untereinander in heimlicher Feindschaft, voll Mißtrauen. Genau das Gegenteil, wie es einst war. Otto anfangs sehr kühl. Mein Ehrgeiz wird sein, ihn langsam zu gewinnen. Gestern habe ich bei ihm vielleicht sogar schon Fortschritte gemacht. Hedwig scheint furchtbar zu leiden. Tilly hat dumme Streiche gemacht. Sie ist in Pension. Der Weihnachtsabend furchtbar, weil er wie jeder andere Abend war. Gründlers kamen zum Tee. Ich habe schon etwas versöhnlich gewirkt. Auch in Richards finanzielle Unordnung habe ich etwas eingegriffen. Er hat mich freiwillig zum Verwalter seines Vermögens ernannt. Es befriedigt mich überaus, hier Gutes wirken zu können. Für Hermann habe ich inzwischen durch Weidenbusch ein paar Bestellungen veranlaßt, die ihm vielleicht eine sichere Rente schaffen werden. Auch habe ich über ihn selbst im »Pan« und in der »L'Ermitage« geschrieben.

Ich lasse hier die Menschen im Glauben, daß ich bereits Katholik geworden bin, um mich durch den Courant dieser Gemeinschaft tragen zu lassen und gegen Angriffe zu schützen. Ich hätte ja diese Form schnell vollziehen lassen können, aber ich will es später tun, wenn ich die Zeit finde, mich würdig vorzubereiten, vielleicht einige Monate in einem Kloster.

Vor meinen Gedichten, selbst den ganz einfachen, steht Otto ratlos. Er versteht sie nicht. Merkwürdig dieser grundverschiedene Denkformalismus. Selbst Chrysanthemum und die Weise kann er nicht begreifen. Übrigens schreibt ein Kritiker in den

Grenzboten über meinen Artikel über Dichtung im Pan, er sei unverständlich.

Überall fühlt man in Deutschland Aufschwung. Welche Bequemlichkeit des Reisens gegen Frankreich, welche Erzogenheit der unteren Stände, wie Kellner, Schaffner u. s. w. Und überall reges künstlerisches Leben.

Freitag, den 31. Dezember.

Alle materiellen Angelegenheiten glücklich erledigt. Ich kann nun beginnen mit dem, weswegen ich überhaupt hergekommen bin, englisch zu treiben, um mich auf meine Reise vorzubereiten. Viele Freunde wieder gesehen. Es scheint, daß ich in Berlin und München überall bekannt bin und gelesen werde. Wolfskehl sucht Einwände gegen den Katholizismus vom wissenschaftlichen Standpunkt aus. Ich hätte ihn nie dem Materialismus und Protestantismus so nahe geglaubt. Er sieht nicht, daß bei diesen Voraussetzungen sein Symbolismus durchaus in der Luft schwebt, und daß ich nur eine letzte Konsequenz ziehe.

Mit Richard eine gelungene spiritistische Sitzung gehabt, eine sogenannte Intelligenz erschien, warnte uns beide durch Tischklopfen vor der libido, riet mir, bald in ein Kloster zu gehen, behauptete aber dennoch, das Christentum sei für mich nicht die Wahrheit und erklärte am Schluß, sie moquiere sich über uns, da wir unwürdig seien. Sie gab sich übrigens für unseren Großvater aus.

Frankfurt a/M., Donnerstag, den 13. Januar 1898.

Großer Familienkrieg. Tilly, die sich allerdings recht viel hat zuschulden kommen lassen, von Otto gewissermaßen verstoßen. Alewyn erscheint. Ich zunächst mit ihm verbündet. Wir lassen Tilly auf eigenes Risiko aus Friedrichroda kommen. Otto, in der größten Angst, schimpft, ich antworte ihm, schließlich alles gut. Tilly kommt in eine andere Pension. Alewyn gibt zu, sich in mir getäuscht zu haben. Ich finde in ihm einen Bewunderer. Auch mit Tilly stehe ich wieder sehr gut. Otto ist gewissermaßen eifersüchtig auf meine Freiheit und mein nun immer mehr Anerkennung findendes Talent. Hedwig darf nicht einmal schön finden, wenn ich Klavier spiele, das ärgert ihn. Sie scheint außerordentlich unter ihm zu leiden. Alewyn ist ein sehr unbedeutender Mensch, aber ohne Ottos Arroganz. Ich glaube, das Geld spielt in seiner Liebe zu Tilly keine kleine Rolle. Großmama voll Angst vor Gründlers, aber sie ist feig und spielt Komödie. Richard bummelt, schleppt sich auf den Sofas und Sesseln herum und ist zu schwach, um Interessen zu haben. Er will nun auf eine Kunstgewerbeschule gehen, da ihm das Können fehlt, um seine Entwürfe auszuführen.

Dazwischen eine kleine Liebelei mit einer englischen Tänzerin, namens Edith Thomas, vom Zirkus. Ich hielt sie anfangs dem Äußeren nach für eine geriebene Pariser Kokotte und entdeckte in ihr ein harmloses Geschöpf. Es scheint, daß ein Geliebter erst aus ihrem Herzen verdrängt werden muß. Sie ließ sich mehrmals von mir nehmen, aber sie gab sich nicht eigentlich. Sie ist von wunderbarer Schönheit, ihr Geliebter ist Geschäftsreisender.

Ich treibe englisch, verkehre viel mit Prange, dessen Drama Kain recht talentvoll ist. Mit Richard ist mir der Verkehr, wie ich ihn erhoffte, doch noch nicht möglich. Es ist noch viel Fremdes zwischen uns. Vielleicht bloß seine Jugend. Oft habe ich Mitleid mit ihm und nehme ihn deshalb mit, wenn ich ausgehe.

Freitag, den 14. Januar.

Gestern Weidenbusch getroffen. Eine Nacht mit ihm in der üblichen Art verbracht. Viel geredet, getrunken, am Schluß eine Weibergeschichte. Wir sind wieder völlig versöhnt. Sein Verhalten gegen mich läßt nun nichts mehr zu wünschen übrig; er selbst leidet stark unter seiner geistigen Impotenz und sieht daher meine Arbeit mit Mißtrauen an. Er denkt immer noch daran, einmal etwas zu schreiben oder Schauspieler zu werden. Dann erklärt er wieder offen seinen Bankrott, seine Oberflächlichkeit.

Er ist mir dennoch einer der interessantesten anregendsten Menschen, die ich kenne, sein Urteil in allen Lebensfragen außerordentlich.

Montag, den 17. Januar.

Gestern am einjährigen Todestag Mamas mit Richard auf dem Friedhof. Unterwegs entdeckte er mir, daß er seinen momentanen Zustand nicht länger ertrage, die beständigen impertinenten Demütigungen, die er in der Familie erfahre, wo er nicht ernst genommen wird. Auch ich bin schädlich für ihn, da mein zu großes Interesse seine Bewegungen hemmt. Er sprach, wie seine ganze Jugend ein maßloses Unglück war, daß er nie Liebe zu Papa und Mama gespürt habe, wohl aber zu seinen Geschwistern, die ihn zurückstießen. Er hat Philips eingeladen, der sein einziger wahrer Freund ist. Seine Verbummelung hat zahllose Entschuldigungsgründe. Aber ihn von außen anspornen wollen, heißt ihn lähmen. Wenn überhaupt etwas aus ihm wird, dem beständig auf die Seele getreten wurde und dessen Selbstbewußtsein stets unterdrückt wurde, so kann er es nur allein werden. Ich habe ihm den Mangel an Vertrauen zu mir vorgeworfen, aber er ist eben stets zum Mißtrauen gezwungen worden.

Samstag, den 23. Januar.

Philips ist nun angekommen. Seitdem ist mit Richard garnichts mehr anzufangen. Philips will seinen Zustand allzusehr pathologisch erklären. Es ist wahr, Richard ist krank, aber die Hauptsache bleibt seine in der Familie erbliche Energielosigkeit, die durch sein Unglück umso fühlbarer wird. Manchmal ist er wie ein halbes Tier. Ich vertrage seine Atmosphäre nicht mehr. Ich fühle bei dem Zusammensein mit ihm die schlechten Seiten meines Charakters stärker. Philips ist ganz der Alte, außerordentlich klar denkend usw., aber in gewissem Sinne doch beschränkt. Aber ich liebe ihn, was ich von meinen anderen Freunden nicht sagen kann. Ich muß ihn fast ganz Richard opfern, der nicht allein sein kann. Ich weiß nicht, was zwischen mir und Richard ist. Mein Interesse an ihm ist sehr groß, ohne daß ich deshalb seine geradezu idiotenhaften Äußerungen, verbunden mit außerordentlicher Verständigkeit und Intellektualität, ertragen könnte. Sein Unglück schmerzt mich ungemein, ich möchte weinen, wenn ich ihn gekränkt habe, und doch kann ich nicht liebevoll zu ihm sein. Ich glaube manchmal, daß ich ihn sogar hasse.

Wolfskehl und Fuchs waren hier. Mit ihnen, Philips und Richard eine spiritistische Sitzung. Wieder ist Großpapa erschienen. Mit Wolfskehl sprach er mittelhochdeutsch: »Baccalaureus betriege Dich nicht Dein Ehgemahl ei befehet Dein Geschmacke, femebige ah zerbricht – Geilheit hindert Dich an allem Ehegemahl.« Wolfskehl ist gerade verlobt. Auf unsere Fragen wurde geantwortet, ich sei der stärkste im Geist, der Tisch kam bis zu mir, obwohl ich im Augenblick nicht an der Kette teilnahm. Bei mir seien die Instinkte am wenigsten entwickelt. Fuchs sei der stärkste im Fleisch. Richard sei dem Tier am nächsten.

Wolfskehl erzählte mir, was ich früher schon von anderen Seiten hörte, daß meine Arbeiten in Berlin bekannt und sehr geschätzt seien. Wunderbar, wie schnell ich doch dazu gekommen bin.

Mittwoch, den 26. Januar.

Philips hat mir das Du angeboten. Das ist mir seit vielen Jahren von niemand geschehen. Niemand wagt es, da ich kalt und lieblos erscheine. Dennoch könnte ich auch mit Philips nicht dauernd zusammenleben, obwohl man selten einen gescheiteren und anständigeren Menschen finden kann. Aber er hat keine Nerven und versteht darum tausend Dinge nicht. Er scheint häufig geschmack- und taktlos.

Wir haben eine Anzahl sehr interessanter spiritistischer Sitzungen gehabt. Mir scheint, daß die geklopften Buchstaben doch eher Manifestationen unseres Unbewußten sind. Zu Richard wurde gesprochen: »Gib die Fahrlässigkeit auf, Du bist zu Großem berufen, ich habe Dich lieb, mein Sohn.« Großpapa sprach wieder, er sei erzürnt auf Großmama. Er gab einen Grund an, der ganz gewiß aus Richards verwahrlostem Unterbewußtsein stammte. »Gefälschte Papiere, Testament, haben Ziffern gefälscht, betrüge Deine Enkel nicht.« Dann hieß es, Otto Gründler habe diese Papiere gefälscht, und schließlich hat dieser angebliche Geist alles widerrufen. Es manifestierte sich ein beständiger Kampf zwischen der Intelligenz David (Großpapa) und anderen Intelligenzen, die sich am Sprechen gegenseitig hinderten. Dann sagte jemand: »man muß bald zu Tilly gehen, aqua noctis.« Richard bildet sich ein, Otto wolle Tilly zum Selbstmord treiben, um sich ihrer zu entledigen. Der Gedanke bestimme ihn, sonst habe Otto sie nicht in eine Stadt geschickt, die am Wasser liegt (Neuwied). Solchen Unsinn verzapft Richard. Dann wurde uns eine Beschwörungsformel gesagt: »Mond rectifer mundi in terra facit, Zephyr ut ignis fides (?) moveret secundus«; dann waren wir zu müde, weiter zu folgen. Das Ganze schien mir eine Manifestation von Richards Wahnsinn.

Donnerstag, den 3. Februar

Nach einiger Zeit völliger Abgestumpftheit, die ein wenig durch den Verkehr mit hiesigen Malern, Trübner, Thoma u. s. w. belebt wurde, habe ich in den letzten Tagen ein außergewöhnliches inneres Leben geführt. In Unterhaltungen mit Philips ist es mir klar geworden, daß ich von niemand geliebt werde, obwohl ich an allen das regste Interesse nehme, obwohl ich keine Gelegenheit vorübergehen lasse, anderen zu nützen. Ich muß wirken, fördern durch Rat und Tat. Philips gibt zu, daß im Verkehr mit mir jeder Nutzen hat, während mir kaum einer nützt. Ohne jegliche Empfehlung habe ich mir in der Literatur bereits einen Namen gemacht, während ich stets bereit bin, durch meine Empfehlungen anderen zu helfen. Philips meint, daß ich mir durch kleine Äußerlichkeiten, gelegentliche Schroffheit alles verderbe. Außerdem liebe man vorzugsweise die Schwachen, nicht den, der stets auf die Füße fällt und sich trotz all seiner Nöte selber helfen kann.

In der Tat ist etwas in mir, was das quellende Leben, auch in meiner Kunst, hemmt. Dieses »Dinge gesehen haben müssen«. Nur aus diesem Grunde will ich jetzt nach London gehen. Ich mehre mein Wissen, aber das Innenleben wird dabei zu wenig kultiviert. Auch Hermann vermißte in meinen Arbeiten den direkten Bezug zur Natur. Es ist wirklich zu viel Fremdes in mir. Ich war nahe daran, meine englische Reise aufzugeben, zumal, da alle diese Dinge wieder auf dasselbe hinausgehen, was mir Weidenbusch und Wolfskehl sagten. Bald aber merkte ich, daß nun London doch einmal dazu gehört, daß ich das Nicht-dort-gewesen-sein als Lücke empfinden würde. Es muß also doch durchgemacht werden. Vorher aber gehe ich, um diesen Konflikt auszureifen, auf 4 Wochen an den Gardasee. London ist wohl die letzte große Station, auf welcher mich mein Intellekt auszusteigen zwingt. Dann werde ich wohl ruhiger leben können, mich den Ereignissen überlassen, ohne vorher zu wissen, was ich im nächsten Monat tun muß. Aber auch in London, wenn ich erst einmal dort bin, werde ich viel triebhafter zu leben versuchen, als ich in Paris tat, da doch meine Neugier erheblich geringer ist, als früher. Es wird mich dann allerdings auch noch reizen, einen Winter in Berlin zu leben, von dessen kultivierten Kreisen Wolfskehl in den höchsten Tönen gesprochen hat. Das aber wird mit meiner instinktiven Lust so wie so zusammenfallen. An den Gardasee nehme ich Homer, Goethe, Cervantes und einige katholische Lektüre mit. Einfachheit, große Linien, das ist mein Ziel.

Dieser ganze Konflikt fällt mit dem Erwachen des Frühlings zusammen. Ich kann die Tagesstunde angeben, wo es begann, sich zu regen. Neulich nachmittags kam ich gegen 5 Uhr meiner Gewohnheit gemäß nachhause, um englisch zu treiben. Aber ich konnte diese trockene Arbeit, die mir wochenlang durchaus entsprach, nicht vollbringen. Ich legte mich auf das Sofa, rauchte eine Zigarette und verfiel in Halbschlummer. Es schwirrten mir alte Gedichte von mir durch den Kopf, neue gestalteten sich, und als ich erwachte, war ich wie neugeboren, wie im vorigen Frühling, als ich aus der Fabrik in Sèvres heraustrat und es plötzlich Sommer geworden war. Dies war allerdings einige Monate später.

Besonders die häuslichen Verhältnisse sind unerträglich. Ich kann zu Richard keinen Ton finden. Er bummelt, verschwendet, macht leere Redensarten. Ich fahre ihn an, obwohl ich weiß, daß ich seinen halbkrankhaften Zustand dadurch verschlimmere. Philips nimmt sich seiner mit Liebe an, gibt ihm aber zu viel nach. Er hat ihn nun zu dem endlichen Entschluß gebracht, zu arbeiten. Auch Großmamas Art ist unerträglich. Ein Gemisch von Güte und Kälte. Ich beherrsche mich nicht genug. Bewundernswert die verständige Ruhe ihrer Gesellschafterin, Fräulein Schreiber. Auch mit Philips viel Streit, der oft taktlos ist. Aber nun ist alles besser. Seit einigen Tagen bin ich verwandelt. Auch die Todesgedanken, die mich schon in Paris bisweilen befielen, in den letzten Wochen hier unerträglich wurden, vielleicht gefördert durch die spiritistischen Sitzungen, sind bedeutend schwächer, obwohl die Vorstellung eines frühen Todes nicht von mir weichen will. Beschäftigt sich je ein Mensch so stark mit diesen Gedanken, wenn nicht ein naher Tod bereits seine Schatten wirft? ich weiß es nicht. Auch die Lektüre von Eliphas Levi ist daran schuld, denn seitdem quält mich auch die Vorstellung des Lebendigbegrabenwerdens.

Fasano am Gardasee, Montag, den 14. Februar.

Ich bin über Bozen und Arco hierhergereist. In Bozen im Bazzenhäusel mit zwei deutschen Malern Schwabe und Kraus, die ich dort kennen lernte, bis frühmorgens beim Wein gesessen. In München 3 Stunden bei Stern, der vergnügt und zufrieden als Philosoph dahinlebt und noch immer die beruhigende, gütige Art hat, wie früher. In Arco die alten geliebten Stätten wieder aufgesucht, aber niemand wiedergefunden. Seit Freitag hier, mein Zustand sehr zu seinem Vorteil verwandelt. Meine »Elegiae Benacenses« sind des Zeuge. Ich wohne in einem kleinen Pavillon am See bei vortrefflichen italienischen Wirtsleuten. Ein neunjähriges Töchterchen hat mich besonders ins Herz geschlossen. Sie bringt mir Veilchen ins Zimmer. In einem Schulaufsatz in Briefform schreibt sie über mich, als von einem »celebre poëta«, der bei ihnen wohnt. Niemand habe ich gesagt, was ich bin, sie ist von selbst dahinter gekommen. Ich stehe gegen 9 auf, vormittags arbeite ich, lese und wandle ein wenig in dem Garten am See umher. Nachmittags ziehe ich durch die Berge. Zwischen Olivenwäldern, alten ruinenhaften Dörfern, Lorbeerwegen, dazwischen Ausblicke auf den halbinselreichen See, ringsum grüne Hügel, blaue Berge, hintereinander gelagert. Gegenüber ein schneebedeckter abends glühender Bergrücken, die Hügel oft mit zypressenumstandenen Hütten gekrönt. Man kann den ganzen Tag im Freien sitzen, obwohl es für hiesige Begriffe kalt sein soll. Ich nehme die Mahlzeiten in einer Pension, wo ich auch die Abende verbringe. Gesellschaft recht angenehm, wenigstens habe ich mich mit zwei klugen Holländerinnen, Ende der zwanziger Jahre, etwas angefreundet. Unterwegs bin ich von einer unbeschreiblichen, beglückenden Produktivität (Orpheus, Maria Magdalena etc.).

Samstag, den 19. Februar.

Das Wetter täglich wärmer. Um 10 Uhr früh trage ich meinen Sessel in den Garten und arbeite, lese, besonders Homer, bis zu Tisch. Nachmittags herrliche Spaziergänge mit dem Don Quixote in der Tasche. Abends in der Pension mit den beiden Holländerinnen. Sonst verkehre ich mit niemand. Die Folge davon ist, daß mich die etwas idiotische Gesellschaft der Pension anfeindet. Aber ich fühle mich wohl dabei.

Das Charakteristische unseres Münchener Kreises war dies: man sagte nichts zueinander, sondern man meinte stets: man könnte hier sagen u. s. w.

Das aufstrebende Deutschland ist darum weniger dekadent, als Frankreich, weil seine Frauen noch bedeutend gesünder sind.

Neulich einen Tag in Brescia gewesen. Eine lebendige, sehr italienische Stadt.

Montag, den 28. Februar.

Viel Regen und Wolken, dennoch vormittags im Garten. Die Arbeit geht gut vorwärts. Nachmittags meist in Gardone, wo ich mich anläßlich der Dreyfus-Affaire wütend in die Zeitungen gestürzt habe. Abends mit den beiden Holländerinnen in einem Salon der Pension zusammen. Sie verwöhnen mich ein bischen. Die übrige Gesellschaft schaut uns mit scheelen Augen an. Die Töchter meiner Wirtsleute bekränzen mein Bett und füllen mein Zimmer mit Blumen. Manchmal habe ich den Verdacht, als ob sie damit Absichten verfolgten. Ich fühle mich ganz wohl, fürchte aber fast täglich, krank zu werden und bin dabei ungemein leichtsinnig mit meiner Gesundheit. Das kleine englische Mädchen aus dem Frankfurter Zirkus schreibt bisweilen. Sie tanzt augenblicklich in Holland.

Mein politisches Ideal wäre eine Feudalverfassung mit der Voraussetzung eines hochkultivierten Adels, der zugleich immer das beste Publikum für die geistigen Werte abgibt. Der Besitz muß natürlich da sein, irgend wie einmal durch einmaligen Akt oder gelegentliche Akte gewonnen sein, nicht aber durch ein Leben voll Erwerb. Die Erwerbsstände sind keiner Kultur fähig. Wo der Adel verfällt, drängt sich Individualismus, Majorität und Geldmacht vor. Der Besitz ist zwar die Erbsünde der Gesellschaft, darum ist niemand vollkommen rein. Auch der Heilige ist ja von der Erbsünde befleckt. Das Erwerben dagegen ist Weitersündigen. Darum ist zur hohen Kultur nur eine Klasse fähig, die nicht durch Erwerbsrücksichten geleitet wird, notwendigerweise aber von der Erbsünde behaftet sein muß. Da eine solche Gesellschaft heute nicht mehr möglich ist, kann man in der Verstaatlichung, d. h. in der Sozialisierung der materiellen Angelegenheiten von Staatswegen doch manches Gute sehen. Andernfalls kommt der Krämer zur Herrschaft.

Dienstag, den 15. März.

Ich habe mich nun endlich wieder in einen Zustand emporgeschwungen, wie ich ihn ja kurze Zeit auch im vorigen Juni in

Paris hatte, wo ich mit Lust lebe. Alle Todes- und Krankheitsgedanken haben mich verlassen. Ich genieße mit Bewußtsein. Meine Dichtungen Orpheus und Magdalena, die hier in den Bergen entstanden sind, bedeuten für mein Schaffen eine neue und sicher gesundere Zeit. Ich genieße Italien, die Schönheit der Bewegungen auch in den niedrigsten der Menschen, denen man anmerkt, daß sie aus dem Lande Leonardos sind, während man bei den Deutschen selten fühlt, daß sie Landsleute Goethes sind. Bei uns hat eben das Volk garnichts mit den Kulturwerten zu tun. In Deutschland, aber auch in Paris ist es eine Qual, wenn man Besorgungen machen muß. Hier ist es ein Vergnügen, zum Schuster, zur Wäscherin zu gehen, denn alle haben Schönheit in ihren Lebensäußerungen.

Seit vorgestern ist Stern hier. In lebhaften Gesprächen durchstreifen wir die Berge. Aber dennoch ist meine Ruhe ein wenig durch ihn gestört. Nichts ist mir gefährlicher, wie ich jetzt sehe, als zu lebhafter Verkehr mit intellektuellen Freunden. Ein stiller Verkehr, wie mit den beiden Holländerinnen, ist mir viel zuträglicher. Ich brauche eine beruhigende Atmosphäre um mich.

Spätere Randbemerkung: Ich habe einen Monat lang keine Aufzeichnungen gemacht. Der Aufenthalt in Fasano war weiter sehr befriedigend, besonders freundete ich mich mit meinen italienischen Wirtsleuten an. Dagegen kam es zu einem furchtbaren Skandal mit den übrigen Pensionsbewohnern. Ich reiste dann über Frankfurt nach London durch Belgien. In Frankfurt erhielt ich einen glühenden Liebesbrief von einer verheirateten Tochter meiner italienischen Wirtsleute, mit der ich bisweilen am Herdfeuer zusammen gesessen hatte, Teresina. Sie hatte mir unendlich gefallen, aber ich hatte niemals die Initiative ergriffen, weil sie mir vollkommen unzugänglich schien und mir die italienischen, gesellschaftlichen Verhältnisse nicht übersichtlich genug waren, um mich auf ein so ungewisses Terrain zu wagen. Es entspann sich nun zwischen ihr und mir eine lebhafte Korrespondenz. In Köln traf ich die kleine Ethel, hatte aber eine wenig befriedigende Nacht mit ihr, da sie bei all ihrer Liebheit doch das nichtssagende, temperamentlose, englische Mädchen blieb.

London, den 18. April, Montag.

Hier scheint anfangs alles häßlich. Aber so, wie man in kalten Ländern wegen der trefflichen Feuerungsgelegenheiten weniger friert, als im schlecht geheizten Süden, so scheint sich hier die Gesellschaft gegen die Häßlichkeit verschworen zu haben, indem sie eine Kultur schuf, der Häßlichkeit zum Trotz, die intensiver ist, ja intensiver sein muß, als die lachende Kultur des Südens, die das Individuum mehr sich selber überläßt. Im Süden wächst die Schönheit wild, hier ist zunächst alles häßlich, man muß die Schönheit erst züchten. Man darf nicht die Gegenstände sehen, sondern man muß malerisch sehen, die Atmosphäre, welche darum ist. Im Süden dagegen sieht man plastisch und gegenständlich. Besonders häßlich ist die City. Aber sie hat auch gar nicht die geringste Prätention auf Schönheit und dadurch hat sie doch Stil. Die continentalen Städte sind meist ebenso häßlich, aber man hat das Streben, die Häßlichkeit zu verkleiden, und dadurch entsteht jene billige stillose Verzierungskunst. Diese Pseudoschönheit aber steht dann der wahren Schönheit im Wege. Hier gibt es jene continentale Mittelkultur nicht. Eine bevorzugte Klasse hat sich gegen die Misère des Daseins verschworen und durch eine hohe Kultur dagegen geschützt, so wie man aus dem geheizten Hause kommend, in seinen Pelz geschlagen, gern in der Kälte promeniert, ohne daß einer behaupten könnte, die Kälte sei an sich angenehm. So kommt man aus dem Kontrast dazu, London schön zu finden. Diese Kultur ist um so geschlossener, als sie sich nicht nur sozial abschließt, sondern auch geographisch durch die Insellage gegen die übrige Welt. Fremde Kulturen erscheinen dem Engländer zwar interessant, aber er denkt kaum daran, sie mit der seinen zu vergleichen. Es ist eben etwas ganz anderes. Der Franzose dagegen findet fremde Kulturen eo ipso unterlegen, kaum interessant, der Deutsche aber findet sie eo ipso überlegen und sucht sie nachzuahmen. Man läßt in England das äußere Leben ruhig häßlich sein und verschanzt sich in sein »home«. Niemand würde daran denken, einem Handelshause eine ästhetische Fassade zu geben. So ist die englische Kultur völlig logisch, wie die italienische, obwohl infolge der verschiedenen Voraussetzungen genau entgegengesetzt. Deutschland zu unausgesprochen zwischen Norden und Süden schwankend.

Mittwoch, den 4. Mai.

Zum ersten Mal fühle ich jene neugierige Hast von mir weichen, war ja doch auch London die letzte Station meiner intellektuellen Neugier. Ich suche nichts mehr, ich lasse alles an mich herankommen, ich lebe wie in einer Atmosphäre, in die nichts hineindringt, was nicht soll. Sehr einsam. Etwa alle drei Tage sehe ich meine Bekannten. Die Gewohnheit des frühen Schlafengehens habe ich beibehalten, bin viel gesünder, minder nervös. Ich habe mich mit Ausnahme einiger Wochen in Fasano seit vorigem Juni nicht so wohl gefühlt, aber viel ruhiger. In meiner Einsamkeit freuen mich die glühenden, liebevollen Briefe Teresinas. Ich soll sie im Juli in Mailand sehen. Die heiteren ruhigen Briefe eines kranken Berliner Fräuleins, welches mir auf meine Novelle Eos hin, die in der Freien Bühne erschienen ist, geschrieben hat, erfreuen mich auch. Vormittags lese ich Emerson, nachmittags besuche ich Galerien, langsam und ruhig. Bisweilen etwas Produktivität. Ich denke viel an meine Rückkehr nach Deutschland, worauf ich mich freue, ohne aber die Zeit beschleunigen zu wollen.

Nachtrag: In Fasano kam es zuletzt zu einem Massenaufstand der pöbelhaften Tischgesellschaft gegen die Holländerinnen und mich. Mit Stern bin ich bis Modena und Parma gereist. Dann am Gardasee Henry Thode kennen gelernt, einen feinkultivierten Menschen, mit dem ich einen längeren Spaziergang machte. Dann reiste ich mit den Holländerinnen über Riva bis Brixen. In Frankfurt einige ruhige Tage mit Großmama und Philips. Er war recht niedergedrückt von seiner Unproduktivität, fast möchte man's Ohnmacht nennen. Richard ist in Berlin, ich höre nichts von ihm, weiß nur, daß er sich von der freiwilligen Bevormundung Philips' losgesagt hat. Tilly immer noch in Pensionen. Otto vernachlässigt sie. Sie hofft immer noch, Alewyn zu heiraten. Otto habe ich gar nicht, Hedwig kaum gesehen. In Brüssel hatte ich einige nicht sehr anregende Tage mit Gérardy. In Lille, wo ich des Museums wegen war, brachte mich der Dämon in eine sehr unangenehme Verwickelung, die aber gut ablief. Schreckliche Seekrankheit auf der Überfahrt.

Unter meinen hiesigen Bekannten ist keiner, der mich besonders fesselt. Arthur Symons scheint mir oft recht leer. Yeats und Lionel Johnson, ebenso Max Beerbohm sehr interessant, doch sind wir uns noch nicht sehr nahe getreten. Auch der Maler William Rothenstein interessiert mich. Von künstlerischen Eindrücken muß ich besonders Dante Gabriel Rossettis Bilder nennen und eine Vorstellung von Julius Caesar in Her Majesty's Theatre.

Den 21. Mai.

Die Sehnsucht nach Teresina wird so groß, daß ich meinen Londoner Aufenthalt wirklich abkürzen will. Ich hoffe, in 14 Tagen zu reisen. Ich denke kaum an etwas anderes, als sie. Es ist, als sei mein Leben mit einer edleren Essenz erfüllt. Auf jeder Handlung, jedem Gedanken liegt ein Abglanz von ihr. Auch ihre Briefe werden immer drängender. Ich fühle meine Neugier ganz gestillt, mein Geist ist viel zentralisierter. Meine einzige Unruhe ist Teresina, aber diese Unruhe liebe ich. Meist bin ich allein. Vormittags lese ich, meist englische Literatur, augenblicklich den vortrefflichen Pater. Nachmittags in Museen, abends oft allein. Von Zeit zu Zeit sehe ich meine Bekannten, mit denen ich bisweilen diniere. Die Opernabende im Covent Garden gehören zu dem besten. Bisweilen treffe ich auch den famosen van Rooy, einen der wenigen würdigen Wagnersänger, den ich von Frankfurt her kenne. Übermorgen kommt Davray hier an.

Gargnano am Gardasee, Samstag, den 18. Juni.

Am vorigen Sonntag früh habe ich London verlassen. In der letzten Zeit war der Aufenthalt oft recht angenehm durch die mir gewährte Gastfreundschaft mehrerer Familien, meistens englischer, besonders aber der deutsch-englischen Familie Mond, die Geselligkeit im allergrößten Stile treibt, sowie durch die Anwesenheit Davrays und die Gesellschaft des liebenswürdigen jungen Fothergill, den ich zufällig in einem Restaurant bei Soho Square kennen lernte. Allerdings erwartete Fothergill von unserem Verkehr etwas, was über den Gedankenaustausch zweier intellektueller Menschen weit hinausgeht und was ich ihm zu gewähren aus physischen Gründen nicht imstande war.

Ich reiste wieder über Frankfurt, wo ich die beiden Holländerinnen sah, die mich nun aber gründlich zu langweilen beginnen. Wir waren einen Tag zusammen in Homburg bei Großmama, wo ich auf einer Waldpartie einen ungemeinen Genuß in dem Wiedersehen meiner heimatlichen Landschaft empfand. Nach allen meinen Reisen scheint mir diese Landschaft doch die schönste zu sein. Noch diesen Sommer denke ich dort einige Wochen zu verweilen. Dieses Gebiet und Italien sind die Böden, auf denen ich am besten gedeihe.

Gestern habe ich endlich Teresina wiedergesehen. In der nun unbewohnten Villa Cipani eingesperrt, habe ich 9 Stunden wie ein Gefangener gesessen, da niemand meine Anwesenheit in Fasano ahnen durfte. Ich habe mich in den Mittagsstunden, wo alles schläft, von einem zuverlässigen Bootsmann hinrudern lassen und wurde durch ein kleines Gartenpförtchen von der einen der Schwestern eingelassen und in den Pavillon geführt. Vier von den Stunden dort war Teresina bei mir. Natürlich wie jedes erste Zusammentreffen war die Situation mehr erregt, als glücklich. Wir waren beide nervös, ich hatte einen leeren Magen, das Zimmer war unbequem, wir wurden beständig von der Mutter, sowie den Schwestern überrascht, die uns mit Vorwürfen überhäuften. Endlich brachte Orsolina etwas zu essen. Auch der Wein in den leeren Magen bekam mir nicht besonders. Aber wir haben uns wenigstens wiedergesehen und können nun geduldig den Tag abwarten, wo Teresina aufs Land geht, wohl am 1. Juli nach Lugano. Ich bleibe solange hier. Die Sache ist übrigens bedeutend gefährlicher, als es anfangs schien. Aber die ganze Familie sieht unsere Liebe wie eine Naturnotwendigkeit, ja eher wie ein Unglück an, womit man Mitleid haben muß. Ich versprach, dieses Unglück durch große Vorsicht und Rücksicht möglichst zu mildern unter der Bedingung, daß man uns keine Schwierigkeiten in Lugano macht. Dafür habe ich der Familie versprochen, nicht mehr nach Fasano zu kommen. Nachdem Teresina weg war, kamen Amalia, Orsolina und la mamina herein. Eine nach der anderen überschütteten mich mit Vorwürfen, verrieten aber durch jeden Blick und jedes Wort, daß sie mich gern haben. Gegen Abend brachte Amalia ein Kotelette, Orsolina eine Limonade und so fort, beständig voller Besorgnis um mich. Ich fürchte, daß sie gegen Teresina weniger gut sind, wenn sie mit ihr allein sind. Sie halten sie etwas für verrückt.

Heute früh habe ich mich hier installiert und denke, die Wartezeit einsam mit meinen Studien zu verbringen. Spätrömische Prosaiker. Ich habe mit Petronius begonnen. Meine Gesundheit ist erheblich besser geworden seit ca. anderthalb Monaten. Durch frühes Aufstehen, Schwimmen und Rudern etc. denke ich mich noch mehr zu kräftigen. Die »vie de noceur« habe ich schon seit fast 4 Monaten aufgegeben, seit 2 Monaten ohne jedes Bedauern.

Lugano, Sonntag, den 3. Juli. 1898

Nachdem ich in Como einige einsame arbeitsreiche Tage auf Teresina wartend verbracht, habe ich sie endlich am 28. Juni in Monza getroffen. Reise nach Como zusammen. Im Hotel anfangs große Verwirrung auf beiden Seiten, die sie durch ungemeinen Takt zu mildern wußte. Teresina liebt mit dem ganzen Realismus der wahren Leidenschaft, und ich begegne ihr mit dem ganzen Idealismus einer großen Sehnsucht. Sie war im Gefühl noch ganz jungfräulich, da die Brutalität ihres Mannes ihre Sinne nie entzünden konnte. Ihre Liebe ist so aufrichtig und selbstverständlich. Keine Spur von Prüderie und Heuchelei, und dabei delikat und taktvoll, vielleicht etwas egoistisch. Ich glaube, wenn ich sie nicht mehr liebte, würde sie mich lieber tot wissen. Aber ich kann sie nicht so lieben, wie sie mich. Ihr Gesicht könnte nicht schöner, ihre Liebe nicht zartfühlender und zugleich unverhüllter sein, und doch bin ich nicht vollkommen berauscht. Sie möchte Mutter werden, und diesen Wunsch teile ich fast. Sonst lebe ich allein hier in der schönsten Natur und in jeder Hinsicht unter günstigen äußeren Umständen. Zwei bis dreimal wöchentlich kommt Teresina herüber, die in der Nähe in der Sommerfrische ist, in Rivera Bironico.

[Kumulative Aufzeichnungen
Berichtzeitraum: Juli 1898/1899/1900/Juni 1901
Niederschrift: 1901]

München 1901, Samstag, den 29. Juni, Peter & Paul.

Drei Jahre sind vergangen. Ich habe indessen nur flüchtige Blicke in diese Aufzeichnungen geworfen. In den letzten Tagen las ich nun alles noch einmal durch, um dann weiter zu schreiben. Eine Scheu hielt mich bisher von diesen Aufzeichnungen zurück. Ich hatte das Gefühl, einen gräßlichen, leeren Abgrund in ihnen zu finden. Nun erstaune ich, die tiefe, gequälte Sehnsucht nach Ruhe, nach Einheit, nach Ausfüllung so klar ausgesprochen zu finden.

[1898] Die Liebesgeschichte mit Teresina ging aus, wie sie ausgehen mußte. Als ihre Zeit vorbei war und sie nachhause zurückkehrte,war es mir nicht ganz unangenehm. Ich blickte zufrieden auf die Wochen mit ihr zurück, war aber froh, daß ein äußeres Ereignis rechtzeitig einen Schluß gemacht hatte. So sehr ich mich auch an die italienische Sprache gewöhnte, ich war es müde, weiter in fremden Sprachen zu lieben. Gelegentlich wurde sie auch ein bischen langweilig. Ich war immer für sie ganz konventionell, »il grande poeta«, den sie liebte. Dann verbrachte ich einige Wochen im Taunus auf dem gothischen Haus. Schöne Abendspaziergänge in die mir von meiner Kindheit her lieben Orte Oberursel, Dornholzhausen u. s. w. Dann folgte ein Winter in Berlin, eine Anhäufung vieler ganz interessanter Einzelheiten. Ich lebte in dem Kreis der »Blätter für die Kunst«, war häufig mit Stefan George zusammen, den ich anfangs fast allabendlich im Café Klose traf, verkehrte bei Reinhold Lepsius, lernte Lechter, Simmel, Professor Richard M. Meyer kennen und fand in dem großzügigen Hause Neumann gastfreundliche Aufnahme. Am Ende des Winters die erste Conzeption des Don Juan. [1899] Am 20. März, kurz nach der ersten Premiere, die Hofmannsthal im Deutschen Theater erlebte, fuhr ich nach Italien und wanderte durch Städte und Städtchen, überall, wo bedeutende italienische Kunst zu finden war. Es ist etwas Pedanterie in dieser Reise gewesen. So kam ich nach Rom, wo ich wieder die Familie Mond aus London traf, die dort in dem Palazzo Zuccari eine Geselligkeit großen Stils entfaltete. Ich fand Löwenherz total resigniert, verelendet. Schöne Tage mit Daisy Neumann und ihrer Schwester Julia, die eine Zeitlang zu Besuch dort war. Dann verbrachte ich einige Wochen in Sizilien und hatte im Hochsommer zauberhafte südliche Tage bei Sorrent. Dort das mir heute so peinliche Erlebnis mit Else Plötz, die mit Richard hingekommen war, um mich zu treffen. Sie begann sofort, mit mir zu kokettieren, Richard spielte sie mir fast in die Hände. Wir betrogen ihn, liebten uns aber nicht genug, um zusammen zu entfliehen. Eine wahnsinnige, prachtvolle Nacht am Meer. Jenseits der Vesuv und die Lichter von Neapel. Seebad im Mondschein. Wir sagten uns in diesem Augenblick: dies ist und bleibt unsere schönste Stunde. Und von da ab war wirklich alles häßlich und gemein. Schnelle Abreise.

Im Herbst in Florenz mit Dülberg, dem ich nun sehr nahe trat. Den Don Juan verwirft er fast ganz. Ich zweifelte wieder an meinem dichterischen Beruf und beschloß, meine Kenntnisse der Kunst- und Kulturgeschichte doch zum Doktorat zu verwenden. Während des ganzen Jahres stark von dem Dämon gequält. Mitten im Winter über Venedig nach München, wo ich mich zum ersten Mal zu fester Niederlassung entschloß. Ich hatte mir Möbel aus Italien mitgebracht. Nun wurde wirklich vieles besser. Unter Wolfskehls Augen, später auch unter Endells Rat wurde der Don Juan, was er heute ist, weder ästhetisch, noch ethisch reif, aber ein Dokument meines damaligen Lebens, das Werk, an dem ich selbst heranreifte, das darum so viele Ungleichheiten hat, zugleich meine letzte Abrechnung mit der Tradition. Ich arbeitete nun doch täglich stundenlang an diesem einen Werk. Alles andere blieb Nebensache. [1900] Den Karneval durchtobte ich so toll, als es mir möglich war. Viel davon ging in mein Stück über. Ich war wirklich kindisch ausgelassen und überwand den intellektuellen Skeptiker nach Kräften.

Mitten in diesem Taumel begann mein Verhältnis mit Nina, die damals nicht mehr als ein kleines liebes Mädchen war, hübsch, aber ohne selbständige Kultur und Charakter. Sie war mir anfangs nicht mehr, als ein Notbehelf, und ich beschäftigte mich außerdem eifrig mit glänzenderen Frauen, die mehr auf meinem Niveau waren. Daß sie Ende April plötzlich von München fortmußte, machte mich halb traurig, halb schien es mir gut, daß wir so auseinanderkamen, ohne brutalen Ausgang. Ich brachte sie bis Ulm; dort gingen wir abends an der Donau durch Gärten und Felder bis zu einem Aussichtspunkt, und während wir von der fast notwendigen Prostitution sprachen, der sie als künftige Opernsängerin Agenten und Direktoren gegenüber ausgesetzt sein würde, fühlte ich zum ersten Mal, wie lieb ich ihren zarten, schlanken Körper hatte, und daß ich den töten könnte, der sich daran vergriffe. Die Nacht war unendlich traurig, ich merkte nun doch, was ich an ihr verlor. Am anderen Tage kehrte ich vereinsamt nach München zurück, und nun war es Endell, der während eines halben Jahres viel Einfluß auf mich übte. Er hatte Nina gekannt und schätzte sie, bestärkte mich im Glauben an ihre Entwickelungsfähigkeit. Aber die Einsamkeit war oft qualvoll. Ich suchte nach Zerstreuung bei anderen Frauen, aber es half nichts. Ein Rückfall mit Else Plötz, die aus Italien plötzlich zurückgekommen war, einige Tage bei mir wohnte und dann nach Dachau zog, wo sie malen wollte, war wenig erfreulich. Eine aufregende Korrespondenz mit Nina, die in Karlsruhe bei ihren Eltern lebte.

Endells Verkehr war sehr nützlich für mich. Ich wußte nun genau, daß ich täglich künstlerisch arbeiten müßte, mich technisch immer mehr zu vervollkommnen hatte. Der Begriff des Organischen der Form wurde mir klar. Schrecklich die langen einsamen Sommerabende, die Jagd nach Menschen, um abends nicht allein zu sein. Auch Stern sah ich viel, doch war er in jener Zeit starr, plan- und ratlos vor seiner philosophischen Arbeit. Durch Endell wurde ich mit einigen Lehren der Naturheilkunde bekannt, in der ich nun Heilung für meine Nervosität und Empfindlichkeit suchte. Wir aßen z. B. im vegetarischen Restaurant. Anfangs alles planlos. Im August und September dann im Lahmannschen Sanatorium, wo System in diese neue Lebensweise kam und auch ein wesentlicher Erfolg zu verzeichnen war. Von dieser Zeit ab hatte ich meinen Körper viel mehr in der Gewalt, und es hat niemals nachgelassen.

Mit dem Plan, Nina später doch einmal zu heiraten, kam ich in ihre Familie in Karlsruhe. Entsetzliche schwüle Augusttage dort. Wir gingen allein aus, soviel wir wollten, aber wir waren wie obdachlos, schleppten uns matt in den Anlagen herum, von Bank zu Bank. Ich verließ sie nach einigen Tagen erleichtert. Einmal hatten wir uns in ein zweideutiges Hotel geflüchtet, da es in den größeren Hotels zu auffallend gewesen wäre. Die Zerstreuung der nächsten Reisemonate ließ sie mich weniger vermissen, ja, ich dachte kurz daran, einer Einladung der Gräfin Reventlow und Hentschels nach Samos zu folgen und jubelte, meine Freiheit bewahrt zu haben.

Die 6 Wochen auf dem Weißen Hirsch brachten mich mit 2 Menschen zusammen, dem Dr. Weidner, der mich behandelte, und dem Mystiker Gustav Meyer, der später unter dem Namen Gustav Meyrink ein bekannter Schriftsteller wurde. Er erzählte höchst sonderbare Geschichten und ich war es, der ihn ermutigte, sie aufzuschreiben und an den Simplicissimus zu schicken. Er selbst hatte zunächst gar kein Vertrauen dazu, hat aber auf diese Art seinen Weg gemacht. Ich nahm vieles von ihm an. Einmal endlich ein Mensch, der nicht Literat und Künstler war. Unheimliche Augenblicke, als wir nachts im Tannenwald spazieren gingen. Dabei war er ein großer Psychologe. Ich legte ihm die Frage vor, warum ich die Menschen abstoße, da ich doch überall hilfreich bin. Er erwiderte, ich hätte auch für ihn etwas, das ihm manchmal einen physischen Schauer hervorrufe, der aber nichts mit den Worten zu tun habe, die wir gerade miteinander sprechen. Ich wirke auf ihn manchmal wie ein Malaye, der mit Dolchen, Schlangen und Feuer jongliert. Er liebe mich, aber wie man eine Schlange liebt. Andere Tiere könne man liebkosen, so oder so anfassen. Bei einer Schlange wisse man nie, wie man sie anfassen solle. Man habe das Gefühl, ich könne einmal einen Menschen töten, und das meint Dr. Weidner auch.

Von Dresden fuhr ich nach Paris zur Ausstellung. Dort viel freier und wohlwollender als früher. Ich genoß den Reiz dieser herrlichen Stadt sehr stark. Die Mädchen des Quartier Latin und des Montmartre nahm ich viel, viel leichter und wahrer. Dennoch blieb meine Unfähigkeit, dauernd mit der Kokotte zu verkehren, bestehen. Ich lernte ein Mädchen, namens Marguerite Lebreton bei Bullier kennen, die später Dülbergs Geliebte wurde. Sehr viel mit Dülberg zusammen, in dem ich doch meinen besten Freund erkannte. Wir traten uns sehr nahe. In »Haschisch« erkannte er zum ersten Male einen Ausdruck echter eigener Künstlerindividualität, wie er sie bei mir früher nicht gefunden hatte. Endell hatte im Sommer ähnliches gesagt. Ich dagegen suchte ihn mehr in das Leben, in das breitere Schaffen zu ziehen, aus dem Fachmännischen, Kunsthistorischen heraus. Es half. Er begann zunächst sein Verhältnis mit Marguerite Lebreton, das erste Verhältnis, das er wohl je in seinem Leben gehabt hat, wenn auch in seiner kühlen, verständigen Art, und begann an seinem längst gehegten Dramenplan Antionë zu arbeiten (später »König Schrei«).

Mit Hermann brach ich ganz. Er ist ein grober bäurischer Mensch ohne Feinheiten, sagt zu mir: »Ihr Deutsche« etc. Contard fand die Ruhe im Katholizismus. Ein wundervoller Abend mit ihm in lebhaften Gesprächen auf den äußeren Boulevards. Aber auch manche böse, einsame Abende der Verlassenheit, die mich an meine frühere Pariser Zeit erinnerten. Die alten Freunde fanden mich aber bedeutend ruhiger. Im November wieder in

München, in meiner alten Wohnung. Ich begann nun, mein Leben noch mehr zu vereinfachen, indem ich auch zu Hause speiste. Viele Abende blieb ich allein, aber es fehlte immer wieder die Frau. Dennoch war ich bedeutend ruhiger. Der »Don Juan« wurde fertig. Ich erhoffte mir viel von der Rückkehr der Gräfin Reventlow und vom kommenden Karneval. Endell hatte sich während meiner Reise sehr stark an Else Plötz angeschlossen. Das bedeutete wohl schon damals eine Entfremdung von mir. Ich hatte zu viele ihrer gemeinsten Seiten gesehen, und er wußte es. Sie haßte mich, weil sie sich mir einst gegeben hatte. Ohne zu wollen, wurden Endell und ich uns fremder. Nun sind die beiden nach Berlin gezogen und werden sich vielleicht heiraten. Ich bin ihnen wohl kaum eine angenehme Erinnerung. Ich weiß zu viel von ihr. Ich bin wohl für ihn zu sehr verknüpft mit alledem, was er in ihr besiegen oder wenigstens in starren Schlaf versenken muß.

Mit Wolfskehl brachte mich leider mein Artikel über die Pariser Ausstellung in der Wiener Rundschau auseinander, d.h. Stefan George hat ihm daraufhin verboten, mit mir näher zu verkehren, weil ich meine Meinung über Lechters Kunst nicht verhehlt habe. Da Wolfskehl ohne die Anbetung Georges nicht leben kann, ließ er sich die Alternative stellen und ließ mich offiziell fallen. Wir sehen uns dennoch an drittem Ort, da wir uns doch zu sehr anziehen, und reden im alten Ton, aber wie zwei Knaben dürfen wir uns nicht einladen, da es der Lehrer verboten hat. So schwach ist Wolfskehl. Er spricht hinter meinem Rücken oft wohlwollend über mich, freilich war mein Artikel nur der letzte Tropfen im Topf. Meine langsame Entfremdung von dem Ideenkreise der »Blätter für die Kunst« hatte uns längst auseinander gebracht. Der einzige, der ihnen gegenüber meine Sache aufrichtig vertritt, ist wohl Dülberg.

Zu Weihnachten wieder in Frankfurt. Mit Großmama ein äußerlich sehr gutes Verhältnis. Hedwig bin ich seit Ottos Internierung in die Irrenanstalt sehr nahe getreten. Unter meiner Leitung übersetzt sie französische Literatur und hatte auch schon einigen Erfolg damit, denn ihre Sachen werden in Zeitungen gedruckt. Sie war im November 14 Tage in München. Auf die Dauer schien sie mir doch nicht sehr lebendig. Die Übersetzungen sind hoffentlich nur eine provisorische Beschäftigung, bis ein anderer Mann ihrem Leben wieder einen Inhalt gibt. Auch Tillys Vertrauen habe ich wiedergewonnen, ihre Ehe mit Alewyn ist vollkommen zerrüttet und wird wohl auseinander gehen. Hoffen wir es. Sie hat mir einen sehr lieben, vertrauensvollen Brief geschrieben. Richard hatte indeß, wenigstens theoretisch, die nötige Einheit gefunden. Seine Gespräche machten auf mich gelegentlich einen tiefen Eindruck und beeinflußten sogar eine Zeitlang mein Handeln. Er erkannte unsere frühere Zerfahrenheit, unser Aufgehen in schönen Details. Er suche jetzt nichts, als das eine Weib, dem er sich und sein Tun ganz zu Füßen legen kann und scheint sonst durchaus keusch zu leben. Leider wurde unser neues Verhältnis sehr bald gestört. Er ging dann, wie ich, nach München, um Else Plötz wiederzusehen, die er jetzt ohne jede sexuelle Beziehung als leuchtende, allerfreuende Sonne verehrte. Endell kam dazu, der ihn für noch zerfahrener hielt, als ich meinte. Jedenfalls war Richards Werk dies: er verdächtigte bei mir meine Bekannten und mich bei ihnen, indem er offen ausgesprochene, bisweilen im einzelnen tadelnde Urteile, die wir übereinander im vertrauten Gespräch ausgesprochen hatten, in einer Weise überbrachte, die im höchsten Maße unsere gegenseitige Aufrichtigkeit verdächtigte. Auch damals, als ich ihm Empfehlungen an Philips und Gutmann mitgegeben hatte, war das erste, was er tat, mich bei ihnen als einen harten Egoisten hinzustellen, der ihm seine Jugend durch Quälerei verdorben hätte. Endell beruhigte mich darüber völlig. Aber ich kann Richard sein boshaftes, vielleicht auch nur konfuses Handeln doch nicht vergessen. Immer wieder kommen unangenehme Dinge zwischen uns. Auch Else Plötz erzählte mir, daß sie dadurch von mir so schnell eingenommen worden war, da sie sich nach Richards Schilderung einen Unmenschen vorgestellt hatte. Er sucht nun offenbar, mir wieder näher zu kommen. Ich mache es ihm nicht unmöglich, habe aber keine Herzlichkeit im Augenblick für ihn übrig. Über alle diese bösen Dinge half mir nun der Verkehr mit der Gräfin Reventlow und

Hentschel hinaus, die von Samos zurückgekehrt waren. [Dezember 1900] Meine erotischen Möglichkeiten mit der Gräfin waren sehr bald, und zwar in einem flüchtigen Augenblick, in einer Nacht, die wir bei Fräulein von Basch verbringen mußten, da beim Weggehen der Hausschlüssel in der Tür zerbrach, vollkommen erschöpft. So gern ich sie habe und so sehr ich sie schätze, als Weib kann sie mir nichts sein. In Hentschel war mir auch wieder, wie in Meyer und Weidner, an dem ich inzwischen einen guten Freund gefunden habe, das Nichtkünstlerische wertvoll, das Unliterarische. Ein frischer, lebendiger, anhänglicher, aber wenig zielbewußter Mensch. Er ließ mich einen Augenblick an großen finanziellen Unternehmungen Freude finden. Glücklicherweise scheiterte noch alles, ehe zu viel riskiert war, an dem sonderbaren und zweifelhaften Verhalten des Haupt-Managers Gustav Meyer, der damit für mich erledigt war. Randbemerkung: Später habe ich ihn als bekannten Schriftsteller wieder getroffen, und da waren alle diese Dinge vergessen, während er mir immer dafür dankbar blieb, daß ich ihn auf die neue Bahn gebracht habe.

Der Karneval [1901] bisweilen wieder sehr toll, wenn auch nicht so im großen Stil, wie das letzte Jahr. Im einzelnen aber vielleicht mehr Hübsches. Einmal morgens um 4 Uhr in meiner Wohnung nach einem Kostümball ein Erlebnis mit einem wohlerzogenen jungen Mädchen aus dem Rheinland, das hierhergekommen war, um den Karneval zu verleben, und dem Hentschel so wild gegenüber trat, daß es sich in meine Arme flüchtete. Dann mit ihr noch manche fast jungfräuliche, aber sehr pikante Winternachmittage. Sie legte sich ahnungslos in mein Bett. Als ich entdeckte, daß sie unberührt und verlobt war, schonte ich sie, wofür sie mir einige Wochen später, nachdem sie geheiratet hatte, einen rührend dankbaren Brief schrieb. Sie hatte tatsächlich nicht gewußt, was sie damals tat und riskierte. Diese Geschichte war der Schluß meines zerfahrenen Suchens und Tastens.

Ich hatte während des Karnevals wieder viel Sehnsucht nach Nina gespürt. Warum nicht endlich ernst machen mit etwas, mit beiden Füßen und geschlossenen Augen in etwas auf Tod und Leben hineinspringen? War es nicht gerade das, was mir fehlte? Ich traf sie im Januar in Würzburg mit der festen Absicht, sie zu heiraten. Nur ihr gesundheitlich etwas mitgenommener Körper ließ mich wieder schwanken. Wir trennten uns ohne festen Entschluß. Tausend Ausflüchte vor mir selbst. Ich wollte die Heirat davon abhängig machen, ob unser Verkehr Folgen haben würde oder nicht. In München überfiel mich die plötzliche Angst, sie könnte mir genommen werden, sich mir entfremden, wenn sie sich allein weiter entwickelte. Ich sah ein, daß sie noch zu unerfahren war, um sie sich selbst zu überlassen und ihr dann reif gegenüberzutreten, was in vieler Hinsicht besser gewesen wäre. Sie würde dann eine Entwickelung nehmen, die sie mir unmöglich machte: Theater. Und schließlich kam das Gefühl, daß mindestens zunächst eine Zeit großen Glückes mit ihr möglich sei, wonach ich mich ja doch immer gesehnt hatte, daß man vielleicht mehr bereuen wird, einmal die Hand des Glückes zurückgestoßen zu haben, als einen Irrtum begangen zu haben. Mein Leben würde selbst in diesem Falle ein wirkliches Ereignis mit Verantwortung, Kampf, Einsetzung der ganzen Persönlichkeit haben. So heiratete ich denn Nina, obwohl unsere Beziehungen keine Folgen gehabt hatten, und glaube auch heute noch, sehr wohl getan zu haben. Mag nun kommen, was da will, es sind nun 3 Monate intensiven Lebens mit ihr vergangen, und unendliche Hoffnungen für die nächste Zeit erfüllen mich. Nina liebte mich anfangs sinnlich und sehr hingebend. Aber oft genug kam ein Trotz in kleinen und kleinsten Dingen zum Vorschein, der, wenn er auch kindisch ist, doch äußerst zäh war. Sie brachte einen ihrer einfachen Natur offenbar von außen eingeimpften theatralischen sehr schlechten Geschmack mit, den ich unter keinen Umständen ertragen konnte. So bildeten anfangs die äußeren Fragen ihrer Toilette tiefe und erregte Debatten, die sich fast zu Weltanschauungsangelegenheiten auswuchsen. Das Dilemma war Theater oder Echtheit, und es brach immer wieder hervor, wenn sie sich einen Hut gekauft hatte, den ich ihr zu tragen verbieten mußte. Schließlich wurde sie ihres eigenen früheren Geschmackes überdrüssig und warf das einzige Kleidungsstück, worin ich ihr etwas nachgegeben hatte, einen zu auffallenden Hut, selber zornig in die Ecke. Nach einigen Tagen garnierte sie ihn selbst in diskreter geschmackvoller Art aus eigenem Antrieb. Auch ihr künstlerisches Empfinden vertiefte sich. Sie begann, die Theatermätzchen zu erkennen und zu verachten und begeisterte sich hier für eine wirkliche Künstlerin, die Opernsängerin Fremstad, die als Carmen großen Stil zeigte und in ihrer verhaltenen Leidenschaft nur auf ein sehr künstlerisches Publikum wirkt, das dahinter die gebändigte Wildheit ahnt. Als ich diese Erfolge sah, nahm ich Ninas Launen und Verstimmungen nicht mehr ernst. An ihrer inneren Echtheit hatte ich ja niemals gezweifelt. Von jetzt ab lachte ich sie aus, wenn sie auf die leidenschaftlichsten zärtlichsten Stunden zur Abwechslung einmal ein böses beleidigtes Gesicht zeigte, um eine Szene zu provozieren. Eine Zeitlang wirkte das auch gut, aber ihre Launen kamen zu häufig. Ich begann nun ein anderes System, d. h. unter dem Vorwand, auch ich hätte meine Launen, riß ich sie lachend im Zimmer herum, wobei ich ihr manchmal absichtlich, aber auf unschädliche Weise wehe tat. Das genügte ihr aber nicht. Ich merkte, daß sie geschlagen sein wollte, und sie ließ durch stichelnde Bemerkungen verstehen, daß sie mir »die Schneid« dazu nicht zutraute. Schließlich aber kam es, wenn sie zu ungezogen war, gelegentlich zu Ohrfeigen. Das kam so: während eines Spazierganges im Englischen Garten, als wir auf einsamen Wegen gingen und ich ihr vorhielt, sie möchte doch gegen unsere Bekannten etwas offener und freundlicher sein, begann sie die üblichen Gesichter zu schneiden und boshafte Bemerkungen zu machen. Da kam mir zum ersten Male der Gedanke, ob nicht eine Ohrfeige ihre Hartnäckigkeit plötzlich lösen würde. Und ohne eigentlichen Zorn und auch ohne Brutalität, nur in der Hoffnung, ein Mittel zu finden, ihrer Launen Herr zu werden, die unser ganzes Zusammenleben vergifteten, entschloß ich mich zu dem nicht sehr festen Schlag. Aber er wirkte. Es folgte zunächst ein zorniges Weinen, dann fiel sie an meine Brust, ich liebkoste sie, stellte ihr vor, wie maßlos einfältig solche Komödien seien, wie erniedrigend für uns beide, soweit dürfe es nie mehr kommen. Es folgten nun mehrere friedliche, sehr zärtliche Tage. Aber es wurden doch wieder Ohrfeigen nötig, wenn sie in ganz unlogischer verstockter Art es darauf anlegte. Spätere Randbemerkung: »Heute sehe ich ein, wie logisch das im Grunde von ihr war, da ihre Natur einfach nach Prügeln verlangte, wie sie selbst später zugegeben hat.« So kleinlich oft die Dinge waren, über die solche Szenen entstanden, so waren sie doch immer nur Teile des einen, nämlich des Theaterhaften, das ihre eigentliche kindlich naive, sogar etwas ungewandte Art zu erdrücken schien. So sehr ich diese Kindlichkeit liebte, so verhaßt ist mir alles, was mit dem Theater zusammenhängt. Schließlich gab ich aber auch die Ohrfeigen auf, da ich mich wirklich nicht begabt für einen Zuchtmeister dieser Art hielt. Spätere Anmerkung: »Damit habe ich mir wahrscheinlich Ninas ganze Achtung verscherzt.« In dieser Zeit verkehrten wir übrigens viel mit Kunowskis. Nina sprach mehrfach von Fortgehen, Zurückkehren in ihr früheres Milieu, zur Bühne u. s. w. Nach solchen Szenen kam es dann natürlich immer wieder zur Versöhnung. Am vorigen Sonntag glaube ich, die rechten Worte gefunden zu haben, ich erklärte ihr, daß ihre ganze Enttäuschung und Verwirrung darauf beruhe, daß ich in ihr die Einfachheit und nicht das Theaterhafte liebte. Ich hatte sie geblendet, und sie liebte mich wegen einer Reihe äußerer Eigenschaften, weil ich gewandt, unterhaltend, vergnügungssüchtig und leichtsinnig schien, und weil ich etwas ausländisch aussah. Sie glaubte, ein solcher Mensch müsse in ihr die künstliche Theaterdame bewundern. Nun kam es aber gerade umgekehrt. Ich will in ihr das, was sie haßt, ihre Einfachheit und Kindlichkeit. Sie kann Gott danken, daß es so ist und ich nicht der bin, wofür sie mich gehalten hat, denn der hätte sie nach ein paar Wochen auf die Seite geworfen. Nun aber steht sie erstaunt vor der Aufgabe, sich mit diesem, ihr vielfach fremden Menschen auseinanderzusetzen, der ihr vielleicht zu ernst ist. Auf den körperlichen Besitz muß der seelische folgen. Meine Pflicht allerdings wird es sein, mich in allen Fasern meines Lebens ihr verständlich zu machen. Ich habe in ihr endlich das Lebendige gefunden, das ich brauche. Und auch ich werde dabei echter und klarer werden. Ohne sie kann ich nicht mehr sein, und sie muß mir ebenso zu mir selbst helfen, wie ich ihr zu ihrem Selbst. Der Einwand ist ganz verkehrt, sie sei nicht gescheit genug, verstünde nicht genug von den Dingen, die mich interessieren. Um das Geistige handelt es sich garnicht. Dazu brauche ich gar keine Frau. Ich will auch keine Literatur mehr hervorbringen, zu deren Verständnis man literarisch gebildet sein muß, sondern Werke, die aus einem reichen, ausgefüllten Leben stammen. Dazu aber kann sie mir helfen, auch wenn sie nichts von Literatur versteht. Geht sie diesem Kampf aus dem Wege, dann ist sie allerdings feige und träge. Aber da sie mich ja liebt, wird sie ihn kämpfen können, und da sie so jung ist, um noch alles lernen zu können. Wir haben uns, wie es ja leider heute sehr oft geschieht, viel zu schnell körperlich besessen. Darum sind wir aber von den Qualen und Entzückungen des Werbens nicht dispensiert. Die müssen nun nachkommen. Alles dies habe ich ihr erklärt, und nun war wieder alles gut. Indessen sind aber wieder Szenen und Auseinandersetzungen gefolgt, aber ganz anderer Art. Sie hat zwar noch nicht annähernd die Tragweite dessen begriffen, was ich ihr sagte, aber sie ist doch willens, dem Kommenden nicht feig zu entfliehen. Ihre Launen muß ich teils als Nervenschwäche ansehen, die sich mit der Zeit bessern kann, wie ihre ganze Leiblichkeit ja immer mehr erblüht. Dieser Wechsel von Streit und Versöhnungen ist wohl vorbei. Versöhnungen gibt es wohl nun überhaupt nicht mehr, da nur noch eine einzige, aber dann endgiltige Versöhnung möglich ist. Aber es gibt auch keine eigentlichen Streitereien mehr, sondern nur das Austragen dieses einen großen Konfliktes, der gewiß hie und da noch Auseinandersetzungen nötig macht. Dies alles kann natürlich nicht beschleunigt werden, da ihre geringe Erfahrung den Weg noch nicht klar sieht. Ich bin bereit, in meiner Kunst alles das zu opfern, wenn man das opfern nennen will, was ich nicht so zu formen imstande bin, daß sie mich verstehen kann. So kommt Klarheit in mich. Ihre einseitig musikalisch-technische Bildung hat ihr ganzes übriges Leben in Trägheit gehüllt, aus der sie nur ihre starke Sinnlichkeit gelegentlich herausreißt. Jedenfalls können wir beide nicht mehr ohne einander sein, aber zwischen uns liegen noch große Hemmnisse, und ich glaube, was sie erreicht, das erreicht sie dann dauernd. Gott sei Dank, daß sie nicht wie fast alle Frauen meiner Bekannten ist, die gewandt und verständig sich schnell dem Manne anpassen, aber ohne Notwendigkeit, was freilich sehr bequem ist, aber ihnen alle Möglichkeiten der Entwickelung verwehrt. Die meisten Frauen nehmen den Mann kampflos als gegebenes.

Sonntag, den 30. Juni.

Nina fehlt die allgemeine Liebe zu den Menschen. Sie redet von ihnen immer in den schrecklichsten Ausdrücken. Jede Frau, die sie nicht versteht, ist für sie eine Kuh, jeder Mann ein Esel. Sie geizt mit ihrem Selbst. »Was braucht die Frau Landshoff zu dichten, sie soll ihre Suppe kochen«, sagt sie. Sie aber will selbst singen und sich ausbilden und die Haushaltung mehr oder weniger dem Dienstmädchen überlassen. Dabei scheut sie sich immer, vorzusingen, denn ihre Kunst ist noch nicht mehr, als jeder bürgerlich technische Beruf, ohne Adel. Allem, was ich tue, steht sie noch fast verständnislos gegenüber. Was ich seit unserem Zusammensein geschrieben habe, die beiden Einakter (Der weiße Elefant; Pannychis), sind noch Vermächtnisse aus meiner Junggesellenzeit. Jetzt erst wird neues kommen können. Vielleicht wird auch in ihr der große Umschwung eintreten, wenn ich ihr das zeigen kann, was ich durch und für sie geschrieben habe.

Dienstag, den 2. Juli.

Seit Sonntag Nachmittag völlige Windstille. Ich bin einer ihrer Launen, die mich zwar innerlich ärgerte, einfach mit Lachen begegnet. Wir hatten nach Tisch eine Verabredung im Hofgarten, plötzlich aber wollte sie nicht mitgehen, weil sie angeblich »nichts anzuziehen« hat. Ich habe sie ironisch sehr bedauert, und so schlug ihre Laune schnell um, sie war mir sogar dankbar dafür, daß ich sie gegen ihren momentanen Willen gewissermaßen gezwungen hatte, war glücklich über die blühende Natur und über alles das, um das sie gekommen wäre, wenn ich sie zuhause gelassen hätte.

Jedenfalls ist es klar, daß man ihr nicht nachgeben, sondern sie beherrschen muß. Sie ist wie ein Kind, erst macht sie die furchtbarsten Szenen, dann packt sie ihre Koffer und will davon gehen, dann aber sitzt sie auf meinem Schoß und ich muß sie auf den Armen umhertragen.

Mittwoch, den 3. Juli.

Nina hat eine merkwürdige Fähigkeit, ihr Bestes aus kindischem Trotz so zu trüben in der Form, daß es nur bei einem großen Maß von Liebe, oder wenigstens Wohlwollen und Psychologie von einem anderen herausgefunden werden kann. Sie hatte zweifellos ein richtiges Gefühl für das, was der Regine in meinem Einakter fehlt, verschwieg es mir aber, ließ andere viel Falsches reden und ging mit falschen Ausreden um meine Fragen herum. Alles dies, weil sie meinte, ich würde sie auslachen oder sie anfahren, wenn sie etwas tadelndes sagt. Erst als es zu spät war, mir längst die Lust an dem Stoff vergangen war, die Manuskripte versandt waren, kam ich dahinter, daß ihr die Regine nicht behagte. Ich konnte nicht herausbekommen, ob aus künstlerischen Gründen, oder ob es nur einer gewissen Kleinlichkeit in ihr wohlgetan hätte, wenn in dem Stück Regine es den anderen mehr »gegeben« hätte. Nachdem nun ein etwas ungebildeter, rein von Geschäftsrücksichten geleiteter Theaterdirektor das Stück abgelehnt, machte es ihr Spaß, aus Trotz ihr anfangs wohl aus echten Gründen ablehnendes Gefühl mit dem Urteil dieses Menschen zu identifizieren und plötzlich ihre angebliche Theatererfahrung mir gegenüber auszuspielen. Sie, die das ganze Theater nur kennt aus dem Gesichtswinkel der Ballettmeisterin eines mittleren Hoftheaters. Wenn sie sich in diesen Formen äußern, was kann ich dann selbst mit ihren besten Gefühlen anfangen? Hätte sie damals im rechten Moment gesprochen, wäre viel Mühe erspart und das Stück gewiß besser geworden. Stille und wohlmeinende Meinungsäußerungen, die den meinen entgegengesetzt sein dürften, kennt sie nicht, nur Trotz und Erregung bringt sie zum Sprechen, und dann in maßlosen Ausdrücken; selbst wenn das, was sie meint, richtig ist, dadurch wird es wertlos. Wenn ich erst das erste Werk beginne, das ganz neben ihr entstehen soll, nicht im Entwurf aus meiner Junggesellenzeit stammt, dann wird sich wohl alles entscheiden.

Samstag, den 6. Juli.

Ninas Launen sind zum Teil pathologisch zu nehmen. Ein gut Teil Schuld hat wohl ihr Vater, der ihren, wohl von ihm selbst vererbten Eigensinn auf das Äußerste reizte und ihr einmal, wie sie erzählt, die Gelbsucht anärgerte, anstatt ruhig und doch unbeugsam ihr entgegenzutreten. Mir bleibt also nichts übrig, als alles zu tun, um ihre einmal ausgebrochene Verstimmung nicht zu reizen, sondern möglichst ins Komische zu ziehen, aber dabei doch meinen Willen durchzusetzen. Gestern auf dem Künstlerfest im Schleißheimer Schloß mit Landshoffs. Meine Geduld hatte ihre Launen entschuldigt durch ihr Unwohlsein, das gerade eingetreten war. Physisch geriet ich doch auf dem Heimweg in eine solche Nervosität, daß ich am ganzen Körper zu zittern begann und kaum sprechen konnte. Ich verhehlte das Nina nicht, sondern zeigte ihr die Perspektive, die ihr fortgesetztes Herausfordern meiner Nervenkraft als möglich erscheinen ließ, nämlich den völligen Zusammenbruch meiner Nerven. Daraufhin erklärte sie zum ersten Male, ihr Benehmen tue ihr leid. Ich trug ihr natürlich daraufhin nichts nach. Heute erwachte ich wie zerschlagen. Nun aber nach einem Dampfbad und einem kurzen Nachmittagsschlaf fühle ich mich sehr wohl und schaffensfreudig. Ich gehe nun an die letzte Bearbeitung des Einakters in Versen (Pannychis). Nina, die nun wieder ganz hingebend ist und voll bester Absichten, werde ich nun jeden Abend das am Tag Geschriebene zeigen.

Ich schreibe nichts von dem gestrigen Fest, überhaupt keine Einzelheiten mehr, wie früher, da mich außer Nina nichts mehr zum Aufschreiben reizt. Wie liebe ich doch dieses Kind, das morgens die Vögel füttert und ahnungslos neben mir lebt, das jugendlich Triumphierende in ihren Augen, wenn ich nach Hause komme und ihre Stimme, wenn sie Lieder singt. Und wie hasse ich die andere, die ewig verdrossen meine besten Absichten vernichtet, Stimmungen stört, gemein, selbstsüchtig und teilnahmslos ist, die den ganzen Tag Gesangsübungen mechanisch hinträllert, daran denkt, ob sie in ihrem Äußeren den Theaterhuren möglichst ähnlich ist und alles Künstlerische mit Füßen tritt. Diese letzte könnte ich mit einem Tritt fortjagen, und wer weiß, ob es nicht noch eines Tags geschieht, und ich überrasche mich oft bei dem Gefühl, daß ich sie nur solange behalten will, als ich Hoffnung habe, diese zweite Natur in ihr zu bekämpfen. Aber jene erste ist mir dann wieder so vertraut und mir so verwachsen, daß ich weiß, ich kann sie nie von mir weisen, und wenn ich an der anderen zugrunde gehe.

Frau Dr. Landshoff erschien mir gestern in ihren unbegründeten Launen Nina manchmal direkt ähnlich. Zeitweise liegt ein Nebel um Ninas Verstand, der sich dann an nichts, an keine Liebe, an keine längst gewonnenen Überzeugungen mehr entsinnt, und ist der Nebel vergangen, dann fehlt auch wieder die klare Erinnerung an jenen Zustand der Trübheit und seine Äußerungen. Es ist ein Zustand, der bei Männern intermittierender Wahnsinn genannt werden müßte, bei Frauen aber garnicht so abnormal scheint.

Montag, den 8. Juli.

Seit Freitag Nacht ungetrübter Frieden. Gestern gelang mir, Ninas Nervenkopfweh durch bloßes Händeauflegen in einigen Sekunden zu stillen. Zwischen unseren körperlichen Zuständen besteht sichtlich Sympathie. Sogar während ihres monatlichen Unwohlseins fühle ich die Niedergeschlagenheit und Stumpfheit mit. Ich bin aber doch der Stärkere, meist weniger Angegriffene, wenn wir beide leiden. Wir sind momentan beide etwas nervös nach den Stürmen der letzten Wochen. Heute wollen wir ins Gebirge gehen.

Gestern sahen wir Matkowsky in »Das Leben ein Traum«. Nina empfand ihn wie ich, als heulenden Histrionen und fühlte die stillose Aufführung des klassischen Stückes durch sogenannte moderne, d. h. auf Naturalismus dressierte Schauspieler.

Donnerstag, den 11. Juli.

Von der Gebirgstour zurück. Der Übergang vom Höllental über die Riffel nach Eibsee für mich lebensgefährlich, weil ich an Schwindel litt, während Nina vortrefflich kletterte. Dagegen hält sie schlecht Anstrengungen aus, die ich wieder sehr gut ertrage. Wir schliefen nachts beide kaum vor Aufregung über die ausgestandene Gefahr. Kleine Streitigkeiten, die aus momentaner Mißlaune entstehen, verschwinden so schnell, als sie kommen. Sie scheint bemüht, keine Verstimmungen mehr Herr werden zu lassen. Die nun noch zu erledigenden häuslichen Angelegenheiten belasten sie sehr, da wir in spätestens 14 Tagen unsere Sommerreise antreten wollen.

Samstag, den 20. Juli.

Wir treten übermorgen unsere Reise an. Der Kampf zwischen uns kann nun hoffentlich als beendet gelten. Kleine Mißhelligkeiten erledigen sich jetzt immer schnell. Es muß durchaus alles geschehen, was ich für richtig halte. Ich habe zu dieser Forderung ein Recht, weil ich sehr wohl imstande bin, eigene Irrtümer und Unrecht einzusehen und auf Vorstellungen hin meine Bestimmungen zu ändern. Es wäre ja auch zu lächerlich, die Resultate meiner mühsam gewonnenen Lebenserfahrungen der momentanen Laune eines Kindes zu opfern, das ja nichts anderes begehrt, als bisweilen zur Vernunft gezwungen zu werden. Nina zeigt nun wirkliches Interesse an meinem Schaffen und hat auch angeborenes Gefühl dafür. Aber wie in allem sieht sie mehr die Einzelheiten, als das Ganze. Diese weibliche Eigenschaft wird wohl nicht zu überwinden sein. Sie urteilt noch ganz subjektiv. Ihr unsympathische Personen oder Zustände können durch die künstlerische Darstellung sie nicht reizen, so besonders der

2. Akt des Don Juan (Miraflores, Messer Maco etc.). Meine Versuche, sie für bildende Kunst zu interessieren, noch ziemlich erfolglos, wohl aber zeigt sie Geschmack am Kunstgewerbe. Ihr Farbensinn entwickelt sich gut. Ihr Hauptfehler ist immer noch die zu starke Betonung des Technisch-mechanischen in ihrer geistigen Beschäftigung, besonders in ihrem Gesang. Ich habe nun erreicht, daß sie während der Reise technisch nichts anderes tun wird, als das bis jetzt Errungene auf dem status quo zu erhalten, um im übrigen möglichst viele Lieder geistig in sich aufzunehmen. Im Herbst, wenn die Stunden wieder beginnen, mag wieder eine Zeit vorwiegend technischer Beschäftigung folgen. Ferner möchte sie gern italienische Grammatik treiben. Ich werde sie aber lieber statt dieser wiederum nur mechanischen Tätigkeit einiges lesen lassen, Jacobsen, Tolstoj, Turgenjeff u. s. w. Es ist bei ihr eine Trägheit da, die sich lieber an geisttötenden, mechanischen Beschäftigungen betäubt, statt sich wirklich geistig zu beschäftigen. Andere werden vielleicht eine andere Trägheit haben und aus dieser heraus lieber Romane lesen und das Technische perhorrescieren.

Im Ganzen sehe ich doch auf diese 4 Monate mit Befriedigung zurück. Sie hat einsehen gelernt, daß es ein höheres, schöneres Dasein gibt, als auf Grund einer mühsamen Technik Primadonna zu werden. Sie fühlt schon den Reiz eines kultivierten Daseins, hält weniger mit sich zurück und ist fest entschlossen, auf diesem Weg weiter zu gehen. Sie ist gastlicher, geselliger, geschmackvoller, beherrschter, liebenswürdiger geworden, abgesehen von ihrer Gesundheit, die sichtlich aufblüht. Auch die Freude an einem behaglichen Heim ist in ihr erwacht. Sie hält Ordnung und zeigt Geschmack in der Häuslichkeit, alles Dinge, die sie früher prinzipiell abwies. Sie hatte sogar den Humor, neulich, als wir die »Zähmung der Widerspenstigen« sahen, ein Stück, das ich ganz besonders liebe, in Anwendung auf ihren Fall darüber zu lachen.

Nachtrag: Berlin, den 2. März 1909.

Habe ich wirklich allen diesen Wahnsinn erlebt, geglaubt und geschrieben?

Frankfurt a/M., den 27. Juli, Samstag.

Vergangenen Montag verließen wir München mittags und waren abends in Karlsruhe. Nina sah sich wieder in ihre frühere Umgebung zurückversetzt und fühlte den Kontrast merklich. Alles wirkte erdrückend auf sie. Sie sah gewissermaßen die Objektivierung ihrer früheren ängstlichen kleinen Anschauungen und fühlte sich wohl nie so sehr darüber erhaben. Bei meinen Schwiegereltern fanden wir anfangs wenig Verständnis. Sie schienen vor allem mit Ninas Art, sich einfach, mit abgestimmten Farben, ihrer Gestalt angemessen zu kleiden, unzufrieden. Sie verglichen sie wohl mit der älteren aufgetakelten Schwester, die »etwas vorstellt«. Durch diesen Widerspruch stand Nina, die mir sonst in diesen Dingen auch widersprochen hat, plötzlich ganz auf meiner Seite. Der Vater, bedeutend sympathischer und wohlwollender, obwohl er geringerer Herkunft ist, als die Mutter, die aus einer hannoveranischen Superintendenten-Familie stammt und mit ihm eine Art Mésalliance geschlossen hat. Karlsruhe, eine dumpfe, kleinbürgerliche Stadt ohne gute Luft. Nina und ich fühlten uns in diesem ganz entgegengesetzten Milieu besonders nahe zusammengehörig. Dieses Gefühl steigerte sich noch hier in Frankfurt, wo wir am Donnerstag ankamen. Großmama ist von Ninas sanfter Liebenswürdigkeit ganz entzückt. Gestern waren Hedwig und Tilly da. Ihre lebhafte, gewandte Art paßt nicht ganz zu Nina, aber sie vertragen sich wohl. Ich glaube nicht mehr an Hedwigs Beruf zu starker geistiger Beschäftigung. Die bequeme Lebenslustigkeit ihrer Umgebung scheint ihr zu genügen. Tilly hat die Scheidung gegen Alewyn beantragt. Sie muß von ihm freikommen. Seine Persönlichkeit war wirklich eine Provokation zur Untreue. Ich habe noch nie einen alberneren Menschen gesehen. Tilly ist in anderen Umständen, das Kind wird ihrem Leben auch wohl Ziel geben. Großmama denkt konventioneller, sie sähe gern diese brüchige Ehe wieder zusammengeflickt und sieht in dem Kind das größte Übel. Der kleine Otto ist geistig sehr entwickelt im Gespräch mit Erwachsenen, bei Kindern aber noch ein bischen albern. Er ist körperlich durch den schlechtblütigen Vater zu schwach, um die rege Geistigkeit, die er durch die Mutter empfangen hat, gut zu vertragen. Er ist übrigens ausgesprochen dialektisch-theoretisch veranlagt. Er denkt darüber nach, wie ein Huhn jeden Tag ein Ei legen kann, da doch nur ganz wenige Eier in ein Huhn hineingehen. Nach einigen Tagen findet er dann von selbst die Lösung, daß die Eier im Huhn ganz klein seien und jedes einzelne erst groß werde, wenn das vorhergehende gelegt ist. Dabei ist er erst 6 ¾ Jahre alt.

Den 31. Juli.

Wir waren einige Tage in Dornholzhausen, streiften in den freundlichen Taunustälern umher. Nina gewinnt aller Herzen. Großmama, Hedwig und Tilly sind von ihr entzückt. Ein kurzer, aus ihrem gewohnten Eigensinn entstehender Streit schlug in Hedwigs Gegenwart in das Gegenteil um. Es mag sein, daß ich immer noch nicht ganz den rechten Ton gegen Nina habe. Aber eins steht fest: ich habe Recht, ihre Launen meinen wohlerwogenen Absichten gegenüber nicht durchgehen zu lassen. Hedwig gibt zu, daß Tillys Unglück war, daß ihr Mann schließlich immer nachgegeben habe. Tilly habe ihren Mann oft fast kniefällig gebeten, sie doch einmal zu schlagen, nachdem sie doch so furchtbar ungezogen gewesen sei. Er meinte, dann würde sie den Respekt vor ihm verlieren, wenn er zu so unwürdigen Mitteln greife. Sie sagte darauf: »Den habe ich ja schon längst verloren.« Ich selbst habe mich einmal, ganz am Anfang als unerfahrener Student einer Frau gegenüber schwach gezeigt (Clara Fels) indem ich ihre Capricen für ernst zu nehmende Manifeste einer künstlerischen Persönlichkeit nahm. Wie wenig ihr das imponierte, beweisen ihre Briefe, die ich noch besitze.

Orta, den 14. August

Wir sind am Mittwoch, den 7. August in Frankfurt abgereist und waren abends in Freiburg. Am Donnerstag über den Belchen im Schwarzwald zu Fuß nach Schönau. Größere Verhältnisse, als im Taunus, doch ohne das Sensationelle der Alpenlandschaft. Am Freitag durch das Wiesetal, am Mittag in Basel, abends in Moutier im Jura, ein sauberes französisches Dorf, abends ein phaeakenhaftes Mahl, dann Gang in den prachtvollen Kalkfelsenschluchten. Samstag zu Fuß auf den Weißenstein, oben ein auf Sommerfrischler eingerichtetes übles Hotel, das uns etwas die Stimmung verdarb. Nachmittags hinab in die nordwestschweizerische Ebene, nachts im altertümlichen Solothurn. Sonntag, den 11. August per Bahn nach Ouchy am Genfer See.

Es war bis dahin kein Tag vergangen, den Nina nicht durch ihre fortgesetzten Empfindlichkeiten, Launen usw. gestört hätte. Am Nachmittag in Ouchy war meine Geduld zu Ende. Ich ließ mich zu verschiedenen Äußerungen hinreißen, unter denen sie am meisten zu verletzen schien, daß ich es ordinär nannte, vor den großen Naturstimmungen seine kleinlichen Weiber- und besonders Kleine-Mädchenempfindlichkeiten nicht vergessen zu können. Abends auf einem Aussichtsturm oberhalb Lausannes, wo sich nach einem Gewitter der Genfer See in roter Abendglut besonders prachtvoll zeigte. Ich hatte meinen Zorn längst vergessen, gab zu, in der Aufregung zuviel gesagt zu haben, erklärte, wie ich das Wort ordinär gemeint habe, aber es war alles umsonst. Sie zeigte sich von einem so unverantwortlichen Eigensinn gegenüber den Qualen, die ich ausstand, daß mir in der Erinnerung an diese Szenen in den folgenden Tagen zum ersten Male der Gedanke an eine mögliche Trennung kam. Ihre Macht bestand darin, daß ich das formelle Unrecht meiner Ausdrucksweise einsah und selbst darunter litt. Ich war bereit, mir ihre Vorwürfe gefallen zu lassen. Sie war aber nicht einmal dazu zu bewegen, mir zu sagen, was sie mir überhaupt vorzuwerfen habe. Dieses Nichtverzeihenkönnen, dieses ewige Nachtragen, dieses absichtliche Falschverstehenwollen der geringsten Kleinigkeiten, während ich jede Beleidigung sofort vergesse, wo ich den guten Willen sehe, sie nicht mehr zu wiederholen, schien mir doch bedenklich. Sie gab zu, gar keine ruhige Auseinandersetzung zu wollen, gar nicht nachdenken zu wollen, wie sich zwischen uns die Dinge verhielten. Unsere Versöhnungen seien ihrerseits nur ein momentanes Vergessenwollen, um bei der nächsten Gelegenheit sich wieder zu erinnern. (Spätere Randbemerkung: Sie hatte damit vollkommen recht, nur ihre Sinnlichkeit, die sehr heftig war, ließ sie gelegentlich alles andere vergessen.) Sie gab zu, daß es nur notdürftiges Flickwerk für die Stunde sei, wenn wir uns versöhnten. Diese prinzipielle Unvernunft setzte mich in den nächsten Tagen unbeschreiblichen Qualen aus. Die ganze Landschaft am Genfer See, an den sich für mich die schönsten Jugenderinnerungen knüpften, wurde mir widerwärtig. Am Sonntag abend noch machte Nina in plötzlicher Laune einen zärtlichen Versöhnungsversuch, auf den ich einging unter dem Vorbehalt, daß morgen, in aller Ruhe eine ruhige Aussprache folgen solle. Auf meinen Versuch am Montag früh, dies nun zu tun, fühlte sie sich sofort wieder beleidigt, konnte aber wieder auf meine Vorstellung, wie notwendig eine ruhige Aussprache sei, in der ich alle Vorwürfe zu hören gefaßt sei, nichts antworten, sondern spielte die Gekränkte. Ich gestand zu, ihr vielleicht, ohne zu wissen, dauernd großes Unrecht zu tun, und eben darum müsse ich einen klaren Vorwurf verlangen. Strömender Regen hinderte uns an weiteren Ausflügen in der Umgebung. Wir fuhren nachmittags mit dem Dampfer nach Genf. Ich verhielt mich wie jemand, der zum ersten Mal die Gunst einer Frau sucht und erschöpfte mich ihr gegenüber in Aufmerksamkeiten. Wir speisten in Genf in einem Restaurant, wo ich vor 10 Jahren zum ersten Mal starke Eindrücke des französischen Lebens empfangen hatte, saßen dann auf der Terrasse des Café du Nord, wo eine Kapelle spielte. Diese fast pariserische Szenerie schien Nina auch zu fesseln, und langsam versuchte sie wieder zärtliche Berührungen. Nachts ein unheimliches Zimmer, wo wir wenig schliefen. Dienstag früh begannen die Launen von neuem aus dem dümmsten aller Gründe. Ninas Mutter hat die kindliche Schwäche, zu ihrem Geburtstag, der bevorstand, unter welchen Umständen es auch sei, kleine Geschenke zu erwarten. Nina findet es selbst ein wenig kindlich, wollte aber ihrer Mutter die Freude machen. Natürlich hatte ich nicht das geringste dagegen, aber ich ahnte nichts davon, daß der Geburtstag ihrer Mutter war, und auf Ninas Vorschlag, etwas nach Karlsruhe zu schicken, antwortete ich keineswegs ablehnend, sondern nur mit dem Hinweis auf etwaige Zollschwierigkeiten. Jetzt sagte sie erst, daß es sich um einen Geburtstag handele. Ich meinte, ein ausführlicher Brief mache im Augenblick vielleicht mehr Eindruck, als irgend ein unpraktisches Geschenk, das noch Kosten auf dem Zollamt verursache. Daraufhin sagte sie, da wolle sie lieber überhaupt nichts schicken. Sie fühlte sich aber berechtigt, die Szene von Lausanne zu wiederholen, ohne nur den Grund ihrer Verstimmung anzudeuten – erst später erfuhr ich ihn am Nachmittag im Park der Villa Ariana. Nun spielte sie sich als das mißhandelte Geschöpf auf, das nicht einmal seiner armen Mutter Geburtstagsgeschenke schicken dürfe. Sie wolle nach Karlsruhe zurück usw. Ich erklärte, sie nicht eher von mir fortzulassen, bis ich die Hoffnung aufgegeben hätte, sie zur Vernunft zu bringen, war von da ab indessen wieder der aufmerksame Werber. Wir aßen in einem Restaurant unten am See zu Nacht und kamen wieder einig in Genf an mit der Absicht, am nächsten Tag den Grand Salève zu besteigen, um durch Bewegung und Zerstreuung über die Verstimmung hinauszukommen. Am nächsten Tag erklärte sie auf halbem Weg plötzlich, nicht weiter gehen zu können und suchte auf alle Art, die Tour zu vereiteln. Wenn sie auch tatsächlich müde und, wie leicht erklärlich, nervös war, so war doch der Hauptgrund wieder ihre Ungezogenheit. Ich zog sie also so lange mit sanfter Gewalt weiter, bis sie von selbst ging, da ich sie doch unmöglich unterwegs sitzen lassen konnte. Das Resultat war sehr gut. Sie kam oben mit bestem Appetit an. Ich bedauerte sie nun in komischer Art, welch ein armes Wesen sie sei, das auf die höchsten Gipfel steigen müsse. Das wirkte wieder günstig, und die Versöhnung war da. Nachmittags gelangten wir auf den Gipfel und blickten in das blaue Savoyen hinab. Wir wollten am folgenden Tag nach Chamonix reisen, verschoben es nun aber von Tag zu Tag. Fortgesetzt quälte mich Nina in der schonungslosesten Weise, indem sie die Beleidigte spielte, ohne den Grund sagen zu wollen. Bisweilen kamen dann wieder zärtliche Aufwallungen denen ich aber nun wieder keinen Glauben mehr schenken wollte, ohne sie zwar deshalb zurückzustoßen. Ich wollte nur endlich, daß sie einmal einsieht, wie sie mich durch ihre Unvernunft quält und daß sie wenigstens den Willen zeigen sollte, sich zu beherrschen. Am Donnerstag Abend aßen wir in einer Brasserie außerhalb Genfs. Eine ganz gleichgiltige Unterhaltung gab ihr von neuem Anlaß zum Beleidigtsein. Es ist überhaupt keine Unterhaltung vorläufig mit ihr denkbar, da sie entweder nicht zuhört oder in so beleidigenden Ausdrücken widerspricht, daß entweder ein Zurechtweisen oder ein kurzes Abbrechen nötig wird. Wir saßen nach Tisch in einem Park. Nun war es mir zu viel und ich schlug vor, der Reise ein Ende zu machen, sie auf eine Zeit nach Karlsruhe zu bringen, damit sie einmal einsähe, wie die Trennung schmeckt, was ich mir, ohne sie erst zu fühlen, vorstellen könne, und daß sie vor allem in der kleinlichen Umgebung, die sie ja selbst so haßt, erkennen lernt, welches Leben ich ihr zu öffnen gesonnen bin, wenn sie nur ein wenig auf meine Gedanken eingehen will. Sie war sehr einverstanden. Wir schrieben in einem Caféhaus sofort nach Karlsruhe und gingen zu Bett, als sie plötzlich Angst bekam. Sie jammerte, sie wolle nicht nach Karlsruhe, sie wolle mir keinen Grund zum Zorn mehr geben usw. Aber ich merkte wohl, daß sie von ihrem Unrecht keineswegs überzeugt war. Ich ging zwar auf die Versöhnung ein, erklärte aber, die Trennung sei doch nötig, damit die Versöhnung haltbar sei. Ich hatte die Absicht, solange nach Dornholzhausen zu Hedwig zu gehen. Am folgenden Tag fuhren wir tatsächlich bis Bern, wo abends wieder eine Versöhnung erfolgte. Sie erklärte, nun vieles, ja alles, einzusehen, was ich sagte, könne sich aber nicht von heute auf morgen ändern. Vor allem erfuhr ich nun die Angelegenheit mit dem Geburtstagsgeschenk. Meine anfängliche Weigerung, wie sie es nannte, habe sie furchtbar gekränkt. Am folgenden Tag in Genf haben wir übrigens ein Geschenk gekauft. Sie schien einzusehen, daß sie den Fehler habe, ihre Gedanken nicht genügend auszusprechen, von anderen aber doch volles Verständnis ihrer feinsten Regungen zu erwarten. Hätte sie deutlich gesagt, warum sie ein Geschenk senden wolle, trotz der scheinbaren Überflüssigkeit, würde ich keinen Augenblick gezögert haben. Am folgenden Tag schien die Sonne. Mir kam die Idee, daß ja, wenn nötig, die Trennung immer noch später stattfinden kann, und wir beschlossen, vorläufig doch weiter und nicht nach Karlsruhe zu reisen. Wir fuhren nun nach Spiez am Thuner See. Abends in Aeschi, wo Nina wieder eine merkwürdige Gleichgiltigkeit gegenüber der prachtvollen Landschaft zeigte. Später nach Frutigen, Sonntag früh per Post nach Kandersteg, dann zu Fuß über die Gemmi. Unterwegs machte mir Ninas Herzklopfen etwas Angst und sie steigerte sie, indem sie mir nun eröffnete, ihr Vater habe einen Herzfehler. Meine Sorge darüber war nun für Nina Grund zu weiterer Verstimmung. In Bad Leuk, wo wir übernachteten, ärgerte sie der nicht ganz niedrige Preis des Zimmers. Dann beneidete sie die eleganten Damen der großen Hotels, ohne zu bedenken, daß unsere ganze Tour gar nicht auf diese Hotels zugeschnitten ist. Am anderen Tage besuchten wir die Gipsbäder, wo die kranken, wie in mittelalterlichen Bädern, stundenlang zusammen im Wasser sind, Männer und Frauen auf schwimmenden Brettern frühstücken und Gesellschaftsspiele spielen. Dann zu Fuß nach Leuk-Susten im Rhônetal. Nina auf dem ganzen Wege verstimmt, warum, wird sie wohl selber nicht gewußt haben. In der Bahn nach Brig erkannte ich ganz plötzlich meinen großen Fehler ihr gegenüber, nämlich sie viel zu ernst genommen zu haben. Es war ganz falsch, auf ihre Launen einzugehen, falsch, ihr Gründe meiner Forderungen anzugeben oder von ihr überzeugtes Handeln zu verlangen. Von nun an ließ ich sie brummen und schmollen, soviel sie wollte, verlangte aber alles, was ich für richtig hielt, auf Auseinandersetzungen ließ ich mich nicht mehr ein, solange sie nicht selbst eine Erklärung verlangen würde. Dieser Tag war ein Wendepunkt. Sie ist zwar gelegentlich zu vernünftiger Erkenntnis fähig, vergißt aber alles im Augenblick nachher. Sie würde selbst niemals elegante Kleider mit auf die Reise genommen haben, ärgerte sich aber jedesmal, wenn sie unterwegs elegante Frauen sieht und nicht mitmachen kann. Sie vergißt dann ganz, daß sie im Winter das schönste selber tragen kann und freiwillig unterwegs darauf verzichtet hat. Sie fühlt sich dann von mir tyrannisiert und zur Schlampigkeit gezwungen. Zweck und Ziel unserer ganzen Reise ist im Augenblick vergessen, sobald sie eine elegante Sommerfrischlerin sieht. Dabei möchte sie aber um keinen Preis selbst in einer Sommerfrische sitzen und weiß sehr wohl, wieviel angenehmer und interessanter unsere Art, zu reisen ist.

Orta, den 25. August.

Montag, den 19. gingen wir nachmittags von Brig aus die Simplonstraße. Unterwegs begannen Ninas Launen von neuem. Ich tat indessen so, als bemerkte ich nichts davon. Sie erklärte plötzlich wieder nicht gehen zu können, als wir gerade unterwegs waren. Ich ließ sie daher das Tempo angeben, um sie nicht unnötig anzustrengen. Wenn sie aber zulange stehen blieb oder zu langsam ging, nahm ich sie am Arm, wie auf dem Grand Salève. Wir gerieten schließlich auf einen steilen, sehr beschwerlichen Fußweg, auf den die dort schon südliche Sonne brannte. Nina trug auf unseren Touren immer ihr Cape in einem Netzrucksack, während ich das sonstige Gepäck trug. Da ich bei dieser Hitze tatsächlich Besorgnisse um sie hatte, nahm ich ihr ihre Last ab und lud sie mir auf, zumal, da ich ihr zeigen wollte, daß ich sie, wo es am Platz ist, möglichst schone, aber Ungezogenheiten durchaus nicht dulde. Es kam darauf zu einer Art Zweikampf. Sie erklärte nun erst recht nicht weiter zu gehen, sie wolle ihr Gepäck selbst tragen. Sie warf sich an den Boden usw. Ich lachte sie aus, hob sie auf und führte sie weiter. Im Augenblick, wo mir das gelungen war, schlug alles um. Sie bat mich fast flehentlich, ihr ihren Netzrucksack wieder zu geben, sie könne nicht mit ansehen, wie ich mich abplage usw. nachdem sie mich vorher seelisch so maßlos gequält. Ich versprach, ihr den Rucksack nach überwundener Steigung wiederzugeben für den Fall, daß sie nicht mehr davon spreche. Sie jammerte indessen den ganzen Weg und bekam den Rucksack erst später zurück, als wir wieder auf fast ebener Straße im Schatten gingen. (Spätere Randbemerkung: Es ist mir erst viel später klargeworden, was das alles zu bedeuten hatte, als ich nämlich verstand, daß es ihr immer darauf ankam, eine Situation zu schaffen, in der sie sich als Märtyrerin fühlen könnte. Daß ich ihr nun das Cape trug und die ganze Last auf mich nahm, machte ihr dieses Vergnügen unmöglich. Daher ihre wirkliche Aufregung darüber.) Wir kamen abends bis Berisal. Ein vortrefflich gehaltenes behagliches Hotel. Spät fuhr noch rasselnd die Simplonpost vor, fünfspännig, und fuhr dann wieder in die Nacht. Die ganze altertümliche Reisepoesie tauchte in mir auf. Nina hatte nur Angst vor den Pferden, sonst empfand sie nichts. Dienstag, den 20. früh gingen wir bis zum Hospiz, dort vortreffliche Aufnahme. Mittag in Dorf Simpeln, am Abend über die italienische Grenze und nachts in Iselle. Nina hatte sich den ganzen Tag gut gehalten. Italien, auf das sie sich so gefreut, machte ihr auffallend geringen Eindruck. Mittwoch den 21. früh Wagenfahrt nach Domodossola durch prachtvolle südliche Vegetation. Für Nina gleichgiltig, da sie sich wieder fürchtete, der Wagen könnte umfallen, und anderes. Ich ignorierte das alles und mit Erfolg, denn in Domodossola war dann alles wieder gut. Wir mußten wegen Zollschwierigkeiten den Nachmittag an diesem heißen Ort verweilen. Dort nahmen wir unseren Koffer in Empfang. Abends Bahn nach Orta. Unterwegs entfaltete sich langsam der ganze Reiz Italiens, an den Ufern des Ortasees. Nina, die sonst ganz gut gelaunt war, hielt es nicht einmal nur der Mühe wert, aus dem Fenster zu schauen. Orta selbst eine kleine alte Stadt in zerbröckelnder Pracht mit üppigen Gärten am Seeufer und fern die milden und doch kräftigen Bergformen. Häuser mit Atrien, durch welche Durchblicke durch enge Gassen auf den See möglich sind. Nina sah nichts davon. Abends wollte ich noch im Kahn fahren. »Wenn Du willst, kannst Du ja«, sagte sie, »mir fällt es nicht ein.« Sie hatte angeblich wieder Angst. Angeblich, denn wenn sie wirklich Angst gehabt hätte, würde sie nicht auf meinen Vorschlag so ruhig ins Hotel gegangen sein und mich allein gelassen haben. Da hätte sie für mich wohl auch Angst gehabt. Es war nur wieder die alte Ungezogenheit, die mir das Vergnügen verderben sollte. Ich schickte sie also in das Hotel und ging noch allein umher. Donnerstag suchten wir früh Wohnung, wobei sie sich wieder sehr ungezogen betrug, weil ich nicht gleich auf eine zwar sehr billige, aber geräuschvolle und häßliche

Wohnung eingehen wollte. Schließlich weigerte sie sich auch bei den übrigen Wohnungen ihre Meinung zu sagen, was abgesehen davon, daß ich mit ihr in keiner Wohnung leben will, die ihr nicht gefällt, auch direkt notwendig gewesen wäre wegen der Führung der Haushaltung. Ich ignorierte dies alles, nachdem ich ihr schon am Morgen erklärt, sie dürfe von nun an brummen und knurren, so viel sie wolle, gesetzt, daß sie mir gehorcht. Auf vernünftige Überzeugungen verzichte ich nun bei ihr. Sie hatte sogar recht gehabt, mich so zu behandeln, ich bin selbst daran schuld gewesen dadurch, daß ich mich viel zu viel mit ihr auseinandergesetzt habe. Nachmittags zogen wir in einen ganz leerstehenden Palast am See. Ich hatte Nina die ganze letzte Zeit sehr zurückhaltend, aber ohne Vorwürfe behandelt. Am Abend fand nun wieder von ihr ausgehend eine zärtliche Versöhnung statt, die nun auch angehalten hat. Freitag war Nina sehr bemüht, sich liebenswürdig zu zeigen. Nachmittags fuhren wir nach Pella, wo wir in einer Laube zu Nacht speisten. Am Abend eine kurze Verstimmung, hervorgerufen durch eine Unterhaltung, aber nachts wieder Versöhnung. Ich sah ein, daß man ihr theoretisch nichts auseinandersetzen dürfe, da sie doch alles falsch versteht, daß man sie aber praktisch, teils durch Zwang, teils durch liebenswürdige List zu allem bringen kann. Samstag völliger Friede. Nachmittags in Miasino. Abends eine etwas heftige Unterhaltung über Musik, worin sie sich wieder Urteile erlaubte, die ihr bei ihrer bisher einseitig praktischen Beschäftigung damit nicht zukamen. Sie war dann selbst darüber ärgerlich und nun fiel ihr ein, daß sie früher selbst einmal musikalisch und wohl auch sonst auf viel höherer Stufe gestanden habe, als jetzt, daß es eine Zeit gab, wo sie Beethoven nur ängstlich, wie auf Knieen genaht sei, nachdem sie sich vorher lange mit blos technischen Übungen kasteit. Dann aber kam das Münchener Jahr bei der Galliera, ihrer Gesangslehrerin, wo ihr in jeder Beziehung guter Grund musikalisch erschüttert worden ist. Statt Beethoven die einseitigste technisch-formale Dressur, allenfalls Soubrettenpartien aus Opern. Und dabei der Wahn, in einem künstlerischen Milieu zu leben. In diesem Jahr ist alles das in ihr entstanden, was mich so quält, die Oberflächlichkeit, die Lust am falschen Schein, die Trägheit zur Gestaltung des Lebens. Sie gibt zu, sich am Technischen zu betäuben, aus Scheu vor der wahren Kunst, der sie sich nicht mehr ganz würdig glaubt. Ein Sünder, der nicht mehr beten kann. In Erinnerung an ihre frühere Höhe, von der ich natürlich nichts wissen konnte, glaubte sie sich immer von mir verkannt und meine Vorwürfe unberechtigt. Ihre Unklarheit ist so groß, daß sie das selber alles gar nicht wußte und es mir natürlich auch nicht sagen konnte. (Spätere Randbemerkung: Welch eine Komödie habe ich mir da vorspielen lassen!) Alle diese Erlebnisse auf der Reise haben nun doch meine Hoffnungen sehr erschüttert. Nina hat Worte gesprochen und ein Gebaren gezeigt, worüber ich nicht so leicht hinauskomme. Ihre Zärtlichkeit ist in den letzten Tagen wieder ganz die alte gewesen, aber ich kann mich ihr nur zögernd hingeben. Sie versteht nichts von meinen Zielen, meinen Gedanken, meiner Weltanschauung und macht nicht den geringsten ernsten Versuch dazu, mich zu verstehen. Sie denkt, wir hätten besser getan, nur ein Verhältnis miteinander zu haben, was ich heute als eine Entwürdigung empfinde, da ich eine vollständige Gemeinschaft mit ihr suche bis in die kleinsten Dinge des äußeren und inneren Lebens, und da ich selbst bereit bin, alle meine Lebensäußerungen zu diesem Zwecke zu modifizieren, alle meine Gedanken auf ihre Tauglichkeit dafür noch einmal zu prüfen. Sie möchte lieber in ihrem alten Schlendrian bleiben und von Zeit zu Zeit mit mir eine glühende Liebesnacht feiern, ohne jede innere Gemeinschaft. Gespräche mit ihr sind ganz unmöglich, da sie sich stets in eine Kleinigkeit verbohrt, darüber dann maßlos erbost ist, eine grenzenlose Verlotterung, die zum großen Teil wohl auch der allgemeinen deutschen Mädchenerziehung im Mittelstand, wenigstens in Süddeutschland, zur Last zu legen ist.

Orta, Dienstag, den 27. August.

Nina glaubte, guter Hoffnung zu sein. Alles Kleine, Böse in ihr war verschwunden, sie strahlte wie ein Kind vor der Weihnachtsbescherung. Leider war es eine Täuschung, aber die gute Wirkung ist geblieben. Ich kann mich ihr wieder rückhaltloser nahen. Sie ist sehr unglücklich über die Enttäuschung.

Am Sonntag Nachmittag die Festa di San Giulio, eine große Prozession auf Schiffen. Das Prunkschiff mit dem Sarg und den Gebeinen des Heiligen, drei Bischöfen u.s.w. wurde von einem kleinen Vergnügungsdampfer gezogen, der einem Privatmann gehört.

Mittwoch, den 28. August, nachmittags 2 ¼ Uhr.

Ich habe eine böse Stunde vor mir. Am besten, ich zwinge mich indeß zur Niederschrift des Vorgefallenen. In den letzten Tagen war die alte Zärtlichkeit mit Nina wieder ganz hergestellt. Ich konnte ihr zwar nicht immer verhehlen, daß ich ein tieferes Verstehen ihrerseits wünschte, aber ich hatte zugleich die Hoffnung, alles der Zeit überlassen zu können. Ich habe ja diese Hoffnung noch jetzt. Heute morgen beendigte ich meinen Aufsatz »Weibliche Kultur« und las ihn ihr vor. Ich erklärte mich darin gegen die Frauenemanzipation, weil es gerade die kleinlichen Frauen seien, die dadurch geschützt würden, die großveranlagten werden allein mit den Männern fertig. Dadurch fühlte sie sich beleidigt, weil sie sich ohne weiteres selbst mit den kleinlichen Frauen identifiziert, und ist gewissermaßen eifersüchtig, weil sie in diesem Aufsatz ein Kompliment vor den großzügigen Frauen erblickt, von denen sie ganz und gar nichts wissen will. So nimmt sie immer alles persönlich und sieht hinter allem etwas auf sie bezügliches. Ich war darüber einen Augenblick so empört, daß ich sagte, wenn sie mich absolut nicht begreifen wolle, könnte ich es nicht ändern, sie solle dann neben mir herleben und mir, wie die durchschnittliche deutsche Hausfrau für meine materielle Bequemlichkeit sorgen. Wir gingen dann zu Tisch, wo wir fast nichts sprachen. Ihr Schweigen war aber nicht das des Nachdenkens, sondern das der Ungezogenheit. Sie aß nichts, weil sie weiß, daß mich das ärgert, da ich mich um ihre Gesundheit sorge. Nach Tisch erklärte sie, eine Stunde allein spazieren gehen zu wollen, wogegen ich natürlich nichts einzuwenden hatte. Es ist zum ersten Mal übrigens, daß sie das tut. Vielleicht kommt sie unterwegs zur Vernunft. Aber ich fühle mich dennoch, obwohl ich nicht weiß, was sie anstellen könnte, sehr beunruhigt durch diesen Spaziergang. Spätestens um 3 Uhr will sie wieder hier sein. Jetzt ist es halb drei. Wenn sie um halb vier nicht da ist, so gehe ich und suche sie. Sie kann nur einen bestimmten Weg gegangen sein.

Donnerstag, den 29. August.

Nina kam um ½ 4, stürzte sich sofort eifrig und mit Märtyrermiene in häusliche Tätigkeiten, um für meine Bequemlichkeit zu sorgen. Dafür dankte ich ihr abends und sagte, das Verständnis für die übrigen Dinge würde sie wohl mit der Zeit erlangen usw. Versöhnung.

Den 30. August.

Immer mehr sehe ich meinen Fehler ein, nicht nur Nina, sondern allen Menschen gegenüber. Ich begnüge mich nicht mit selbständigem Handeln und Leben, sondern aus einem gewissen Gerechtigkeitsgefühl heraus kann ich nicht vertragen, daß man meine Schritte mißdeutet. Ich will nicht für einen rechthaberischen Tyrannen gelten, sondern ich wünsche, daß man versteht, warum ich so oder so handele. Das ist aber grundfalsch, besonders Frauen gegenüber. Ich ließ mich viel zu viel auf sogenannte vernünftige Auseinandersetzungen, Erklärungen ein, die fast keine Frau und nur sehr wenige Männer begreifen. Nina sagte einmal zu Hedwig, sie wolle gar keine Aussprache mit mir, und damit hatte sie vielleicht recht. Diese Aussprachen haben alles Unglück angerichtet, so z. B. in Lausanne, wo ich auf eine Aussprache hin heftiger wurde, als ich verantworten konnte. Nina gibt zu, mir dieses eine Wort »ordinär«, welches ich damals gebraucht hatte, nicht vergessen zu können, trotzdem ich es längst zurücknahm, um Entschuldigung bat und seinen Sinn zu mildern suchte. Dagegen hat sie mir, wie sie zugibt, es niemals übel genommen, wenn ich sie zu irgend einer von mir als vernünftig erkannten Handlung tatsächlich gezwungen habe, zu der sie freiwillig nicht bereit war, z. B. sich an kalten Tagen warm zu kleiden, wenn sie aus Laune, Vergeßlichkeit oder sonstwas zu dünn angezogen war und ich das dann folgende Übel voraussah, oder aber, wenn ich sie zwang, Geschmacklosigkeiten der Toilette aufzugeben. Also ein Zwang zum Gehorsam, der doch eine nicht wieder aus der Welt zu schaffende Beugung des Willens ist, hat immer gut gewirkt, jeder Versuch zu vernünftiger Überzeugung hat zu ungezogenen Antworten geführt, dann bei mir zu gereizten Worten, die sie nicht vergessen kann. Die Welt ist offenbar überhaupt unvernünftiger, als ich glaubte. Mir fallen die Schuppen von den Augen. Wenn sie mich durch irgend etwas ärgert, gibt es nur ein Mittel: ich müßte schmollen, kein Wort mit ihr reden, den Beleidigten spielen. Das habe ich nun einmal probiert, und dann kam sie von selbst und bettelte um Verzeihung.

Den 2. September.

Ich habe Tage hinter mir, wie ich sie lange nicht erlebt: Ich arbeite viel (Okt. 1907: den Einacter »Val de Grace«, der gar nichts taugte, wie alles was ich unter direkter weiblicher Beeinflussung schrieb; im Gegensatz zu dem, was ich einsam arbeitete, aber beglückt durch eine Frau, die sich nicht direct um meine Arbeit kümmerte), Nina nimmt regen Anteil, und fast alles, was sie sagt, kann ich berücksichtigen. Die Frage mit ihr scheint nun tatsächlich gelöst. Szenen haben wir nicht mehr. Sowie etwas vorkommt, was ich für verkehrt halte, hülle ich mich in Schweigen, das sie dann sehr bald unterbricht, Aufklärung verlangt usw., die ich dann natürlich gebe, worauf sie wie ein Kind versichert, es nicht wieder tun zu wollen. Je weniger ich im Augenblick selber spreche, desto schneller wirkt mein Verfahren. Lasse ich mich aber im ersten Augenblick zu ein paar schlecht gelaunten Worten hinreißen, so dauert es etwas länger. Ich habe sogar einmal zu Mitteln gegriffen, wie Nichtessenwollen, Nichtarbeitenkönnen und dergl., was ihre Annäherung immer sehr beschleunigt. Ich muß also zu diesen niedrigen weibischen Mitteln greifen, um sie zu bändigen. Die männliche Vernunft ist ausgeschaltet. Ich sagte ihr: »Ich bin geschaffen, mir im Augenblick der Verstimmung durch Aussprache Luft zu machen. Das ist mit Dir unmöglich, weil hieraus immer die bösesten Szenen entstehen. Ich zwinge mich daher von jetzt ab immer alles bei mir zu behalten, was mir natürlich Appetit, Schlaf und Arbeitslust nimmt, bis Du mich von selbst durch eine ruhige Aussprache davon befreist.« Da meinte sie, ich solle doch lieber wieder sein, wie früher, sie hielte das nicht aus. Ich werde aber dieses Mittel nicht so leicht aus der Hand geben, durch das der Friede zwischen uns endlich garantiert scheint. Sie fühlt das auch, und oft sagt sie von selbst, sie wolle sich jetzt alle Mühe geben, daß solche Dinge wie früher nicht mehr vorkommen. Ich fühle indeß in mir ein ganz neues einsames Leben reifen, ich werde ruhiger, alles um mich her nimmt größere Formen und Perspektiven an, aber an alledem nimmt Nina, die ich jetzt einfach zu bändigen versuche, keinen Teil.

Chiavari, den 14. September.

Wir gingen in den letzten Tagen von Orta aus auf den Monte Mottarone, dessen Gipfel ganz in Wolken war. Einen Augenblick sahen wir unten den sonnigen Lago Maggiore, den wir aber dann in Baveno in vollem Regen antrafen. Am andern Morgen bei Regen die Isola Bella, ein Stück jenes traumhaften Italiens, das als Ganzes nur in unserem Inneren lebt. Abends zu Fuß nach Gravellona, per Bahn nach Orta zurück, das uns nun fast heimisch vorkam. Am folgenden Tage nachmittags zu Fuß nach Varallo. Unterwegs noch eine letzte Krisis mit Nina, einige Unarten, die ich mit Schweigen beantwortete. Sie zog die Sache länger hin, als nötig. Ich antwortete daher mit demselben Mittel, das auf dem Simplon so gut anschlug. Ich sagte, sie sei offenbar so angegriffen, daß sie ihr Rucksäckchen nicht allein weiter tragen könne und lud es mir auf meinen Rucksack auf. Sie geriet in namenlose Wut, erklärte, nicht weiter zu gehen usw. Ich sagte, ich gäbe ihr ihr Gepäck zurück, sobald ich mich von ihrer völligen Beruhigung überzeugt und sie zur Vernunft fähig fände. Sie forderte, befahl, bettelte usw., aber den einzigen Ton, auf welchen ich sicher geantwortet hätte, schlug sie erst nach entsetzlichen Szenen an, kurz vor Varallo. Am anderen Tag gegen Mittag ein kurzes Nachspiel. Ich aß nicht. Resultat: meine Erkenntnis, daß ich im Augenblick überhaupt nicht aktiv eingreifen darf, weder durch Nichtessenwollen noch durch Eine Last auf mich nehmen usw., sondern allein durch sofortiges Schweigen alles zu erreichen ist. Seit Varallo ist nun nichts Ernstliches mehr vorgefallen, und es sind 9 Tage her. Dort ging mir der unvergleichliche Gaudenzio Ferrari auf, der die Schönheit selbstverständlicher und rührender offenbart, als selbst Raffael. Von Varallo nach Turin, wo uns die große Solidität, die gute Qualität alles Gebotenen und doch mäßigen Preise erstaunten. Nina mehr als nötig verstimmt, weil ihr die Leute einer etwas auffallenden Bluse wegen nachschauten. Abends war sie mehr als nötig amüsiert in einem sehr ordinären Tingeltangel. Ich war sehr niedergeschlagen, daß sie noch nirgends auf der Reise soviel Teilnahme gezeigt hat, wie an diesem Ort. Am anderen Tage aber zeigte sie doch mehr Interesse als sonst in der vortrefflichen Bildergalerie. Sie ist durch ihre ganz systemlose Erziehung unsäglich verdorben. Auf der einen Seite die Langweiligkeit des Lehrstoffs in der Schule, auf der anderen die miserable heimliche Lektüre zu Hause. Das hat fast alle Empfänglichkeit in ihr erstickt. Nur das Pikante reizt sie. Selbst in der Musik ist sie trotz ihrer trefflichen Veranlagung nur für das Sensationelle eingenommen. Wenn ich unter dem Geheul eines italienischen Tenors leide, der den ganzen Tag den Mund nicht zutut, schreibt sie es meinem Mangel an Verständnis dafür zu. In Turin verbrachten wir noch einen Tag mit Einkäufen. Dann nach Genua. Nachmittags Fahrt im Hafen, abends Seebad, wo sie sich wieder vor dem Wasser fürchtete. Am nächsten Tag strömender Regen. Die Palazzi Rosso, Bianco, Durazzo gesehen. Nachmittags auf dem Friedhof. Nina zeigte ein wenig Interesse, behauptete aber, Italien sei nicht das, was sie erwartet habe. Offenbar führe ich sie an die weniger schönen Orte. Das sagte sie, weil sie weiß, daß ich hauptsächlich mit ihr Gegenden des Landes besuche, die ich selbst noch nicht genauer kenne, was an sich doch berechtigt ist. Indeß zeigte sie gelegentlich doch das Bestreben, zu verstehen und Frieden zu halten. Am anderen Tag morgens Pegli mit Villa Pallavicini, abends herrlicher Blick vom Castellaccio auf die zum nächtlichen Leben erwachende Hafenstadt. Am nächsten Tag Abfahrt. Zuerst suchten wir bei strömendem Regen in Rapallo vergeblich nach einem Zimmer für 14 Tage (außerhalb der Hôtels), fanden es endlich hier in Chiavari, dicht an der See, an deren Tosen wir uns langsam gewöhnen. Wir sind beide nicht ganz wohl, haben aber eine schöne Wohnung, die uns sehr entspricht, da wir dem Hotelleben aus dem Weg gehen wollen. Heute ein schöner sonniger Herbsttag. Nina rührend geschäftig, um den nötigen Comfort in der Wohnung hervorzubringen. Bald wie Totenköpfe, bald wie sich überstürzende weiße Mäuschen drängt sich nach Ninas Ausdruck das Meer bis vor unsere Fenster, morgen hoffe ich wieder zu arbeiten.

Freitag, den 27. September.

Es kommen wieder kleine Anlässe zu Verstimmungen. Ninas offenbar guter Wille zum Frieden genügt nicht, sie muß auch endlich die Trägheit aufgeben. Alles enttäuscht sie, Italien, die Bücher, die ich ihr gebe. Ihr mechanisches Gesangsstudium befriedigt sie auch nicht, daher das unsinnige lange Üben, als ob es die Quantität macht. In jedem Genuß ist sie durch Kleinigkeiten gestört. Bald ist sie müde, bald hungrig, bald stören sie die Fliegen, bald friert sie, meist natürlich aus eigener Unvernunft, weil sie sich wider meinen Rat zu dünn kleidet. Sie leidet hier in Chiavari außerdem noch unter der Langeweile. Ich versprach ihr daher, abzureisen, sobald es geht, d. h. sobald ihr Unwohlsein vorbei ist, also morgen. Statt nun damit zufrieden zu sein, jammert sie tagelang, ich ließe sie hier verkommen. (Spätere Randbemerkung: ein derartiges Anerbieten, meine Pläne aufzugeben, würde sie niemals annehmen, da ihr das die Möglichkeit nehmen würde, sich als Märtyrerin zu fühlen.) Ich enthalte mich augenblicklich allen sexuellen Verkehrs mit ihr, bis sie ganz mein sein wird und alle Hinterhalte aufgibt. Sie fühlt das, und seitdem fällt kein Streit mehr vor. Aber häufig haben wir nun ernste Gespräche. Ich verlange ja garnicht, daß sie sich mir zuliebe vollkommen ändert und so wird, wie ich, im Gegenteil, ich selbst habe ihr zuliebe einen großen Änderungsprozeß in mir durchgemacht in diesen Monaten. Ich habe inzwischen hier mit einer mir früher fremden Ausdauer angesichts des Meeres die beiden Einakter, wie mir im Augenblick scheint, vollendet. Ich lebe intensiv und breit, da ich mich nicht mehr überhaste, wie früher, wo ich immer mit meinem Vorstellungsleben um Wochen vor dem Augenblick voraus war. Immer rechnete ich auf die Zukunft, weil der Augenblick so unfruchtbar war. Freilich war diese Reise nüchterner, als meine früheren, durch alle diese kleinlichen Sorgen, Zänkereien und Enttäuschungen. Aber die bloße Tatsache, mit einem fremden Schicksal verknüpft zu sein, gibt mir ganz abgesehen von Ninas Persönlichkeit, über deren Entwickelungsmöglichkeit ja noch kein abschließendes Urteil möglich ist, jene Festigkeit, jenes Gefühl, Wurzeln geschlagen zu haben, was mir fehlte und dessen Fehlen ich erkannt, als ich Nina heiratete. Sie bringt mir eigentlich das, was ich gewollt habe, ein Schicksal. Es gibt Augenblicke, ja Tage, wo ich meine, nie von ihr lassen zu können, und oft glaube ich wieder, daß sie eine ganz spröde und kalte, immer unfruchtbare Natur ist, die für mich nur als stimulierender Widerstand da ist und als ein Durchgangspunkt. Ehe das entschieden ist, will ich keine Kinder von ihr haben. Das ist ein weiterer Grund meiner augenblicklichen Enthaltsamkeit.

Okt. 1911: Späterer Nachtrag:

Hier endigen die Aufzeichnungen über Nina. Wir kehrten über Mailand nach Hause zurück. In Mailand kam es zu dem schlimmsten aller unserer Zwiste. In der Brera gefiel mir ein Bild besonders gut, und sie geriet darüber in eine sinnlose Wut, weil sie darin eine Ähnlichkeit mit Else Plötz entdeckte, die sie instinktiv haßt, seit dem Tag, wo sie sie in München als Endells Braut kennen gelernt hat, und auf die sie unerhört eifersüchtig ist. Ich war derart empört über sie, daß ich an dem Nachmittag den Ausflug nach Saronno ohne sie machte, zumal es sich darum handelte, Fresken von Luini zu sehen, wofür sie ja doch kein Interesse hatte. Später hat sie diesen Vorfall mir gegenüber auf das Niedrigste ausgenutzt. Sie hat behauptet, ich hätte sie in dem Hotelzimmer eingesperrt, während ich in Wirklichkeit nicht nur die Tür offen gelassen habe, sondern mich auch vor meiner halbtägigen Absentierung genau mit dem Kellner darüber verständigt hatte, daß er ihr um halb fünf den gewohnten Tee bringen solle, da sie selbst kein Italienisch spricht. Zum Abendessen war ich wieder zurück und ging den Abend mit ihr zusammen in das Theatro dal Verme (Guglielmo Tell). Aus diesem Vorfall suchte sie mir später eine Schlinge zu drehen, indem sie erklärte, ich hätte sie einmal einen ganzen Tag »eingesperrt«. Wir kehrten nach München zurück, wo ein furchtbarer Winter folgte. Weihnachten in Frankfurt. Meine Schwestern sahen die Zerrüttung unserer Ehe und schlugen eine kurze Trennung vor. Ich brachte N. nach Heidelberg. Dann besuchte ich ihre Eltern in C. wo ich sie nach einer Woche abholte. Zärtliche Briefe von ihr und freudiges Wiedersehen. Sie nahm dann Unterricht bei Woldemar Sacks, was sie anfangs sehr interessierte. Am Ende des Winters kamen Endell und Frau nach München. Ich lud sie zum Mittagessen ein, Nina bereitete alles vor und verschwand dann plötzlich kurz vor der Mahlzeit spurlos. Wie sich später herausstellte, aus Eifersucht auf Frau Endell. Ich fand sie dann gegen Abend irgendwo auf einer Bank in der Ludwigstraße sitzend und war so froh, sie wieder zu haben, daß ich nicht die nötige Härte ihr gegenüber zeigte. Sie suchte mich dann in einer ganz kindischen Weise eifersüchtig zu machen, indem sie ihrem Musiklehrer Woldemar Sacks einen anonymen Liebesbrief mit verstellter Schrift schrieb. Was sie eigentlich damit beabsichtigt hat, ist niemals ganz klar geworden, wahrscheinlich nur in hysterischer Weise irgend etwas »anstellen«. Sacks, der etwas verwachsen war, glaubte, es handle sich um einen bösen Streich von ihr und mir, um ihn zu verhöhnen und brachte mir den Brief. Dies und manches andere machten das Maß bei mir voll und ich hielt es für notwendig, daß wir uns zum mindesten für einige Wochen trennten. Ich ging daher im Frühjahr allein nach Italien und fand in Ospedaletti einen angenehmen Ort zu längerem Aufenthalt, wo ich an meinem Drama »Die Schildbürger« fleißig arbeitete. Nina machte mir den Aufenthalt dort doch immer wieder zur Qual, indem sie mich absichtlich über das, was sie tat, im Unklaren ließ und einmal sogar dunkle Andeutungen machte, als sei sie geschlechtskrank, natürlich durch meine Schuld. Sie litt beständig unter der Zwangsvorstellung, ich betrüge sie. Ich schickte sie daher sofort zum Arzt. Sie aber ging nicht. Ein Telegrammwechsel hin und her versetzte mich in die höchste Unruhe, da sie absichtlich keine bestimmten Antworten gab. An meinem Geburtstage z. B. erhielt ich auf ein vorher bezahltes Telegramm die Rückantwort: »Telegramm unnötig.« Schließlich ging sie zu dem Arzt, der mir einen sehr beruhigenden Brief schrieb mit der Mitteilung, daß es sich um garnichts derartiges handeln könne, sondern um ein leichtes Frauenleiden. Alles dies hatte sie aus Wut und Haß inszeniert, weil inzwischen eine Ansichtskarte meines Freundes Hessel vom Gardasee in meiner Abwesenheit in München angekommen war. Sie hielt diese Karte für die Karte einer Frau, einer früheren Geliebten und glaubte daraufhin zur Rache berechtigt zu sein. Ich kehrte nach München zurück und erfuhr nun, mit welcher Gleichgiltigkeit sie meine erregten Telegramme behandelt hatte. Eines kam an am Abend meines Geburtstages, wo sie einige Gäste eingeladen hatte; sie hielt es kaum für nötig, es zu lesen und hat es nur darum beantwortet, weil ihr Dr. Stern, der anwesend war, die Notwendigkeit vorhielt. Inzwischen hatte die Schriftstellerin Frau Nisle-Klein, mit der wir im Winter verkehrt hatten und die anfangs auf mich wohl etwas reflektiert hat, aber bei mir keinen Erfolg damit fand, sich auf Ninas Seite gestellt und offenbar einen schlechten Einfluß auf sie ausgeübt. Auch durch Äußerungen, die Nina Hentschels gegenüber machte, überzeugte ich mich nun immer mehr von der Hoffnungslosigkeit unserer Beziehungen. Als sie mir dann eines Tages erklärte, wenn sie nur das nötige Geld hätte, würde sie ohne weiteres eine Scheidung wünschen, sagte ich ihr: Nun, das nötige Geld kannst Du bekommen. Wir gingen schon am nächsten Tag zum Rechtsanwalt, wo ich erfuhr, daß ich eine notarielle Abmachung mit Nina treffen könnte, bei der ich ihr eine bestimmte Summe für den Scheidungsfall aussetzte, wofür sie auf weitere Ansprüche verzichten könnte. Nach allem, was sie gegen mich gethan hatte, wäre die Scheidung wegen »Zerrüttung« zu erreichen gewesen. Nach einer solchen notariellen Abmachung aber könnte ich ruhig freiwillig eine Schuld auf mich nehmen, um ihr den Skandal einer Scheidung mit ihrer Schuld zu ersparen, ohne dabei aber zu riskieren, daß ich dann mein ganzes Leben für sie sorgen müßte. So machten wir es; der Vertrag wurde abgeschlossen und nach einiger Zeit der Verhandlungstermin auf den Herbst festgesetzt. Ich hatte bis dahin einen Ehebruch zu begehen, um dem Gegenanwalt einen Scheidungsgrund in die Hand zu geben. Kaum waren diese Dinge in Ordnung, als mit Nina und mir eine wirklich sehr angenehme Zeit begann. Mein Plan war überhaupt nicht gewesen, mich persönlich ganz von ihr zu trennen, ich liebte sie immer noch, hatte nur eingesehen, daß sie nicht meine legitime Frau sein könne. Wir blieben daher bis zu der Scheidung zusammen, vertrugen uns besser als je. Ich nahm sie nicht mehr zu ernst, sondern freute mich an ihren angenehmen Seiten und ging auf keine ihrer Launen ein, sodaß diese Launen auch sehr bald unterblieben. Sie hatte mich nicht mehr gesetzlich sicher und begann daher wieder liebenswürdig zu werden. Nur gelegentlich hatte sie Eifersuchtsanfälle, weil sie immer daran dachte, daß ich sie »offiziell« (wegen der Scheidung) betrügen müsse. Mehrmals machte sie Szenen aus der dunkeln Vermutung, heute hätte ich diese Handlung vollzogen. Im Sommer gingen wir zusammen in die Schweiz und verbrachten dort einen Monat am Walensee. Nach der Rückkehr beging ich meinen offiziellen Ehebruch und gab dann dem Rechtsanwalt sofort die Adresse der Kokotte an, die ich zu diesem Zweck erwählt hatte. Ende Oktober 1902 wurde die Scheidung rechtskräftig. Gleichzeitig gaben wir unsere gemeinsame Wohnung auf, und ich bezog ein Atelier in der nördlichen Leopoldstraße, während Nina in eine Pension zog. Ich hatte bei diesem Arrangement des Zusammenbleibens natürlich auch einen Hintergedanken gehabt, nämlich den, daß Nina, wenn sie fortgesetzt an meiner Seite und unter meiner Beobachtung blieb, nicht so leicht ihre Entschlüsse ändern könnte, denn gelegentlich hatte sie Anfälle von Sentimentalität und wollte doch bei mir bleiben; hätte sie in dieser Zeit getrennt von mir gelebt, wäre sie unter weiß Gott was für Einflüsse gekommen und der ganze Plan wäre zunichte gewesen und ich sähe sie heute noch an mich gekettet. Für mich folgte nun eine so glückliche Zeit, wie ich sie vorher niemals gehabt habe. Mein Verhältnis zu Wolfskehl wurde wieder hergestellt, er befand sich nun selbst auf dem Höhepunkte seiner Entwickelung, hatte einen sehr interessanten Kreis um sich herum, besonders Klages und Schuler. Mit letzterem befreundete ich mich auch, und er hatte einen sehr starken Einfluß auf mich. Durch ihn erfuhr ich, daß der Dämon, der mich quälte, durchaus nicht zu bekämpfen sei, sondern seine metaphysische Begründung und heidnisch-mystische Bedeutung habe. Es gelang mir daher, mich mit ihm auseinanderzusetzen und ihm einen Platz in meinem Leben anzuweisen, wo er weder unterdrückt wurde, noch mein sonstiges lichtes Dasein zu stören in der Lage war. In diese Zeit fiel auch mein Interesse für den Zionismus, auch von Wolfskehl ausgehend, die Bedeutung meiner halbjüd. Abstammung wurde [+++], ferner meine kurze aber sehr hübsche Liebesgeschichte mit Helene Klages. Der Carneval war von einer Tollheit und Phantastik, wie niemals bisher. Es war der Höhepunkt der sogenannten »Schwabinger« Zeit. Von Nina, die ich anfangs noch bisweilen sah und die nun wieder vollkommen innerlich verlotterte, den ganzen Tag mit dem Hund zusammen im Bett lag und dergl. entfremdete ich mich immer mehr. Im Frühjahr ging ich an die italienische Riviera und hatte in Santa Margarita eine prachtvolle Zeit. Ich schrieb dort den ersten Teil meines Romans »Lothar«, dieser 1. Teil wird wohl mein Leben lang zu dem besten gehören, was ich geschrieben haben werde. Auch kamen eine Reihe von Gedichten zum Vorschein, die letzte lyrische Ader, die ich bis jetzt gehabt habe. Kurze Zeit gestört wurde dieser Aufenthalt freilich durch den Brief eines Rechtsanwaltes, der mir einen Prozeß anzeigte, den Nina nun noch nachträglich gegen mich führe. Ich hatte ihr immer gesagt, sie brauche keine Angst für ihre Zukunft zu haben; wenn die ihr ausgesetzte Summe nicht für ihre Ausbildung ausreiche und sie sich mir gegenüber freundlich verhalte, sei ich gern bereit, ihr auch noch mehr zu geben. Ihre Gesangslehrerin Frau Gimpiewiz und deren Mann, ein Jurist, lockten mich nun in eine Falle, indem sie mich freundlich veranlaßten, Nina diese Worte zur Beruhigung noch schriftlich zu geben. Ich ließ mich einfangen, und 2 Tage nach der Ablieferung meines Dokumentes habe ich bereits in München die Aufforderung eines Rechtsanwaltes erhalten, mich wegen der Alimentierung der von mir durch meine Schuld geschiedenen Frau mit ihm auseinanderzusetzen. Die Sache führte nach meiner Rückkehr zu einem Vergleich, in dem ich Nina noch einmal eine Summe gab, womit sie dann ein für alle Mal Ruhe hielt. Diese letzte Niederträchtigkeit, die sie gegen mich beging, hatte den Vorzug, daß sie nun mein Gewissen vollkommen beruhigte und ich mir nun keinen Vorwurf mehr zu machen brauchte, ein wertvolles Wesen etwa mißhandelt oder unglücklich gemacht zu haben. Sie hätte viel früher einen Fußtritt verdient und mir wäre damit aller Ärger erspart geblieben. Gegen Ende dieses Prozesses starb Großmama und sie hinterließ mir ein nicht unbeträchtliches Vermögen. Es war mir gelungen, diese Tatsache vor Nina geheim zu halten, sonst hätte sie natürlich ihre Ansprüche während des Prozesses erheblich gesteigert und wäre wohl auch vor Gericht damit durchgedrungen. [1903/04] Ich suchte und fand nun Eintritt in die Münchener Gesellschaft, verkehrte viel mit Bruckmanns, Obrists, Debschitz. Mit diesen zusammen war ich im Hochsommer in den Dolomiten, wo mir aber das Klima außerordentlich schlecht bekam. Auch Richard war dabei, der sich inzwischen mit Agnes verlobt hatte, die mir zwar nie ganz sympathisch war, aber mir als Frau für ihn doch sehr geeignet schien, sodaß ich ihm von Herzen gratulieren konnte. Ich ging dann allein an den Gardasee, um mich von dem Dolomitenklima zu erholen und lebte den Winter wieder in München, wieder sehr angeregt in dem Wolfskehlschen Kreise. Im Frühjahr kam es dann zu dem Skandal, der diesen Kreis in alle vier Winde zerstreute. Ich bin mit der unschuldige Anlaß gewesen. Schuler, der außerordentlich eifersüchtig auf seine mystisch-metaphysischen Geheimnisse war, bildete sich ein, daß vieles, was im »Lothar« stand, sein geistiges Eigentum und von mir ausgeplaudert sei. Außerdem sah er darin eine anti-arische pro-semitische, oder, wie er sagte, molochitische Tendenz. Wolfskehl, den man dafür verantwortlich machte, désavouierte mich und benahm sich ziemlich feige, hatte aber damit nicht den Erfolg, die anderen zu gewinnen, die ihn ihrerseits fallen ließen. Er hat mir das wohl bis heute noch nicht verziehen. Inzwischen hatte sich Hedwig, die seit einem Jahr in München lebte, mit Alfred Kubin verheiratet. Sie waren mit Wolfskehl sehr befreundet, und das brachte eine sehr peinliche Situation. Mich hatte die ganze Angelegenheit wieder sehr nervös gemacht, Kubins standen nicht direkt auf meiner Seite, der Mittelpunkt aller meiner Beziehungen, das Haus Wolfskehl, war mir verschlossen und ich war wieder einmal vollkommen vereinsamt. Im Frühjahr ging ich meines Leidens wegen nach Wildungen, was sehr wenig Erfolg hatte. Nach München zurückgekehrt begann ich an einem wundervollen Juniabend unter einer Linde im Englischen Garten meine zärtlichen Beziehungen zu K. B. Es folgte nun wieder eine schöne Zeit, Ausflüge ins Gebirge und schöne Abende in meinem Atelier. Im Hochsommer machte ich eine Orientreise, die mich nach Konstantinopel und Griechenland führte. Zurückgekehrt setzte ich die Beziehungen zu K. fort, aber im Laufe des Winters, besonders während des Karnevals wurden sie etwas lauer, und zwar von beiden Seiten. Es ist sicher, daß K. mir in dieser Zeit nicht ganz treu gewesen ist. Gleichzeitig damit liefen die Beziehungen zu Gretel J., mit der ich dann so gut wie verlobt war. Ich führte sie bei Hedwig ein, beide waren entzückt von ihr, und sie war jedenfalls die interessanteste und wertvollste Frau, mit der ich bis dahin jemals in näheren Beziehungen gestanden habe. Trotzdem konnte ich mich nicht zu der Heirat entschließen, ihrer vielen Übertriebenheiten und Zerfahrenheiten wegen. Außerdem hatte ich inzwischen einsehen gelernt, daß ich keine Frau ohne Geld heiraten könnte. Meine Vereinsamung in der Zeit wurde immer schlimmer und ich fiel auch Hedwig und Alfred offenbar ziemlich auf die Nerven. Alle, die mir näher kamen, wünschten, daß ich eine Frau nehmen würde, um auf diese Weise zur Ruhe zu kommen. Wie es dann aber zu gehen pflegt, ließ ich alle meine Prinzipien beiseite und heiratete eine Frau, die überhaupt nichts besaß, während Gretel immerhin eine kleine Summe, etwa 30000 Kronen eigenes Vermögen hatte. Es war eine absolute Vernunftehe, die ich mit Louisa schloß, obwohl sie mittellos war. Ich liebte sie nicht, sondern ging von der rein vernünftigen Betrachtung aus, daß ich eine Frau brauche und daß Louisa in ihrer Einfachheit, Häuslichkeit und mit ihren regen geistigen Interessen und ihrem vortrefflichen Charakter wohl die richtige Frau für mich sein werde. Alle Leute gratulierten mir, auch Hedwig und Alfred fanden meine Wahl sehr gescheit, während ich später, als wir auseinandergekommen waren, von allen Seiten erfuhr, daß man wie aus dem Himmel gefallen war über meine Wahl. Ich habe damals unter einer Suggestion gestanden, die mir kaum und anderen überhaupt nicht erklärlich macht, wie ich zu dieser Wahl gekommen bin, eine Frau zu heiraten, die weder hübsch war, noch klug, noch interessant, noch wohlhabend. Es war unter dem Schein der Vernünftigkeit ein reiner Akt der Verzweiflung, die Folge einer vollkommenen Erschöpfung meiner Lebenskräfte, schlimmer, als [ich] jemals irgend etwas durchgemacht hatte. [1905] Wir verlobten uns Ende Januar 1905 und heirateten Anfang März. Dann begaben wir uns sofort nach Frankreich, wo wir das Jahr unserer Ehe blieben. In der Hochzeitsnacht in Bregenz kam die erste Enttäuschung. Ich hatte sofort einen ausgesprochenen physischen Widerwillen gegen die Art von Louisas Liebkosungen und vor allem gegen ihren Körper. Einen Augenblick am Morgen nachher kam mir der Gedanke, wieder mit ihr zurückzukehren und die Ehe für ungültig erklären zu lassen. Dann aber glaubte ich, vielleicht sei es mein Schicksal durch diese Enttäuschung gerade auf eine ganz andere Ebene zu geraten und nun zu versuchen, in Ruhe und Geduld mit Louisa eine viel innerlichere Beziehung zu finden, als ich bis jetzt mit Frauen gehabt hatte. Das scheiterte aber natürlich vollkommen. Wir lebten unter den herrlichsten äußeren Umständen in einer palastartigen Villa in Hyères, später in der Nähe von Biarritz in St. Jean de Luz in einem Landhaus auf einem Hügel, machten dann eine spanische Reise zusammen und kehrten durch Südfrankreich und die Touraine nach Paris zurück, wo ein in vieler Hinsicht schrecklicher Winter folgte, der mich aber innerlich in einer Weise reifte und so bedeutend für mich war, wie vielleicht bis jetzt noch keine Zeit. Im Frühjahr trennten wir uns dann voneinander, zunächst nur provisorisch, in der Hoffnung, daß Louisa in einem eigenen Beruf, der Pädagogik, mit der sie sich auch früher schon beschäftigt hatte, etwas selbständiger werden und dann weniger an meiner geistigen Atmosphäre saugen würde. Hier, kurz vor der Trennung, beginnen dann wieder meine regelmäßigen Tagebuchaufzeichnungen. Aus der Zeit der letzten Jahre habe ich nur wenige Blätter. Zuerst einige Nachträge:

München, den 31. März 1903.

Nach der Lektüre meiner Aufzeichnungen über Nina: Bin ich es noch, der das Vorstehende aushielt, und zwar ein ganzes Jahr lang? Ich bin ja von einem Abgrund weggezogen worden, ich wäre verbittert, böse, lebensfeindlich geworden, pedantisch und schulmeisterlich. Niemals will ich es wieder versuchen, jemand zu erziehen. Wer mir so, wie er ist, nichts zu sein vermag, der bleibe fern. (Spätere Randbemerkung: Ist es möglich, daß mir alles dieses noch ein zweites Mal, und zwar viel fürchterlicher, später mit Louisa, passieren mußte?)

München, den 29. Januar 1904

Heute nacht hatte ich folgenden Traum: ich befand mich in einem großen Raum im Inneren eines Schlosses. Um mich waren Könige und andere Fürsten, darunter Friedrich Wilhelm III. und einer der letzten Landgrafen von Hessen-Homburg, ein noch junger Mann, der gerade den russischen Dienst verlassen hatte. Er war übermäßig zart gebaut, hatte einen slavischen knochigen Typus mit gelblicher Tartarenhaut und einen kurz gestutzten schwarzen Schnurrbart. Er trug einen Gehrock, war jedoch identisch mit einem zwerghaften Wesen, das viel im Saal herumsprang. Ich sagte dem Landgrafen, daß ich sein Landsmann sei. Wir mußten allesamt in den Krieg. Vorher bildeten die Anwesenden, unter denen auch Damen waren, zwei Reihen, zwischen denen, wie in einer Gasse, die Kinder gruppiert wurden. Mit diesen spielte man Kriegsspiel. Sie bekamen die Aufgabe, die Reihe der Preußen zu durchbrechen. Dann waren wir alle draußen. In einer schmalen abschüssigen Straße stieß der Feind auf uns und drängte uns zurück. Bei dieser Gelegenheit wurde Wolfskehl vom Felsen gestürzt und starb sofort. Einige, die sich vor dem Krieg gefürchtet und zurückgeblieben waren, wurden hinter unserem Rücken vom Feinde eingeäschert. Man brachte die völlig berußte, erstarrte Gestalt des »schwarzen Wirtes« herbei. Er wurde aufrecht auf den Felsen gesetzt, von dem Wolfskehl vorher gefallen war. Er saß wie ein buddhistischer Heiliger auf seinen übergeschlagenen Beinen. Davor war, wie ganz grob in Stein gemeißelt, sein Geschlecht sichtbar. Vor ihm lag eine Kugel; er war tot. Dann ging ich mit wenig Überlebenden an einem Berghang entlang. Wir waren plötzlich in die Tristansage verwickelt und gingen dem mittelalterlichen Paris zu, das zwischen den Bergen an der nächsten Biegung des Weges sichtbar werden mußte. Bald war ich in Wolfskehls Eßzimmer, das voll war von Bekannten. Es war eine große Erregung über den Tod Wolfskehls. Dülberg stand neben mir und erzählte, er habe bereits an Frau Hanna einen Kondolenzbrief nach Florenz geschrieben. Ich begriff nicht, daß ich das nicht auch längst getan hatte. Dann dachte ich darüber nach, wie das Leben sich nun in Schwabing weiter gestalten würde, und ob

Frau Hanna mit den Kindern in München bliebe. In derselben Nacht schrie ich furchtbar auf, da mir schien, ein tierhaftes grinsendes Wesen mit glatter grauer Haut spränge in mein Bett. Vorm Einschlafen hatte ich im Petron gelesen, die Stelle, wo Ascylt dem Eucolp seinen Giton entführt und die Bekanntschaft mit Eumolp bis zur Abreise von Neapel.

7. Juni 1904.

Vor kurzem wieder geträumt, Wolfskehl sei gestorben.

München, den 29. Oktober 1904.

»Tonio Kröger« von Thomas Mann gelesen. Discrepanz von Traum und Wirklichkeit, Tathemmung durch die Verfeinerung wie bei mir.

Alles schließt sich bei mir sofort zum Typus zusammen, auch in der Erotik. Das kann mein Leben fördern, aber auch hemmen. Fördern, indem der Typus selbst mir so reizvoll ist, daß er die Unvollkommenheit des Individuums vergessen läßt, hemmen, wenn ein an sich erfreuliches Individuum in einen Typus stilisiert ist, der mir an sich peinlich ist. In meinem zweiten Semester in Leipzig war der Typus des für mich wünschenswerten Mädchens in das damals moderne gelbe Jackett gekleidet. Eine Zeitlang hatte in Schwabing die einfache, schlank machende Kleidung mancher Künstlerinnen mit dem dazu gehörigen breiten Hut für mich etwas eminent suggestives. Später, als daraus die sogenannte Reformtracht wurde, wurde diese Kleidung für mich das Gegenteil, und ich habe gewiß mancher individuell hübschen Frau unrecht getan, da sie mich durch den Typus, in den sie sich hineinstilisierte, abstieß. So liegt der Typus oft geradezu zwischen mir und der Wirklichkeit. So hat z. B. auch der jüdische Typus für mich etwas so antierotisches, daß ich der hübschesten Jüdin keinen Reiz abgewinnen kann. Wenn ich dem Dämon folge, spielen diese Dinge eine ganz besondere Rolle. Typische Abzeichen, welche auf bestimmte Stände schließen lassen, sind da entscheidend, und zwar entweder für oder gegen.

Paris, den 21. Februar 1906.

Mein Konflikt mit Louisa ist folgender: Ihre Instinkte sind lebendig, soweit es sich um gemütliches handelt, dagegen künstlerisch, ästhetisch, geistig hat sie überhaupt keinen Instinkt, sondern nur schülerhaft guten Willen, der alles in Lektionen lernen möchte, und wenn er das eine begreift, das andere wieder vergißt. Daher sind alle ihre Äußerungen, die über das ganz gewöhnliche hinausgehen, so unnatürlich. Sie verliert sich dann in leeren Allgemeinheiten, wie in ihren Briefen, wenn sie anderes, als gemütvolles ausdrücken will. Sehr charakteristisch für sie ist dies: sie spielt ganz nett Klavier, aber sie ist nicht imstande, mit einigen improvisierten Akkorden ein Instrument zu prüfen, das hat sie nicht »gelernt«. Überhaupt Mangel an Ausdrucksfähigkeit. Das wird nun mir gegenüber besonders schlimm, da meine Art sie nicht ermutigt, sondern erst recht verwirrt. Sie kann in meiner Gegenwart nicht französisch sprechen, während es sonst vielleicht ganz gut geht. Sie fürchtet jedes spontane Heraustreten, ja sie gesteht, jede selbständige Liebkosung, da sie immer Angst hat, mein Formgefühl zu beleidigen, was ja allerdings oft genug geschieht. Sie fühlt sich nun einmal häßlich. Wie ausgezeichnet würde sie für einen Mann passen, der auch vorwiegend Gemütsmensch wäre, der alles Unvollkommene an ihr liebte. Ich dagegen bin eine Gleichung von Gemüt und ästhetischem Menschen. Reine Gemütsmenschen ohne Formgefühl stoßen mich ebenso sehr ab, als reine Ästheten ohne Gemüt. Trotzdem fühlt sich die Gemütsseite in mir so stark an Louisa gefesselt, daß ich nicht ohne Tränen an eine Trennung denke, und doch, muß sie nicht kommen? Neben mir wird Louisa sich stets erniedrigt fühlen, und da sie wahrhaftig besseres verdient, wird das Ressentimentgefühle wecken und, wie sie selbst oft sagt, ihren Charakter verschlechtern. Ich aber werde immer und immer wieder mich für andere Frauen erwärmen, und wenn das auch durchaus in platonischen Grenzen bleibt, es wird mich – gerade darum – verbittern und auf sie zurückwirken. Wir müssen uns beide gegenseitig unterschätzen. Ich halte sie oft für zu dürftig, sie hält mich für zu kalt und gemütlos, weil mir das Gefühl schlechthin nicht genügt. Da sie sich von Kindheit auf mit Kunst beschäftigt hat, aber in dieser mit dem Geschmack garnicht verwandten Art, die so oft in deutschen bürgerlichen Häusern besteht, hielt ich sie für ästhetisch entwickelbar. Aber warum bäumte sich ihr Instinkt nicht gegen mich auf, als ich ihre Ausdrucksformen schon während der Verlobungszeit gelegentlich kritisierte? Sie hätte sich das entweder nicht gefallen lassen dürfen oder mich verstehen müssen. Aber auch ich bin ja blind gewesen.

25. Februar.

Was in mir vielleicht wirklich wertvoll ist, meine grausame Aufrichtigkeit gegen mich selbst, scheint Louisa als Kälte, Härte, Zerstörungstrieb. Fuchs schien ihr stets als der Inbegriff des tiefen Gemütsmenschen mit vulkanischen Ausbrüchen. Er lebte in sehr behaglicher Familiengemeinschaft mit seiner Frau und seiner Stieftochter Louisa, von beiden verehrt. Ich hätte mir bei solchem Leben täglich gesagt: Genieße dieses Schöne, solange es da ist, aber vergiß nicht, daß Louisa einmal heiraten wird, daß es jeden Tag zu Ende sein kann. Aber der Gemütsmensch ist viel egoistischer. Fuchs nahm als selbstverständlich an, daß Louisa nur für ihn da sei und flehte sie an: Verlasse uns nicht. Ich hätte mich nie so tief in ein solches Gefühl verlieren können, und zwar aus Altruismus, denn niemals würde ich von einem Menschen verlangen, mir sein Glück zu opfern und mich deshalb nicht zu verlassen. Aber auch der vulkanische Ausbruch bei unserer Verlobung war nur sehr kurz bei Fuchs. Mit entsetzlich feierlichen und hohlen Worten gab er mir gleich darauf Louisa als ein Stück von sich selbst und schien sich dabei groß und märtyrerhaft. Worunter ich jetzt am meisten leide, ist mein wahnsinniges Mitleid für Louisa, aber weil ich dabei klar sehe, scheine ich kalt, intellektuell.

Louisa sagt, sie hätte sich unendlich über meine erste Liebeserklärung gewundert, über ihre Kühle. Ich sagte ihr nämlich eines Tages, nachdem wir nur miteinander gespielt, sehr ernst, daß ich sie liebe. Daß man so etwas sagen kann, mit einem Sessel zwischen beiden Personen stehend, begreift sie nicht. Aber ich werde es immer so machen, ich werde immer, wenn ich eine ernste Liebe fühle, mich aus der Distanz erklären, damit die Frau sicher ist, ich will in diesem Augenblick keinen Angriff auf sie machen. Anders bei einer leichtfertigen Liebe, da ist man stürmisch und will gleich besitzen. Louisa war jedenfalls theoretisch in das Fahrwasser der leichten Liebe geraten. Sie war bereit, evtl. auch ein ganz leichtsinniges Verhältnis mit mir einzugehen, und daß sie dazu fähig gewesen wäre, macht es mir unmöglich, mich jetzt ganz ernst zu attachieren. (Spätere Randbemerkung: Der Grund war vielmehr der, daß ihre Frivolität bei ihrer furchtbaren Schwerfälligkeit so unästhetisch wirkte und mich darum so abstieß.) Sie ist mir nicht Dame genug, nicht gehalten, nicht Lady genug, zu sehr Mädel. Und immer klarer wird mir, daß ich bei der Frau Haltung suche und mit meinen Instinkten nicht aus der Klasse herauskann, in der ich erzogen bin. Nur diese unsinnigen, modernen künstlerischen Boheme-Ideen, deren Opfer ich ja lange Zeit gewesen bin, haben in mir dies nie so recht zum Bewußtsein kommen lassen, als jetzt, wo ich mich Louisa gegenüber befinde. Wenn sie auch gewiß rein in ihren Empfindungen ist und vor allem treu, mir sind diese Empfindungen zu billig, zu leicht zu haben gewesen. Ich hätte sie gern errungen. Das hindert mich nicht, sie als Mensch zu ehren, zu rechtfertigen, ja, liebzuhaben, mich auch nach ihr zu sehnen. Aber ich begehre sie nicht als Weib, und unsere Instinkte treffen sich nicht. Sie ist natürlich nicht daran schuld, denn durch die höchst sonderbare Verwickeltheit meiner Natur und meiner Schicksale komme ich selbst erst jetzt dazu trotz aller Bewußtheit und Selbstbeobachtung meine Instinkte klar zu kristallisieren und selbst ihrer bewußt zu werden.

25. [?] Februar.

Was mich oft empört, ist, wie selbstverständlich es Louisa erscheint, wenn sich ein Mädchen ohne weiteres einem Manne in die Arme wirft aus dem einzigen Grunde, weil sie ihn zu lieben glaubt. Ich meine, bei einer Frau von Selbstgefühl müßte zunächst die Frage auftauchen: wie kann aber auch ein Mädchen sich gleich so wegwerfen? Dann erst müßte sie die Überlegung und Würdigung des speziellen Falles zu milderem Urteil stimmen. Louisa kennt von Hause aus keine Reserve, und das hat meine sexuellen Instinkte ihr gegenüber so schnell getötet. Der Mann geht in der Liebe expansiv aus sich heraus, und das ist auch meine Natur. Aber die Frau muß einen Damm um sich errichten. Wir streiten uns darüber oft anläßlich moderner literarischer Werke, z. B. »Zapfenstreich«, »Jugend« und dergl. Durch ihre laxe Art werde ich dann zu Verdammungen und Härten getrieben, die garnicht in meiner Natur liegen, zu lieblosen, philiströs scheinenden Urteilen, die nur ihrer großen Bereitwilligkeit widersprechen sollen. Hier ist ein Punkt, wo mich das Zusammensein mit Louisa direkt schlecht beeinflußt. Sie provoziert mich zu Übertreibungen und Karikaturen meiner eigenen Ideen. Ich muß ewig zügeln, der ich viel lieber expansiv sein möchte.

4. März.

Unser Fehler war, daß wir von der Sinnlichkeit ausgingen. Da mußte Louisa freilich abfallen gegenüber dem, was ich vorher, z. B. mit K. B. erlebte. Erst langsam fanden wir dann den gemütlichen Zugang zueinander, seit Weihnachten: Das Sinnliche trat ganz zurück, war für mich sogar durch die Erinnerungen unseres ersten Verkehrs wie mit einem Fluch beladen. Obwohl ich mich nachher ganz zufrieden fühlte, konnte ich mich immer nur zögernd dazu entschließen, ihr körperlich beizuwohnen. Die Schuld an dieser Heirat liegt teils an mir, meine Instinkte waren vor einem Jahr durch Schwabing etwas verlottert. Es lag aber auch an Louisa. Insofern war Louisas Fehler schwerer, als solche Sachen bei Frauen schwerer sind. Der Mann mag verwildern, die

Frau aber soll wissen, was sich ziemt, und ihn dann wieder zähmen. Infolge der Auffassung, die sie durch ihre Mutter kennengelernt, war ihre Sinnlichkeit nicht etwa zu stark, sondern nur zu entblößt, zu wach für ein junges Mädchen, das noch nichts eigentlich erlebt hat. Unbewußt konkurrierte sie mit Verhältnismädchen, und da mußte sie unterliegen, während sie unbedingt gesiegt hätte, wenn sie ihrer großen Eigenschaften bewußt, sich besser gehütet und gehalten hätte. Eine Frau soll nicht mit den früheren Geliebten des Mannes konkurrieren wollen, sondern ihn auf ganz andere Art reizen. Ihre Sinnlichkeit hat für mich etwas von abgestandenem Sekt.

9. März.

Louisas Mangel ist das Fehlen der Rasse. Nichts ist ausgesprochen überzeugend in ihr, dabei im einzelnen unendlich viel Gutes und Echtes. Schon ihrem Körper mangelt die Rasse. Es ist kein Mädchenkörper und doch auch kein Frauenkörper. Dabei hat sie noch so viel Kindisches in ihrer Art. Ob sich dies alles noch festigen und einen wird? Durch irgend ein geheimnisvolles, kaum merkliches »Mehr« könnte alles plötzlich überzeugend und gut werden.

12. März.

Oft denke ich, wie heute Louisas Mutter schrieb: Warum können wir nicht unvernünftig glücklich sein ohne zu denken? Oft bin ich versucht, es wieder zu probieren, da ich Louisa doch lieb habe und uns so vieles gefühlsmäßig verbindet. Aber es geht nicht, sie ist geistig zu wenig, zu langweilig. Ich habe noch keine selbständige Äußerung von ihr gehört, immer nur das, was sie gelesen oder von mir vorher gehört hat, oder was ihr Fuchs oder andere suggeriert haben. Ich werde mich immer bei ihr langweilen und andere Gesellschaft suchen. Bei allen Menschen, die ich ins Haus bringe, fühlt sie sich unterlegen, besonders bei der reizenden Baronesse Possanner. Louisa leidet unter ihrer Inferiorität, und ich habe dann Mitleid mit ihr. Eine Kette von Qualen. Kaum sind wir in Gesellschaft, so wird sie furchtbar unnatürlich und sagt stets das Falsche. Sie kann in Kreisen, die mich interessieren, nicht aufkommen, und was in ihr gut ist, kommt erst recht nicht zum Ausdruck. Vielleicht gibt ihr selbständige Tätigkeit die Festigung, die alles das gut macht.

Oft nennt sie mich einen Verstandesmenschen. Aber sie ist selbst viel mehr Verstandesmensch, als ich. Sie will alles mit dem Verstand, wie ein Schulmädchen im Unterricht, erfassen und schreibt alle ihre Mängel ihrem Fehlen an Erziehung zu. So faßt sie es nie. Um Verstandesmensch zu sein, braucht man nämlich noch gar keinen besonders guten Verstand zu haben. Verstandesmensch heißt nur ein Mensch, bei dem der Verstand sich vordrängt. Über seine Qualität ist damit garnichts gesagt. Obwohl mein Verstand wahrscheinlich beträchtlicher ist, bin ich doch viel weniger Verstandesmensch, als sie, da ich ihn immer erst nachher in Aktion setze, im Augenblick aber unbefangen bin.

14. März.

Louisas Empfindlichkeit läßt sie zu Äußerungen der Kleinlichkeit kommen, sowie ein Jähzorniger Brutalitäten begehen kann, die eigentlich nicht in seiner Natur liegen. Denn Louisas Natur ist weder kleinlich, noch frauenzimmerlich, wenn ja wohl auch nicht hervorragend umfassend und weitsichtig.

Der Kampf zwischen Mann und Weib mit der Frage: Wer ist der Stärkere? hat sich zwischen uns garnicht vollzogen, sondern Louisa ging entweder immer gleich zu mir über oder setzte mir Widerstand entgegen durch Meinungen, die sie von anderen hatte. Ich will entweder überzeugen oder überzeugt werden, aber nicht überreden.

15. März.

So lieb ich Louisa als Mensch habe, so schwer mir jetzt der Abschied werden wird, so gewiß ich mich nach ihr kranksehnen werde, unser Verhältnis war nie eine Ehe. Ich habe nicht, wie ich anfangs glaubte, eine körperliche Abneigung gegen sie, im Gegenteil, ich berühre sie gern. Ich habe aber eine sexuelle Abneigung. Bei sexuellen Umarmungen habe ich stets mit ihr vor zu starken Intimitäten zurückgeschreckt. Auch möchte ich keine Kinder von ihr haben. Ich liebe ihr Blut, ihre Rasse nicht. Alles, was mit ihrer Familie zusammenhängt, ist mir verhaßt. Ich schreibe dies so schroff auf, damit ich es nie vergesse und nicht eher die Ehe mit ihr erneuere, bis diese Gefühle in das Gegenteil umschlagen, wenn so etwas möglich ist.

16. März.

Folgendes Mißverständnis typisch: infolge ihrer Empfindlichkeit glaubt Louisa sich oft beleidigt, darunter leidet sie bis zum Weinen. Tränen haben für mich etwas überzeugendes. Ich unternehme also, ihr Leiden wegzuschaffen, indem ich ihm den Grund nehme, d. h. ich suche ihr zu zeigen, daß sie gar nicht beleidigt worden ist. Zum Beispiel gestern besuchte mich Lampe und machte mir einige diskrete Mitteilungen im Flüsterton, während wir allein im Zimmer waren bei geschlossenen Türen. Louisa hörte im Nebenzimmer, daß geflüstert wurde, fühlte sich deshalb gekränkt. Vorwürfe, Tränen, nervöse Zustände usw. Wenn ich ihr nun zu erklären suche, daß darin zwar eine Beleidigung läge, wenn sie im Zimmer gewesen wäre, keineswegs aber, wenn es in einem anderen Zimmer geschah, so erklärt sie das für Rechthaberei, als wollte ich recht haben um meinetwillen und nicht, um sie von ihrer schmerzvollen Einbildung zu befreien. Dazu kommt wohl im Geheimen der Ärger, daß die Nadelstiche ihrer Empfindlichkeit mich nicht zum Kampf reizen, sondern zu ruhiger Erklärung. Diese Ruhe aber demütigt sie. Sie nennt sie »beleidigende Großmut«. Ich fürchte, daß es gerade meine guten Eigenschaften sind, die Louisa mißversteht.

18. März.

Wenn bei unseren Gesprächen über Kunst und anderes, worin sie sich vervollkommnen möchte, Louisa einen Irrtum macht, nehme ich sie gewöhnlich beim Wort und führe sie langsam durch Schlußfolgerungen bis zu der Stelle, wo ihr Trugschluß liegt. Darüber ist sie empört. Sie empfindet es als Bosheit und Schikane, nennt mich sophistisch usw. (Argument der Schwäche) Ich glaube, daß es sich auch hier wieder nur darum handelt, daß gerade eine gute Eigenschaft in mir, Klarheit des Denkens und des Ausdrucks, von ihr als eine schlechte aufgefaßt wird. Das ist einfach hoffnungslos. Ist das nun bei Louisa Dummheit, Frauenzimmerlichkeit oder nur Verwirrtheit ihres augenblicklichen Entwickelungszustandes? Abwarten!

20. März.

Wie einen doch die Objektivität über einander wieder näher bringt und ein neues Band knüpft! Es ist wie eine Blinddarmentzündung. Man muß erst die Heilung abwarten und dann erst, wenn man gesund ist, wird man operiert. Die Stürme unserer Ehe sind vorbei. Wir leben jetzt sehr friedlich, fast liebend nebeneinander. Aber in 8 Tagen kommt die Trennung. Blieben wir nun doch zusammen, weil es jetzt so gut geht, so wäre in 8 Tagen die Entzündung wieder da. Ich fürchte aber doch manchmal, die Trennung wird entgiltig sein.

21. März.

Man kann einer Frau, von der man loskommen will, sagen: Ich bin hineingefallen mit Dir; wenn Du mich in Frieden läßt, zahle ich Dir zeitlebens eine Rente. Ich habe mit meiner ersten Frau ein anderes System vorgezogen und werde es mit Louisa ebenso machen, wenn es dazu kommen sollte. Was ich ihr geben konnte in dieser Ehe, gab ich ihr; sie war ein Wesen, das nicht wußte, wo ein noch aus, das in die Welt wollte, lernen wollte, sich finden wollte. Ich ging mit ihr ein Jahr nach Frankreich und Spanien, gab ihr Wissen, Klarheit, Lektüre, Kunst, wertvolle Menschen. Nun lasse ich sie erzogen und pekuniär gesichert, von Kopf bis zu Fuß hübsch ausgestattet an den Ort gehen, wo sie ihren längst geplanten aber schlecht vorbereiteten Beruf gründlich lernen kann, nach Berlin. Dann führe ich sie noch bis dahin, wo sie in selbständiger Stellung allein stehen kann. Das ist gewiß besser, als sie zu einem Leben des Müßiggangs mit einer sicheren Rente zu ermutigen und entspricht auch mehr meinen Verhältnissen. Daß ich ihr nicht die ersehnte Liebe schenken konnte, ist nicht meine Schuld; daß ich sie zu unzulänglich fand – freilich, auch ihre Schuld ist es nicht.

23. März.

Wenn Louisa oberflächliches Zeug redet oder über sexuelle Dinge in ihrer laxen Art spricht, müßte ich eigentlich »Dumme Gans« oder »Wie ekelhaft« sagen. Das würde sie weniger beleidigen, als wenn ich darüber nur gereizt bin und dann sage, ich wüßte, daß das nicht ihre eigene Natur ist, sondern die Beeinflussung durch ihr früheres Milieu. Ich sage: »Du bist doch gar nicht oberflächlich, du bist doch auch nicht ein Mensch von laxer Gefühlsweise, warum also solche Reden?« Das nimmt sie viel übler, weil es ein versteckter Vorwurf ihrer Unselbständigkeit und Beeinflußbarkeit ist. Ein Zornausbruch wäre ihr lieber. Diese Reden kommen immer wieder, und dann jedesmal dieselbe Gekränktheit, wenn ich das von ihrem eigenen Wesen trennen will. Das ist rätselhaft frauenzimmerlich.

Sie gehört zu den Menschen, die im Leben stets Publikum sind, nie aus eigener Persönlichkeit etwas sind oder überzeugen und dadurch eine Atmosphäre schaffen. Sie muß stets gehoben werden durch gute Kleidung, durch korrektes Benehmen. Darum gehe ich so ungern mit ihr auf schlechte Plätze im Theater, auf Demimondebälle, darum leide ich mit ihr unter unseren engen Verhältnissen, an die ich von Haus aus nicht gewöhnt bin, denn sie ist niemals sie selbst und kann niemals dem Ort selbst die Atmosphäre geben, sodaß dieser gleichgiltig wird, nimmt vielmehr immer die Farbe der Umgebung an. Sind die Baronessen P. dabei, so fasse ich unsere billigen Plätze im Theater mit Humor auf. Mit Louisa zusammen empfinde ich es als eine Verbannung in ein Milieu, wo ich nicht hingehöre. Und ich habe sie zu heiraten gewagt, weil ich glaubte, mit ihr sei enge Kleineleutehaftigkeit unmöglich, um sie sei immer Sonntag.

Louisa sagt, ich liebe zu wenig sie selbst, immer nur meine Frau in ihr, soweit sie dies sein kann, und wenn sie mir als meine Frau in irgend etwas unzulänglich erscheine, so vergesse ich die Liebe zu ihr. Sie hat gar nicht Unrecht. Was zwischen uns steht, ist doch in erster Linie die soziale Kultur, die zu verschieden ist. Ihr hat stets die soziale Grundlage gefehlt, die es auch dem nicht gerade hervorragenden Individuum leicht macht, sich zu einer gewissen Festigkeit zu entwickeln. Wie wichtig diese soziale Kultur ist, habe ich jetzt erst im Verkehr mit Louisa gemerkt. Früher war sie mir vollkommen selbstverständlich. Bei Nina dagegen konnte ich sie vergessen, weil ich durch meine Leidenschaft für sie für alles andere blind war.

Louisa ist für mich auch in vieler Hinsicht die Überwindung des Darmstädter Kunstkreises, speziell der Wolfskehlschen Ideenwelt. Ich kam als Suchender mit 20 Jahren etwa hinein, akzeptierte alles kritiklos und suchte alles mir Fremde durch mein Nichtverstehen zu rechtfertigen. Je mehr ich reifte, desto weniger konnte ich mich mit den Wolfskehlschen Ideen vertragen. Die Gespräche mit Louisa bilden nun die Schlußrechnung. Es war notwendig, daß ich eine Verkörperung dieser Darmstädter Ideen in meinem eigenen Hause als Frau hatte, um ihre ganze Haltlosigkeit und gelegentliche Verlogenheit zu erkennen und zu überwinden. Geblieben ist meine Verehrung für George, die anfangs aus meinem Instinkt kam, der ja auch richtig war. So wird Louisa für mich doch wohl nur eine Episode sein. Zwar bin ich neben ihr augenblicklich sehr produktiv, was ich kaum verstehen kann. (Spätere Randbemerkung: Was ich damals schrieb, die erste Bearbeitung von Montmartre, hat auch ganz und gar nichts getaugt.)

Es gibt wohl eine innere, nicht bewußte Verlogenheit der weiblichen Natur überhaupt, wofür natürlich Louisa als Individuum nicht verantwortlich zu machen ist. Der Verstand erkennt etwas, aber das Bedürfnis nach blauem Dunst, worin man seine eigene Schwäche vergessen kann, bleibt doch bestehen. Ich finde ein hierher passendes Wort bei La Rochefoucauld: Les personnes faibles ne peuvent être sincères.

Nachtrag vom 5. April 1907.

Louisa hatte Hundeaugen. Daran denke ich, während ich bei Weininger die Worte lese: »Das Schweifwedeln des Hundes bedeutet, daß er jedes andere Ding als wertvoller anerkennt, als sich selbst.« Ebenda: »In der Tat haben Menschen, welche rasch für sich zu gewinnen suchen und doch so zugleich sich schützen gegen Angriffe, Menschen, die man nicht abschütteln kann, Hundegesichter, Hundeaugen.« Ferner vom Hunde: »Er läßt sich vom Menschen schlagen, an den er sich gleich wieder herandrängt, wie stets der böse Mensch an den guten. Diese Zudringlichkeit des Hundes, das Hinaufspringen am Menschen, ist der Funktionalismus des Sklaven.« Eine weitere Eigenschaft des Hundes ist Naschhaftigkeit. Louisa war zwar nicht naschhaft, aber hatte eine mir widerwärtige Vergnügungssucht. Der Hund besitzt ferner eine charakterlose Geilheit. Auch seine Treue ist nur Schwäche, sie wechselt mit dem Herrn. (Späterer Nachtrag: Louisa ist Ende März nach Berlin gereist, um dort sich in der Kindergärtnerei auszubilden, einen eigenen Lebensinhalt zu finden und dann wieder mit mir als reifere und weniger haltlose Persönlichkeit zusammenzutreffen. Wir planten, dann eventuell nach München zu ziehen, wo sie einen selbständigen Kindergarten einrichten würde, während ich meiner eigenen Tätigkeit nachginge. Von dieser Trennung und Louisas Ausbildung auf einem eigenen Gebiete erhofften wir dann eine größere Selbständigkeit ihrer Natur, die es erlauben würde, mehr als Gleichberechtigte nebeneinander zu leben. Bisher hatte sie ja unselbständig zu meinen Füßen gesessen, was ich nicht liebe und worüber sie innerlich selbst immer gereizt und verbittert war. Ich verließ unsere alte Wohnung und mietete mir ein Zimmer in einem Hotel auf dem Montmartre. In den ersten Tagen konnte ich nur mit Tränen an Louisa zurückdenken und hatte einen Augenblick die Idee, ihr sofort nachzureisen. Dann aber beruhigte ich mich, fühlte mich wie befreit und hatte wieder einige sehr gute Wochen.)

15. Mai 1906.

Seit einigen Tagen lebe ich wieder. Die ersten wirklich warmen Tage, mattblauer Himmel der Isle de France, milchige Blumenkohlwolken, schwüle Gewitter und dann feuchter Frühling unter blühenden Kastanienbäumen. Gelber Sportanzug mit kurzen Hosen, der mich jung macht, wie ein Zauberkleid. Panama, neue hellgelbe, amerikanische Stiefel. Alles dieses äußerliche erfreut mich, ich fühle mich wie neugeboren. Morgens gegen 11 Uhr kommt Franzl herunter und liest mir, während ich meinen schwedischen Tee trinke, aus seinen Arbeiten und Tagebüchern vor. Ich erfahre, daß das gute Kätchen ihn mit mir und mich mit ihm betrogen hat, aber das beeinträchtigt nicht im geringsten meine Dankbarkeit und Erinnerungen an die schönen Tage, die ich dem süßen Geschöpf 1904 verdankte. Ich sauge das Leben ein, und ich glaube, ich strahle es aus, wie nicht mehr seit Schwabinger Frühjahren und Karnevalen. Dann lese ich Franzl vor, was ich tags vorher schrieb: »Bemerkungen zur französischen Kultur« (später: französ. Gesellschaftsprobleme). Das Buch macht mir Spaß und noch mehr die Korrekturen des »Gläsernen Gott«, sowie der Gedanke an den »sentimentalen Roman«, den ich schreiben will.

Ich werde die gespenstische Erinnerung an Louisa los, deren Briefe mich momentan ärgern und die ich gemäßigt beantworte, um ihr armes Selbstgefühl zu schonen. Ich kann ihr jetzt nicht antun, die Scheidung von ihr zu verlangen. Ich warte lieber, bis sie in ihrem Beruf etwas erreicht hat oder sie von mir verlangt. Wie wohl wird ihrem Selbstgefühl diese Selbständigkeitsgebärde tun, die ich ihr ja von Herzen gönne. Sie hat es gut gemeint, aber sie ist die Unzulänglichkeit selbst. Über Mittag Arbeit, nachmittags oft und jeden Abend mit Irene, der Herrscherin dieser Tage und noch hoffentlich recht vieler, vieler. Abends 10 Uhr am Marignytheater, wo ich sie abhole. Frühlingsnächte in den Champs-

Elysées. Kastanienbäume, schwer von weißen Blüten, Mondschein, Bogenlampen, Balkons voll eleganter Leute, tolle Frauenhüte, bunte Girandolen um Restaurants und Theater. Weicher, feuchter Sandboden, geräuschlose Equipagen. Zwischen dunklen Büschen huschen die Kokotten in weißen fliegenden Abendmänteln. Auf der Hauptallee schnaufen Autos, Mondschein, schlankes Gezweig, bunte Lampen, wie ein japanisches Nachtfest. Und das jeden Abend. Anfangs abends mit Lampe auf Liddy und Irene wartend, Lampe ist nun fort. Ich bin meist mit Irene allein unter den Bäumen, später vor einem nahen Caféhaus. Einmal mit Roché, Liddy und Irene im »Rabelais«. Dort Cancanmädchen mit rasend sinnlicher Lust an sich selbst, schlagen sich auf Brüste und Beine. In den Champs-Elysées will eine elegant verschnürte Vettel allabendlich eine zwölfjährige Blondine mit kurzen Wadenstrümpfchen verkaufen. L. war einmal mit oben, sah den rührenden kleinen Leib mit den künstlich entwickelten Brüsten, zahlte und ging.

Irene ist ein kleines vollkommenes Ding. Das Bischen, was sie ist, ist sie ganz, verteidigt sich gut, keine Literatur, eine ganze Sicherheit, während Louisa tausend Möglichkeiten bot und nichts sicher. O keine Literatur, sie wird keine Zeile meiner Bücher je verstehen und wird das ruhig zugeben. Louisa weiß nie, was sie versteht und meint, sie versteht alles, weil sie nicht weiß, was Verstehen überhaupt ist. Irene auch körperlich vollkommen. Louisa vielleicht auch körperlich größer angelegt, aber im einzelnen so verdorben. Ich ziehe die kleine Vollkommenheit der großen Unzulänglichkeit vor. Was nützt der gute Wille der anderen, wenn man selbst die Augen des Reifen besitzt! Auch Irene war ja anfangs von mir befremdet, ein bischen Angst, ich sei oft so finster, fremd, so steif. Das will sie erst begreifen, ehe sie sich mir ganz gibt. Louisa gab sich, ohne zu begreifen. Deshalb hatte ich nie rechten Respekt vor ihr. Irene zwingt mich, vorher mich ihr verständlich zu machen. So muß ich sie anerkennen. Oft kleine bewußte Winkelzüge, die mich entzücken. Sie verteidigt sich. Louisa konnte nie nein sagen. Was ist dann ihr »Ja« wert? Sonntags mit Franzl um halb fünf am Marigny. Irene, Liddy und

Berta. Irene schmollt im Métro, weil es sie nervös macht, Bois de Boulogne, sonntägliches Gewühl. Franzl erzählt niedliche Geschichten. Berta dankbar, Liddy denkt: »Ist mir doch wurscht.« Die richtige Berlinerin aus Berlin O. Ich mit Irene in steter Spannung der letzten Tage vor der Entscheidung. Im Café de la Cascade Dr. Stern, kommt vom Rennen. Liddy kann nicht mehr gehen. Sie gehört im Grund ins Bordell, nicht in die Natur: auf dem Polster liegen, »futtern«, »pennen«, das sind ihre Freuden, wie sie sie nennt. Sie läßt sich lieben, weil ja alles egal ist. Aber sie ist schön, blond und jung. Wir dinieren in Suresnes im Garten an der Seine. Liddy »frißt«, Stern erzählt Münchener Geschichten. Heimfahrt auf dem Dampfer. Stern knutscht Liddy und bildet sich ein, es macht ihr Spaß. Franzl erzählt Berta drollige Geschichten. Sie ist ein Herz von Gold, sieht aber aus, wie ein Dienstmädchen. In der Dämmerung läßt mir Irene ihre schöne Hand. Wir singen leise Schnadahüpfln und italienische Lieder. Dann Dauerlauf vom Landeplatz zum Marigny. Stern will noch einmal zu Nacht essen. Franzl und ich solange unter den Bäumen. Die braune garstige Berta rührt ihn. Er erkennt Irene gut: fein, zart, lieblich. Ich nenne sie eine verkappte Prinzessin. Er betont ihre Bewußtheit der Verteidigung, die ihn gegenüber der Haltungslosigkeit der Schwabingerinnen erstaunt, die er aber würdigt. Wir treffen Stern in einen großen weißen Käse versenkt. Er meint, Irene sei materiell berechnend, Franzl und ich protestieren. Berechnend ja als Verteidigerin ihrer Natur, die sich nicht wegwerfen will. Aber allen Geldfragen ist sie bisher ausgewichen. Um 10 Uhr am Marigny. Hessel, ich, Irene und Berta im Café. Irene sieht, daß ich nicht allein so bin, daß es auch mehr so bizarre Leute gibt, denn Hessel geht mit Paradoxen ziemlich ins Zeug. Heimweg mit Franzl. Wir sprechen über Stern. Er kann nicht ganz mit. Liddy wütend auf Stern, weil er so frech sei, will ihn nicht wiedersehen.

Gestern Bummeltag. Ich hole Irene um 2 Uhr ab. Liddy und Grete ineinander verkrochen auf dem Divan. Berta steht häßlich herum. Liddy heult um Lampe und lacht dann über sich selbst. Irene und ich auf dem Schiff nach St. Cloud. Schokolade im

Pavillon bleu. Im Park beginnt es zu regnen. Mein Plan, mich, auf dem Rasen neben ihr liegend, deutlicher zu erklären, gestört. Wir gehen in feuchten Alleen: Goldregen, lila Blumen, kleine Schnekken, verschwommene Blicke auf Paris und sonnengestreifte Baumgänge. Daß ich sie lieb habe, rief ich ihr neulich im »Rabelais« beim Champagner ins Ohr. Nun fragte ich sie, während wir einen Hügelhang hinunter gingen, ob sie mich auch ein bischen lieb haben könnte, und ich hörte ein lautes vernehmliches Ja, dessen Sicherheit mich etwas frappierte. Küsse. Jemand kommt hinter uns. Sie hätte mich sogar sehr lieb, könnte garnichts anderes mehr denken, habe sich dagegen gewehrt usw. Sie sagte das alles so ruhig, wie eine Tatsache, über die sie sich klar ist, die sie eine Zeitlang verschweigen mußte, und nun, wenn sie sie sagen will, auch laut sagen kann. Rückfahrt oben auf der Tram. Ich möchte Dich jetzt küssen, sagte sie auf einmal und faßte manchmal schnell mein Kinn. Nie hatte Louisa diese Unbefangenheit. Sie fürchtete immer, unschön zu wirken, und es wäre auch bei ihr unschön gewesen. Meine Augen sehen zu scharf für die arme Louisa. Aber je schärfer sie bei Irene sehen, desto mehr schönes entdecken sie dort. Unterwegs verbietet mir ein Betrunkener, deutsch zu sprechen. Ich fertige ihn ab, die ganze Gesellschaft auf meiner Seite, der ich Komplimente über die »hospitalité de la France« mache, die ich genug kennte, um zu wissen, daß dieses Individuum eine Ausnahme ist. Er krakehlt mit anderen weiter. Heißhunger. Wir essen nahe bei der Jeanne d'Arc. Irene ins Marigny. Ich nach Hause, ziehe mich um für ein Nachtrestaurant, von dem aus ich hoffe, Irene zu mir zu bekommen. Im Hause Brief von Roché, der Liddy »succulente« findet, sie wiedersehen will und mir zu Irene, als »femme supérieure« gratuliert. Dann Marigny. Ich gehe mit den 4 Mädels heim. Während sich Irene im Nebenzimmer anzieht, rauchen wir. Grete, rührend, sehnsüchtig, erzählt von Peter Altenberg; die anderen mögen sie nicht, sie sei falsch und schmeichlerisch. Ich glaube es nicht. Auch ihre Schrift ist einfach, klar, aufrecht. Liddy »säuft aus der Milchpulle«, wie sie sagt. Sie konsumiert jeden Tag 2 Liter. »Is mir doch wurscht«, ist der Refrain ihrer Konversation. »Ick hab noch nie jemand geliebt«, sagt sie. »Als meene Mutter starb, hab ick jeheult, aber jetzt merke ick schon jarnischt mehr davon. Meene Mutter, die war ooch für die Ruhe, sie saß am liebsten zu Hause und trank Kaffe. Ick bin nich für det viele Erzählen, deshalb haben Walter und ick so gut zusammen gepaßt.« Die Ahnungslose. Dagegen interessieren mich Gretes sehnsüchtige Augen und ihre weichen Lippen. Ich muß mich hüten, Irene nicht eifersüchtig zu machen. Ich fahre mit Irene durch heftigen Wind nach Montmartre. Wir sind sehr müde. Sie will nicht mit zu mir kommen. Sehr kategorisch. Aber ich merke die Ursache. Sie ist unwohl. Wir sitzen ziemlich still in einem Café, verschieben das Nachtbummeln auf ein anderes Mal. Heimfahrt im geschlossenen Fiaker. Einige Küsse. Ich überzeuge mich von der Vollendung ihrer Formen und küsse immer wieder den kleinen Einschnitt über dem Mund. Beim Abschied faßte sie mir ans Kinn und sagte: »Du Lieber Du.« Ihre Liebkosungen, sonst eine sehr gefährliche Klippe für meine Gefühle – Louisa weiß davon – entzücken mich. Heute wieder kühler bedeckter Himmel.

18. Mai.

Gestern Abend bei Irene. Einen Moment mit ihr im Café. Dann kam sie mit zu mir, sicher und natürlich, wie immer. Etwas verschämt, aber kein Getu und kein Gezier. Während des Entkleidens muß ich mich umdrehen. Aber dann springt sie ganz tapfer von selbst ins Bett. Ihr Körper vollendet, »une fausse maigre«. Entzückender Duft ihrer Haut. Ihre Extase echt. Sie wirkte ganz unverdorben, doch ihre Sinne sind wach. Sie gesteht mir, daß ihre frühere Liebe, ein Leutnant in Ansbach, wo sie an der Bühne war, ganz verblasse. Noch nie habe ihr jemand so sehr die Sinne verwirrt. Meine große Zurückhaltung sei ihr sehr aufgefallen, umsomehr habe sie dann meine Stürmischkeit erschreckt, als ich mir endlich Freiheiten erlaubte. Ihre Geständnisse und Liebkosungen wirken so natürlich. Um 5 Uhr früh will sie nach Hause. Ich bin einverstanden, kann so noch auf einige Stunden Schlaf rechnen und verliere meinen Vormittag nicht, der mir doch so kostbar ist. Draußen blauer Morgenhimmel, die Straßen noch öde. Alle Droschken von heimkehrenden kleinen Damen besetzt mit bunten Hüten und welken Blumen vom Vorabend. Irene traurig, sie schämt sich. Ich setze sie in einen Fiaker und gehe heim. Ich muß bei diesem sonnigen Frühmorgengang an jene Heimfahrt von einem Frühlingsfest im Jahre 1904 denken. Lampe, Dr. Müller mit Braut, Kätchen und ich auf einem Bauernkarren in München einfahrend. Warme Semmeln beim Bäcker. Ich bin heute verliebter in Irene als je. Sie versucht mich nicht, Sachen von ihr zu verlangen, die sie doch nicht geben könnte, wie die Schwabingerinnen. Aber was sie gibt, ist vollendet. Das Weibliche in ihr sitzt am rechten Fleck.

19. Mai.

Gestern Abend war Irene nicht ganz wohl. Nach dem Theater bei ihr, wir essen Orangen. Im Zimmer ist sie am reizvollsten. Von ihrer ersten Liebe, dem Leutnant, hat sie vieles angenommen, aber es ist ihr Fleisch und Blut geworden. Nie hört man aus ihr den »Herrn Leutnant« reden, so wie aus Louisa den Georg Fuchs oder den Franz Lambert. Sie ist immer sie und wird auch durch mich nie literarisch werden. In der Sinnlichkeit ist ihr noch alles neu, z. B. daß ich in ihren Duft verliebt bin und ihr Taschentuch tagsüber bei mir trage. Ich erzähle ihr von den indischen Liebespaaren, die morgens, ehe sie sich bis zum Abend trennen, ihre Hemden tauschen. Das entzückt sie. Du hältst mich wohl für ein bischen verrückt, frage ich sie, – »nein, nur für verliebt«, ist ihre Antwort. Zum ersten Mal, daß ich in meinem Leben das Weib, das ich liebe, nicht erdrücke. Ihre Weiblichkeit kann neben mir bestehen, zur Geltung kommen, ja, in gewissem Sinn herrschen, denn ihre Weiblichkeit ist vollendet und pfuscht nicht in meine Gebiete des Geistigen. Wie grundunecht war doch Louisa. Bei allzugeistigen Frauen sollte man immer mißtrauisch fragen: wo ist der Knick in ihrer Seele, das muß doch einen Grund haben, daß sie durch Geistigkeit anziehen wollen. Für welches Fehlen ist dies das Surrogat? –

Abends 6 Uhr.

Roché und Hessel sind bei mir und ziehen sich um für den Bal des 4 z'arts. Ich war eben bei Irene. Sie ist besser, sie lag auf dem Sofa. Ich las ihr ein bischen aus dem Père Goriot vor. Liddy und Grete erwarteten ungeduldig 2 Schweden, die sich ernstlich für sie interessieren. Endlich fuhren sie vor. Liddy springt herum wie ein junges Kalb. Ich sehe vom Fenster aus die 2 Schweden: einen kleinen Dickbauch im Zylinder und einen gesunden und blonden Recken. Nach einer halben Stunde kommen beide Mädchen vom Regen durchnäßt zurück. Sie sprechen etwas geringschätzig von ihren Liebhabern. Dann sagen sie zu Irene: »Warum schaust du uns so verächtlich an.« Sie haben großen Respekt vor ihr und darum auch vor dem, den sie, die stets Zurückhaltende, nun liebt. Ich höre auf, die »Wurzen« zu sein und sehe einmal solche Geschichten hinter den Coulissen.

20. Mai.

Diese Nacht war der Bal des 4 z'arts. (Später: Ich habe ihn genau in meinem Buch beschrieben.) Stern war in großer Angst, man würde doch bei dem allgemeinen Humor sein Selbstgefühl verletzen. Hessel hatte Angst, man würde ihn auf dem Balle entkleiden. Aber in Wirklichkeit waren dort nur die Damen nackt. Die Männer waren mit Ausnahme einiger widerlicher Kerle kostümiert. Wir kamen erst am anderen Morgen zurück. Zuletzt erschien Stern im weißen Turban und Überzieher: der Bankrott der Philosophie. Roché kam mit zu mir herauf, zog sich bei mir um. Um 7 Uhr lag ich im Bett. Ich habe nie etwas so farbiges gesehen, der coup d'œil ist unübertroffen und dispensiert von allen künftigen Prozessionen, Aufzügen, Schauspielen, wenn man nur das gesehen hat.

Abends 8 Uhr.

Im Café bei den »Champs-Elysées«, während Irene im Theater ist. Eben mit Irene auf den Capucines gespeist. Sie beglückt mich immer mehr. Gestern war sie etwas verstimmt gewesen, dazu kam meine Absage für den Abend. Natürlich sagte ich ihr nicht, wo ich die Nacht verbracht habe. Ich gab ein Abschiedsessen von Freunden an. Ob sie den folgenden Tag mit mir essen wolle? Antwort: »Wenn dir deine Freunde Zeit lassen.« Ich sehr ruhig: »So etwas darfst du nicht sagen.« Heute sagte sie mir, der Ton, in dem ich das sagte, sei so gewesen, daß sie mir nicht böse sein konnte. Alle Mißlaune war fort. Und dabei behauptete Louisa stets, mein schrecklicher Ton mache das Auskommen mit mir so schwer. Eben, weil mich ihre empfindliche Frauenzimmerart zum Widerspruch und dadurch zur Schroffheit reizte. Wieviel klüger und sicherer ist doch diese viel weniger gebildete Irene.

21. Mai.

Die Nacht Irene bei mir. Der gemütliche und der ästhetische Reiz, der von ihr ausgeht, in steter Harmonie, keine Schwüle. Wenn alle Funktionen der Seele und des Leibes sich glatt vollziehen, so nennt man das Glück. Das Leben der 4 Mädchen gräßlich, ungefällig. Besonders Berta, die nichts besorgen will. »Bin ich euer Dienstmädchen?« fragt sie. Allerdings sieht sie so aus, und darum hat sie besondere Angst, es zu scheinen. Die anderen brauchen diese Angst nicht zu haben und sind darum gefälliger. Grete hingegen wird verkannt. Ich finde sie rührend. Gestern hat sie stillschweigend Irenes Trikot gestopft, während diese mit mir soupierte. Liddy und Grete prostituieren sich einfach, aber Grete leidet darunter. Sie hat eine Sehnsucht nach etwas anderem. Traurige Augen, sehnsüchtige Lippen.

Abends 8 Uhr im Café Marigny:

Irene ist jetzt im Theater. Heute begannen die Gehässigkeiten. Ich ärgere mich schon lange über die Taktlosigkeiten und Respektlosigkeiten vor dem Menschlichen bei diesen Mädels untereinander, worunter besonders Irene leidet, vielleicht auch Grete. Berta gehört zu den Leuten, die stets sagen: »ich gehe jetzt«, und dann noch eine Stunde sitzen bleiben. Sie kommt, ohne anzuklopfen in Irenes Zimmer, wenn ich dabei bin. Aber sie versteht meine Blicke und bleibt »nun gerade«. Gestern machte ich zu ihr eine Bemerkung, daß man Irene stets ihren Schlaf nehme, weil alle 3 immer bei ihr sitzen. Sie hat das nun weiter geklatscht. Heute große Szenen darüber, von denen mir Irene nichts recht Greifbares erzählt. Am ersten wird Irene allein wohnen. Berta, ein böser, kleiner Ressentimentmensch, den alles Schöne nur an die eigene Häßlichkeit erinnert.

22. Mai.

Nun beginnen die Gehässigkeiten der 3 gegen mich. Mir liegt nur daran, Grete zu versöhnen, der ich sage, daß ich nicht das mindeste gegen sie habe, mich nur über Bertas Aufdringlichkeit ärgere. Dann mit Irene im Regen zu mir gefahren. Sie hat sich meine Goyaradierungen angesehen. Beim Abschied war Irene sehr müde. Ich wünschte ihr den Zauberring, den man dreimal am Finger drehen muß, um hinzufliegen, wohin man will, damit sie in ihr Bett fliegen könne. »Ach, auch noch dreimal«, sagte sie enttäuscht und schläfrig, »nur einmal.«

Brief von Louisa. Sie spricht von Scheidung. Das kommt mir gelegen, denn ich will ihr das nicht antun. Ich wünsche aber, daß sie mir es antut. Meine Anschauungen (solange unsere Verhältnisse es nicht erlauben, Kinder zu wollen) machten die Ehe unhaltbar, schreibt sie. Wie egoistisch ist doch das Weib durch sein Geschlecht. Übrigens finde ich das entschuldbar. Ich habe sie aus Armut in Wohlstand versetzt, habe ihr halb Europa gezeigt, ihre verwahrloste Bildung geordnet, ihre ganze gesellschaftliche Erziehung gemacht, und nun soll ich noch, weil ihre Natur Kinder verlangt, in eine enge Mittelstandsexistenz einwilligen, mein Vermögen aufbrauchen, überhaupt mein ganzes Künstlertum, das sozialer und wirtschaftlicher Unabhängigkeit bedarf, auf das Spiel setzen. Dabei gebe ich ihr noch die Möglichkeit, ihren längst geplanten, aus mangelnden Mitteln vernachlässigten Beruf endlich gründlich vorzubereiten. Alles dies geschieht mir, weil ich ein armes Mädchen heiratete, der ich gleich bei der Verlobung sagte, daß zwar für die Ehe, nicht aber für Kinder vorläufig die Mittel reichen, und daß wir damit warten müßten, bis ich einmal einen großen Erfolg hätte. Ihr Egoismus aber will das heute nicht mehr sehen, während sie es damals vollkommen begriff. Ich nehme es ihr nicht übel, dann soll sie mich verlassen und mich nicht damit quälen. Verstehen kann ich sie sehr gut, aber das ist kein Grund, warum nun ich darunter zu leiden haben soll.

Abends:

Heute mit Irene beim Zahnarzt. 10 Zähne sind zu machen. Anfangs hatte sie furchtbare Angst. Als ich ihr die Gefahr des Häßlichwerdens schilderte, bekam sie plötzlich Mut, der nach einmaligem Entschluß nun auch anhält. Sie ist nicht eine Spur hysterisch.

22. [?] Mai.

Louisa hat mich nicht geliebt, sie war als Provinzialin nur durch mich verblüfft. Sie wollte durch mich die Liebe »kennen lernen«. Daß sie mich liebte, das würde ich schon machen, dachte sie. Sie hat es selbst gestanden. Also ist sie rein verstandesmäßig vorgegangen, während sie mich doch immer den Verstandesmenschen nennt. Diese Instinkte müssen bei der Frau festsitzen, sonst wird sie widerlich, ein Literatur- oder Malweib, Verstandesmensch mit schlechtem Verstand.

23. Mai.

Heute Abendessen mit Stern und Franzl im Coucou. Kleiner dämmeriger, einsamer Platz hoch auf dem Montmartre. Wir sitzen im Freien, vor uns werden Pferde angeschirrt. Italienische Küche und der schwarze Barbera machen uns lustig. Wir erzählen »storie grasse« und freuen uns wie drei Klosterbrüder darüber. Von Stern entfremde ich mich und Hessel trete ich immer näher. Auch er ist los von München. Ich fürchte fast Dülbergs Kommen. Ich lese Nerval, Femmes du Caire; möchte einmal wieder hinaus aus europäischer Kultur, Komfort, Sentimentalität und Familienbehagen. Franzl und ich machen Pläne für Biskra, vielleicht schon im Winter, träumen von afrikanischen Dächern und Nomadenunabhängigkeit. Es ist Irene, der ich alle diese Frische und Lebensfrohheit verdanke. Aber meine Pläne und meine Lebendigkeit gehen schon wieder über Irene hinaus.

24. Mai.

Gestern Nachmittag mit Irene in einer Ausstellung von Vuillard. Niemand malt so gut Zimmerluft. Es war ihr alles fremd, wenig Verständnis. Sie hat den Mut, es zu sagen und macht kein »Geschnas«.

Gestern Nacht kam Liddy, wie oft, betrunken heim und schwatzte Irene aus dem Schlaf. Sie war mit einem Franzosen zusammen, den sie nicht verstand. Er mußte ihr das Rendezvous aufschreiben. Dieses Wesen ist die Fleisch gewordene Direktionslosigkeit und Anarchie, aber ganz unbewußt.

O, wenn ich erst mit dem Franzl auf den Dächern von Cairo oder Damaskus sitze!

Himmelfahrt: Ich las Aurélie von Nerval. Das erste mystische Buch, das mich wirklich packt, *meine* Mystik, Fortunio, Zweiheit. Wieder habe ich eine Periode abgeschlossen und will nun Schalen aufstellen, in die das Neue tropft, ganz leidend, für Fortunio. Der Orient wird wohl die letzten Schlüssel geben. Ich muß erst durch diese Welt ganz durch. Ich höre das Leben brausen, so schnell geht es jetzt weiter, um mich und in mir. Alles Symbol, auch Irene. Die dunklen Gründe für einige Zeit hinter mir, so wie sie im Lothar dargestellt sind. Ich will nur Schönheit, Vollkommenheit, nichts Zweideutiges, Verstohlenes. Mir fällt ein, wie unbewußt meine Dunkelheitserlebnisse mit dem Dämon doch stets sind, so bewußt ich sie später umgrenze. Treffe ich Typen, die mich dort berauschen würden, im gewöhnlichen Leben auf der Straße, als Dienende etc., so denke ich nicht einen Augenblick daran. Und erinnert mich mein Verstand daran, die Sinne würden schweigen. Ich fühle wieder mehr als je das Rätselhafte meiner Natur, das ich Schritt für Schritt zu entdecken habe. Ich bin auf dem Weg, und eben geht es schnell. Ich fühle mich jünger als je und vertraue meinem Schicksal.

25. Mai.

Wenn man einmal einer Frau gegenüber gefühlt hat: Dumme Gans, dann ist eigentlich alles aus. Bei Louisa habe ich es bisweilen gefühlt. Bei Irene könnte ich höchstens fühlen: »Dummes Mädel«, und das macht nichts.

Heute mit Irene ein wahrer Unglückstag. Alles was wir sprachen, nahm eine unangenehme Wendung. Sie weinte schließlich, sie verstünde mich doch nicht, ich hätte sie nicht lieb usw. Dann zärtliche Versöhnung. Ein süßes Ding. Aber ist dies der Anfang vom Ende? –

Sonntag, den 27. Mai.

Gestern mit Stern, Dr. Oberwarth, Hessel, Irene im Moulin de la Galette. Sie, ein bischen berlinisch, findet: »Schön ist anders.« Dann in der »Abbaye de Thélème«. Viel Champagner, spanische Tänze, ein betrunkener alter Herr, wie ein deutscher Oberst aussehend, mit einem Stich in das Falstaffische, ein Kerl, an dem man seine Freude haben kann, von sich nicht gegenseitig befehdenden Instinkten, der gewiß sein ganzes Leben auslebt. Irene stillverwundert über alles dies und sehr lieb. Blaue Morgendämmerung auf der Place Pigalle, wie ich sie oft vor 9 Jahren sah. Zuhause drei Briefe. Erstens meine ganze Börsen-Couverture, mit der ich hier an der Börse spekuliert habe, gezwungen durch die Enge, in welche mich das Leben mit Louisa brachte, verloren, zweitens Louisa verlangt Scheidung, drittens gleichzeitig Brief ihres Anwalts. Sehr sonderbar, daß sie gleich den Anwalt hineinzieht, das ist ein Grenzmoment. Wenns gut geht, wird nun bald wieder alles klar.

Bei einigen stilistisch etwas preziösen Stellen meines Balsoramen grinst der Franzl und ruft: »Alter Gauner«.

28. Mai.

Im Café de la Régence beim Apéritif: Gestern Abend kamen Tilly und Ludwig an. Sie ist sehr hübsch, sehr klug, sehr lieb. Wir speisten in der Brasserie Universelle. Die Familienwärme tat mir wohl. Dann eine Stunde bei Irene, in einem weißen Spitzenpeignoir, ganz aus Spitzen. Sie war entzückend, noch ganz hingerissen von der letzten Nacht in der Abbaye. Aber man muß sie in ihrem Interieur gesehen haben. Sie ist mir doch viel in dem Nomadentum meines jetzigen Daseins mit seinen Ungewißheiten. Heute allgemeine körperliche Verstimmung. Warum? Schwüle Frühjahrswärme.

Ich las auf Sterns Rat Lipps, Ethische Grundfragen. Einige uns längst in Fleisch und Blut übergegangene moderne Erkenntnisse wieder entfleischt und entblutet, von einem Philister in einen abstrakten Philosophenstil geklemmt.

Irene heute wieder reizend.

29. Mai.

Fast möchte ich glauben: das Moralischste ist stets das, was einem am meisten Vergnügen macht, falls man ein gut organisierter Mensch ist. Falls man es nicht ist, hilft auch die Moral nicht viel. Daß ich die Liaison mit Irene habe, ist ein Ehebruch, der mich aber dem ganzen Leben gegenüber so gutartig, »bon enfant« macht, daß es nicht nur alle spüren, die mir nahen, auch das Buch, das ich gerade schreibe, wird milder, sonniger, versöhnlicher. Ich komme um die Klippe herum, bei der Kritik deutscher Zustände ungerecht bitter zu werden.

Mit Tilly, Ludwig und Franzl ein Abendessen im italienischen Restaurant oben auf dem Montmartre. Dann im »Carillon« und bei Maxim. Wenn ich Tilly am Arme habe, ist sie kaum wie meine Schwester, sondern wie eine fremde schöne Frau. Sie konstatiert die Rassenähnlichkeit von uns 4 Geschwistern. Derselbe Geschmack, besonders in der Pflege des Körpers. Ich füge hinzu: Ressentimentlosigkeit, Streben nach Klarheit ohne Nüchternheit, Selbstgefühl ohne eigentliche Eitelkeit, ästhetisches Gefühl, sich keinen blauen Dunst vormachen lassen, Bewußtheit.

30. Mai.

Die Bedrückung über Irene und mir wird immer fühlbarer. Sie ist chronisch krank und pflegt sich nicht, Darmkatarrh. Ich kann das nicht mit ansehen. Was ich ihr sage, tut sie wohl, aber hat gar keine Initiative. Das drückt mich nieder, zu sehen, wie sie sich zu Grunde richtet.

1. Juni.

Endlich wohnt Irene allein, ebenso Grete, die jetzt einen silberhaarigen Brasilianer hat, den sie Liddy ausgespannt hat. Liddy, das Kalb, wohnt bei Berta, der Ziege, die Hure teilt das Bett der Jungfrau, die Hure aus Dummheit und die Jungfrau aus Dummheit. Zwei widerliche Verkörperungen von Klein-Berlin. Nihilismus. Für Liddy ist doch alles »Quatsch« und deshalb gibt sie sich jedem. Übrigens nicht aus Verzweiflung oder Enttäuschung. Auch Berta ist alles »wurscht«, und darum hat sie keinen Liebhaber. Berta, etwas klüger, aber voll Neid und Ressentiment. Liddy ressentimentlos, aber ohne Verstand, ohne Seele, ohne Nerven, ohne Instinkte. Sie watschelt wie eine Ente. Ein starker Körper auf schwachen Füßen. Berta läuft kerzengrade wie eine aufgezogene Gliederpuppe, blickt nicht rechts und nicht links. »Es geschieht euch ganz recht, wenn ich keinen Schatz habe«, denkt sie offenbar. Eine gewisse klein-berlinische Phantasielosigkeit stört mich wohl auch an Irene. Gestern auf dem Blumenkorso. Ich machte Betrachtungen über den Reichtum des Landes. »Welche Bedürfnisse müssen erst befriedigt sein, was muß schon alles da sein, daß man einen solchen Blumenwagen bezahlen kann!« sagte ich. »Wird schon da sein«, erwiderte sie. »Warum regst Du Dich über so etwas auf?« Wenn ich mich für etwas interessiere, sagt sie: »Du mußt aber auch wirklich alles wissen.« Wenn ich etwas tadele, erwiderte sie: »Wenn Du es gemacht hättest, wäre es gewiß besser.« Oder: »Man hat erst gewartet, bis Du kommst.« Franzl stellt fest, daß deutsche Mädchen von unregelmäßigem Leben stets etwas besseres sein wollen. Die ganze Gipsgruppe, so nennen wir die 4 Mädels wegen ihrer Vorführungen im Marigny-Theater, ist eigentlich keine Gipsgruppe. Jede meint, daß sie eigentlich nicht dazu gehöre.

3. Juni.

Der Verkehr zwischen Irene und mir wird lahmer. O diese deutsche Passivität, die dabei doch stark sinnlich ist. Das ist mir alles viel zu brav und ängstlich. Immerhin nicht das Gräßliche, unbewußt Schamlose, wie bei Louisa. Nur eben doch etwas zu harmlos. Liegt das nur an ihrer Unerfahrenheit, muß sie erst das Liebkosen lernen? Jedenfalls tut sie nichts Häßliches, was mich stört, wie Louisa. Aber es ist mir alles zu bleich. Franzl sagt, sie haben eben einen polygamen P… Der Leutnant muß ja ein unsäglich primitiver Mensch gewesen sein. Seelisch ist ihm jedenfalls die Defloration nicht gelungen.

Ich warte nun schon 8 Tage mit viel Unruhe auf Louisas Brief, um ihr Verhalten in der Scheidung zu erfahren. Ich traue ihr nicht zu, daß sie gemeine Ausbeutung versuchen wird, aber ich hätte doch gern Klarheit.

4. Juni.

Wie traurig sind nun meine Diners mit Irene. Sie darf ihres Darmkatarrhs wegen fast nichts essen und ißt natürlich nur das ihr Ungesunde gern. Nach Tisch muß sie immer gleich ins Theater, und wir haben uns nichts mehr zu sagen. Gestern kam es zu einer Aussprache, in der nichts Wesentliches gesagt wurde, die aber dennoch meine Zärtlichkeit wieder steigerte. Sie leidet unter meiner Korrespondenz mit Louisa, deren Inhalt sie nicht kennt. Hätte ich jetzt nicht Mitleid mit ihr, ich glaube, ich würde mich frei machen. So erwarte ich die Lösung von den Verhältnissen.

Ich fühle den Grund meines Lebens so unglücklich, daß ich in tiefe Melancholie verfiele, wenn nicht das dichte Netz meiner zufällig sehr ausgefüllten bunten Tage über den Abgrund gespannt wäre. Eigentlich müßte es umgekehrt sein, der Grund glücklich, den vielfachen Unbilden des Alltags Widerstand leistend, denn das gäbe Zuversicht. Was aber werde ich, wenn plötzlich das Leben um mich verarmt? Andererseits ist es doch auch Lebenskraft, der Melancholie mit Hilfe dieses Netzes zu widerstehen.

Irene geht im Sommer mit der Gipsgruppe nach England. Ich wollte mitgehen, aber nun werde ich es nicht tun. Wie es ihr sagen? Ich möchte mit Franzl den ganzen Sommer im Wald von Fontainebleau sitzen, von Zeit zu Zeit auf ein bis 2 Tage nach Paris kommen. Das lockt mich nun viel mehr.

7. Juni.

Gestern nach vielem Wetterwechsel echter Sommer. Seltsame Straßenerregung, Buntheit, Sonne, Dämon. Nachmittags jetzt täglich in der Bibliothèque Nationale. Ich treibe französische Geschichte, sehr befriedigt. Abends sehr lahme Unterhaltung beim Essen mit Irene, die wieder indisponiert ist. Dann in der Dämmerung allein über die Seine, Eiffelturm, Ecole Militaire. Um 10 Irene im Café Marigny. Lahmes Schweigen. Ich sage, ich könne wohl nicht mit nach England, Grund: meine finanziellen Verhältnisse. Das kann ihre Eigenliebe am wenigsten verletzen. Sie ist sehr erregt, will nach Hause. Dann bei ihr: ich sei sie wohl müde, ob sie mir nicht genüge. Ich hätte geheuchelt. Wenn sie sich doch nur nicht mit mir eingelassen hätte etc. Ich beruhige sie, meine Lage sei auch nicht beneidenswert. Versöhnung. Sie bittet um Verzeihung, sie habe nur an sich gedacht. Was ist sie doch für ein liebes gutes Wesen. Aber wenn wir uns doch nichts mehr zu sagen haben! Ich hoffe, die letzten 3 Wochen werden nun noch hübsch werden, da der Zwang von außen fortgenommen ist.

8. Juni.

Gestern 10 Uhr abends mit Franzl, Tilly, Ludwig Moulin de la Galette. Tilly ohne Hut, nur mit Spitzentuch, da sie aus einer Gesellschaft kam, und wir einen Hallenbummel vorhatten. Im Moulin werden femmes en cheveux nicht eingelassen. Der maître de plaisir verlangte, sie solle ihren Hut aufsetzen, begnügte sich dann aber mit dem Spitzentuch. Alle Mädchen schauen, aber Tilly sieht reizend aus, sie fügt sich mit viel Humor in die Situation, sodaß sie ein Recht zum Auffallen hat. Sie genießt überhaupt diese ihr fremde Atmosphäre immer aus dem Kontrast, stets sie selbst bleibend. Wie widerwärtig war mir, mit Louisa an solche Orte zu gehen, da sie immer sinnlos in alles hineintappte, alles wundervoll fand, nie sie selbst war und darum zu nichts die richtige Stellung hatte. Ludwig sehr lahm und langweilig. Ich hätte mit Tilly lieber allein sein mögen. Wir fahren nach den Hallen, Caveau des Innocents. Zwei Stock unter der Erde, Verbrecherkeller mit verkritzelten Wänden, ein furchtbares Dröhnen des Klaviers. Ein kleines Herrchen mit Schnurrbart, ein Geck aus dem tiefsten sozialen Stockwerk singt schlecht sentimentale Lieder und moquiert sich über einen rothaarigen häßlichen Jungen, der Ähnlichkeit mit Richard hat. Wulstige Lippen, wie ein ganz geringer Arbeiter gekleidet, blaue Hosen, offenes Hemd. Doch singt er mit ausgezeichneter Stimme und erschütterndem Ausdruck Lieder, die meist etwas wie verschmähte Liebe ausdrücken. (»Soyez clémente« etc.) Ich lade ihn zu einem Bock ein. Er erzählt, er war früher Kirchensänger, man wollte ihn zum Theater lancieren, aber es fehlte an Geld und Protektion. Jetzt arbeitet er von 4 Uhr früh ab mit seinen Eltern an den Hallen. Abends ist er Coulissenschieber an einem Theater. Er schien aufrichtig. Wir blickten dann noch in zahlreiche andere Lokale ohne viel Leben. Ludwigs Lahmheit entmutigt mich. Dann mit Franzl zu Fuß nach Haus. Einzigartig der blaue Pariser Morgen über den finsteren Pariser Gassen, deren schwarze Firstlinien gespenstische Umrisse zeigen.

9. Juni.

In einer niedrigen Dirnengasse sah ich zwischen elenden Vetteln in einer Mauernische ein siebzehnjähriges blondes Mädchen, die Hände im Schoß, in die untergehende Sonne schauen. Ich blickte sie an, aber sie schaut weg. Eine grauhaarige Alte dagegen macht mir Zeichen. Als ich Franzl davon erzähle, meint er: »es war vielleicht meine Muse«.

Sonntag, den 10. Juni.

Mit Franzl in Isle-Adam bei Dreyfus. Wir haben eine kleine Sommerwohnung dort genommen.

12. Juni.

Immer mehr fühle ich in diesem Jahr, daß mein Beruf eine Berufung ist, die mich für die Welt in manchem Sinne untauglich macht. Warum kann ich nicht mit Irene, die mich liebt, ganz dumm glücklich sein und ihr den Sommer in das englische Seebad folgen? Statt dessen ziehe ich vor, 3 Monate in einem kleinen Landstädtchen zu sitzen, wo das einzige Vergnügen der Wald und das Flußbad ist, und zu arbeiten. Gestern beklagte sie sich wieder, wie wenig sie von mir hat. Nie hätte ich Zeit für sie. Wir waren abends mit Hessel und Grete in der Taverne Royale. Ich hätte nur Blicke für Grete gehabt. Hessel verliebt sich ein bischen in Irene. Es ist schade für Irene. Sie meint, alles müsse lange dauern und vergißt deshalb das Schöne, das nur kurz war. Sie fühlt, daß ich nur noch zu ihr komme, weil ich nicht brutal brechen will, da sie ja in 3 Wochen doch abreist. Wie müde bin ich das alles, und dabei ist sie ein rührend liebes Geschöpf.

13. Juni.

Ich lese abends, während ich im Café Marigny auf Irene warte, in den Wahlverwandtschaften. Das ist die reifste Weltbetrachtung, welche denkbar ist, das was wir heute erstreben. Das satteste, vollste Leben, das mich fast verzweifeln läßt an meiner unsteten Existenz. Wie erinnert es mich an Deutschland und den Beginn mancher Liebe. So gut Ottilie dichterisch ist, bis jetzt ist sie mir persönlich nicht sympathisch, dieses ewig unvollkommene

Wesen, das sich in Eduard, den Weltmann, verliebt. Das ist ja mein ewiges Schicksal, von unvollkommenen Wesen geliebt zu werden, die in mir gewisse Eigenschaften lieben, weil sie ihnen neu und allzu glänzend erscheinen. Es liegt darin immer etwas von Gretchen und Faust. Ein oder zweimal sehr hübsch, aber dann unsäglich langweilig. Man fühlt sich in mancher Hinsicht so überschätzt, in eine glänzende Rolle geschoben und muß sie nun spielen, wird darum grausam, ja verachtend (Louisa).

Ich traf Irene zum Abendessen. Sie hatte den ganzen Tag nichts gegessen. Sie liebe mich so sehr, daß sie diese Quälerei nicht mehr aushalte. Ihr Leben sei vernichtet und dergl. Ich hatte die Absicht, den Abend in die Closerie des Lilas zu gehen, wo ich wichtige Besprechungen hatte, aber sie tat mir zu leid. Ich ging um 10 wieder an das Theater und holte sie ab. Ich habe sie lieber, als sie glaubt, als ich selbst glaubte. Das kleine Prinzeßchen werde ich sehr vermissen, aber wenn mich jemand so ganz haben will, dann muß ich mich zurückziehen. Vielleicht loderten meine Gefühle deshalb wieder auf, weil sie sagte, wir wollten uns lieber nicht mehr sehen. Sie war glückselig, mich unerwartet am Theater zu finden, und ich freute mich auch. Abends noch etwas im Café, dann zu ihr nach Hause, große Zärtlichkeit.

Der Franzl und die Grete haben sich nun auch glücklich gefunden.

14. Juni.

Vorgestern Abend beim Abschied küßte ich im Scherz Grete in Gegenwart Franzls und Irene. Grete hat gestern dies Berta erzählt, diese kommt höhnisch zu Irene. »Das ist ja schön, die Männer sind doch alle gleich«, sagt sie zu ihr. Grete, ein bischen böses Gewissen, bringt Irene Blumen. Irene in äußerster Aufregung nennt Grete falsch und bösartig, hält es mit der giftigen Berta. Abends läßt sie mich beim Essen vergebens warten. Ich treffe sie am Theater, nun sei alles aus. Um 10 hole ich sie ab, sie spielt die Gekränkte, tut, als wolle sie mich nicht herauflassen. Ich habe Mitleid mit ihr, will sie nicht in dem Zustand allein lassen, gehe mit ihr nach Hause. »Was kränkt Dich so?« frage ich, »der Kuß oder das Geschwätz der Mädels?« »Das Geschwätz«, antwortet sie. Der Kuß paßte ihr wohl auch nicht, schien aber verzeihlich. »Aber an dem Geschwätz bin ich doch unschuldig«, erwiderte ich. Ich suchte ihr das Harmlose der unüberlegten Grete und die Bosheit Bertas klarzumachen und ihre eigene Torheit, den beiden Sachen solche Wichtigkeit beizulegen. Sie beruhigt sich. Zärtliche Versöhnung. Welche Niederungen des Lebens – Gipsgruppe! Warum konnte sie nicht zu Tisch kommen und mir abseits sagen: Hör mal, Du hast mir da mit dem Kuß eine unangenehme Geschichte gemacht usw. usw. Ich hätte begriffen, mein Bedauern ausgedrückt und den anderen gegenüber Irene rehabilitiert blos durch mein Verhalten. Warum müssen die Frauen alles hintenherum machen? Warum sagen sie: »Küsse sie nur, mir ist es recht«, wenn sie meinen: »Um Gottes Willen, küsse sie nicht.« Mir ist das alles ekelhaft.

15. Juni.

Abends mit Franzl, Louisas Schwester Milli und der Baronin Possanner zum Essen bei dem Italiener oben auf dem Montmartre. Spaghetti, Filet Montevideo, Sabaione. Dann im Lapin Agile. Wir singen Volkslieder, Schnadahüpfln und dergl. Die Baronin schön, klug, hart und gemütlos. Es scheint, daß sie mich gern mag. Wenn ich solch eine Frau heiratete, würde alles Weiche und Gutmütige in mir vielleicht zur Entwickelung kommen, während ich jetzt den weichen Frauen gegenüber immer meine Härte und Schroffheit entwickele. (Spätere Randbemerkung: Vielleicht wäre aber auch das Gegenteil der Fall gewesen!) Leider ist die Zeit, da ich die Baronin liebte, vorbei. Anfangs war ich wirklich sehr für sie eingenommen. Um eine Vernunftehe zu schließen, ist sie zu unerfahren und auch wieder zu vermögenslos. Sie erwartet wohl noch viel von der Liebe. Auch Franzl war dabei. Wir kauften den Damen Zuckerstengel. Franzl sang das Lied: »Weib, Weib, sollst heim gahn.« Die Baronin entzückt, errät immer die folgenden, naheliegenden Reime. Milli kann das garnicht begreifen, und fragt: »Kennen Sie denn das Lied?« Dieselbe Phantasielosigkeit und das Staunen, wie bei Louisa, wenn jemand etwas aus dem Kopfe improvisierte. Milli langweilig und gewöhnlich, wie immer. Sie weiß nicht, wo man lachen, wo man weinen muß. Sie arbeitet täglich ihre 9 Stunden in einem Geschäft. Die eine freie Stunde, die sie nach Tisch hat, sitzt sie in der Bibliothek und liest Racine. Das ist allerdings rührend.

18. Juni.

Früh nüchtern auf den Franzl wartend. Vorgestern, Samstag Abend 8 Uhr nach Isle-Adam gefahren, um Vorbereitungen zu treffen für die Ankunft Franzls, Gretes und Irenes nach dem Theater. Ich verbrachte den Abend bei Frau Dreyfus, die allein war. Wir sprachen ziemlich intim über Ehen, meine Ehe. Sie ist ganz intelligent, erzählt, daß Louisa ihr gegenüber einmal gewisse Gemeinheiten der Else Plötz dadurch verteidigte, daß sie sagte, sie bewunderte Else Plötz gerade, weil sie nicht wußte, daß das Gemeinheiten waren. Das ist die ganze gallertartige Louisa, von nichts was wissen wollen und dann alles instinktiv tun dürfen. Frau Dreyfus klagt mir stets über die Ehe. Sie leidet darunter, kommt nicht zum Malen und kann wirklich etwas in dieser Kunst. Sie macht mir große Komplimente über meine Bücher u.s.w. Wenn ich diese weiche, zarte Frau geheiratet hätte, so wäre dasselbe Unglück da, obwohl sie an sich viel mehr ist, als Louisa.

Um 12 kamen die anderen am dunklen einsamen Bahnhof an. Durch eine Trivialität wurde die ganze Angelegenheit verpfuscht. Natürlich bin ich in dem Verkehr mit Irene immer sehr vorsichtig gewesen. Nun hat sie das für diese Vorsicht notwendige Instrument nicht mitgebracht. Sie behauptete, es vergessen zu haben. Ich merke aber wohl, daß es in Wirklichkeit diese mir so verhaßte frauenzimmerliche Art ist, die ich falsche Schamhaftigkeit nenne. Sie hat das Instrument nicht eingepackt, damit ich nicht denken solle, daß sie diese Dinge erwartet. Das verpflichtet uns nun zu einer Nacht der Keuschheit. Nun ist sie natürlich sehr bestürzt und niedergeschlagen darüber. Sie will gerade unvorsichtig sein. Ich aber danke dafür. Ich bin stumm, verärgert. Daheim erklärt sie plötzlich, sie könne nicht hierbleiben. Das macht mich wütend und ich fahre sie an: »Ich kann nicht, ich kann nicht, ewig dieses Ich kann nicht. Ich kann nicht essen, ich kann nicht sprechen. Man kann alles, was man will.« Sie ist darüber sehr erschrocken, fällt mir um den Hals, ich solle nicht so böse sein. Ich bitte um Verzeihung, wir legen uns versöhnt, aber verärgert nieder und schlafen schlecht nebeneinander. Dazu verschaffte mir der Satan im Traum, was mir in der Wirklichkeit in dieser Nacht versagt war. Am anderen Morgen matt und zerschlagen infolgedessen. Franzl und Grete dagegen hatten eine angenehme Nacht. Gemeinsames Frühstück um 11 Uhr. Dann zusammen ins Freie. Hessel singt und recitiert lustige und traurige Sachen. Wir sitzen am Waldrain, vor uns suchen die Mädchen Blumen. Später liegen wir an einer Waldlichtung. Die liebenswürdige Grete regt mich sehr an. Im Ganzen lag über uns eine stumpfe, aber poetische Trauer, von der Natur und der schönen Aussicht gemildert und von der Erwartung, den Sommer hier allein zu sein. Irene bleich, blutarm, elend, verliert allen Reiz für mich. Ich glaube auch nicht an ihre große Liebe. Viel davon ist auch das konventionelle Pathos, das für sie zur Liebe einmal gehört. Wie mich überhaupt all dieses Gemachte stört. Grete dagegen ist einfach sinnlich und liebenswürdig, will wie ein kleines Mädel geliebt sein, sonst nichts, und nimmt nichts zu ernst. Franzl ließe sie mir gern und nähme gern zur Abwechselung Irene. Grete wäre wohl auch einverstanden. Aber Irene? Am liebsten hätte ich gestern Schluß gemacht. Aber immer wieder habe ich dieses verdammte Mitleid, da es ja ohnehin nur noch 14 Tage dauern kann. Um 6 fuhren wir nach Paris, brachten die Mädchen heim, dann waren wir frei, atmeten auf und genossen unser Alleinsein. Wir speisten sehr nett in einem kleinen Restaurant im Freien auf dem Boulevard Malesherbes und fuhren dann oben auf der Tram nach Neuilly zur Messe. Wir bummeln zwischen bunten Lichtern, Karousselllärm und essen einige gemeine Süßigkeiten, etwas matt. Ich meine auf solchen Messen immer, das eigentliche Leben sei nicht in der Mitte, sondern im Dunklen hinter den Buden. So geht es mir im ganzen Leben.

18. [?] Juni.

Mit Franzl Boulevard Montparnasse diniert, dann eine Stunde allein im südlichen Viertel. Franzl im Café Rotonde wiedergetroffen. Der Berliner Bondy. Auf dem Omnibus heimgefahren. Wir planen künftige Haushaltungsgemeinschaft mit netten gebildeten Mädchen, wie Louise Bücking, ohne sexuelle Beziehungen à la Kaulbachstraße, aber mehr Ordnung. Auch die Baronin kommt in Frage, die ja jetzt nach Rom geht, wo ein Zusammenleben mit ihr entzückend wäre.

20. Juni.

Irene ist plötzlich vernünftig geworden. Sie hatte gestern einen neuen Panama auf und sagte, sie habe in Isle-Adam ihre Seele verloren, schlafe nun sehr gut und fühle sich wohl. Das heißt, sie hat begriffen, daß sie sich die Tragik der ganzen Geschichte nur eingeredet hat und daß man sich gerade so gut das Gegenteil einreden kann. Natürlich möchte sie mich noch ein bischen ärgern. Alles sei eine Art Hypnose gewesen, nun sei alles vorbei usw. Aber sie ahnt nicht, wie froh ich bin, sie aus ihrer Selbstqual befreit zu sehen. Sie denkt auch nicht mehr daran, jetzt keinen Mann mehr lieben zu können, träumt von ihrem früheren Schatz, der tot sei und den sie wachküßt, dann gleicht er auf einmal mir, und sie läuft erschreckt davon. Das hat sie mir erzählt. Es reizt sie noch ein bischen, ärgert sie, daß mich das alles nicht verletzt, sondern bei mir nur ein gutmütiges Lachen hervorruft.

Es folgt ein etwas verdrossener müder Abend mit Franzl. Erst in der Closerie, dort Moréas, Paul Fort und andere französische Dichter. Langweilig, cliquenhaft, schlecht erzogen, wie immer. Ich gehe nicht mehr zu den Leuten. Zuletzt noch eine Stunde in La Chapelle.

21. Juni.

Gestern den ganzen Nachmittag und Abend dem Dämon gefolgt. Erst in Vincennes, dann Essen mit Franzl im Restaurant Coquet, dann Grenelle, Boulevard d'Italie, Gare d'Orléans, Boulevard Charonne. Schließlich La Chapelle. Wurde für einen Agent de mœurs gehalten und flößte Furcht ein.

Das einzige, was bei mir vollkommen gut geht nun, ist meine Arbeit, sonst bin ich in allem zerrissen. Meine Nervosität kann noch jeden Augenblick Charakter, Stimmung, Gesundheit, Kraft, gerechtes Urteil in Frage stellen, nur nicht mehr die Arbeit.

Nachts: ich stehe nun seit 3 Wochen unter der Einwirkung von Louisas dummem und wohl auch brutalem Verhalten. Ich kann nicht dahinter kommen, was sie eigentlich will, befürchte aber, daß sie mich in München verleumdet hat usw. Die Familie behandelt in ihrer gewohnten Vornehmheit die Sache öffentlich. Alle Leute wissen davon. Nach Richards Brief scheint die Scheidungsklage nur eine Drohung zu sein. Ich verstehe nicht und überrasche mich in jedem müßigen Moment bei Entwürfen zu evtl. Briefen an Louisa, ihre Familie oder an Freunde, die vermitteln könnten, zu meiner Verteidigung. Obwohl ich nicht eigentlich Schlimmes fürchte, beschäftigt mich die Sache maßlos und raubt mir die Ruhe zum Einschlafen. Daher auch tagsüber oft Ermattung und Schlaffheit, die so schön überwunden war. Franzl mein einziger Trost.

22. Juni.

Seit gestern wieder Freude an der französischen Erotik. Abends vergeblich mit Franzl Gesellschaft zum Abendessen gesucht, heute in der Mittagsglut in die Petits Carreaux. Eigentlich sollte man nur wahrhaft verliebt sein oder an solche Orte gehen. Das sind die zwei Vollkommenheiten, alles andere flaue Kompromisse. Ein blau verhängtes Gemach, Spiegel, 2 elektrische Birnen. Lucienne köstlich, eine große Braune. Ich verlasse das Haus sehr zufrieden. Den ganzen Nachmittag ruhig in der Bibliothek gearbeitet und jetzt etwas matt. Zum ersten Mal habe ich auch den Reiz der Schminke empfunden. Le rouge qui efface l'individualité de la bouche. Ist das bei solchen Frauen nicht das allerwünschenswerteste, dieses Leben von dem Individuellen ganz zu lösen? Das eine würde das andere stören. Die gute Maison de passe in Paris wirklich eine Vollkommenheit.

26. Juni.

Samstag Abends mit Franzl nach Isle-Adam gefahren. Abends bei Dreyfus im Garten. Wir bewohnten, wie schon am vorigen Sonntag mit den Mädchen, unser neues Haus. Sonntag ein nasser, trauriger Morgen. Rudern unmöglich, Baden unmöglich. Alle hübschen Plätze sind propriété privée. Ich möchte mich endlich einmal wieder ausdehnen können, meine Seele an die Außenwelt hingeben, nicht wie jetzt schon solange sie umspinnen mit tausend Plänen, Hoffnungen, Gedanken und Arbeiten, um mich gegen die Außenwelt zu schützen. Das Leben sollte wieder einmal selbst etwas sein. Nachmittags mit Dreyfus in schöner Flußlandschaft in Heuhaufen ausgeruht, abends bei ihnen im Garten. Ich war sehr matt und etwas verstimmt, habe, glaube ich, infolgedessen mißfallen. Andere erwecken in solcher Stimmung Teilnahme, ich mindestens Befremden, wenn nicht Abneigung.

Gestern unangenehme Aufregung in der Scheidungssache. Man will mir zur verdammten Pflicht machen, was ich ja gern freiwillig täte, nämlich für Louisa zu sorgen, bis sie ihre Ausbildung in dem neuen Beruf vollendet hat. In Franzls Beisein schreibe ich abends an Louisa. Dann erzählt er mir seine schlechten Erfahrungen in der Kaulbachstraße. Suchocki hat ihn schofel genannt, nachdem er 3 Jahre von ihm gelebt und am Schluß eine Kleinigkeit nicht nach seinem Wunsche erhielt. Die vollkommene Besitzlosigkeit scheint doch zur Rancune und zum Undank zu prädisponieren. Was habe ich alles für Louisa getan! Aber nun ist das alles selbstverständlich und von Dank keine Spur. Ein klein wenig, genügend zur Unabhängigkeit muß man doch offenbar besitzen, um ein Gentleman, d. h. ein bis ins Kleinste anständiger Mensch sein zu können.

27. Juni.

Auf der Heimfahrt von Isle-Adam fielen mir in Erinnerung an unsere Winterwohnung in der Rue Bonaparte die Verse ein: »Dunkles Haus, in deinen Scheiben spielt ein Abendrot. Ich muß harren, ich muß bleiben, bis die Stunde tot. Mein Glück ward wie in einem Sarg hinausgetragen …«

Gestern sprach ich in der Bibliothek die Baronin. Natürlich ist sie von Milli über die Scheidung unterrichtet. Über die Familie Fuchs hat sie offenbar meine Meinung. Die Alte hat ihr einen gewöhnlichen Eindruck gemacht. »Was wollen Sie, bei der Erziehung«, sagt sie, als ich mich über die schamlose Öffentlichkeit beklage, mit der Louisa die Sache behandelt. Milli bespricht alles an der Table d'hôte des Hauses, wenn Briefe von ihrem heimlichen Bräutigam kommen und dergl. Die vornehme Entschiedenheit der Baronin tut mir wohl. Die Frau muß wissen, was sich ziemt. Der Mann kann dann ihren Standpunkt mildern, wenn er zu schroff ist, denn für ihn heißt es: »Erlaubt ist, was gefällt.« Bei Louisa mußte *ich* immer sagen, was sich ziemt, eine sehr undankbare Rolle für den Mann, der dadurch zum Pedanten und Schulmeister wird. Seit ich nun einmal mit einer Lady über die Sache gesprochen und ihre Übereinstimmung mit mir erfuhr, ist mir wieder bedeutend wohler. Sie will übrigens ohne Milli nach Isle-Adam manchmal herauskommen.

Gestern Abend. Ein zweites Mal am Tag ein Schwimmbad. Glühender Sonnenuntergang, im Staub der Stadt gebrochen. Alles preßt sich geschwitzt und arbeitsmüde in den Métro, ein rothaariges, gräßliches, schmutziges Frauenzimmer mir gegenüber beißt mit einem Raubtiergebiß auf die Messingstange, an der sich Tag für Tag alle die schweißigen Hände reiben. Das ist entsetzlich und hat, wenn ich die Augen schließe, etwas aufreizendes, als ob doch in meinem Allerinnersten ich solch ein Weib begehren könnte, nur gehindert würde durch anerzogene Reinlichkeit und Schönheitsbedürfnis. Die Rache des Volkes für unsere Verfeinerung.

28. Juni.

Hessel allein versteht, daß es gerade bei mir eine Lebensstärke, nicht eine leichtsinnige Schwäche ist, daß ich mich so leicht zur Scheidung entschließe. Täte ich es nicht, so wäre es Müdigkeit. Aber vorläufig bin ich noch absolut. Das Bild dessen, was mein Leben ist und werden kann, steht so klar vor mir, daß ich jedes Wesen von mir abtrennen *muß*, das dieses Leben durch seinen persönlichen Jammer zu hemmen, zu trüben sucht. Ich bin immer noch nicht enttäuscht, immer wieder zu Versuchen bereit, wenn sie auch noch ein paar mal ungünstig ausfallen, glaube aber wohl, daß eine Ehe dauern würde zwischen mir und einer Frau auf gleicher gesellschaftlicher und Bildungsstufe und in derselben Vermögenslage. Wird daraus keine ideale Ehe, so kann daraus mindestens eine ideale Lebensgemeinschaft werden, womöglich mit Kindern. Das würde mich nicht hemmen und die Frau sogar fördern. (Spätere Randbemerkung: Diese Gedanken haben sich in mir immer mehr gefestigt. Mein Mitleid, das im Oberbewußtsein lebt, will eine Frau vielleicht schonen. Ich kann bereit sein, mich ihr zu opfern. Trotzdem kommt der Tag, wo ich, wenn sie mich stört, sie von mir abtrennen *muß*. Es ist wie ein schmerzhafter Verband, den ich beim Einschlafen gewillt bin, zu ertragen; wenn ich morgens erwache aber, habe ich ihn im Traum abgerissen. Es ist keine Brutalität, sondern ein nicht zu bekämpfender Instinkt. Wer meinem Werk und meinem Leben hemmend in den Weg tritt, der muß fort, ob ich es bewußt will oder nicht.)

29. Juni.

Auf den äußeren Boulevards umhergeirrt. In La Chapelle einen Arbeiter zum Bier eingeladen. Er erwartete seine Frau, die sich bei ihrer Schwester wohl verschwatzt hat. Ich hatte ihn anders beurteilt. Ich erzähle ihm, ich mache Landkarten und erfahre, daß er italienischer Tiroler ist. Wir sprechen etwas italienisch. Später auf dem Boulevard la Chapelle verfolgt mich eine Bande, die mir zuruft: Est-ce que tu vas comme ça jusqu'à la Bastille dans tes pantalons courts? Ich hatte Kragen und Kravatte in die Tasche gesteckt, um in diesem Viertel nicht aufzufallen. Später zog ich sie wieder an und traf um ½ 12 Uhr nachts in der Nouvelles Athènes Franzl mit einer ganz interessanten Amerikanerin, die sehr auf Nicht-Kokotte sich benimmt, aber klug lächelnd alles zu verstehen scheint. Ich rufe ein kleines Koköttchen Solange herbei. Da wir mit der Amerikanerin englisch sprechen, erkläre ich Solange, Madame sei Ägypterin, die Sprache, die wir mit ihr sprechen, sei ägyptisch. Furchtbar amüsant die Leichtgläubigkeit dieser kleinen Französinnen. Wir schwindeln ihr von fabelhaften Reisen vor auf Kamelen, aus deren Magen wir mit durch das Fell gebohrten Strohhalmen Wasser tranken. Eine Blumenhändlerin bietet seidene Rosen an, die eine große Kokotte bestellt, aber nicht abgeholt habe. Sie verlangt lächerliche Preise, kommt aber dann von selbst und steckt die Rose Solange an. Die Verkäuferin ist ein vierzehnjähriges Mädchen. Ich zahle ihr schließlich den von mir zuerst gebotenen Preis. Solange erzählt, daß die Vierzehnjährige »fait la noce depuis 2 ans«. Sie ist glücklich über ihre Rosen. Der Kellner sagt »eine Schweinerei«. Solange ruft ihm zu: »Ah quel salaud.« Solange bietet mir an, nicht als miché mit ihr zu gehen. Heute Abend aber muß sie hinauf ins Restaurant, »il faut, qu'elle s'occupe«. Sie hat einen kaum geheilten Riß vom Ohr bis zum Kinn, den man aber doch kaum sieht. Eine andere hat ihn ihr aus Eifersucht mit dem Messer gemacht. Sie zeigt mir ein spitzes Messer, das sie nun extra bei sich trägt, um sich zu rächen, falls sie der anderen begegnet. Die Polizei fürchtet sie nicht, »parce qu'entre les femmes il n'y a jamais rien avec la police, même quand on se tue. La femme ne vaut rien à Paris.« So sagt sie.

Eben mittags 12 Uhr kommt Franzl mit der Amerikanerin herunter, welche die Nacht bei ihm geblieben ist. Wir gehen zusammen aus.

3 Uhr: Soeben mit Solange gefrühstückt. Stumpfnäschen, kleiner lüsterner Mund, schweigsam wie ein Kätzchen. Ein bischen vulgär. Kleine Differenz mit dem Kellner. Sie sehr energisch: »Je te défends que tu lui donnes plus.« Um 3 erwartet sie »quelqu'un«, der ihr die Miete zahlt. Sie verabschiedet mich mit den Worten: »Eh bien, quand se reverra-t-on pour faire l'amour ensemble?«

Morgen um 2 erwartet sie mich. Ich gehe heim, etwas unbehaglich, ein um diese Stunde mir ungewohntes Mittagessen im Leib. Es ist windig und kühl nach einer Reihe glühender Tage. Zu Hause finde ich die Autoren-Exemplare vom »Gläsernen Gott«.

30. Juni.

Gestern Abend Abschied von Irene und Grete. Mit Franzl erst noch einmal im Café Marigny, dann 10 Uhr am Theater. Irene muß erst etwas mit einem fremden Herrn sprechen, flattert in ihrem weißen Abendmantel zwischen den Leuten umher. Er sei ein Maler, höre ich später, der sie malen will. Sie ist sicher entzückt, mir das anzutun, aber mir tut es nicht viel. Wir gehen in die Taverne Royale. Irene so reizend, daß ich mich beinahe von neuem in sie verliebe. Immer noch ein wenig gekränkt, daß es bei mir so kurz gedauert hat. Ich erkläre ihr von neuem, daß sie mich in einer Zeit der Verzweiflung mit ihrer Liebe rettete. Mit Grete ist sie wieder einmal zerkriegt. Sie redet einiges mit dem Hochmut kleiner Leute, Grete sei ihr viel zu wenig, an unserer Liebe liege ihr schon garnichts mehr und dergl. Es wird ein bischen langweilig. Wir gehen, unterwegs traurig. Energisch lehnt sie jedes Geldanerbieten ab. Franzl geht zu Grete hinauf. Irene geht allein. Dann ruft sie mich auch noch hinauf. Sie müsse mir doch noch einen Kuß geben. Oben große Zärtlichkeit, etwas Sentimentalität. Ich habe das kleine Geschöpfchen doch gern gehabt und habe sie noch gern. Ich nenne sie immer klein, obwohl sie eigentlich sehr groß von Gestalt ist. Ich las ihr aus dem Anfang dieses Tagebuchs die Aufzeichnung über den Beginn unserer Liebe vor, um ihr zu zeigen, wieviel sie mir war. Das Spätere natürlich las ich nicht vor. Dann ruft plötzlich Franzl. Wir gehen zusammen hinunter. Trauriger, aber doch entzückender Abschied. Ich gehe sehr zufrieden heim, wiederum leicht in sie verliebt und doch überzeugt, daß ein Wiederanfangen unmöglich wäre. Auf alle Fälle ist Irene ein ganz ausgezeichnetes kleines Geschöpf, das sich nicht wegwirft, eine kleine Vollkommenheit, wie ich anfangs sagte, aber in ihrer Kleinheit zu schnell für mich übersichtlich. Aber wenigstens habe ich am letzten Abend noch das Vollkommene in ihr gefühlt und die tiefe Anständigkeit ihres Charakters. Mittwoch reisen sie zusammen nach England. Franzl hat inzwischen dem Gretchen noch ein kleines Gedicht gemacht, welches heißt: »Welch *Mädchen* ist lieber und *klüger*, als *Gretchen Krüger*.«

Eben ist plötzlich die rätselhafte Amerikanerin, die Gaby heißt, wieder erschienen, von der wir nicht wissen, ob sie eine Kokotte ist oder eine Dame, die nur ein bischen Kokotte spielt. Jedenfalls erzählt sie die sonderbarsten Dinge, geht mit Franzl in den Louvre, wo sie Wäschebestellungen im Werte von mehreren hundert Francs erwartet, gibt als Adresse das Grand-Hôtel an und nennt sich eine intime Freundin von der Otero, mit der sie jeden Abend Karten spiele.

Isle-Adam, 1. Juli 1906.

Es ist halb ein Uhr nachts. Um 8 sind wir angekommen. Dreyfus in Paris. Frau Dreyfus kann uns nicht empfangen. Wundervoller Abendgang mit Franzl auf der beiderseits von Wald begrenzten Chaussée. Fast Gebirgskühle. Wir reden aber vorzugsweise von der mich immer mehr quälenden Scheidungssache. Daheim gleich alles ausgepackt. Das Zimmer tut mir wohl. Ich spüre etwas wie Zufriedenheit langsam in diesem Raum über mich kommen, während mich das Zimmer, das jetzt Franzl hat, die beiden letzten Male mit und ohne Irene beengte, mir etwas unheimlich schien.

Halb vier Uhr:

Heute Nacht zum zweiten Mal in kurzer Zeit geträumt, ich sei mit meiner Mutter verheiratet, was meine Scheidung von Louisa erheblich erschwere. Der Traumdeuter erklärt Heirat mit der Mutter als Sicherheit in Geschäften.

Eben kommt Dreyfus und erzählt, daß halb Isle-Adam entsetzt ist über Franzl und mich, weil wir zwei Damen hier hatten. Dreyfus's Wirtin hat Frau Dreyfus einen wahrhaften Kondolenzbesuch gemacht, weil ihre Freunde das getan hatten. »Wie finden Sie das?«, hat sie gefragt, und die arme eingeschüchterte Frau

Dreyfus sagte im Augenblick: »Scandaleux!« »Voilà le mot«, antwortete die andere.

3. Juli.

Gestern ein guter Tag. Früh Brief von Lampe, der mir zeigt, daß er ebenso wie Heiselers den Wühlversuchen der Familie Fuchs gegenüber gewappnet ist. Vier Stunden Arbeit (französische Kultur), dann mit Franzl auf den Fluß rudern. Sonnnenuntergang. Abends langer Gang mit Dreyfus.

Im Wald suchte ich einen großen braun und blauen Vogel zu greifen, der verwundet war, er biß mich aber fest in den Zeigefinger.

4. Juli.

Gaby kam nachmittags zu Franzl auf Besuch. Bei trübem Himmel gemeinsamer Waldspaziergang. Sie wirft sich von seinem Arm in meinen. Aber ihre kraftlose Dünnheit interessiert mich nicht. Bei Tisch kommen ihr auf einmal Familienerinnerungen, sie sei die Nichte Carnegies. Später kommt Dreyfus herüber. Wir sitzen in meinem Zimmer, sie auf der Chaiselongue. Große Lustigkeit, aber über ihren Kopf hinweg, denn sie selbst ist wenig originell. Sie blieb nachts bei Franzl.

5. Juli.

Regen. Nachmittags kommt Dreyfus mit Roché und einem aufgequollenen französischen Dramatiker namens Perier. Wir gehen zu Dreyfus zum Tee. Man hat nichts von einander, zu viele Leute. Ich rette mich mit Franzl hinaus. Der Regen hat aufgehört. Ich rudere ihn noch eine Stunde in der Dämmerung. Nebel über dem Fluß. Wir reißen einige gelbe Nenuphar mit lederartigen großen Blättern aus dem Grund und bringen sie Frau Dreyfus.

An beiden Ufern der Oise sitzen einsame Fischer. Wenn ich mein Buch fertig habe, will ich es einmal mit dem Fischen probieren. So einen ganzen Nachmittag zwischen den Weiden am Fluß sitzen, was mag einem da alles durch den Kopf gehen! Ganz zwecklos dasitzen geht nicht. Dann wärs ein absichtliches Warten auf Zustände, die nicht kommen. Ein bischen Zweck will die Natur wohl. Und da ist das Fischen offenbar sehr geeignet.

7. Juli.

Gestern Nacht bei Dreyfus bis um 2 Uhr. Musik gemacht. Ungarische, deutsche, italienische, spanische, französische und Negerlieder. Eine Oper improvisiert als Parodie. Er spielt hübsch Violine. Franzl und sie tanzten zu unserem gemeinsamen Spiel. Sie machte mir als Ungarin das Kompliment, noch nie einen Nicht-Ungarn ungarische Tänze so spielen gehört zu haben.

Franzl ist ein Zustandsmensch, ich ein Entwickelungsmensch. Er lebt in seinem Behagen und kristallisiert sich langsam. Die Entwickelung dagegen ist stets qualvoll. Kein Mensch kann wissen, was aus mir noch wird.

Wir leben ganz einförmig, stehen zwischen 9 und 11 auf. Vor dem Frühstück Korrespondenz, Tagebuch, Zettel usw. Dann trinken wir schwedischen Tee. Dann 3 bis 4 Stunden Arbeit. Dann bisweilen Vorlesen. Franzls Münchener Tagebuchroman äußerst lebendig. Dann nehmen wir eine kleine Milchmahlzeit und gehen dann rudern und schwimmen. Um 7 die einzige wirkliche Mahlzeit des Tages. Dann eine Stunde Lektüre und dann noch Spaziergang in der Nacht oder bei Dreyfus.

8. Juli.

Gestern Abend spracht Dreyfus über mein letzterschienenes Buch (»Der gläserne Gott«). Er verkennt, daß das nicht individuelle Erleben z. B. dem Mailänder Mädchen gegenüber Absicht ist. Lothar will gerade das Volk, die Dirne, die Stadt als Ganzes, als Typen erleben. Dreyfus verkennt das Triebhafte in ihm, hält es der Bewußtheit wegen für Wissenschaft. Habe ich vielleicht in allen diesen elementar dämonischen Erlebnissen das sexuelle Moment zu wenig betont? Dreyfus erblickt als Konsequenz des dort geschilderten Zustandes den Selbstmord und findet den Trost in der Natur zu provisorisch und leicht gegenüber der in Verzweiflung enden müssenden Menschen- und Erdverlassenheit Lothars, dem gegenüber selbst Herr Sauer noch menschlich sei. Er meint, Lothar ginge an allen Erlebnissen nur interessiert vorbei, würde aber nie erschüttert und durchgewalkt. Er sei zu bewußt, es fehle das notwendige Machen von Dummheiten. Ist das letzte nicht ganz mein Problem von 1899 bis 1900? Ich habe inzwischen krasse Dummheiten gemacht, aber ich bin doch wieder unversehrt herausgekommen. Ich war einen Augenblick von Dreyfus's Auseinandersetzungen wie zerschmettert. Aber Dreyfus sucht ein bischen den Künstler gegen mich, den Bourgeois, auszuspielen, und das ist wieder der alte Schwindel, den ich schon so gut kenne. Als ob *er* ganz dem Augenblick lebte, ohne jedes vernünftige Überlegen und nicht auch in seiner Weise thesaurierte? Nur *der* hat ein Recht, dem bewußt Lebenden die Schönheit des Aufgehens im Augenblick entgegenzuhalten, der nun aber auch wirklich, wie der reiche Jüngling in der Bibel, alles weggibt und alles Seinige in sich trägt. Aber das tut Dreyfus ebensowenig, wie irgend einer von jenen Künstlern, welche die voraussetzungslose künstlerische Weltanschauung predigen. Auf dem Heimweg meinte Franzl, ich nähme mich überhaupt noch zu pathetisch. Komisch, daß ich dabei doch viel Scherz über meine Person ertrage. Freilich ist dies ein Produkt der Selbsterziehung; ein gewisses Unbehagen empfinde ich doch, wenn man sich über mich etwas moquiert. Franzl gesteht, daß er selbst seine Liebe zu Louise Bücking gelegentlich ironisch nehme. Man hält mich für kälter und lebloser, weil ich meine Konflikte nicht so sehr zeige. Warum schreibe ich immer mehr optimistisch das Aufsteigende auf, warum bekenne ich mich nicht zu meinen Verzweiflungen, aus denen ich mich zu Hessels Verwunderung, wenn sie selbst wie Vernichtung erscheinen, so schnell erhebe, oft in einer Nacht? Ist das Stärke oder dem Leben aus dem Weg gehen, was Dreyfus mir und Lothar vorwirft? Franzl sagte seinerzeit im Schwabinger

Beobachter parodistisch von mir: »der überlebt euch alle, kriecht aus dem Labyrinth, wie aus der Mausefalle. Er wandelt sich in Wesen, wie Geschlecht und, paßt mal auf, zuletzt behält er recht.« Das ist vielleicht das Beste, was je ein Mensch über meine Probleme gesagt hat.

Aus der Verzweiflung eines gemein empfundenen Briefes, den ich eben von Louisa bekam, flüchte ich mich in die Formung dieser Gedanken, die anfangs auch eine Verzweiflung waren, jetzt aber eine Klarheit sind. Etwas zwingt mich stets zu provisorischem Abschluß, mit dem sich fürs Erste weiterleben läßt. So auch gestern. Dieses provisorisch eine schwierige Situation abschließen Können läßt mich oft oberflächlich erscheinen, denn wenn ich eine Sache durch irgend eine Formulierung fürs Erste abgeschlossen habe, kann ich, so ernst sie ist, unter Umständen einen Abend sehr vergnügt sein und die Nacht gut schlafen.

Abends:

Totmüde von einem rechten Sonntagsspaziergang zurück, über Land. Flache Gegend, wie in Franken. Der Weg zwischen Hafer- und Weizenfeldern, bewaldete Gründe und ganz sanfte Hügel. Cirruswölkchen in ganz langen Streifen. Ein wenig verstimmt durch Louisas Brief vom Morgen. Franzl sagte unterwegs, die Schuld, daß ich mich mit meinen Frauen schlecht vertrug, liege zwar an mir, in meiner Wahl zu weicher, unvollkommener Frauen, die mich trotz meiner Fremdheit lieben, während er nach ganz in sich geschlossenen widerstandsfähigen Frauen tendiert, die ihn trotz seiner Vertrautheit mit ihnen nicht lieben. Bin ich dann aber mit der Frau verbunden, so sei die Schuld am Zwist die ihre. Sie stets zu unbedeutend, ressentimentvoll, beleidigt, überhaupt zu klein, und dann wie Louisa, zu gemein. Nie habe ich ein armes gutes Geschöpf quälen wollen, für die anderen sähe es immer so aus: »Warum hat er sich wieder einmal solch eine Frau auf den Rücken geladen?«

Unsere Madame Dolo, der das Haus gehört, hat nicht schreiben gelernt, und einiges nur aufgeschnappt. Jeden Abend präsentiert sie uns ihre Rechnungen. Die Worte sind phonetisch geschrieben, aber nach was für einer Aussprache! Sie selbst versucht sie dann oft mit ihrer Lupe vergeblich zu entziffern, zum Beispiel serie soll cerise heißen, pomedé = pomme de terre, für œuf macht sie einfach den Buchstaben f. Die Preise schreibt sie in Sous. Langsam haben wir uns daran gewöhnt. Sie ist 65 Jahre alt, hat sehr guten Willen und große Angst vor uns, macht aber ihre Sache recht gut. Wir lachen uns manchmal tot über sie.

Heute nachmittag kam Dreyfus in einem rohseidenen Anzug und roch unangenehm nach Schweiß. Merkwürdig, sein Geruch ist an sich nicht unangenehm, sondern gesund. Derselbe Geruch würde mir bei einer Frau vielleicht sogar gefallen. Aber daß es Dreyfus ist, der so riecht, oder Stern, der ähnlich riecht, das ist das Unerträgliche. Bei H. ist eine Form genau den Forderungen im Reich des Dämons entsprechend, aber daß es H. ist, macht dies ganz undämonisch und läßt es mich nur durch den Verstand als Kuriosum konstatieren.

10. Juli.

Brief von Dülberg, der mich besonders erfreut, wie alle Sympathiebezeugungen während dieser widerwärtigen Verhandlungen mit Louisa. Er glaubt an den sicheren Erfolg meines letzten Buches (Gläs. Gott) (Spätere Bemerkung: Er ist ausgeblieben.) und schlägt Zusammentreffen in Holland für den Herbst vor. Ich denke sehr daran, auf 14 Tage hinzugehen.

11. Juli

Regennachmittag. Auf der Rue de Paris die Trauer eines Umzuges. Warum ist ein Umzug so traurig, auch wenn er einen garnichts angeht? Vielleicht weil man angesichts solcher Mühen das Gefühl hat, als ob die Leute sich einbilden, dadurch würde irgend etwas besser.

Habe dem Franzl nun mein erstes neues Kapitel vorgelesen (französische Kultur). Er findet, daß ich mein Bestes selbst zerstöre. Ich empfinde impressionistisch, denke aphoristisch und zwinge dies dann in eine rationalisierende Form. Wie er schon sagte, ich müsse Einakter schreiben, nicht Dramen. Ich glaube, er hat Recht. Wir brauchten lange, bis wir endlich im Boot den Grund seines Mißfallens fanden. Nun werden die Rosinen herausgeholt und alle Überleitungen fallen weg. Ich freue mich schon auf diese neue Arbeit.

Dreyfus und Frau speisten bei uns. Champagner, nach Tisch Lustigkeit. Dann in Franzls Zimmer auf Chaiselonguen ausgestreckt. Es wird Rilke vorgelesen, dessen Gedichte mir nicht sehr zusagen. Ich totmüde, wache auf, als von Frauen und Ehe geredet wird, rede einiges Bitterböse über Frauen, fürchte angestoßen zu haben, aber im Gegenteil, Frau Dreyfus hat offenbar Mitgefühl mit meinem Pech mit Louisa.

12. Juli.

Gestern und vorgestern müde, nervös, offenbar etwas überarbeitet. Heute mache ich Feiertag, vielleicht noch die nächsten Tage. Wenn man sehr systematisch arbeitet, muß man offenbar spätestens am 7. Tage einen Ruhetag machen. Der Franzl fährt heute nach Paris zu Maria Deveaux, die ich einmal heiraten sollte, wie Mathis geplant hatte.

Ich erlebe mehr Freude, als Lustigkeit, jedoch mehr Ärger, als Schmerz, Hessel dagegen erlebt mehr Schmerz als Ärger, in der Freude aber ist er mir ähnlich.

Wir planen beim Bootfahren, noch lange ein Wanderleben zusammen zu führen, nicht eine Reise zu machen, sondern in die Welt zu gehen, ziellos. Irgendwo ankommen, nicht wissen, ob wir Stunden oder Monate bleiben, einfach leben, dann in Großstädten wieder ein üppigeres Dasein. Hier und da in Städten Rendezvous mit Freunden. Italien, Spanien, Nordafrika. Abreise nächstes Frühjahr von München.

Ich ertrage die Einsamkeit nur mit einem lebenden Wesen um mich, wie Hessel. Sich zwingen, abends allein zu Hause zu sein, ist sinnlos. Ich habe es oft getan. Solange es noch bitter ist, macht das Einsamsein nur steril. So ist es mit allem Zwang. Tun, was einem Spaß macht, arbeiten, was man gut kann.

Abends bei der reizenden Frau Dreyfus. Er ist in Paris mit dem Franzl. Wir sprechen über Frauen, Scheidung usw. Sie will so vieles wissen, z. B. wie das kommen kann, daß man von der Frau in der ersten Nacht enttäuscht ist, wie ich es war. Franzl glaubt in ihr die Frage zittern zu sehen: ob er wohl auch von mir enttäuscht wäre? Ich lasse sie sich einen Mann vorstellen, den sie sich hart und geschlossen dachte und der sich nun weich anfühlt, dessen Bart ihr zart vorkam, aber der nun struppig ist und ähnliches. Das versteht sie alles sehr gut. Wir tranken dazu Orangenblütentee.

13. Juli.

Gegen Morgen träumte ich: ich gerate auf einer Straße unter eine Seiltänzergesellschaft, darunter ein fettes, behaartes, Gewichte tragendes Paar, ein junger nackter Mensch mit rosa Schurz. Er spricht deutsch, lehnt sich an mich. (P.) Dann stehe ich an der Grenze von Deutschland, Rußland und Norwegen, beim Kaukasus, wo ein Sieg durch Trinken von den drei Völkern gefeiert wird. Man stößt über die Grenzen mit den Völkern, den neuen Brüdern an. Neben mir steht Goethe, gegenüber Knut Hamsun und Georg Brandes. Es wird regnerisch, alle gehen heim. Ich drehe mich um, an der Stelle der Grenze ist eine neue Seinebrücke, über die zum ersten Mal ein Zug läuft. Ich warte darauf, daß sie einstürzt. In der Luft schwebt aufpassend das Gespenst eines französischen Schutzmannes mit schwarzem Knebelbart.

Seit einigen Tagen habe ich ein Zahngeschwür, das mir die Tage etwas verdirbt.

Franzl sagte heute auf dem Wasser, das Charakteristische für meine beiden Frauen läge in dem Wort: legt mir keine Eier und frißt mir mein Brot. Das ist allerdings etwas offenherzig, aber alles gesagt.

14. Juli.

Nach einem arbeitsreichen Tage (Umarbeitung des ersten Kapitels) ein matter Abend, nervös, schlechte Verdauung. Bin bei Dreyfus beim Tee ungesellig. Franzl macht mir Vorwürfe. Dann gehen wir an den mattsonnigen Waldrain. Ein traumhafter Abend, aber ich komme nicht hinein. Goldgelbe Sonne über ganz bunten Haferfeldern und wildem wolligem Kraut. Wir gehen den Steinbruch entlang, der mich an die Latomien in Syracus erinnert. Wegen des Nationalfestes konnten wir heute kein Boot bekommen.

Wenn ich über mich nachdenke, sehe ich, daß ich mich jetzt, seitdem ich das Gymnasium verlassen habe, in der dritten Entwickelungsepoche befinde. Die erste dauerte vom Abitur bis zu meiner Bekanntschaft mit Wolfskehl, die zweite ist mit der Trennung von Louisa abgelaufen, für die dritte finde ich vorläufig das Stichwort exakte Mystik, d. h. das Mystische, Dämonische als Tatsache hinnehmen und sich über seine Bedeutung in der Welt klar werden. Ich habe endlich den Mut zu mir selbst. Erstes Symptom: mein Buch über französische Kultur, äußere Zeichen: Tagebuch, Zettelkasten, Tageseinteilung ohne Mittagessen und dergl. Die erste Periode war naturalistischer Rohstoff, die zweite war romantisch, ideologisch und formal, die dritte findet mich im Besitz der Form, die eine Selbstverständlichkeit geworden ist, und mit der ich mich nun ganz anders in der Wirklichkeit zurechtfinde, die mich plötzlich wieder als Stoff mit neuen Augen gesehen unendlich anzieht.

15. Juli.

Vom sonntäglichen Waldspaziergang zurück. Seit ich entschlossen bin, ab 1. Januar wieder in München eine Wohnung, wenn auch nur als Absteigequartier zu nehmen, freue ich mich auf so vieles, besonders auf meine Möbel, und daß altes, durch die Ehe abgerissenes Glück wieder kommen kann. Wenn nichts neues dazwischen kommt, könnte ich jetzt einige Jahre weise genießen, befreit von vielen Stacheln. Meines Leidens bin ich Herr. Meine Heiratsnervosität ist vorbei. Durch meine Ökonomie, die ich gelernt habe, komme ich mit meinem Geld aus, habe manche Verweichlichung aufgegeben, mich selbst gefunden, bin sicherer und pfeife auf vieles, worauf ich früher unsicher Rücksicht nahm. Wenn die Scheidungsgeschichte vorbei ist, dann kann mein Leben so gut werden, wie nie.

16. Juli.

Daß bei mir doch Frauenerlebnisse fast immer gleichartig verlaufen: das, was eine Zeitlang glühendes, stärkendes Leben war, verblaßt zum Gespenst. Da ich nicht wehthun will, versuche ich, rücksichtsvoll auszuharren, mich zu trösten mit gewissen Annehmlichkeiten äußerer Art, die doch immer noch geblieben sind. Aber das Gespenst wird zum Vampyr, um mir Blut zu entsaugen. In solchen Zeiten bin ich körperlich stets matt und beschwert, bis dann ein Ruck die Befreiung bringt. Dann kommt regelmäßig eine Zeit intensivsten aufatmenden Lebens. Arbeit und starkes Lebensgefühl und bunter Genuß. Wegen des Anfangs und der Folgen lohnen sich daher solche Geschichten immer noch, besonders, falls ich lernen würde, stets rechtzeitig Schluß zu machen.

18. Juli.

Mir träumte: großer Streit mit Franzl, ganz wider seine Natur machte er mir eine Szene. Er will unser Zusammenleben plötzlich aufgeben. Der nur halb ausgesprochene Grund: ich hätte den Moment taub vorbeigehen lassen, wo wir uns hätten ganz nahe treten können. Mit mir sei es überhaupt nichts rechtes. Ich bin wie vernichtet. Auch ganz gegen meine Natur schreie und weine ich. Mir ist, als sei ich seelisch zum Tod verurteilt. Franzl, dem ich diesen Traum erzähle, nennt dies einen Ergänzungstraum. Gerade das, was wir im Leben nie täten, das Gegenteil unserer Natur, ergänze der Traum.

Definitiver Brief Louisas. Sie demaskiert sich. Sie will ein möglichst gutes Geschäft machen und aus mir herausschlagen, was sie überhaupt kann. Ich will diese Dinge nicht in den Kern meines Lebens eindringen lassen, sie peripherisch behandeln, mich darin üben, über Äußerlichkeiten erhaben zu werden. Ich wundere mich, wie wenig mich das Ganze doch relativ innerlich aufregt gegenüber meiner Arbeit und meinem momentan wieder sehr starken inneren Entwickelungsprozeß. Was kann mir schließlich passieren, solange ich nicht wieder heiraten will: Verlust von ein paar tausend Mark mehr oder weniger. Bleibt nur das Gefühl, etwas Unsauberes, Unklares mit sich herumzuschleppen. Vielleicht sind solche Erfahrungen nötig, um den Wert zu fühlen von dem, was unsereiner außer dem Materiellen besitzt. Während andere verbittern und sich verärgern, wenn das Materielle scheitert, wird es vielleicht grade für uns ein Vorwand, souveräne Heiterkeit zu entwickeln, die Widerstandskraft zu stärken, die sich dann auch bewährt gegen die vielen kleinen Scherereien des Lebens, denen ich noch viel zu viel Macht über mich gelassen habe. Übrigens ist draußen ein glänzender weicher warmer Sommertag, der es mir heute leicht macht, froh zu sein. Weißer Anzug. Ich freue mich auf das Schwimmen und den Fluß.

Abends 11 Uhr:

Ich drücke es in die Ecke, aber es frißt doch an mir. Nun werde ich es heute Abend mit einer Autosuggestion der Heiterkeit versuchen.

20. Juli.

Gestern mit Franzl in Chantilly. Sehr aufnahmefähig vor den Bildern im Schloß. Nichts von Sommermattigkeit, wie in den zwei letzten Jahren. Dann Spaziergang durch den erst dünnen, langweiligen, dann hübschen Wald nach Coye. Eisenbahn, daheim sehr müde. Abends wieder Autosuggestion. Es hilft.

21. Juli.

Franzl in Paris. Regnerisch, schwül. Allein im Boot auf der Oise. Hängende schwarze Wolken über silberweißem Abendhorizont.

Abends zu Tisch kommen Davray und Frau. Liebe einfache Leute. Später noch Dreyfus und Frau. Im Garten reges, aber unwesentliches französisches Gespräch. Bei Tisch erzählte ich Davray von meiner Scheidung. Ihm war Louisas »mollesse« auch als nicht zu mir passend aufgefallen. Ich rede ganz ruhig davon.

Sonntag, den 23. Juli.

Waldspaziergang mit Franzl. Farren, Spinneweben zwischen den Bäumen. Abends mit den Dreyfus's auf dem Fest von Isle-Adam. Athletenbude. Vier wilde Kerle, wie alte Gallier, fordern zum Kampf heraus, halbnackt. Mehrere Liebhaber kommen; Gewühl und Gedräng der nackten Rümpfe in der engen Arena. Wir kaufen einige ausgezeichnete Süßigkeiten. Langsam heim. Frau Dreyfus ganz besonders reizend. Er ist doch zu primitiv, fürchtet durch Form, Schule und dergl. werde seine Impulsivität gehemmt werden. Arme Impulsivität! In der Arena geriet Franzl in heftige Aufregung und drängte sich an mich und sagte: »O ist das kräftig!« Er war mir im Moment widerwärtig. Das Unschöne seiner Bewegungen stört mich wieder manchmal, wie vor vielen Jahren.

Regenspaziergang im schwül-feuchten, durchdunsteten Wald. Traumhaft üppige Farren, naß und groß. Abends verregneter Jahrmarkt, Heimweg bei Wolkenbruch. Ich bin wohl wieder etwas überarbeitet.

24. Juli.

Mit Frau Dreyfus allein Boot gefahren. Sie erzählt, wie schwer Dreyfus arbeitet, wie ihm oft aller Antrieb und Lebendigkeit fehle. Was man dagegen tun könne? Ich lobe ihn ein bischen, seine oft geistvollen, kritischen Bemerkungen. Aber er ist doch eine ohnmächtige Natur. Sie fühlt es wohl. Er braucht sie, sie ist sein Einziges. Nun hat sie das Kind und scheint nicht viel Geld zu haben. Sie möchte wohl lieber für sich sein und wieder mehr malen. Dann sprachen wir von gebildeten Mädchen, die sich hingeben, daß die meisten doch nur Demi-vierges sind. Ich erzähle von der kleinen Haiger. Dann gehen wir in den Wald und reißen einige Farren aus für den Garten

25. Juli.

Franzl nicht ganz wohl, allein auf dem Fluß. Eine Privat-Yacht voll junger Mädchen mit einem Priester. In der Kajüte singt eine rotlockige Schöne zu eigener Klavierbegleitung mit hübscher Stimme. Ich höre immer nur die Worte: »Amour, amour.« Rote Nachmittagsbeleuchtung. Auf dem Wasser fallen mir neue Szenen für »Montmartre« ein, das mich seit gestern wieder beschäftigt. Die Lösung endlich gefunden. Heimweg durch den rotdurchleuchteten Hochwald an einem endlosen Gemäuer entlang. Viel Hoffnung, nun mit »Montmartre« doch Erfolg zu haben. Falls ich durchdringe, plane ich, jahrelang nicht systematisch zu arbeiten, noch von den guten Jahren zu profitieren, die dann viel reicher sein werden, zu leben, zu schauen, und nur für später Notizen zu machen.

Heute ist ein kleiner schwarzer Hund gebracht worden, den wir Herr Peter genannt haben. Er ist drei Monate alt und soll im Winter das Haus bewachen. Madame Dolo hat ihn früh in den Hühnerstall gesperrt aus Angst, er könne uns stören. Dort hat er einige Stunden gejammert, bis ich ihn befreite. So wenig ich Hunde liebe, er hat durch seine Drolligkeit mein Herz gewonnen. Ich fasse ihn sogar gern an, als wäre es eine saubere Katze.

27. Juli.

Gestern Ruhetag. Morgens mit Franzl beim Arzt. Es scheint aber doch nichts zu sein. Der Arzt, gebildet, spricht deutsch. Villa, geschnitzter Rococobücherschrank voll moderner Literatur: Régnier, Rebell usw. Nachmittags kommt Dreyfus. Wir sprechen von seinen Sachen. Ich sage ihm, daß er zu verstandesmäßig an die interessanten gut erfaßten Probleme geht, daß er aber dann die architektonischen Gerippe nicht mit starken Symbolen ausfüllt, sondern mit Sentiments behängt. Daher kommt es, daß er, der zu verstandesmäßig arbeitet, doch im Gefühl zu zerfließen scheint. Abends saßen wir dann bis Mitternacht bei ihnen im Garten. Er liest seine Gedichte, und ich bin erstaunt über die Fülle von Anschauung und Melodik, die hier wieder in Trivialitäten und Commentaren über Weib und Liebe eingebettet sind. Ich halte weder mit superlativischem Lob noch Tadel zurück. Franzl sekundiert. Das macht ihm und ihr anfangs starken Eindruck. Dann aber stellt er sich wieder auf die Hinterbeine und verteidigt die Liebesimpulsivität als einzigen höchsten Stoff gegen George, Platen, Hölderlin und Goethe. Schade für ihn, er hat gute Ansätze.

Nachmittags allein auf der Oise. Ich fuhr einmal stromabwärts an einer bewaldeten Insel mit beschattetem, terrakottafarbigem Landhaus vorbei, grüne Läden, ein Zelt an der Landzunge der Insel. Ein singendes Mädchen im weißen Hut. Ich fahre bis in die Schleuse, dann zurück. Sonnenuntergang. Alles grau, und das Schilf duftet. Flußleben, Boote mit Fischern, eine Gesellschaft mit vielen hellgekleideten Mädchen setzt eine Dame am Ufer ab. Sie geht durch die Felder. Ich halte eine Zeitlang mit ihr Tempo. In prachtvoller Ermüdung komme ich heim.

Heute beim Frühstück noch voller Verve von dem gestrigen Ausflug. Ich gehe an meine eigenen alten Sachen, lese dem Franzl einiges daraus vor, finde manches gut, aber in zu George'sches Pathos gespannt. Das muß gelöst werden. Dann Geschäfte, Bankabrechnungen, verringertes Einkommen, Ärger über die Scheidung.

29. Juli.

Stadttraum: Gasse, wo mir eine bräunliche Dirne zublinzelt, die ein Wägelchen schiebt, mich dann offenbar auslacht. Schmale Steintreppen führen in niedere Gassen. Dann abschüssige Straße, links ein großes Bordell. Heute Nacht wieder ein Bordelltraum, aber in Berlin. Abends dort mit Damen der Gesellschaft und

Pariser Bekannten. Wir trinken Tee. Die Mädchen sitzen brav da, hell angezogen. Ein bischen wie Chansonetten, meist langweilig, einige hübsch. Am nächsten Tag gehe ich wieder hin, suche mir eine aus. Sie beginnt die Unterhaltung mit den Worten: Weißt du, manche geben 150 Mark. Ich werfe sie hinaus und verlange eine andere. Es kommt ein blutarmes, bleiches, dünnarmiges Ding mit schwarzer Brille auf. Ich schicke sie weg, auch eine dritte mag ich nicht, schimpfe ein bischen auf französisch. Inzwischen habe ich mich aber schon entkleidet und mein Geld nach Metallen geordnet auf den Tisch ausgebreitet. Gegenüber ein graubärtiger Herr, der bis dahin alles, was ich tat, lächelnd zu billigen schien. Er setzt sich zu mir an den Tisch, berührt mein Geld. Ich untersage es ihm. Er wirft es scheinbar zum Spaß durcheinander. Ich raffe auf, was ich kann. Geldstücke bleiben an seinen Fingern hängen.

Dieser Monat war sehr wesentlich für die Entwickelung meiner Arbeit. Ich habe zuerst das aphoristische Prinzip als meine Denk- und Ausdrucksform für den Essay gefunden. Ferner sind mir über meine dramatische Form die Augen aufgegangen. Gestern morgen bin ich nun auch wieder an meine Gedichte gegangen, finde auch endlich unmittelbar einfachen Ausdruck, frei von George. Dazu die kleinen Dialoge über Frauen.

Viel Ärger mit Dreyfus, dessen beschränkte Kunstrichtung mich immer zum Widerspruch reizt und mich schärfere Dinge sagen läßt, als ich möchte, und die ich dann bereue. Ich komme nun einmal nicht aus mit Menschen, die schwächer sind, als ich. Ohne zu wollen beleidige ich sie immer, auch wenn ich gar nichts sage.

30. Juli

Gestern nachmittag, Sonntag, viel »ennui«. Plötzlich voll Ärger über Louisa. Franzl immer noch leidend. Wir schleppen uns ein wenig zwischen Feldern am Waldrand umher, beschließen, mit Alkohol gegen diese Verstimmung anzukämpfen. Bei der Witwe Cassan trinken wir einen guten Bordeaux, der bald die nötige Stimmung bringt. Heimkehr im roten Abend, sehr lustig. Abends bei Dreyfus zum Essen. Nach Tisch große Müdigkeit. Franzl sagt Wunderhornlieder. Ich ziehe mich früh zurück.

Heute seit früh 5 Uhr von dem Scheidungsärger befallen und finde einen Ausweg. Ich stelle die Alternative: entweder eine einmalige Abfindung oder Wiederherstellung des Haushaltes, wobei ich sie aber dann nicht mehr als Frau, sondern nur noch als Haushälterin behandeln kann. Jetzt muß es sich entscheiden. Das scheint mir der Wendepunkt. [*Handschriftliche Randbemerkung:* Brief nicht abgesandt] Eine Stunde darauf schrieb ich den Aktschluß des zweiten Akts von »Montmartre«. Damit scheint auch hier der Ehealp, der dies Stück nicht aufkommen ließ, gehoben. Es scheint doch Schicksalszusammenhänge zu geben. Was uns geschieht, geschieht gleichzeitig in verschiedenen Ebenen, aber wieviel Mühen und wohl auch Ärger stehen mir noch in beiden Ebenen bevor! Aus diesem Grunde haben wir entweder lauter Unglück auf einmal oder lauter Glück. Die Ursache dieselbe, doch auf verschiedenem Gebiet wirksam.

31. Juli.

Wieder Stadttraum: Unterirdische Schänke. Ich steige eine Treppe nach der Straße hinauf. Es begegnet mir ein hagres Volksweib in weißem, langem Hemd. Ich entsinne mich, sie einmal besessen zu haben. Dann auf einem promenadeartigen Platz. Unser Bootsmann, der uns nachmittags immer den Kahn ablöst, hat einen ermordet, gibt mir das leicht blutige Messer. Auf einem Sockel liegen nebeneinander ein Paar ganz hohe Stulpenstiefel, wie abgeschnittene Beine. Ich lege das Messer in einen der Stiefel, damit man glauben soll, ihr Besitzer sei der Mörder gewesen. Dann in durch dämmeriges Taglicht trüb erleuchtetem Steinraum am Wirtshaustisch, auf dem ich meine Manuskripte ausbreite. Der Mörder sitzt nervös bei mir am Tisch, rückt aber dann auf der Bank weg und beteiligt sich jauchzend am Tanz einer Schar von Volkstypen in der Mitte des Raumes.

1. August.

Sicher gibt es auch bei Tieren die Abendschwermut. Wenn es dämmerig wird, legt sich der Peter auf die Schwelle. Er kommt nicht ins Haus, weil er weiß, daß er das nicht darf. Ich nehme ihn dann auf den Arm und trage ihn in den Hühnerstall auf sein Lager und streichle ihn. Da bleibt er dann wie ein zu Bett gebrachtes Kind. Aber nie wird er ohne diese Art von Gutenachtkuß allein dorthin gehen. Er würde dann wohl auf der Steinschwelle einschlafen.

Eins der treffendsten Argumente der Pessimisten gegen die Welt ist doch das, daß alles durch die Gewohnheit reizlos wird. Gestern Abend zu ungewohnter Stunde à la selle. Wie wiedergeboren. Gewöhnte ich mir diese Stunde an, so wäre es nichts besonderes, genau so, wie jetzt jeden Morgen.

Gestern Abend allein mit den Dreyfusens auf dem Wasser. Franzl noch immer krank. Fiebrig verschleierter Mond. Ganz flaches, unbewegtes Wasser, gespenstische Spiegelbilder der Erlenbüsche und Ulmenwände. Heimweg durch den Wald, durch enge verwachsene Schneisen. Zweige und Spinnweben streifen einem das Gesicht. Totmüde nach Haus. Um 1 Uhr nachts stieß ich im Schlaf einen lauten Schrei aus, träumte, ich läge draußen am Treppenabsatz und häßliche Reptile näherten sich mir, ich aber sei bewegungslos. In der Nacht viele Träume. Kubins und Richard bewohnten irgendwo ein modernes Mietshaus. Als ich Richard zum Essen rufen soll, ist er im Garten von 6 bis 8 menschengroßen, aufrecht gehenden, gelbbraunen, zottigen Tieren umgeben (Lieflamm!) mit teils menschenähnlichen Gesichtern. Eins sieht ihm ähnlich. Er nennt es deshalb Richard. Ich frage ihn, ob denn diese Anschaffung nicht sehr teuer gewesen sei. Er erwidert, das sei ja gerade das Schöne, Liebhabereien müßten immer Geld kosten. Ich frage mich, woher er es nimmt, da ich doch sein Geld zu verwalten habe. Dann im Haus bei Agnes. Sie liegt im Bett, ist etwas dicker geworden und hat harte, scharfe Züge, wie eine norddeutsche Beamtenfrau, und ziemlich große, unschöne Hände. Auf dem Rückweg zu Kubin's verliere ich mich im Treppenhaus. Dann wieder in Spanien. Man stellt mir einen jungen Kerl zur

Verfügung, der mir die Nachtseiten des städtischen Lebens zeigen soll. Andere machen mir Vorwürfe, daß ich mit diesem ginge. Er sei homosexuell. Einmal berührt er mich tatsächlich und ich entdecke, daß ich eine Gonorrhoe bekomme. Dann bald in einer Klasse, bald im Bureau eines Hotels. Manchmal ist es Spanien, manchmal Japan. Ich werde politischer Umtriebe verdächtigt, Verhör in der Klasse. Noch drei Deutsche. Für die Japaner bedeuten wir nur Holzschnittfiguren, sagt der Lehrer. Ich denke, wie keck doch diese Japaner seit ihren Siegen geworden sind. Dann sagt der Geschäftsführer des Hôtels, ich hätte mit einem Orgelspieler radikaler Richtung neulich in einem Konzert mich durch Blicke sofort verständigt. Ich sei auch betrunken gewesen. Ich antwortete: »Das ist ja unmöglich, Sie waren ja den ganzen Vormittag bei mir.« »Ja, betrunken vor Nervosität«, meint er. Wir sprechen spanisch. Dann sagt ein anderer, wenn ich mich nicht verdächtigen wolle: »perdez d'abord l'habitude de sortir quand il fait noir«. Nun schlage ich auf den Schreibtisch und schreie, das täte ich seit 15 Jahren. Auf meinen Abendspaziergängen kämen mir meine besten Inspirationen. Ich würde mich an Pérez Galdós, den großen Schriftsteller wenden, der schon seinen Kollegen schützen wird. Ich nenne ihn aber Rezzonico. Das machte großen Eindruck.

Heute Ruhetag. Schwül, bedeckter Himmel. Eben mit Frau Dreyfus und dem kleinen Gigi auf der Waldwiese. Wir sprechen von *ihm*, während Gigi stets Erde essen will, die seine Mutter ihm mühsam wieder aus dem Mund holt. Sie kennt ihres Mannes Schwächen so gut, daß er alles subjektiv nimmt, nichts objektiviert. Das hält er nun für besondere Unmittelbarkeit und Impulsivität. Darin dünkt er sich gewiß auch Franzl und mir überlegen, die er sonst für sehr gescheit und interessant hält, aber uns fehlt doch nach seiner Meinung die Hauptsache. Wir sind ihm zu »lebensfern«. Später fuhr ich nach Paris. Um halbvier dort. Bank, Besorgungen, traf die Baronin in der Bibliothek. Sie hatte ganz flockiges Haar, wie frisch gewaschen, und roch gut, drückte mir fest die Hand und bot mir einen Sessel neben sich an. Es sei wirklich keine konventionelle Zimperlichkeit, daß sie noch nicht in

Isle-Adam war. Ich glaube es aber doch. Sie geht sehr erfreut auf ein Rendezvous nächsten Mittwoch in Paris ein, um den Abend zusammen zu verbringen. Dann gehe ich auf das linke Ufer, Buchhandlungen. Mein Köfferchen bringe ich auf den Bahnhof zurück. Dann schlendere ich zu Fuß die Rue Lafayette hinunter, 6 Uhr, schaue den Mädchen nach, finde aber nichts besonderes. Vor der Galerie Lafayette stauen sie sich, aber alles, was hübsch ist, scheint aufs Land entführt. Hinter der Oper herum, Rue de la Paix überall dasselbe. Vor dem Café de la Paix kommt eine große Brünette, ungeschminkt, sonnenverbrannt, blaue Augen, Panamahut, durchschimmernde weiße Bluse, kein Korsett. Ich rede sie an, sie ist fast schüchtern, geht aber ohne Ziel auf den Boulevards spazieren. Sie komme von New York, wo man sie aber nicht ans Land gehen ließ: »On n'y aime pas les femmes, surtout les françaises.« Apéritif vor dem Grand-Café. Sie will um halb acht zum Diner zu Haus sein. Ob ich vorher einen Moment mitkommen will. So zwischen Apéritif und Suppe. Paßt mir nicht, nehme Abschied. Durch die Rue Royale, Champs-Elysées, esse im Alcazar d'été in herrlichem Grün, darüber Vollmond. Aber während ich esse, merke ich, daß ich das Bulletin für mein Handköfferchen verloren habe. Omnibus nach dem Bahnhof durch die abendlichen Champs-Elysées und die großen Boulevards. Wie voll Genuß ist die Stadt und wie tonisch wirkt sie, wenn man sie nur als Gast besucht. Am Bahnhof viele Formalitäten, die Beamten vollendet höflich. »Ah vous allez à Isle-Adam«, sagte der Chef des bagages, »que vous avez raison, c'est un bel endroit, j'y ai une sœur mariée et j'y vais souvent pour la pêche à la ligne.« Auf die großen Boulevards zurück. Ecke Rue Poissonnière taghelle Beleuchtung des Matin, Kinematograph. Auf den Trottoirs hocken Reihen von Arbeitern und Weibern und schauen zu. Auf einigen Sandhaufen liegen durcheinander Menschen und atmen die staubige Pariser »Abendfrische« und ergötzen sich an dieser Gratisvorstellung. Furchtbare Schwüle, Asphalt-Petroleumgeruch und Patschouli dazwischen. Rue Poissonnière, rotbeleuchtetes Haus. Emma, große starke Blondine mit kleiner schöner Brust, rosaseidene Strümpfe, tüchtig, aber nicht ersten Ranges. Dann Wagen zur Bahn. Im Coupé ein hübsches, aber etwas muffiges Blondinchen aus Isle-Adam. Als ich sehe, sie fürchtet sich ein bischen mit mir allein in dem trüb erleuchteten Coupé, frage ich sie, aber etwas ironisch, ob ihr das Zusammensein sehr unangenehm sei, und setze sie dann, als sie ausweichend antwortet, durch ausgesuchte Höflichkeit etwas in Verlegenheit. Sehr amüsante Stimmung.

2. August.

Eine Postkarte mit entzückendem Bildchen von Irene aus England. Warum müssen solche Mädchen, solange man sie liebt, einen so stark mit Beschlag belegen, daß man sie nach 14 Tagen müde wird, während man nach kleinen Abständen sie immer wieder gern sähe. Ich habe heute geradezu Sehnsucht nach Irene.

Ob ich nicht doch eines Tages daran denken werde, die Baronin zu heiraten? Ich brauche stets Menschen, die mir etwas sagen können, die sich formulieren. Darum war die schöne, aber immer verschwiegene Louise Bücking so garnichts für mich. Wenn auch die Baronin nicht viel Geld hat, so wird man bei ihr doch niemals das Gefühl haben, wie bei Louisa, eine Plebejerin erhoben zu haben. Freilich, in der Enge möchte ich auch mit ihr nicht leben. Warten wir auf den Erfolg meines Stückes! Wie sie wohl zu mir steht? Sie muß noch erfahren, daß in mir nur eines fest ist, der Geist, und auch der Wille, der ihn bedient. Alles andere schwankt und schillert. Gesundheit, Gefühle, Betragen, Formen.

Nachts:

Ein schrecklicher Nachmittag, dumpfe Schwüle. Brief von Richard, aus dem ich sehe, daß er mit etwas Klugheit und Teilnahme für mich die ganze Scheidungsgeschichte hätte günstig gestalten können, da sich die Familie Fuchs an ihn gewendet hat, und nur durch sein törichtes Gerede Frau Fuchs die Illusion gewann, sie habe meine Familie auf ihrer Seite. Ich war zeitweise der Verzweiflung nahe über diese mangelnde Liebe, denn ich finde, auch bei Hedwig hat ihre Trägheit und ihre Nerven mehr vermocht, als ihre Neigung zu mir. (Spätere Randbemerkung: Später allerdings muß ich das zurücknehmen, denn Hedwig war in dieser Zeit schwer krank und lag im Krankenhaus.) Endlich nach Tisch setzte ich mit Franzl einen Brief auf, den dieser morgen an Richard schickt, damit man endlich erfährt, was denn geschieht. Seit es schwarz auf weiß steht, bin ich, wie immer, ruhiger. Gegen Abend 7 Uhr ging ich noch an den Fluß, um schnell zu baden, wurde von plötzlichem Gewitter und Regen überrascht, während ich nackt vor meinen Kleidern stehe, in die ich naß krieche. Rette mich in eine dämmerige Kneipe, wo zwei alte Leute über »ce sale petit temps« reden, als sei so etwas seit 5000 Jahren nicht vorgekommen.

3. August.

Brief von Hedwig, der doch etwas beruhigender ist.

Auf dem Weg zum Schwimmen zwei Damen, eine wie ein ziemlich gute Geschäfte machendes Fräulein aus dem Quartier Latin gekleidet, ziemlich elegant, auffällig, schlank. Bizarres Gesicht, dünne, offene Lippen, darauf zwei dünne dunkelrote Streifen. Hoffentlich nur heute wegen aufgesprungener Haut. Reizende blaue Augen und kastanienblondes Haar. Ich rede sie an, – Lächeln. Die andere, »insignifiante«, entfernt sich. Sie ist Malerin, sie lebt allein, sehr zurückhaltend. Sie will gehen, zögert aber wieder, während ich sie zurückhalte, verspricht mir, zu schreiben. Sie ist hier seit einem Monat *en villeggiature*, kann nicht gut bei sich empfangen, fürchtet das Geschwätz der Leute.

Gestern Ansichtspostkarte erhalten mit dem Text: »L'inconnue d'hier.«

Sonntag, den 5. August.

Zum Tee bei Dreyfus. Oppenheim und Schwester, Studentin der Anthropologie, wirklich klug. Lachende Augen, schöner Mund, schlanke Gestalt, aber Judenhände und Judennase. Zu klug und weiß darum die Hauptsachen des Lebens doch nicht. Nichts strömendes.

Ich denke viel an die Baronin. Wenn ich mit meinem Stück etwas verdiene, dann wäre doch an eine Ehe zu denken. Franzl sagt, das sei die rechte Frau für mich.

7. August.

Gestern mit Franzl im Theater auf der Messe. La Mascotte. In einer Bude wird Theater gespielt. Man hört von draußen die verschiedenen Musiken der Messe, wogegen vergeblich das abgespielte Klavier, das als Orchester dient, ankämpft. Die Spielerin der Mascotte verwachsen, mit geschwollenen Gelenkknochen an Armen und Händen. Rheumatismus oder Knochenfraß. Daß das Gesicht entfernt an gewisse Hübschheiten erinnert, macht sie geradezu gespensterhaft, eine Parodie auf das Leben. Es gibt eine Art Mißratenheit, die durch einzelne Vorzüge noch verschlimmert wird. Darum ist Sentimentalität gerade dann so furchtbar, wenn eine Spur Echtheit dabei ist.

Denke fortwährend an die Baronin. »Montmartre« fertig. Beifall von Franzl und Dreyfus.

9. August.

Gestern war ich mit der Baronin in Paris verabredet. Heute Absagetelegramm, sie erwarte stündlich Depesche, die sie nach Österreich zurückruft. Ich fahre doch nach Paris, finde sie in der Bibliothek. Sie lädt mich ein, zu ihr zu kommen. Wir essen dann im »Lucullus« im Freien, reizende Aprèsdinerstimmung bei Zigaretten. Immer, wenn ich bei ihr bin, ist sie liebenswürdig, vertraulich, kaum bin ich fort, sucht sie sich durch Ausflüchte weiteren Verabredungen zu entziehen durch nur allzu durchsichtige Lügen. Die Unterhaltung entzückend. Sie ist eine der interessantesten Frauen, die ich kenne. Mischung von Sonne und Saturn. Ich sagte ihr das beim Abschied auf den Kopf zu und sagte, sie fände gewiß in ihrer Hand die Sonnenlinie, sie sah nach und es fand sich eine wahre Grube. Wir sprechen über Ehe und Liebe, als ob so etwas zwischen uns beiden ganz ausgeschlossen wäre. Sie gibt die kameradschaftliche Ehe zu, ohne eigentliche Liebe, aber die Liebe vonseiten des Mannes müsse stärker sein. Später meint sie, in jeder Frau stecke ein Stück Courtisane. Wenn sie sich in schlechten Momenten pessimistisch beurteile, sei sie doch blos sentimental und sinnlich. Ich erwidere: Gewiß als Disposition, aber die Leidenschaft könnte diese Sinnlichkeit und Sentimentalität aktiv werden lassen und veredeln. Den Franzl mag sie nicht leiden. Er ist ihr physisch unangenehm. Ich prophezeie, sie wird mit ihm nach 2 oder 3 längeren Unterhaltungen intim befreundet sein. Im nächsten Winter ist sie in Wien. Im Sommer will sie in Italien umherziehen und in den Bibliotheken der einzelnen Städte arbeiten, im übernächsten Winter Rom. Wie das alles mit meinen Plänen stimmt. Trotzdem, ich bin nicht verliebt, aber außerordentlich von ihr angezogen.

11. August.

Gestern schnell entschlossen nach Paris. Petits Carreaux, Germaine, große schlanke Blondine, kecke, spitze Brüste, keckes, hohes Kinn. Übererregt, denn vorher eine Stunde Dämon in La Chapelle. Um 1 Uhr vor der Abfahrt Aperitif vor einem Café in Isle-Adam. Provinziale Alltagsstimmung. Leere Gassen. Drei Vagabunden gehen von Haus zu Haus und singen alle 10 Schritte von neuem »O sole mio« in französischem Text. Niemand gibt ihnen etwas. Gelangweilte Weiber kommen an die Fenster. Ein kleines Mädchen mit einem Geléebrot kommt vorbei, führt einen kleinen Jungen in langen Hosen, der sich ein Geléebrot über die Backen schmiert. In einer Droschke kommt eine gelbe aufgedunsene Witwe angefahren, bewegt sich schwerfällig aus dem Wagen und geht ins Haus. Dem Kutscher wird ein Bock gebracht. Das Pferd zuckt mit der Haut, um sich von den Fliegen zu befreien. Eine scharfe Sonne dringt häufig durch schwere, zähe Wolkenballen.

12. August.

Peter ist ein trivialer, dicker Hund geworden. Wir mögen ihn nicht mehr leiden.

13. August.

Gestern Abend bei Dreyfus. Er liest was Schlechtes, Dilettantisches von sich selbst vor. Dann erzählt sie, auf den Divan gekauert, in ihr weites weißes Kleid verkrochen, mit süßer Kindlichkeit wundervolle selbsterfundene Märchen, von deren wahrhaftem Wert sie nichts ahnt.

14. August.

Ich möchte 100 Jahre lang ein reiches ausgefülltes Leben führen, ohne Krankheit, und eines natürlichen Todes sterben, d. h. weil die Kräfte aufgebraucht und alle Möglichkeiten erfüllt sind. Der Tod zwischen 50 und 60 kann nicht natürlich sein, er beruht stets auf Krankheit, die ein unnatürliches Leben entwickelt hat.

Gestern in Paris, Nationalbibliothek, die Baronin. Seinefahrt mit ihr nach Bellevue. Bis in die Dämmerung auf der Terrasse von Meudon. Blick in die sanftverhüllten Täler und über die Hügel, die bisweilen die Abendsonne blaß übergoldet. Abendessen im Park unter hohen Bäumen. Heimfahrt auf dem dunklen Schiff. Abends um 11 am Bahnhof. Dort treffe ich Hessel etwas beschwipst, der eine kleine Bordellreise hinter sich hat. Ich bin einig mit der Baronin über viele Fragen. Sie sagt, alles in ihr sei bewußt, aber aufrichtig. Zwei junge Leute in einer Augustnacht unter alten Bäumen allein. So sitzen wir und verdammen prinzipiell die Gefühle und die Liebe. Ich, weil ich so schlecht damit gefahren bin, sie, weil sie sie nicht kennt. Sie verfehlt keine Gelegenheit, gegen diese Dinge zu sprechen, und ich bestärke sie darin und sage, ich erwartete für den Rest meines Lebens mehr von der Freundschaft, als von der Liebe. Ich bekämpfe die Gefühle jetzt prinzipiell. Brechen sie trotz allem hervor, so seien sie dann wirklich stark und echt, das sei eine Probe. Man müßte sie scheinbar auf vernünftiger Kameradschaftlichkeit heiraten, sie aber heimlich wirklich lieben und sie dann gewinnen. In den glühendsten Nächten nie mit ihr von Liebe reden, sondern manchmal halb ironisch versichern, alles, was man fühle, sei nur Freundschaft, Verehrung, vielleicht ästhetischer Reiz, sich gegenseitig seine Gefühle verbergen und sie dadurch um so höher anstacheln. Der Gedanke macht mich zittern. Auf dem Schiff komme ich auf einiges aus meiner »Diesseitsmystik«. Sie geht teils darauf ein, teils versteht sie nicht. Ich sage ihr, man muß erst sein Herz töten, über alles Individuell-sentimental-Novellistische erhaben sein, um das Leben in seiner Einheit zu fassen. Hessels Gedichte gefallen ihr. Er sei ihr schon fast sympathisch geworden.

15. August.

Gestern, als wir zum Fluß gingen, Gespräch mit Hessel. Er leugnet den wesentlichen Wert unserer Zeit. Der Baumeister eines gothischen Domes habe stärkere Lebensgefühle gehabt, als wir. Gerade unsere Vielseitigkeit sei unsere Beschränkung. Ich glaubte das früher auch. Aber es ist ein romantisches Märchen. Heidnische Zeiten ausgenommen, gegen die wir blaß sind, wüßte ich keine Zeit, die eine so unvoreingenommene Lebensschwingung ermöglicht hätte, wie unsere. Daß wir Gothik lieben können, ohne das moderne Französische zu lästern, daß wir nicht mehr nach irgend welchen Prinzipien urteilen, daß wir überall das Lebendige suchen, die gewordene Form überall erkennen, daß wir ohne Rousseausche Formeln die Natur lieben und deshalb doch nicht die »Gesellschaft« zu verachten brauchen, das Volk lieben ohne populär zu werden, daß wir wissen, daß wir nichts wissen, sondern mit dem Leben schwingen können, das ist alles erst möglich, seit Nietzsche von einigen verdaut ist. Aber auch Nietzsche hat noch nicht alles geahnt.

Der bedeutende Künstler ohne Mitwelterfolg, eine fast nur deutsche Erscheinung, weil er durch die unglückliche Form seines Werkes es nur dem engeren Kreise möglich macht, ihn zu würdigen. Für die Nachwelt wird er dann durch Kritiker interpretiert. Wer die nötige Qualität mit der Quantität der Werke vereint und eine klare Form findet, muß schließlich die Besten seiner Zeit doch mitreißen. Lothar konnte nicht weiter, als auf Kenner wirken, erstens, weil das Problem nicht erschöpft ist, also Fragment bleibt, zweitens, weil zu dem eigentlichen Problem noch so vieles andere, an sich vielleicht Gute hinzugefügt wurde, was aber die Linie stört. Ein reines klares Lotharbuch oder ein reines Legendenbuch, wie der König, oder ein Burleskenbuch, wie »der gläserne Gott« müßte wirken. So aber habe ich mir stets durch ein Zuviel, durch Vielseitigkeit den klaren geraden Weg unmöglich gemacht. Dülberg macht es wieder anders. Statt seine komplizierten Innenprobleme klar herauszukristallisieren, behängt er sie mit sozialen banalen Symbolen, die aber erst recht das Publikum irreführen, das lieber das ganz Abstruse sich gefallen läßt, vorausgesetzt, daß es konsequent bleibt. Wer kann es dem Publikum übel nehmen, daß es sich nicht die Mühe nimmt, aus Hessels Gedichten die paar vorzüglichen auszuwählen, sich durch die vielen dunklen Seiten durchzuwinden? Alle wirklich bedeutenden französischen Autoren hatten zu Lebzeiten Erfolg, außer einigen zweifelhaften modernen. Bei Flaubert freilich ist zuviel Langeweile, bei Laforgue zu viel Dunkelheit, die nicht implicite dazu gehört, und das ist eher deutsch.

Heute Nacht träumte ich, ich sei auf meiner Hochzeit mit Louisa, aber wir lagen gleichzeitig in Scheidung. Ich ärgerte mich über die ordinäre Behaglichkeit, mit der sich die Familie Fuchs amüsierte. Ich ließ mich kaum im Saal sehen, sondern suchte nach Papa, der, um Zithern und Guitarren zu prüfen, mit jemand in einen Seitenraum gegangen war. Als ich unterwegs nach ihm fragte, sagte mir jemand, er habe sich erschossen, offenbar aus Verzweiflung über meine Scheidung. Ich schrie vor Verzweiflung laut auf, als ich ihn durch eine Tür meinen Namen rufen hörte. Im Zimmer lag er, verbunden an Händen und Gesicht, er versicherte, nur leicht verwundet zu sein. Ich versprach ihm weinend, ich würde die Außenwelt aufgeben und wieder bei ihm und Mama leben.

17. August.

Gestern in Paris mit Numa Praetorius. Wie dünn und arm das Leben dieser Art Menschen. Seine Sinne befriedigt er in Straßburg mit 4 bis 5 Professionellen, die er kennt. Er fühlt die Leere, nichts, wie er sagt, »fürs Herz« zu haben. Das Beste, was er finden kann, rekrutiert sich aus dem mittleren Handelsstand. Nachmittags führte er mich in eines seiner Dampfbäder hinter der Bastille. Fantomale dunkle Gestalten in dem fast dunklen Dampfraum; abends auf dem Boulevard zeigte er mir die widerlichen Gestalten, denen die sogenannten »Tanten« nachlaufen. Übrigens hat er mir sein juristisches Gutachten über meinen Prozeß gegeben und mich von einem Alp befreit, der mich seit ein paar Tagen wieder drückte. Er selbst ist Amtsrichter. Wie fehlt dieser Praetorius'schen Richtung das Mysteriös-abenteuerliche. Reine Banalität, noch banaler, als das Vulgär-normale.

20. August.

Es ist seit einigen Tagen Herbst. Mehrere kalte Regentage. Dazwischen Wind und rauhe Bläue. Jetzt schöne kühle Herbstklarheit, leider noch zu früh im Jahr. Gestern, Sonntag, mit Franzl und Dreyfus über Land. Hügellandschaft mit weiten Blicken über wellige Gegenden. Abgeerntete Äcker, Abendessen in Nesles in einer Landherberge. Rotwein, sehr lustige Nachtischstimmung. Heimweg singend auf dunkler Landstraße, alle vier Arm in Arm, ich neben der niedlichen Frau Dreyfus.

21. August.

Wieder Hochsommer. Gestern in Paris. Mit der Baronin gegen Abend auf dem Seineschiff nach Boulogne gefahren. Spaziergang im Bois de Boulogne bei Longchamp. Abendrot und Schwäne auf Teichen. Abendessen in Suresnes am Wasser. Dann zu Fuß durch das stichdunkle Bois. Im Métro zurück. Auf dem Schiff empörte sie sich über eine freilich sehr häßliche säugende Frau. Dieser Vorgang ist ihr an sich widerlich, ebenso, wie Kinderkriegen und dergl., obwohl sie es für die Ehe doch für sehr wünschenswert hält, aber im Grunde dégoût vor dem Physiologischen, wie Frau Lampe und viele andere moderne Frauen. Das enttäuscht mich sehr. Wenn ich auch von Louisa keine Kinder haben wollte, so war das nicht aus physiologischen, sondern rein aus ökonomischen Gründen. Später fing sie immer wieder von Mystik zu sprechen an. Ich warne sie vor Büchern. Sie soll ihre eigenen glühenden Augenblicke festhalten und keinem wärmebedürftigen Vampyr erlauben, sich von ihrer Wärme zu stehlen.

Gegen Mitternacht Petits Carreaux: Lucienne. Gelbseidenes Zimmer, brav, gewohnheitsmäßig. Dann bei Pousset Hessel mit Bruder getroffen, der das schlechtrassige Hesselsche Element zu haben scheint, ohne Franzls feine Individualität. Vorstehende Oberzähne, die dem Gesicht eine dauernde grinsende Freundlichkeit verleihen. In später Nacht Heimfahrt mit Franzl.

21. [?] August.

Franzl und Dreyfusens in Paris. Nach Tisch einsamer Feldspaziergang in der Dämmerung. Eingekehrt bei der Witwe Cassan. Im Dunkel hält ein Frachtwagen. 6 Fuhrknechte steigen ab und kommen herein.

23. August.

Gestern Franzls Bruder und Dreyfusens bei uns zu Tisch. Doktor Hessel langweilig, erzählt aber nett von Bologneser Gesellschaft und Frauen, macht mir große Lust, meine mit Franzl geplante nächstjährige Reise in Bologna zu beginnen. Frau Dreyfus wieder entzückend. Nach Tisch im dunklen Garten. Sie ausgestreckt auf der Chaiselongue. Ich verliebe mich ein bischen in sie.

Die gewiß unbewußte Absicht Wolfskehls und des Darmstädter Kreises war, mich am vollen Aufkommen zu hindern, da man instinctiv meine Erkenntnis ihrer Haltlosigkeit und Grundlosigkeit fürchten mußte, andererseits mich aber doch zu karessieren, da meine für diesen Kreis ungewohnten Eigenschaften der Weltkenntnis, Sicherheit und Energie nicht für sie verloren gehen sollten. Außerdem unterhielt ich sie und schmeichelte ihnen, ohne zu wollen. Erst die Ehe mit Louisa ließ mich die ganze Entwickelungslosigkeit und Faulheit dieser Richtung durchkosten und befreite meine Entwickelung von zehnjährigem Zwang. Darum Louisa doch eine Notwendigkeit für mich gewesen.

26. August.

Vorgestern war Franzl in Paris. Allein mit Dreyfusens Spaziergang nach der Abbaye du Val und nach Stores. Alle Felder sind abgemäht, überall Heuschober (meules) in der Abendsonne.

Gestern fand ich unter meinen Briefen die Photographie von Louisa, Stern und mir aus Granada und las einige alte Briefe von ihr. Die alte Rührung, die sie mir so oft einflößte, ergriff mich wieder. Ich hätte sie in die Arme schließen und ruhig fragen können: Warum tust Du das alles Dir und mir an? – Am Nachmittag Karte von Hedwig, auf deren Vermittelungsvorschlag sie überhaupt nicht geantwortet hat.

27. August.

Gestern, Sonntag Nachmittag, Waldspaziergang mit Franzl und seinem Bruder. Erst erzählt er von seinen Liebesgeschichten als Student, platonischen und anderen mit kleinen Mädchen. Überall wundere ich mich über das Reizende, oft Poetische, oft rührend Amüsante seiner Situationen. Eine Münchener Wirtin, die ihn bemuttert, die ihm verschiedene Mädchen verbietet, weil sie ihn ausbeuten wollen, dann aber mit der »Richtigen« zu seinem Wohl gemeinsame Sache macht. Sie ist 2 Jahre älter als der junge Student, Direktrice, hat stets mehr Geld, als er, hält ihn streng, läßt ihn nicht allein ausgehen, überrascht ihn auf einer Redoute, nimmt ihn aus dem Arm einer anderen weg und führt ihn nach Hause, wie einen unartigen Buben.

Später kamen wir auf theoretische Gebiete, und da zeigte er sich dumm und verkehrt. Eine wissenschaftliche Logik, die alles sterilisiert. So findet er auch z. B., daß die Prostitution, von der er ausgiebigen Gebrauch macht, so wie sie ist, ganz ausgezeichnet geregelt sei und nicht anders geregelt werden könne. Er hat die prinzipielle Logik des Wissenschaftlers, die nichts anderes als Nihilismus ist.

28. August.

Gestern Louisas Brief, der Hedwigs Vermittelung ablehnt. Langes Gespräch mit Franzl während des Ruderns auf dem herrlich beleuchteten Fluß. Der Herbst ist doch unwiderruflich da. Kühle, klare Sonnentage. Franzl meint, ich liebe meine Geschwister mehr, als sie mich. Ich sei ihnen nicht bequem, und darum haben sie mich, ohne Böses zu wollen, instinktiv bei Frau Fuchs nicht genug in Schutz genommen, die dadurch in ihrer Feindseligkeit gegen mich bestärkt wurde. Sie halten mich für einen Tyrannen, und dabei bin ich blos überlegen, leide selber unter diesem Überlegenheitsgefühl, wie Hessel erkennt, möchte, daß alle Leute mir gleichwertig sind. Meine Not nach ihrer Liebe wirkt daher nur peinlich auf sie. Ich glaube, meine Beziehungen zu den Menschen können nur durch einen großen künstlerischen Erfolg geregelt werden. Erstens wird mich das liebenswürdiger machen, vorläufig bin ich der Gebärde nach wie ein Grand Seigneur ohne die nötigen materiellen Fonds. Ich könnte mit dem Untergrund allgemeiner Anerkennung mich viel sicherer entfalten und äußerlich bescheidener erscheinen. Zweitens wird der Ruhm die Uninteressiertheit meiner Liebe zu anderen klar erkenntlich machen, wenn sie erst sehen, daß ich sie nicht brauche und sie dennoch liebe und in alter Anhänglichkeit zu ihnen komme. Indessen heißt es Stoiker, Herr meines Gedankenlebens sein und den Dingen, die außer mir liegen, eine fatalistische Gleichgiltigkeit entgegenstellen. (Spätere Randbemerkung: Wie unglaublich richtig ich diese Dinge damals gefühlt habe und wie sie sich genau so erfüllten, als der Erfolg kam.) Was meine Stellung unter den Menschen bisher überhaupt ermöglicht hat, (früher täuschte mich meine jugendliche Lebenslust über meine Vereinsamung) ist doch das bischen Erfolg, das ich jetzt schon habe und die Leute daran erinnert, daß ich doch jemand bin, den man nicht so ohne weiteres abtun kann.

30. August.

Gestern Paris. Kurz die Baronin in der Bibliothek gesprochen, die sich seit einer Woche langweilt und offenbar eine Karte von mir mit der Bestimmung eines Rendezvous erwartet hat. Schließlich aber hat sie sich selbst zu einer reizenden Karte entschlossen, die ich heute früh bekam. Später Diner, als Gäste von Dr. Hessel mit Franzl bei Noël-Peters. Essen mäßig. Dr. Hessel ein zu stumpfer Mensch. Er sucht immer Zwiespälte, ohne Bosheit übrigens, anstatt liebenswürdige Einigkeit. Dann einen Augenblick bei Germaine, die mit Lucienne Freitag nach Isle-Adam kommen will. Was wird das geben! Es ist wieder sommerlich warm.

31. August.

Gestern wieder in Paris. Die Baronin. Aperitif gegenüber Moulin Rouge mit ihr. Abendessen oben beim Italiener. Leichter Barberarausch, Vollmond. Durch die alten Montmartregassen nach Moulin de la Galette. Unter Lampen tanzen besonders hübsche Mädchen, alle in übermütigen Panamas. Oben bei der Mühle weiche Sommernacht. Paris liegt in tiefem Dunst. Die Baronin ganz elektrisiert, möchte mehr mittun können, sich hineinstürzen, trällert »Bonjour Mimi« und wird leicht annähernd, plötzlich hat sie genug, spricht von leichtem Dégoût. Der kleine Lamprecht vom Bal des 4 z'arts kommt auf mich zu. Dann treffen wir Franzl im Café. Ich etwas nervös, gebe den geplanten Hallenbummel lieber auf, da erst um 5 Uhr der erste Zug zurückgeht. Franzl bringt mir einen Brief von Lampe mit, der mich in der Scheidungssache etwas beruhigt und heiter macht. Wir bringen die Baronin in ihren Omnibus und nehmen selbst den letzten Zug nachhause. Um halbdrei im Bett. (Spätere Randbemerkung: Es ist denkbar, daß in dieser Nacht die Baronin ganz anderes von mir verlangt hat. Aus dieser Situation ist später der Plan zu Don Juanito entstanden.)

1. September.

Die Unsicherheit in der Scheidungssache wirft mich aus einer Stimmung in die andere. Bald Hoffnung auf baldige Freiheit und Rückkehr nach München zu meinen alten Bekannten, bald das Gefühl, daß ein Netz im Begriff ist, gewebt zu werden, um mich zu ersticken, meine Vermögenslage zu erschüttern, mich gesellschaftlich durch Verleumdung und Intriguen zu ruinieren, wenigstens auf eine Zeitlang, und mich zu einem unfreiwilligen Umherirren im Ausland zu verdammen.

Ich konstatiere, daß der Dämon doch zurücktritt. Es scheint, daß jeder Akt Larven schafft, die uns zu ähnlichen Akten verführen. Die relativ befriedigende Regelmäßigkeit der letzten Monate hat nun die dämonischen Larven zurückgedrängt. Dieser Zustand ist gut. Ich möchte nur noch bei besonderer Gelegenheit die dämonischen Larven hervorkommen lassen und stets ihrer Herr sein.

2. September.

Ansichtskarte von der Baronin aus Deutsch-Avricourt. Und morgen wollten wir noch in Paris zusammensein. Zwei Telegramme rufen sie zurück??? Dramatik?? Erwartete sie im Moulin de la Galette mehr Entgegenkommen von mir? Wollte sie den Abschied vermeiden? Ihre Karte ist kühl, ohne die Wiener Adresse anzugeben. Aber sie wird sicher noch von sich hören lassen, denn sie ist mir eine ganze Kleinigkeit Geld schuldig, und wie ich sie kenne, wird ihr das keine Ruhe lassen.

4. September.

Gestern früh Franzl beim Arzt. Seine schlimmsten Befürchtungen erfüllen sich. Ich bewundere seinen Gleichmut. Er tut jedenfalls, als ob er gemütlich nicht darunter leide. Ich gestern Paris. La Grenelle. Den ganzen halben Nachmittag, lasse dann, besseres hoffend, Gelegenheit vorübergehen. Die alte Dummheit. Derbes Sauerkraut- und Knoblauchessen in naher Brasserie. Abends Place d'Italie, umsonst. 11 Uhr Heimfahrt. Zuhause 0.

Heute den ganzen Vormittag Briefe in der Scheidungssache an Frau Fuchs und Hedwig.

Schon Louisa gegenüber empfand ich, wieviel brutaler als der Mann die Frau ist. Selbst die zarte Irene gab einmal ein Beispiel. Ich bat sie um eine Photographie und sagte, sie besitze doch auch meine. Die könnte ich wieder haben, erwiderte sie. Sie nahm das ja allerdings gleich zurück und sagte sogar beim Abschied, die Photographie sei ihr ein teures Andenken, ich erhielte doch noch eine von ihr. Aber immerhin, wann würde ein Mann eine so grobe Bemerkung machen!

7. September.

Ganz entzückender Brief von Tilly, die zwecks Aufführung von Montmartre dreimal zum Intendanten in Frankfurt gegangen ist. Sie hat genau die Art von Gefälligkeit und Güte, wie ich. Es macht ihr Freude und nicht viel Mühe, für andere zweckdienliche Schritte zu tun, sie gilt aber nicht offiziell als gütig, eher das Gegenteil. Hedwig dagegen ist vielmehr die gute Frau, in Wahrheit aber nicht spontan gefällig. Erst die reflektierende Gerechtigkeit bewegt sie, und dabei wird sie noch oft schlecht gelaunt, wenn sie einem einen Gefallen tut. Im Gegensatz zu Tilly ist sie stets zunächst bereit, mir Unrecht zu geben, läßt sich dann allerdings oft vom Gegenteil überzeugen.

Gestern kam endlich das Klavier, das wir zusammen mieteten, zu Dreyfus. Wir spielten Violinsonaten von Beethoven den ganzen Abend. Dann ich allein die Arlésienne. So wird es nun jeden Abend gehen. Zu sagen haben wir uns nicht mehr viel. Und er spielt besser, als er redet.

9. September.

Dreyfus verreist. Gestern holten wir seine Frau zum Rudern ab. Schöne warme Tage, aber schon vor 7 Uhr Dämmerung, und wenn wir heimkommen, ist es dunkel. Apéritif bei der Witwe Cassan. Abends bei Frau Dr[eyfus]. Ich spielte Klavier, sie erzählte, wie immer, ausgezeichnete Geschichten. Ihre Schwester am Tage vor der Konfirmation verzweifelt, weil sie in einem fort, wider ihren Willen denken muß: Der Herrgott ist eine dreckige Sau!

11. September.

Viel Hypochondrie wegen der Scheidung. Franzl sagt: An Ihnen bleibt nichts hängen, was wird Ihnen noch alles passieren, aber Sie kommen aus allem heil heraus. Sie verdauen alles, haben keine Restbestände, fressen nichts in sich hinein, müssen sich darum aussprechen. Und es hilft. Hypnotisieren sich selbst. Das alles macht Sie freilich leichtsinnig. Sie lassen sich zu leicht in viele Dinge ein.

12. September.

Schlaflose Nacht, fürchte die schlimmsten Intriguen in der Scheidungssache. Hoffentlich war das die Krisis.

13. September.

Herbst. Frühe Abende auf dem Heimweg vom Rudern. Bauernwagen mit Laternen. In Franzls Zimmer brennt schon die Lampe, wenn ich zurückkomme. Die eingeatmete Luft erinnert mich an unbestimmte Vergangenheiten, als es auch Herbst war. Und sie verspricht behagliche Winter in der Stadt: Ofen, Tee. Aber mir alles nicht so gewiß. Ich schaue in das Dunkel der Ungewißheit. Trotzdem ist es schön, heimzugehen und sich bei Licht an das Essen zu setzen. Oft riecht es auch verbrannt in der Luft.

1 OSCAR A.H. SCHMITZ, um 1906.
»Während andere verbittern und sich verärgern, wenn das Materielle scheitert, wird es vielleicht grade für uns ein Vorwand, souveräne Heiterkeit zu entwickeln ... Übrigens ist draußen ein glänzender weicher warmer Sommertag, der es mir heute leicht macht, froh zu sein. Weißer Anzug. Ich freue mich auf das Schwimmen und den Fluß.«

2 Der Vater
Oskar carl heinrich Schmitz (1841–1895), Eisenbahndirektor.
»Mein Vater war stets darauf bedacht, meiner unsteten Natur, ohne sie zu unterdrücken, Zügel anzulegen«
(Dämon Welt)

3 Die Mutter
Gabriele Bertha Schmitz (1850–1897), geb. Schwarzschild.
»Tatsächlich hat meine Mutter nie einen so klar bestimmbaren Einfluß auf mich gehabt wie mein Vater, aber gefühlsmäßig war ihre Wirkung sehr groß.«
(Dämon Welt)

4 Oscar A.H. Schmitz (2.v.l.) mit seinen Geschwistern Tilly, Richard und Hedwig, um 1884.

5 Die Kosmiker: KARL WOLFSKEHL, ALFRED SCHULER, LUDWIG KLAGES, STEFAN GEORGE und ALBERT VERWEY (v. l. n. r.).

6 Antikes Fest in Wolfskehls Münchener Wohnung, 22. Februar 1903. Stefan George als Caesar, Karl Wolfskehl als Bacchus, vorn links Franziska zu Reventlow, Oscar A. H. Schmitz und Alfred Schuler.

7 Oscar A. H. Schmitz mit seiner ersten Frau Nina (geb. Burk), um 1901.
»Ich hatte während des Karnevals wieder viel Sehnsucht nach Nina gespürt. Warum nicht endlich ernst machen mit etwas, mit beiden Füßen und geschlossenen Augen in etwas auf Tod und Leben hineinspringen?«

8 u. 9 ELSE PLÖTZ (1874–1927), 1915.
Die Hetäre der Boheme und spätere Dada-Baroness war um 1900 die Geliebte von Oscar A. H. Schmitz.

10 Hedwig Gründler (geb. Schmitz) und Alfred Kubin, Frühjahr 1904.
Mit seiner Schwester Hedwig und seinem Freund und Schwager Alfred Kubin stand Schmitz in intensivem Austausch. Als das Paar im Mai 1906 das Schlößchen Zwickeldt in Oberösterreich erwarb, wurde Schmitz zum regelmäßigen Gast. Man diskutierte über Lebens- und Liebesprobleme, über Kunst, Philosophie, fernöstliche Weisheit und Psychoanalyse.

11 Franziska zu Reventlow mit ihrem Sohn Rolf, 1905.
In »Herrn Dames Aufzeichnungen« (1913) porträtierte sie Oscar A. H. Schmitz in der Figur des strebsamen Schriftstellers Adrian: »Er wohnt in einem großen Atelier und … saß in einem persischen Kaftan an einem zierlich gedeckten Tischchen und nahm ein hygienisches Frühstück ein. … Wir rauchten Haschischzigaretten und unterhielten uns … Ich glaube, Adrian ist, was man einen Causeur nennt …«

12 Die Küche des berühmten »Eckhauses« in der Kaulbachstraße 63. In der Wohngemeinschaft lebten Franziska zu Reventlow, Bohdan von Suchocki und Franz Hessel. Ein häufiger Gast war Oscar A. H. Schmitz – er taufte die Küche auf den Spitznamen »Tirol«.

13 CAFÉ DU DÔME, der berühmte Treffpunkt der Künstler und Literaten am Boulevard Montparnasse in Paris.

14 LA BELLE OTERO (Carolina Otero, 1868 bis 1965), die große Tänzerin und Verführerin der Belle Époque. »Gestern Abend in den Folies-Bergères, das größte Café-concert von Paris. La belle Otero, die gefeierte Schönheit. Sie trat auf in spanischen Liedern und Tänzen … Ich stehe immer wieder vor einem Rätsel, wenn ich solche Frauen sehe, die doch die Sinne aller Männer zu berauschen scheinen. Nur die meinen nicht.«

15 RÉJANE (Gabrielle-Charlotte Réju, 1857–1920), neben Sarah Bernhardt die berühmteste Schauspielerin der Belle Époque. »In dem Gesicht der Réjane fällt der Mund auf: ein großer, starklippiger Mund, der von vielen Erregungsmöglichkeiten der Seele spricht …«

16 Die Künstlerkneipe LAPIN AGILE in der Rue des Saules.
Hier waren Oscar A. H. Schmitz und Franz Hessel Stammgäste.
»Dann im Lapin Agile. Wir singen Volkslieder, Schnadahüpfln und dergl.«

17 FRANZ HESSEL (1880–1941), der langjährige Freund von OSCAR A.H. SCHMITZ, um 1910.
Oscar A.H. Schmitz »ein Freund aus dem Münchner, dem Schwabinger Kreis und ich in so vielen Gesprächen aus freier, wählender und vergleichender Gedankenwelt«.

18 HENRI-PIERRE ROCHÉ (1879–1959), um 1920.
Oscar A. H. Schmitz lernte ihn Anfang 1906 in Paris kennen, machte ihn wenig später mit Franz Hessel bekannt. Die drei Männer wurden zum unwiderstehlichen Trio des Pariser-Nachtlebens. Von Roché stammt der Roman »Jules und Jim«.

19 Spanienreise 1905.
Oscar A. H. Schmitz mit seiner zweiten Ehefrau Louisa (geb. Hoby).

20 Paul Stern, Louisa Schmitz, Oscar A.H. Schmitz 1905 in der Alhambra in Granada.
»Gestern fand ich unter meinen Briefen die Photographie von Louisa, Stern und mir aus Granada ...«

21 Oscar A.H. Schmitz, um 1897.
»… der Herr mit dem Zwicker, der sich in eine Toga hüllt und trotzdem aussieht, als ob er eigentlich in den Frack gehörte –« (Franziska zu Reventlow, Herrn Dames Aufzeichnungen)

Unsere Madame Dolo liebt uns nicht mehr. Dissonanzen wegen des Hundes. Als ich heute morgen in mein Zimmer trete und sie frage, ob sie fertig mit Aufräumen sei, sieht sie aus, als lächle sie mich freundlich an. In Wahrheit ein nervöses Zucken um ihren alten Mund. Das ist gräßlich. Sie sagte neulich, daß sie nie Stuhlgang hat, vielleicht alle 14 Tage einmal. »Je ne voyage presque jamais«, sagt sie, und sie grinst dazu. Ich hasse Leute, die sich aus Trägheit so lebendig verfaulen lassen.

Brief vom Anwalt. Er verlangt rund heraus ein Fünftel meines Vermögens. Das ist ungeheuerlich, und doch wird mir wieder ruhiger und wohler angesichts dieses wenigstens fest bestimmten Maximums. Ich zähle noch auf Lampes Vermittelung, der wie mein guter Engel in der Sache ist. Die Leute haben mich dadurch in der Hand, daß ich ja selber die Scheidung will. Verweigere ich diese Summe, so habe ich Louisa wieder am Bein. Zahle ich sie, so ist meine unabhängige Situation ruiniert. Das Paradoxe ist, daß ein Prozeß gegen mich geführt wird, den ich garnicht gewinnen will, denn das hieße ja Wiederherstellung der Ehe.

Abends 7 Uhr.

Ein grauer wehmütiger Herbstnachmittag. Spaziergang im Wald mit Franzl und Frau Dreyfus. Anfangs Gigi und Georgette bei uns, die bald umkehren, ich sehr bedrückt wegen der Scheidungsangelegenheit. Frau Dreyfus erzählt von ihrem interessanten Ödenburger Geschichten, von einem Bankrotteur, den die geschädigten Leute in Scherben begraben wollten. Sie soll doch ihren Roman schreiben mit Franzl oder mit mir. Das Wetter wirkt wie auflösend. Abendliche Herbstlandstraße. So ein Tag müßte der Todestag sein. Dann denke ich, ich werde jetzt ein Wanderleben führen, immer da leben, wo angenehme Menschen sind, in Wien mit der Baronin, in Berlin mit Lampe. Jetzt wäre ich gern in Florenz mit Tilly zusammen. So wird einem niemand müde, weil man nie zulange bleibt. Ich fühle mich unsäglich vereinsamt. Von Hedwig eine Karte, nicht gerade ausgesprochen unliebenswürdig. An die Baronin Kondolenzbrief geschrieben, da ihr Vater plötzlich gestorben ist.

11 Uhr abends:

Franzl hat bei Frau Dreyfus aus seinem bunten Roman gelesen. Ich werde ruhiger mit trauriger Grundstimmung, fühle zum erstenmal meine Unannehmlichkeiten fruchtbar werden. Weisheit; ich gewöhne mich, daß es nicht geht, wie man will. Was kann einem viel geschehen? Mehr in der Gegenwart leben, was ich vor rosigen Zukunftsplänen so oft versäumte. Und dann, – ist denn die Welt nicht übrig? Se laisser doucement entraîner par la fatalité.

15. September.

Las in Louisas alten Briefen. Schilderung ihrer Zusammenkünfte im Frühjahr mit meinen Geschwistern in München. Von diesen weiß ich, daß sie damals schon feindlich gegen mich war. Sie erzählt, wie sie gegen Agnes französische Malerei gegen deutsche verteidigte. Ich sehe sie, wie sie, am Körper keine Faser, die ich ihr nicht schenkte, im Mund keinen Gedanken, der nicht aus meinem Hirn kommt, sich zurückgesetzt und mißhandelt glaubt, weil ich mit ihrer Mittelmäßigkeit nicht glücklich sein kann. Ist das allgemein weiblich?

Franzl hinkt im Haus herum, die Krankheit macht ihn lahm und dyspeptisch. Aber keine Spur von Hypochondrie in ihm. Ich würde unbedingt die Schwitzkur ohne Quecksilber vorziehen. Für mich würde das Qu. selber zum Gespenst.

Dreyfus zurück, sehr nett, als sei in den paar Tagen etwas von der Meerluft an ihm hängen geblieben. Überhaupt die besondere Liebenswürdigkeit aller, die von der Reise zurückkommen.

Nun wird das Leben, nachdem wir zweieinhalb Monate hier sind, doch ein bischen einförmig, um einen Halt zu bieten gegen die mich belagernden Gespenster. Seit die Baronin fort ist, bin ich widerstandsloser. Kaum läßt mich Arbeit, Lektüre, angeregte Unterhaltung oder Schlaf los, so stehen die Gedanken da und warten. Es ist ein fortgesetztes Überlisten. Ich hätte Louisa nie einer solchen hinterhältigen Infamie für fähig gehalten. Ich habe ihr in mehreren Briefen angeboten, wir wollten uns persönlich über die Geldfrage auseinandersetzen. Sie möchte mir einen Überschlag dessen machen, was sie vermutlich noch brauchen wird, bis sie in ihrem Beruf selbständig ist, und ich sei überzeugt, ich würde ihr die Summe nicht zu kärglich bemessen, sondern nach oben abrunden. Aber sie geht auf alles das nicht ein und behauptet, ich sei ein kalter Zahlenmensch, der alles in Ziffern drängen will. Sie möchten mich dahin bringen, daß ich auf eine Scheidung mit meiner Schuld einginge und mich darauf verlasse, daß sie nachher von mir nicht mehr Geld annehmen, als unbedingt nötig ist; in diese Falle aber krieche ich nicht. Nicht eher willige ich ein, bis die Summe, welche sie haben wollen, fest bestimmt und notariell beglaubigt ist. Denn daß ich mich einer Räuberbande gegenüber befinde, die aus mir herauspressen will, was sie nur kriegen kann, das unterliegt jetzt keinem Zweifel mehr. Zwar sage ich mir auch jetzt immer theoretisch: Im Grunde ist nichts verloren, aber das Leben müßte auch einmal in der Gegenwart beweisen, wie schön es sein kann. Dieser Sommer wäre an sich vielleicht einer der schönsten meines Lebens gewesen, ohne diese Prozeßgeschichte im Hintergrund, die sich stets als unerwünschter Gegenstand jeden Nachdenkens einstellen mußte.

Gestern mit Franzl in Paris zum Tee bei Maria Deveaux, die Mathis vor 3 Jahren mit mir verheiraten wollte, als sie sich plötzlich mit ihrem jetzigen Mann verlobte. Ich bin von ihr entzückt, obwohl sie gerade einer Geburt entgegensieht und einen kleinen Schoßhund hat, zwei Umstände, die ich sonst bei Frauen nicht sehr anziehend finde. Die Wohnung ist nicht sehr behaglich und herbstkalt. Eine Mischung von französisch und deutsch in der Einrichtung. Maria ist das Glück, das an mir vorübergegangen ist, weich, liebenswürdig und dabei doch von eigener Art, klug, ohne geistreich zu sein, für mich sinnlich ungemein reizvoll und dabei doch ganz Lady. Große Ähnlichkeit mit Louise Bücking, aber mit all der Fülle, die dem dünnen, stillen Wiesel fehlt. Wir tranken Tee, das Gespräch plätschert erst ziellos umher, dann kommen wir auf die große moderne Liebesenttäuschung, die jeder erlebt. Auch sie hat viele sich befreiende Mädchen aus guten Familien beobachtet, aber gesehen, daß die freie Liebe für sie immer schlecht endet, Kind, Elend, Krankheit. Dagegen aber welche Langeweile und Qual in den meisten Ehen! Sie scheint in falschen Händen zu sein; den Franzl erkennt sie als Zuschauer des Lebens, mich als Mitspieler. Meine ganze Verbitterung des Augenblicks kommt heraus. Sie schaut mich oft so aufmerksam an, als frage sie sich: wie wäre es mir wohl mit ihm gegangen! Wir verlassen sie vor ihrem einsamen kalten Abendessen in dem ungeheizten herbstlichen Salon. Ich ging sehr deprimiert; mein Leben verpfuscht, dicht am Glück vorbei. Wir essen in dem stillen Restaurant Bœuf à la Mode. Franzl übersetzt: »Das Rindvieh nach dem Zeitgeschmack«. Ich lasse Franzl abends auf dem Boulevard allein und gehe zu Lucienne, nur um meiner Melancholie physisch ein Ventil zu öffnen, was, wie ich heute merke, sehr klug gewesen ist. La Paresseuse. Mit Franzl zum Bahnhof. Er erzählt von der kleinen Maja. Sie und Frau Dreyfus haben den Geniekuß empfangen, das läßt mich ihnen gern zuhören, wenn Franzl sie zu seltsamen Erzählungen anregt. Aber Maria Deveaux ganz Dame, versetzt mich selbst in Aktivität. Ich will ihr gefallen. Bei den kleinen und unkomplizierten Frauenzimmerchen dagegen nehme ich von vornherein an, sie können nichts mit mir anfangen. Bewundern sie dennoch etwas in mir, entweder Geist oder den homme du monde, so gibt mir das keine rechte Befriedigung, läßt mich ihre Frauenzimmerlichkeit und formale Unvollkommenheit erst recht fühlen. Dem Juden Franzl ist die Tatsache »Christenmädchen« allein über vieles hinwegführend. Ich kenne das zwar auch und konnte darum zwei so subalterne Ehen schließen. Da ich aber nur halb Semit bin, konnte die andere Hälfte nicht mit. Für mich gibt es kein Heil außerhalb der Gesellschaft, aus der ich stamme. Ich will lieber die Dame auf die süßen und reizenden Spezialitäten des Lebens aufmerksam machen, auf das Aparte, als ein apartes Wesen auf die Schönheit und Notwendigkeit der gesellschaftlichen Form. Ich würde z. B. auch die kleine Dreyfus vollkommen aus dem Konzept bringen.

In der Eisenbahn hatte ich einen wahren Wutausbruch gegen Louisa, die ich nicht mehr entschuldige durch den bösen Einfluß ihrer Mutter. Umgekehrt, die Mutter ist gar nicht so schlimm, sie hilft einfach instinktiv ihrer Tochter und hat auch gar keinen Grund, mich zu schonen. Louisa aber hat allen Grund, mir dankbar zu sein. Es ist nur Louisas Schuld, wenn ihre Mutter die Geschichte falsch sieht. Louisa konnte wissen, daß man bei mir mit Anständigkeit alles erreichen kann. Statt dessen verleumdet sie mich und jedes Mittel ist ihr recht, Geld aus mir herauszuschlagen, der ich ja gern bereit bin, von selbst welches zu geben, wenn auch nicht in der übertriebenen Menge, wie diese Leute es meinen, da sie jetzt einmal einen in ihren Netzen zappeln haben, der nach ihrer Ansicht gründlich bezahlen muß.

In Paris regnete es. Alles war herbstlich. Auf der Place Malherbes neues helles Laub an den Kastanienbäumen und frische Blüten, wie im Frühling in den Champs-Elysées. Aber auf dem Boden welke Blätter, die der Wind verweht.

17. September.

Gestern, Sonntag, Spazierfahrt mit Dreyfusens durch die Herbstlandschaft. Mir ist wieder besser. Ich suggeriere mir jeden Abend Gelassenheit und s'attacher aux agréments de l'heure qui pourraient être assez grands dans ce moment s'il n'y avait pas la crainte de mon avenir.

Heute Regenwellen zwischen den Baumwipfeln. Ich möchte in einem Gebirgswirtshaus sein, wo ich den Sommer verbracht hätte, in der geheizten Wirtsstube. Der Regen läßt die Leute am Ofen ruhen, die bei gutem Wetter zu tun haben. In der Ecke säße meine blonde Geliebte und schriebe aus ihrem zierlichen, mit der Umgebung kontrastierenden Schreibzeug Briefe mit blassen frierenden Fingerchen und ich ginge ungeduldig aus und ein, schauend, ob das Wetter sich nicht aufklärt, und frage die Leute am Ofen über ihre Meinung.

18. September.

Gestern Paris, Zahnarzt. Zwei Vorderzähne zu plombieren. Dann Bad rue Oberkampf Martial. Dämmerige Heißluftzelle. Alles

Individuelle verwischt. Giton. Sehr zufrieden, aber heute merke ich, daß wieder ein kleiner Teufel in meine Atmosphäre aufgenommen ist, der lange ruhig war. Abendessen Rue Lepic. Die Herbsttrauer frißt meine einzelnen Ennuis auf. 9 Uhr Gare du Nord.

19. September.

Die Stürme der letzten Tage vorbei, Äquinoctien. Gestern Neumond. Heute sich aus dem Dunst klärender schließlich sonniger Herbstmorgen. Daher gleich Morgenspaziergang mit Franzl nach Stores und Mériel an der Oise zurück.

20. September.
Nachts halb zwölf:

Über die Einzelheiten meiner Prozeßgeschichte wachse ich seit ein paar Tagen hinaus. Franzl wundert sich über meine Ruhe, aber es liegt ein zähes, schweres Gewölk über mir.

21. September.

Warum macht einem das ruhige Dasein an sich nicht mehr Spaß. Müßte man dazu etwa noch müder sein, wie ich? Aufatmend fern von der Stadt mit dreihundert Mark monatlich. Ein Zimmer gut zu heizen, im Sommer gut zu beschatten. Ein gutes Bett, schmackhafte leichte Mahlzeiten und froh sein, daß man sich über nichts ärgern muß. Warum genügt das nicht? Wir brauchen den Wechsel, sonst langweilen wir uns. Sein ohne Werden und Vergehen gibt es nicht. Ein konstruiertes Nichts, Nirwana. Die Sehnsucht danach ist eigentlich der Bankrott meiner Weltanschauung, aber ich denke, diese Sehnsucht ist vorübergehend.

Auf allen Feldern sieht man jetzt pflügende Bauern. Gestern ganz im Nebel. Das Glück. Der Mann geht, im Erd- und Nebelgeruch eingehüllt gegen außen, den Acker hinter dem Pflug auf und ab, denkt höchstens, heute Abend muß dir aber die Alte eine

Halbe Bier holen, ob sie schimpft oder nicht. Und wenn er auch nie die Energie haben wird, dies ernstlich zu verlangen, so redet er es sich jetzt vor und bei jedem gepflügten Streifen wird der Entschluß fester. Manchmal ein Crepitus dazwischen. Das sind die Bohnen vom Mittag. Seine Gedanken zwischen den Bohnen vom Mittag und dem Bier vom Abend.

Ich komme immer mehr zu den antiken, reifen, etwas müden Philosophien: Stoa und Epicur. Wir können an den Dingen nichts ändern, aber wir haben ihre Wirkung auf uns in der Hand. Sich stoisch in seinen Philosophenmantel hüllen, mag kommen, was will; ich bin ich, solange ich mein Innenleben habe, und wenn dieses sich verwirrt, so spüre ich nichts mehr. Dabei aber nicht die angenehmen Stimulantien eines gemäßigten Vergnügens verschmähen, wie feine Diners, leichte Frauen, Theater, Reiz. Aber il ne faut pas compliquer sa vie.

22. September.

Gestern Dülberg in Paris. Zuerst wühlt er mich aufs Tiefste auf durch seine Münchener Erzählungen. Dort allgemeine Stimmung gegen mich. Es wäre unrecht von mir gegen die Frau u.s.w. Man meint, der Scheidungsantrag ginge von mir aus. Ich täte der Frau dies an, was ich doch gerade nicht wollte. Aber Louisas Verleumdungen haben die Sache verdreht. Man weiß nichts von ihren feindseligen Ausbeutungsversuchen. Die haben sie geheim gehalten. Von »Montmartre« und »Gläserner Gott« will er nichts wissen. Auch Wolfskehl urteile ungünstig. Was beweist dies alles? Vor allem, was ist daran neu? Und dennoch regt mich dieses Gespenst auf, dieser allgemeine Glaube, es ginge mit mir bergab. Ich muß sofort nach München, mich zeigen, den Stier bei den Hörnern fassen, die Mäuler stopfen und beweisen, daß ich keine Angst habe. Ich reise, sobald mein Buch fertig ist, in 3 bis 4 Wochen.

Wir essen bei Véfour im Palais Royal. Ihm geht es recht gut. Er fühlt sich offenbar sehr im Aufschwung. Ich beruhige mich, denn ich merke, daß er schließlich etwas ernstlich Beunruhigendes garnicht gesagt hat, beauftrage ihn, meine törichte Differenz mit

Stern in Ordnung zu bringen, und über die Scheidungssache einstweilen Klarheit zu verbreiten. Wir sitzen abends bei Pousset, er sagt einige amüsante Sachen, z. B. zwei Regeln zum Heiraten: Erstens, man kann eigentlich doch nur sein Verhältnis heiraten, zweitens, man kann doch eigentlich nicht sein Verhältnis heiraten. Aus diesem Dilemma kommen alle Dummheiten.

23. September.

Gestern Paris. Mit Mathis im Grand-Café. Apéritif. Er ist sprachlos über meine Scheidungsgeschichte. Nach langem Wägen und Fragen hält er ganz zu mir, hält einen Vergleich für unausbleiblich und beruhigt mich durch seine Sicherheit so, als sei alles schon entschieden. Dann sprechen wir, in den Straßen spazierengehend, von Maria Deveaux. Plötzlich sagt er, um ihretwillen allein lebe er noch, arbeite er sich so ab, schluchzt einen Augenblick und weint, lacht sich dann selber aus, bittet um Entschuldigung, er sei nervös, überarbeitet. Ich ahnte ja garnichts davon. Wir gingen zu Vian essen. Er sei sicher, daß sie noch seine Frau werden wird. Er arbeitet 13 Stunden täglich in seiner Mühle und denkt an nichts anderes. Anni, seine Geliebte, noch immer schwach und krank. Ich habe ihn doch sehr gern, wie kaum jemand anderes hier in Paris. Dann gingen wir in die Bar Lafitte. Wir treffen Dülberg mit einem Schwanz von gräßlichen jungen Leuten, Nasse und dessen sich immer mehr ins Unbedeutende abstufende Freunde. Mathi's Schwester Marise, seit 14 Tagen verheiratet, in Berlin, mit dem Münchener Ingenieur und Automobilfabrikanten Müller, dem ich im Winter einmal in Juvisy traf und der mir ziemlich vulgär, aber witzig und intelligent schien.

24. September.

Gestern, Sonntag, mit Franzl und Dreyfus in Auvers. Rennboot à coulisses auf der Oise. Mit einem anderen als Dreyfus als Partner könnte zwischen Ruderer und Steuermann eine Art orchestraler Harmonie der Bewegung erzielt werden. Aber Dreyfus wie immer untüchtig, unstet, ruckweise, aber temperamentvoll, was er für einen großen Vorzug hält. Düstere herbstabendliche Flußlandschaft.

26. September.

Gestern Paris. Diner Brasserie Universelle. Mein Nachbar, ein Holländer, erzählt von Indien, Japan und macht mir Lust auf Tropenreisen. Dann in der Comédie-Française, wo der »Marquis de Priola« von Lavedan gespielt wird. Viel Cabotinage, aber auch viel Wahres darin. Le Bargy manieriert und oft unverständlich. Im Foyer kommt mir die Idee zu Don Juanito, die mich in der Eisenbahn stark beschäftigt und auch noch zuhause. Ich lösche mein Licht um 3 Uhr aus, der Plan des Stückes ist fertig.

Alles tun, alles verwirklichen! Aber niemals die Ironie vergessen. Ironie hält die Waage, ist die Versöhnung zwischen Weltbejahung und Weltverneinung. Kein Quietismus, denn sie erlaubt allen Kräften, sich zu regen, aber auch keine unechte Übertreibung.

27. September.

Ich arbeite seit 2 Tagen mit Entzücken an dem Szenarium des neuen Stückes. Ich denke nicht mehr an den Prozeß. Es ist wie eine Krankheit, von der ich zwar noch nicht geheilt bin, aber deren Schmerzen ich durch Autosuggestion niederhalten kann.

Wie fremd ist mir doch Dülberg geworden, enfermé dans son égotisme.

Brief von Lampe. Frau Heiseler will Louisa brieflich zur Vernunft bringen.

28. September.

Ich träumte, ich treffe Alfred auf einem französischen Bahnhof, Cylinder, Gehrock. Er sagt, Hedwig sei gestorben.

29. September.

Gestern mit Franzl in Paris. Zahnarzt. Brasserie Universelle. Mit Mathis diniert. Im offenen Wagen nach der Gare de Lyon, wo er seinen Koffer holt, um nach Straßburg zu fahren. Sehr nervös, sodaß der Zahnarzt nicht arbeiten konnte. Dann bei der Mère Jeanne. Renée etwas dick und ältlich, aber freundlich.

Brief von der Baronin. Zurückhaltend, fast konventionell, aber voll Fragen, d. h. Fortsetzung der Korrespondenz erwünscht.

30. September.

Abends meist Musik mit Dreyfus. Es geht von Tag zu Tag besser. Bald haben wir die ganzen Beethoven'schen Violinsonaten durch. Gestern und vorgestern Kreutzersonate. Ich fühle mich wieder stark in Beethoven hinein. Merkwürdig, wie ich mich bisweilen der deutschen Musik entfremde, um immer wieder zu ihr zurückzukommen.

2. Oktober.

Gestern Paris. Wieder ziemlich deprimiert. Hoffnungslos, Einsamkeitsgefühle. Bei Druet für Hedwigs Geburtstag einen Gauguin gekauft. Dampfbad, Place des Ternes. Abends Vaudeville. Dummes Stück, aber anregend für Don Juanito. Um Mitternacht im Café gegenüber Gare du Nord. Geburtstagsbrief an Hedwig. Nach vierzehntägigem Sonnenschein und kühler, klarer Luft begann diese Nacht der Herbstregen und dauert noch an. Traum: Ich finde Irene nackt in einer fremden Stadt, in einem schlechten Haus mit einem etwas bäuerlich derben, aber bürgerlich gekleideten Mann mit Vollbart. Sie will nicht mit mir kommen, weil sie meint, ich würde ihr doch nicht die amüsanten Orte zeigen, und sie will etwas sehen, da sie nur vorübergehend da ist.

3. Oktober.

Der Kern meines Lebens wird immer sein Einsamkeit in der Buntheit der Erscheinungen.

4. Oktober.

Die beiden Novellen im »gläsernen Gott« von Lothar im Ton verfehlt. Dieses Thema unmöglich in objektiv bejahender Sicherheit, muß wieder Tagebuch werden voll Zweifel und Selbstironie.

Überall liebe ich die Vollkommenheit, außer beim Schauspieler. Gestern Abend mit Franzl, Mathis und Anni in der Comédie. Lavedan, le Duel. Diese Vollendung ist für mich Cabotinage: ich werde euch einmal zeigen, wie man vollendet stirbt! Anni zum ersten Male seit dem Kindbett wieder aus nach 6 Monaten, und ist wieder hübscher und rosiger, mehr wie einst in München an jenem lustigen Abend im Café Stefanie. Ich warte täglich auf die Entscheidung durch Frau Heiseler, ob ich wegen Prozeß nach München muß, möchte sonst gern mit Franzl noch 1 bis 2 Monate Herbst im Quartier Montparnasse erleben.

5. Oktober.

Bedeckter Himmel, lauwarme, feuchte Herbsttage. Wir rudern jetzt an einer anderen Stelle des Flusses auf leichteren Schiffen.

7. Oktober.

Gestern Paris. Bain Oberkampf. Martial. Comédie-Française, L'énigme von Hervieu. Gut gemacht, aber wie finster ernst, modern, gegen die fröhliche Menschlichkeit von Le voyage de Mr. Perrichon von Labiche.

Heute halb eins »Gedanken über Frankreich« (französ. Gesellschaftsprobleme) fertig geworden!

8. Oktober.

Gestern, Sonntag, Oppenheims bei Dreyfus; nachmittags Spaziergang nach Champagne. Landschaft wie beim Altkönig. Beim Abendessen viele Judenwitze, Oppenheim hat viel derben Humor. Es ist besser, mit solchen Leuten, wie er oder wie Mathis, zu verkehren, als über den gezwungenen, oft ächzenden Witz der Schwabinger zu lachen. Erfrischend. Dann machten wir wieder eine Opernimprovisation als Parodie. Ich am Klavier, Oppenheim Violine, Frau Dreyfus Hauptsängerin, Franzl spielte den Chor. Nach kurzer Zeit einigten wir uns ganz von selbst auf einen melodischen Stil. Es ging musikalisch alles sehr gut zusammen.

10. Oktober.

Bei Dreyfus gestern allgemeine Verstimmung. Um 8 Uhr läuft der schlecht gezogene Gigi aus dem Haus, fällt, verwundet sich, brüllt. Frau Dreyfus aus dem ihr so nötigen Schlaf geweckt, kündigt Georgette, die unschuldig ist. Er ratlos, möchte ohnehin gern nach Paris im Herbst, aber zu umständlich, mit Frau und Kind umzusiedeln. Im Hause ein heilloses Durcheinander. Sie kümmert sich um nichts. Nie ist das Essen in Ordnung. Im Salon liegen Kartoffeln auf der Erde. Das Kind ist von beispielloser Ungezogenheit. Sie hat bei all ihrer Güte und Liebenswürdigkeit keine Ahnung von dem, was man Pflicht nennt. Und ihn kostet das ein Heidengeld. Neulich hat sie in Paris für 15 Francs ein Paar wertlose Ohrringe aus schlechtem Material gekauft, nur zum Spaß, wie sie sagt, denn tragen kann man sie nicht. Sie meint, es ist so gut, in Läden zu gehen und was zu kaufen. Er trägt das alles mit einem Takt, vor dem ich entschieden Respekt habe.

11. Oktober.

Gestern Paris. Salon d'Automne. Gauguin. Zum ersten Mal seine Altmeisterlichkeit ganz empfunden. Das erinnert an Giotto, Signorelli, Michelangelo, oft ist er ihnen ganz nahe gekommen, ohne daß sie seine Vorbilder waren. Ich treffe den Dr. Ernst Meyer. Er hat in München von meiner Scheidung gehört. Was mag da wieder geredet worden sein! Im Kunstwart eine schlechte Kritik über den »Gläs. Gott«. Bisher bin ich gegen Kritiken gleichgiltig gewesen, jetzt deprimiert es mich plötzlich. Das ist zum ersten Mal, daß ein Buch von mir schlecht aufgenommen wird. Die schlechten Kritiken häufen sich nun. Gleich hatte ich wieder ein Gefühl, als könne die Welt mit mir doch nichts anfangen. Vereinsamung. Und dann wieder, als sei das nur noch so ein bischen Unglück dicht vor dem bevorstehenden großen Erfolg. Dann Dampfbad Rue Poncelet. Franzl im Restaurant Italien, passage de l'Opéra. Er hat Wohnung im Montparnasse-Viertel genommen. Dann gehen wir zusammen ins Athénée und sehen das amüsante Stück Triplepatte. Man kann daraus lernen, wie man einen ernsten Charakter komisch gibt. Sehr wichtig für Juanito. Findet man dann doch ernstes darin und daß es im Grund gar nicht komisch ist, tant mieux. Besser, als ernst angelegt und dann unfreiwillig komisch. Diese Befürchtung gab mir früher eine gewisse Steifheit. Im Theater die Dreyfusens, Oppenheims mit ihrer alten jüdischen Mutter. Es kam ein Brief von Käti.

12. Oktober.

Gestern allein gerudert. Warme sonnige Herbsttage. Warte immer noch auf Entscheid, ob ich nach München muß oder nächste Woche nach Paris übersiedeln kann. Ich korrigiere und versende mein Manuskript an verschiedene Zeitschriften.

14. Oktober.

Gestern Nachmittag und in der Dämmerung ein Spaziergang mit Franzl durch die Dörfer jenseits der Oise. In Jouy-le-Comte. Wir geraten in die versprengte Jagd des Fürsten Murat. Plötzlich Regen. Apéritif in einer Dorfkneipe.

15. Oktober.

Gestern Sonntagsspaziergang mit Franzl. In Auvers, Mériel. Kalter heller Herbst. Ich bin mit dem Packen beschäftigt. Übermorgen nach Paris auf mindestens noch 14 Tage.

Lese Gauguin Noa-Noa. Ganz hingerissen von dem Gedanken einer primitiven Liebe zu solchen süßen, braunen, halbwilden Geschöpfen. Ich träume die ganze Nacht davon und plane Reise nach Samoa.

16. Oktober.

Gestern in Paris Wohnung genommen, Rue de la Grande Chaumière 9, Zimmer 7.

Abends zu einem Bankett zu Ehren Gauguins auf dem Boulevard St. Denis. Recht lebendig. Neben mir Dr. Meyer und ein Mr. Cornu. Dann Dr. Epstein, vis-à-vis Dreyfus, der norwegische Maler Diriks und ein Bildhauer Löhr. Heimfahrt nachts mit Dreyfus.

17. Oktober.

Die kleine Frau Dreyfus will mich zum Schluß noch malen. Gestern erste Sitzung. Madame Boucher, der das Haus gehört, wo Dreyfusens wohnen, wollte uns gern spielen hören, und da Dreyfus darauf rechnet, daß sie ihm eine ihrer Antiquitäten einmal schenkt oder vermacht, gaben wir ihr ein kleines Konzert, das wir das Erbschleichkonzert nannten. Sie brachte einige Freunde mit. Konventionelle französische Gespräche. »Ah quelle belle distraction la musique!« usw. »Beethoven etait le compositeur favori de feu mon mari.« Ich habe, glaube ich, nie so gut gespielt. Nach Tisch, aber ohne Publikum, spielten wir die Kreutzersonate zum Abschied. Dann eine Flasche Champagner, die wir aber dadurch verdarben, daß das Gespräch auf Gigi kommt, über den sich jetzt alle ärgern, weil er so schlecht gezogen ist. Dreyfus machte seiner Frau sanfte Vorwürfe, und ich kann nicht anders, ich muß ihm Recht geben. Franzl schweigt dazu.

Paris, den 18. Oktober.

Mitten im Auspacken. Gestern nach 2 Stunden Portraitsitzung bei Frau Dreyfus um 5 Uhr nach Paris gefahren. Ärger mit dem Gepäck am Nordbahnhof. Eine Bücherkiste ist abhanden gekommen. Unfreundlicher Eindruck des Hôtels. Abendessen mit Franzl bei Jouven, dann trister Gang Boulevard St. Michel. Zuhause Schlaf nur möglich mit Antiphon. Die beiden letzten Nächte P. Diesmal mit Nina! Heute sehr verstimmt. Im ganzen Haus wird überall Musik gemacht.

19. Oktober.

Wieder in Winterkleidern seit gestern. Viel Tristitia. Mit Franzl im Salon d'Automne. Gauguin. Sein Raffinement äußerste Natürlichkeit. Dann fanden wir alle Teerooms in der Nähe überfüllt. Schließlich das bei der Comédie-Française öd und leer. Ich sehr nervös und aufgeregt, betrage mich etwas albern. Und damit ist das Geschwür geplatzt, auf einmal herrlich gelaunt. Es kommen mir sogar 2 sehr produktive Ideen. Franzl meint, ich müßte von Zeit zu Zeit explodieren können, dann wäre alles gut. Aber warum so direktionslos? Daß es keine seelischen Dampfbäder oder Sportleistungen gibt, die quasi von schlechtem Blut befreien; daß man die Seele nicht schwitzen lassen kann! Zu Fuß nachhause, Rue de Rennes. In meinem Zimmer fühlte ich mich ganz wohl. Abends mit Franzl bei Dr. Meyer in der École Normale. Dort auch der Münchener Maler von Bartels, der Sohn. Sehr angeregte Unterhaltung. Chacun raconte l'histoire de son dépucelage.

Vormittags bei Dr. Epstein wegen Montmartre, dann fieberhaft um Trocadéro und École Militaire.

20. Oktober.

Gestern Nachmittags Petits Carreaux, Camilla. Abends bei Le Duc Essen. Kleiner entzückender Raum, voll von auffallend hübschen Malerinnen. Mit Franzl, der immer für die Unvollkommenen schwärmt und die Schönheit banal findet. Vorher auf der

Straße Olga Markowna begegnet, die im vorigen Sommer in demselben Haus wohnte, wie wir in St. Jean de Luz. Sie sprach mich an und erriet, daß ich von Louisa getrennt bin. Abends Café du Dôme, langeweilig.

21. Oktober.

Besorgungen in der Stadt. An der Place St. Michel ein fürchterlicher Lärm, weil die großen Caissons des neuen Métro gelegt werden. Der Kutscher wendet sich zu mir und macht folgende sozialen Bemerkungen: »Ce bruit des ouvriers réveille les bourgeois chaque matin à cinq heures, ces parasites du proletariat qui ne se lèvent qu'à midi. Mais nous les descendrons après que le métro sera descendu. Nous les couperons en deux. Ils travaillent? Jamais ça ne travaille.« Er meint, daß alle diese Richter und Advokaten, die hier wohnen, gar nichts zu tun haben. Abends im Odéon ein langweiliges Stück gesehen. Dann ennuiertes Bummeln in der Gegend Montparnasse. Der Dämon. Beim Friedhof definitiv. Um halbdrei nach Haus. Die Klavierqual im Haus unerträglich. Vivent les antiphones!

22. Oktober.

Gestern mit Franz in Corbeil bei Mathis. Dort Mr. Weber, eine Ruine der verschiedensten Wollüste. Anfangs mir gräßlich. Ein verbrauchtes blondes Gesicht voll Pickel, schwarze Zähne. Dann aber zeigte er sich als ein humorvoller, ganz liebenswürdiger und kluger Globetrotter. Seine Neigung ist, in dem Bad Penthièvre sich hinzulegen und der Gesamtheit der Anwesenden gegenüber sich mit geschlossenen Augen passiv zu verhalten. Hat langsam fast ganz nach dieser Richtung umgeschwenkt, von Normalen, da es mit weniger Arbeit verbunden sei.

Mathis rät mir im Prozeß unbedingt zur Gegenklage und alles das vorzubringen, was gegen sie ausgelegt werden kann. Ich bin wieder unsicher, ob ich nach Deutschland soll oder nicht. Nach Tisch korrigierten wir meine französischen Dialoge für das Buch.

Bei der Rückkehr fand ich am Bahnhof eine niedliche kleine, etwas banale Person, namens Berta. Wir tranken noch ein Glas Bier bei der Ankunft in Paris und fuhren dann mit der Trambahn zurück. Wir saßen allein auf der dunklen Impériale, wo sie mir keinen weiteren Widerstand entgegensetzte. Recht niedlich. Sie ist angestellt in einem großen Haus beim Arc de l'Etoile und will mir schreiben.

Heute morgen beginnt wieder die Klavierplage. Sobald sich entschieden hat, ob ich nach Deutschland muß, ziehe ich aus, falls ich noch hier bleibe.

23. Oktober.

Gestern ein Tag voll Ärger, schlechte Nachrichten usw. Epstein hat abgeschrieben. Die an die Zukunft geschickten Teile meines Buches zurück. Ärger wegen des Zimmers, das ich nur bis zum Ersten behalte. Nachmittags schleppe ich mich eine Stunde auf Bondys Atelier herum. Tüchtige, aber uninteressante Arbeiten. Riesenbild Samson und Delila. Ein brauner Italiener macht gerade im Augenblick Aktposen. Dann im Cosmopolitan tearoom. Bad. Abends mit Franzl und Roché. Nach Tisch mit beiden bis jenseits des Cimetière Montparnasse gegangen. Meinen Fall besprochen. Entwurzelt in Deutschland, nicht heimisch in Frankreich. Sexuell hin- und hergeworfen. Meine letzte Arbeit nicht anzubringen. Meine finanzielle Lage attackiert. Franzl meint, ich müsse irgendwo im Orient zwischen der poliertesten internationalen Gesellschaft und Wilden leben. Roché dagegen findet das alles sehr interessant und beneidet mich als Schriftsteller um die so interessanten Konflikte, die ich selbst erlebe, während er sie suchen müsse. Die kleine Paulette Philippi, die ich auf dem Bal des 4 z'arts kennen gelernt habe, hat zu ihm gesagt: Il est très intelligent, sympathique, mais je me ferme devant lui.

Am Abend wieder Autosuggestion. Heute bessere Stimmung.

24. Oktober.

Gestern über Mittag in der Nationalbibliothek. Ich lese Berthelot und Claude Bernard. Müde, zufrieden heim. Dringender Brief an den Anwalt. Spaziergang über die spätnachmittäglichen Fortifikationen. Am Boden schlafendes Volk. Park Montsouris. Märchenhafte Dämmerung. Ich träume auf der Bank am See, durch eine lange Avenue zurück. Matt in Franzls Chaiselongue. Er liest vor aus seinem Roman: Geschichte von der Hundedame, aus seinem Tagebuch: Gaby. Dann kommt Mathis. Wir essen zusammen bei Valy auf dem Boulevard Bonne Nouvelle. Ich ging dann ins Theater Renaissance. Ein hübsches Stück von Capus Les Passagères. Guitry, Roggers und Huguenet spielen vorzüglich. Dann im Café du Dôme. Flüchtig lerne ich den Schriftsteller Uhde kennen. Nachts im Bett zahlreiche Einfälle für mein Stück.

Von hier ab werde ich nicht mehr den Tag der Niederschrift, sondern den der Ereignisse als Datum notieren.

24. [?] Oktober.

Nationalbibliothek. Abends Café du Dôme. Langweilig. Unaufhörlicher Regen. Noch kein Entscheid aus München.

Der Gedanke, jetzt, ehe alles vorbei ist, schon nach München zu müssen, ist gräßlich. Überhaupt, werde ich in München noch existieren können? Denke wohl nur auf einige Monate dort in meinen Möbeln zu sein. Auch über Dülberg gehen mir die Augen auf: er richtet seine Gefühle nach dem jeweiligen Kurs meines Renommées. Meine Novellen hat er anfangs Juli in zwei superlativen Briefen gelobt, mit einigem Vorbehalt. Dann offenbar Gespräch mit Stern. Im September in Paris erklärte er dann, mit den Novellen könne er nicht mehr mitgehen. Inzwischen hat er auch die geplante Hollandzusammenkunft, die mir übrigens dann garnicht gepaßt hätte, ausweichend behandelt. Er hat eine Kritik über die Novellen für das Literarische Echo geschrieben, die mir direkt schädlich erscheint. Jetzt schreibt er auf einmal, er hätte sie völlig umgearbeitet, um neben seinen Einwänden auch allen Vorzügen des Buches gerecht zu werden. So soll sie nun erscheinen.

Dabei ist er bis zu einem gewissen Grade gefällig, aber er will begönnern, Zensuren verteilen, auch kleine Prämien und Ermutigungen für seinen Freundeskreis. Aber er mag nicht, daß darin einer wirklich hervorragt. Trotzdem wird er dann aus Opportunität nicht mit einem solchen brechen. Das alles ist bei ihm durchaus keine Gemeinheit, sondern von einem naiven Selbsterhaltungstrieb diktiertes Unterliegen gegenüber der allgemeinen, ihm maßgebend scheinenden Stimmung. Ich muß jedenfalls, wenn ich nach München komme, den Kopf oben behalten können, also am besten nach dem Prozeß ab Neujahr.

25. Oktober.

Nachmittags Bad St. Denis. Dampf. Diner bei Valy. Im Théâtre Grevin ein Stück von Capus la Châtelaine. Ich versöhne mich ein wenig mit dem Gedanken an die Fahrt nach München. Vielleicht will mich das Schicksal wieder da haben. Spät Café du Dôme. Uhde. Wir beriechen uns. Er hatte in Deutschland den Eindruck, daß die Novellen gut gehen. Man sähe sie überall liegen. Vielleicht darum aus Protest die schlechten Kritiken. (Spätere Anmerkung: Inzwischen habe ich die Erfahrung gemacht, daß es ein Zeichen meiner harmlosen Unbekanntheit war, daß bis dahin alle Kritiken über mich gut gewesen sind. Schlechte Kritiken fingen bei mir an und steigerten sich, je bekannter und erfolgreicher ich im übrigen wurde. Man hielt mich auf einmal für würdig, gegen mich zu protestieren.)

26. Oktober.

Ein neues Gymnastik-System zusammengestellt, aus amerikanischen Vorschriften und dem sogenannten »Müllern«. Bibliothèque Nationale. Amiel gelesen. Dann beim Zahnarzt. Abends wurde Franzl telegraphisch für ein mysterieuses galantes Abenteuer abgerufen. Ich esse allein bei Le Duc. Bin momentan zu präoccupiert, um Einsamkeit zu ertragen. Eine phantastisch gekleidete französische Malerin mir gegenüber, die aber nicht zum

Sprechen zu bringen ist. Café du Dôme. Alle gehen aufs rechte Ufer, ich bleibe allein zurück, laufe mich müde, Avenue du Maine, Observatoire und denke mit Grauen an meine Vereinsamung und was später noch daraus werden soll. Heiraten? Kaum möglich. Aber ein Kind von einem netten lieben Mädel, das ich mit Wohltaten überhäufe, ohne daß sie Rechte auf mich hätte, etwa Kätchen?

Halbeins Nachts nachhause. Am Hoffenster quer gegenüber eine weibliche Gestalt, die nicht weggeht, obwohl sie sich von mir scharf beobachtet sieht. Schließlich mache ich Zeichen, die sie nur mit intensivem Herübersehen beantwortet. Das dauert ca. dreiviertel Stunden. Als ihr Zimmernachbar heimkommt, zieht sie sich zurück. Heute morgen am selben Fenster kurz eine etwas frauliche, ich glaube hübsche, Blondine in hellblauem Morgenrock. 2 Herren bei ihr. Als sie mich sieht, zieht sie sich schnell zurück???

27. Oktober.

Vormittags endlich entschieden, um allem ein Ende zu machen, am 3. November nach München zu reisen. Ich habe hier jetzt doch kein Glück, bin entweder gezwungen, um meine Präoccupation zu verbergen, steif und mißmutig zu sein oder ich muß davon reden. Keine Antwort von Lampe, auch nicht vom Anwalt. Also selber aufs Schlachtfeld. Dann gleich Berlin und nach Neujahr Wohnung in München.

Abends mit Franzl bei Le Duc. Ein kleines Mädchen lacht uns an, weil sie uns vom Ansehen aus München kennt. Eine kleine Malerin. Wir nehmen sie mit bummeln. Erst auf ihrem gemütlich-dreckigen Atelier, dann zu Bullier, dann Champagner im Café d'Harcourt. Ich werde ausgelassen, müßte eigentlich öfters trinken. Um 3 Uhr nachts zuhause. Sie ist eine kleine Jüdin, mir eigentlich uninteressant, aus niederer Judenfamilie, aber stark an Arisches assimiliert. Liebliches Lächeln, aber durchaus unerzogen, sieht Austern und verlangt sofort welche. Das darf eine Kokotte tun, die sich ja auch revanchieren kann, aber nicht ein sogenanntes anständiges Mädel. Auch wenn sie, wie diese Kleine, vielleicht schon einige Stürme erlebt hat. Ungepflegt im Äußeren und burschikos. Kreis John Jack Vrieslander. Dabei umgibt sie sich mit Beardsley und dergl., bewundert Gauguin und auch Böcklin. Wo hat so ein häßliches Wesen, das sich mit Schönheit umgibt, seine wahren Instinkte? Alle ihre angeblichen Liebhabereien doch nur, weil sie gehört hat, daß es was Gutes ist. Ihre Echtheit ist die Unordnung, Unsauberkeit und Formlosigkeit. Es ist mir, glaube ich, ganz gut gelungen, ihr meine Antipathie zu verbergen, ich habe mich sehr beherrscht. Zwischendurch einiges nette Kokottengetändel. Marinette-Allumette.

28. Oktober.

Sonntag. Nachmittag mit Franzl in Isle-Adam. Feldspaziergang mit den Dreyfus. Tee. Gigi sehr lieb. Die 10. Sonate von Beethoven gespielt. Erinnerungsfest an den Sommer. Gänsebraten. Sanfter, etwas matter Abend. Frau Dreyfus recht angenehm, weich, liebenswürdig. Sehr hübscher Abschluß.

29. Oktober.

In der Bibliothek Amiel zu Ende gelesen. Ergreifendes langsames Sterben. Abend in den Bouffes Parisiens. Polaire, die beste Pariser Schauspielerin, die mich zu Tränen rührt, aber von der Kritik als nur ganz nett à côté behandelt wird.

30. Oktober.

Maison Penthièvre, wo ich eine sehr sonderbare Gruppe finde, die bei meinem Eintritt in den Nebenraum sich nicht im mindesten durch meine Gegenwart stören läßt. Im Salon redet mich ein kleiner alter Herr auf englisch an. Dann singt er mit einem dünnen Tenor und begleitet sich dazu auf dem Klavier. Ein etwas stallknechtartiger junger Amerikaner beginnt nun mit mir eine Konversation in Globetrotterart und sagt, er wünschte, dieser alte Herr würde nicht singen. Abends mit Roché auf den Boulevards extérieures. Immer noch keine Briefe, weder von Lampe, noch von meinem Anwalt. Verzweifelte Augenblicke. Hessel wenig sichtbar. Er ist in eine höchst sonderbare Frauenaffaire vergraben, von der er nicht spricht.

31. Oktober.

Palais de Glace. Frappiert durch die reine moderne Schönheit einiger auf Schlittschuhen tanzenden Paare. Aber dennoch, was ist aus dem wilden nordischen Sport geworden, der endlose Eisflächen verlangt, über die man durch die Nacht saust? Hier in eine enge köstliche Schale aufgefangen. Nirgends sah ich so gut schlittschuhlaufen. Ich setze mich auf einen zufällig freien Stuhl am Tisch einer dummschönen Kokotte in braunem Sammt und hellblauer Seide. Sie ist sehr einsilbig auf meine Fragen. Ich sehe mich zufällig im Spiegel. Warum mache ich ein so böses entmutigendes Gesicht? Plötzlich sehe ich mich beobachtet von einer Schlittschuhläuferin, die mir glühende Blicke zuwirft. Meint sie mich oder meine Nachbarn? Ich kenne sie von Ansehen. Im Juni saß ich ihr mit Irene in der Taverne Royale oft gegenüber. Sie stets mit alten Herren, jetzt sehr ausgelassen. Typus: Lolissa. Salamanderartig. Mager, nicht mehr ganz jung, dabei ein kindliches Gesicht. Gelblicher Teint, schwarzes Haar. Äußerst zierliche Bewegungen, äußerste Eleganz. Kurzer Glockenrock. Die Schlittschuhe an weißen Stiefeln. Ich tue, als sehe ich ihre Blicke kaum, um zu sehen, ob sie dann deutlicher wird. Schaue ich zufällig hin, – nichts, habe ich nicht geschaut, wirft sie mir im Vorbeigehen hinter dem Rücken ihres Begleiters die heißesten Blicke zu. Meine Tischnachbarn gehen. Sie bleibt mit ihrem Begleiter direkt vor meinem Tisch an der Balustrade stehen, reckt und dehnt sich, aber jetzt keine Blicke mehr für mich. Ist das Zufall, se fiche-t-elle de moi? Sie ist stark mein Fall. Dann macht sie Halt vor einem alten weißbärtigen Herrn. Ihr Begleiter verläßt sie. Sie tritt aus der Bahn, ohne sich nach mir umzuschauen, geht in das

Ladies-room. Ich schlendere vorbei. Jetzt ein ganz unzweideutiger Blick für mich. Ich warte verborgen, um sie beim Verlassen des Raums zu beobachten, ob sie sucht. Sie kommt heraus, sieht mich, wir gehen auf einander zu, wie alte Bekannte. Ich erinnere an die Taverne Royale, nachdem ich mich versichert, daß sie sich nicht erinnert, und mache ihr so die Anknüpfung leicht. »Ah oui, à la taverne j'étais toujours très sérieuse.« »Oui, c'était presque décourageant«, erwidere ich. Gelächter. Der alte Herr kommt und fragt autoritativ: »Eh bien allons nous?« »Vous reverrai-je, ce soir?« Sie: »Non ce soir je ne suis pas libre, c'est mon ami. Je viendrai vendredi pour patiner.« Heftiger Händedruck. Mit dem Alten davon, noch ein heftiger Blick zurück. Ihr beigefarbiger Abendmantel verschwindet. Und ich wollte Samstag Morgen abreisen. Oder werde ich nun doch bis zum Abend warten? Ich bin den ganzen Abend in bester Laune. Auch wenn die Sache damit zu Ende ist. Wieder aufgerüttelt. Ich fühle wieder meine Lebensfähigkeit. Warum wählt sie gerade mich unter Hunderten? (Spätere Randbemerkung: Wie war ich doch heruntergekommen, daß mir ein derartig banales Abenteuer solch eine Bedeutung haben konnte. Aber wenn es mir schlecht geht und ich gerade den Trost einer Frau brauche, bin ich immer für Frauen abgestorben gewesen. Kaum aber geht es mir gut, dann habe ich so viele, als ich will oder auch mehr.) Abends mit Franzl diniert. Dann in ein Montmartre-Cabaret. Sehr witzig. Jeanne Bloch in dicker Komik. Nachts im Bett schrieb ich noch mehrere Szenen zu meinem Stück. (Don Juanito)

Ich bin jetzt so weit, dem schlimmsten ruhig entgegenzusehen, Entfremdung meiner Geschwister, der Münchener Freunde, der Gesellschaft, den Eventualitäten der Scheidung. Dahin sollte ich wohl kommen, – einsehen, ohne wie vieles, das ich für notwendig hielt, sich doch noch ganz erträglich leben läßt. Ich bin nun innerlich ganz frei, je me fiche de tout. Und nun kann's wieder aufwärts gehen. Aber wenn man mir mein Vermögen nimmt und niemand meine Bücher druckt und Stücke aufführt? Am Selbstmord hindert mich das religiöse Bedenken, daß das Schicksal solche willkürlichen Eigenmächtigkeiten nicht zuläßt. Durch den, wenigstens den bewußt geplanten Selbstmord befreit man sich nicht, das muß man irgendwie jenseits bezahlen, in anderer Münze, als der des körperlichen Lebens.

1. November, Allerheiligen.

Strömender Regen. Packen, Korrespondenz den ganzen Tag. Diner mit Franzl bei Lavenue. Abends Grog bei Dr. Meyer. Er und von Bartels geben mir Empfehlungen für München und Berlin, die mich darum freuen, weil sie mich wieder den Kontakt mit der Menschheit fühlen lassen. Im Café du Dôme treffe ich Pascin, der angelegentlich nach Alfred fragt.

2. November.

Endlich Brief vom Anwalt, dessen Hauptbrief verloren gegangen ist. Wenigstens weiß ich nun, daß meine Münchenreise notwendig ist. Brief von Tilly. Manuskript von Claar zurück. Bis zum letzten Tag hier la guigne. Gut, noch mehr, wenns dann nur in Deutschland besser wird!

Nachts vor gepackten Koffern: Unglück über Unglück. Rütten & Loening schicken das Buch über Frankreich zurück. Trostloser Nachmittag. Besorgungen. Bei Druet 3 Gauguins gekauft. Diese und einige Photographien nach Maillol versetzen mich in eine kurze süße Verzückung. Zu Mère Jeanne – Renée. Praecox. Auch das muß mißlingen. Mit Mathis und Franzl Diner in der Brasserie Universelle. Sie geben mir gesunde Lektionen. Nicht zu viel den Leuten von meinen Angelegenheiten sagen, sondern: »Wenn ihr mir nichts Gutes zutraut, dann brauche ich euch überhaupt nicht.« Keine Rechtfertigungen. So werde ichs machen. Nach Deutschland gehen und keinem Erklärungen geben, der nicht dadurch, daß er sie verlangt, schon Teilnahme zeigt. Die anderen: Foutez-moi la paix! Zu Fuß nach Montparnasse. Brief von Hedwig. Allerlei Alkohol in den Lilas. Soll morgen in Straßburg Mathis' Eltern besuchen.

Straßburg, den 3. November.

Um 8 von Paris fort, im Coupé ein protestantischer Geistlicher, jung, der aus London kam und sich einer Missionsgesellschaft nach China anschließen will. Fabelhaft frei und aufgeklärt, modern. Warum aber dann überhaupt noch Geistlicher? Er hat sich interessiert für vieles, was ich ihm sagte; ich erzählte ihm von dem Gauguin-Idyll in Tahiti und meinte, daß das Wort auf Gauguin paßt, »die, welche das Himmelreich besitzen«. Er versteht das. Abends in Straßburg Hôtel Pfeifer. Einladung von Familie Mathis zum Diner. Dort die jungverheiratete, herrlich erblühte Marise, Dr. Burg, der für den ersten Anwalt Elsaß-Lothringens gilt. Sehr angeregte Tischunterhaltung über Spanien. Vorzügliche Bewirtung. Reizende harmonische Familie. Kaffee im Bibliothekszimmer. Konversation über die Trennung von Staat und Kirche.

Die Stadt mitteldeutsch, altertümlich. Lotharstimmungen. In einer Gasse bunte Laternen, ein buntes, halbnacktes Gemiesel quillt, mich lockend, aus einer Tür. Volksleben in den Wirtschaften, es ist Samstag Abend.

München, den 4. November.

In München abends Richard am Bahnhof mit dem kleinen Otto. Im Hotel Wolff eine Flut von lauter angenehmen Briefen. Baronin, Obrist, Lampe, Gräfin Reventlow, Käti. Meine gesellschaftlichen Befürchtungen schon verscheucht. Abends bei Richard. Entzückende geschmackvolle Wohnung. Agnes recht gesund, fast dick geworden. Sie ist sehr liebenswürdig, werde nun bei ihnen wohnen. Agnes' Arbeiten fast französisch impressionistisch. Auch Richards Zeichnungen machen Fortschritte. Entwickelungsfähig. Alles scheint hier zum besten zu sein. Erfahre, Louise Bücking habe vor ein paar Jahren, als ich sie in solchem Zustand wähnte, von Mathis ein Kind erwartet, das unter Franzl's Leitung nichts wurde. Richard und Agnes sind schlecht auf sie zu sprechen. Sie bummele schwabingisch herum. Als ich nach Hause ins Hotel gehe, treffe ich nachts auf der Theatinerstraße Schloß und

Gaupp, die von Sternberg kommen. Keinerlei Verstimmungen. Dann noch ein Glas Bier allein im Matthäserbräu. Alte Münchener Stimmung.

5. November.

Morgens holte mich Otto im Hotel ab. Er ist lieb und zutraulich, will aber doch nicht, daß ich in seinem Zimmer schlafe, weil ihm das seine Gewohnheiten stört. In der Trambahn Fräulein Brentano und Fräulein Thieme. Dann bei Dülberg. Ich finde ihn im Nachthemd in seine Korrespondenz vertieft. Immer noch sein aufreizend objektiver Standpunkt. Er will's mit keinem verderben. Auf der Trambahn Edgar Steiger. Säuft sich so durch, – aus Einsamkeitsgefühl. Ich esse im vegetarischen Restaurant; dann im Café Lutz Sonneck, der ganz Amerikaner geworden ist, mit einer amerikanischen Frau, die kein Wort Deutsch kann, Goldzähne hat, freundlich und ältlich ist. Auf der Straße treffe ich Bruckmanns, die nach meiner Frau fragen. Erfahren durch mich alles. Freundliche Reserviertheit. Zwei Schritte weiter Baron Dungern. Erfährt auch alles erst durch mich. Freundschaftliche Teilnahme. Hat inzwischen auch viele unangenehme Weiberangelegenheiten gehabt, will sich in Wien habilitieren. Dann beim Anwalt. Der Prozeß muß ernstlich geführt werden, da er nicht ohne Aussicht ist. Dr. Prager dumm, aber vielleicht ein guter Anwalt. Dann treffe ich Dungern im Café Franz Joseph. Er gibt mir juristische Ratschläge. Wir fahren zusammen nach Schwabing, ich zu Obrist. Sehr herzliche Aufnahme, hat viel Verständnis für meine Lage, auch für mein geistiges Leben. Es müsse mit dem Teufel zugehen, wenn daraus nichts Reifes würde. Abendessen in der Brauerei, dann bei Richard wegen seiner Zeugenschaft, Louisas Verleumdungen betreffend. Gegen 10 im Künstlerhaus Dungern getroffen, mit dem Marquis Bayros, der einen prachtvollen Kopf hat. Außerdem Baron Seebach, der livländische Geschichten erzählt. Dann alle im Café Luitpold. Ein junger Schriftsteller von Maassen erzählt von seinen Spielerfahrungen in Ostende. Ich gehe mit Bayros zusammen heim, der, in vollkommener Armut von seinen

Zeichnungen lebend, ein vollkommener Gentleman ist. Ich wohne bei Richard, schlafe im Eßzimmer.

6. November. Vormittags

Richard bei Fuchsens. Sie tun plötzlich sehr versöhnlich. Nichts würde so heiß gegessen, als gekocht. Sind bereits gesellschaftlich geschnitten worden und haben Angst, ich sei daran schuld, suchen aber noch immer keine ernste Einigung. Ich gehe zur Gräfin Reventlow, sie weiß auch keine Details. Ich gebe ihr dagegen einige. Nachmittags zum Anwalt, hat bereits Gegenklage erhoben, einige mir peinliche Intima eingefügt, die ich lieber redressieren will, hält die Gründe meiner Frau für ganz aussichtslos, meine dagegen für fundierter. Abends bei der reizenden Frau Dr. Müller, ihr Mann verreist. Ich gebe ihr auch die nötigen Aufklärungen und glaube damit endgiltig alle Mäuler gestopft. Dann bei Debschitz mit Richard. Sehr angeregte, wechselnde Unterhaltung bis 1 Uhr. Sehr unangenehm war allein die Haltung Bernsteins, bei dem ich einen Augenblick in der Kanzlei war. Absicht oder momentane Münchener schlechte Laune? (Spätere Randbemerkung: Der vollkommenen Interesselosigkeit dieses Anwalts habe ich überhaupt zu verdanken, daß die Geschichte so weit gekommen ist.)

7. November.

Bei dem Schauspieler Ludwig Heller wegen »Montmartre« im Schauspielhaus. Nennt sich meinen Bewunderer, will alles tun, telephoniert gleich der Lilli Marberg, die für ein Wiener Gastspiel eine Rolle sucht. Aber Fräulein Marberg gießt gerade ihre Palmen und hat im Augenblick keine Zeit. Abends lese ich Agnes und Richard aus dem Buch über Frankreich vor. Großer Eindruck.

8. November.

Nachmittags bei Helene Klages. Ich treffe sie vor ihrem Haus und gehe mit ihr in die Stadt. Sie ist gesünder, aber nicht hübscher geworden. Das Harte, Derbe ihres Gesichts akzentuiert sich. Von mir hat sie zu Louisa gesagt, ich sei im guten, wie im schlechten Sinn ein Gassenbub. Sie weiß nichts Näheres über den Prozeß. Ich sage ihr die Hauptpunkte. Um 5 bei Richard zum Tee. Stern und Gräfin Reventlow. Stern mir gegenüber erst befangen, reserviert, dann Gespräch vom Prozeß. Er geht aus sich heraus, nimmt einen freundlich objektiven Standpunkt ein, schlägt eine persönliche Entrevue zwischen Louisa und mir vor mit vorheriger Zusicherung, daß alles im Augenblick Gesagte unverbindlich sein soll. Von Irene hat er offenbar nichts geschwatzt. Ich sehr befriedigt von diesem Gespräch. Abends mit Richard im vegetarischen Restaurant, dort Schloß. Meta hat ein Kind bekommen. Gusti dumm und vergnügt, wie immer. Schloß ein guter, gemütlicher Kerl. Dann mit Richard allein im Café Leopold.

9. November.

Vormittags bei Dr. Hauck, den ich zur Parade begleite. Nachmittags mit Richard im Café. Schloß, Nasse, später Stern und Dülberg. Dieser reserviert, will offenbar warten, wie meine Sache ausgeht, um dann zu wissen, wessen Partei er ergreifen soll. Sobald alles in Ordnung ist, werde ich ihm meine Meinung über solche Gesinnungstüchtigkeit sagen. Beim Anwalt. Ich spreche Dr. Pflaum, den einzigen, mir sympathischen dort. Er ist überzeugt, daß ich mit Mk. 10000,-- herauskomme, daß meine einseitige Verurteilung so gut wie ausgeschlossen ist. Abends hielt Obrist Vortrag im Monistenbund. Eigentlich Geschwätz. Eine jammervolle Gesellschaft. Wir bringen Frau Obrist nachhause. Dann mit Richard und dem Maler Adler eine Stunde in der Brauerei. Niedliche Kellnerinnen, leichter Bierrausch. O München!

10. November.

Vormittags bei Parin. Dort Friedrich Huch mit Jüngling. Parins neue Arbeiten ganz interessant. Dann geht Huch und Begleiter fort. Gespräch mit Parin. Er will Frau von Schewitsch etwas aushören, die vermutlich von der Fuchs gegen mich bearbeitet ist. Nachmittags bei Frau Heiseler, die ein Gespräch mit Louisa in ihrer Gegenwart vorschlägt. Alles billigt meinen Standpunkt. Abends mit Bayros Parkhotel. Dort von Maassen, Dr. Hartmann mit einer netten Freundin. Dieser sehr lustige, etwas lebemännische Kreis dürfte für mich jetzt doch geeigneter sein, als Dülberg, Stern, Wolfskehl. Der letzte ist, wie Richard erzählt, äußerst erbittert gegen mich und fürchtet von mir Intriguen. Ich glaubte Schwabing endlich beruhigt und stehe der ganzen Wolfskehl-Sache so fern und ruhig gegenüber, daß ich das alles kaum verstehe.

Sonntag, den 11. November.

Vormittags bei Frau Heiseler. Dann erscheint Louisa, verheult, schaut mir nicht ins Gesicht. Merkwürdige Mischung: halb rührend, halb ordinär. Sie beklagt sich, daß ich ihr nur ein Drittel meiner Einkünfte schicke, rechnet uns dann vor, daß sie zehntausend Mark braucht, die ich ihr auch sofort genehmige. Ich lasse sie dann mit Frau Heiseler allein. Sie wirft mir einen Blick zum Abschied zu, der mich an alte Zeiten erinnert und tief rührt. Ich gehe heim mit der Befriedigung, daß nun alle Gemeinheiten ein Ende haben. Nachmittags bei der Gräfin Reventlow. In Suchockis Dachwohnung. Sie bietet sich mir als Zeugin für den von mir nun zu begehenden Ehebruch an. Wir verabreden une nuit galante für diese Woche. Zum Tee und Abendessen bei Debschitz. Dort Fräulein Nachtigall schöner als je. Ihre beginnende herbe Altjüngferlichkeit ist ganz verschwunden. Es liegt eine sinnliche Süßigkeit über ihr. Ich erfahre, wie gräßlich sich die kleine Glasenapp auf einen Kärntner Bauernhof verheiratet hat. Die Unterhaltung ziemlich träge. Wohlwollender Klatsch über alle Bekannten.

12. November.

In der Frühe Brief von Frau Heiseler. Louisa hat ihre Erklärung, sich mit einer Abfindung von zehntausend Mark zu beruhigen, von ihrer Familie beschwatzt, am Nachmittag wieder zurückgenommen. Das sieht ihr wirklich ähnlich. Ich gerate in namenlose Wut. Um 11 bei Frau Heiseler. Ihr Standpunkt ist, ich hätte doch wohl Schuld an der Ehezerrüttung, aber es sei freilich zugleich eine Pflicht für mich gewesen und eine Notwendigkeit, eine solche Ehe zu zerrütten, in der ich zugrunde gegangen wäre. Ja, es sei in höherem Sinne moralischer gewesen, die Ehe aufzuheben, als sie fortzuführen. Louisa, die Frau Heiseler für dumm, einfältig und schwächlich hält, aber doch nicht für gemein, sei eben gerade ihrer Geringwertigkeit wegen imstande, eine solche Ehe ruhig weiter zu führen. Sie rät mir daher, ich soll ihr fünfzehntausend Mark geben. Zuhause treffe ich Obrist, der bei Agnes und Richard gegen französische Kunst redet, worüber Agnes entzückt ist. Dann kommt Dr. Müller, sehr liebenswürdig, ganz auf meiner Seite, versichert, daß ich keinerlei Sympathien verloren habe, daß dagegen Familie Fuchs keine besondere gesellschaftliche Schätzung mehr genießt. Um 3 Uhr beim Anwalt, der sich nun als ganz dummer Kerl herausstellt (Dr. Prager). Ich gehe selbst ans Telephon und verhandele mit Rosenthal, Louisas Anwalt, biete zwölftausend für den Fall, daß alle meine daran geknüpften Bedingungen erfüllt werden. Er will mit Louisa reden, hatte vorher fünfzehntausend verlangt. Jedenfalls steht nun die Einigung bevor.

Dann auf der Redaktion der »Jugend«, verlange ein verlorenes Novellenmanuskript zurück, das unauffindbar ist. Dr. Sinzheimer bietet mir unaufgefordert fünfzig Mark Entschädigung an. Gumppenberg kommt dazu. Dann auf der Allgemeinen Zeitung, wo ich erfahre, daß mein Aufsatz »Französische Kultureinheit und Absolutismus« dort akzeptiert ist. Habe das Gefühl, daß nun alles wieder bergauf geht. Auf der Ludwigstraße Richard mit Dr. Landshoff im Gewühl der Leute, die den durchreisenden Kaiser sehen wollen. Landshoff, rührend liebenswürdig, bat mich auf den folgenden Tag in seine Villa in Ludwigshöhe zu kommen.

Abends friedliche Ordnung von Richards Geldverhältnissen, der nun wirklich durch die Ehe auf guten Weg gekommen ist und hübsche Sachen arbeitet. Agnes, eine zwar pimpeliche und einseitige, aber doch nicht unvornehm empfindende Frau.

Ein derartig aufreibender Tag lange nicht vorgekommen. Habe nun endlich Ruhe nötig. Frau Heiseler findet mich sehr angegriffen aussehend, aber doch nichts mehr von der alten Müdigkeit und Schlappheit. Fühle mich mit meinem Temperament und Geist sehr auf der Höhe und sicher, besonders den Anwälten gegenüber, deren Lebensauffassung doch von der meinen sehr abweicht.

13. November.

Nachmittags eine mögliche Wohnung gefunden. Primitiv, aber drei Südzimmer. Dann scharfer Streit bei Rosenthal. Wir einigen uns auf zwölftausend Mark. Gegen Abend zu Landshoff nach Prinz Ludwigshöhe. In der Bahn die Baronin Scheve getroffen. Verjüngt und sehr elegant mit einem glattrasierten, schlanken, etwas kammerdienerhaften Grafen So und so, den sie duzt. Sie lebte bei ihm in Florenz, jetzt er bei ihr im Grünwald in der Villa Ceconi. Sehr liebenswürdig. Wir mokieren uns über Ehe und ähnliches. Landshoffs leben in einer fast schloßartigen Villa mit großer Hall. Sie hübsch, aber häßlich biedermeierisch angezogen, Reformkleidung, große häßliche Ohrringe. Müde schleppende Unterhaltung. Dann von meiner Scheidung. Sie haben nur Schlechtes von mir gehört. Louisa sei vor der Ehe ein reizvolles Wesen gewesen, jetzt reizlos und albern. Ganz meine Meinung. Er aber versteht mich. Sie hält mich für einen großen Egoisten. Merkwürdig, obwohl ich den Egoismus bei anderen gar nicht verdamme, ist das vielleicht meine einzige Empfindlichkeit: Ich will nicht für einen Egoisten gelten. Nicht etwa, weil ich einer wäre. Ich würde mich z. B. ruhig eitel nennen lassen, was selten geschieht, obwohl ich es wirklich bin. ([Handschriftliche Randbemerkung:] 1924: Natürlich bin ich egoistisch, aber nicht ausschließlich, sondern auch altruistisch. Nur war damals noch nicht die Balance der 2 Pole gefunden.) Sie sucht dann ihre Worte abzuschwächen und sagt, wenn sie sich scheiden ließe, müsse sie sich einmal mit mir verheiraten: »Sie als Ehemann interessieren mich. Vielleicht würde ich Ihre zwei Frauen rächen!« Ich: »Gerade so etwas möchte ich erleben. Eine Frau so lieben und verehren, daß sie mich unterkriegt. Alles an ihr in Kauf nehmen, um nur sie nicht zu verlieren, aber sie muß auch danach sein!«

Die Behaglichkeit der Landshoffschen Ehe ist mir ein bischen zu langweilig. Sie nennen sich Papa und Mama und machen mit Vorliebe Anspielungen auf Physiologica.

14. November.

Definitiver Entschluß, Clemensstr. 20 die Wohnung zu mieten. Mit Richard dort, dann Dampfbad. Abends totmüde zu Hause. Die Münchener Luft und die Münchner Sinnlichkeit captivieren mich wieder so stark, wie je. Nur meine geistige Nahrung werde ich nicht mehr von hier beziehen. 6 Monate reisen jährlich geplant.

15. November.

Abschiedsbesuch bei Frau Heiseler, die sich sehr über die Einigung freut. Ihrem Einfluß ist sie mit zu danken, als Stimme der Gesellschaft. Auch sie meint, Louisa sei nun durch mich nicht mehr geschädigt. Nachmittags bei Heller. Die Marberg soll sich totlachen über die Stelle, daß Paulette Schumann »nicht auf französisch lieben kann«. Das ist echt schauspielerinnenhaft. Beim Notar mit Louisa und Dr. Rosenthal zur Unterzeichnung des Vertrages. Zwölftausenddreihundert Mark, wovon sie dreihundert als Anwaltskosten benutzen soll, die ich nominell nicht tragen will. Louisa sah rührend aus, plötzlich wieder hübscher. Sehr höflicher Verkehr, was ihr offenbar sehr recht war. Sie ist wirklich nur das zerbrechliche Gefäß, in das freilich alle Fremden Unrat füllen können, soviel sie wollen. Dann bei Rosenthal allein, der effektiv keine Scheidungsgründe gegen mich wußte, zu welchem Geständnis ich ihn lachend zwang. Ich soll also einen ehewidrigen Brief an Louisa von Berlin aus schreiben. Rosenthal hätte lieber gehabt wenn ich ad hoc einen Ehebruch begehe, darauf fragte ich ob er mir jemanden dazu empfehlen könne, ein moderner Anwalt müsse eigentlich in dieser Hinsicht etwas Auswahl haben. Mir widerstrebt das übrigens, zumal die Gräfin inzwischen Influenza bekommen hat. Schließlich einigten wir uns auf einen Brief, Rosenthal indessen weiß nicht ob das genügen wird. Er sagt der Brief müsse eben danach sein. Nun, er soll ein kleines literarisches Kunstwerk werden. Ich freue mich schon auf die Gesichter, die die Richter machen werden.

Abends im Park-Hotel. Bayros erzählt von seiner Ehe mit der Tochter von Johann Strauß in Wien. Die Ehe wurde annulliert, weil seine Frau nach der Hochzeit nicht seine Frau werden wollte. Dann kam ein Herr Köffler, ein gut gewachsener eleganter Deutsch-Amerikaner, der sehr interessant von der Großartigkeit des amerikanischen Amusements mit Damen erzählte. In gewissen Häusern müßten die Mädchen für jedes Wort slang 5 Dollar Strafe zahlen.

Vormittags bei der Gräfin wegen des roten Fadens. Sie hustet, lungenschwach, muß wegen einer Zahnoperation morgen chloroformiert werden. Wahrhaftig, die Lust ist mir vergangen.

16. November.

Nachmittags bei Bayros. Seine erotischen Zeichnungen recht delikat und erregend, aber ohne viel eigene Erfindung, solid gearbeitet. Aussicht auf interessante Redoutengesellschaft für den Carneval. Abends Thee bei Dr. Müller. Die liebe Wanda Falckenberg in ausgezeichnetem lila Kleid. Er ohne Bart und hübsch, haben sich in Bruck angebaut, sind glücklich. Die Baronin Bernus war dick und schwammig. Er noch immer das Mißtrauen erweckende Spitzbubengesicht. Eine junge Livländerin, Anna von Knierim, Freundin der Susi von Zimmermann, die plötzlich Krankenpflegerin werden will. Dülberg und ich begleiten sie nach

Hause. Sie ist sehr unternehmungslustig, »quatscht« aber haltlos allerlei durcheinander, will noch mit in eine Weinstube, die »Simplicissimus« heißt, kommen, dann wieder will sie nicht. Verspricht morgen Abend mit mir ausgehen zu wollen. Verlangt dann meine Adresse von mir, falls sie es sich doch noch anders überlegt und abschreiben möchte. Toll, haltlos, amüsant. Hübsche lange knabenhafte Figur, aber ihr Mund gefällt mir nicht ganz gut. Dülberg wieder sehr liebenswürdig, weil er weiß, daß meine Sache sich zu meinen Gunsten entschieden hat. Im Januar werde ich ihm einmal den Spiegel vorhalten.

17. November.

Früh mit der Post endlich die notarielle Ausmachung mit Louisa erhalten. Abends mit Frl. von Knierim zu Fuß zum Ratskeller gegangen. Sie befragt mich über Bohème usw., die ich als etwas Unangenehmes schildere, wegen der Öffentlichkeit dessen, was geschieht. Sie ist entsetzt über die Notwendigkeit der Verheimlichung, spricht von entwürdigenden Ketten, das alte deutsche Lied. Kommt den ganzen Abend immer wieder darauf zurück. Trinkt keinen Tropfen Wein, weil sie das »zu lustig machen würde«. Überspannt wie alle Baltinnen, aber garnicht dumm. Jedenfalls nichts für mich in ihrer unkomplizierten Offenherzigkeit.

18. November, Sonntag.

Zum Thee bei Frau von Schewitsch. Entzückender Empfang durch Frau von Davitschoff. Die Schewitsch krank im Nebenzimmer, giebt nur Privataudienzen. Weißes flockiges Seidenkleid, silbergestickte Pantöffelchen, jugendlicher als je, obwohl sie 70 Jahre alt sein soll. Spricht äußerst verständnisvoll von meiner Ehe, die nicht gehen konnte. Das sexuelle Element müsse stimmen, sagt diese weise alte Frau ganz von selbst, sonst ginge es nicht. Louisa soll übrigens nett von mir gesprochen haben. Ich: ich trage ihr jetzt nicht das Mindeste mehr nach. Genau das soll sie von mir gesagt haben. Heute erhielt ich übrigens eine nette Antwort Louisas auf meinen gestrigen, in Güte abschließenden Brief. Dann sehr reizvolle Konversation, zu der Frau von Schewitsch zuletzt in den Salon kommt. Ich erzähle einiges von Spanien und fühle mich sehr à mon aise.

Nachts vorm Schlafengehen plötzlich ein schauderhafter Streit mit Richard und Agnes. Sie werfen mir vor, daß ich an der Verzögerung von Agnes' Gesundung und ihrem evtl. nie Ganzgesundwerden schuld sei, da ich Richard zu geldknapp gehalten hätte. Richard, wie immer in solchen Fällen, unbeschreiblich ausfallend. Ich bin empört über diese Angelegenheit und erkläre zunächst unsere Beziehungen für gelöst. Ich habe ihm stets geschickt, was er braucht, und wenn nicht immer sehr bereitwillig, dann wegen des beleidigenden Tones seiner Briefe, die mir nie die Sachlage einfach und ruhig darstellten. Wenn ich seinerzeit die Krankheit Agnes' nicht so furchtbar ernst nahm, so geschah es nach Information von Richards eigenen Ärzten. Wir gehen trotz Agnes' netter Vermittelung ohne Abschied zu Bett, dann fällt mir mein Vorsatz ein, die Leute glauben zu lassen, was sie wollen und mich nicht mehr zu rechtfertigen. Wozu dies alles? Ich tue was mir richtig scheint, er mag denken was er will. Ich rufe ihn nocheinmal zu mir, sage ihm, bei näherer Überlegung wäre es mir nicht mehr wesentlich was er denkt. Und daraufhin reichen wir uns die Hand. Keine Versöhnung, sondern Kompromiß. Ich will die Beziehungen zu Menschen nicht mehr ernst nehmen, das schafft nur unnötige Aufregung.

Bamberg, den 19. November.

Richard brachte mich gegen Mittag an die Bahn, suchte seine Worte vom Vorabend abzuschwächen, versichert mich seiner brüderlichen Gefühle, ich ihn meiner Gerechtigkeit im Gegensatz zu Hedwig und Alfred, die alles aus ihrem Nervenzustand betrachten.

Der Fabrikrauch und die Türme Nürnbergs in rosigem Abendhauch. In Bamberg Kätchen an der Bahn. Schlank und niedlich, befangen ernst. Wir wissen noch nicht wie wir uns wieder stellen sollen. Im Wagen zum Hotel Bamberger Hof. Altväterisch, noch wie vor drei Jahren, als ich hier einmal auf der Durchreise nach Wildungen verweilte. Parterrewohnung im altertümlichen Viertel am Fluß. Große, nicht sehr behagliche Räume, sogenannte Bauernstube. Ein Riesendienstmädchen serviert den Thee. Im Schlafzimmer das alte weiße Bett und die komischen Kätchen-Möbel. Töde der Hund jammert. Sie giebt dem Mädchen allerlei Aufträge, Wäsche betreffend und Geld. Ganz Dame geworden. Beim Thee tauen wir auf. Ihr Hugo, der jetzige Freund und mein Nachfolger, natürlich Jude, Kaufmann, läßt ihr völlige Freiheit und schafft pekuniäre Unabhängigkeit, bis sie als Schauspielerin was kann. Sie hat ihn ganz am Fädchen. Entzückend, wie geschickt sie das Alles macht. Dieses liebenswürdige Gaunertum, diese ewigen Lügen ohne Verlogenheit. Ich sage ihr auf den Kopf zu, daß sie mich vor zwei Jahren betrogen hat, sie giebt es ohne weiteres zu. Aber das stört mich garnicht, sie hat es gewiß sehr nett gemacht. Wie ekelhaft waren mir dagegen Louisas kleine Liebesgeschichten vor der Ehe, trotz ihrer Harmlosigkeit. Ich hätte mich zu wenig um sie gekümmert, sagt Kätchen, und sie klagt mich heftig meines Egoismus an; Endell hätte ihr gesagt, Endell, dem ich aus so mancher Geldverlegenheit geholfen habe, ich rechne mir ganz genau aus, wie liebenswürdig ich gegen den und gegen jenen sei, was mir nach Befriedigung aller meiner Bedürfnisse evtl. für andere übrig bliebe. Gefühle für andere dagegen kennte ich nicht, und das glaubt sie nun auch. Das schmerzt mich einen Moment sehr, da ich mich wieder brennend in sie verliebe. Dann aber finde ich diesen Vorwurf komisch von einem Wesen, für das ich doch auch nur ein Stein in seinem Schachbrett war, wenn auch der König. Man hat ihr immer gesagt, ich lege Geld zurück, während ich stets von meinem Kapital genommen habe, als ich mit ihr verkehrte. Auch dieser Argwohn hat sie geärgert. Aber schließlich löst sich das peinliche Gespräch in Verliebtheit auf, leichte Küsse. Es wird 8 ¼. Sie will sich umkleiden zum Ausgehen. Ich darf im Nebenzimmer bei offener Tür sitzen. Als sie die Wäsche wechselt und ich wieder diese hinreißende Büste sehe, die mir seit zwei Jahren kein Weib hübsch genug erscheinen ließ, stürze ich mich über sie und bedecke sie mit Küssen. Theerosen-Parfüm, das sich fabelhaft mit ihrem natürlichen Geruch verbindet. Sie wehrt sich, die Leute könnten hereinsehen usw. und verspricht lieber so wie sie ist ins dunkle Nebenzimmer zu kommen, wenn ich sie nur jetzt loslasse. Sie kommt, und unsere alten Beziehungen sind wieder hergestellt, nur viel schöner als je. Ich flehe sie an, mich Nachts einzulassen, sie dürfe es mir nicht abschlagen. Seit zwei Jahren sehne ich diesen Augenblick herbei und dabei fühle ich wieder diese festen geschmeidigen Glieder, das trockene dichte Haar und den wundervollen Geruch. Sie hat wohl niemals jemand von sich so hingerissen gesehen, wie mich in diesem Augenblick und verspricht mir alles. Sie zieht sich fertig an, reizend, elegant. Dunkelbraunes Sammtkleid, weiße Seidenblouse, weißer Hut und hellgelber Abendmantel. Wir essen im Bamberger Hof etwas provinzial, mäßiger Caviar, dann aber vorzüglicher Mosel. Münchener und Berliner Geschichten. Dann nach Hause. Das Riesendienstmädchen hat gut geheizt und die Hoffnungen von zwei Jahren erfüllen sich dreimal. Wir verstehen uns besser als je. Jetzt erst würdige ich, was ich an ihr habe. Alles ist reizender, raffinierter und erfahrener, als vor zwei Jahren und trotz alledem, was sie inzwischen erlebt hat, habe ich das alte Gefühl einer inneren Keuschheit und Aufrichtigkeit bei ihr; während Louisa unkeusch und unwahr war, obwohl sie gewiß viel weniger log, als dieses Kätchen, das eben in seiner Natur echt ist. Wir werden uns nun von Zeit zu Zeit sehen. Im Dezember kommt sie wohl nach Berlin. Später nach München. So sind wir völlig unabhängig von einander, ohne alle Eifersucht und ohne Möglichkeit von Konflikten. Ist das nicht gerade das was ich brauche? Um halb 3 Uhr Nachts ins Hotel zurück. Dieses Hotel im Style des 18. Jahrhunderts hat eine Art Casanovastimmung am anderen Vormittag gehabt.

20. November.

Vormittags während Käti in der Probe ist, Gang durch das herbstsonnige altertümliche Städtchen. Dann mit Käti in einer Weinstube zum Essen. Bei Tag sieht sie doch etwas gealtert aus, was aber meine Empfindungen nicht stört. Sie benützt einen rosa Puder, der mir nicht angenehm ist. Ausgezeichnetes Essen, Karpfen, Liebfrauenmilch. Dann zu Fuß auf die Altenburg, wo wir in der Dämmerung ankommen und in der holzgetäfelten gewölbten Gaststube Kaffee trinken. Unten in dem Thal die Lichter von Bamberg, Heimweg im Dunkeln. Wir kaufen in einem Delikatessen-Geschäft unser häusliches Abendessen ein, dazu eine Flasche Samos. Zu Haus das Musikzimmer gut geheizt. Während wir auf dem Divan ruhen sind wir vom Feuer des Ofens beschienen. Sie ist viel klüger und talentvoller für die Liebe geworden, als sie je war. Ich entdecke ein entzückendes blaues seidenes Schleifchen zwischen rotgoldenem Haar. Dann gemütliches Abendessen zusammen, eingehende Unterhaltung über ihre jetzige Lage. Sie ist, wie ich, ganz entschwabingt, von der Wirklichkeit erzogen. Die einzige Schwabingerin die Mut hatte ihr Leben zu gestalten, statt sich von Ideologenkram abspeisen zu lassen. Zunächst ist nun endlich die materielle Grundlage bei ihr da, sie erzählt von einem an ihr gescheiterten Verführungsversuch Wolfskehls in nächtlicher Droschke in München. Die Schwabinger Männer plump, unkavaliermäßig unfähig eine Frau leise in die Situation zu bringen, die sie brauchen. Kinder, die keine Männer werden wollen. Aber auch die Weiber keine Weiber. Das Kätchen imponiert mir als femme entretenue mehr, denn als Schwabinger Mädel. Nach Tisch probt sie ein bischen das Rautendelein. Dann betrachteten wir im »Amethyst« die äußerst gewagten Zeichnungen. Schon waren wir angezogen, aber nun zogen wir uns wieder aus; lange, angenehm träge Vorspiele, und schließlich Abschiedsumarmung. Dann beim Anziehen konstatieren wir, wie glücklich doch nun alles gekommen ist; damals konnte ich nicht mehr für sie eintreten, weil sie ein zu unverläßliches Wesen war und unser ganzes Verhältnis dadurch zu unentschieden. Jetzt dagegen sei es klar und entschieden. Daß der zahlende Liebhaber immer betrogen werden muß: Naturgesetz. Mehr als der Ehemann, demgegenüber sich doch in manchem Mädel das Gefühl der Pflicht regt. Zum Liebhaber, der ein Mädchen dauernd aushält, eigne ich mich nun einmal nicht. Als Gigolo bin ich viel liebenswürdiger. So sind wir materiell unabhängig voneinander, aber zu freundschaftlichen Opfern bin ich natürlich in dem Rahmen meiner Verhältnisse stets bereit. Wir trennen uns im süßesten Einverständnis müde um halb zwei Uhr. Wiedersehen in Berlin vor Weihnachten. Ich reiche ihr von außen den Schlüssel durchs Fenster zurück. Zwei vollkommene Tage.

Berlin, 21. November.

Fahrt von Bamberg nach Berlin, unterwegs Lektüre des Amethyst. In Korbetha wieder die ersten preußischen Beamten mit ihrem Geschnarre. Zuerst Grauen vor Norddeutschland. In Berlin im Holsteiner Hof. In den Straßen zunächst nur das Gräßliche der Großstadt ohne den Pariser Reiz. Ich bin noch zu voll von Kätchen, um mich viel um die wie es scheint hübschen Frauen zu kümmern. Ich esse wie oft vor 7 Jahren im Central-Hotel. Am Tisch große, schönarmige Berlinerin mit einem degeneriert eleganten Polen, der Paris auf Kosten von Berlin lobt, die Langweiligkeit der Berliner Lokale tadelt. Sie: »na, in Paris können sich die Leute doch auch nicht auf den Kopf stellen, alles das ist nur Einbildung«. Das ist die ganze Berliner Phantasielosigkeit.

Café Monopol. An meinen Tisch setzt sich eine jüdische Familie mit einem jungen Mädel, das krampfhaft die »Münchener Jugend« verlangt. Dann setzt sich ein Herr Studiosus Rosenthal dazu, von der Verbindung der Makkabäer und beginnt zu pussieren. Ich gehe traurig heim durch die Friedrich- und Leipziger Straße. Ich denke viel an Kätchen und sende folgendes Dankgebet empor: »Dem Himmel Dank, daß er mich von den Malerinnen und Künstlerinnen mit Persönlichkeit und ›aufrichtiger Gesinnung‹ befreit hat, daß er mir wieder ein süßes Theatermädel mit guter Wäsche gab.« Die Malerinnen dagegen sind beleidigt, wenn man ihnen einen seidenen Unterrock, oder ein Spitzenhöschen schenkt, denn erstens sind sie aus guter Familie und zweitens sind das Symbole der weiblichen Sklaverei unter der selbstherrlichen Begierde der Männer. Im Hôtel keine Decke im Bett, sondern diese primitiv norddeutschen Federbetten.

22. November.

Vormittags Bernburger Straße 7 Zimmer gemietet. Ich glaube im selben Haus wie vor 7 Jahren. Auf der Post finde ich die Allgemeine Zeitung mit meinem Artikel. Frühstück bei Wertheim. Dann nach dem Zollamt. Zum Thee bei Lampe, gemütliche hübsche Wohnung. Herr von Rekulé ein etwas posierender, junger Berliner giebt dann Kokotten-Erfahrungen zum Besten und wird dabei nett. Dann mit Lampe allein, erzähle ihm die Dinge mit Louisa. Abendessen. Später kommt Heiseler. Wir fahren nach dem angeblich von ersten Schauspielerinnen veranstalteten Ball der »Berliner Rangen« und finden spießigen Mittelstand und Chormädels. Wir denken schon an Weggehen, als ich die einzige hübsche, die mir schon beim Entrée auffiel, als sie mir die Schleife verkaufte, auf der Rutschbahn wieder entdecke. Am Ecktisch Sekt. Heiseler nimmt ihre abscheuliche Freundin, die, ich weiß nicht auf Grund welcher Eigenschaften, Kokotte geworden ist. Lampe irrt suchend herum. Beide gehen bald und lassen mich mit Gretel allein. Sie ist etwas üppig, aber doch schlank und flachsblond. Aus dem Tanzchor des Metropol-Theaters. Sie entpuppt sich als ein sehr lustiges und anständig empfindendes, ganz gebildetes Ding, die wie immer, eigentlich nicht in ihre Umgebung paßt. War eines Liebhabers wegen, mit dem sie nach Bordighera ging, kontraktbrüchig beim Schauspiel geworden, darum nun 3 Jahre Engagement unmöglich. So ist sie ans Metropol gekommen. Wir verstehen uns recht gut, als plötzlich die Direktorin des Metropol-Theaters, eine Frau Schulze, zu stören beginnt. Sie hat ihre Mädchen umsonst mitgenommen, damit sie die Herrn zu möglichst vielen Ausgaben veranlassen bei der Rutschbahn und den Verkaufsbuden. Kaum sitzen wir ruhig beieinander, als sie uns aufscheucht, da dabei nicht genug für sie herausspringt. Gretel beginnt zu weinen, da sie sich darüber schämt. Ich nehme die Sache komisch. Frau Schulze giebt zu verstehen, daß sie uns in Ruhe lassen wird, falls ich ihr ein Schnitzel zahle. Dies geschieht. Diese Frau soll mehrfache Millionärin sein und trägt große Brillanten an den Händen. Wir warten dann noch eine recht ungemütliche Stunde den Moment ab, um wegzugehen, und setzen uns dann ins Café Roland von Berlin, wo das Gespräch etwas »excentrisch« wird. Ich bringe sie nach Hause, wohnt ganz in meiner Nähe, Königin Augusta Ufer. Sie fürchtet sich, ich bringe sie bis in ihr Zimmer ohne weitere Zärtlichkeit, als ein Abschiedskuß auf der Treppe. Sie leuchtet mir und meint, die Situation sei wie in einem Kriminalroman.

23. November.

½ 2 aufgestanden, Besuch bei Prof. Bie, wegen meines Manuskripts »Französische Gesellschaft und Moral«; er ist unentschlossen, ich nehme es zurück. Dann bei Julius Bard, macht mir energischen, zuverlässigen Eindruck, will eventuell zukünftige Werke mit »Gedanken über Frankreich« beginnend, verlegen. Eine Woche Bedenkzeit. Dann bei Heiseler im Hospiz des Westens. Er erzählt, Greve soll gegen Endell direkte Erpressungen vorgenommen haben. Wenn das wahr ist, lasse ich Greve auch fallen. Will dahinterkommen. Dann ist von meiner Scheidung die Rede. Heiseler hat das für mich eingenommen, daß Louisa, als sie von Paris kam, auf ihrem Höhepunkt war, daß sie sich im Sommer unter Fuchs'schem Einfluß wieder in ihre alte Formlosigkeit verlor. Auf dem Flur begrüße ich Lou Andreas-Salomé, deren interessantes, gütiges Gesicht mich erstaunt. Abendessen in dem kahlen protestantischen Speisesaal mit Heiseler. Nach Tisch lese ich ihm das von Bie zurückerhaltene Manuskript, das ihn sehr interessiert. Um 11 ¼ [?] treffe ich Grete an der Passage. Etwas müde im Café Roland. Dann zu mir hinauf, wo es eigentlich wider meinen Willen im ungeheizten Zimmer zu Zärtlichkeiten und allen Folgen kam. Sie hat eine wundervolle, glatte Haut, mir fast etwas zu üppig und bereits zu weiche Formen. Wimmernde Sinnlichkeit mit etwas berlinerischen Ausrufen. Ich kriege dabei doch einen kleinen Schrecken, weil das Alles so schnell gegangen ist. Mit wie vielen mag sie so gewesen sein! Ich werde etwas ängstlich und frage sie so nebenher, ob sie viel erlebe. Das verletzt sie sehr. Verstimmungen. Ich weiß nicht, ob man das ernst nehmen soll. Dann aber macht sie plötzlich eine Bemerkung, die doch auf zartes Empfinden schließen läßt: Daß Du das gerade nachher fragen konntest, ist so gräßlich! Ich suche sie zu beruhigen, ich dächte nicht schlecht von ihr usw. Ich weiß nicht, soll ich ihr ein Geschenk machen oder nicht? Wird sie beleidigt sein? Ich drücke es ihr unter ihrem Hausgang schnell in die Hand, und sie läßt es in der Manteltasche verschwinden. Ich soll sie besuchen. Zuhause finde ich ihr Korsett, das sie nicht wieder angezogen hat, in meiner Manteltasche. Ich muß es ihr heute hinbringen.

Als wir nachts mein Zimmer verließen, sprang plötzlich die Küchentüre auf, und meine Wirtstochter stürzte heraus: »Was geht denn hier vor?« Tut erschreckt, aber es war wohl nur Neugier. Heute früh ist sie wieder sehr freundlich, bittet mich, nach elf Uhr keine Damen mehr zu empfangen. Ich verspreche Nichts, sage aber, ich wolle es zu vermeiden suchen. »Nun, geben Sie sich ein bischen Mühe«, sagt sie mit der Protektionsmiene eines alten Mädchens.

24. November.

12 Uhr aufgestanden. Besorgungen. Dampfbad. Vegetarisch gegessen. Abends Wintergarten. Liddy von der Marigny-Gipsgruppe in Paris unterwegs auf der Friedrichstraße getroffen. Auch Irene sei da, aber im Augenblick verreist. Wintergarten roh und fürchterlich. In meiner Nähe sehe ich Herrn und Frau von Kunowski, die ich begrüße. Die berühmte Tänzerin Ruth Saint Denis. Anfangs fürchte ich Kitsch à la Schwabing, aber zum Schluß wird es prachtvoll. Sie kann wirklich tanzen. Wozu aber der ganze indische Theaterapparat, der doch mißtrauisch gegen ihre Kunst machen muß, denn das Indische an ihr ist sicher Nichts, nur das

Tanzen ist echt. Dann mit Kunowskis im Café Scandinavia. Sie ist hübscher als je, er ganz der Alte, in sich und seine Apostelpläne vergraben.

Auf dem Heimweg schreit plötzlich Jemand hinter mir: »Berliner Range! Berliner Range!« Und das abscheuliche Lieschen vom gestrigen Ball rennt mir nach. Mit Mühe werde ich sie los.

25. November.

Grauer, nebliger Sonntag. Besuche gemacht, Niemand getroffen. Zum Tee bei Greves. Er ganz Litteratur, Theater, Verlag. Sie altert, macht sich aber gut zurecht, immer noch die prachtvolle, elegante Figur. Sie arbeiten zusammen, wobei sie ihren Courtisanenstandpunkt festhält, Alles vom Standpunkt des Vergnügens aus zu betrachten. Besonderen Spaß macht ihr, wenn er die sehr erotischen Tausend-und-eine-Nacht-Erzählungen mit ihr übersetzt, wobei sie näht und das Gefühl hat, er liest es ihr vor. Ich nehme ihn dann mit mir in die Stadt, um mir den Fall Endell aufklären zu lassen, werde aber nicht klug daraus. Schwer Gravierendes für ihn kann ich nicht finden, aber ebensowenig für Endell. Die Erpressungsgeschichte erklärt sich so, daß Endell ihm circa 3000 M schuldig war, ihm zunächst 1500 zurückgab, um die Trauung in England zu ermöglich, die Endell im Inland dadurch unmöglich gemacht haben soll, daß er den Ehebruch seiner Frau aus Rache als Scheidungsgrund benützt habe. Greve soll deshalb eine Revision des Prozesses angedroht haben, um beiderseitige Schuld der Gatten zu erzielen, damit das Ehehindernis wegfällt. Das betrachtete die Gegenpartei als Erpressung. Klar ist die Sache jedenfalls nicht. Endell sagte mir vor zwei Jahren in München, gerade er habe vermeiden wollen, den Ehebruch als Scheidungsgrund zu nehmen, aber sei damit an Manövern der Gegenpartei gescheitert. Endell muß jedenfalls sehr neurasthenisch gewesen sein in der Zeit der Trennung von seiner Frau, soll Greve weinend und drohend überall hin bis nach Neapel verfolgt haben, weil er nicht allein sein konnte usw. Greve versichert, ihn nicht unnötig gequält zu haben, aber schließlich sei er unausstehlich geworden. Von einer gemeinschaftlichen »freundschaftlichen« Reise nach Neapel spricht auch Endell; er habe die Beiden um Schonung und Retardierung ihres Planes gebeten, was Greve behauptet, bis zur Grenze des Möglichen berücksichtigt zu haben. Ich verzichte darauf, die Sache zu entwirren, da Tatsachensinn und das Gefühl für juristische Sachlagen beiden Parteien völlig zu fehlen scheint.

Abends Deutsches Theater, Reinhardt, Wintermärchen. Es störte mich der berlinische Tonfall vieler sonst guter Schauspieler, selbst des Fräulein Höflich.

Die vielen hübschen Frauen hier fallen mir täglich auf. Wohl tut die Mädchenhaftigkeit, die den femmes parisiennes so oft fehlt, dabei schließe ich aus Blicken und Gebärden, daß ich hier eine rara avis bin, während ich in Paris als einer von Vielen in der Menge verschwinde.

26. November.

Brief von Dr. Bloch, Einladung ihn in seiner Sprechstunde zu besuchen. Ein widerlicher kleiner Jude, aufdringlich, indiskret, geschwätzig. Da sehr gut dokumentiert, war die Unterhaltung doch ganz interessant. Er empfiehlt mir Brom gegen Nervosität. Nimmt mich mit in seine Wohnung, fragt mich nach Allem aus, ob ich denn bei meiner Scheidung wenigstens was gekriegt hätte. Zeigt mir eine vorzügliche Kritik des Fräulein Dr. Stöcker über Don Juan in der Zeitschrift »Mutterschutz« und macht mich telefonisch mit ihr bekannt. Chocolade im Café des Westens. Dann zu Kurt Wiegand, der »Montmartre« vertreiben will, aber offenbar keine großartigen Beziehungen hat und nicht viel Geld daran wenden will. Sonst ein reizender, feiner Mensch, offenbar unproduktive Künstlernatur, aber sicher kein Geschäftsmann. Wir unterhalten uns eine Stunde über alles Mögliche, er hat in allen europäischen Großstädten gelebt. Dann zu Oesterheld, der mir allerlei Ratschläge über mein Stück giebt. Wie fabelhaft liebenswürdig und zugänglich hier in Berlin Alles ist. Mag man gegen Berlin sagen, was man will, in dieser Stadt ist Zug und Frische.

Abends im Metropoltheater Revue »Der Teufel lacht dazu«. Fast auf der Höhe von Paris. Hübsche Witze. Zeitungsannoncen: Volle Blondine sucht einen Herrn unter Chiffre 50 M. G.m.b.h'aglichkeit. Wir leben im Zeichen des durch die Polizei erschwerten Verkehrs. Die Isra-Elite. Im Foyer wieder das abscheuliche Lieschen, das Zigaretten verkauft.

27. November.

Vormittags Redaktion des »Tag«. Dort trübseliger, knurriger Geschäftsgeist. Allerlei Ausflüchte, meinen Aufsatz »Moderner Geist in der französischen Kultur« nicht zu nehmen, ehe sie ihn noch gelesen haben. Nachmittags in Charlottenburg bei Dr. Robert, der demnächst das Hebbeltheater eröffnen wird. Gebe ihm »Montmartre«. Dann auf der Redaktion des »Blaubuchs« wegen desselben Aufsatzes wie beim Tag. Dr. Jlgenstein. Das Urbild des Antipathischen im Germanen, blond und ungeschlacht. Er kommt mir plump und formlos mit Zigarre im Mund entgegen, als könne man die Sache auf dem Vorplatz abmachen, führt mich aber dann ins Zimmer zu zwei andern Herren. »Ja, gleich können wir Ihren Aufsatz nicht nehmen, haben schrecklich viel zu tun.« Ich spreche nur von baldiger Prüfung des Manuskripts. Als ich es wieder einstecke, sagt er, ich solle es doch dalassen. Dann kommt Kienzl und verspricht, es in zwei bis drei Wochen zu prüfen. Abends Kammerspiele. Wedekind, Frühlings Erwachen. Das Beste, was ich an Regie und Ensemble sah. Die Schauspieler aber teils schwach. Einrichtung des Hauses reizend. Publikum großenteils cultivierte Gesellschaft. Trotzdem höre ich ringsherum aus Gesprächen, daß fast Alle das Stück ablehnen. Dennoch alle Abend volle Kassen. Das ist berlinisch. Sie laufen überallhin, wo was zu sehen ist, Gutes oder Schlechtes, und so ist es garkein Verdienst des Publikums, wenn sich hier auch gute Theater bezahlt machen.

28. November.

Besuche bei Meydenbauer. Treffe den alten Geheimrat und seine Frau, die erzählen, daß Hans Regierungsrat in Königsberg ist, verheiratet mit einer Katholikin, was einen Bruch mit deren Familie hervorgerufen habe. Angenehme leicht bürgerliche, gute Familienatmosphäre. Abends sah ich mir das Schillertheater, ein Volkstheater, an: Frau Inge auf Österrot. Wundervolle, weise und dramatische Verführungsgeschichte, das Beste in der konfusen Intrigue, von einer sehr mädchenhaften Schauspielerin sehr blond gespielt. Überhaupt das Blond hier in Berlin!

29. November.

Bei Axel Juncker, den ich zum ersten Mal zu sehen bekomme. Liebenswürdige Schlafmütze. Ziemlich reduzierte Einrichtung. Ich begreife nicht, wie man ihn mir empfehlen konnte. Er erzählt viel von meinem hiesigen Ruhm und schlägt eine Vorlesung meiner Werke durch mich im »Verein für Kunst« vor, wo allerdings die besten Namen auf dem Programme stehen. Zu diesem Zwecke gehe ich gleich zu dem Leiter Herwarth Walden und finde dessen Frau Else Lasker-Schüler, der furchtbarste Blaustrumpf, allerdings durch unfreiwillige Komik gemildert, waschechtes Berlinisch. »Ick verdiene nischt mit meinen Jedichten«, sagt sie, »wie kommt det nur?« Erzählt dann, wie wunderschön ihre Bücher sind, in denen sie mit Peter Hille Wotansfeste feiert. Abends im Kleinen Theater Wilde, ein idealer Gatte. Auffällig, wie unfähig die deutschen Schauspieler sind, gute Gesellschaft darzustellen. Wie kraftlos, geziert sie dann werden.

30. November.

Um 2 Uhr treffe ich im Café Klose Herrn Herwarth Walden, Vorsitzenden des Vereins für Kunst, in violetter Sammetweste, schwarzem Sammetrock mit Fransen, gelbgestreifter Lavallière, zurückgestrichenen Borsten wie ein Stachelschwein, zwei Zwikker übereinander; in ein Glas hat sich ein langes schuppenbesetztes Haar eingeklemmt, das über seiner Nase wackelt. Schlecht rasiertes scharfes Vogelgesicht und schmutzige Nägel; das ist Else Lasker-Schülers Mann. Er will alles tun, daß mein Vortrag noch im Dezember stattfindet, sonst am 7. Februar, für welche Zeit ich aber Erstattung der Reisekosten beanspruche. Später Dampfbad, dann eine Stunde auf der Leipziger Straße spazieren gegangen und mir die Mädchen angeschaut. Im Augenblick, wo man sich auf eine bestimmte konzentrieren will, schwindet doch viel scheinbare Hübschheit dahin. Nach Tisch weiter umhergegangen und die Straßenscenen beobachtet. Auf der Friedrichstraße eine aschblonde Kokotte mit kindlich rührendem Gesicht, vollkommen in den Anblick einer Torte bei Aschinger vertieft. Dann noch eine Stunde im Café Bauer Zeitung gelesen. Sehr müde vom Dampfbad. Dann vor dem Métropol gewartet, in der Hoffnung, vielleicht Gretchen zu sehen, die nicht kommt. Werde ihr schreiben.

1. Dezember.

Eine Gipsbüste für Gretchen bei Wertheim gekauft, ein italienischer Kopf. Dann in den Grunewald gefahren zum Thee bei S. Fischer. Prachtvolle weiße Villa. Sehr liebenswürdiger Empfang. Er zeigt mir einen Cézanne und einen Courbet aus dem Salon d'Automne. Zum Abendessen bei Dora Hitz. Liebes kluges altes Gesicht, das man langsam unter dem süddeutschen häßlichen Bürgersfrauengesicht entdeckt. Dort Lou Andreas-Salomé, Hedwig Lachmann mit Gatte, Dr. G. Landauer, und 2 junge Leute. Ferner Frl. von Brocken, ein altes Fräulein, die mit Frl. Hitz zusammen wohnt. Lachmann und Salomé haben diese verfeinerte verinnerlichte Geistigkeit, die aber auf die Spitze getrieben ist, und mit der ich darum nichts anfangen kann. Das scheint eine ganz besondere Spezialität vom geistigen Berlin zu sein; Nachts noch im Café Austria, wo mir eine kleine Kokotte in Begleitung eines Herrn in der auffallendsten Weise zulacht und dann furchtbar erstaunt tut, als ich sie bei der Garderobe anrede.

Sonntag 2. Dezember.

Thee bei Julie Wolfthorn, wo man mir stets die rechte Stimmung entgegenbringt, in der ich mich dann auf der Höhe fühle. Sie ist stärker, pompöser, mehr Madame geworden. Er der Alte, sehr formell und witzig. Dort besonders Frau Erna Franck mir aufgefallen. Sie ist eine geschiedene Frau. Elegant, zierlich, sehr gewandt, etwas schwatzhaft und sehr sicher komische Geschichten erzählend. Ich verliebe mich ein klein bischen und treffe Anstalten, daß sie es auch tut. Wie mich doch immer mehr solche mondänen liebenswürdigen Tierchen reizen. Sie erzählen von einem Damenklub, der hier gegründet worden ist, Lyceum, in dem ich eine Vorlesung halten soll. Ich begleite sie nach Haus, sie lädt mich zum Thee auf Donnerstag ein. Dann nach dem Abendessen treffe ich auf dem Kurfürstendamm in einem Café Herwarth Walden mit seiner litterarischen Bohème. Meine Vorlesung im »Verein für Kunst« auf 7. Februar angesetzt. Ich komme gern noch einmal nach Berlin im Winter. Es ist an dem Tisch ganz amüsant, aber die Bohème nicht mein Fahrwasser. Nach einem Moment kommt einer, der in der ganzen Welt herumgereist ist und einige Bücher geschrieben hat, namens Hanns Heinz Ewers an den Tisch, er hat einen guten Kopf. Zu Hause fand ich einen Brief von der Baronin P.

3. Dezember.

4 Uhr in Schöneberg bei Grete zum Café. Sie hat sich nun eine gemütliche eigne Wohnung eingerichtet, wo sie als Privatière lebt. Ihr letztes »Verhältnis« hat sich verheiratet und schickt ihr weiter monatlich 400 Mark. Sie ist glückselig mich als Hausfrau bewirten zu können. Erst noch einige Spannung wegen neulich. Wir werden aber einig, daß wir zu früh zärtlich geworden sind, was eine vorübergehende Verstimmung verursacht hat. Ich nahm natürlich die Schuld auf mich. Wir siedeln ins Schlafzimmer über, nehmen dann später en déshabillé ein kaltes Abendessen, wobei wir eigentlich erst recht auftauen. Dann noch einmal ins Schlafzimmer zurück. Sie hat die Gewohnheit, aus Raffinement sich

selber Hemmungen aufzuerlegen und dadurch an Dauer zu gewinnen, was mich sehr stört und anstrengt. Obwohl sie ausgesprochen deutsch ist und wirkt, habe ich nie eine Frau kennen gelernt, die in Raffinements so weit ging wie sie. Gleichzeitig fühlte ich bei dieser fünffachen Feier, daß mir mein bisheriges unregelmäßiges Leben noch nichts geschadet hat. Ich verlasse sie in dem Gefühl, sie mir auf lange Zeit nun als kleine Freundin gewonnen zu haben, ohne daß sie Treue von mir verlangen kann, denn ich will Kätchen unter gar keinen Umständen aufgeben, mit der sie sich wieder in anderer Hinsicht durchaus nicht messen kann. Kätchen doch von ihrer Schwabinger Zeit her ein höheres Kulturniveau. So habe ich gegen keine von beiden Verpflichtungen, außer, daß ich ihnen gelegentlich materiell helfe, und beide freuen sich wenn ich da bin. Streit und Unannehmlichkeiten sind somit endlich vollkommen aus dem Weg geräumt. Ich komme etwas müde um ½ 2 nach Hause.

Grete hat vorgeschlagen, daß ich ihr keine Geldgeschenke mehr geben soll. Dafür bringe ich ihr immer etwas mit für ihre neue Wohnung.

4. Dezember.

Nachmittags Ärger über meinen noch nicht angekommenen Pariser Koffer. Abends nach dem Theater in der Hamburger Straße, wo ich mir eine von den Wirtschaften ansah, die Numa Praetorius frequentiert. Öde eklige Gesellschaft. Dann nebenan in einem anderen Lokal, wo mich ein junger Mensch, der vom Land zu sein scheint, anspricht und mich die Oranienburger Straße hinaufbegleitet. Ein Kollege hat ihn eingeweiht. Er kann es noch garnicht glauben, daß es dies gibt. Halb Vergnügen, halb Geschäft. Er ist ein junger Kellner. Er erzählt mir von einer Liebe; ein Zimmermädchen in Westfalen, das morgens immer zu ihm ins Zimmer kam. Das gefiel ihm doch besser, aber er meint für die Weiber muß man immer Geld haben. Ich verlasse ihn beim Oranienburger Tor, um eine Kenntnis des Lebens reicher.

5. Dezember.

Zum Thee bei Lampe. Er meint ich betrachte die Menschen zu sehr als Folie für mich, nehme zu viel gesellschaftliche Rücksichten. Als ob ich nicht gerade mein Leben aufs unkonventionellste ganz nach meinem Willen eingerichtet hätte und auch gelegentlich dafür bezahlt hätte. Er sagt ferner man solle kein Mädchen verführen, da man damit Unglück anrichtet. Als ob das nicht ganz meine Ansicht sei, wodurch ich mir das beste habe entgehen lassen. Aber dadurch, daß ich alles objektiviere und das gerade in Prinzipien bringe, was mir instinktiv fehlt z. B. Rücksicht nehmen auf die Gesellschaft, reiner Machtstandpunkt gegenüber der Frau, darum werde ich immer nach meinen etwas schroffen Prinzipien beurteilt. Mein Standpunkt allerdings: schroffe Prinzipien, aber laxe Handhabung. Lampes Liebestrieb viel zerstörerischer als der meine, er liebt immer das kindliche, das er aber doch durch seine Liebe eben zu zerstören trachten würde; ich dagegen liebe die Erfahrenen und richte daher kein Unglück an. Abends bei Greve zum Thee. Er liest aus seinem recht lustigen, gut gearbeiteten Stücke »Heimlicher Adel«.

6. Dezember.

Um ½ 4 bei Dr. Wedekind. Prachtvolle 1. Etage in einem Palast am Kurfürstendamm. Er hat das Aussehen eines vornehmen Sportsmannes. Will »Montmartre« in Verlag und Vertrieb nehmen. Wir überlegen noch die Bedingungen. Dann kaufe ich eine große Orchidee für Frau Franck, die ich um 5 Uhr zum Thee besuche. Sie wohnt noch in einer hübschen Pension, wird sich aber bald eine Wohnung nehmen. Sie ist wirklich klug, aber doch wieder etwas zu sicher, zu fertig und zu gewandt. Das Jüdische accentuiert sich etwas. Sie liest mir einen braven Aufsatz über Rembrandt vor, den sie geschrieben hat und zeigt mir sprachgewandte aber unwahre Gedichte. Sie ist in Scheidung. Der Mann hat Unterschlagungen gemacht u. s. w. Die Mutter eine liebenswürdige gut konservierte Dame kommt dazu. Ich bleibe zu Tisch an der

Pensionstafel. Nach Tisch wird die Unterhaltung schlapp. Ihre Zeichnungen, wenigstens die Köpfe sind begabt. Sie wohnen in der Pension v. Heukelum. Ich gehe eigentlich recht unverliebt nach Hause, sehe im Café noch ein tumbes teutsches lachendes Fräulein am Nebentisch und fühle wohin doch eigentlich meine Instinkte zielen. Jedenfalls nicht zu jener Jüdin.

7. Dezember.

Um 4 zum Thee bei Frl. Dr. Stöcker, die ein Stück aus meinem Buch über Frankreich für die Zeitschrift »Der Mutterschutz« haben will. Sie sagt einiges ganz kluge und will eine Mutterrente einführen, dann aber auch wieder die charakteristische Unlogik der Frau, die besonders bei den in der Öffentlichkeit hervortretenden Frauen so deutlich wird. Übrigens physisch unangenehm, riecht aus dem Mund. Abends holt mich Martin Meyer ab. Wir speisen gut im Hause Trarbach. Dann bei Josti. Wir sprechen von Frauen und von Philosophie. Er ist augenblicklich in die Bank seines Onkels eingetreten, will aber wieder zur Philosophie zurück. Wünscht von mir Anleitungen in Bezug auf die litterarische Form.

Dr. Wedekinds Verträge gehen mir sehr durch den Kopf.

8. Dezember.

Endlich mein Pariser Koffer da. Den ganzen Tag Zollamt, Bahnhof usw. Abends 8 Uhr zu einem Ball in der Pension van Heukelum wohin mich Frau Franck eingeladen hat. Sie ist sehr liebenswürdig, aber das Jüdische accentuiert sich doch immer mehr. Die blonde reizende Frau Dr. Presber, Tochter des Hauses. Voilà ce qu'il me faut. Die andere Tochter ein kluges, etwas blaustrümpfiges Mädchen lebt von offenbar sehr geschickten Übersetzungen aus dem Holländischen. Ich tanze viel herum zwischen den zahlreichen Leutnants und Backfischen. Frau Franck hat angebissen, aber ich mag nicht mehr. Um ½ 4 fuhr ich nach Haus.

9. Dezember. Mittags.

Probe zur Philharmonie mit Frau Franck. E dur Conzert mit Klavier von Brahms. Wie unverwässerter alter Wein. Woher kam nur früher mein Vorurteil gegen Brahms? Dann das abscheuliche unmusikalische manierierte »Heldenleben« von Richard Strauss. Regen und Schneewetter. Zu Haus geschlafen. Um fünf mit Frau Franck im Lyceum Klub. Eine alte Jungfer (Jessen) mit einem Kerl an unserm Tisch zum Thee. Sie radotieren über Kunst. Sie soll sogar Kunstkritiken für alle möglichen Blätter schreiben. Ich antwortete etwas geärgert durch diese Störung und habe mir dadurch wohl die Möglichkeit meines Vortrags im Lyceum Klub verscherzt. Ich bin auch Frau Franck ziemlich müde und habe zu ihrer Enttäuschung keine Verabredung mit ihr für diese Woche gemacht. Abends Vortrag von Hofmannsthal »über das Problem der dichterischen Persönlichkeit in dieser Zeit«. Recht interessant. Es war wohl für die Meisten unverdaulich. Angenehme, zu leise Stimme, wienerischer Tonfall.

10. Dezember.

Schrieb Briefe an Käti, Gretel und Irene. Nachmittags bei Else Otten, der Tochter in der Pension Heukelum, die mir recht tüchtige Ratschläge erteilt für Verlegerangelegenheiten. Dann nach Schöneberg zu Gretel zu Tisch. Vor- und nachher allerlei Tollheiten. Unterhaltung über Herrenkleidung. Die hier so beliebten angeknöpften Hemdärmel wirken auf sie anaphrodisisch. Hat deshalb einmal Jemand, der ihr sonst gefiel und sehr reich war, wieder fortgeschickt. Ihr Körper lange nicht so vollkommen, wie bei Kätchen, aber viel temperamentvoller. Von Kätchen kam heute früh ein etwas kühler Brief aus Bamberg.

11. Dezember.

Zum Tee bei Dora Hitz. Etwas schleppende Unterhaltung. Sehr aufeinander eingestellt sind wir nicht, obwohl ich ihre Malerei sehr bewundere. Beim Weggehen sagt sie, ich solle sie nicht »gnädiges Fräulein« anreden, wenn ich sie nicht zu meiner Feindin machen wolle. »Das ist doch nur so eine Redensart, bei der man sich Nichts denkt«, erwiderte ich. »Gerade deshalb«, sagt sie. Ich finde das klein. Abends mit Greves im Deutsch-Amerikanischen Theater, welches Endell seinerzeit gebaut hat. Sonderbares Zusammentreffen. Das Theater recht hübsch, aber furchtbar ramponiert. Ein Stück von echt berlinischer Ursprünglichkeit wurde aufgeführt. Die Greves imponieren mir, wie sie bei ihrem angestrengten Kampf ums Dasein eine so solide, aber intensive Eleganz aufrecht erhalten.

12. Dezember.

Nachmittags bei Dr. Wedekind. Macht mir einen immer besseren Eindruck. Günstige Verträge über »Montmartre« und »Gedanken über Frankreich« abgeschlossen. Dampfbad, abends wie jetzt sehr häufig vegetarisch gegessen. Im Deutschen Theater treffe ich, in einem Stück von Shaw, Dr. Georg Altmann, den ich aus dem Neuen Verein in München kenne, der in Jena auf der Universität Dramaturgie studiert und Theaterdirektor werden will; er erzählt, wie man in Jena in Bezug auf Frauen auf dem Trockenen sitzt. Wir gehen noch in die Kaiserbar.

13. Dezember.

Vormittags Hôtel Continental. Bei dem Mannheimer Hoftheaterintendanten Hagemann, bei dem Barnowskys Dramaturg, ein Dr. Lanz, war. Ich gab ihm »Montmartre« für die beiden Theater. Nachmittags einen Moment bei Lampe. Abends Diner beim Sanitätsrat Klein. Gesellschaft unangenehm, konventionell. Lauter beschränkte, aber doch sehr auf die Sinnlichkeit wirkende Frauen. Interessant nur ein Major von François, Mitglied des Reichstags und früher Gouverneur von Südwestafrika. Dann ein Hofmaler des Kaisers, namens Noster, von aufdringlicher Vulgarität. Meine Tischdame ist die Braut eines Straßburger Offiziers, die am 8. Januar heiraten wird. Alles etwas geschraubt und unkultiviert. Über alles dieses verständige ich mich in still zugestandener Ironie mit dem Fräulein von Adelstein, einer Kreuzung von Engländerin und Österreicherin, die ich vor Jahren hier in Berlin bei Daisy Neumann oft sah, und die sich nun zu großer Selbständigkeit entwickelt hat. Ich begleite sie im Wagen nach Hause. Auch sie sagt, sie sei froh, wenigstens einen Menschen dort gefunden zu haben, mit dem man ein Wort reden kann. Ich habe Etwas für ihren trockenen englischen Humor übrig, den man sonst hier nicht versteht. Ich soll sie besuchen. Sie erzählt mir die ganze Odyssee von Daisy Neumann und Julia Ginsberg, die jetzt in Rom lebt und den Marchese Santa Silié geheiratet hat.

14. Dezember.

Nachmittags Kontraktrevision bei Dr. Wedekind im Bureau. Dann Juncker die Sache schonend beigebracht, der mir fast leid tut in seiner Dämlichkeit. Abendessen bei Martin Meyer. Dort der Kinderschriftsteller Straßburger, ein Don Juan de bas étage, der sich angeblich Casanova zum Muster genommen hat. ½ 10 treffen wir am Potsdamer Platz zwei Berliner Mädels, die mir schon anfangs recht zuwider waren, die Straßburger bestellt hat, um mir Berlin zu zeigen. Wir gehen zusammen in den Römerkeller. Straßburger küßt und dutzt die Beiden sofort. Er erzählt ziemlich roh, wie er sich nach der Einen im Auskunftsbureau erkundigt habe. Darauf sind Beide mit Recht beleidigt. Er wirft ihnen jetzt dummerweise vor, sie hätten sich doch gleich küssen lassen und seien darum gewissermaßen nichts Besonderes. Nun nehme ich die Partei des Mädchens und mache eine Anspielung auf den allgemeinen berliner Ton. Schon nützt sie meine Teilnahme aus und spielt die Beleidigte. Um ihre Ehre zu rechtfertigen, sagt sie mir beim Hinausgehen, sie sei zwar wieder gut mit ihm, aber einen Kuß, nein, den bekäme er nicht mehr von ihr. Nach langem unschlüssigen Hin- und Herzotteln auf der Leipziger Straße geht sie doch mit ihm allein fort. Wir Andern in die Jugendsäle, dort setzen sich allerlei Kokotten an unsren Tisch;

durchaus mittleren Ranges. Plötzlich finde ich aber unter all diesen, die mir mißfallen, ein zartes, schlankes Blondinchen, das eine brünette, lebhafte Schwester hat. Rheinländerinnen. Wir laden sie zum Champagner ein. Otti, die, welche Meyer mitgebracht hat, behauptet natürlich gleich, das seien ganz ordinäre Strichmädels, aber ich habe genau den entgegengesetzten Eindruck. Konstatiere in ihnen eine temperamentvolle Lustigkeit, sogar eine gewisse Feinheit und geschmackvolle Art des Benehmens, was in diesem Milieu ganz besonders auffällt. Sie sind auch Beide intelligent. Otti ärgert sich darüber halbtot. Währenddessen spinnt noch eine Nachbarin vom nächsten Tisch zwischen den Stühlen mit den Händen eine kleine Intrigue mit mir an, die ich aber nicht weiterführen kann, da wir von unseren beiden Tischen zu sehr beobachtet sind. Dann gingen wir ins Kaiser-Café. Ich saß zwischen den beiden Rheinländerinnen auf dem Sofa, gegenüber Martin Meyer und Otti. Ein rechtes rheinisches Geflunker und Geschichtenerzählen geht los. Meyer amüsiert sich sehr, Otti ärgert sich, behauptet, ich beachte sie nicht und dergl. Sie habe gehofft, es werde hübscher werden. Dann Abschied. Ich setze meine zwei Begleiterinnen in ein Auto und gehe um 4 Uhr früh nach Hause.

15. Dezember.

Um 1 aufgestanden. Korrespondenz bis 4. Um ½ 5 die beiden gestrigen Mädchen. Café Roland. Auf demselben Platz wie neulich mit Gretel. Ähnliche Gespräche. Sie möchten nette Verhältnisse haben und reden darüber kühl und vernünftig. Ich sage ihnen gleich, daß ich zu einem sogenannten festen Verhältnis vollkommen unfähig sei und gewinne damit scheinbar ihre Herzen. Ich sei nur für Gastrollen geeignet. Dann trennen wir uns eine Stunde, da ich mich für den Sezessionsball umziehen muß; ich treffe sie dann wieder im Frack und kaufe ihnen Blumen. Im italienischen Restaurant aßen wir zusammen, wo ich ihnen zu ihrem Erstaunen die Blumen gab, die sie für eine Balldame bestimmt hielten. Wir planen allerlei Unfug, kleine Reisen zu Dritt »mit

Frau und Schwägerin« und dergleichen. Ich lasse sie merken, daß ich in Beide gleichzeitig verliebt bin und werde für sie die große Ausnahme. Gegen 10 verlasse ich sie. Dann Sezessionsball. Die kleine Franck hat sich recht häßlich zurechtgemacht. Ich bin meist mit Wolfthorns am Tisch. Viel Sekt. Berühmte und unberühmte Leute. Unter Andern treffe ich Oscar Fried wieder, der mich mit öliger Herzlichkeit seinen alten Freund nennt. Dr. Legband und Frau, die ehemalige Oppler, S. Fischer und Frau, die sich entschuldigen, noch Nichts von sich haben hören zu lassen. Julius Bard. Das Ehepaar Wille. Ich tanze viel und finde zuletzt eine Schülerin der Wolfthorn, »das Kerlchen« genannt (warum? »weil ich so aussehe«), die mich durch ihre Frische entzückt. Ein irisches Gesicht, herrliche Lippen und Zähne, blaue Augen, schwarzer, kurzhaariger Krauskopf mit weißem Rosenkranz. Aber schlechte Tänzerin. Dann Alle zusammen ins Café Kurfürstendamm, wo ein Maler Oskar Kruse, mein illegitimer Schwager (via Richard – Else Plötz), uns amüsante Geschichten erzählt, über die sich die Mädels buchstäblich wälzen. Um 6 Uhr mit Wolfthorns im Auto heim.

16. Dezember.

Um 1 aufgestanden. Zu Dora Hitz. Zusammen gefrühstückt beim Bankdirektor Stern, Bellevuestraße (Nationalbank). Unvornehme, stets das Wort »vornehm« im Mund führende Hebräer, aber die besten französischen Bilder an den Wänden: Monet, Gauguin, van Gogh, Manguin, Valtat etc. Sprungbrett für die berliner Gesellschaft. Meine Tischdame ein etwas überbildetes, sehr gesellschaftliches, älteres Fräulein von Bunsen, das Bücher schreibt. Ferner dort Dr. Brahm vom Lessingtheater, der Architekt Messel u. A. Um 5 mit Dora Hitz zu Fuß durch den verschneiten Tiergarten. Dann zu Julie Wolfthorn zum Sonntagsempfang. Dort wieder dieses weiche, blonde Tierchen vom gestrigen Ball: Frau Eckmann-Simon, die erzählt, wenn von George die Rede ist: »ich gehöre zum Kreis«, oder »Lechter ist mein besonderer Freund«. Dann die liebenswürdige, ältliche Paula Dehmel. Ich bleibe bis zuletzt, erzähle Einiges von Louisa, die bei Julie Wolfthorn gewesen ist. Etwas schleichende Katerstimmung. Esse um ½ 9 einsam vegetarisch. Dann Zeitungen Café Austria. Um 12 zu Bett.

17. Dezember.

Habe Irene und dann auch Gretel abgeschrieben, weil abends um ½ 8 Ada und Anni, das Schwesternpaar, zu mir kamen. Aber Anni indisponiert, und Ada muß um 9 zu einer Familienveranstaltung gehen. Ich habe erst den Verdacht, sie wollten mich so zu einer Entscheidung für eine von Beiden zwingen, aber sie sagen auf Mittwoch zu. Wir essen wieder im italienischen Restaurant. Ada, die mir immer besser gefällt, gleich weg. Ich sitze nun dieser rührenden, zarten Anni allein gegenüber. Sie erzählt mir ihr ganzes Leben. Bis jetzt haben sie nette, wohlhabende Verhältnisse gehabt und es fertig gebracht, in dem Leben nicht unterzugehen, stets über der Situation zu stehen. Offenbar immer an anständige Männer geraten. Es geht ihnen nicht schlecht. Sie wohnen bei Verwandten, haben noch etwas Geld von ihren letzten Verhältnissen und möchten genug zusammenbekommen, um eine Schneiderei anzufangen. Alle Männer erkennten in ihnen das sogenannte »Bessere« und hielten ihnen Moralpredigten. Die helfen ihnen aber nicht. Wir gehen ins Romanische Café, wo wir vergeblich Ada erwarten. In einer Ecke sitzt Endell. Augenblicklich hat Anni den Vorrang bei mir. In der Stadtbahn küsse ich sie, was sie etwas geniert geschehen läßt. Ich bringe sie noch in ihre Wohnung.

Seit Tagen quäle ich mich mit dem Unglücksbrief an Louisa, der ihr das Material zur Scheidung geben soll.

18. Dezember.

Um 5 Uhr durch Dora Hitz bei Frau Geh. Rat Dohme eingeführt. Liebenswürdige, ziemlich elegante Gesellschaft. Die Herrin des Hauses macht mir als Autor ein bischen den Hof. Gerade am Morgen war Junckers scheußlicher Verlagskatalog angekommen mit dem abscheulichen Bild (ohne Kragen) darin. Zuletzt enger Kreis. Sie, ihr etwas degenerierter, aber kluger Sohn (Assessor) und ich. Gespräch über Politik, Elsaß-Lothringen usw. Vorher noch der Maler von König und seine Freundin, die häßliche, aber pikante Französin Mme. Tardif, die hier für sehr schön gilt und in der Unterhaltung sehr liebenswürdig ist. Abends eine mittelmäßige Aufführung von Shakespeares »Sturm« in dem häßlichen Neuen Schauspielhaus. Später im Café Kurfürstendamm der kleine, rührende Spiro, der nervös, recht herunter ist, mit seiner Familie schlecht steht und nicht arbeiten kann. Ich gebe ihm ein paar gute Ratschläge. Zettelkasten, Tagebuch, keine Lyrik. Er begleitet mich bis nach Hause.

19. Dezember.

2 Uhr bei Ewers von Greve und Frau zum Diner geladen. Dort auch Siegfried Jacobsohn. Sehr lustige Stimmung. 5 Uhr bei Dr. Wedekind letzte Konferenz. Um 7 kommt Anni ohne Ada, die statt dessen einen reizenden Brief schickt. Offenbar genieren sie sich vor einander. Sie verspricht sich auf Februar. Wir essen in einem andern italienischen Restaurant in der Taubenstraße. Die alten Gespräche, die zwei kleinen Mädels möchten gern große Cocotten werden; dann bei mir, sie geniert sich ein bischen, will das Licht löschen, offenbar, weil sie einen Leberfleck auf der linken Brust hat; im ganzen etwas zu weich, Ängstlichkeit, die Wirtin könnte kommen, sodaß sie über eine summarische Liebenswürdigkeit nicht hinauskommt; wir gehen noch ins Café Roland und haben nachdenkliche Gespräche: sie fragt träumerisch: »wieviele Verhältnisse mag es wohl in Berlin geben?«

20. Dezember.

Mittwoch kommt Franzl aus Paris, rund und rosig, bringt seinen Freund von Hörner mit, ein verwahrlost aussehendes Genie, etwas an Klages erinnernd; während Franzl und ich uns erzählen, finde ich mit ihm keine Berührung, unausgesprochene leise Antipathie; sie begleiten mich durch die Stadt; der erste eiskalte Wintertag in diesem Jahr, Café Bauer; dann nach Hause. Abends Première im Deutschen Theater, Bahr: Ringelspiel. Das Stück sehr amüsant und am Schluß in der Verherrlichung des Lebens mit den tollen Tänzen im Badekostüm am abendlichen Meer recht ins Blut gehend.

Am Schluß ruft ein moralischer Kretin: Pfui, was als Widerspruch einen Bombenerfolg verschafft; Bahr erscheint, sieht aus wie ein italienischer Mausefallenhändler, trägt Smoking mit Lavallière; neben mir das »Kerlchen« mit Bruder; im Foyer Dr. Landauer, die gräßliche Hedwig Lachmann, Julius Bard, S. Fischer und Frau, Dr. Brahm. Am Wintergarten kommt mir die Idee, noch nach Irene zu schauen, die dort jetzt engagiert ist; dreiviertel Stunde in der Kälte auf und ab, zuerst kommt, allein und lieb, Gretchen (von d. Gipsgruppe); einige konventionelle Worte, dann hochnäsig und stumm, Liddy, dann Berta und Irene, die süßer aussieht als je. Wir gehen zusammen ins Haus Trarbach, ich verliebe mich besonders in das aschblonde Haar von Neuem; sie behauptet wieder, ich hätte sie damals hypnotisiert, in England hätte sie in der Erinnerung an mich erfahren, was einen Menschen hassen heißt; jetzt aber wäre alles gut und vorbei; inzwischen hat sie auch ihren Waldi in Ansbach wiedergesehen und ist damit sehr zufrieden; ich nehme natürlich alle Schuld auf mich, erkläre ihr, was ich damals alles durchgemacht, und so weiter und daß ich sie noch viel lieber habe, als sie glaubt; sie tut, als mache sie sich darüber lustig; wir gehen ein Stück zu Fuß, recht vergnügt durch die eisige Winternacht, dann Wagen; sie macht einen Widerstand von dreiviertel Stunden, auch noch vor dem Haus, bis sie sich küssen läßt; ich versuche es mit allen Tönen, sie nennt mich Satan, ich merke, sie liebt mich noch; sie sagt, ich sei ihr gräßlich: »nun wenn ich dir gräßlich bin, dann: Adieu«; nun ruft sie mich zurück, wir küssen uns, ich danke ihr sehr für ihre Güte und Liebe von einst und beschwöre sie, es nicht zu bereuen, denn mir habe sie damit eine unendliche Freude gemacht. Verabredung für Februar in Leipzig, wo sie im Crystallpalast engagiert ist. Ich liebe sie wirklich viel mehr als sie glaubt und bei ihren primitiven Liebesbegriffen begreifen kann; nun meint sie gewiß wieder, ich schlechter Mensch hätte sie umgarnt; warum kann sie nicht meine amie amoureuse werden wie das Kätchen; ich tue ihr selbst einen Gefallen, wenn ich ihr das tragische Pathos der Liebe ausrede; zu Hause Telegramm von Kätchen, die ich hier nun nicht mehr sehen werde, also gehört der letzte Abend Gretel; Irene ist doch eines der süßesten Geschöpfe, die ich je besaß.

Irene behauptet, der Franzl sei ein falscher, heimtückischer Mensch, er habe uns beide auseinander gebracht, indem er mich gegen sie in Paris beeinflußt habe; kleine Mädchenpsychologie. Sie bereitet sich übrigens ernstlich darauf vor, zur Bühne zurückzukehren.

21. Dezember.

Gepackt, dann um 5 nach Verabredung im Smoking zu Gretel gefahren, die mich kühl empfängt und ihr Schlafzimmer verteidigt, weil ich ihr am Montag abgeschrieben hatte, ich brauche dreiviertel Stunde, um durch Bitten, Überreden, Schweigen, Grollen etc. ihren Widerstand zu brechen, dann aber um so schöner; um 11 zogen wir uns an und fuhren in die Stadt, Souper im Kaiserkeller: Champagner, dann ins Linden Casino, wieder Champagner, ziemlich betrunken, aber ringsherum Berliner Steifheit und Häßlichkeit; wie vermisse ich Abbaye de Thélème und Rat mort; dann im eisigen Auto wieder nach Schöneberg zurück, wo ich den Champagnerrausch noch nicht ganz los bin; endlose Umarmung mit Gretel, einige Stunden fester Schlaf von ½ 6 – ½ 9, dann nur noch gedämmert; endlose Abschiedsumarmung, Frühstück im Smoking; nun behauptet sie plötzlich, sie liebe mich so wahnsinnig, daß sie nicht mehr mit ihrem Freund zusammen sein kann, der sie nach Constantinopel eingeladen hat; seit er verheiratet ist, liebe sie ihn nicht mehr; sie will im Januar nach München kommen; vielleicht wäre das ganz hübsch, aber vorläufig habe ich doch noch geteilte Gefühle; ich habe zu schlechte Erfahrungen gemacht mit ernsten attachements. Ich habe sie gern und sie fesselt mich durch ihr maßloses Temperament und ihre raffinierte Kühnheit, aber sie ist weder so gebildet, wie Käti, noch so ein edler Character wie Irene. Durch den frostigen sonnigen Wintermorgen mit der Stadtbahn nach Hause; zu Hause packe ich meine Koffer. Gretels Weichheit nicht mehr störend, sie paßt zu ihrer weißen Glätte. Rubens zweite Periode.

Weimar, 22. Dezember.

Um 3 Uhr Nachmittags von Berlin abgefahren im überfüllten Zug; mit einer Stunde Verspätung in Weimar, Eiskälte. Nach dem Essen bei Wilhelm von Scholz; wir sprechen viel von seinem neuen Stück Meroë, zu dem ich noch kein sehr großes Zutrauen habe, doch wer weiß. Van de Velde soll gesagt haben: »c'est grand, il n'y a pas de trou là dedans«. Über meine Scheidung sind sie unterrichtet, der alte Fuchs hat gesagt: ich habe ihnen doch oft genug Gelegenheit gegeben, sich vor der Ehe genau kennen zu lernen, er hat es ja aber nicht getan. Das ist characteristisch für das fuchssche Niveau.

Frankfurt a/M, den 22. Dezember

Mit zweieinhalbstündiger Verspätung von Weimar nach Frankfurt, wohne bei Frau Eurich-Schreiber, die sich mit ihrer Schwester eine Pension eingerichtet hat; Abends bei Tilly & Ludwig, reizende Wohnung; Ussin ein zierliches kleines Kerlchen. Zwischen Frau Eurichs und meinem Schlafzimmer das warme Eßzimmer, nach dem die Schlafzimmertüren offen stehen. Ob sie wohl die Wiederaufnahme unserer früheren Nacht-Gewohnheiten aus der Untermainanlage wünscht? Sie ist noch immer reizvoll und sitzt, während ich dies niederschreibe, mir gegenüber auf der Chaiselongue und erzählt von einer Dolomitentour; sie ist gegen 35, aber vortrefflich erhalten.

24. Dezember.

Nachmittags Dampfbad; zum Tee bei Tilly, ein schmierig sentimentaler Brief Louisa's unter dem Weihnachtsbaum. Die ganze Mischpoche Spier zur Bescheerung. Ussin toll vergnügt; ich bekomme ein reizendes silbernes Cigarren-Etui von Tilly, dann gemütliches Abendessen zu dritt und Tee. Ich habe an Weihnachten immer dieses unangenehme Gefühl: ich glaube etwas zu vermissen, was ich eigentlich garnicht haben will.

25. Dezember.

Abends bei Ludwigs Familie, diese klein-jüdische Atmosphäre hat für mich doch immer etwas schmieriges, unappetitliches, zwei Frl. Engel, von denen die eine sogar hübsch und klug war; aber wo ist die beseligende unaussprechliche Unerschöpflichkeit, die eine rassige Deutsche besitzt? Das Fleisch hat nicht den Duft des Lebens und wenn es ihn hat, so ist mir's erst recht peinlich, dann noch mit Tilly und Ludwig im Café Bauer, wo sich mir die Trostlosigkeit der Frankfurter Atmosphäre, das Ungeistige wieder auf die Nerven legte, so wie in den Straßen zwischen der kleinlichen Architectur, die den Berliner Ungeschmack der 90er Jahre in kleineren Dimensionen nachahmt.

Beschlossen, Weihnachten nicht mehr diese unbequemen Reisen und Familienzusammenkünfte zu halten, sondern mich mit der gerade bevorzugten Dame ins verschneite Gebirge in ein geheiztes Gebirgs-Wirtshaus zurückzuziehen und mit den Bauern zur Mitternachtsmesse zu gehen.

26. Dezember.

Vormittags Friedhof; Nachmittags mit Spiers Spaziergang im Schnee, dann zum Tee zu einer schwedischen Familie Hafgreen; er ist Musiker; dort zwei Fräulein Brach, Töchter eines ehemaligen Heldentenors; Mary mit dem Sohn des Hauses heimlich verlobt, hübsch, sinnlich, das rechte Theaterblut, singt einige Lieder mit sehr warmer Stimme; um ihre heimliche Verlobung zu verhüllen, kokettiert sie mit dem unappetitlichen, jüdischen Blondin Julius Spier. Abends nach dem Essen bei Frau Betty Meyer, dort Frau Dormitzer. Rührende Anhänglichkeit an uns.

Nachts Traum:

Ich drehe mich in meinem Bett gegen die Wand, um nicht zu sehen, wie Richard mit einer Frau, von der ich träume, sie sei mit uns blutsverwandt, zärtlich wird; dann nachdem sie sich gewaschen hat, tue ich entzückt dasselbe wie Richard; rothaarig, zarte Üppigkeit, Grübchen wie Käti, raffiniert wie Gretel, dann plötzlich alles wie auf einer Bühne, ich hinter den Kulissen, fürchte die Entdeckung, fliehe, verstecke mich im Freien, aber den Ausgang des Hauses beobachtend, um die Rothaarige nicht zu verfehlen, dann allgemeines Pistolenschießen mit Männern um das rothaarige Weib; ich schwebe in der Luft, schieße und werde selbst getroffen, bin tot und muß nun mit einigen dicken älteren Stammtischherren in der Ewigkeit zusammensitzen; ich constatiere das höhnend und zähnefletschend; langsam verwandeln sich die Herren in eine Gesellschaft sehr netter junger Herren in Berlin, die mich als Autor sehr verehren; einer heißt Herr von Princeps; sie schlagen mir vor, mich mit zu einem jüdischen Bankier zum Diner zu nehmen, der Africanus heißt und eine der schönsten Büchersammlungen besitzt.

27. Dezember.

Vormittags Frankfurter Zeitung. Herr Geck. »Beziehungen des französischen Menschen zum Geld« abgegeben. Nach Tisch mit Tilly langes Gespräch allein, sie meinte, daß wir beide von uns vieren uns schließlich doch am verwandtesten seien und am nächsten kämen; ich schon in Paris, besonders jetzt sehr zu meinem Vorteil verändert, wie sie meint, ruhiger, milder, unnervöser; ich vergleiche meinen früheren Zustand mit einem chronischen Katarrh, der nicht heilen wollte, bis ihn eine acute Lungenentzündung, nämlich meine Ehe mitfortnahm. Um 6 Uhr im »Pfau« Prof. Primer. Er leidet als zu früher Witwer an seiner gezwungenen Enthaltsamkeit und weiß, tragikomisch genug, nicht, wie er es anfangen soll, sich davon zu befreien; hat Angst, es in seinen Kreisen zu versuchen und fürchtet die Dirne; er ist sonst rührend; er meint, bei einem Leben, wie das meinige, sei doch stets das eine Glück versagt, das auf dem Bild geschildert sei: Landwehrmanns Heimkehr, das treue Weib usw. Ich frage ihn: »wer garantiert denn dem Landwehrmann für die Treue?« Darauf er: »dann könnte sie ihm nicht so entgegentreten.« Diese Naivität giebt es also noch. Abends zu Tisch bei Tilly; der Komponist Sekles, ein humorvoller, ziemlich derb und real angelegter Mann, der dank einer ihn bindenden und beherrschenden hysterischen Frau sich etwas zu pathetisch nimmt und ernste Musik komponiert; Mendelssohn'isch geschickt, melodiös, gefällig, aber ohne jedes Geheimnis; dagegen müßte er als Improvisator und dergleichen famos sein, aber das erlaubt ihm seine Feierlichkeit nicht. Abends 11 Uhr Café Bauer, dort Herr von Halle, recht gescheite Unterhaltung über Frauen. Er unterscheidet besonders zwischen Herz und Seele. Mangel an Herz könne groß angelegte Frauen oft zu Gemeinheiten bringen, die sie selbst nicht ahnen; Frauen, die aus einem Festsaal und einer Retirade bestehen, dazwischen eine offene Verbindungstür. Die Gemeinheit vieler Frauen im Scheidungsprozeß erklärt er so, wie der schwache Geschlagene im Augenblick zu einer momentanen Gemeinheit fähig wird, wenn er einmal plötzlich das Heft in der Hand hält. Dann erzählt er von einem Manne, der sich für seine kränkelnde Frau geradezu aufgeopfert hat, dann aber, als sie ihn betrog, im Prozeß plötzlich Geld verlangte und aus Rache ihren Ehebruch als Grund nahm, um sie am späteren Heiraten zu verhindern; um ½ 2 im nassen Schnee nach Hause.

28. Dezember.

Nach Tisch Muth. Ich erkläre mich einverstanden, Tilly die 50 000 Mark ihres Erbteils auszuzahlen zu letztwilliger Verfügung, falls sie mir freiwillig zu ihren Lebzeiten die Verwaltung überläßt; dann mit Ludwig ein Weihnachtsgeschenk für Irene gekauft in einem En gros Geschäft, mit dessen Besitzer er befreundet ist, ein Ledertäschchen aus Seehundsfell; für Gretel bei Albersheim zu Weihnachten Parfum und einen Baccarat Flacon gekauft; von 5–7 gearbeitet an der Novelle: das Verhängnis. Nachts Altfrankfurt, an Orten, wo ich als junger Student abenteuerte. Eine kleine dralle Person zieht mich über enge Treppen; witzlose Zoten, dabei ist sie selber überwältigend drollig. Dortmunderin, sie erzählt in einem fort. Café Bauer, von Halle getroffen mit seinem Bekannten, der in Frankfurt sogenannte Tisch der Geistreichen. Arthur Pfungst fett und schwärmerisch.

29. Dezember.

Von Gretelchen kam eine goldene Locke. Mit Tilly und Ludwig beim Anwalt wegen der 50000 Mark; Nachmittags die Novelle »das Verhängnis« beendigt, dann bei Professor Primer im Pfau; lese Abends Ludwig und Tilly die Novelle vor; sie gefällt ihnen nicht, ich finde sie dennoch gut; früh zu Bett wegen der morgigen Tour.

30. Dezember, Sonntag.

Taunustour mit Ludwig und Frau Altheim, Tilly blieb wegen einer Mandelentzündung Ussins zu Hause. Rendezvous um 9 Uhr morgens an dem dumpf kalten Bahnhof; nach Kronberg; zu Fuß zwischen der Rodelkarawane in der sonnigen Schneelandschaft des Altkönigs; in der Mitte des Wegs verliere ich plötzlich die andern, und wate eine Stunde lang durch teils unbetretenen Schnee, in Schweiß und mit Herzklopfen, zwischen riesigen schneebedeckten Kiefern bis auf den Gipfel; dann glücklicher Abstieg mit freien Blicken in das neblige aber besonnte Tal; auf dem Fuchstanz treffe ich die zwei andern bei Kaffee und Kuchen; gemeinsamer Abstieg, unterwegs mit Frau Altmann Gespräch über Frauen, Scheidung, u. s. w.; sehr vornehm denkt sie nicht. »Als Millionärsfrau«, sagt sie, »will man auch die Hälfte der Million haben«, aber es ist famos, wie sie sich und ihre Kinder neben ihrem Trunkenbold von Mann selber erhält, den sie nicht los werden kann; sie ist lange nicht mehr so hübsch wie früher, etwas durch die Ehe verbittert, aber sie imponiert mir durch ihre Tapferkeit; um 5 Uhr zu Haus, Abends um 11 noch eine Stunde allein im Café Bauer, Brief an Hedwig.

31. Dezember.

Von 12–2 wieder beim Anwalt mit Tilly, die geradezu juristischen Scharfsinn bekundet; nach Tisch mit ihr Gespräch über Ludwigs entsetzliche Familie und seine subalterne Tätigkeit, in die ihn die Eltern seiner Zeit gestoßen haben. Man begreift da fast den Vorwurf des mangelnden Idealismus, der den Juden gemacht wird. Wie anders, wie warm ist dagegen selbst eine in vieler Hinsicht so törichte Familie wie Primers. Tilly behauptet, Ludwig persönlich zu lieben, aber sie will seiner Rasse wegen keine Kinder von ihm, Konflict! Um 6 Uhr Abends Café Bauer; Oppenheim, der gerade von St. Cloud kommt; dann mit Ludwig und Tilly in der Oper: die lustige Wittwe, langweilige temperamentlose Aufführung; dann lud ich beide zu einem Souper im Frankfurter Hof ein; überall hier die reduzierte Frankfurter Judengesellschaft, aber der Heidsilk machte uns bald sehr lustig; wir fahren zur Familie Brach, die wir bereits in voller Ausgelassenheit finden. Tanz, Lieder; Tilly singt den »Schimmi«. Ich sitze bald mit den beiden Mädels allein im Nebenzimmer. Küsse. Gespräch über Liebe. Schließlich allein mit Mary, die ich nun regelrecht und wie es scheint mit Erfolg belagere. Ein Brüderchen namens Hans kommt immer herein. Anfangs geniert er mich, dann machen wir ihn zum Bundesgenossen und gründen zu Dritt eine Brüderschaft, wobei wir uns natürlich duzen und küssen müssen und uns sagen, daß wir uns alle Drei sehr lieb haben, was mir ermöglicht, Mary die tollsten, sonst ganz undenkbaren Erklärungen zu machen. Sie wird bald an einem Theater engagiert sein, und dann besuche ich sie dort. Eine tolle, etwas zigeunerhafte Brünette und auch wieder, wie bei Allem, was mir außer der Ehe in die Hände kommt, eine grundanständige Seele. So traten wir das neue Jahr an. Um 4 Uhr zu Bett. Ich genieße jetzt mein Leben viel tiefer und weiter als je in früheren Jahren, wo ich mir durch Moral und Pathos das Beste verdarb.

Anhang

Aus den Treibhäusern der Bourgeoisie
Nachwort

Thomas Mann nannte Oscar A. H. Schmitz einen »hervorragend gescheiten Schriftsteller«, einen Menschen, den er als charmanten und gewitzten Gesprächspartner zu schätzen wußte, mit dem sich leicht und unbeschwert über Gott und die Welt plaudern ließ. Die beiden trafen sich nach dem Ersten Weltkrieg des öfteren im Café Luitpold in München, sie aßen zu Abend und redeten, wie Thomas Mann in sein Tagebuch schrieb, über »Philosophie, Lebensweisheit, Medizinisches, Physiologisches, Psychoanalytisches«. Schmitz, der sich zu dieser Zeit brennend für Astrologie interessierte, weihte Thomas Mann in die Deutungs- und Vorhersage-Kunst ein und arbeitete für ihn und den Bruder Heinrich ein Horoskop aus. Die beiden kamen sich in den Gesprächen näher, und die Beziehung nahm offenbar einen vertrauten Charakter an. Von einem Abend im Luitpold heißt es: Schmitz »begleitet mich nach Hause und ich ihn wieder die Allee zurück. Sympathischer, hell und bewegt redender, gescheiter Mensch.«

Nicht alle Kollegen dachten so rundherum positiv über den heute weithin vergessenen Schriftsteller Schmitz: Karl Kraus spöttelte in der »Fackel« gern über den »O. A. H. Schmitz, der sicherlich einer der feinsten Auguren in Deutschland ist, dessen Vor- und Zuname schon mit einem kulturverbindlichen Oha und einem auskennerischen Aha die höchste Gewitztheit und Verschmitztheit in allen geistigen Belangen gewährleistet«. Und Kurt Tucholsky, der einige Werke seines Kollegen durchaus zu schätzen wußte, nannte ihn »den Typus des Philosophen mit Bad und allem Komfort«.

In der Zeit vor dem Ersten Weltkrieg entfaltete Oscar A. H. Schmitz als Schriftsteller eine außerordentliche Produktivität auf ganz unterschiedlichen Gebieten: Er veröffentlichte Gedichte, phantastische Novellen und Erzählungen, verfaßte eine Biographie über Benjamin Disraeli, schrieb Reiseberichte von seinen »Fahrten ins Blaue«, einen Roman über die Boheme und Essays über Manieren und Mode, über Lebens- und Liebeskunst. Schmitz war ein rastloser Zeitgeist-Schriftsteller, der ein offenes Ohr für Trends und Konjunkturen hatte und, wie ein Chronist der Schwabinger Boheme schrieb, »auf alle geistigen Sensationen erpicht« war. Viele seiner literarischen Arbeiten waren durch ihren engen Zeitbezug kurzlebig, manche sind zu Recht vergessen und nur noch schwer genießbar. Bei einigen aber lohnt die Reanimation, sie verströmen heute wie damals Esprit und Charme.

Als 1907 sein Buch über Frankreich erschien – eine Sammlung von Essays, Anekdoten, fiktiven Tagebuchblättern, Dialogen und kleinen Prosaminiaturen im Stil von Peter Altenberg –, war Hugo von Hofmannsthal voll des Lobes: »Es ist nichts weniger als eine Plauderei, dieses intelligente und gut geschriebene Buch, und nichts weniger als eine Abhandlung.« Ein Buch, »das einen leicht nimmt und leicht losläßt, dessen Inhalte durchlässig sind für das Leben und das sich den Inhalten des Tages amalgamiert«.

Gleichwohl entfaltete sich Schmitz nicht primär in seinen literarischen Werken, sondern im Beziehungsgefüge des sozialen Lebens, in Begegnungen und Kontakten, im Umgang mit interessanten, faszinierenden Menschen. Schmitz gerierte sich gern als Weltmann, polyglott, selbstbewußt und mit aristokratischen Allüren. Er lebte in München, Berlin, Rom und Paris, hielt sich längere Zeit in Italien, Spanien, Marokko und Ägypten auf. Ob im Smoking, im Straßen- oder Safarianzug – Schmitz war immer auf sein Selbstbild bedacht, angesichts der gesellschaftlichen Leere und Beliebigkeit wollte er sich durch Form, Stil, Geist und eine zur Schau getragenen Verachtung alles Gewöhnlichen abgrenzen. Nur wer die »Requisiten der Eleganz« besitze und sie einzusetzen verstehe, könne auch Eleganz und Wirkung hervorbringen, schreibt er in seinem »Brevier für Weltleute«. »Erst wenn die Requisiten des Gentleman verloren sind«, wird die »Lage verzweifelt«.

Schmitz machte Eindruck – vor allem bei der Damenwelt –, aber er erregte auch immer wieder Anstoß, wenn er sich mit provokantem Ton gegen die nivellierenden Tendenzen der Moderne und ein kulturloses Bürgertum stellte: »ich verachtete das Bürgertum nicht, weil es zu fest am Alten hing, sondern weil es dies aus mangelndem Kulturbewußtsein zu wenig tat. Darum wurde für mich Geist nicht etwas Revolutionäres, sondern etwas Aristokratisches, und wer keine besondere Neigung hatte, mich zu verstehen, konnte darin leicht Anzeichen der Reaktion und des Snobismus finden.« Schmitz suchte in der kulturelle Krisensituation um 1900 nach Orientierung, nach einem Leitbild, und er fühlte sich von zwei Figuren angezogen, die er gewissermaßen nacheinander ausprobierte und zu besetzen versuchte: Bohemien und Dandy. Typisch für beide Figuren ist die Verachtung des Bürgers und der egalitären Werte und Normen. Während sich aber der Bohemien eher auf der linken Seite des gesellschaftlichen Spektrums beheimatet fühlt und mit Ausschweifung und Lebenssteigerung sympathisiert, ist der Dandy politisch konservativ und versucht die gegensätzlichen Werte von Adel und Bürgertum in der eigenen Person in eine Balance zu bringen.

Im Grunde jedoch fühlte sich Schmitz in keiner Figur ganz zu Hause, er war ein Bürger, der sich vom Bürgertum abgestoßen fühlte und in Gegensatz zu seiner Klasse geraten war. Dieses Schicksal teilte er mit Tonio Kröger, von dem es heißt, er sei ein »Bürger auf Irrwegen« – »ein verirrter Bürger«.

»In all meiner Verworrenheit hatte ich ein ganz klares Ziel«, schreibt Schmitz, »das Leben in seiner Fülle zu erfahren.« Schon früh habe er einen »Trieb ins Weite« gespürt. Er sei zwar von der »Magie der gesellschaftlichen Stellung«, von einer bürgerlichen Karriere, fasziniert gewesen, aber seine Phantasien seien in eine andere Richtung gegangen: Er wollte wie viele seiner Zeitgenossen Künstler werden, Musiker oder Schriftsteller. Im bürgerlichen Elternhaus stieß er damit auf Widerstand.

Schmitz wurde am 16. April 1873 in Bad Homburg vor der Höhe geboren. Wenn er später schreibt, er habe bereits in jungen Jahren von der »großen Welt«, von »Gesellschaft und Eleganz« geträumt, dann hatte das ganz sicher auch mit der Umgebung zu tun, in der er aufwuchs. Mitte des 19. Jahrhunderts stieg Homburg zu einem berühmten Bad auf, dazu trug nicht unwesentlich die von den Gebrüdern Blanc 1841 gegründete Spielbank bei. In Bad Homburg traf sich die High Society und flanierte durch den Kurpark, vor allem der russische Adel schätzte den Kurort und gab der Stadt ein internationales Flair. Als Kind begleitete Schmitz in den Sommerferien seinen Großvater manchmal in den Kurpark, der dort auf der Terrasse nachmittags seinen Kaffee zu nehmen pflegte: »Eine fremde Welt von Düften und Tönen umgab mich. Die blauen Wölkchen feiner Zigaretten, wie sie damals in Deutschland noch fast unbekannt waren, die zarten Hauche, die aus knisternder Seide wehten, verschwebten in der leichtbewegten Sommerluft.«

Die Familie wohnte damals in einiger Entfernung vom Kurbetrieb, in einer Villa in der Gonzenheimer Landstraße. Der Vater war Betriebsdirektor der Eisenbahn – im 19. Jahrhundert eine Position mit herausgehobenem Sozialprestige. Er leitete im Auftrag einer englischen Aktiengesellschaft den Bau der Strecke zwischen Bad Homburg und Frankfurt und wurde nach deren Fertigstellung zum Direktor ernannt. In seiner Person repräsentierte er bürgerlichen Aufstieg, Erfolg und Modernität. Als Kind bewunderte Schmitz den Vater grenzenlos: »der Papa und der liebe Gott ist dasselbe«, habe er immer gedacht.

Schmitz wuchs in behüteten und wohlhabenden Verhältnissen auf. Bildung und Musik spielten eine große Rolle in seiner Kindheit. Von besonderer Bedeutung waren die Sprachen: Die Großmutter stammte aus England und wurde in Frankreich erzogen. Wenn sich Eltern und Großeltern trafen, sprach man englisch und französisch. Oscar A. H. Schmitz hatte noch drei jüngere Geschwister: Hedwig, Richard und Tilly. Innerhalb der Familie wurde dem ältesten Sohn eine herausgehobene Position zuteil, auf ihm ruhten die Zukunftshoffnungen des Vaters, er war dazu ausersehen, das väterliche Projekt fortzusetzen und die Nachfolge anzutreten. Der Sohn sollte studieren, einen akademischen Abschluß machen, um einen bürgerlichen Beruf ergreifen und Karriere machen zu können. Doch dieser zeigte – bei aller Bewunderung für den Vater – bereits als Heranwachsender einen ausgesprochenen Widerwillen, die Tradition fortzuführen und die vorgeschriebene Rolle anzunehmen. Mit Mühe schaffte er 1892 das Abitur. Anschließend schrieb er sich in Heidelberg als Student der Rechtswissenschaft ein. In den folgenden Semestern studierte er in Leipzig, Berlin und München. Neben der Jurisprudenz hörte er Vorlesungen in Nationalökonomie, Philosophie und Kunstgeschichte. Doch seine eigentlichen Interessen lagen woanders. In München fühlte er sich in erster Linie von den Künstlerkreisen und der Boheme angezogen, hier erwartete er die Verwirklichung seiner Träume »eines freien, glühenden Weltlebens«.

Insgeheim schrieb er schon während des Studiums Gedichte und versuchte sich in der Abfassung von Novellen. Die Begegnung mit Karl Wolfskehl 1894 in Rom, unter einem »Feuerwerk [...], das im Kolosseum abgebrannt wurde«, geriet zum großen Erweckungserlebnis. Wolfskehl machte Schmitz mit den Gedichten von Stefan George bekannt und bot sich an, einzelne Stücke von ihm dem Meister zu übermitteln und in den »Blättern für die Kunst« publizieren zu lassen. In den nächsten Semestern versuchte Schmitz, gedrängt vom Vater und ermuntert von seinem Freund und Förderer Wolfskehl, sein Studium mit einer Dissertation abzuschließen. Er wechselte die Fachrichtungen, von der Jurisprudenz zur Nationalökonomie, schließlich zur Kunstgeschichte und Germanistik. Der Vater zeigte sich verständnisvoll und konzessionsbereit, wenn nur am Ende ein Abschluß stand, ein Doktortitel. Schmitz begann mit einer nationalökonomischen Doktorarbeit, er gab nach einem halben Jahr auf und nahm ein literaturhistorisches Thema in Angriff, auch damit scheiterte er schließlich.

Noch bevor er seine Dissertationspläne endgültig ad acta legte und die Universität verließ, starb 1895 plötzlich der Vater. Während Schmitz – nach eigenem Bekunden – zur Mutter immer ein eher distanziertes und kühles Verhältnis hatte, fühlte er sich dem Vater innerlich verbunden und verpflichtet. Der väterliche Wille erschien ihm wie ein »Gesetz«, dem man sich fügen und unterwerfen mußte. Einige Zeit hielt Schmitz an seinem Versprechen fest, das Studium abzuschließen und zu promovieren. Im Herbst

1896 aber entschloß er sich, die aufgezwungene Lebensperspektive zu verlassen und eigene Wege zu gehen. Befördert wurde dieser Entschluß durch die in den »Blättern für die Kunst« Anfang 1896 erschienenen ersten Gedichte. Schmitz sah sich jetzt gewissermaßen am Beginn einer großen Dichterkarriere. Sein Name stand neben dem von Stefan George, Hugo von Hofmannsthal, Ludwig Klages, Paul Gérardy und – last, not least – dem verehrten Karl Wolfskehl. Alles, was der Vater für ihn bedeutet und repräsentiert hatte, das repräsentierte nun dieser Dichterkreis: »Die einzige geistige Gruppe, von der ich mich [...] als Jüngling stark angezogen fühlte, war die um Stefan George, wo ich zum erstenmal Formgefühl, geistige Zucht und bewußte Distanz zu den Lebenszufälligkeiten fand. Bürgerlich war dieser Kreis weiß Gott nicht eingestellt, aber er berannte die bürgerliche Feste von einer ganz anderen Front aus als der revolutionären.«

So wichtig die ersten Veröffentlichungen für Schmitz waren und sosehr er sich auch in diesem dekadent-elitären Kreis erhoben fühlte, der Entschluß, sich ganz der Literatur zu widmen und ein anderes Leben zu suchen, wäre nicht denkbar gewesen ohne die Veränderung seiner materiellen Verhältnisse. Zu seinen Lebzeiten war der Vater darauf bedacht gewesen, der »unsteten Natur« des Sohnes »Zügel anzulegen«, wie Schmitz schreibt. Er bekam einen knapp gehaltenen monatlichen Wechsel. Nach dem Tod des Vaters erhielt er eine auskömmliche Rente, die ihn – bei kluger Haushaltführung – in die Lage versetzte, auf lange Zeit unabhängig zu leben. Auf diese Weise abgesichert, ließ er sich nicht nur vom strengen künstlerischen Habitus des George-Kreises faszinieren, sondern ebenso sehr von den lockeren Sitten und dem bunten Treiben der Schwabinger Boheme. Das waren zu der damaligen Zeit keine abgegrenzten Sphären, die Übergänge waren fließend, und ein Mann wie Wolfskehl repräsentierte in Personalunion sowohl das ›wilde Leben‹ der Boheme als auch den strengen Kultus des George-Kreises.

Die Schwabinger Boheme war um diese Zeit ein Sammelbecken von Einzelgängern, von Originalen, Genies und Lebenskünstlern, die von großen Visionen und Entwürfen erfüllt waren. In der Gesellschaft des ausgehenden Jahrhunderts, dem Fin de siècle, lebten sie als Erben der Gründerzeit im Bewußtsein der Spätgeborenen, die sich zum Epigonentum, zum Nachleben der schon von den Vätern begonnenen Lebensentwürfe und Projekte verurteilt sahen. Von ihnen wurde nicht mehr erwartet, sich selbständig einen Platz zu suchen und ein eigenes Leben zu begründen, sie sollten lediglich die Stelle eines anderen einnehmen, Nachfolger werden, die vorgegebenen Rollen besetzen und weiterleben. Dieser Erwartung stellte man sich im Treibhaus der Schwabinger Boheme trotzig entgegen, es ging darum, die lähmende Tradition abzuschütteln und die Welt noch einmal neu zu sehen und zu entwerfen. So ähnlich die Ausgangslage war, so viele Gemeinsamkeiten es auch in Herkunft und Bildung gab, im Vordergrund stand der unbedingte Wille zum Anderssein, die narzißtische Betonung der Differenz. Es war ein Klima der Rivalität und der Selbstüberbietung, die bei den Protagonisten der Szene vielfach zur Selbsterschöpfung führte.

Schmitz kam in diesem quasi exterritorialen Raum in Kontakt mit Franziska zu Reventlow, Ludwig Klages, Alfred Schuler, August Endell, Franz Dülberg, Paul Stern, Franz Hessel und vielen anderen. Doch in dieser Umgebung, schreibt er später, habe er keineswegs die Anerkennung gefunden, die er erwartet hatte. »Meine künstlerischen Neigungen wurden als oberflächliche Launen eines Bürgersöhnchens belächelt, das an allem einmal nippen wollte.« Die bürgerliche Herkunft, die er mit seinen Freunden teilte, wurde ihm hier zum Vorwurf gemacht, was wohl auch damit zusammenhing, daß er sich in Habitus und Haltung noch nicht allzuweit von ihr entfernt hatte. Franziska zu Reventlow hat in ihrem Roman »Herrn Dames Aufzeichnungen« die Mechanismen und Zwänge der Boheme, die zu rivalisierenden Cliquen und Gruppenbildungen führten, anschaulich beschrieben. In der Figur des Schriftstellers Adrian porträtierte sie Oscar A. H. Schmitz als einen strebsamen Schriftsteller, dem man seine Herkunft schon von weitem ansah: »Adrian, der Herr mit dem Zwikker, der sich in eine Toga hüllt und trotzdem aussieht, als ob er eigentlich in den Frack gehörte.«

In Reventlows Roman gehört Adrian zu den vielen Exoten, die Schwabing – im Roman Wahnmoching – zum Experimentierfeld für neue Lebensstile auserkoren hatten. Man feierte kosmische Feste, zelebrierte bacchantische Rituale, schwelgte in der Vorstellung eines neuen Heidentums, träumte von der Begründung eines modernen Hetärentums, berauschte sich im Schwabinger Fasching am bizarren Glanz der großen Herrscherpersönlichkeiten von einst, vor allem aber inszenierte man sich selbst und stand dabei unter dem Druck eines permanenten Nonkonformismus. Die wirklich seßhaften Existenzen waren an einer Hand abzuzählen. Der Bohemien war nervös, unruhig, labil und stets auf der Suche nach neuen Reizen und Lebensstoffen. Auch Schmitz hielt es in diesem Klima immer nur begrenzt aus, nach einigen Monaten, zuweilen nur nach wenigen Wochen brach er zu größeren Reisen auf oder wechselte – wiederum für Wochen oder Monate – den Wohn- und Aufenthaltsort.

Von keiner anderen Stadt fühlte er sich dabei so angezogen wie von Paris. Als er im Februar 1897 zum erstenmal in die Stadt kam und fast ein Jahr blieb, da war das für ihn die Verwirklichung eines langgehegten Traums: »Alle die vielen Namen von Straßen, Theatern, Restaurants, Magazinen, Orten der Umgebung, die ich seit früher Kindheit von Vater und Großmutter hatte nennen hören«. Unter dem Einfluß von Paris und seiner geistigen und kulturellen Atmosphäre wandelte sich der Bohemien zum Dandy. Schmitz fühlte sich jetzt als Teil der eleganten Welt, er flanierte auf den großen Boulevards, wurde Stammgast in den berühmten Künstlerkneipen und Cafés und verkehrte in den literarischen Zirkeln und Salons. Hier lernte er endlich Stefan George persönlich kennen, hier traf er August Strindberg und Edvard Munch, machte Bekanntschaft mit dem einflußreichen Kunstpublizisten Julius Meier-Graefe, wurde von der französischen Schriftstellerin Rachilde (Madame Valette) zu ihren berühmten Empfängen eingeladen, wo er den Größen des kulturellen und gesellschaftlichen Lebens begegnete. Schmitz fühlte sich in der Welt angekommen, von der er schon früh geträumt hatte. Er wollte sich nun literarisch einen Namen machen und knüpfte Kontakte, publizierte

Essays, Kritiken und Novellen. Doch die aufwühlende Umgebung warf ihn immer wieder auf sich selbst zurück, er fühlte sich wurzellos und suchte, wie viele Intellektuelle um 1900, nach einer neuen metaphysischen Bindung, nach einer Kraft, die ihn festhielt und an der er sich aufrichten konnte. Die Kernlosigkeit der eigenen Existenz machte ihn zum Getriebenen, der von einem Ereignis zum anderen, von einem Abenteuer ins nächste flüchtete, immer auf der Suche nach Glück und Erfüllung.

Im Tagebuch wird nicht nur die ›helle‹ Seite des Weltmanns sichtbar, sondern auch die ›dunkle‹ Seite des Lebemanns, der sich im Halbwelt- und Prostituiertenmilieu bewegte und den rastlosen Verführer und Don Juan mimte. Nicht von ungefähr beginnt dieses Tagebuch Ende 1896, mit dem Abbruch des Studiums, dem Scheitern an der bürgerlichen Existenz. Am Anfang steht ein für die Gattung typischer »Gleichgewichtsbruch« (Le Rider), eine Krise der eigenen Identität, die für Schmitz zum Auslöser wird, um schreibend das eigene Ich in Ordnung zu bringen, nach einer neuen Stabilität und Sicherheit zu suchen. Das Tagebuch wird zunächst zum Medium einer Selbstvergewisserung, einer Bilanz, die von Anfang an Züge einer Selbststilisierung trägt. Schmitz sucht nicht nach einer verborgenen Wahrheit, er will nicht Zeugnis ablegen und sich ergründen, sondern sich ein Selbstbild erschreiben. Die Aufzeichnungen sind für ihn eine Prothese, um die Labilität des Ichs zu stützen und das Gefühl von Kontinuität zu erzeugen.

Die Tagebücher umfassen die wesentlichen Jahre der Wilhelminischen Epoche, einer Zeit, in der die Identität der Geschlechter, das Verhältnis von Mann und Frau und der gesamte Bereich der Erotik in Bewegung gerieten, einer Zeit der gesellschaftlichen Modernisierung und des Wandels, die Ängste hervorbrachte. Schmitz ist in dieser Hinsicht ein Prototyp, er verkörpert die Modernisierungsängste und Neurosen der Zeit in geradezu klassischer Weise. Kaum etwas bringt ihn so aus der Fassung wie die emanzipierte Frau und die Frauenrechtlerinnen der Jahrhundertwende. Der weibliche Intellekt stellt sein viriles Selbstbewußtsein in Frage, löst Ängste und misogyne Reaktionen aus. Die Frau ist für Schmitz entweder ein Sehnsuchtsbild, eine ästhetisierte Kunstfigur, die er kontemplativ, aber nicht erotisch lieben kann, oder ein Objekt der Eroberung.

Nicht nur von der Gestalt der sich emanzipierenden Frau gehen in der Kultur um 1900 Ängste aus, sondern auch von dem sich emanzipierenden Judentum, das soziale und politische Gleichberechtigung erstrebt und zum Teil auch erlangt. Immer wieder stößt man in den Aufzeichnungen von Schmitz auf antijüdische Ressentiments. Dies ist um so bemerkenswerter, weil er selbst in mütterlicher Linie jüdische Vorfahren hatte. Als er 1897 diese lange verdrängten Wurzeln entdeckte und der Geschichte nachging, brachte ihn das zunächst völlig aus dem Gleichgewicht. Die Dämonenangst, die im Tagebuch immer wieder eine Rolle spielt und die er schon im Griff zu haben glaubte, ist plötzlich wieder da. In einem Brief an Wolfskehl schreibt er am 2. Juli: »Ich sondere in den dunklen Gründen meiner Abstammung, die unter den Grillen des Gottes von Israel leben. Aus eigener Wahl erbaute Tempel wollten stürzen, sind aber nun um so fester gebaut. Ich kann heute nichts mehr sagen.« (N) In den folgenden Jahren führte er das Gefühl einer tiefsitzenden Gespaltenheit auf seine »halb-jüdische« – »halb-arische« Herkunft zurück. Die antijüdischen Affekte waren Selbsthaß; was er am anderen wahrnahm, spiegelte immer auch die Angst vor der eigenen Andersartigkeit, er glaubte sich von etwas Fremdem besessen, das er ergründen und aus sich heraustreiben mußte. An vielen Stellen im Tagebuch ist von einer Dämonenangst die Rede, die er von einem Kindheitstrauma herleitet, einem Trauma, das ihn nicht losließ, von dem er immer wieder eingeholt wurde.

So kann dieses Tagebuch auch als Fallstudie und Zeitdokument gelesen werden, das uns über die typischen Modernisierungsängste um 1900 Auskunft gibt. Diese Aufzeichnungen sind aber auch – mit aller Vorsicht sei es gesagt – eine Art ›Roman‹: Die Lektüre beginnt am Nullpunkt, der Autor hat das vergangene Leben von sich abgestoßen und erschreibt sich ein neues Leben. Das Tagebuch wird zum Zufluchtsort und Zeugen dieser Entwicklung. Mit dem Ende der maschinenschriftlich überlieferten

Fassung findet das Projekt einen gewissen Abschluß. Der letzte Satz der Eintragung vom 10. November 1912 bezieht sich auf die Rolle des Tagebuchs als Mittel des Selbstschutzes und der Selbstbeherrschung, es ist ein Schlußsatz, der das am 6. Dezember 1896 begonnene Projekt für beendet erklärt: »In der Tat, ich mußte mir wie Julien Sorel in ›Rouge et Noir‹ diesen Panzer schmieden, sonst wäre ich an meinen Konflikten zusammengebrochen, heute kann ich ihn wieder in die Rüstkammer stellen.«

Dieser Teil der Aufzeichnungen endet, wie es scheint, mit einer Erfolgsmeldung, mit dem Gefühl einer Befreiung. Befreit aber hatte sich Schmitz nur von dem Projekt einer ästhetischen Objektivierung seines Selbst, nun hielt er sich für stark genug, um ganz ohne »Panzer« nach dem eigenen Selbst, nach seinen verschütteten Traumen zu suchen. Drei Tage später, am 13. November, begann er eine Analyse bei dem Freud-Schüler Karl Abraham in Berlin. Schmitz führte in den folgenden Jahren weiter Tagebuch. Die Aufzeichnungen werden zu einem monologischen Projekt, sie finden in einem Raum statt, in dem sich »Ich und Ich« (George Poulet) begegnen – einem Ort der Reflexion und des Experimentierens, einem intimen Ersatzwerk, dem man alles anvertrauen kann.

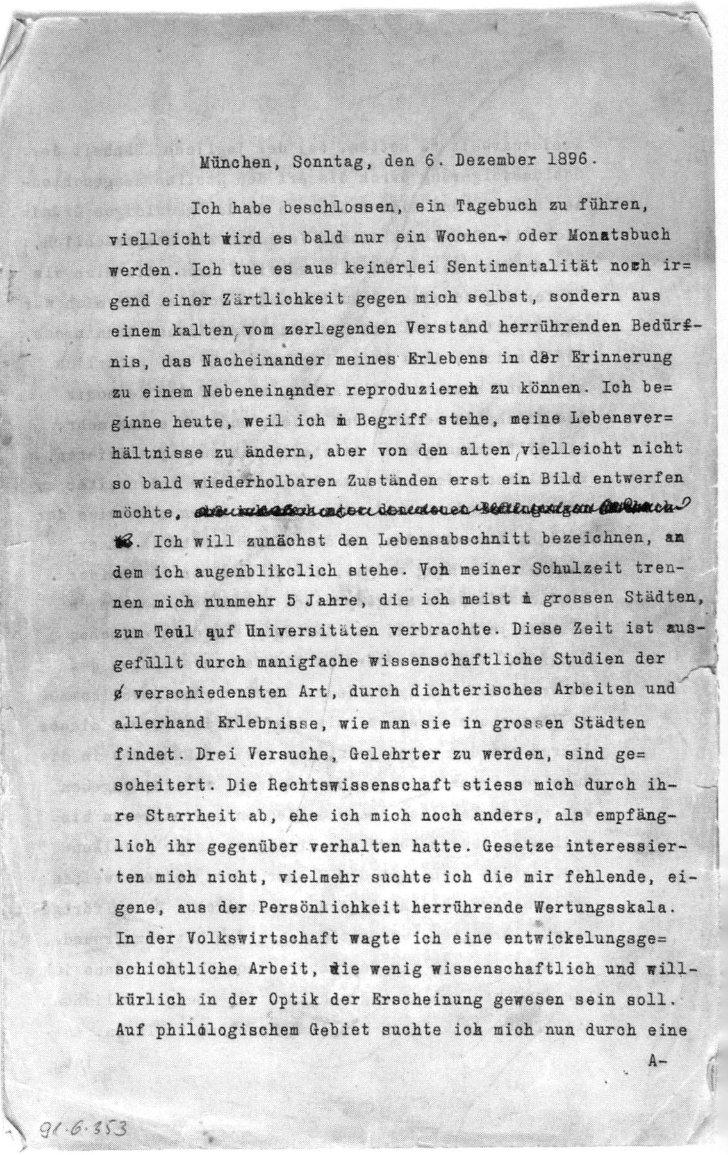

München, Sonntag, den 6. Dezember 1896.

Ich habe beschlossen, ein Tagebuch zu führen, vielleicht wird es bald nur ein Wochen- oder Monatsbuch werden. Ich tue es aus keinerlei Sentimentalität noch ir=gend einer Zärtlichkeit gegen mich selbst, sondern aus einem kalten, vom zerlegenden Verstand herrührenden Bedürfnis, das Nacheinander meines Erlebens in der Erinnerung zu einem Nebeneinander reproduzieren zu können. Ich be=ginne heute, weil ich im Begriff stehe, meine Lebensver=hältnisse zu ändern, aber von den alten, vielleicht nicht so bald wiederholbaren Zuständen erst ein Bild entwerfen möchte, [illegible]. Ich will zunächst den Lebensabschnitt bezeichnen, am dem ich augenblikclich stehe. Von meiner Schulzeit trennen mich nunmehr 5 Jahre, die ich meist in grossen Städten, zum Teil auf Universitäten verbrachte. Diese Zeit ist ausgefüllt durch manigfache wissenschaftliche Studien der verschiedensten Art, durch dichterisches Arbeiten und allerhand Erlebnisse, wie man sie in grossen Städten findet. Drei Versuche, Gelehrter zu werden, sind ge=scheitert. Die Rechtswissenschaft stiess mich durch ihre Starrheit ab, ehe ich mich noch anders, als empfänglich ihr gegenüber verhalten hatte. Gesetze interessierten mich nicht, vielmehr suchte ich die mir fehlende, eigene, aus der Persönlichkeit herrührende Wertungsskala. In der Volkswirtschaft wagte ich eine entwickelungsge=schichtliche Arbeit, die wenig wissenschaftlich und willkürlich in der Optik der Erscheinung gewesen sein soll. Auf philologischem Gebiet suchte ich mich nun durch eine

A-

91·6·353

Erste Seite des Tagebuchtyposkripts
mit dem Eintrag vom 6. Dezember 1896.

Entstehung

Das Überlieferungsmaterial für das Tagebuch von Oscar A. H. Schmitz ist unterschiedlich: Für die Aufzeichnungen in der Zeit von Dezember 1896 bis November 1912 hat sich ein Typoskript erhalten, die sich daran anschließenden Aufzeichnungen bis zum Oktober 1918 sind als Handschrift überliefert. Da für den ersten Zeitraum kein anderer Textzeuge als das Typoskript vorhanden ist, ist die Möglichkeit textkritischer Befunde eingeschränkt.

Oscar A. H. Schmitz selbst hat zur Authentizität und zur Entstehung des Typoskripts in einer handschriftlichen Notiz Stellung genommen. Diese Notiz montierte er im letzten Drittel des Typoskripts, auf den Seiten 649–650, in den Text ein und machte sie damit zu einem Bestandteil seiner Tagebuchaufzeichnungen. Nach der Eintragung vom 6. August 1911 – in der es um eine Reise nach Beirut geht – werden die maschinenschriftlichen Aufzeichnungen unterbrochen. Auf Seite 649 unten geht es handschriftlich mit einer neuen Orts- und Datumsangabe weiter: »Berlin 9. November 1911.« Nicht mehr das Tagebuch-Ich, sondern das Autor-Ich spricht und gibt eine Erklärung ab: »Diese durch 15 Jahre gehenden Aufzeichnungen waren in Bücher, Hefte und auf lose Blätter geschrieben. Darunter befanden sich Notizen über alle möglichen Gebiete, die mich interessierten. Dies ganze war in solchem Durcheinander, daß das Tagebuch seinen eigentlichen Zweck, von mir gerne gelesen zu werden, völlig verfehlte. Ich benutzte daher die vortreffliche Einrichtung meines Anfang dieses Jahres erworbenen Diktaphons, in das ich mühelos und mit verhältnismäßig geringem Zeitaufwand die gesamten Aufzeichnungen diktierte.« Nachträglich fügt er in kleinerer Handschrift und in Klammern gesetzt den Zeitraum des Diktats hinzu: »(Ende Sept bis Mitte Nov)«. Da das Typoskript bis zum 10. November 1912 geht, hat Schmitz weiter diktiert. Wann er den Rest diktierte, ist nicht festzustellen.

Unbekannt ist auch, wann und durch wen der Text abgetippt wurde. Sicher ist, daß sich Schmitz zum Abtippen nicht nur einer, sondern – wie sich durch Fehler und Verschreibungen nachweisen läßt – mehrerer Schreibkräfte bediente. Schon vor der Benutzung des Diktaphons, das er wahrscheinlich durch Gustav Meyrink kennenlernte, diktierte Schmitz nahezu alle seine Texte. Die fertiggestellten Seiten ging er dann

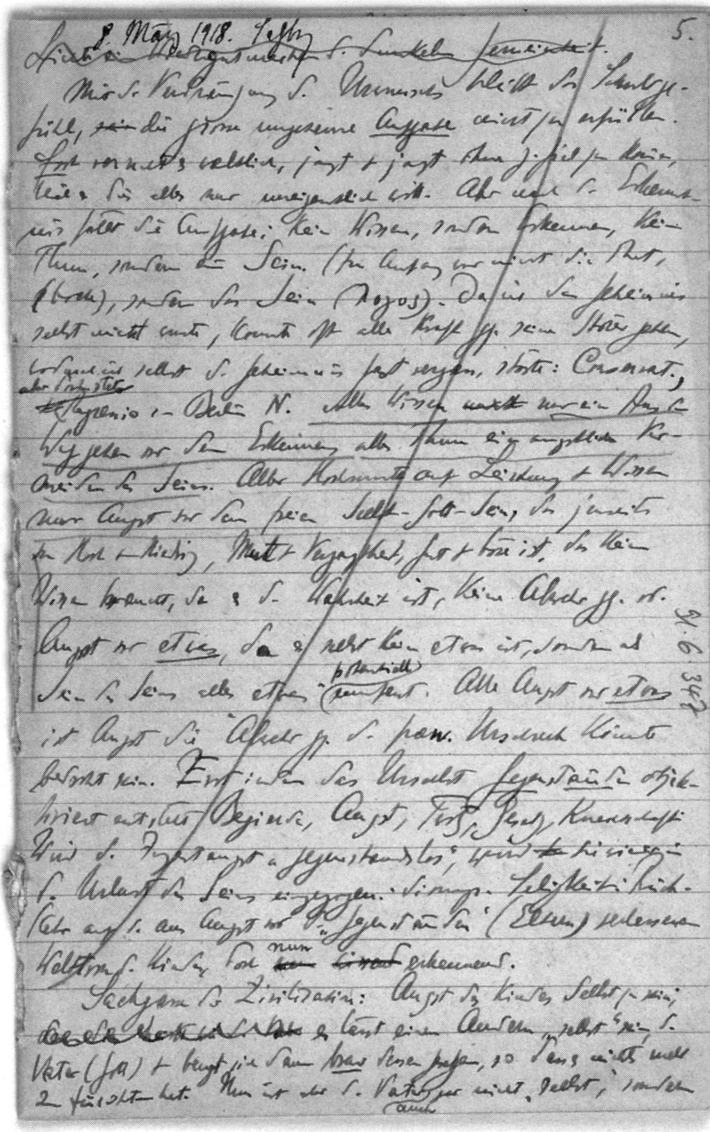

Seite aus dem Tagebuchmanuskript
mit dem Eintrag vom 8. März 1918.

noch einmal durch. So weist das Typoskript in unterschiedlicher Ausprägung Streichungen, Korrekturen falsch geschriebener Wörter, Namen und Titel, handschriftlich ergänzte Daten und zuweilen auch an den Rand geschriebene Bemerkungen auf.

In der handschriftlichen Notiz versicherte Schmitz, daß er »so gut wie nichts« geändert habe. Im ersten Teil habe er lediglich manche kunstphilosophischen Spekulationen »weggelassen oder gekürzt«. Im zweiten Teil seien »Gedanken und besonders Reiseeindrücke«, die er später in Aufsätzen verarbeitet habe, in der maschinenschriftlichen Fassung »unterdrückt« worden. Knapp einen Monat vor der Notiz, am 15. Oktober 1911, schrieb Schmitz über die Arbeit am Typoskript an Alfred Kubin: »Mir geht es ganz gut. Ich hätte Dir manches (nur Inneres betreffend) zu erzählen. Ich bin eben dabei, ehe ich den Roman von neuem beginne, meine durch 15 Jahre gehenden Tagebücher in das Dictaphone zu lesen, um ein sauberes übersichtliches Exemplar in Händen zu haben. Solche Rückblicke sind sehr wichtig u. orientierend. Ich wollte, Du würdest darum dieses Tagebuch einmal lesen. Vielleicht, wenn ich im Winter zu Euch komme.« (Kubin-Archiv)

Schmitz ging es also darum, Ordnung in die eigenen Aufzeichnungen zu bringen. Schließlich war das Tagebuch für ihn nicht nur ein wichtiges Instrument der Selbstvergewisserung, sondern ein Arbeitsmittel und zuweilen sogar ein Steinbruch, aus dem er immer wieder Stücke herausbrach, um sie in das eigene Werk zu montieren. Welche Bedeutung das Tagebuch für seine schriftstellerische Arbeit hatte, zeigt der im Brief an Kubin erwähnte Roman, bei dem es sich um »Wenn wir Frauen erwachen …« handelt.

Schmitz hatte den Roman 1906 zusammen mit Franz Hessel in Paris geplant, ein Jahr später hatte er mit der ersten Niederschrift begonnen, die er 1908 aufgab. Es ist ziemlich sicher, daß der Roman zu dieser Zeit nicht die spätere Form eines relativ konventionell erzählten, klassischen Bildungs- und Entwicklungsroman hatte. Schmitz stand in diesen Jahren unter dem starken Einfluß von Franz Hessel: »Er brachte mich auf das Aphoristische, Impressionistische, als meine eigentliche Originalität«, schreibt er in »Dämon« (S. 357). In dieser Form versuchte er wohl auch den Roman über die Boheme zu schreiben – und scheiterte damit. Den 1911 neu begonnenen Roman richtete er dann sehr eng am Tagebuch aus, er übernahm mit wenigen Änderungen ganze Passagen oder schrieb die im Tagebuch aufgezeichneten Erlebnisse nur leicht verfremdet um.

Die Aufzeichnungen wurden zur unentbehrlichen Stütze im Schreibprozeß. Im ursprünglichen Zustand waren sie für diesen Zweck offenbar nicht zu gebrauchen. In der zitierten Notiz ist von einem »Durcheinander« von Büchern, Heften und losen Blättern die Rede. Da Schmitz das handschriftliche Manuskript vernichtete, lassen sich diese Angaben nicht verifizieren. Es sind jedoch gewisse Rückschlüsse möglich, die den Zustandsbericht plausibel erscheinen lassen. Besieht man sich das erhaltene handschriftliche Manuskript aus der Zeit von 1912 bis 1918, dann kann man den Zustand dieser Aufzeichnungen ähnlich beschreiben, wie es Schmitz für die Tagebücher der vorhergehenden Jahre machte: lose Seiten, geheftete Konvolute, herausgeschnittene oder durchgestrichene Textpassagen, eingelegte Zettel, Skizzen etc. Auch die Eintragungen selbst sind inhaltlich und von der literarischen Qualität her sehr unterschiedlich und lassen sich keinem bestimmten Typus zuordnen. Es finden sich private Eintragungen, Berichte, Reiseaufzeichnungen, Entwürfe, Exzerpte, Notizen.

Vor diesem Hintergrund erscheint der Wunsch nach einem »sauberen übersichtlichen Exemplar« nicht unplausibel, der Zeugniswert des Tagebuchs wird durch eine solche Umschrift natürlich eingeschränkt. Wer ein »sauberes übersichtliches Exemplar« herstellt, der reproduziert nicht einfach das Original, sondern transformiert den Text und erzeugt schon auf der graphischen Ebene der Textoberfläche eine andere Form. Bei Tagebüchern ist bereits der materielle Textträger von einiger Bedeutung, ebenso die Art des Schreibens, die verwendeten Schreibmittel, die Gestaltung des Textes, das Schriftbild, das Format etc.

Auch die Angaben, die Schmitz zur Umsetzung der Aufzeichnungen macht, sind problematisch und vieldeutig. Die kunstphilosophischen Spekulationen sowie die Gedanken und Reiseeindrücke, die er gekürzt bzw. gestrichen hat, werden weder inhaltlich noch quantitativ genauer beschrieben. Wenn Schmitz im übrigen versichert: »Geändert habe ich so gut wie nichts ...«, dann ist diese Aussage sehr vage gehalten.

Bereits der Anfang des Tagebuchs läßt Zweifel aufkommen, ob hier der 22jährige oder vielleicht doch schon der einige Jahre ältere Schmitz spricht, der sich mit viel Emphase in seine damalige Lebenssituation versetzt und noch einmal den Bruch markiert, mit dem dieses Tagebuch einsetzt. Stilistisch spricht einiges dafür, daß Schmitz den Anfang seiner Aufzeichnungen im Herbst 1911 nicht einfach ins Diktaphon sprach, sondern ihn – eventuell auch des öfteren – überarbeitete und umschrieb bzw. umdiktierte. Der Anfang kann, aber muß nicht später entstanden sein. In anderen Fällen, wo ein bestimmtes Wissen, bestimmte Erfahrungen oder spezifische Begriffe eine Rolle spielen, sind die Indizien für eine – partielle – Abweichung von der ›Urschrift‹ stärker. Auf einige Stellen sei beispielhaft hingewiesen: Wenn Schmitz am 20. Dezember 1896 von seinem »am Mittelmeer genährten Farbensinn« erzählt, dann liegt dem gerade einmal ein Aufenthalt zugrunde. Es ist nicht auszuschließen, daß hier spätere Erfahrungen von langen Aufenthalten am Mittelmeer durchscheinen. Ähnlich verhält es sich mit den Reiseeindrücken aus Norditalien im Januar 1897. Die Alpentäler, die Seen und Bergformationen setzt Schmitz in Beziehung zu der norwegischen Landschaft. Es ist möglich, daß er sich dabei auf ein Bild der norwegischen Landschaft bezieht, das er im Kopf hatte, realiter aber lernte er Norwegen erst später kennen, nämlich 1912, also zur Entstehungszeit des Typoskripts. Es gibt weitere Punkte, die darauf hindeuten, daß hinter dem Tagebuch-Ich zum Teil ein anderer Erlebnishorizont stehen könnte: So sind die erwähnten frühen Schopenhauer-Studien zwar möglich, doch eine intensive Lektüre und Auseinandersetzung mit Schopenhauer findet erst – wie der Briefwechsel mit Alfred Kubin zeigt – in späteren Jahren statt, und zwar in den Jahren, die sich mit der Entstehungszeit des Typoskripts zum Teil berühren: 1911 bis 1914. Eine andere Stelle könnte von der Analyse bei Karl Abraham, die 1912 begann, beeinflußt sein. In einer Eintragung vom 31. Dezember 1896 spricht Schmitz vom »Cunnilingus«, von der »Koprophagie« und der »Idee des sich ganz und gar Hingebens«. Im sexuellen Diskurs um 1900 waren diese Begriffe durchaus in der Diskussion. So hat etwa der Sexualforscher Richard von Krafft-Ebing in seinem damals berühmt-berüchtigten Buch »Psychopathia sexualis« genau diesen Zusammenhang unter dem Stichwort Cunnilingus und Koprolagnie angesprochen. Möglicherweise war Schmitz von diesem Diskurs inspiriert, auffällig ist aber, daß koprophile Neigungen gleich zu Anfang in der Analyse bei Karl Abraham eine Rolle spielten.

An diesen und anderen Stellen sind Entscheidungen, ob und wie beim Einlesen des Textes von der ›Urschrift‹ abgewichen wurde, schwer zu treffen, es könnten immer auch andere Einflußfaktoren von Bedeutung gewesen sein.

Schmitz hat das Tagebuch nicht als sakrosankten Text angesehen, für ihn waren die Aufzeichnungen – wie andere Manuskripte auch – überarbeitungsfähig und überarbeitungswürdig. Die Literaturgeschichte kennt viele ganz ähnlich gelagerte Fälle. Schon Goethe nahm seine Tagebücher immer wieder vor, sah sie durch und korrigierte. Ebenso verfuhr Arthur Schnitzler, der die ersten drei Jahre seines Tagebuchs gänzlich »ins Reine« schrieb und die Arbeit des Korrigierens und Umarbeitens in den folgenden Jahren fortsetzte. Auch Hermann Bahr und Thomas Mann überarbeiteten zuweilen die »frisch« geschriebenen Eindrücke bei einer späteren

Durchsicht. Häufig waren diese Eingriffe und Korrekturen durch die Absicht der Autoren motiviert, die Tagebücher zu veröffentlichen. Philipp Lejeune merkt dazu an: »Fast kein Tagebuch ist so veröffentlicht worden, wie es geschrieben worden ist.«

Es spricht viel dafür, daß auch Schmitz eine Veröffentlichung beabsichtigte und das Typoskript auch aus diesem Grund anfertigte. Nicht von ungefähr strich er 1911 Reiseeindrücke, die er schon in Artikeln verarbeitet hatte. Auf solche bereits veröffentlichte Texte weist er auch im Typoskript an einigen Stellen hin. Am 20. Mai 1906 schreibt er zum Beispiel: »Diese Nacht war der Bal des 4 z'arts. (Später: Ich habe ihn genau in meinem Buch beschrieben.)« Möglicherweise hat Schmitz auch an dieser Stelle einen Teil seiner Schilderungen »unterdrückt«, denn er beschreibt den Ball in tagebuchartiger Form ausführlich in »Französische Gesellschaftsprobleme«.

Wie lange Schmitz an der Veröffentlichungsabsicht festhielt, darüber läßt sich nur spekulieren. Interessant ist in diesem Zusammenhang die abschließende Bemerkung in der Notiz vom 9. November 1911. Schmitz schreibt: »Als ich bei der Aufzeichnung vom 6. August 1911 angekommen war, widerstrebte es mir das folgende weiterzudiktieren; denn hier begann das durch diese ganzen 15 Jahre ersehnte größte, stärkste Erlebnis meines Daseins. Von ihm aus datiere ich ein neues Leben. Die Aufzeichnungen vom 6. August ab bilden den Beginn eines neuen Tagebuchs, an dem ich noch schreibe.« Tatsächlich sind zwei Eintragungen vom 6. August 1911 vorhanden – die des ›alten‹ Tagebuchs, das Schmitz nicht weiter diktieren wollte, und die Eintragung, die den Beginn des ›neuen‹ Tagebuchs markieren sollte.

Bei dem von Schmitz genannten Erlebnis handelt es sich um die Liebe zu einer verheirateten Frau, die im Tagebuch »Frau Dr. X.« heißt. Ein Jahr erlebte Schmitz ein Wechselbad der Gefühle, bis – im Herbst 1912 – die Beziehung zerbrach. Kurz darauf endet auch das Typoskript. Die Aufzeichnungen für die Zeit von November 1912 bis Oktober 1918 sprach Schmitz nicht mehr ins Diktaphon. Möglicherweise gab er die Absicht einer Veröffentlichung der Tagebücher schon mit Abschluß des Typoskripts auf, vielleicht aber auch erst Anfang der zwanziger Jahre, als er eine umfangreiche Autobiographie plante.

In den zwischen 1924 und 1926 erschienenen drei autobiographischen Bänden spielt das Tagebuch – und vor allem die als Typoskript überlieferten Aufzeichnungen – die Rolle eines »Ersatzwerks«, aus dem er immer wieder zitiert oder auf das er kryptisch anspielt. Für Schmitz waren diese Aufzeichnungen nicht abgeschlossen, das zeigen die Korrekturen und Randbemerkungen, die sich auch aus dieser Zeit noch vereinzelt im Typoskript finden.

Das nicht mehr »ins Reine« geschriebene Tagebuch (1912–1918) hat dann einen völlig anderen, sehr viel intimeren Charakter, das wird schon an der oben beschriebenen Form sichtbar, aber auch an der Funktion. Schmitz benutzt diese Aufzeichnungen nur ganz partiell zur schriftstellerischen Weiterverwertung. Obwohl der Zeitraum der Aufzeichnungen in der Autobiographie behandelt wird, ist das Tagebuch aus diesen Jahren für den Schreibprozeß von eher untergeordneter Bedeutung. Die Eintragungen haben sich abgekoppelt, sie sind weniger Ersatzwerk als ein Zufluchtsort, an dem er das eigene Ich zur Schau stellen, sich selbst analysieren, Gedanken ausprobieren, Ideen entwickeln kann.

Zu dieser Ausgabe

Das bisher unveröffentlichte Manuskript des Tagebuchs von Oscar A. H. Schmitz wird im Deutschen Literaturarchiv in Marbach aufbewahrt, wo sich auch der Nachlaß befindet. Die gesamten Materialien, Dokumente und Bilder erwarb das Literaturarchiv am 9. Mai 1991 von dem Lehrer und passionierten Sammler Fritz Schirmer (1904–1991). Schirmer gehörte zu einer Gruppe von Bibliophilen in Halle und besaß zahlreiche Autographen und Bücher, zu seinem Spezialgebiet gehörte das Sammeln von Totenmasken. Das Interesse Schirmers an Oscar A. H. Schmitz war durchaus inhaltlich begründet. Ein enger Freund, der Mäzen Karl Albin Bohacek, war schon früh auf Schmitz aufmerksam geworden. Bohacek war ein Förderer der Dichter des Charon-Kreises, der sich Anfang des 20. Jahrhunderts gebildet hatte und zu dem Otto zur Linde, Karl Röttger, Rudolf Pannwitz, Else Lasker-Schüler u.a. gehörten. Oscar A. H. Schmitz stand mit dem Kreis in Verbindung. Seit 1935 korrespondierte Schirmer mit Emeline Schmitz (geb. Primer), der dritten Ehefrau von Oscar A. H. Schmitz. In einem Brief an Schirmer aus dieser Zeit dankte sie für das Interesse am Werk ihres Mannes und kündigte an, Manuskripte zu schicken, die sie im Nachlaß gefunden hatte. Den gesamten übrigen Nachlaß erhielt Schirmer drei Jahre später. Emeline Schmitz schrieb am 5. Oktober 1938, ein Dreivierteljahr vor ihrem Tod, an Schirmer: »Nun erlaube ich mir einen Vorschlag zu machen: ich möchte Ihnen gerne den ganzen lit. Nachlaß meines Mannes zur Durchsicht u. Aufbewahrung zur Verfügung stellen. Morgen rollt der Möbelwagen von Salzburg hier in Frkfrt. mit meinen ganzen Sachen an. Ich könnte Ihnen, sehr geehrter Herr Schirmer, im Laufe der Wochen die Kiste mit dem Nachlaß zustellen.« (Brief im Nachlaß Fritz Schirmer, DLA)

Die Tagebuchaufzeichnungen von 1896 bis 1918 sind teilweise als Typoskript, teilweise als Handschrift überliefert. Das Typoskript beginnt am 6. Dezember 1896 und endet am 10. November 1912. Es umfaßt 732 Seiten im Format DIN-A4 einschließlich 18 nachträglich in das Typoskript eingefügter Seiten (56a bis 56r); darüber hinaus wurden bei der Zählung die Seiten 7–10 berücksichtigt, die entweder aufgrund einer fehlerhaften Paginierung im Typoskript nicht enthalten waren oder herausgenommen wurden.

Die handschriftlichen Aufzeichnungen sind in verschiedenen Heften, in gehefteten Blättern und Konvoluten im Format DIN-A5 überliefert und umfassen folgende Zeiträume:

1. Heft:	16.11.1912 – 02.07.1913	(44 Blätter)
2. Heft:	04.07.1913 – 14.06.1914	(43 Blätter)
3. geheftete Blätter:	16.05.1915 – 11.02.1916	(15 Blätter)

Während der Arbeit an der Edition konnten weitere Blätter, die bislang unter dem Titel: »Verschiedenes: Aufzeichnungen, Exzerpte, Gedankengänge u. ä.« archiviert waren, als Tagebuchaufzeichnungen identifiziert werden. Nach Durchsicht und Ordnung der Blätter ergaben sich vier abgrenzbare Konvolute, die Eintragungen für die folgenden Zeiträume enthalten:

1. Konvolut:	25. 02. 1917 – 23. 03. 1917	(11 Blätter)
2. Konvolut:	23. 03. 1917 – 24. 04. 1917	(48 Blätter)
3. Konvolut:	13. 07. 1917 – 28. 09. 1917	(106 Blätter)
4. Konvolut:	08. 03. 1918 – 02. 10. 1918	(23 Blätter)

Überliefert und erhalten haben sich mithin Tagebuchaufzeichnungen vom 6. Dezember 1896 bis zum 2. Oktober 1918. Allerdings sind die Eintragungen, wie schon die angegebenen Zeiträume der Hefte und Konvolute zeigen, nicht lückenlos. Dies gilt sowohl für die Handschrift wie auch für das Typoskript. Die Tagebücher sind zwar kalendarisch eingeteilt und chronologisch strukturiert, enthalten aber nur in den unmittelbaren Anfangsjahren regelmäßige Aufzeichnungen von Tag zu Tag. Zwischen Berichtszeit und Eintragungszeit gibt es zuweilen beträchtliche Differenzen.

Der vorliegende erste Band umfaßt den Zeitraum vom 6. Dezember 1896 bis zum 31. Dezember 1906. Im zugrunde liegenden Typoskript handelt es sich um insgesamt 435 Seiten. Davon sind 18 Seiten nachträglich eingefügt worden. Auf Seite 56 stand ursprünglich der Satz: »Die Aufzeichnungen von den folgenden Wochen habe ich einmal zerrissen.« Schmitz hat das Wort »zerrissen« dann mit dicker Schrift in »verloren« korrigiert. Am linken Rand steht die spätere Korrektur der Korrektur: »wiedergefunden!« Die beiden unteren Absätze auf Seite 56 wurden gestrichen, die Zählung der eingeschobenen Seiten beginnt mit 56a und endet mit 56r.

Wie in den Anmerkungen dargestellt, weist der eingefügte Teil markante Abweichungen zum übrigen Typoskript auf: Es wurden ein anderes Papier und eine modernere Schreibmaschine benutzt, die über ein ß verfügte. Einige Wörter sind in einer vom übrigen Typoskript abweichenden Schreibung wiedergegeben (Kaffee – Café), Namen, die ansonsten richtig geschrieben wurden, sind auf diesen Seiten falsch geschrieben (›Tilli‹ und nicht Tilly, ›Ahlewyn‹ und nicht Alewyn). An einer Stelle könnten Seiten herausgenommen worden sein, möglich ist aber auch ein Fehler in der Seitenzählung, der dann nicht mehr korrigiert wurde: Von Seite 6 im Typoskript geht die Zählung weiter mit der Seite 11, daneben steht handschriftlich eine 7. Oben links ist handschriftlich das Datum vom »10. Dez.« in die Eintragung vom 7. Dezember eingeschoben worden. Ob die Seiten 7–10 herausgenommen worden sind, ist am Text nicht zu entscheiden.

Die Blätter befinden sich in drei Mappen. In der ersten Mappe liegt ein angefangenes (provisorisches) Namensregister. Ob es von Schmitz oder einer Schreibkraft angefertigt wurde, ist nicht eindeutig festzustellen. Das Register weist zahlreiche Fehler in der Schreibung von Namen und in der Zuordnung der entsprechenden Seiten auf. Für das Typoskript wurde ein besonders schweres Papier benutzt, nur die eingefügten Seiten sind leichter und weichen in der Farbe ab. Auf jeder Seite stehen 30 bis 32 Zeilen, in wenigen Fällen 33 bis 34 Zeilen (eine Ausnahme bilden die eingefügten Seiten).

Das Typoskript weist handschriftliche Korrekturen, Randbemerkungen und Streichungen auf. Dazu wurden verschiedene Füllfederhalter mit schwarzer Tinte benutzt. Auch finden sich vereinzelt mit Bleistift ausgeführte Korrekturen von fremder Hand. Eingefügt wurden Kommata, Semikola und Anführungszeichen, teilweise wurden auch Schreibungen modernisiert. Diese Korrekturen sind – soweit erkennbar – in diese Ausgabe nicht aufgenommen worden.

Die Datierung der Eintragungen ist nicht immer korrekt. In einigen Fällen, die im Kommentar angeführt werden, sind doppelte bzw. falsche Datierungen vorgenommen worden. In anderen Fällen wurden Datierungen handschriftlich nachgetragen und in den laufenden Text eingefügt: Dazu gehören der 10. Dezember 1896 und die Eintragungen vom 26. Dezember 1896, 30. Dezember 1896 und 2. Mai 1897.

Die handschriftlichen Korrekturen stehen meist zwischen den Zeilen, einzelne Buchstaben oder Worte sind überschrieben. In seltenen Fällen steht eine korrigierte oder ergänzende Textpassage am Rand. Immer wieder finden sich im Typoskript Freiräume für nachträglich eingetragene Wörter, Namen, Titel, Daten. Dabei handelt es sich in der Regel wohl um Textstellen, an denen das Diktat für die Schreibkraft unverständlich war. Schmitz hat die fehlenden Wörter und Textauslassungen nachgetragen. In vier Fällen handelt es sich um längere Textpassagen von 3–5 Zeilen (5. Februar 1897, 14. April 1897, 13. Dezember 1906, 27. Dezember 1906).

Insgesamt wurden 104 Zeilen gestrichen. Ein großer Teil der Streichungen betrifft Textanschlüsse und Textübergänge. In solchen Fällen sind immer gleich mehrere Zeilen gestrichen, während die Streichung einzelner Wörter eher selten ist.

Der Text wird buchstaben- und zeichengetreu wiedergegeben. So bleiben ältere Formen – wie ›Wittwe‹, ›giebt‹ – ebenso erhalten wie Eigenheiten in der Schreibweise, die der Orthographiereform von 1901/02 folgen oder aber auf Einflüsse der französischen Sprache (Bsp.: Raisonnement, Bureau) zurückzuführen sind. Unterstreichungen im Original erscheinen im Druck kursiv.

Korrigiert wurden offenkundige Verschreibungen und Tippfehler. Da die benutzte Schreibmaschine über kein ›ß‹ verfügte, wird ›ss‹, wo es im Typoskript für ›ß‹ steht, in ›ß‹ umgewandelt; zudem ist die Schreibung der Umlaute (Bsp.: ue/ü) vereinheitlicht. Eingriffe in die Interpunktion erfolgten nur dort, wo das Verständnis beeinträchtigt war. Fehlerhaft geschriebene Namen, Titel und Orte sind korrigiert; ebenso französische Wörter und Wendungen.

Im Abschnitt »Entstehung« wurde darauf hingewiesen, daß verschiedene Schreibkräfte das Typoskript erstellten. Besonders auffällig ist der Wechsel der Schreibkraft in der Zeit von August bis Ende Dezember 1906. Die Seiten aus diesem Zeitraum weisen eine zum Teil völlig inkonsequente Interpunktion und eine abweichende und inkonsequente Schreibung bestimmter Wörter auf, die in diesem Fall korrigiert wurden: Antropologe, Terasse, Teater.

Bei den Schreibungen zeigt sich ein bemerkenswerter Unterschied zwischen den handschriftlichen Korrekturen von Schmitz und dem Typoskript. Während die maschinenschriftliche Abschrift zum Teil Schreibungen modernisiert, wird in den handschriftlichen Korrekturen konsequent an der altertümlichen Schreibung festgehalten.

Im Tagebuchtext stehen die Zusätze des Herausgebers in eckigen Klammern, ein unleserlicher Buchstabe ist durch +, mehrere unleserliche Buchstaben durch ++, unleserliche Worte sind durch +++ und unsichere Lesung durch [?] gekennzeichnet.

Anders als bei literarischen und wissenschaftlichen Werken steht der Zeugniswert eines Tagebuchs im unmittelbaren Zusammenhang mit der

Lebensführung und dem Lebensstil seines Autors. Dadurch erhalten bestimmte editorische Aufgaben – wie die Erläuterung und Kommentierung des Textes – ein anderes Gewicht. Die vorliegende Ausgabe versucht dem Rechnung zu tragen, die Anmerkungen verstehen sich – neben Nachwort, Entstehungsgeschichte, Chronik und Register – als ›Lesehilfe‹: Personen, Orte, Ereignisse, Zitate, Anspielungen werden erläutert, soweit sie nicht zum allgemeinen Bildungsgut gehören. Um das Verständnis bestimmter Passagen zu erhöhen, werden Querverbindungen zum Werk von Oscar A. H. Schmitz hergestellt. Dies betrifft vor allem die dreibändige Autobiographie (»Die Geister des Hauses«, »Dämon Welt«, »Ergo Sum«). Berücksichtigt werden darüber hinaus der Schlüsselroman über die Schwabinger Boheme: »Wenn wir Frauen erwachen …«, der Essayband »Französische Gesellschaftsprobleme« sowie zahlreiche Erzählungen, Artikel und Reiseberichte. Da einige dieser Werke in gedruckter Form nicht leicht zugänglich sind, werden die entsprechenden Passagen zitiert. Einen besonderen Stellenwert im Kommentar nimmt die Einbeziehung von Briefen von und an Schmitz ein.

Die Edition stützt sich vor allem auf Recherchen im Deutschen Literaturarchiv in Marbach am Neckar. Zu danken ist insbesondere der Handschriftenabteilung, die durch Rat und Tat viel zum Gelingen der Ausgabe beigetragen hat. Ein weiterer wichtiger Anlaufpunkt war das Alfred Kubin-Archiv (Städtische Galerie im Lenbachhaus und Kunstbau München). Die Leiterin des Archivs, Frau Dr. Annegret Hoberg, hat mir bei meinen Besuchen in München bereitwillig Einsicht gewährt in die Korrespondenz von Oscar A. H. Schmitz mit Alfred Kubin und Hedwig Kubin (geb. Schmitz). Ermöglicht und gefördert wurden die Arbeiten zu dieser Ausgabe durch ein zweimonatiges Marbach-Stipendium der Deutschen Schillergesellschaft und ein Forschungsstipendium der Deutschen Forschungsgemeinschaft. Ohne die dankenswerte Unterstützung dieser und anderer Institutionen und Personen wäre die Edition nicht denkbar gewesen.

Chronik

1873 *16. April:* Oscar A.H. Schmitz wird in Bad Homburg vor der Höhe geboren.

1874 Geburt der Schwester Hedwig.

1876 Geburt des Bruders Richard.

1880 Geburt der Schwester Mathilde (Tilly). August: Erste größere Reise nach Vevey bei Genf, wo die Schwester Hedwig in einem Internat untergebracht ist. Umsiedlung der Familie von Bad Homburg nach Frankfurt am Main.

1892 Abitur in Weilburg an der Lahn. Studium der Rechtswissenschaft an der Universität Heidelberg. Herbst: Wechsel an die Universität Leipzig.

1893 Sommersemester: Universität München. Winter: Einschreibung in Berlin.

1894 Halbjähriger Rom-Aufenthalt. Gasthörer in kunsthistorischen Vorlesungen. April: Besuch des Vaters. In Rom erste Begegnung mit Karl Wolfskehl. Spätsommer: Reise nach Sizilien, Tunis, Neapel, Budapest und Wien. Herbst: Einschreibung in München; Vorlesungen bei Lujo Brentano, Franz Muncker und Theodor Lipps. Beginn einer Doktorarbeit bei Prof. Brentano im Fach Nationalökonomie.

1895 Tod des Vaters. Aufgabe der Doktorarbeit in Nationalökonomie und Beginn einer literarhistorischen Doktorarbeit bei Prof. Muncker.

1896 Dezember: Abbruch des Studiums. Beginn der Tagebuchaufzeichnungen. Reise nach Italien. In »Blätter für die Kunst« erscheinen erste Gedichte.

1897 Tod der Mutter. Februar–Dezember: Aufenthalt in Paris (unterbrochen von Fahrten auf die Insel Jersey und in die Bretagne). April: Persönliche Begegnung mit Stefan George. Erste Novellen und Prosadichtungen.

1898 Februar–April: Reise nach Italien und England. Ab Oktober: Aufenthalt in Berlin; Kontakt zu Stefan George und dem Berliner Kreis um George (R. Lepsius, M. Lechter, R. Meyer, G. Simmel). November: Erste Buchveröffentlichung, der Gedichtband »Orpheus« erscheint.

1899 Frühjahr–Sommer: Reise nach Italien. Liebesbeziehung mit Else Plötz. Freundschaft mit dem Kunsthistoriker Franz Dülberg und dem Jugendstilarchitekten August Endell.

1900 Bekanntschaft mit Gustav Meyrink. August/September: Sanatorium. Besuch der Pariser Weltausstellung. November: Nach der Kritik an Melchior Lechter Ausgrenzung aus dem George-Kreis.

1901 Erste Ehe mit der Sängerin Nina Burk. Sommer: Schweiz- und Italienreise.

1902 Die phantastischen Erzählungen »Haschisch« erscheinen. Nähere Bekanntschaft mit Ludwig Klages und Alfred Schuler. November: Scheidung.

1903 Tod der Großmutter. Freundschaftlicher Kontakt zu dem Verleger Hugo Bruckmann und den Künstlern Wilhelm von Debschitz und Hermann Obrist. Freundschaft mit Margarethe Jehly (Grete Gulbransson).

1904 ›Kosmiker-Krise‹; erneuter Bruch mit Wolfskehl. September: Hedwig Gründler (geb. Schmitz) und Alfred Kubin heiraten.

1905 März: Zweite Ehe mit Louisa Hoby. Reise nach Frankreich und Spanien. »Lothar oder Untergang einer Kindheit« erscheint. Herbst/Winter: Trennung von Louisa. Aufenthalt in Paris bis zum November 1906.

1906 Freundschaft mit Henri-Pierre Roché. »Don Juan, Casanova und andere erotische Charaktere« erscheint. Enge Freundschaft mit Franz Hessel; gemeinsame Wohnung in Paris; Sommerwohnung in L'Isle-Adam. November: Rückkehr nach München; Scheidung. Aufenthalt in Berlin. Treffen mit Herwarth Walden und Else Lasker-Schüler. Bekanntschaft mit den Malerinnen Julie Wolfthorn und Dora Hitz.

1907 Wohnung in München. »Französische Gesellschaftsprobleme« erscheint. Juli/August: Besuch in Zwickledt bei Alfred und Hedwig Kubin. Anschließend Reise nach Bosnien mit Wilhelm von Debschitz. Rückfahrt über Venedig, Lago Maggiore, Lausanne, Genf. Herbst: Aufenthalt in Wien. Treffen mit Egon Friedell, Peter Altenberg, Salomon Friedländer, Richard von Schaukal, Alfred Polgar. Vorträge in der Urania. Dezember: Treffen mit Sigmund Freud.

1908 Mai: Spanienreise. Juni–September: Reise nach Marokko, Portugal, Frankreich und Italien.

1909 April–August: Englandaufenthalt.

1910 Sommer: Reise durch Schottland und Irland. »Brevier für Weltleute« erscheint.

1911 April: Reise nach Ägypten, Palästina, Zypern, Griechenland. September: OS liest sein Tagebuch ins Diktaphon (Beginn der Anfertigung einer Typoskriptfassung).

1912 April: Ende der Niederschrift des Romans »Wenn wir Frauen erwachen ...«. Juni–Oktober: Skandinavienreise; anschließend Reise nach Wien und Prag. Treffen mit Max Brod. November: Beginn der Analyse bei Karl Abraham.

1913 Psychische Krise. Mai–Juni: Aufenthalt in Paris. August: Rußlandreise.

1914 Mai: Zweite Rußlandreise. Frühsommer: Rückkehr nach Berlin. Tiefe Depressionen.

1915 Mai: Kriegsberichterstatter an der Westfront.

1916 Fester Wohnsitz in Salzburg.

1921 Ende der Analyse bei Karl Abraham. Studium der Arbeiten von C. G. Jung.

1924 Auf Einladung des Kulturbundes Vorträge in Wien. Während des Aufenthalts mehrere Treffen mit Alfred Adler. Begeisterung für dessen Individualpsychologie.

1925 »Die Geister des Hauses«, der erste Band der dreibändigen Autobiographie, erscheint.

1926 Mai: Aufenthalt in Paris, anschließend bei C. G. Jung in Zürich. Teilnahme an den Seminaren von C. G. Jung und Analysesitzungen. Zahlreiche Traumbilder, Zeichnungen und Skizzen entstehen. Aufsätze über die Rolle und Bedeutung des Judentums; Auseinandersetzung mit Martin Buber.

1929 April: Dritte Ehe mit Emeline Maria Primer.

1930 Zahlreiche Vorträge über Psychotherapie in Salzburg, Leipzig, Berlin, München.

1931 *17. Dezember:* Oscar A. H. Schmitz stirbt in Frankfurt am Main.

Anmerkungen

Die wichtigsten Quellen werden im Kommentar mit Siglen oder Kurztitel zitiert, die in der Bibliographie aufgelöst werden. Verwendete Abkürzungen:

DLA Deutsches Literaturarchiv, Marbach am Neckar
GA Gesamtausgabe
H. Heft
N Nachlaß Oscar A. H. Schmitz, Deutsches Literaturarchiv
OS Oscar A. H. Schmitz

6. 12. 1896

7 *München, Sonntag, den 6. Dezember 1896* – In dem 1913 veröffentlichten Schwabing-Roman »Frauen« werden im zweiten Teil Auszüge aus dem Tagebuch des Dr. Paul Cornelius wiedergegeben (S. 279–304), die mit dem Datum beginnen: »München, Sonntag, 6. Dezember 19..«. Diese Aufzeichnungen, wie auch andere Passagen aus dem Roman, sind zum Teil wörtlich oder in leicht variierter Form dem Tagebuch entnommen. In den Anmerkungen werden solche Übernahmen nicht durchgehend vermerkt.

Von meiner Schulzeit ... auf Universitäten verbrachte – OS besuchte zunächst in seinem Geburtsort Bad Homburg v. d. H. die Schule, mit dem Umzug der Eltern ging er auf das Städtische Gymnasium in Frankfurt am Main. Er geriet mehrfach mit der Schulordnung in Konflikt und mußte im Herbst 1890 das Gymnasium verlassen. Die Eltern brachten ihn bei einem Lehrer in Weilburg an der Lahn unter, wo er das Gymnasium besuchte und Ostern 1892 im Alter von neunzehn Jahren das Abitur machte. Anschließend studierte er Jura, zunächst jeweils ein Semester in Heidelberg, Leipzig (1892/93), München (1893) und Berlin (1893/94). Hier hörte er neben rechtswissenschaftlichen auch kunsthistorische Vorlesungen. Nach den vorliegenden Dokumenten (Studienbücher, Einschreiblisten) war der Kontakt mit der Universität zu dieser Zeit nicht sehr intensiv. Der Freund Franz Dülberg schrieb später, das »Hauptstudium« von OS sei »das Leben« gewesen (Oscar A. H. Schmitz, 1932, S. 152). In diesem Sinn setzte er seine ›Studien‹ im Frühjahr und Sommer in Rom fort, als

Gasthörer besuchte er kunstgeschichtliche Vorlesungen. Im November 1894 schrieb er sich in München ein und hörte Vorlesungen bei Lujo Brentano, Franz Muncker und vor allem bei Theodor Lipps. Zum Ende des Wintersemester 1896 verließ er die Universität.

7 *Drei Versuche* – Belegbar sind zwei Dissertationsversuche. OS selbst schreibt in »Dämon«: »der zweimalige Sturmlauf auf das Doktorat war mißglückt« (S. 154). Im Herbst 1894 begann er in München eine Doktorarbeit im Fach Nationalökonomie bei Professor Lujo Brentano. Nach einem Semester brach er die Arbeit ab und entschloß sich, eine Dissertation im Fach Germanistik zu schreiben. Mit dem Literaturhistoriker Professor Franz Muncker sprach er im Sommersemester 1895 eine Untersuchung über die Übersetzungen August Wilhelm von Schlegels ab. Im Wintersemester 1895/96 gab OS, nach Einwendungen von Professor Muncker, die Arbeit auf. In »Dämon« heißt es: »Diese Zwangsarbeit hatte mich völlig erschöpft, ich brannte danach, nach Frankfurt zurückzukehren, den Münchener Zerstreuungen entzogen, endlich meine Novellen wieder in Angriff zu nehmen, und dann ein Jahr nach Paris zu gehen, wohin ich nun mit allen Fasern strebte. Dann wäre vielleicht an die Wiederaufnahme der Doktorarbeit zu denken.« (S. 132) Im Tagebuch, 29.6.1901, berichtet OS, daß er im Herbst 1899 erneut an eine Dissertation zu einem kunstgeschichtlichen Thema gedacht habe. In Angriff genommen hat er eine solche Arbeit aber wohl nicht.

8 *5 Novellen … Prosadichtungen* – OS hat zu dieser Zeit schon mehrere Gedichte und Essays veröffentlicht, an Novellen bzw. Prosadichtungen sind jedoch nur zwei nachweisbar: »Johannes, der Gottselige« (1897) und »Eos. Eine Dichtung« (1898).

Kunst verschwendet – OS holte sich bezüglich seiner Novellen auch Rat bei Karl Wolfskehl. Am 17.7.1896 schrieb er an Wolfskehl, die Novellen seien »stilistisch noch sehr unrein […]. Meine augenblickliche Arbeit besteht darin alle naturalistische Kunst auszuscheiden und durch prägnante Symbole zu ersetzen, worin meines Erachtens die Haupttätigkeit des Dichters liegt.« (N)

die Novellen zu verlegen – Schon früh hat sich OS um eine Veröffentlichung bemüht. An Wolfskehl schrieb er: »Langen hat meine Novellen nicht genommen, da er frische realistische Arbeiten aus dem vollen Leben braucht.« (2.10.1895, N).

9 *Carlo Philips* – Der Schriftsteller und Übersetzer Carlo Philips (1868–1936). Er veröffentlichte u. a.: »Gedichte« (1911) und »Die fünf Stationen des Leidens« (1911). Später trat er vor allem mit Übertragungen und Übersetzungen hervor: Alexandr I. Kuprin: »Die Gruft« (1910), »Der gefesselte Prometheus« (1913) und »Das Totenopfer. Die Choephoren des Aishylos« (1919). Philips war der Schwiegervater des Schriftstellers Hans Henny Jahnn. Über Philips schreibt OS in »Dämon«: Er »verriet schon durch sein Äußeres die eigentümliche Mischung zwischen Lehrer und Faun. Der sokratische Vollbart ließ ihn als Pädagogen erscheinen, aber der sinnliche, oft lachende fast herzförmige Mund, mandelförmige, braune Frauenaugen unter einer geistigen Stirn versprachen Überraschungen. Er stammte aus einer Frankfurter Industriellenfamilie […].« (S. 108)
Paul Gutmann – Der Schriftsteller und Journalist Paul Gutmann. Er schrieb Artikel über Nietzsche (»Nietzsches Vermächtnis«, 1902) und in verschiedenen Literaturzeitschriften. 1921 erschien von ihm: »Alles nur Menschen. Geschichten aus der Zeit«.
Eleonore Karwat – Auch Lori genannt; weitere Daten nicht ermittelt. In »Dämon« nennt OS seine Geliebte Léonie: Sie »war sieben Jahre älter als ich, entstammte von Mutterseite einer polnischen Slachtizenfamilie und war mit einem preußischen Offizier verheiratet, von dem sie getrennt mit ihrem Söhnchen in München lebte. Äußerlich war sie Polin, eine zierlich-weiche, rötlich-blonde *fausse maigre* mit zarten, doch sehr ausgesprochenen Gesichtszügen und Dame des Salons.« (S. 66)
extinguere … explere – »Timebam enim, ne me cito exaudires et cito sanares a morbo concupiscentiae, quem malebam expleri quam exstingui.« – »Denn ich fürchtete, Du [Gott] möchtest mich sogleich erhören und sogleich mich heilen von der Krankheit der Begier, die ich lieber stillen wollte, als daß sie mir erloschen wäre.« Augustinus, Confessiones/Bekenntnisse, Buch 8, Kap. 7, 17.
Heine … Erdenküche – H. Heine, Romanzero, 2. Buch: Lamentazionen. Rückschau, in: GA, Bd. 3/1, (1991), S. 106.

7. 12. 1896

10 *Gedichtbuch* – Nicht ermittelt.

10. 12. 1896

11 *Anna Maria* – Anna Maria Jordan, nähere biographische Daten nicht ermittelt.

12 *Fulda's »Sohn des Kalifen«* – »Der Sohn des Kalifen. Dramatisches Märchen« (Stuttgart 1897) von Ludwig Fulda (Anton Salomon, 1862–1939), Dramatiker, Erzähler, Lyriker, Übersetzer.

13 *Nelly* – Nelly Cramer; von ihr haben sich 10 Briefe aus dem Jahre 1896 im Nachlaß erhalten. Weitere biographische Daten nicht ermittelt.

Weinhöppel – Der Schwabinger Musiker und Komponist Hans Richard Weinhöppel (1867–1928) war die »musikalische Seele« (Frank Wedekind) des Kabaretts »Die Elf Scharfrichter«. In dieser Zeit nannte sich Weinhöppel auch Hannes Ruch.

très mâle – sehr männlich.

bon garçon – feiner Kerl.

aus dem Vollen – Georg Fuchs schreibt über Weinhöppel: Er war, »obwohl ein Urmünchner, mehr eine Erscheinung im Stile des Montmartre-Zigeunertums von ehedem. Auch er verschwand dann und wann irgendwohin und war dann ebenso plötzlich wieder da unter Verwischung aller Spuren, die gestattet hätten, irgendeinen Zusammenhang in sein Erdendasein zu bringen. [...] Als Improvisator auf dem Flügel und auf anderen Instrumenten war er geradezu ein Phänomen. Aber seiner genial zigeunerischen Natur gemäß bliebs bei ihm immer beim Improvisieren. [...] Wenn er nach langer Abwesenheit in irgendwelchen Märchenländern wieder einmal in München auftauchte, dann erzählte er zwar von gewaltigen Musikdramen, mit deren Fertigstellung er zur Zeit ›beschäftigt‹ wäre und deren Aufführung an dieser oder jener ersten Bühne bereits so gut wie gesichert sei [...]. Doch ist er in Wirklichkeit nie vor die große Öffentlichkeit getreten außer als Sänger seiner glutvoll-sinnlichen Lieder, die er bei den ja auch stark auf Bohemestimmung eingestellten ›Elf Scharfrichtern‹ in einer ganz eigen betörenden Weise zur Laute vortrug, so daß sich die Zuschauerschaft wie von einer ›Hörselberg-Stimmung‹ befangen fühlte – die Frauen jedenfalls.« (Sturm und Drang, S. 117f.) Zu Weinhöppel und seinem »beispiellosen Glück bei Frauen« vgl. Tagebuch, 12. 12. 1896.

Löwenherz – Nicht ermittelt.

14 *meine Schlafröcke und mein rotes Teeglas* – Die Stelle erinnert an den von OS geschätzten Dandy Oscar Wilde, der bekanntlich ein Faible für blaues Porzellan hatte und den Aphorismus prägte: »Ich finde es von Tag zu Tag schwerer, stilgemäß meinem blauen Porzellan zu leben.« Franziska zu Reventlow hat das Ästheten- und

Dandytum von OS in ihrem Boheme-Roman »Dames« (1913) in der Figur des strebsamen Schriftstellers Adrian porträtiert. Ein junger Herr mit Zwicker und großen Ambitionen: »Ein Morgenbesuch bei Adrian. Er wohnt in einem großen Atelier und ist sehr hübsch eingerichtet. Als ich kam, saß er in einem persischen Kaftan an einem zierlich gedeckten Tischchen und nahm ein hygienisches Frühstück ein. Er sagte, daß er nachher zwei bis drei Stunden zu arbeiten pflege, nur jetzt im Karneval sei das natürlich nicht ganz durchzuführen. Wir rauchten Haschischzigaretten und unterhielten uns über Wahnmoching. Ich glaube, Adrian ist, was man einen Causeur nennt, man kann sonst eigentlich nicht über Wahnmoching ›plaudern‹ und tut es auch nicht, aber Adrian kann es.« (S. 64) So viel Sarkasmus in dem Porträt liegt, den Willen zur dandyhaften Stilisierung hat OS in seinen Erinnerungen durchaus bestätigt. Er hätte sich damals »ohne jede Anlehnung« eine Wohnung ganz im eigenen Stil eingerichtet: »Ich hatte alles mögliche zusammengeerbt und zusammengekauft. Was das Ganze zur Einheit machte, war meine Person [...]. So entstand in der abgelegenen Biedersteiner Straße Nr. 11 mit rückwärtiger Aussicht nach dem Englischen Garten ein kleines Heim, das ganz und gar der Ausdruck meines damaligen Lebens war: einsamer, nachdenklicher oder mit Lektüre ausgefüllter, geselliger und galanter Stunden.« (Dämon, S. 248)

14 *In Deinen müden Augen* – Die Gedichtzeile findet sich in dem Zyklus »An die wälsche Frau« (Orpheus, S. 112). »Lass in Dämmerung uns versinken« stammt aus den »Blättern für die Kunst«, 2. Bd., 3. Folge (März 1896), S. 64 (Orpheus, S. 111). Die erste Zeile wird in dem Zyklus »An die wälsche Frau« mehrfach in anderer Form variiert: »Ich sah Deine zitternden Lippen erblassen« (S. 110) / »Ich liebe die weißen Hände, die schlanken« / »ich liebe die Düfte, die leise bewegen« (ebd.).

11. 12. 1896

Doktor Epstein – Der in München ansässige Arzt und Stadtrat Mieszyslaw Epstein. Er war verheiratet mit der Russin Elisabeth Ivanowna Epstein, geb. Hefter, einer Künstlerin aus dem Umfeld des »Blauen Reiters«.

15 *Rübke* – Nicht ermittelt.

»Seine Gehirntätigkeit ...« – In »Frauen« stammt der Satz von Wolfskehl (im Roman Dr. Oesterot). Auch dort wird er zum Anlaß einer programmatischen Selbstbestimmung, die sich zunächst

wie eine Kompilation aus Elementen des Tagebuchs liest, im weiteren Verlauf aber die »Gehirntätigkeit«, den Geist, als Rettungsanker vor den Abgründen des Lebens stark macht: »Ich befinde mich im Übergang vom Jünglingsalter zum Mannesalter; dieser Zustand ist wie eine zweite Pubertät, nur handelt es sich dabei nicht um die Bändigung der Triebe sondern des Geistes. Trotzdem will ich diesen Geist nicht verfluchen. Ich hoffe, mir einmal ein herrliches Werkzeug daraus schmieden zu können. Er erlaubt mir jeden Exzeß; der Ehrgeiz, der Rausch, ja, die tiefsten Abgründe der Sinnlichkeit bleiben für mich ganz ungefährlich [...].« (S. 285)

16 *der Typus des dünnen Menschen* – OS übernahm die folgende Passage über den Maler Baumann im Roman »Frauen« (S. 244 f.). Dort bezieht er sich bei der Beschreibung des Typus auf eine bestimmte Spezies des Schwabinger Künstlertums, sogenannte »Kulturmenschen« mit Stilbedürfnis, die aber weder Leben noch Geist besitzen.

Baumann – Der Schweizer Maler Fritz Baumann (1886–1942). Er machte in Basel eine Ausbildung, arbeitete anschließend in verschiedenen Stilrichtungen, besonders geschätzt waren seine expressionistischen Werke. In einer depressiven Phase zwischen 1916 und 1920 zerstörte er große Teile seines Werks. Nach wiederkehrenden Depressionen nahm er sich 1942 das Leben.

17 *c'est plus fort que moi* – es war stärker als ich; ich konnte nicht anders.

diese dunklen Dinge erschrecken mich – Eine Anspielung auf die Dämonen-Angst, die im Tagebuch immer wieder zum Thema wird. In seiner Autobiographie erzählt OS von zwei Erlebnissen, die sein ganzes Leben geprägt hätten: in der frühen Kindheit die Erscheinung des sogenannten Lieflamms (ein dunkles, behaartes, dämonisches Tier, vgl. Geister, S. 30 ff.) und in der Pubertät das Auftreten Fortunios, einer herrschsüchtigen, dämonischen Über-Ich-Gestalt (Geister, S. 126 ff.). Die Angst vor Dämonen spielte auch in der Analyse bei Karl Abraham eine Rolle, die im November 1912 begann. OS glaubte an das Dasein dämonischer Lebensmächte, dieses Thema hat er auch in seinen phantastischen Erzählungen verarbeitet; vgl. »Fortunio oder Das andere Ich«, 1909, und »Herr von Pepinster und sein Popanz. Eine Gespenstergeschichte«, 1912.

12. 12. 1896

17 *Geschichte aus America* – Von dem Aufenthalt Weinhöppels in Amerika erzählt auch Max Halbe in seinen Erinnerungen. Für eine Reihe von Jahren hätte es ihn nach New Orleans verschlagen. »Als er Ende 1896 wieder in München auftauchte, hatte er in dem hitzigen halbtropischen Klima von Louisiana, unter französischen Kreolen und Kreolinnen, Mulatten, Mestizen, Quarteronen und Terzeronen, in diesem von Sinnlichkeit und Versuchtheit dampfenden Hexenkessel, soviel persönlichen und künstlerischen Lebensstoff aufgenommen, daß er fortan als ein Eigener dastand, in der Kunst wie im Leben. [...] Ich habe oft an Gargantua und Pantagruel denken müssen, wenn ich Hans Richard Weinhöppel von seinen Abenteuern im Leben und in der Liebe erzählen hörte.« (Jahrhundertwende, S. 314 f.)

18 *in einem Boudoir empfangen* – Die von Weinhöppel erzählte Geschichte verarbeitet OS in der 1902 im Zyklus »Haschisch« erschienenen Erzählung »Die Geliebte des Teufels« (S. 33–53). OS folgt im wesentlichen dem hier wiedergegebenen Handlungsverlauf, nur siedelt er die Geschichte in einer britischen Provinzstadt an und benutzt als Folie Flauberts »Madame Bovary«. Einen besondern Effekt erhält die Erzählung durch die Einbeziehung des Satanismus, auf den mehrfach angespielt wird. Satanistische Kulte und Praktiken durchziehen den ganzen Erzählzyklus und waren ein beliebtes Thema der Décadence. Karl Heinz Bohrer sieht OS (neben Alfred Kubin, Hanns Heinz Ewers, Gustav Meyrink, Karl Heinz Strobl und Oskar Panizza) als repräsentativen Vertreter einer bestimmten Spielart der literarischen Epoche, die er als »grausame Dekadenz« bezeichnet (Die Ästhetik des Schreckens, S. 252).

Richter – Der Maler und Schriftsteller Gustav Giacomo Richter (1869–1943) studierte Jura in Leipzig. Er war der Sohn des Künstlerehepaars Cornelie und Gustav Richter. In »Frauen« heißt es über Richter: »Er hatte einen schönen, doch etwas zu runden Kopf, einen sehr sinnlichen, fast herzförmigen Mund und einen tiefschwarzen Schnurrbart. [...] Er legte großen Wert auf gutes Essen und ließ in München nur ein oder zwei teure Restaurants als ›möglich‹ gelten.« (S. 246)

Meyerbeers – Cornelie Richter (1842–1922), Tochter des Komponisten Giacomo Meyerbeer (1791–1864) und Mutter von Gustav Giacomo Richter. 1866 heiratete sie den Maler Gustav

Richter (1823–1884). Zusammen mit ihrem Mann führte sie seit den 1870er Jahren einen Künstlersalon, der auch nach dem Tod ihres Mannes bestand und bis zum Ersten Weltkrieg ein Treffpunkt für Maler, Literaten und Musiker war.

18 *Bulwer* – Der englische Schriftsteller und Politiker Edward George Bulwer-Lytton (1803–1873). Er war in seiner Zeit ein vielgelesener Autor, der vor allem durch die historischen Romane »Die letzten Tage von Pompeji« (1834) und »Rienzi, der letzte Tribun« (1835) sowie durch die Gesellschaftsromane »Dein Roman. 60 Spielarten englischen Daseins« (1853) und »Was wird er damit machen?« (1859) bekannt wurde.

19 *Cassirer* – Der Dirigent und Philosoph Fritz Cassirer (1871 bis 1926). Nach dem Studium der Philosophie wechselte er zur Musik. Er leitete den Orchesterverein Berlin, wirkte als Operndirigent u. a. in Lübeck, Saarbrücken und an der Komischen Oper Berlin. Ab 1907 widmete er sich hauptsächlich musikphilosophischen Studien.

»Edgar« – Nähere bibliographische Angaben nicht zu ermitteln.

20 *Schuster* – Nicht ermittelt. Am 22.11.1897 schreibt OS auf einer Visitenkarte an Karl Wolfskehl: »Herr Paul Schuster bittet mich ihn mit Ihnen bekannt zu machen.« (N)

14. 12. 1896

22 *Dramas* – Es könnte sich um das erst 1911 erschienene Stück »Die fünf Stationen des Leidens« handeln; ein anderes veröffentlichtes Drama ist nicht nachzuweisen.

la petite femme – Hier im Sinne von ›das Frauchen‹.

Anna Hintermayer – Nicht ermittelt.

23 *beiden Novellenentwürfe* – Welche beiden Entwürfe hier gemeint sind, ist unklar. Von den veröffentlichten Novellen kommt »Johannes, der Gottselige« (1897), »Eos«(1898, seit 1915 unter dem Titel »Morgenröte«), »Der Pächter des Himmels« (1900) oder »Abraham, der Einsiedler« (1900) in Frage (alle in »Pepinster«).

nach Paris gehen – In »Frauen« heißt es: »Spätestens im Frühjahr gehe ich nach Paris. Man hat mir abgeraten, diese Stadt im Winter zum ersten Male zu sehen, da soll sie sich schlecht präsentieren.« (S. 287) Dieser Rat stammt wohl von seinem Freund Paul Gutmann, der Paris kannte und – wie der Briefverkehr zeigt – OS um diese Zeit mit Informationen versorgte.

17. 12. 1896

23 *Musikdirektor Porges* – Der Chorleiter und Musikschriftsteller Heinrich Porges (1837–1900). Er studierte Philosophie, Rechtswissenschaften, daneben Klavier. 1882–1897 war er Solorepetitor und Chorleiter bei den Bayreuther Festspielen. In dieser Zeit arbeitete er auch als Konzertkritiker der »Münchner Neuesten Nachrichten«.

Frau Strindberg – Die zweite Frau von August Strindberg, Frida (Maria Friederike Cornelia) Strindberg (geb. Uhl, 1872–1943), österreichische Journalistin und Übersetzerin; sie war von 1893 bis 1895 mit dem Dichter verheiratet.

»Das große Leben« – Eine Novelle unter dem Titel ist nicht bekannt. OS hat jedoch 1897 zwei Gedichtzyklen unter dem Titel »Leben« veröffentlicht (Wiener Rundschau 1, I, S. 165 und 207).

24 *»platonische Lebemänner«* – Auf diesen Ausdruck bezieht sich OS auch in einem Brief an Wolfskehl vom 11. 1. 1897. Er begründet seinen Entschluß, München für einige Zeit zu verlassen, mit einer überspannten geistigen Situation: »Wir sind dort alle viel zu litterarisch. Platonische Lebemänner sagte neulich einer unschön und wahr.« (N) Zu diesem Brief vgl. Anm. *verließ ich München* zu S. 38.

18. 12. 1896

25 *Huysmans' »A Rebours«* – 1884 erschienener Roman des Schriftstellers Joris-Karl Huysmans (1848–1907). »A Rebours«, in dem sich OS auf verblüffende Weise wiedererkannte, gehört zu den wichtigen Werken der literarischen Décadence. Huysmans erzählt die Geschichte von Jean Des Esseintes, Sohn einer adligen Familie, der schon früh eine Besonderheit in sich fühlt und nicht sein will wie alle anderen. Des Esseintes verachtet alles Durchschnittliche und Bürgerliche und schafft, abgesondert von der Gesellschaft, eine Kunst-Welt, den Traum von einer Wirklichkeit, den er an die Stelle der Wirklichkeit zu setzen versucht. Die ästhetische Existenz entwickelt sich immer mehr zu einem Wahnsystem, an dem er schließlich zerbricht. OS schätzte nicht nur das Werk des französischen Schriftstellers, er konnte im Lebensweg und in der schriftstellerischen Entwicklung von Huysmans bemerkenswerte Parallelen entdecken: Huysmans war zunächst vom Naturalismus beeinflußt, wandte sich dann dem Symbolismus und Ästhetizismus zu und entwickelte ein starkes Interesse an Okkultismus und Magie. Sein Spätwerk ist von einem ästhetischen Katholizismus

geprägt. OS skizziert die eigene Entwicklung in auffälliger Parallelität: Nach eigenem Bekunden begeisterte er sich anfangs für den Naturalismus, dann kam er über Karl Wolfskehl in Kontakt mit dem George-Kreis und der symbolistischen Dichtung. Um 1900 beginnt sich OS für Okkultismus und Magie zu interessieren, zu gleicher Zeit läßt er sich auch vom Katholizismus faszinieren, in den folgenden Jahren überlegt er immer wieder zu konvertieren.

25 *sub specie aeterni* – sub specie aeternitatis.

19. 12. 1896

26 *Klein-Hessellohe* – Nördlich des Englischen Gartens in München. *Sonett »Heimat«* – Zuerst abgedruckt in »Blätter für die Kunst«, (November 1897), IV. Folge, H. 1–2, S. 58; auch aufgenommen in »Orpheus«, S. 55–59. In beiden Veröffentlichungen lautet die Verszeile etwas anders: »Hier ist das Land der lichten Wiesenhänge.« *Thomasche Lithographie einer Taunus-Landschaft* – Die Taunuslandschaft des Malers und Graphikers Hans Thoma (1839–1924) entstand 1890 und befindet sich im Besitz der Neuen Pinakothek in München.

Blätter für die Kunst – Die von Stefan George 1892 gegründete Zeitschrift, von der bis zur Schlußfolge 1919 in unregelmäßigen Abständen 12 Folgen erschienen. Zunächst gab es noch keinen festen Mitarbeiterstab, erst im Laufe der Zeit bildete sich mit dem George-Kreis ein tragender Zusammenhang heraus. Von OS erschienen Beiträge in der III. Folge, H. 1, 2 u. 4, und in der IV. Folge, H. 1–2, 3, 4 u. 5. OS hat die »Blätter« durch Karl Wolfskehl kennengelernt. Während eines Aufenthaltes in Rom freundete OS sich 1894 mit Wolfskehl an, der ihm Verse aus der Zeitschrift nahebrachte: In »Dämon« heißt es, die Verse »versetzten mich in einen Taumel des Entzückens. Ich schlief die ganze Nacht nicht. Während ich mich der mitgeteilten Verse zu erinnern suchte, entstanden neue im selben Stil, und nun wußte ich, was jahrelang mein Dichten gehemmt hatte: die Furcht, in der alten abgegriffenen Sprache alltäglich zu sein.« (S. 91) Wolfskehl, der in diesen Jahren zum Freund und Förderer von OS wurde, übermittelte die Gedichte Stefan George. In einem Brief an George vom 11.10.1895 bemerkte er dazu: »Ich finde viel Anmutendes darin – freilich auch viel – vielleicht auch zu viel – Jüngerschaft. Immerhin verlohnt es sich, solche mindestens sehr geschmackvolle Poesie wohlwollend zu empfangen, wenn man sieht, welche Tatenlosigkeit und Barbareyen officialiter bestaunt werden.« Zwei Tage später schreibt

George: »In sachen des H. Schmitz bin ich ganz ihrer meinung.« (Zit. n. Hemecker, 1996, S. 64.) OS hat die freundliche Aufnahme aber gründlich mißdeutet, im Gefühl der Hochstimmung, seine Gedichte demnächst in den »Blättern« veröffentlichen zu können, verstieß er gleich gegen ein ungeschriebenes Gesetz, er wendete sich am 28. Oktober direkt an den Meister und schickte noch weitere Elegien, versehen mit der Aufforderung: George möge ihm doch seine Meinung »gleich« mitteilen. In den Augen von George war das eine Ungehörigkeit, und er beschwerte sich bei Wolfskehl über das Benehmen von OS. George blieb in den kommenden Jahren gegenüber den von Wolfskehl übermittelten OS-Gedichten skeptisch. Am 20. 5. 1896 schrieb er an Wolfskehl: »Ich danke Ihnen noch für die zusendung der O. Schmitzschen gedichte gegen die sich wieder förmlich durchaus nichts einwenden lässt, nur scheint mir [...] die bienengewandtheit des herrn fast bedenklich.« (Zit. n. Hemecker, 1996, S. 65.) Viele Jahre später hat George dann einen Schlußstrich unter das Kapitel ›Schmitz‹ gezogen: »[...] so mancher sei in die *Blätter für die Kunst* gekommen, der es nicht hätte sollen: so z. B. O. A. H. Schmitz. Daran sei aber auch Wolfskehl mit kniefälligem Flehen Schuld gewesen« (B. Vallentin, Gespräche mit Stefan George, S. 32 f.).

26 *die Form* – In »Ergo Sum« schreibt OS: »Die einzige Gruppe, von der ich mich [...] als Jüngling stark angezogen fühlte, war die um Stefan George, wo ich zum erstenmal Formgefühl, geistige Zucht und bewußte Distanz zu den Lebenszufälligkeiten fand.« (S. 19)

20. 12. 1896

Lupanar – Bordell.

Stieglmair – Der Münchner Journalist Hans Stiglmaier. Georg Fuchs schreibt über ihn: »Er war seines Zeichens Journalist, nicht von der berlinisch-fixen Sorte, sondern einer vom gemählichen alten Schlag, der schlecht rasiert, im abgeschabten, grünlich schillernden Havelock und zerknüllten Schlapphut – dem sogenannten ›Kalabreser‹ – auf klobigem Schuhwerk in der Stadt umherstapfte und während der Sessionen des Bayrischen Landtags auf der Journalistentribüne [...] saß und Sitzungsberichte für Provinzblätter schrieb« (Sturm und Drang, S. 148).

Wolfskehl – Der Schriftsteller Karl Wolfskehl (1869–1948). Der Sohn einer großbürgerlich-jüdischen Familie studierte Germanistik und promovierte 1893. Von diesem Jahr an datiert eine lebenslange Freundschaft mit Stefan George. 1894 wurde Wolfskehl leitender Mitarbeiter der »Blätter für die Kunst« und veröffentlichte in der Zeitschrift seine ersten Gedichte. In dieser Zeit machte OS in Rom die Bekanntschaft mit Wolfskehl (vgl. Anm. *Blätter für die Kunst* zu S. 26). 1898 ließ sich Wolfskehl in München nieder, er schloß sich dem »Kosmiker-Kreis« um Ludwig Klages und Alfred Schuler an und wurde als »Zeus von Schwabing« zum Mittelpunkt der Münchner Boheme. OS war bis zum ersten Bruch im November 1900 ein gern gesehener Gast im Hause Wolfskehl. Zahlreiche Einladungen an OS zeugen von dem herzlichen und freundschaftlichen Verhältnis. Hanna Wolfskehl (geb. de Haan, 1887–1946) schrieb: »Lieber Herr Schmitz – es würde uns sehr freuen, wenn Sie morgen Sonntag Mittag mit uns speisen wollten. Wir erwarten Sie um 1 ¼ Uhr. Hoffentlich haben Sie nichts anderes vor! Wenn Sie Ihre Noten auch mitbringen wollen, können wir dann am Nachmittag soviel spielen als es uns beiden recht ist. Dies nur nebenbei – Also auf Wiedersehen! Mit vielen Grüßen auch von dem Natelchen – Ihre Wolfskehls.« (19. 5. 1900, N)

26 *Fuchs* – Georg Fuchs (Pseudonym Anselmus, 1868–1949) studierte Philologie und Geschichte. Aus der gemeinsamen Schulzeit kannte er Karl Wolfskehl und Stefan George. Er arbeitete seit 1891 als freier Schriftsteller und Redakteur der »Allgemeinen Kunstchronik« in München. 1904 wurde er künstlerischer Berater des Münchner Oberbürgermeisters. Fuchs setzte sich als Programmdirektor für die Bühnenreform ein und gehörte zu den Initiatoren des »Münchner Künstlertheaters«, das 1908 im Künstlerpark (Bavariaring) eröffnet wurde. Bis 1918 war Fuchs künstlerischer Leiter des Schauspielhauses. Nach dem Krieg zog er sich von der Theaterarbeit zurück. 1922/23 plante er einen Putsch, mit dem er die bayerische Monarchie wiederherstellen wollte. Fuchs schrieb 1936 über die Kulturszene in München um 1900 ein Buch, in dem er die Ideen mit der nationalsozialistischen Bewegung zu vermitteln versuchte: »Sturm und Drang in München um die Jahrhundertwende«. Schwabing wird in dem Buch als »Wiege der Volkserneuerung« dargestellt, in der sich bedeutungsvoll »das Werden eines neuen Deutschtums« (S. 96) ankündigt. Fuchs grenzte in seiner Darstellung alle jüdischen Protagonisten der Boheme kurzerhand aus. Karl Wolfskehl, die zentrale Figur der Boheme und ein langjähriger Freund von Fuchs, wurde nicht einmal erwähnt. In der Zeit um 1900 stand OS im engen Kontakt mit der Fami-

lie Fuchs. 1905 heiratete er in zweiter Ehe die Stieftochter von Georg Fuchs, Louisa Hoby.

26 *russischen Reise* – Hermann Bahrs »Russische Reise« (1891) berichtet in tagebuchartiger Form von einer Fahrt von Berlin nach Petersburg. Im Zentrum steht Bahrs Beziehung zu dem »kleinen Fräulein«, dem das Buch auch gewidmet ist: Es sei weder Liebe noch im herkömmlichen Sinn Freundschaft, die er empfinde. Die von Bahr skizzierte Befreiung von den Fesseln der Sexualität im zwanzigsten Jahrhundert hat OS sicher mit einigem Interesse gelesen: »... ich glaube [...] an einen neuen Bund zwischen Mann und Frau, in welchem alles Geschlechtliche vertilgt und eine feinere Wollust entwickelt sein wird. Ich glaube an empfindsamere und kitzlichere Naturen, welche diese plumpe und gemeine Sünde verschmähen und den Stachel einer seltenen und erkünstelten begehren. Ich glaube an eine unerhörte Ausschweifung, welche die groben Sinne nicht mehr brauchen kann und sich geschmeidigere, akrobatischere Organe wählt. Das wird die große Entdeckung des zwanzigsten Jahrhunderts sein, die Entdeckung des dritten Geschlechtes zwischen Mann und Weib« (Russische Reise, S. 130 f.). Die Diskussion des Geschlechtlichen und der Begriff der »feineren Wollust« stehen vermutlich in Verbindung mit dem 1834 erschienenen Roman von Saint-Beuve »Volupté«, der auch für OS eine gar nicht zu unterschätzende Bedeutung hatte (vgl. Tagebuch, 15. und 31. 3. 1897). OS ließ sich von der »Russischen Reise« aber noch in viel direkterer Weise inspirieren: Im Sommer 1913 unternahm er selbst eine solche Reise. Die Reiseroute, die einzelnen Stationen und das Programm in Petersburg entsprechen ziemlich genau der russischen Reise von Bahr aus dem Jahre 1891. Bahrs Eindrücke von Petersburg, vor allem auch seine Bemerkungen über die russische Frau (S. 70 ff., S. 88 ff.) werden für OS zum ›Leitfaden‹.

Hermann Bahr – Der österreichische Schriftsteller Hermann Bahr (1863–1934) gehörte in der Zeit um 1900 zu den wichtigen Gestalten des Literaturbetriebs. Er wurde zum Verfechter und Fürsprecher unterschiedlicher Richtungen und Konzepte, angefangen vom Naturalismus über die Literatur der Décadence und die Neuromantik bis hin zum Impressionismus und Expressionismus. Nachhaltigen Einfluß übte Bahr auf die Literatur des »Jungen Wien« (Schnitzler, Hofmannsthal, Beer-Hofmann) aus. Bahr und OS verband eine lebenslange Freundschaft. In Bahrs Tagebuch aus dem Jahr 1918 findet sich unter dem 12. Mai eine kleine Würdigung des Weggenossen und Kollegen: »Schmitz ist mir seit seiner ersten Jugend wert. Er begann im Zeichen Stefan Georges und blieb dem hohen, zum Wesentlichen gekehrten Sinn dieses Kreises wie seinem großen Begriff von der Sendung des Wortes treu. Doch während die anderen um George (nicht George selbst) bald in einer Idiolatrie der Form erstarrten, hielt der beweglichere, von einer gesunden Neugier gelenkte Schmitz das Auge für die Wirklichkeit wach. Er reiste viel, lernte Frankreich, England, Italien, Spanien und auch ein Stück Orient kennen, und nicht bloß, was Deutschen oft genügt, aus dem Baedeker, sondern mit reger Empfindung für die lebendigen Kräfte der Völker« (Tagebücher [1919], S. 137f.). Die Freundschaft intensivierte sich in den letzten Jahren des Ersten Weltkriegs, als beide in Salzburg lebten. »Er und ich«, so Bahr in seinem Tagebuch, »gehen von denselben Prämissen aus ein gutes Stück zusammen, bis ich bei meinem katholischen Glauben ankomme, er aber bei einem Kompositum aus Buddhismus und Kant« (S. 142).

26 *»Ich begehre sie nicht …«* – Die Stelle lautet bei Bahr etwas anders: »Erste Thatsache: ich begehre sie nicht; ja sogar, die Vorstellung, daß mich eine Begierde mit ihr verbinden könnte, ist mir schmerzlich. Wenn sie mich auffordern würde, sie zu besitzen, ich müßte es ihr verweigern. Es thut mir wehe, wenn ich nur daran denke.« (Russische Reise, S. 130)

27 *die Natur des Weibes* – OS wendet sich sowohl gegen das in der Boheme vor allem von Franziska zu Reventlow propagierte moderne Hetärentum als auch gegen die Frauenemanzipation; vgl. den Aufsatz »Hetärentum und Frauenemanzipation« (1914/15). Zur Position von Franziska zu Reventlow vgl. den Aufsatz »Viragines oder Hetären?« (Sämtliche Werke, Bd. 5, S. 210–220).

23. 12. 1896

28 *Herr Jordan* – Nicht ermittelt.

29 *Fräulein Schacko* – Vermutlich die Sängerin Hedwig Schacko (1868 bis 1932).

Brehm – Nicht ermittelt.

30 *Wolff* – Höchstwahrscheinlich Karl (Joseph) Wolff (1876–1952), Schriftsteller und Dramaturg, zunächst am Hoftheater in München, später in Dresden. Von 1919 bis 1925 gab er die Zeitschriften »Der Zwinger« und »Ausblick« heraus.

30 *von Kardorff* – Konrad von Kardorff (1877–1945), Maler und Radierer an der Kunstakademie in München. 1901 in Berlin.

Scharf – Der Lyriker Ludwig Scharf (1864–1938) gehörte zu den Mitbegründern der »Elf Scharfrichter«.

Hey – Der Maler, Graphiker und Illustrator Paul Hey (1872–1952).

Bruck – Hermann Bruck (1875–1948/1953), impressionistischer Maler, nach Aufenthalten in Dresden, München und Berlin seit 1904 in Hamburg.

Musiker Hey – Der Sänger und Musikpädagoge Hans Erwin Hey (1877–1943), Sohn des bekannten Gesangspädagogen und Komponisten Julius Hey (1831–1909).

24. 12. 1896

Gemma Bellincioni als Traviata – Die berühmte ital. Sopranistin Gemma Bellincioni (1864–1950); Verdi hielt sie für eine der größten Interpretinnen der Violetta (»La Traviata«).

31 *air chiffonné* – bedrückte, zerknitterte Miene.

Sembrich – Marcella Sembrich (1858–1935), die Violetta war eine ihrer Glanzrollen.

25. 12. 1896

an meinen verstorbenen Vater und meine unheilbar kranke Mutter – Der Vater, Oskar Carl Heinrich Schmitz, war am 22. Januar 1895 im 54. Lebensjahr gestorben; die Mutter, Gabriele Bertha Schmitz, geb. Schwarzschild (1850–1897), litt an einem Gehirntumor.

32 *Mathilde* – Nicht ermittelt. In »Dämon« heißt es: »Meine liebe Freundin Mathilde, deren Großeltern übrigens Franzosen waren, brachte alle guten Eigenschaften der ›*petite femme*‹ mit, aber natürlich auch alle Fehler, wie Unordnung und Leichtsinn. Sie war schwarzhaarig, blauäugig, hatte eine elegante Figur und verstand sich mit wenig Mitteln gut zu kleiden. Bis vor kurzem war sie Direktrice in einem Frankfurter Modegeschäft gewesen und jetzt gerade im Begriff, sich selbständig zu machen. Abgesehen von ihren angenehmen Manieren besaß sie nichts, was entfernt an Bildung erinnerte, aber sie hatte feine Nerven, und so konnte sie mit aufrichtiger Begeisterung am Werden meiner Novellen teilnehmen, in deren Mittelpunkt erotische Vorgänge standen, und die impressionistisch Farbe und Duft der Umgebung festzuhalten suchten.« (133 f.)

beim Tod meines Vaters – In »Geister« heißt es: »Als ich die steife Gestalt des Toten unter der Decke liegen sah, das weiße Antlitz hinter dem dunklen, halb ergrauten Bart, das für mich einmal alles verkörpert hatte, was es in der Welt an Vollkommenheit gab, und dessen Bannkraft noch jetzt für mich stärker war, als alle den Ideen des Vaters widersprechende eigene Erfahrung, da lösten sich mir erst die Tränen, und ich sank schluchzend in die Knie.« (S. 117)

32 *nach Weilburg* – OS mußte aus disziplinarischen Gründen das Gymnasium in Frankfurt verlassen und besuchte seit September 1890 das Gymnasium in Weilburg an der Lahn. Seine Stimmung beim Abschied aus dem Elternhaus schildert er in »Geister«: »Ich trug in mir die besten Vorsätze und wollte tapfer das Unvermeidliche dulden, aber ich hatte nicht mit den kleinen Häßlichkeiten des Alltags gerechnet. Sie überfielen mich sofort beim Betreten des nüchtern kleinlichen Gebäudes, in dem ich nun wohnen sollte. Da war ein Treppenhaus mit einer graubraun gewürfelten Tapete und einem unangenehmen Geruch, wie man es in Frankfurt nur noch in Kleineleutewohnungen fand. Ich war nahe daran, in kindischem Trotz zu erklären, das sei zu viel, hier könne ich nicht anderthalb Jahre bleiben. [...] Ich wurde in der kinderreichen Familie des Oberlehrers Dr. Oehler untergebracht. Dr. Oehler, ein kleiner Mann mit schwarzem Vollbart, begrüßte uns etwas altmodisch förmlich [...]. Gegen Abend fuhr Mamas Zug hinaus in die feuchte Herbstnacht, und nun stand ich allein auf dem öden kleinen Bahnhof. [...] Tränen in den Augen, trat ich den Heimweg an.« (S. 323 f.)

im November – OS berichtet in »Geister« von einer »schweren Krise« im November. Ein befreundeter Mitschüler hatte sich über seine Wissenslücken entsetzt gezeigt und Zweifel geäußert, ob er in »absehbarer Zeit an das Examen denken dürfe« (S. 332). Er solle doch von der Schule abgehen und ins Bankfach wechseln. OS ist von dem Vorschlag ganz angetan, die ungeliebte Schule aufzugeben und Weilburg zu verlassen. Als die Eltern von der Sache erfahren, sind sie bestürzt. Von einem Besuch des Vaters in Weilburg ist in »Geister« nicht die Rede.

26. 12. 1896

im Sommer 93 in München – Zu seiner damaligen Einstellung schreibt OS in »Dämon«: »Statt philosophische Kollegien zu belegen, besuchte ich eifrig die Kunstsammlungen. [...] Ich hatte es in erster Linie auf die ›Künstlerkreise‹ abgesehen, wo ich die Verwirklichung meiner Träume eines freien, glühenden Weltlebens in beweglicheren Formen, als die des Studententums mit Bestimmtheit erwartete. […] Man stand noch gänzlich im Zeichen des Naturalismus. Hauptmanns ›Weber‹ und Halbes ›Jugend‹ galten als Höhepunkte der Dichtung. Insofern wurden meine Hoffnungen erfüllt, als ich sehr bald in Berührung mit jungen Schriftstellern, Malern und Schauspielern kam.« (S. 57)

33 *Mittelmeerreise* – Im Frühjahr und Sommer 1894 lebte OS in Rom und hörte Vorlesungen über Kunstgeschichte. Im Spätsommer brach er zu einer Reise auf, die ihn nach Sizilien, Tunis, Neapel, Budapest und Wien führte (Geister, S. 96 ff.).

Bourgeoissöhnchen – Von seinen Schwierigkeiten, sich in den Schwabinger Künstlerkreisen zu integrieren und anerkannt zu werden, schreibt OS in »Dämon«: »Ich schwankte zwischen dem Alten und Neuen, fühlte mich bald als Familiensohn mit vielen Konventionen eng verknüpft, bald als Freiheit suchende Persönlichkeit im Gegensatz zu alledem. Wurde ich in den gewohnten Kreisen wegen meiner Eigenheiten nicht ganz ernst genommen, so fand ich in dieser neuen Umgebung keineswegs deren Anerkennung, wie ich erwartet hatte, sondern eine ähnliche, nur viel unfreundlichere Geringschätzung. […] Meine künstlerischen Neigungen wurden als oberflächliche Launen eines Bürgersöhnchens belächelt, das an allem einmal nippen wollte.« (S. 57 f.) So wird er in »Dames« von Franziska zu Reventlow eingeschätzt: Adrian, das Alter ego von OS, ist ein verirrter Bürgersohn, der, kruden Existenzsorgen enthoben, in der Boheme alle Varianten eines alternativen Lebens- und Kunststils durchprobieren kann. Die ›schöpferische‹ und die ›bürgerliche‹ Boheme waren in Schwabing um 1900 Kampfbegriffe, die ausgrenzenden Charakter hatten; vgl. Schröder, Klages (1966), S. 246.

Plöcker … Rath – Nicht ermittelt.

34 *Don Juan ist kein Künstler* – OS hat diese Auffassung in seiner Studie »Don Juan, Casanova und andere erotische Charaktere« (1906) dargestellt. Im Unterschied zu Casanova ist Don Juan nicht der kunstvolle und eloquente Verführertypus, für ihn stehen Macht- und Herrschaftsgelüste im Vordergrund, er verachtet im Grunde die Frauen, die er verführt, er ist der Mysogyn, der satanische Frauenhasser. Don Juan verführt durch sein dämonisches Wesen, seine zwingende, brutale Gewalt, Casanova durch die kunstvolle Inszenierung der Sinnlichkeit.

débauche mentale – gedankliche Ausschweifung.

34 *faute de mieux* – mangels Besseren.
35 *Carlo Dolci* – Der ital. Barockmaler Carlo Dolci (1616–1686).

30. 12. 1896

36 *30. Dezember* – Die Eintragung wurde vom 31. Dezember nachträglich abgetrennt und mit dem handschriftlichen Datum »30. Dezember« versehen, dabei wurden 10 ½ Zeilen gestrichen.
Antinous – Schöner Jüngling aus Bithynien. Liebling des Kaisers Hadrian; nach seinem angeblichen Opfertod für den Kaiser im Jahre 130 zum Gott erhoben.

31. 12. 1896

37 *Dr. Rudolf Schild* – Nicht ermittelt.
Koprophagie – Das krankhafte sexuelle Interesse an Exkrementen und den Ausscheidungsfunktionen. Im Zusammenhang mit der 1912 aufgenommenen Analyse bei Karl Abraham spielen die Koprophagie bzw. koprophile Neigungen in der infantilen Entwicklung von OS eine gewisse Rolle, insbesondere auch die hier erwähnte »Idee des sich ganz und gar Hingebens«. Es spricht darum einiges dafür, daß OS diese Gedanken erst bei der Erstellung des Typoskripts 1911/12 aufgenommen hat.

2. 1. 1897

38 *Café Luitpold* – Das 1888 eröffnete Café in der Brienner Straße war ein beliebter Künstler- und Literatentreffpunkt.
verließ ich München – An Karl Wolfskehl schreibt Schmitz aus Tirol: »L. Doctor: es war mir unmöglich länger deutsch und großstädtisch zu leben. Ich bin hier einsam, in südländischem Klima und erhole mich. Muenchen hat zu viel geistige Anregung, aber zu wenig Möglichkeiten die gesteigerte Kraft auszuleben. Das führte zu einer krankhaften Überspannung der Hirnthätigkeit. Wir sind dort viel zu litterarisch. Platonische Lebemänner, sagt neulich einer unschön und wahr.« (11. 1. 1897, N) OS kündigt an, bis Februar in Italien bleiben zu wollen und dann über Mailand für mindestens drei Monate nach Paris zu gehen. Allerdings sei in den nächsten Wochen mit dem Tod seiner Mutter zu rechnen, so daß er möglicherweise den Weg über Frankfurt nach Paris nehmen werde.

3. 1. 1897

39 *norwegische Landschaft* – Daß OS einen Vergleich zur norwegischen Landschaft zieht, deutet auf das Datum der Erstellung des Typoskripts hin. 1897 kannte OS die norwegische Landschaft

noch nicht, erst im Juli 1912 – also in den Monaten, in denen das Typoskript entstand – fuhr er zum erstenmal nach Norwegen.

39 *Ponalfalles* – Cascada de Ponale; zwischen Riva und Limone. Der Wasserfall ist heute unter Röhren verschwunden und dient dem Elektrizitätswerk Riva zur Stromerzeugung.

5. 1. 1897

40 *eine Erlösung für sie* – Die Mutter starb am 16. Januar 1897 an einem Gehirntumor.

verschiedenartige Lebensauffassung – Die Beziehung zum früh gestorbenen Vater (1895) ist das immer wiederkehrende Thema in den Tagebuchaufzeichnungen und auch in der Autobiographie. Während OS die Bedeutung der Mutter abwertet und negativ besetzt, ist der Vater die übermächtige Autorität, der sich der Sohn verehrungsvoll unterwirft und gegen die er sich zugleich rebellisch auflehnt. Als Eisenbahndirektor hatte der Vater es im Leben zu etwas gebracht und ein beträchtliches Vermögen erwirtschaftet. OS war von der Tüchtigkeit und dem Erfolg des Vaters fasziniert, aber er entwickelte geradezu einen Widerwillen dagegen, diesen Weg fortzusetzen und die durch die Tradition vorgeschriebene Rolle anzunehmen. Die »verschiedenartige Lebensauffassung« blieb für OS eine Hypothek, denn er hatte das dem Vater gegebene Versprechen, einen akademischen Abschluß zu machen und einen bürgerlichen Beruf zu erlernen, nicht eingehalten und einen Lebensweg eingeschlagen, der vom Vater sicher nicht gebilligt worden wäre.

41 *Richard* – Der Bruder Richard Ferdinand Schmitz (1876–1950). OS nahm schon nach dem Tod des Vaters die Position des Familienoberhauptes ein und berief sich dabei auf seine Rechte als Erstgeborener: »Ich hegte das bekannte Gefühl des Erstgeborenen, daß der Tote mehr als alles andere *mein* Vater war, daß ich allein sein Wesen verstanden und in mich aufgenommen hatte, daß die Anderen, selbst die Mutter, kaum wußten, worum sie trauerten.« (Dämon, S. 117) Als 1903 die Großmutter starb, sicherte er sich testamentarisch die Position eines Vermögensverwalters; vgl. Anm. *Codizill* zu S. 59 und Anm. *starb Großmama* zu S. 193. Die Schwestern Hedwig und Tilly seien damit einverstanden gewesen, mit Richard habe es jedoch im Laufe der Jahre – vor allem nach dessen Heirat – immer wieder Konflikte gegeben (vgl. Dämon, S. 317). Wie aus Briefen der älteren Schwester Hedwig Schmitz hervorgeht, hat OS dem jüngeren Bruder mehrfach Zinsen vorenthalten

und Rechenschaft über dessen Ausgaben gefordert (Brief vom 8. 12. 1903, Kubin-Archiv). In »Geister« findet sich eine ausführliche Stellungnahme zum Bruder (S. 204–213). Er beschreibt Richard als Versager, die Eltern hätten sich ihm gegenüber aber wohlwollend gezeigt, was OS aus einem angeborenen Handicap erklärt: das Gesicht des Bruders war zu zwei Dritteln mit einem roten Muttermal bedeckt. Nachdrücklich grenzt er den Bruder aus den familiären Zusammenhängen aus: Er sei aufgrund seiner mangelhaften Leistungen in der Schule schon mit vierzehn Jahren aus dem Haus gekommen: »Damit aber war er unserem engeren Kreis entzogen, an dem er dann auch nie mehr so ganz teilgenommen hat. Später hat er sich ihm gänzlich entfremdet. Auch äußerlich stellt er einen anderen Typus dar als wir; er ist der einzige Blonde in der Familie.« (S. 208 f.) Daß der Bruder ein »Versager« gewesen sei, läßt sich objektiv kaum halten, als Maler, Kunstgewerbler und Photograph hat er sich in München eine selbständige Existenz begründet und seine Arbeiten wurden durchaus geschätzt, zum Beispiel von Stefan George; von Richard Schmitz stammen viele Photographien des George-Kreises.

6. 1. 1897

41 *»Mela«* – »Eine Prosadichtung«; 59 handgeschriebene Blätter, unveröffentlicht im Nachlaß. Erzählt wird die Beziehung zwischen Mela und einem jungen Mann, der eines Tages bei einem Empfang in ihrem Salon steht – exotisch gebräunt und mit Notizbuch.

7. 1. 1897

ein Murillo – Anspielung auf das Bild »Würfelspielende Knaben« von Bartolomé Esteban Murillo (1618–1682).

8. 1. 1897

44 *sonderbare Gesellschaft* – Hier endet die S. 56 des Typoskripts; der Rest der Seite ist durchgestrichen. Der durchgestrichene Absatz beginnt mit dem Satz: »Die Aufzeichnungen von den folgenden Wochen habe ich einmal zerrissen.« Das Wort »zerrissen« wird handschriftlich korrigiert in »verloren«. Offenbar hat sich dann aber das zunächst zerrissen und dann verloren geglaubte Manuskript angefunden. Am Rand steht ein mit Ausrufezeichen versehenes »wiedergefunden!«. Die beiden Absätze sind daraufhin gestrichen worden. Neu in das Typoskript eingefügt wurden die S. 56a bis 56r (insgesamt 18 Seiten). Diese Seiten unterscheiden sich deutlich vom übrigen Typoskript: das Papier ist leichter und

in der Farbe heller, die Seitenränder sind schmaler, ebenso die Kopf- und Fußzeile. So weisen die Seiten ab 56a nicht nur mehr Zeichen, sondern auch mehr Zeilen auf (zwischen 35 und 38). Für die Abschrift dieser Seiten wurde eine modernere Schreibmaschine benutzt, die über ein »ß« verfügte. Auffällig sind ferner die abweichende Schreibung von Worten (Kaffee anstelle von Café) und bestimmte Verschreibungen: Aus der jüngeren Schwester Tilly wird »Tilli«, und aus Alewyn wird »Ahlewyn«.

9. 1. 1897

45 *Sarca* – Fluß am östlichen Abhang des Adamello in Tirol.

14. 1. 1897

Varone-Wasserfall – 3 km nordöstlich von Riva del Garda, 98 m tief, eine der Attraktionen am Gardasee.

22. 1. 1897

46 *»Gäb' es ein Leben, hell und still und kalt«* – Verszeile aus dem Zyklus »Heimat« (Orpheus, S. 58). Zu den Gedichten, die während dieser Reise entstanden, heißt es in »Dämon«: Ich »schrieb viele Gedichte, in deren sehnsüchtiger Schwäche ich mich heute selbst kaum wieder erkenne. Während ich mich bisher immer wieder in das bunte Leben geschwungen hatte, fühlte ich nun eine tiefe Leere. Wie jeder Jüngling füllte ich sie mit idealen Frauenbildern aus, die ich besang und die sehr deutlich verraten, was mir fehlte. Meine Bekannten waren, als meine ersten Verse in den ›Blättern für die Kunst‹ erschienen, nicht wenig erstaunt zu entdecken, daß der keck in die Welt greifende junge Mensch, der ich schien, sich als heimlich schmachtender Minnesänger entpuppte. Natürlich hielt man das für eine Pose. Ich glaube heute nicht, daß jene übrigens sehr formvollendeten Gedichte viel wert sind, aber die Sehnsucht meiner damaligen Entwicklungsstufe spricht aus ihnen, wenn auch oft in einem fremdartigen Gewand, das andern unnatürlich scheinen mag, mir aber damals wohl paßte.« (S. 141 f.)
Hedwig – Die Schwester Hedwig Schmitz (1874–1948). Sie heiratete 1893 den Gerichtsassessor Otto Gründler und ging mit ihm nach Königsberg. 1894 wurde ihr Sohn Otto geboren. Als ihr Mann an progressiver Paralyse erkrankte, zog die Familie 1895 nach Frankfurt. Im Oktober 1901 starb ihr Mann. Hedwig Gründler lebte dann zwei Jahre bei ihrer Großmutter in Eschersheim bei Frankfurt. Über ihren Bruder OS kam sie in Kontakt mit dem Münchner Kreis um Karl Wolfskehl; dort lernte sie den Zeichner,

Illustrator und Erzähler Alfred Kubin kennen, den sie im September 1904 heiratete.

46 *Ihr Gesicht* – In »Dämon« heißt es über die aufgebahrte Mutter: »Ich fand in Frankfurt Mama in ihrem Schlafzimmer aufgebahrt in einem schwarzen Seidenkleid, das sie zum letzten Mal wenige Tage vor Papas Tod zu einem Ball getragen, dem letzten Fest, das sie zusammen besucht hatten. Ihr Gesicht zeigte einen fremden Ausdruck von Selbstbewußtsein, das ihr im Leben gerade so sehr gefehlt. Die Hände waren von marmorweißer, klassischer Schönheit.« (S. 142)

47 *Schwager Otto* – Otto Hermann Gottfried Gründler (?–1901).
Tilly – Die Schwester Mathilde (Tilly) Schmitz (1880–1945).
Großmama – Mathilda Schwarzschild, geb. Jacobson (?–1903).

23. 1. 1897

Tilly's Hand – Der Bräutigam und erste Ehemann Georg Alewyn (1873–?). Am 24. 2. 1902 wurde in Frankfurt ihr Sohn Richard geboren, der später ein berühmter Literaturhistoriker wurde. OS traf sich hin und wieder mit ihm, und beide korrespondierten auch miteinander. 1932 trat Richard Alewyn als Professor für Germanistik die Nachfolge von Friedrich Gundolf in Heidelberg an. Im August 1933 wurde er wegen nicht »rein arischer« Abstammung zur Aufgabe des Lehrstuhls gezwungen. Die »halbjüdische« Abstammung bezog sich auf die großmütterliche bzw. urgroßmütterliche Linie Schwarzschild/Jacobson. Alewyn ging nach dem Verlust seines Lehrstuhls zunächst nach Paris, lebte dann einige Zeit in Österreich und emigrierte schließlich in die USA. 1948 kehrte er nach Deutschland zurück und lehrte an den Universitäten Köln, Berlin und Bonn. Zwei Jahre vor seinem Tod (1979) schrieb er eine schonungslose Bilanz (»Ad me ipsum«) seiner Kindheit und Jugend. Seinen Vater – Georg Alewyn – hat er kaum kennengelernt. Die Mutter ließ sich kurz nach der Geburt des Sohnes scheiden und heiratete im März 1905 den Kaufmann Ludwig Spier. Alewyns Bericht zufolge muß auch die zweite Ehe der Mutter ein Desaster gewesen sein; er selbst habe sich, angesichts der Streitereien der Eltern, in die Literatur geflüchtet.

27. 1. 1897

49 *Großmama* – In »Geister« schreibt OS: »Großmama war […] eine große Dame mit allen guten und schlechten Eigenschaften einer

solchen. Geborene Engländerin, aber von einer französischen Mutter und in Frankreich erzogen, sprach sie das Deutsche ihr Leben lang mit unbestimmt ausländischem Akzent, wozu in groteskem Gegensatz eine gewisse Urwüchsigkeit des Ausdrucks stand, den sie sich offenbar in Deutschland angeeignet hatte. […] Sie hätte gern Familienpolitik getrieben, besonders später im Hinblick auf die Heiraten meiner beiden Schwestern; das war ihr aber nicht gelungen. So fühlte sie sich im Alter vereinsamt, und es war ihr ein Trost, wenn ich sie auf meinen dauernden Kreuz- und Querfahrten durch die Welt bisweilen besuchte […].« (S. 36 f.)

1. 2. 1897

51 *Oscar Priester* – Nicht ermittelt.
Frau Hoby – Therese Hoby wurde 1905 die Schwiegermutter von OS, sie lebte zu dieser Zeit mit Georg Fuchs zusammen; vgl. Anm. *Fuchs* zu S. 26.

52 *Tochter Louisa* – Louisa Hoby, Stieftochter von Georg Fuchs, sie heiratete im März 1905 OS.

5. 2. 1897

Prange und Luhde – Nicht ermittelt.
Candidus – Der Opernsänger William Candidus (1840–1910), als Sohn eines deutschen Einwanderers in Philadelphia geboren; kam nach einer Gesangsausbildung nach Deutschland. 1874 Debüt in Weimar, in den 1880er und 1890er Jahren Auftritte am Opernhaus Frankfurt.

6. 2. 1897

53 *Mein Aufsatz* – Nicht ermittelt.

9. 2. 1897

54 *Schopenhauer … Mitleid* – Für Schopenhauer ist Mitleid (caritas) die höchste moralische Stufe, die Basis der Gerechtigkeit und Menschenliebe. Das Individuum abstrahiert im Mitleid von sich selbst, vom Egoismus und vom eigenen Wollen. Mitleid ist nicht-egoistisches Handeln, das Leiden aufhebt, weil der Unterschied zwischen den Individuen als Täuschung erkannt wird. Alle Liebe ist ihrer Natur nach Mitleid; vgl. Arthur Schopenhauer, Die Welt als Wille und Vorstellung, 4. Buch, S. 355 ff.

55 *Eos* – »Eine Dichtung«, 1898.
»Liebesgarten« – Der vollständige Titel lautet »Herrn Josephs Liebesgarten«. Nähere bibliographische Angaben nicht ermittelt.

55 *Kultur* – Gemeint ist der Aufsatz »Kultur und Moral« (1897). OS kritisiert den »schwächlichen Mann« (S. 412), der seine Überlegenheit nur noch im Besitz sucht. Die Gedanken zu einer im Niedergang begriffenen (männlichen) Kultur finden sich um diese Zeit in nahezu allen Aufsätzen, die er publiziert. In »Die junge Generation« (1897) spricht er von der »Gesellschaft der Mittelmäßigen« (S. 923) und von einer maßlosen »Verbürgerlichung« der »religiösen und aristokratischen Ideen« (S. 924). In früheren Zeiten habe man die »männliche Willensstärke« und das »Außerordentliche« (S. 921) verehrt, in der heutigen Kultur würde nur noch das materielle Streben Anerkennung finden. Die unbewußten Seelenkräfte schlafen, und der bewußte Geist sei mit Irrlehren erfüllt, so das Fazit der 1897/98 veröffentlichten kulturkritischen Aufsätze.

16. 2. 1897

Hans Weidenbusch – Privatgelehrter und Kunstsammler aus Wiesbaden.

Roman »Blut« – Nicht ermittelt.

56 *Herrn Josephs Liebesgarten, Um Rosenkränze* – Eine Veröffentlichung ist nicht nachzuweisen.

»Thea« – »Novelle«; 139 handgeschriebene Blätter, unveröffentlicht im Nachlaß. Erzählt wird die Reise Theas, einer jungen Frau, die mit großen Erwartungen und Sehnsüchten in die Hauptstadt fährt, wo sie endlich das Leben kennenlernen will.

18. 2. 1897

57 *Metaphysik der Geschlechtsliebe* – A. Schopenhauer, Die Welt als Wille und Vorstellung, Bd. 2, Kapitel 44.

der Wille vom Vater stamme – Bei Schopenhauer heißt es: »Was nun aber zuletzt zwei Individuen verschiedenen Geschlechts mit solcher Gewalt ausschließlich zueinander zieht, ist der in der ganzen Gattung sich darstellende Wille zum Leben, der hier eine seinen Zwecken entsprechende Objektivation seines Wesens antizipiert in dem Individuo, welches jene beiden zeugen können. Dieses nämlich wird vom Vater den Willen oder Charakter, von der Mutter den Intellekt haben« (Die Welt als Wille und Vorstellung, Bd. 2, S. 1111).

58 *Hallwachs* – Der Dirigent und Komponist Karl Hallwachs (1870 bis 1959). Nach einer Ausbildung an der Musikhochschule in München wurde er 1895 Chordirigent in Darmstadt. 1897–1899

war er Kapellmeister und Korepetitor in Wiesbaden, ab 1899 arbeitete er als Theaterkapellmeister in Aachen, später als Musikdirektor in Saarbrücken. Hallwachs schrieb u. a. Chorwerke und Klaviersonaten. Um 1900 stand er in Kontakt mit Karl Wolfskehl und Friedrich Gundolf.

59 *Sonnecks* – Oscar George Theodore Sonneck (1873–1928), amerikanischer Musikschriftsteller und Komponist, kam nach dem Tod seines Vaters nach Deutschland und besuchte zusammen mit OS das Gymnasium in Frankfurt. Er studierte in Heidelberg und München, 1899 kehrte er in die USA zurück.

1. 3. 1897

Seit 8 Tagen bin ich hier – In »Dämon« schreibt OS: »An einem der letzten Februartage 1897 kam ich um sechs Uhr abends an der Gare de l'Est an. Ich brachte mein Gepäck schnell in das gegenüberliegende Terminus-Hotel und ging, den Stadtplan genau im Kopf, den Boulevard de Straßbourg hinunter auf die großen Boulevards, in deren abendliches Leben ich mich mischte, als sei ich nur hierher heimgekehrt. Am folgenden Morgen suchte ich Zimmer in der Rue des Saints-Pères, weil sie ungefähr gleich weit entfernt ist von den Großen Boulevards, dem Quartier Latin, dem Tummelplatz der Jugend, und dem Champs Elysées, dem mondänen Viertel, wo ich Empfehlungen abzugeben hatte.« (S. 156) Paris war für OS »die Verwirklichung eines seit undenklicher Zeit gehegten Traumes [...]. Alle die vielen Namen von Straßen, Theatern, Restaurants, Magazinen, Orten der Umgebung, die ich seit früher Kindheit von Vater und Großmutter hatte nennen hören, sollten nun für mich greifbare Wirklichkeit werden.« (S. 155)

Codizill – Möglicherweise ging es in dem Codizill gar nicht so sehr um die zu vererbenden Kunstgegenstände als um die Bestellung von OS zum Vermögensverwalter; vgl. Anm. *starb Großmama* zu S. 193.

2. 3. 1897

60 *mein einziger Führer* – Die ekstatische Stimmung, sich in Paris möglichst allein und ohne alle Geselligkeit zu bewegen, die tatsächlich wohl nur ein paar Tage angehalten hat, beschreibt OS auch in einem Brief an Wolfskehl vom 11. März: »Ich bin seit 3 Wochen (beinahe) hier. Ich kann Ihnen nur sagen, daß Sie kommen müssen. Es giebt 1000 Dinge zu sehen. Wie es sich auf die Dauer lebt, weiß ich nicht, da ich vorläufig noch zu sehr Fremder bin, d. h. den Sehenswürdigkeiten nachlaufe. Außerdem habe ich noch kei-

nerlei Besuche gemacht, um in meinem Urteil unbeeinflußt zu bleiben. Außerdem ist es reizvoll in diesem rauschenden Leben allein & dem Zufall preisgegeben zu sein. Hier ist die Stadt, wo man wirklich sein Leben ausfüllen kann mit ›herumgehen, reden und essen‹, da es immer neues für die Sinne giebt.« (N)

61 *das mondaine Paris und das Zigeuner-Paris* – In »Frauen« werden die zwei Seiten der Stadt und des Ichs ebenfalls angesprochen und noch mit der Bemerkung versehen: »An manchen Abenden esse ich im Frack in einem der sommerlichen Restaurants in den Champs-Elysées, um am anderen Abend in einem vertragenen Anzug, statt eines weißen Kragens die dort übliche schwarze Seidenbinde um den Hals, in den volkreichen Vierteln herumzuschlendern.« (S. 289)

doch nicht mitten darin wohne – Ein Rat des Freundes Paul Gutmann. In einem Brief vom 11.2.1897 schrieb Gutmann: »Sie mieten am besten ein Zimmer in einem Hôtel garni und zwar empfehle ich Ihnen die Gegend am linken Seineufer gegenüber dem Louvre. Sie befinden sich dort in der Mitte zwischen dem Quartier Latin und den großen Boulevards und haben einen Omnibus der Sie zum Montmartre fährt. Ich wohnte in der Rue des Saints-Pères, die ich Ihnen, als am geeignetsten zum Wohnen zurate.« OS hat den Rat des Freundes genau befolgt und in der Rue des Saints-Pères ein Zimmer gesucht (vgl. Dämon, S. 156). Von Gutmann erhält OS auch nützliche Adressen und gesellschaftliche Empfehlungen.

Chat Noir – OS schreibt »Chien noir«. Gemeint ist aber wohl das berühmte Kabarett »Le Chat Noir« am Montmartre.

62 *Consommations* – Verzehr. In den Cafés-concerts gab es bei den Veranstaltungen zumeist freien Eintritt, aber der Besucher mußte hohe Preise für die »Consommations« bezahlen.

Fourberies de Scapin – »Les Fourberies des Scapin« (1671, dt.: Scapins Schelmenstreiche), Prosakomödie in drei Akten von Molière.

Malade imaginaire – »La malade imaginaire« (1673, dt.: Der eingebildete Kranke), Ballettkomödie in drei Akten von Molière.

Coquelin – Der Schauspieler Constant Coquelin (1841–1909).

Couturière – Näherin, Schneiderin.

Blanche Fort – Im Nachlaß haben sich 12 Briefe und 4 Telegramme aus dem Jahr 1897 erhalten. Nähere biographische Daten nicht ermittelt. In »Dämon« heißt es: »Blanche erwies sich als eine der harmonischsten, wohlgeratensten Frauen, die ich in welchen Ländern und Gesellschaftskreisen auch immer kennengelernt habe. Sie war ebenso leidenschaftlich wie vernünftig und ohne jede Spur von Sentimentalität.« (S. 161) Im Juniheft der »Wiener Rundschau« von 1897 veröffentlichte OS zwei Gedichte auf Blanche.

62 *en ménage* – Hier im Sinne von ›zusammen mit‹.

»de petites cochonneries« – kleine Schweinereien.

»très cochonne« – sehr schweinisch.

3. 3. 1897

63 *Mantegazza* – Der ital. Arzt, Anthropologe und Schriftsteller Paolo Mantegazza (1831–1910); seine zahlreichen anthropologischen und kulturhistorischen Werke wurden alle übersetzt und erschienen in hohen Auflagen: »Physiologie des Genusses« (1881), »Die Kunst glücklich zu sein« (1887), »Das nervöse Jahrhundert« (1888). OS bezieht sich an dieser Stelle auf die »Physiologie der Liebe« (1888), 17. Kapitel: »Die Liebe der verschiedenen Temperamente. – Von den Arten der Liebe.« Mantegazza unterscheidet u. a. die »zärtliche Liebe« (carezza), die »sinnliche Liebe« (caldo) und die »contemplative Liebe« (comodità). Interessant für OS sind weniger die Einteilungen als die Beschreibungen der Temperamente: Während die zärtliche Liebe »meist Menschen von einem sanften, angenehmen Charakter eigen ist« (S. 259) und die sinnliche Liebe die glühendste, »aufrichtigste und kraftvollste Liebe« ist, steht die contemplative Liebe »auf der Grenze, die zur Pathologie hinüberleitet«, und ist u. a. den »Exaltierten, den Hysterikern und Mystikern eigen« (S. 261); zit. n. der deutschen Übersetzung von Eduard Engel: Mantegazza, Die Physiologie der Liebe, Jena 1888.

4. 3. 1897

Venus von Milo – In »Dämon« heißt es: »Eines Nachmittags stand ich vor der Venus von Milo; hier erlebte ich zum ersten Male Vollendung, und zwar nicht als etwas Fremdes, sondern als das tiefst Vertraute, als das, was ich immer ›gemeint‹ hatte. Meine Beseligung war ein Wiedererkennen.« (S. 158 f.)

5. 3. 1897

64 *plein d'ennuis* – voller Unannehmlichkeiten.

Café d'Harcourt – Café im Quartier Latin, Ecke Boulevard St.-Germain.

consolation pour mes ennuis de solitude – Hier: ein Trost für meine Einsamkeit.

65 *Drusus* – Nero Claudius, röm. Feldherr, Stiefsohn des Augustus (38 v. Chr.–9 v. Chr.). Er war nicht, wie OS schreibt, der Sohn, sondern der jüngerer Bruder des Tiberius.

6. 3. 1897

Madame Réjane – Die Schauspielerin Gabrielle Charlotte Réju, genannt Réjane (1857–1920). Sie gehörte mit Sarah Bernhardt zu den größten Schauspielerinnen der Belle Époque Frankreichs. Ihren ersten Erfolg feierte sie 1883 in Meilhacs »Ma Camarade«. Es folgten Gastspiele in London und New York. Réjanes berühmteste Rolle war die Catherine in Sardous »Madame Sans-Gêne«. 1905 eröffnete sie das Théâtre Réjane in Paris.

»Douloureuse« – »La Douloureuse« (1897), Komödie in vier Akten von Maurice Donnay.

Donnay – Der frz. Dramatiker Maurice Donnay (1859–1945). Seine ersten witzig-ironischen Stücke schrieb er für das Kabarett Chat Noir. Es folgten zahlreiche sehr erfolgreiche Komödien für das Theater. Eines der erfolgreichsten Stücke war die Komödie in fünf Akten »Liebesleute« (1895).

7. 3. 1897

66 *Odéon* – Das Odéon war neben dem Théâtre-Français das bedeutendste Theater in Paris.

Richepins Drama Le Chemineau – »Le Chemineau« (dt.: Der Landstreicher), ein romantisches Versdrama, wurde am 16. 2. 1897 im Théâtre de l'Odéon uraufgeführt. OS war also Zeuge einer der ersten Aufführungen des Stücks. Der Schriftsteller, Lyriker und Dramatiker Jean Richepin (1849–1926) verbindet in seinem Werk, das von E. A. Poe und F. Villon beeinflußt ist, Romantik mit naturalistischen Elementen.

Goncourt'schen Nachlasses – Die Brüder Edmond (1822–1896) und Jules (1830–1870) Goncourt, die ihre Werke meist gemeinsam schrieben. Beide Brüder, vor allem aber Edmond Goncourt, sammelten japanische Kunst. Der Kunsthändler Siegfried Bing stellte die bedeutende Sammlung, die Porzellan, Bronzen, Stoffe, Bücher u. a. umfaßte, in einem Katalog zusammen und vom 8. bis 13. März 1897 im Hôtel Drouot aus und bot sie zum Verkauf an.

Hôtel Drouot – Das in der Rue Drouot gelegene Hôtel des Ventes mobilières; hier fanden meist in der Zeit zwischen Januar und Mai die großen Kunstauktionen statt.

Maison Bing – Haus des frz. Kunsthändlers Siegfried Bing (1838 bis 1905). Bing war ursprünglich Japanhändler und eröffnete im

Dezember 1895 den auf hochwertiges Kunstgewerbe spezialisierten Salon de l'Art Nouveau in der Rue Chauchat 19.

66 *Lamoureux* – Der frz. Geiger und Dirigent Charles Lamoureux (1834–1899).

8. 3. 1897

Joséphin Péladan – Der frz. Schriftsteller Joséphin Péladan (1859 bis 1918). Als Großmeister des Rosenkreuz-Ordens nannte er sich Sâr Mérodack, schrieb mystische und okkulte Romane und Dramen. Von Péladan und der Rosenkreuzerbewegung fühlten sich um diese Zeit viele der nach Orientierung suchenden Intellektuellen und Bohemiens angezogen. Einer von ihnen war Ludwig Derleth, der von Thomas Mann mehrfach porträtierte nihilistische Prophet und Paradiessucher, ein früher Mitarbeiter der »Blätter für die Kunst« und ein Original der Schwabinger Szene um 1900, den auch OS gut kannte. Im Herbst 1897 kam Derleth nach Paris und war fasziniert vom Großmeister und den Rosenkreuzern. Sein »Buch vom Orden« und sein 1904 erschienenes Prosagedicht »Die Proklamation«, in dem er pathetisch und sendungsbewußt seine fundamentale Kritik an der Moderne und seine Vorstellungen von einem gereinigten Christentum propagierte, sind durch den halbjährigen Aufenthalt in Paris wesentlich befördert worden (vgl. D. Jost, Ludwig Derleth, S. 30 f.). Bemerkenswert, daß OS auf Derleth nicht zu sprechen kommt, obwohl der bei einem gemeinsamen Bekannten wohnte, dem mehrfach im Tagebuch erwähnten Maler Gustav Richter (Sohn).

9. 3. 1897

67 *Salon Carré* – Saal im Louvre, in dem u. a. die Hauptwerke der italienischen, besonders der venezianischen Schule hängen.

der Gang nach Emmaus – »Das Mahl in Emmaus« von Rembrandt.

Vor der Mona Lisa – Im Gegensatz zur »Venus von Milo« (vgl. Tagebuch, 4. 3. 1897) fühlte sich OS von diesem Gemälde »getroffen« und herausgefordert. In »Dämon« formulierte er das deutlicher: »Ich fühlte mich von ihr nicht beruhigt und beseligt, sondern beunruhigt bis zur Qual, ich ›erkannte‹ sie nicht, sondern fühlte mich von ihr ›erkannt‹ – und zu leicht befunden. Ihren Blick nicht nur aushalten können, sondern in ihn mit der Ruhe zu schauen wie auf die Gestalt der Venus von Milo, das wurde nun äußerstes Ziel, und so ging ich täglich, ehe ich mich in das Meer Paris stürzte, von dieser zu jener, bei der einen Kraft holend, um sie bei der anderen zu erproben.« (S. 159)

10. 3. 1897

67 *La belle Otero* – Die große spanische Tänzerin und Kurtisane La Belle Otero (eigtl. Carolina Agustina Otero, 1868–1965). Sie tanzte in allen großen europäischen Varietés und faszinierte als Verführerin der Belle Époque die Männerwelt. Selbst die gekrönten Häupter lagen ihr zu Füßen und konkurrierten um die Gunst der Tänzerin. Auch Kaiser Wilhelm II. war ganz hingerissen von der »kleinen Wilden«, wie er die Otero nannte. Carolina Otero heiratete später einen Millionär, lebte auf großem Fuß, verspielte dann aber ihr ganzes Vermögen und starb verarmt in Nizza; vgl. C. Posadas, La Belle Otero (2003).

11. 3. 1897

68 *Racine's Phèdre* – »Phèdre et Hippolyte« (dt.: Phädra und Hippolyt), Tragödie in fünf Akten von Jean Racine (1639–1699).
Sarah Bernhardt – Die frz. Schauspielerin, Bildhauerin und Schriftstellerin Sarah Bernhardt (1844–1923). Seit 1866 trat sie am Théâtre de l'Odéon, ab 1872 an der Comédie-Française auf. Von 1880 an weltweite Gastspieltätigkeit. 1899 gründete sie das Théâtre Sarah Bernhardt in Paris.
von den Türken bedrohte griechische Freiheit – Krieg Griechenlands mit der Türkei um Kreta, das bei Griechenland blieb (1897–1898).
peuple ridicule et barbare – lächerliches und barbarisches Volk.

69 *Preußentum* – Das »unlösbare Kulturdilemma« zwischen Preußen und Süddeutschland hat OS offenbar auch in späteren Jahren empfunden. H. Blüher schreibt in seiner Autobiographie »Werke und Tage« (1953) über OS, daß er starke Vorbehalte gegenüber Preußen gehabt habe und der »Georgeschen Süddeutschelei« anhing: »Der Georgekreis vertrat bekanntlich den Standpunkt, daß das eigentliche Deutschland Süddeutschland sei – mit seiner völligen politischen Unfähigkeit –, und alles östlich der Elbe bloßes Kolonialland, das man ebensogut aufgeben könne. Scherzhaft schrieb ich an Schmitz: bei mir höre das höhere Menschentum an der Mainlinie auf; und er gab mir prompt zurück: bei ihm auch, nur freilich von Süden gesehen!« (S. 362)

15. 3. 1897

Orphée – Oper von Christoph Willibald Gluck, 1762 in ital. Sprache: »Orfeo ed Euridice«.
Marie Delna – Die Sängerin Marie Delna (eigtl. Marie Ledan, 1875 bis 1932). Sie besaß eine dunkel glänzende Altstimme mit weitem Tonumfang und feinen Nuancierungen; zwischen 1898 und 1901

war sie die gefeierte erste Altistin an der Grand-Opéra in Paris.

69 *Theater La Roulotte* – Kabarett am Montmartre.

Carpeaux – Der frz. Maler und Bildhauer Jean-Baptiste Carpeaux (1827–1875); er gilt als Vorläufer Rodins.

71 *la marmite* – Wörtlich: Kochtopf.

Sainte-Beuve's Roman »Volupté« – Der Roman »Volupté« des Literaturkritikers und Schriftstellers Charles-Augustin Sainte-Beuve erschien 1834. Die Bezüge, die Schmitz zwischen dem Roman und der eigenen Entwicklung herstellt, können noch viel grundsätzlicher gesehen werden: Amaury, der fiktive Erzähler und Held des Romans, ist ein vielfach gespaltener, unter seinem Doppelleben leidender Charakter. Seine sexuellen Bedürfnisse lebt er mit Prostituierten aus, während er zur geliebten Frau eine rein platonische Liebe pflegt, die er von aller Wollust und aller Sinnlichkeit rein halten will. Zwischen den hohen idealen Ansprüchen und den sinnlichen Begierden wird sein Ich zerrissen, er sucht nach Synthesen und findet sie schließlich in der Religion, in der göttlichen Gnade; er wird Priester und überwindet so die Wollust. Weitere Anmerkungen zum Roman und zur Wollust finden sich in den Tagebucheintragungen vom 31. 3. und 22. 4. 1897.

20. 3. 1897

72 *im Luxembourg* – Musée du Luxembourg.

Félicien Rops – Belg. Maler, Radierer und Lithograph (1833–1898).

Bernini – Giovanni Lorenzo Bernini (1598–1680), ital. Bildhauer und Architekt.

Salle Caillebotte – Die Collection Caillebotte wurde 1897 im Musée du Luxembourg präsentiert und gehörte damals zu den großen Attraktionen. Der Maler und Kunstsammler Gustave Caillebotte (1848–1894) stiftete die Ausstellung. Er war finanziell unabhängig und wurde zum wichtigen Unterstützer und Wegbereiter der Impressionisten. Die Collection wird heute im Pariser Musée National d'Art Moderne gezeigt.

Parnassiens – Gruppe frz. Dichter in der zweiten Hälfte des 19. Jahrhunderts. Der Name bezieht sich auf die Anthologie »Le Parnasse contemporain«, in der die Gedichte der Mitglieder erschienen. Die Dichtung setzte auf formale Strenge, auf vers- und reimtechnische Perfektion und unpersönliche Darstellung. Vertreter waren: Ch. M. Leconte de Lisle, J.-M. de Hérédia, C. Mendès, L. Dierx. Zeitweise standen auch Ch. Baudelaire, P. Verlaine und S. Mallarmé mit der Gruppe in Kontakt.

21. 3. 1897

73 *brouillé* – zerstritten.
Lohengrin – Romantische Oper in drei Akten (1850) von Richard Wagner.
Nuitter – Charles-Louis-Étienne Truinet (1828–1899) war Rechtsanwalt und arbeitete unter dem Pseudonym Charles Nuitter als Übersetzer und Librettist.
Scala – Boulevard de Strasbourg; gehört in die Kategorie der Cafés-concerts: Cafés mit Gesangsdarbietungen oder auch kleinen Theaterstücken.
Yvette Guilbert – Die frz. Sängerin Yvette Guilbert (1865–1944). Von Toulouse-Lautrec stammen zahlreiche Porträts der Sängerin.
Mademoiselle Miette – Nicht ermittelt. Möglich ist auch ein Schreibfehler. Es gab eine Schauspielerin mit Namen Mademoiselle Minette.
74 *Prinzessin Chimay … Rigo* – Clara Princesse de Chimay (geb. Ward, 1873–1917) war von 1898 bis 1911 mit dem ungarischen Zigeunergeiger Janos Rigo (?–1926) verheiratet. Ihre Liebesgeschichte ging damals durch die Gazetten und beschäftigte jahrelang die Klatschpresse. 1902 wurde die Prinzessin wegen ihres skandalösen und unstandesgemäßen Verhaltens unter Kuratel gestellt. Es gibt zahlreiche literarische, dramatische und filmische Bearbeitungen der Liebesgeschichte. Max Schievelkamps Roman »Die Irrungen der Prinzessin Chimay« bildete die Grundlage für den Film »Im Glutrausch der Sinne« (1922) von Willy Zeyn.

22. 3. 1897

Ecole de Pharmacie …Besnard'schen Fresken – 1876–1885 von Rigaud erbaute Pharmazeutische Schule mit Standbildern Vauquelins und Parmentiers sowie Wandgemälden des frz. Malers Albert Besnard (1849–1934).
Mardi gras – ›fetter Dienstag‹ = Fastnacht, Fastnachtsdienstag.
75 *Vigne* –Gemeint ist hier Weinberg.
Volckmann – Arthur (Josef Wilhelm) Volckmann (1851–1941), Bildhauer; lebte zwischen 1877 und 1910 in Rom, wo er dem Kreis um Adolf von Hildebrand und Hans von Marées angehörte.

25. 3. 1897

76 *Maison de tolérance* – Bordell, Freudenhaus.

putain ... grande cocotte – Dirne und Kokotte. Die Kokotte war nicht nur die Frau, die mit den Männern sexuell verkehrte und sich von ihnen aushalten ließ, sondern eine Frau mit Eleganz und guten Umgangsformen.

77 *Musée Carnavalet* – Beherbergt eine umfangreiche Sammlung zur Geschichte der Stadt Paris und der Revolution.

Diva Alboni – Marietta Alboni (1823–1894); sie begann ihre Karriere als Sängerin 1843 an der Mailänder Scala, ging dann nach Wien, Petersburg, London und schließlich an die Große Oper nach Paris.

28. 3. 1897

Musée de Cluny – Beherbergt eine große Sammlung von künstlerischen und kunstgewerblichen Erzeugnissen.

Meier-Graefe – Der Kunstpublizist und Schriftsteller Julius Meier-Graefe (1867–1935). Er zählte zu den Hauptinitiatoren der Zeitschrift »Pan«. Zusammen mit dem Schriftsteller Otto Julius Bierbaum gehörte er in der Anfangszeit zum geschäftsführenden Vorstand und war Redakteur der Zeitschrift. Im September 1895 trat er von seinen Ämtern zurück. 1896 wurde er in Paris Leiter des Salon de l'Art Nouveau des französischen Kunsthändlers Siegfried Bing. 1897 gründete er zusammen mit Hugo Bruckmann die Zeitschrift »Dekorative Kunst«, die er von Paris aus leitete. Seit 1899 wurde er zu einem wichtigen Berater der Zeitschrift »Die Insel«.

78 *Vallotton* – Der Maler und Graphiker Félix Vallotton (1865–1925). Er stammte aus der Schweiz und lebte seit 1882 in Paris. Vallotton hatte mit seinen Arbeiten großen Einfluß auf Symbolismus und Jugendstil.

Albert – Der Kritiker, Schriftsteller und Übersetzer Henri Albert (eigtl. Albert Henri Haug, 1868–1921), seit 1895/96 Herausgeber von »Pan. Supplément français«.

Dr. Gensel – Der Kunsthistoriker Walther Gensel (1870–1910) verfaßte zahlreiche kunsthistorische Monographien: »Millet und Rousseau« (1902), »Velázquez. Des Meisters Gemälde in 172 Abbildungen« (1908); außerdem gab er die Zeitschrift »Kunst für alle« heraus.

Fried – Der Dirigent und Komponist Oscar Fried (1871–1941); seit 1899 verheiratet mit Gusti, der ersten Frau von Otto Julius

Bierbaum. Er setzte sich für die neue Musik ein und machte sich vor allem als Mahler- und Strauss-Interpret einen Namen. 1904 feierte er einen großen Erfolg mit der Nietzsche-Vertonung »Das Trunkene Lied« für Soli, Chor und Orchester in Berlin. Seit 1907 leitete er verschiedene Orchester in der Stadt. 1934 emigrierte er und wurde Theaterkapellmeister in Tiflis.

78 *23 Jahre alt* – Fried wurde 1871 geboren und war 26 Jahre alt, als der zwei Jahre jüngere Schmitz ihn kennenlernte.

30. 3. 1897

79 *ein vortrefflicher, neidloser Mensch* – Ganz ähnlich die Einschätzung von Stefan Zweig, der viele Jahre später, 1915, in sein Tagebuch schreibt: »Mit Oscar Fried, der tatsächlich etwas fascinierendes hat in seiner rasenden, aber heiter eingestandenen Selbstsicherheit. ›Lassen Sie mich noch 10 Minuten von mir reden, Sie wissen sonst interessiert mich nichts‹. Eine ganze Figur. Alles als Mittel gebrauchend nichts verschmähend für seine Kunst. Er geht zu den Journalisten, er schmeichelt den Redacteuren, aber er ist nicht geldgierig, nicht ruhmsüchtig im gemeinen Sinn. Seine Eitelkeit bis zum Exhibitionismus (wie er mich empfängt, splitternackt!) dabei wie alle Ehrgeizigen unerotisch, weil autoerotisch.« Tagebücher [1984], S. 241)

Oper – Auch Arthur Holitscher bezieht sich in seiner Charakterisierung Oscar Frieds auf die von OS erwähnte Oper: »Oscar Fried war da, Komponist eines Bierbaumschen Operntextes, er trug mit zynischem Berliner Witz seine traurige Armut zur Schau, betonte seine noch nicht gehörig gewürdigte Bedeutung und zeigte sein legendäres grünes Hütchen herum, ein bemitleidenswertes Ding, das sein Besitzer schandenhalber von allen Trambahnlinien Münchens hatte überfahren lassen – um das Gewissen säumiger Mäzene zu stacheln.« (Reisen [1973], S. 33) Bei dem von Oscar Fried vertonten Bierbaum-Text handelt es sich um »Die vernarrte Prinzeß. Ein Fabelspiel in drei Bildern« (Die Insel, Jg. 1, 1899/1900, H. 1, S. 42–64, H. 2, S. 158–180 und H. 3, S. 278–302). Die Komposition von Oscar Fried wurde nie aufgeführt.

Otto Julius Bierbaum – Der Schriftsteller, Herausgeber und Publizist Otto Julius Bierbaum (1865–1910). 1893 übernahm er die Redaktion der »Freien deutschen Bühne« (seit 1894 »Neue deutsche Rundschau«). Nach Konflikten mit dem Verleger S. Fischer wurde er zum Mitinitiator des »Pan« und zusammen mit Meier-Graefe zum Geschäftsführer. 1895 schied er nach einem Streit aus der Redaktion aus. Im Oktober 1899 gründete er mit Rudolf Alexander Schröder und Alfred Walter Heymel »Die Insel«. Bierbaum schrieb zahlreiche Dramen und Romane, in denen er immer wieder auch autobiographische Erfahrungen verarbeitete.

31. 3. 1897

80 *Force majeure* – Höhere Gewalt.

2. 4. 1897

Bullier – Berühmtes Tanzlokal im Quartier Latin/Notre-Dame.

81 *Munch* – Der norwegische Maler Edvard Munch (1863–1944). Im November 1892 wurden in einer Berliner Ausstellung erstmals die Werke des Malers in Deutschland gezeigt. Es kam zu einem regelrechten Skandal und zum Abbruch der Ausstellung – ein Ereignis, das den Ruhm von Munch begründen sollte. Munch lebte seit 1893 in Berlin und schloß sich dem Künstlerkreis um Strindberg an, zu dem u. a. der polnische Schriftsteller und Maler Stanislaw Przybyszewski, der Arzt und Schriftsteller Carl Ludwig Schleich, der finnische Schriftsteller Adolf Paul, der dänische Dichter Holger Drachmann und der deutsche Schriftsteller Richard Dehmel gehörten. 1896–1898 nahm Munch am Salon des Indépendants in Paris teil; er lebte in diesen Jahren abwechselnd in Berlin und Paris.

82 *»une grue arrivée«* – eine arrivierte Hure.

5. 4. 1897

83 *Dr. Graf* – Wahrscheinlich der Lyriker und Übersetzer Felix Grafe (1888–1942); er studierte Philosophie, Philologie und Kunstgeschichte in Wien und München, brach dann aber sein Studium ab und arbeitete als Bankangestellter. Grafe war viele Jahre mit Alfred Kubin befreundet. 1941 wurde er verhaftet (er hatte ein Gedicht gegen Hitler verfaßt) und im Dezember 1942 hingerichtet.

84 *Ausstellung der Indépendants* – Salon des Indépendants.

Marsfeld – Ehemals Exerzierplatz. Am 14. Juli 1790, dem ersten Jahrestag der Erstürmung der Bastille, fand hier das große Verbrüderungsfest statt, bei dem König, Nationalversammlung und Vertreter der Armee den Eid auf die Verfassung ablegten. Seit 1867 Hauptschauplatz der Weltausstellungen.

8. 4. 1897

Madame Haeck – Nicht ermittelt.

Glacial – Eisig, eiskalt.

84 *Alice Straßburger* – Nicht ermittelt.
Durand-Ruel – Der frz. Kunsthändler Paul Durand-Ruel (1831 bis 1922) führte um die Jahrhundertwende eine der bekanntesten Galerien für moderne frz. Kunst.

85 *Gutmann schreibt aus Florenz* – Erhalten haben sich die beiden Briefe vom 3./4. und 6./8. April. Es handelt sich um zwei in Gedichtform abgefaßte Briefe, der erste trägt den Titel »Legende«, der zweite ist ohne Titel. Die Kritik am Münchner Freundeskreis ist das sich durchziehende Thema der ekstatischen Verse: »Und weiter fluten der Erinnerung Wogen: / Ich lausche des verständigen Freundes Wort / zum Wandel unter ernstgewölbten Bogen. / [...] Mir aber füllte Sonnenschein den Sinn«, heißt es am Ende des Briefes vom 6./8. April (N).

14. 4. 1897

86 *sein entstelltes Gesicht* – Das bereits erwähnte rote Muttermal, das fast zwei Drittel des Gesichtes von Richard Schmitz bedeckte; vgl. Anm. *Richard* zu S. 41.
Böcklins Söhne – Der Maler Arnold Böcklin (1827–1901) war seit 1853 verheiratet mit Angela Böcklin, geb. Pasucci (1836–1915). Das Ehepaar hatte acht Söhne und drei Töchter.
Stefan George und Paul Gérardy – Der legendäre erste Besuch Georges in Paris lag zu dieser Zeit acht Jahre zurück. Im März 1889 war er in den Kreis um Stéphane Mallarmé eingeführt worden, dieser Kontakt zur symbolistischen Moderne bestimmte in der folgenden Zeit seine dichterische Entwicklung. In den nächsten Jahren versammelte George einen Kreis von jungen Dichtern um sich, der anfänglich ein loser Zusammenhang war. Paul Gérardy (1870–1933) war ein Vertreter der symbolistischen Bewegung in Belgien. 1892 lernte er George kennen und freundete sich eng mit ihm an. Gérardy beteiligte sich an den ersten sieben Folgen der »Blätter für die Kunst«. OS hatte Gérardy schon 1895 in Brüssel besucht. In »Dämon« schreibt er: »Nie habe ich wieder einen so abenteuerlichen Menschen gekannt, der so gut wie kein intimes Leben führte. Stets war er unterwegs, wußte nie vorher, wo er die nächste Nacht schlafen würde und reiste ohne Gepäck, die Taschen voller Bücher gestopft« (S. 130). Mit George hatte OS bis dato keinen persönlichen Kontakt, alle Versuche, den Meister zu sehen und zu sprechen, schlugen fehl. Am 20. März schrieb OS an Wolfskehl, daß er bei George in »sehr diskreter Form« angefragt habe, »ob er einige Stunden Zeit« hätte. Der Brief sei jedoch ohne

Antwort geblieben. Indirekt bittet er Wolfskehl, sich doch beim Meister für ihn einzusetzen. Vielleicht geht das Treffen in Paris auf die Vermittlung Wolfskehls zurück. Der Autobiographie zufolge fand die Begegnung mit George und Gérardy im Salon Vallette statt: »Eines Tages traf ich bei einem Dienstagempfang der Mme. Vallette meinen Brüsseler Bekannten Paul Gérardy. Er erwartete Stefan George, den ich erst bei dieser Gelegenheit persönlich kennen lernte.« (Dämon, S. 170) Friedrich Wolters, der Literaturhistoriker und Chronist des Dichterkreises, schreibt über dieses Begegnung: »George zog zunächst den jungen Begeisterten [OS] auch in seinen persönlichen Umgang. Er traf ihn im Jahre 1897 in Paris auf einem Dienstag-Empfang der Madame Rachilde-Vallette, bei der die Künstler sich zu treffen pflegten, machte ihn dort mit seinen Freunden bekannt und öffnete ihm bald auch die Berliner und Münchner Kreise. Seine Gedichte in den Blättern und seine Sammlung ›Orpheus‹ im Verlag der Blätter – es blieben die einzigen, welche veröffentlicht wurden – verrieten den stärksten Einfluß von George und Wolfskehl […].« (Stefan George und die Blätter für die Kunst [1930], S. 129)

87 *wir brauchen die Landschaft* – In »Dämon« heißt es: »Nur dem, der die Weite kenne, werde die Heimat fruchtbar« (S. 171).

Waclaw Lieder – Der polnische Lyriker Waclaw Rolicz-Lieder (1866–1912).

Madame und Monsieur Vallette – Der Salon des Ehepaars Vallette war in Paris eine Institution. Zu den wöchentlichen Zusammenkünften kamen die bedeutenden oder nach Bedeutung strebenden Literaten und Künstler. Wer im kulturellen Leben der Hauptstadt eine Rolle spielen und dazugehören wollte, der mußte sich hier vorstellen und zeigen. Die Dame des Hauses, Marguerite Vallette (1860–1953), publizierte unter dem Namen Rachilde zahlreiche Dramen und erotische Romane: »Les hors-nature« (1897), »L'heure sexuelle« (1898), »La tour d'amour« (1904). Im Jahre 1948 erschien ihre Autobiographie unter dem Titel: »Quand j'étais jeune«. Ihr Mann, der einflußreiche Verleger Alfred Vallette, gründete 1890 mit Jules Renard die dem Symbolismus nahestehende Zeitschrift »Mercure de France«, die mit einer Unterbrechung (1940 bis 1946) bis 1965 erschien. OS berichtet in »Dämon« von zahlreichen weiteren Personen, die er im Salon Vallette kennenlernte: so den Schriftsteller Henri de Régnier, Jean de Titan, den Dichter Paul Fort, den englischen Schriftsteller Lord

Douglas, den Zeichner Aubrey Beardsley und auch den gerade aus dem Zuchthaus entlassenen Oscar Wilde.

87 *Fanny* – Nähere biographische Daten nicht ermittelt. In »Dämon« heißt sie Fanny Zässinger: »Sie ist tatsächlich das Urbild eines Frauentypus geworden, der etwa ein Jahrzehnt lang in ganz Europa vorkam. Auf einem köstlichen kleinen Buch ›Maitresse d'Esthète‹ von Willy sah man ihre bekannte Gestalt als Titelzeichnung, und bald begegnete man nun auf Schritt und Tritt solchen unirdischen Wesen mit dem Blick ins Leere, in wie Schlangenhaut anliegendem Gewand mit die Hände bis an die Fingerwurzel bedeckenden Ärmeln.« (S. 168)

Lord Douglas – Alfred Bruce Lord Douglas (1870–1945), der englische Schriftsteller und Freund Oscar Wildes. In »Dämon« berichtet OS, daß bei einem Empfang im Salon der Madame Vallette Douglas in Begleitung des Zeichners und Schriftstellers Aubrey Beardsley (1872–1898) erschienen sei, der wenig später einem Lungenleiden erlag (vgl. S. 168). Über Douglas und Beardsley äußert sich OS auch in einem Brief an Karl Wolfskehl vom 10. Juli 1898: »Beardsley – über den Sie mich fragen – habe ich schon vor 1 ½ Jahren in Paris im [+] Stadium der Schwindsucht kennen und *außerordentlich* schätzen gelernt. Anfang dieses Jahres ist er in Cannes gestorben. […] Übrigens habe ich noch in der letzten Woche den Schlüssel seiner Werke – seine bleiche Schwester kennengelernt und zwar bei einem Lunch in dem Hause der aus der Douglas-Wilde Geschichte berüchtigten Raffaeliten.«(N) Davon wird auch in »Dämon« berichtet: »Durch Mme. Vallette besaß ich Empfehlungen an den ehemaligen Kreis Oscar Wildes. Bei einer Gesellschaft führte ich die ihrem Bruder Aubrey sehr ähnlich sehende Miß Beardsley zu Tisch, die vor kurzem zusammen mit ihm zum Katholizismus übergetreten war.« (S. 204) Bei dieser Gelegenheit, schreibt OS, habe er die Auffassungen dieses Kreises über Wildes Homosexualität im Tagebuch festgehalten (S. 205). In der Typoskriptfassung haben sich diese Eintragungen jedoch nicht erhalten.

»La vie anglaise est bien triste n'est-ce pas?« – Das englische Leben ist traurig, nicht wahr?

»La vie est triste partout« – Das Leben ist überall traurig.

17. 4. 1897

88 *C'est si rarement … voisinage* – Ich gehe so selten ins Parkett, und wenn ich einmal dort war, hat man sich nicht über meine Anwesenheit beklagt.
pour épater le bourgeois – um den Bürgerschreck zu spielen.
Richard Perls – Der Dichter Richard Perls (1873–1898), der im Alter von 25 Jahren starb. Er kam aus einer wohlhabenden Breslauer Bankiersfamilie. In München studierte er zunächst Physik, dann beschäftigte er sich mit Nietzsche und Schopenhauer. Über Klages lernte er 1895 Stefan George kennen und wurde ein enger Mitarbeiter der »Blätter für die Kunst«. Die Wirkung von Perls muß überwältigend gewesen sein. Kaum einer aus dem damaligen Kreis um George, der nicht in den höchsten Tönen von ihm sprach. Klages schreibt: »Seine Schönheit war außerordentlich, und die Intelligenzen eines Heine und Oscar Wilde zusammengenommen hätten kaum die seinige erreicht. Die Kenntnisse des Zwanzigjährigen waren so ungemein, daß er schwerlich zurückblieb hinter einem Fachmann für Literaturgeschichte oder Philosophie oder Physik oder Mathematik (!). Er besaß eine große mehrsprachige Bücherei, in der sich neben den französischen symbolistes und parnassiens z. B. eine Gesamtausgabe Schellings oder aber auch die neuesten Werke über hohe und höchste Mathematik befanden.« (Zit. n. Schröder, Klages [1966], S. 196)

19. 4. 1897

89 *Perls … in wahrhaft schrecklichem Zustand* – In »Dämon« gibt OS eine genaue Schilderung des abendlichen Diners: »Ferner war Richard Perls anwesend, ungewöhnlich schön und der begabteste in dem damaligen Kreis um George, schon in den letzten Stadien des Morphinismus, dem er bald in München erlag, in dem Wahn, man wolle ihn kreuzigen, womit er sich schließlich dem Arzt gegenüber einverstanden erklärte, falls nur die Nägel gehörig desinfiziert würden. Wenn es einen Menschen in Deutschland gab, der das wirklich verkörperte, was man damals ›*fin de siècle*‹ nannte, so war es dieser an Huysmans und Baudelaire, Verlaine und Mallarmé genährte, hoffnungslose junge Mensch, der lebte und dichtete: ›folgend dem Gott auf verbotener Spur …‹« (S. 171). OS veröffentlichte zusammen mit George und Wolfskehl in den »Blättern für die Kunst« einen »Gedenkspruch für Richard Perls: Sapphische Ode« (1899, IV, H. 3, S. 67).

89 *Gedicht* – Gutmann schickte im Brief vom 3./4. April das Gedicht »Legende« (N).
Sceaux – Damals ein Städtchen von 5000 Einwohnern, auf einem Hügel gelegen; ein beliebtes Ausflugsziel.
zwei Gedichte – Die Gedichte an »Blanche« wurden zuerst veröffentlicht in »Wiener Rundschau«, 1, II (1897), S. 526 (wiederabgedruckt in Orpheus, S. 70–73).
»Ich … Sonnentagen« – Die erste Zeile des Gedichts lautet: »Ich liebe Dich, wie eine weiße Blume«. Die Zeile »Das lichte Birkengrün an Sonnentagen« ist in den Gedichten an »Blanche« nicht nachweisbar.

22. 4. 1897

90 *diese Daten* – Amaury, der fiktive Erzähler, betreibt die Analyse einer Leidenschaft, eines Lasters, er sieht sich als Spielball zwischen göttlichen und dämonischen (teuflischen) Kräften. Mit dem eigenen Willen, aber auch mit magischen Mitteln versucht er die dämonischen Heimsuchungen zu bannen. Immer wieder setzt er sich Daten und Tage, an denen er rein und befreit von seinen Neigungen leben will; vgl. Saint-Beuve, Volupté, S. 112 f. (Kap. 7). Am Ende kommt Amaury zu dem Schluß, daß es nur einen Weg gibt, Seele und Sinnlichkeit miteinander auszusöhnen und sich im Innersten zu heilen, nämlich durch den intimen Glauben an das eherne göttliche Gesetz; vgl. S. 288 f. (Kap. 21).

24. 4. 1897

91 *Miché* – Eigentl. Lump, Zuhälter; hier auch im Sinne von Freier.
Apulejus – Apuleius, (um 125 – um 180), röm. Schriftsteller. Sein Hauptwerk ist der Roman »Metamorphosen«, in 11 Büchern (um 170), der auch unter dem Titel »Der goldene Esel« bekannt ist. Erzählt wird die Verwandlung eines jungen Mannes in einen Esel und seine Erlösung durch die Göttin Isis. Apulejus und Petron (vgl. Anm. *Petronius* zu S. 152 und Anm. *Petron … Giton* zu S. 198) gehörten lange Jahre zur bevorzugten Reiselektüre von OS.

26. 4. 1897

C'est joyeux, riant – Es ist lieblich, heiter.
92 *maîtres galants* – Gentlemen, Männer mit Manieren, Libertins.
Corot – Der Maler und Graphiker Camille Corot (1796–1875). Er entwickelte in seinen poetischen Landschaftsdarstellungen und seinen weiblichen Bildnissen einen atmosphärischen Stil feinster Farbabstufungen.

92 *Ville-d'Avray* – Kleiner Ort in der Nähe von Sèvres, an der Straße nach Versailles gelegen. In Ville-d'Avray findet sich auch ein Denkmal für den Maler Camille Corot, der hier, im Landhaus seines Vaters, viele Sommer verlebte. Zahlreiche Gemälde sind in dieser Landschaft entstanden.
»Duftlos war das Laub gesprossen …« – So nicht zuzuordnen.
Manufacture de Sèvres – Die berühmte Porzellanmanufaktur in Sèvres, 1738 von den Brüdern Dubois in Vincennes gegründet, 1756 nach Sèvres verlegt. In »Dämon« erinnert sich OS an diesen Ausflug, den er zusammen mit Blanche machte: »Im Park überraschte uns ein Gewitter, vor dem wir in die Porzellanfabrik flüchteten. Als wir wieder hinaustraten, war der ganze Park in Düften gebadet.« (S. 171 f.)

29. 4. 1897

93 *Mademoiselle Burassa* – Nicht ermittelt.
Heiratsannoncen – OS hat (vgl. Tagebuch, 12. 5. 1897) auch selbst eine Annonce aufgegeben. Dazu schreibt er in »Dämon«: »Nachdem ich mich mit dem Vokabular dieser ›Petite Correspondence‹ einigermaßen vertraut gemacht hatte, annoncierte ich selbst als *›jeune littérateur étranger‹* und erhielt zweiundzwanzig Briefe, von denen ich zwanzig beantwortete. Das ergab während einer Woche drei Rendezvous täglich.« (S. 163) Solche Heiratsannoncen aufzugeben war in den Kreisen der Pariser Lebemänner offenbar gang und gäbe. Von dem Frauenheld Henri-Pierre Roché, der 1906 OS und Franz Hessel kennenlernte, heißt es, daß er über solche Heiratsannoncen zahlreiche Frauenbekanntschaften machte; vgl. Flügge, Gesprungene Liebe (1993), S. 26. Auch in Rochés Roman »Jules und Jim« ist von einer solchen Annonce die Rede. Jim (Roché) motiviert seinen Freund Jules (Hessel) dazu: »Mit Jims Unterstützung gab er in einer großen Tageszeitung unter der Rubrik ›Heiraten‹ eine Annonce auf. Es meldete sich unter anderen eine anständige und ansehnliche kleine Juliette, um Jules kennenzulernen. Ihre weißen Strümpfe, ihre niedlichen Lackschuhe, ihr gradherziger und lebhafter Blick, das präzise Tick-Tack ihres Köpfchens entzückten Jules. Sie gingen zu dritt ins Theater.« (H.-R. Roché, Jules und Jim [1983], S. 35)

94 *Bourget »Physiologie de l'amour moderne«* – Das Werk des frz. Schriftstellers und Journalisten Paul Bourget (1852–1935) erschien 1891 (dt.: Physiologie der Modernen Liebe). OS bezieht sich bei den Unterscheidungen besonders auf die ersten Kapitel:

»Die Ausgeschlossenen«, »Der echte und der unechte Frauenliebling«, »Vom modernen Liebhaber«. Bourget gehörte zu den bedeutendsten Vertreter des psychologischen Realismus in Frankreich. Mit seinen kulturkritischen Essays übte er großen Einfluß auf die Literatur der Décadence aus.

30. 4. 1897

95 *Willy Pastor* – Der Schriftsteller Wilhelm (Willy) Pastor (1867 bis 1933). Um 1900 gehörte er eher zum linken Spektrum, entwickelte sich dann zu einem national-völkischen Schriftsteller.

2. 5. 1897

Fried ... die Intimität aufgeben – Die Beziehung zu Fried blieb zwiespältig. Bei Wolfskehl fragte OS am 5. Juni 1897 brieflich an: »Ist es wahr, daß Sie mit einem Musiker namens Oscar Fried in Berlin fast täglich verkehrt hätten? Selbiger behauptet es: Mir indes will es ein Weltwunder scheinen (übrigens hat er sehr viel Talent.) – « (N)

4. 5. 1897

96 *Malerin Marie St.* – Nicht ermittelt.

97 *»Ah que c'est beau la nature«* – Ach, wie schön ist doch die Natur.

7. 5. 1897

Witwe Herwegh's – Emma Herwegh, geb. Siegmund. Im März 1843 heiratete sie den Dichter des Vormärz Georg Herwegh (1817 bis 1875), mit dem sie zeitweilig in Paris lebte. OS schreibt in »Dämon«: »Nichts an der dünnen kleinen Greisin gemahnte mehr an das kecke Wesen, das vor fünfzig Jahren in schwarzen Samthosen und roter Jakobinermütze den badischen Aufstand mitgemacht hatte, es sei denn ihr maßloser Haß gegen das Hohenzollernsche Deutschland.« (S. 165)

Ary Scheffer-Manier – Nach dem niederländisch-französischen Maler Ary Scheffer (1795–1858). Er malte einfache Genrebilder in besonders weicher Stimmung, die das Publikum begeisterten. Die Szenen entnahm er zunächst der Zeitgeschichte, später bezog er sich in seiner Malerei vor allem auf Werke der Dichtung.

Mme Vivier – Nicht ermittelt.

meiner französische Broschüre über die deutsche Kultur – Eine Veröffentlichung ist nicht nachzuweisen.

germanischer Typus – In »Dämon« folgt in diesem Zusammenhang eine Bemerkung über das »Deutschrassige«: »Der Mensch von germanischer Substanz mit romanischer Form würde als Typus selbst den Engländer übersteigen, dessen Form die Herkunft aus trübem Puritanismus oft noch durch die glänzendste Weltlichkeit und Vornehmheit verrät.« (S. 166)

98 *c'est tout ce qu'il y a de plus parisien* – etwas Pariserischeres gibt es nicht.

12. 5. 1897

Jeune homme … union serieuse – Junger Mann aus guter Gesellschaft, Literat, groß, brünett, sucht Bekanntschaft mit einer zärtlichen, gut erzogenen, hübschen jungen Frau für eine ernste Verbindung.

99 *Arthur Nikisch's* – Arthur Nikisch (1855–1922); seit 1895 Dirigent des Leipziger Gewandhausorchesters und des Berliner Philharmonischen Orchesters.

»une continuelle débauche« – eine anhaltende Ausschweifung.

Jean Dayros – Der frz. Schriftsteller Jean Dayros(1865?–1937). Im Jahre 1898 erschien von ihm: »Complainte de la vie en vert. Asinthe et passants«.

de s'encanailler – sich in schlechte Gesellschaft begeben.

14. 5. 1897

100 *Marie Louise Conty* – Nähere biographische Daten nicht ermittelt. In »Dämon« beschreibt OS seine Geliebte (dort heißt sie Francine) als »eine sehr charakteristische Pariserin, zu der mich ›Fortunio‹ führte, und bei der ich heimlich mein Herz überreden wollte, endlich das Glück zu finden, ohne welches ich glaubte, nicht länger leben zu können: die Geliebte, die Seele und Sinne zugleich fesselte […]. Zunächst entsprach sie äußerlich ganz meinem Traum von der lateinischen Frau: tief brünett, schlank, elegant nicht nur in der Kleidung, sondern auch in den Gebärden und der Ausdrucksweise. […] Mit den eigentlich literarischen Kreisen hielt sie Fühlung, gehörte aber glücklicherweise nicht eigentlich dazu. Sie war die Witwe eines in der Industrie tätigen Mannes, der ihr genug hinterlassen hatte, um in der Nähe des Bois de Boulogne mit einer alten Kinderfrau, die jetzt Kammerjungfrau war, ein kleines Erdgeschoß zu bewohnen und sich gut zu kleiden. […] Sie erklärte sich bereit, im Herbst mit nach Deutschland zu kommen, wo wir uns einfach als verheiratet ausgeben wollten.« (S. 172 bis 174). OS ist in den kommenden Wochen bestrebt, seine Freunde darüber zu informieren, daß er kurz vor der Hochzeit steht bzw.

bereits geheiratet habe. In einem Brief an Karl Wolfskehl schreibt er: »Ich bin nun fast 4 Monate hier und gedenke demnächst auf's Land zu gehen, in die Nähe von Fontainebleau. [...] Das Ergebnis meines Aufenthaltes ist in erster Linie meine – Verheiratung. Meine letzte Junggesellenneugier war gestillt, nachdem ich einige Zeit in Paris gelebt hatte, warum also nicht mich für einige Zeit binden. Sie werden vor Schrecken erbleichen, wenn ich Ihnen sage, daß meine Frau bis vor kurzem Schauspielerin an der Vaudeville war ... eine Pariser Schauspielerin als Frau eines *deutschen* Dichters (denn ich habe hier stark den Germanen in mir entdeckt.) aber sie ist so unpariserisch wie möglich. Nur insofern ist sie französisch, daß sie gebildet ist ohne ›littéraire‹ zu sein, wie die Berlinerin.« (5. 6. 1897, N) Einigen Briefen an OS ist zu entnehmen, daß er sich als verheiratet ausgegeben hat. Paul Stern übermittelt am 4. 6. 1897 aus Rom Glückwünsche zur Hochzeit: »Ich bin begierig Ihre junge Frau kennen zu lernen und bitte, Ihr meine besten Empfehlungen zu übermitteln.« (N) Carlo Philips schreibt in einem Brief vom 11. 6. 1897, daß OS nun für seine »Kinder eine Wiege« gefunden habe: »Ich bitte übrigens, Ihre Ehegenossin herzlich von mir, dem Germanen, zu grüßen.« (N)

102 *Cerebralität* – Ein zentraler Begriff für OS und für die gesamte kulturkritische Diskussion um 1900. Die Zerebralisierung, die Vergeistigung, wurde als eines der Hauptübel der Moderne angesehen, sie wurde für den Verlust der Unmittelbarkeit, die Zunahme an Lebensferne, den Entzug wirklicher Erfahrungen verantwortlich gemacht. Während die Zerebralisierung eine geistige Entfremdung, eine Degeneration bezeichnen sollte, hielt man an der Intellektualität, dem intellektuellen Denken durchaus fest; vgl. Anm. *»Axël« von Villiers de L'Isle-Adam* zu S. 112.

18. 5. 1897

Hermann – Der Maler und Graphiker Paul Hermann (Pseudonym Henri Héran, 1864–nach 1944). Er war ein Neffe des Dichters Paul von Heyse, der auch für seine Erziehung sorgte. Hermann sollte Architektur studieren, begeisterte sich aber schon früh für die Malerei und machte sich selbständig. 1893 reiste er nach New York und steuerte zahlreiche dekorative Arbeiten und Bildnisse zur Weltausstellung bei. 1895 ließ er sich in Paris nieder. Um Verwechselungen mit dem ebenfalls in Paris lebenden Elsässer Maler Herman Paul zu vermeiden, nannte er sich von nun an Henri

Héran. In Paris lebte der Maler elf Jahre, hier kam er in Kontakt mit Munch, Strindberg, Oscar Wilde u. a. In dieser Zeit entstanden dekorative Wand- und Deckenbilder, ab 1896 auch Graphiken. OS schreibt über den zeitweiligen Freund: »Der derbe, rothaarige Kraftmensch war als ›*ours allemand*‹ unter den jungen Franzosen wohl gelitten. Bisweilen brachte er auch Edvard Munch, den norwegischen Maler mit, der Nächte hindurch wie geistesabwesend unter uns saß.« (Dämon, S. 176) Paul Hermann hatte schon früh Kontakt mit Stefan George. Bei seinem ersten Pariser Aufenthalt wohnte George zufällig in derselben Pension. Der Maler versuchte George für Manet, Monet und Renoir zu interessieren, »stieß aber«, wie Robert Boehringer schreibt, »auf Widerstand. Der Dichter wehrte sich gegen diese Maler des ›bürgerlichen Zeitalters‹ und sah in ihren Werken eine Auflösung der Kunst« (R. Boehringer, Mein Bild von Stefan George [1967], S. 80).

20. 5. 1897

104 *Hermanns … Freund Paul Contard* – Edvard Munch hat 1897 ein Doppelporträt des Freundespaars gemalt. Zu Paul Contard waren nähere biographische Daten nicht zu ermitteln. In »Dämon« schreibt OS, er habe sich besonders »mit einem jungen Mediziner, der gerade vor dem Examen stand« (S. 177), angefreundet. »Es war ein mittelgroßer Mensch mit eckig geschnittenem schwarzen Vollbart, einem ironischen Mund, lebhaften Augen und einer hohen, weißen, klaren Stirn, die innere Heiterkeit ausdrückte. Diesem Äußeren entsprach sein Wesen. Er hatte ziemlich wild mit Frauen gelebt und jetzt machte er, wie er sagte, einen bewußten Zerebralisierungsprozeß durch, der ihn zur rosenkreuzerischen Magie führte.« (S. 177 f.) Hector (Paul Contard) wird bei diesem ersten Aufenthalt in Paris zum Freund und »Führer durch gewisse Pariser Milieus« (S. 179).

23. 5. 1897

105 *schmerzhaftes Leiden* – In »Frauen« ist einmal von einem »Frauenleiden« (S. 295), ein andermal von einer »Nervenkrise« (S. 296) die Rede: »Sie scheint dabei den Verstand zu verlieren, wirft sich auf die Chaiselongue, stößt Töne aus wie ein verwundetes Tier, die *femme de chambre*, Pauline, kommt herein, besprengt sie mit irgendeiner Essenz, nach einiger Zeit krampft sie die Hände zusammen, schlägt die Augen auf und flüstert mir ein zärtliches Wort zu« (S. 296).

29. 5. 1897

105 *Marlotte … Stuart Merrill und Point* – Marlotte, kleines Städtchen am südlichen Teil des Waldes von Fontainebleau, um 1900 berühmte Malerkolonie. Hier wohnte auch der amerikanisch-frz. Lyriker Stuart Fitzrandolph Merrill (1863–1915), der sich mit seiner Dichtung und seinen Übersetzungen für den Symbolismus einsetzte. Armand Point (1861–1932) war ein mit ihm befreundeter symbolistischer Maler.

ich liebe sie nicht – In Briefen an Freunde und Bekannte hat OS sich anders geäußert und die Heiratslegende aufgebaut; vgl. Anm. *Marie Louise Conty* zu S. 100.

10. 6. 1897

107 *Excursionen in die abgelegensten Viertel* – OS schreibt in »Dämon«, daß Contard ihn »in die eigentlichen Tiefen von Paris, in das Leben der Verbrecher, Zuhälter und eigentlichen Dirnen« (S. 180) hätte blicken lassen. Die Exkursionen mit Contard »in den abliegenden Vierteln von Paris« hat OS auch mehrfach fiktional aufbereitet, so in der Novelle »Der Fischzug« (in: Gläserner Gott, S. 7–87): »An Sonnabenden fuhren sie auf der Imperiale eines Omnibus hinaus und blickten durch die offen stehenden Fenster in die petits menages der Vorstadt. Bisweilen besuchten sie nachts ein Wirtshaus, das einen weiten Schlafsaal hatte; an den Wänden waren zinoberrot mit wildem Pinsel pathetische Verbrechen und frivole Begattungen gemalt, den Kopf in die auf dem Tisch ruhenden Arme vergraben und schliefen, drei Stunden für einen Sous, fünf Stunden für 2 Sous. Um 2 Uhr wurden ›die Halben‹ geweckt und vor Müdigkeit stöhnend hinausgetrieben.« (S. 29 f.) Die Eindrücke vom Schlafsaal für Obdachlose stehen im Mittelpunkt der Novelle »Der Schlafhändler« (1907, in: Pepinster, S. 29–37).

108 *animische* – Wortschöpfung, die sich auf die frz. Wörter animation/animer bezieht: Belebung, Lebhaftigkeit/beseelen, beleben.

Niemals bezahlt er eine Frau – In »Der Fischzug« heißt es sogar, daß die Frauen sich geradezu beleidigt fühlten, wenn Contard (Hector) ihnen Geld für Liebesdienste geben wollte: »Was sagst Du da? Für mich? Schämst Du Dich nicht ein Weib zu bezahlen? Bist Du ein Schlappschwanz, ein Miché, ein Bürgersöhnchen?« (S. 29)

109 *»copain«* – Kamerad, Kumpel.

16. 6. 1897

109 *Davray ... Haschisch geraucht* – Der Schriftsteller, Übersetzer und Kritiker Henry D. Davray (1873–1944). Die Haschisch-Szene im Salon wird auch in »Frauen« geschildert (S. 292). Nur ist es hier nicht die Gastgeberin, Louise Davray, die Schmitz im Nebenzimmer küßt, sondern Marie Louise Conty (im Roman: Marie-Louise Chevalier). Zum Haschisch-Rauchen schreibt OS in »Dämon«: »Man war dekadent und wollte es sein. Meine Freunde sagten von der Literatur: *Tout est dit, il n'y a plus rien à dire.* So flüchteten sie sich in Mystik und Magie und nicht selten wurde zu gefährlichen Berauschungsmitteln gegriffen wie Opium und Haschisch. Diese Dinge habe ich in meinem Novellenband ›Haschisch‹ geschildert, dessen früheste Teile in jener Zeit entstanden.« (S. 192) Die phantastischen Erzählungen unter dem Titel »Haschisch« sind 1902 erstmals erschienen. Für die 4. Aufl. 1913 fertigte A. Kubin 13 Zeichnungen an. Der Erzählzyklus beginnt mit »Der Haschischklub«, der an den 1841 gegründeten »Club des Haschischins« erinnert, zu dessen Mitgliedern Théophile Gautier gehörte und dem auch Baudelaire nahestand. Das Konsumieren von Haschisch wurde damals unter den Pariser Bohemiens zur Mode. Um 1900 hatte die Droge wieder Konjunktur. Vor der Banalität des wirklichen Lebens flüchtete man sich in die ›künstlichen Paradiese‹. In »Der Haschischklub« heißt es: »Ich beschloß [...] durch eine leichte Haschischdosis nur die Sinne zu verfeinern, die Hemmungsvorstellungen des oft ungerufen tätigen Intellekts zu beseitigen, kurz, ein gesteigertes Lebens zu genießen. [...] Es schien mir selbstverständlich, wie nun alles aufglühte. Das war die eigentliche Farbe des Lebens. Vorher hatten die Dinge geschlafen.« (Haschisch, S. 29)

»Maia« – »Orpheus« (S. 80–84), mit der Widmung: »An Paul Contard«.

110 *Flaubert, La tentation de St. Antoine* – Gustave Flaubert bezeichnet seinen Roman »La Tentation de Saint-Antoine« (dt.: Die Versuchung des heiligen Antonius) als Werk seines Lebens. Die erste Veröffentlichung stammt aus dem Jahre 1874, die früheren Versionen von 1849 und 1856. Erzählt wird die Antonius-Legende, die Geschichte vom einsamen Mönch, der sich vollkommen der Askese unterwirft und ein eremitisches Dasein führt, in seiner Phantasie jedoch türmen sich die Versuchungen und sinnlichen Verlockungen, die er niederzukämpfen versucht.

17. 6. 1897

110 *Duse* – Die ital. Schauspielerin Eleonora Duse (1858–1924), eine der bedeutendsten Tragödinnen um 1900. Von 1894 bis 1904 Liebesbeziehung zu Gabriele D'Annunzio. Die Duse führte in dieser Zeit durch ihre Schauspielkunst die Dramen des Dichters zum Erfolg.

D'Annunzio, Sogno di una notte di primavera – Das Drama »Sogno d' un mattino di primavera«, das am 15. Juni 1897 im Théâtre de la Renaissance uraufgeführt wurde.

Rossetti ... Burne-Jones – Der englische Maler und Dichter Gabriel Dante Rossetti (1828–1882), Mitbegründer und Kopf der Präraffaelitenbruderschaft (1846/47). Die Bruderschaft zog bedeutende Maler und Ästhetiker an, so in den fünfziger Jahren Burne-Jones (1833–1898). Das Ziel der Bruderschaft war eine Rückkehr zu Einfachheit, Schlichtheit, Wahrhaftigkeit – Prinzipien, die man in der italienischen Kunst vor Raffael verwirklicht sah. Die englischen Präraffaeliten entwickelten sich zu einer ästhetischen Reformbewegung. Für Rossettis Malerei wie für seine Dichtung sind Formbewußtsein und ausschweifender Schönheitskult gleichermaßen von Bedeutung. Mit dem »Leiden der Décadence« spielt OS auf den Ästhetizismus von Rossetti an, der Walter Horatio Pater und Oscar Wilde beeinflußt hat.

Goldoni La Locandiera – »La Locandiera« (1752, dt.: Die Herbergswirtin), Prosakomödie in drei Akten des ital. Dramatikers Carlo Goldoni (1707–1793).

20. 6. 1897

111 *Krischna oder Ardschuna* – Anspielung auf die Dialoge zwischen Krischna und Arjuna über den richtigen Weg zur Erlösung in der »Bhagavad-Gita«.

21. 6. 1897

zwischen Arabern – Den Wunsch von Marie-Louise Conty greift OS auch in »Dämon« auf: »Sie träumte von weißen Balkonen unter ewig blauem Himmel, wie sie sie in ihrer Kindheit in Algier gehabt, wo sie sich jedoch auch gelangweilt hat.« (S. 173). In »Frauen« heißt es: »Das Neueste ist, daß Marie-Louise mit mir nach Algier fahren möchte, um auf dem Dach eines weißen Hauses, in ein weißes Gewand gehüllt, nachts die Sterne betrachten zu können.« (S. 297) In ähnlicher Formulierung erscheint der Wunsch im Tagebuch, 24. 5. 1906, diesmal im Zusammenhang einer geplanten Reise mit Franz Hessel: »O, wenn ich erst mit dem Franzl auf den Dächern von Cairo oder Damaskus sitze!«

22. 6. 1897

112 *»qui sentent la vieille graisse«* – die nach ranzigem Fett schmecken.

meine Novelle Klara – Nicht ermittelt.

Eos – »Eine Dichtung« (1898).

(und ... 1924 noch gelten lasse) – Im Vorfeld der Niederschrift der dreibändigen Autobiographie, dessen erster Band (»Die Geister des Hauses«) 1925 erschien, hat OS das 1911/12 erstellte Typoskript noch einmal durchgesehen und zum Teil mit handschriftlichen Anmerkungen versehen, die allerdings in der Regel nicht datiert sind.

23. 6. 1897

»Axèl« von Villiers de L'Isle-Adam – Bei dem Werk »Axèl« des Schriftstellers Philippe Auguste Graf von Villiers de L'Isle-Adam (1838–1889) handelt es sich um ein monumentales Drama in vier Akten, das 1890 postum erschien und vier Jahre später in Paris seine Uraufführung erlebte. Im Mittelpunkt des Stückes stehen Axèl und Sara, die sich den Normen der Realität verweigern und aus der Wirklichkeit in eine fiktive Zeit, in eine Kunstwelt fliehen. Weltverneinung, Verachtung der banalen Wirklichkeit, Ekel vor der Sexualität, ästhetische Aggression und eine lustvolle Todesmystik sind bestimmende Determinanten in diesem Drama des Fin de siècle. In »Frauen« heißt es über »Axèl«: »[...] ein mystisches Buch, das in der reinen Intellektualität die Erlösung vom Leiden des Fleisches erblickt, alles mit katholischem Hintergrund. Solange man das Fleisch noch nicht besiegt hat, predigen diese Leute, möge man ihm in jenen Häusern opfern, um dann den Geist zu neuen Erhebungen frei zu haben. Diese Opfer sollen immer seltener werden, bis sie schließlich ganz aufhören. Wirkliche Liebe und gar Ehe dagegen reiße uns für immer in die Materie hinab. Der Schoß der Frau ist ihnen Symbol für alles Herabziehende, Irdische, Böse.« (S. 297) Gleich nach der Lektüre schrieb OS an Wolfskehl und gab ihm den Rat, das Buch unbedingt zu lesen (2.7.1897, N). Erst nach dem Studium von »Axèl« habe er verstanden, was Contard »mit Zerebralisierung meinte, nämlich Vergeistigung, die er freilich nicht scharf genug von der Intellektualisierung schied« (Dämon, S. 178).

Ibsens Komödie der Liebe – Henrik Ibsens Komödie in drei Akten (1873).

Théâtre de l'Œuvre – 1893 als Theater der Symbolisten gegründet, in der Rue de Clichy.

24. 6. 1897

113 *Akédysséril* – 1885 erschienener Roman von Villiers de L'Isle-Adam.

2. 7. 1897

Barbey d'Aurevilly, La vieille maîtresse – »Une vieille maîtresse« (1851, dt.: Eine alte Geliebte) des frz. Schriftstellers Jules Barbey d'Aurevilly (1808–1889). Barbey d'Aurevilly war überzeugter Katholik und Royalist, er trat als Dandy und Exzentriker in Erscheinung. Viel beachtet wurde seine 1845 veröffentlichte Studie »Du Dandysme et de Georges Brummell«. Er schrieb Romane, in denen Mystik und Gewalt, das Böse und das Triebhafte eine große Rolle spielten. Anatole France merkte über ihn an: »Er bekannte seinen Glauben bei jeder Gelegenheit, aber er bekannte ihn besonders gern aus Blasphemie. Die Ruchlosigkeit wirkte bei ihm wie eine Ergänzung zum Glauben. Wie Baudelaire verehrte er die Sünde. Von den Leidenschaften kannte er lediglich die Maske und die Grimasse. Er hielt sich am Sakrileg schadlos, und es gab niemals einen Gläubigen, der Gott mit so viel Eifer beleidigte. [...] Er hätte so gern Verbrechen begangen, weil Verbrechen so hübsch anzusehen sind; aber er blieb der liebenswürdigste Mensch der Welt und sein Leben war fast mönchisch.« (Zit. n. M. Praz, Liebe, Tod und Teufel, S. 274)

115 *der Dämon wieder da* – In seiner Autobiographie schreibt OS: »Es begann leise eine Nervenzerrüttung. Ich schlief schlecht und erwachte oft in Tränen, denn ich hatte von meinen toten Eltern geträumt. [...] Der ganze Zustand hat für mich heute, wenn ich daran zurückdenke, etwas wie Besessenheit durch Dämonen, die mich hinderten, zu mir selbst zu kommen, indem sie mir in allen Höhen und Tiefen Lichter vorgaukelten, nach denen ich in aufgeregter Begierde griff, ohne sie fassen zu können.« (Dämon, S. 184f.) Ein Auslöser für die Wiederkehr der Dämonenangst bei OS in den letzten Junitagen war wohl die Erforschung seiner Herkunft, seiner ›halbjüdischen‹ Wurzeln, die er von nun an mit immer größerer Aufmerksamkeit und mit zunehmendem Selbsthaß betrachtete. In einem Brief, den OS am Tag der Tagebucheintragung (2. Juli) an Wolfskehl schrieb, heißt es: »Ich sondere in den dunklen Gründen meiner Abstammung, die unter den Grillen des Gottes von Israel leben. Aus eigener Wahl erbaute Tempel wollten stürzen, sind aber nun um so fester gebaut. Ich kann heute nichts mehr sagen.« (N)

5. 7. 1897

115 *Mallarmé's ... »Frisson d'hiver«* – In dem Prosagedicht »Frisson d'hiver« (1893, dt.: Winterfrösteln) lautet die entsprechende Verszeile etwas anders: »Viens, ferme ton vieil almanach allemand« (Komm schließe deinen alten deutschen Almanach); S. Mallarmé, Sämtliche Gedichte (1984), S. 208 f.

8. 7. 1897

116 *Bhagavad-Gita* – Eines der heiligen Bücher des Hinduismus, in Dialogen zwischen Krischna und Arjuna wird die Hingabe an Gott als Erlösungsweg der Weltbejahung gelehrt.

den Wert des Instinktes – In »Frauen« heißt es dazu: »Man mag die Instinkte beherrschen, vielleicht bändigen wollen, aber ist man nicht reicher, wenn man starke Instinkte und viele Wünsche gefühlt und befriedigt hat? Ich habe nichts gegen die Reinheit, aber vorher will ich gesündigt haben.« (S. 298)

117 *Chaillet* – Nicht ermittelt.

13. 7. 1897

118 *femme honnête oder cocotte* – anständige Frau oder Kokotte.

clairvoyance – Scharfblick; auch hellseherisch.

Munch ... unter uns saß – In »Dämon« heißt es, daß Munch »Nächte hindurch wie geistesabwesend unter uns saß« (S. 176).

Benares – Stadt im indischen Unionsstaat Uttar Pradesch; heilige Stadt und meistbesuchter Wallfahrtsort der Hindus mit zahlreichen Tempeln.

119 *Dr. Primer* – Dr. P. Primer, später Prof. OS heiratete im April 1929 in dritter Ehe dessen Tochter Emeline Maria Primer.

14. 7. 1897

120 *Maman ...je m'embête* – Mama, was soll ich denn noch tun, ich langweile mich, ich gehe mir auf die Nerven, ich bin mir selbst zuwider. – In »Frauen« heißt der Satz: »Mama, ich langweile mich, je m'ennuie, je m'embête, je m'agace.« (S. 293) Von der Langeweile der Geliebten ist an vielen Stellen die Rede (vgl. Tagebuch, 16. 5. 1897). In »Dämon« wird dieser Charakterzug als besonders rätselhaft, irritierend und abstoßend geschildert (S. 173 ff.).

méchant & rosse – boshaft und gemein.

Der Herr hat's gegeben usw. – »Der Herr hat's gegeben, der Herr hat's genommen, der Name des Herrn sei gelobt!« (Hiob 1,21)

15. 7. 1897

121 *Musset, Confession d'un enfant du siècle* – Roman von Alfred de Musset, erschienen 1836 (dt.: Die Beichte eines Kindes seiner Zeit). Musset verarbeitet in diesem Roman seine gescheiterte Beziehung zu George Sand. In dem von OS erwähnten ersten Kapitel zeichnet er ein Stimmungsbild der nachnapoleonischen Ära. Der Held des Romans, Octave, trauert den verlorenen Idealen, der großen Vergangenheit nach. Weder in einer beruflichen Tätigkeit noch in der Liebe zu einer Frau findet er Erfüllung. Nach dem Tod seines Vaters verliert er immer mehr an Halt und führt das Lebens eines Dandys. Die Geschichte von Octave weist mithin einige Parallelen zu der von OS auf.

18. 7. 1897

Sumpf – Nicht ermittelt.

mit Louise eine Szene – In »Dämon« schreibt OS, daß er eines Nachmittags zu Louise ging und – in einer eher unbewußten Aktion – das Verhältnis auflöste: »Ich hatte plötzlich in aller Ruhe aussprechen können, wie leer unsere Beziehungen doch wären, daß wir in einem gegenseitigen Selbstbetrug lebten, und plötzlich hörte ich mich sagen, es sei mir unmöglich, die Reise mit ihr zu machen.« (S. 186)

20. 7. 1897

122 *»Pour ça … son pays.«* – Dafür ist er nach Frankreich gekommen, er hätte genausogut in seinem Land bleiben können.

123 *Puvis de Chavannes* – Der frz. Maler Pierre Puvis de Chavannes (1824–1898). Seine Malerei war dem Symbolismus verpflichtet, in seinen zumeist großformatigen Wandbildern griff er mythologische, allegorische und religiöse Themen auf.

30. 7. 1897

124 *Kate Greenawaytapeten* – Die engl. Aquarellmalerin und Illustratorin von Kinderbüchern Kate Greenaway (1846–1901). Viele ihrer Zeichnungen sind bereits um die Jahrhundertwende auf Porzellan, Fliesen, Tapeten und anderen Gebrauchsgegenständen kopiert worden.

Mangel an Frauen – Am selben Tag (30. Juli) schreibt OS an Wolfskehl mit einem ganz ähnlichen Tenor: »[…] aber nun haben mich diese unsäglichen häßlichen, temperamentlosen Menschen an der Table d'Hôte, die ihre Abende an einer Straßenecke verbringen, die Hände in den Hosentaschen, und eine Pfeife im Mund, die brennenden Saucen, die bitteren Compots, die tödlichen Beefsteaks und Stouts, und der vollkommene Mangel an dem, was wir Frauen nennen, in einem Zustand der Vergiftung gebracht, der mich das flüchtigste Pariser Abenteuer mit einem Schleier von Sentimentalität umkleiden läßt, den ich hoffentlich sehr bald lächerlich zu finden Humor genug besitzen werde.« (N)

4. 8. 1897

126 *Greve de Lecq* – Kleiner Ort im Norden der Insel Jersey. OS wanderte offenbar auf dem berühmten »Cliff Path« entlang der grünbewachsenen Steilküste.

10. 8. 1897

die Ballade des Ewig Wandernden – Abgedruckt in »Orpheus«, S. 52 ff., gewidmet »Dem Künstler Henri Héran«.

15. 8. 1897

127 *Kerity* – Kleiner Fischerort in der Bretagne, Süd-Finistère.

30. 8. 1897

129 *Cap Finistère* – Der äußere, westlichste Teil der Bretagne.

130 *Seladon* – Schmachtender Liebhaber.

4. 9. 1897

131 *Carnacs* – Badeort an der Südküste der Bretagne. Unweit von Carnac liegen die berühmten Steinreihen der Jungstein- und Bronzezeit: einzelstehende Menhire, Megalithgräber und ein Grabhügel aus römischer Zeit.

Maeterlinck … Grammatik – Der belg. Schriftsteller Maurice Maeterlinck (1862–1949). Er lebte seit 1896 in Paris (später auch in Südfrankreich) und gehörte mit seiner Lyrik und seinem dramatischen Werk zu den bedeutendsten Vertretern des Symbolismus. Maeterlinck wollte mit seiner Dichtung das hinter den Dingen liegende Unsichtbare in den Blick rücken, dazu benutzte er nicht nur eine komplexe Symbolik, sondern auch das Stilmittel der Einfachheit und der semantischen Unbestimmtheit, der Reihung von zum Teil disparaten oder zirkulären Sätzen und Bildern, die das Abwesende, das Geheimnisvolle, das Mystische umkreisen. Die Übungssätze der verschiedenen Grammatiken nahm OS später zum Ausgangspunkt eines Essays »Im Traumland der Grammatik« (Fahrten, S. 5–10); dort aber ohne Bezug auf den symbolistischen Dichter. Im Nachlaß haben sich hymnische Gedichte auf Maeterlinck erhalten, die 1897/98 entstanden sind: »Deine Worte gleiten / über meine Seele / öffnen helle Weiten / hüllen manchen Grund«.

13 9. 1897

131 *Ruhe gefunden* – In »Dämon« heißt es, daß die Tage mit Contard eine »zunehmende Nervenzerrüttung eine Zeitlang« (S. 188) verhindert hätten.

10. 10. 1897

132 *Familie Chevalier-Gilet* – Nicht ermittelt.

18. 10. 1897

133 *Eliphas Levi* – Der frz. Diakon, Schriftsteller und Okkultist Eliphas Levi (eigtl. Alphonse Louis Constant, 1810–1875). Er gilt als der Wegbereiter des modernen Okkultismus. Seine Werke wurden lange Zeit als Aufruf zur Gottlosigkeit und sozialen Revolution gebrandmarkt und verboten (»La bible de la liberté«, 1841, »La voie de la famine«, 1846). Zu den grundlegenden Anschauungen Levis gehört die Lehre von der Willenskraft und dem Astrallicht. Im Willen, gepaart mit der Vernunft, sieht er eine transzendierende Kraft, die den Menschen erhebt; das noch unerkannte Astrallicht ist der eigentliche Lebensstoff, eine Aura, die das menschliche Sein und das ganze Universum umspannt. Um 1900 wurden viele seiner Werke über Hellsehen und Magie wieder aufgelegt. In »Dämon« schreibt OS, daß sich alle seine Freunde und Bekannte um diese Zeit »mit Mystik und Magie befaßten, mit stark katholischem Einschlag« (S. 188).

»putain de café« – Kaffeehaus-Hure.

15. 11. 1897

La femme … le doigt de Dieu – Eine Frau, die sich zu den Klängen von Tristan und Isolde befriedigt, masturbiert mit dem Finger Gottes.

»Die Geliebte des Teufels« – Novelle in »Haschisch« (1902); vgl. Tagebuch, 12. 12. 1896.

134 *Je-m'en-foutiste* – Es ist mir völlig egal.

Prinzessin Cantacuzène – Elsa Prinzessin Cantacuzène, die spätere Verlegersgattin Elsa Bruckmann (1865–1946).

Max Vogt – Der Münchner Maler Max Vogt; nähere Daten nicht ermittelt.

27. 11. 1897

135 *Strindberg* – OS lernte August Strindberg (1849–1912) auf dem Höhepunkt einer tiefen persönlichen Krise kennen. Strindberg

selbst hat über diese Krise einen autobiographischen Bericht verfaßt: »Inferno« (1897). In der Forschung gibt es widersprüchliche Auffassungen darüber, ob es sich um einen psychotischen Zustand gehandelt hat oder ob diese Krise nicht eher eine Inszenierung war, um die eigene ästhetische Wiedergeburt einzuleiten. Über die Bekanntschaft mit dem schwedischen Dichter berichtet OS auch in »Dämon« (S. 190) und in »Einsame«. Im dem dort abgedruckten Kapitel über den »magischen Menschen« erinnert sich OS an die erste Begegnung mit Strindberg im Jahre 1897: »Der Menschenscheue ließ sich von einem gemeinsamen Freund manchmal zu mir führen, weil er gehört hatte, daß ich etwas musiziere. Nie war meine bescheidene, vernachlässigte Kunst so geehrt worden, aber er sagte, er suche nicht virtuose Leistung, das könne er ja in Konzerten haben, die er verabscheute, er möchte etwas Mozart und vielleicht ein paar Lieder hören. Er setzte sich in einen Winkel und stützte den Kopf in die Hände, und ich, damals vierundzwanzigjährig, wagte in dem dämmerigen Zimmer zu spielen.« (S. 149)

135 *Blanche* – In »Dämon« heißt es, daß eines Tages ein Brief von Blanche kam, »wie immer voll Wärme und doch zugleich vernünftig. Sie redet mich ›Mon cher Monsieur‹ und mit ›vous‹ an, wünscht nur, einmal wieder mit mir plaudern zu können [...]. Natürlich verstanden wir uns sehr schnell wieder, und so endigte diese Pariser Zeit nach den Gesetzen der Harmonielehre in derselben Tonart, mit der sie begonnen hatte.« (S. 195)

12. 12. 1897

reise mit Freude – In seiner Autobiographie schreibt OS, daß er seinen Aufenthalt abbrechen mußte, weil er »nervenkrank« geworden war, eine »Neurose« (S. 192) hatte. Die Gründe beläßt er eher im dunkeln: »Was mich in dem damaligen Paris erkranken ließ, war die in mir noch gebundene, aber schon wühlende Zukunft, die nicht erwachen konnte in einer Zukunft leugnenden Welt, aber auch nicht weiter schlummern wollte.« (Dämon, S. 192)

17. 12. 1897

136 *Martinistenorden* – Die Gründung geht zurück auf den heiligen Martin von Tours (um 316–um 400).

Tiercelin – Nicht ermittelt.

»Je connais ... en produit« – Ich kenne und bewundere eure Nation zu sehr, um nicht zu wissen, daß ihr auch nur eine lächerliche Ausnahme seid, wie jede Nation sie hervorbringt.

25. 12. 1897

137 *wirr und unklar* – In »Dämon« spricht OS davon, daß er Richard in einem »trostlosen Zustand gefunden und von ihm den nicht minder trostlosen Zustand des Familienlebens in Frankfurt erfahren hätte. Er wußte nicht aus noch ein, konnte vor allem nicht herausfinden, auf welchem Gebiet eigentlich seine Hauptbegabung lag.« (S. 196)

Otto – Der Schwager Otto Gründler.

dumme Streiche – OS berichtet in »Dämon«, daß der Schwager Otto Gründler, den die Mutter zum Vormund Tillys eingesetzt hatte, die jüngere Schwester aus dem Haus gewiesen habe, weil er mit ihrer Verlobung nicht einverstanden war. »Zur Strafe wurde die Siebzehnjährige über Weihnachten in eine Pension verbannt.« (S. 197)

»Pan« und in der »L'Ermitage« – Bei dem Aufsatz im »Pan« handelt es sich um den Artikel »Die Abendröte der Kunst« (Pan, 3. Jg. [1897], 3. Heft, S. 185–190). An Harry Graf Kessler schrieb OS am 2. 11. 1897: »[…] dürfte ich Sie vielleicht um Beschleunigung des Abdrucks meines Aufsatzes: die Abendröte der Kunst bitten […]. Es werden momentan von anderer Seite Aufsätze über Henri Héran in französischen sowie deutschen Revuen geplant und ich fände es unter allen Umständen wünschenswert sich des Rechtes zu bedienen zum ersten Mal etwas über einen Künstler veröffentlicht zu haben.« In »L'Ermitage« erschien ein Artikel, der sich mit Munch und Héran beschäftigte: »Les vêpres de l'art« (L'Ermitage, Vol. XVI, 1898, S. 207–218).

Chrysanthemum und die Weise – Beide Gedichte sind in »Blätter für die Kunst« erschienen (November 1897, IV. Folge, 1.–2. Band, S. 60 f.).

138 *Meinen Artikel über Dichtung im Pan* – »Über Dichtung«. In: Pan, 3. Jg. (1897), 1. Heft, S. 31 ff. Die Kritik im »Grenzboten« ist nicht nachzuweisen.

31. 12. 1897

spiritistische Sitzung – In »Dämon« heißt es dazu: »Ich weiß nicht mehr, wie wir dazu kamen, gerade in dieser Zeit spiritistische Sitzungen bis spät in die Nacht hinein zu veranstalten. Jedenfalls erwies sich Richard als hervorragend mediumistisch begabt, und es dauerte nicht lange, so glaubten wir die Stimmen unserer Toten zu vernehmen, die uns Lebende nur noch mehr verwirrten.« (S. 198)

23. 1. 1898

141 *Wolfskehl* – Bereits am 22. Dezember 1897 erging eine Einladung an Wolfskehl: »[...] auch ich klebe wieder an heimatlicher Scholle. Kann Sie jederzeit an meiner Tafel empfangen.« (N)
in Berlin – Gemeint ist der Berliner Freundeskreis um Stefan George, zu dem unter anderen Reinhold und Sabine Lepsius, Melchior Lechter, Georg Simmel und Richard M. Meyer gehörten. OS wird im Winter 1898/99 für einige Zeit nach Berlin fahren, um in Kontakt mit dem Kreis zu treten (vgl. Tagebuch, 29. 6. 1901).

3. 2. 1898

142 *Trübner* – Der Maler Wilhelm Trübner (1851–1917). Er lebte zunächst in München, seit 1903 Akademieprofessor in Karlsruhe und machte sich vor allem durch seine impressionistischen Landschaften einen Namen, die Slevogt und Corinth beeinflußten.
144 *Fräulein Schreiber* – Nicht ermittelt.

14. 2. 1898

deutschen Malern Schwabe und Kraus – Es handelt sich vermutlich um den Maler, Graphiker und Schauspieler Carlos Schwabe (1866 bis 1926) und den Genremaler und Restaurator August Kraus (1852–1917). Kraus war Schüler der Münchner Akademie und malte Szenen aus dem Klosterleben und Stilleben.
Stern – Der Privatgelehrte und Philosoph Dr. Paul Stern (1869 bis 1933). Er studierte und promovierte bei Theodor Lipps. 1897 erschien von ihm eine Arbeit über »Einfühlung und Association in der neueren Ästhetik. Ein Beitrag zur psychologischen Analyse der ästhetischen Anschauung«. Danach ist keine philosophische Schrift mehr nachweisbar, gleichwohl gehörte Stern zu den einflußreichen Personen in Schwabing, sein philosophisches Wissen wurde geschätzt. Er war ein enger Freund von Franz Dülberg, vor allem aber auch von Franziska zu Reventlow. Bei der Niederschrift von Franziska zu Reventlows Roman »Dames« spielte Stern eine bedeutende Rolle. Die theoretischen Ausführungen und Einlagen in dem Roman, zum Beispiel über schwarze und weiße Magie, über den Begriff des Kosmischen und der Lehre von den Seelensubstanzen, stammen im wesentlichen von ihm; vgl. die Briefe von Reventlow an Stern in: Reventlow, Briefe 1890–1907 (2004), S. 581 ff. OS war bis zur Kosmiker-Krise 1904 mit Stern befreundet, beide unternahmen sogar gemeinsame Reisen. Danach kühlte sich das Verhältnis etwas ab, es kam aber nie zum Abbruch der Be-

ziehung. Um der nationalsozialistischen Verfolgung zu entgehen, wählte Stern 1933 den Freitod.

144 *»Elegiae Benacenses«* – Abgedruckt in »Orpheus«, S. 19–23.

145 *Orpheus, Maria Magdalena* – Mit »Orpheus« ist der »Prolog« zum titelgebenden Band gemeint (S. 6–15). Das Gedicht »Maria Magdalena« ist ebenfalls dort abgedruckt (S. 37–41).

19. 2. 1898

Brescia – In der Lombardei zwischen Iseo- und Gardasee gelegen.

28. 2. 1898

146 *Gardone* – Gardone Riviera, kleine Gemeinde am Westufer des Gardasees. Auch bekannt durch die pompöse Residenz des Dichters Gabriele D'Annunzio.

Dreyfus-Affaire – Der Landesverratsprozeß gegen den jüdisch-französischen Artillerieoffizier Alfred Dreyfus (1859–1935). 1894 wurde er wegen angeblichen Verrats militärischer Geheimnisse zu lebenslänglicher Deportation verurteilt. 1899 wurde er begnadigt, 1906 freigesprochen und rehabilitiert. Die Affäre löste in Frankreich eine tiefe innenpolitische Krise aus und führte zum Aufleben des Antisemitismus. Es ist bemerkenswert, daß OS zuvor – auch während seines Aufenthalts in Frankreich – überhaupt keine Notiz von den Ereignissen nahm.

15. 3. 1898

147 *gesundere Zeit* – In »Dämon« schreibt OS, daß er in dieser Zeit in Italien »zum erstenmal die schwächliche Gefühlsschwelgerei überwand, die ich heute in den früheren Gedichten tadle« (S. 199).

Teresina – In »Dämon« heißt sie Mafalda. OS schreibt, daß er nicht geahnt habe, was in ihr vorging. »Von allen Schwestern ist sie die stillste gewesen. [...] Mafalda war die einzige verheiratete unter den Schwestern und mir in ihrer stummen marmornen Schönheit wie ein Bild ohne Gnade erschienen. Als dieser Marmor aber solche Funken sprühte, wurde ich plötzlich sehend.« (S. 200 f.)

18. 4. 1898

148 *Hier scheint ... alles häßlich* – OS hat seine im Tagebuch festgehaltenen Eindrücke in dem Essay »Der Kampf wider die Häßlichkeit« verarbeitet (1898, in: Halbmaske, S. 220–227). In einem Brief an Karl Wolfskehl vom 19. 4. 1898 schreibt er: »Hier ist alles häßlich, was das Leben an sich hervorbringt (im Gegensatz zu

Italien). Schön ist nur das, was die Gesellschaft bewußt in ihren Innenräumen hervorbringt, um sich gegen die äußere Häßlichkeit zu schützen. Diese Schönheit ist aber größer, denn irgendwo. Ich glaube, wir haben bei unseren Kulturbetrachtungen zu viel nach dem Süden geblickt. […] Wir sollten mehr nach England blikken […].« (N) OS publizierte seine Ansichten über England später in der Essaysammlung: »Das Land ohne Musik. Englische Gesellschaftsprobleme« (1914). Kurt Tucholsky empfahl das Buch, das er 1917 entdeckte, aufs wärmste: »In dem Buche […] ist vortrefflich dargelegt, was die Deutschen und die Engländer voneinander scheidet, wie grundlegende Unterschiede vorhanden sind, die sie ewig trennen. Das Buch ist lange vor dem Krieg geschrieben und das verleiht ihm seinen Wert. Wenn das Gras einmal gewachsen ist, hat's jeder gehört – aber vorher!« (GA, Bd. 2, 2003, S. 576)

4. 5. 1898

149 *Novelle Eos … in der Freien Bühne* – »Eos« (1898) erschien nicht in der »Freien Bühne«, sondern in der »Neuen deutschen Rundschau«. Die 1890 von Otto Brahm und dem Verleger Samuel Fischer gegründete »Freie Bühne« wurde 1894, als Oscar Bie die Leitung der Redaktion übernahm, umbenannt in »Neue deutsche Rundschau«.

Henry Thode – Der Kunsthistoriker Henry Thode (eigtl. Heinrich Thode, 1857–1920). Er kommt aus einer bedeutenden norddeutschen Familie. Auf einer Studienreise lernte er Richard Wagner in Venedig kennen, er befreundete sich mit der Familie und heiratete Daniela von Bülow, die älteste Tochter Cosima Wagners aus erster Ehe mit Hans von Bülow. 1910 siedelt er sich in Gardone am Gardasee an, im Ersten Weltkrieg wurde die Villa und das Grundstück beschlagnahmt. Der italienische Staat schenkte das Anwesen D'Annunzio (vgl. Anm. *Gardone* zu S. 146). Als Kunsthistoriker beschäftigte sich Thode vor allem mit der italienischen Renaissance und der Kunst um 1900. Er war beeinflußt von den Rasse-Ideologien im Umkreis Wagners und wurde im Nationalsozialismus vereinnahmt.

150 *Arthur Symons* – Der engl. Dichter und Kritiker Arthur Symons (1865–1945). In seiner frühen Zeit gehörte er zu den führenden symbolistischen Dichtern Englands. In »Dämon« schreibt OS, daß ihn Symons bei der Familie Mond eingeführt habe (S. 205). Zur Familie Mond vgl. Anm. *Familie Mond* zu S. 151.

150 *Lionel Johnson* – Der engl. Schriftsteller Lionel Johnson (1867 bis 1902). 1891 trat er zum Katholizismus über und schloß sich der keltischen Renaissance an.

Max Beerbohm – Der engl. Schriftsteller und Zeichner Max Beerbohm (1872–1956). Er war Mitarbeiter der Zeitschrift »Yellow Book«. 1898 wurde er Nachfolger von G. B. Shaw als Theaterkritiker der »Saturday Review«.

William Rothenstein – Der engl. Maler, Zeichner und Kunstschriftsteller William Rothenstein (1872–1945).

Julius Casear – Tragödie in fünf Akten (um 1599) von William Shakespeare.

21. 5. 1898

Pater – Der engl. Schriftsteller Walter Horatio Pater (1839–1894). Er stand in Kontakt mit den Präraffaeliten und war beeinflußt von J. Ruskin; sein Ästhetizismus hat besonders Oscar Wilde angeregt.

van Rooy – Der Bariton Anton van Rooy (eigtl. Antonius Maria Josephus van Rooy, 1870–1932). Seit 1894 trat er als Konzert- und Oratoriensänger auf. Auf Empfehlung von Felix von Weingartner und Cosima Wagner wandte er sich dem Bühnengesang zu und wurde einer der bedeutendsten Wagner-Sänger. 1898 sang er an der Metropolitan Opera in New York, er absolvierte Gastspiele in London, München, Brüssel und Amsterdam. Nach dem Ende seiner Sängerkarriere lebte er in München.

18. 6. 1898

151 *Familie Mond* – Der Chemiker und Industrielle Ludwig Mond (1839–1909), seit 1866 verheiratet mit Frida, geb. Löwenthal (1847–1923). In »Dämon« berichtet OS über die Einführung in das Haus und über die Familie: »Mr. Mond war bereits als Knabe nach England gekommen, hatte als Chemiker einen wissenschaftlichen Namen und als Industrieller ein großes Vermögen gemacht. Nun präsidierte der universell gebildete Mann mittags und abends einer gastlichen Tafel, in der ich bald Gelegenheit fand, Einblicke in das politische und gesellschaftliche Treiben Englands zu tun. Mrs. Mond nahm sich meiner mit mütterlicher Güte an, und durch ihre Vermittlung schneiten mir nun die Einladungen zu großen Empfängen und Einladungen auf Landsitze zum Wochenende ins Haus.« (S. 206)

Fothergill – Der engl. Maler, Zeichner, Illustrator, Arzt und Schriftsteller George Algernon Fothergill (1868–1945). Nach einem

Medizinstudium war er zunächst als Assistent an einer Nervenklinik beschäftigt, ab 1906 arbeitete er als freier Künstler.

151 *Teresina wiedergesehen* – Eine etwas andere Darstellung gibt OS in seiner Autobiographie. Er berichtet, daß er sich im Nachbarort unter falschem Namen einmietete und von seiner Geliebten eines Mittags in die elterliche Villa bestellt wurde: »Dann saßen wir verlegen beieinander und wußten nicht, was wir reden sollten. Abwechselnd kamen Mutter und Schwester herein und erhoben Vorwürfe.« (Dämon, S. 207)

152 *Petronius* – Der röm. Schriftsteller Gaius Petronius (gen. Petronius Arbiter, gest. 66 n. Chr.); Verfasser des Schelmenromans »Satyricon«.

»vie de noceur« – Leben eines Frauenhelden, eines Lebemannes.

3. 7. 1898

153 *Rivera Bironico* – Ort im Tessin, auf der Strecke zwischen Bellinzona und Lugano.

29. 6. 1901

Schöne Abendspaziergänge – Einen gänzlich anderen Eindruck vermittelt OS in seiner Autobiographie: »Hinter den Bäumen schienen noch immer die bösen Geister der Kindheit zu lauern, das Lieflamm und sein Gefolge. Nächtliche Tiere bewegten sich hie und da im knackenden Laub, unter meinen Sohlen lispelte das Waldgras.« Einmal sei er, von »namenloser Angst« ergriffen, umgekehrt und zur Landstraße zurückgerannt, »wie von Dämonen verfolgt« (Dämon, S. 214).

154 *Stefan George ... im Café Klose* – Wie der Briefwechsel mit Wolfskehl zeigt, fanden die Begegnungen mit George in der Zeit zwischen Mitte September und Mitte Oktober statt. Am 18. 10. 1898 schrieb OS: »Mein Verkehr beschränkte sich bis gestern auf Herrn George, den ich abends bei Klose traf« (N). In einem undatierten Schreiben aus Berlin hieß es dann wenig später: »Stefan George liegt wohl schon in Ihren Armen. Vorgestern Abend ist er wenigstens abgereist.« (N)

Lepsius – Der Maler Reinhold Lepsius (1857–1922). Im Haus des Berliner Malerehepaars Reinhold und Sabine Lepsius (1864–1942) verkehrte George bei seinen Besuchen in Berlin um 1900.

Lechter – Der Glasmaler und Buchkünstler Melchior Lechter (1865–1937). Im Jahre 1894 kam er in Kontakt mit George. Von 1897 bis 1907 war er verantwortlich für die graphische Ausstattung der Publikationen Georges und des George-Kreises. Die von ihm entwickelte Buchkunst betonte die Besonderheit des Kreises durch bestimmte typographische Merkmale: durch die generelle Kleinschreibung, die Verwendung einer eigens entworfenen latinisierenden Type, das künstlerische Dekor und den Buchschmuck.

154 *Simmel* – Der Kulturphilosoph Georg Simmel (1858–1918).

Professor Richard M. Meyer – Der Berliner Literaturhistoriker Richard Moritz Meyer (1860–1914). Er war der Sohn eines jüdischen Bankiers, studierte in Leipzig, Berlin und Straßburg. 1886 habilitierte er sich mit einer Arbeit über Jonathan Swift und Georg Christoph Lichtenberg. 1901 wurde er Professor für deutsche Literaturgeschichte an der Universität Berlin. Er war ein früher Propagandist des Kreises um Stefan George. Bereits 1897 veröffentlichte er einen Artikel über George: »Ein neuer Dichterkreis« (in: Preußische Jahrbücher, 1898,1, S. 33–54).

Neumann – Der österreichische Sänger und Theaterdirektor Angelo Neumann (1838–1910). Er debütierte am Theater in Krakau und ging 1862 an die Hofoper in Wien. Wegen eines Herzleidens mußte er seine Bühnenkarriere aufgeben. Von 1876 bis 1882 war er Operndirektor in Leipzig. Danach arbeitete er unter anderem in Bremen und Prag. Er widmete sich vor allem dem Werk Richard Wagners und organisierte eine große Wagner-Tournee durch Rußland.

erste Conzeption des Don Juan – OS war fasziniert von dem Stoff und stand damit nicht allein: »in den ersten beiden Jahrzehnten des 20. Jahrhunderts häufen sich Don-Juan-Adaptionen«; B. Müller-Kampel, Dämon–Schwärmer–Biedermann (1993), S. 188. Für OS war Don Juan nicht nur eine literarische Gestalt, sondern ein nachzulebendes Männlichkeitsideal. Er hielt lange an dieser Identifikationsfigur fest, die er – unter dem Eindruck seiner Casanova-Lektüre und der zeitgeschichtlichen Ereignisse – immer wieder umschrieb und neu gestaltete. So entstanden in den Jahren zwischen 1899 und 1917 zahlreiche, zum Teil unveröffentlichte Fassungen des Stoffes: »Don Juan Tenorio« (1899/1900, 125 Blatt, N), »Don Juan und die Kurtisane. Drei Szenen« (1900, veröffentlicht 1914 – auch unter dem Titel: »Die Rächerin«, 1905), »Der Herr des Lebens. Zwei Aufzüge« (1905), »Don Juanito. Komödie in vier Aufzügen« (1908), »Ein deutscher Don Juan. Komödie in drei Aufzügen« (1917).

154 *Premiere ... Hofmannsthal im Deutschen Theater* – Uraufführung des Dramas »Der Abenteurer und die Sängerin« und des Versdramas »Die Hochzeit der Sobeide« am 18.3.1899 in Berlin. In »Dämon« heißt es: »Es geschah zum erstenmal, daß ein Mitarbeiter der ›Blätter für die Kunst‹, und zwar nach George der Wichtigste, vor die breite Öffentlichkeit trat. [...] George selbst war nach Berlin gekommen und ließ sich zum erstenmal herab, ein Theater zu besuchen. Er saß verborgen in einer der rückwärtigen Logen des ersten Ranges, von einigen Getreuen gedeckt.« (S. 218)
Palazzo Zuccari – Der von dem Maler Frederico Zuccari um 1580 erbaute Palast, in dem viele Künstler wohnten. 1900 erwarb Henriette Hertz (1846–1913) das Gebäude und schenkte es 1913 als »Bibliotheca Hertziana« dem deutschen Staat; gehört heute der Max-Planck-Gesellschaft.
Daisy Neumann ... Schwester Julia – Die beiden Töchter von Angelo Neumann.
das mir heute so peinliche Erlebnis mit Else Plötz – OS beschreibt Else Plötz in »Dämon« (im Buch heißt sie Erna) als »eine große schlanke Blondine von prachtvollen Formen, dünnen Lippen und eiskalten hellgrauen ins grünliche spielenden Augen [...]. Es lag damals bei Frauen noch eine gewisse Originalität darin, sich im herben Stil der Frührenaissance zu frisieren. Erna tat dies, ehe es Mode geworden war. Die weizengelben Haare lagen fest um die Schläfen« (S. 226f.). OS kommt auch auf das »peinliche Erlebnis«, das Liebesabenteuer mit der Freundin seines Bruders, zu sprechen, wobei es ihm vor allem um eine Rechtfertigung seines Verhaltens geht. So betont er, daß Else Plötz »den um etwa sechs Jahre jüngeren Richard völlig am Gängelband« (S. 227) führte und einen schlechten Einfluß auf ihn gehabt habe. In dieser Einschätzung wurde OS auch von seinem Freund Carlo Philips bestätigt, der in einem Brief vom 22.2.1899 (N) schreibt, daß Else Plötz mit Richard »macht, was sie will«, und nur »seines Geldes wegen« mit ihm zusammen sei. Die 1874 in Swinemünde an der Ostsee geborene Else Plötz gehörte um 1900 zur Boheme in Berlin, sie wurde im Laufe ihres bewegten Lebens zur Muse ganz verschiedener Künstler und machte sich schließlich selbst zum Kunstwerk: 1896 hatte sie eine Liebesaffäre mit dem Dramatiker Ernst Hardt, dann lebte sie einige Zeit mit dem Buchkünstler Melchior Lechter zusammen, trat im Berliner Freundeskreis um Stefan George auf. 1898 lernt sie Richard Schmitz kennen und reiste mit ihm ein-

einhalb Jahre durch Italien, es kam zu der erwähnten Affäre mit OS. 1900 zog sie nach München und nahm bei dem Architekten August Endell Malunterricht, ein Jahr später heirateten die beiden. 1902 traf sie im Wolfskehl-Kreis auf den jungen Schriftsteller Felix Paul Greve, den sie nach ihrer Scheidung von Endell heiratete (1907); mit Greve lebte sie einige Zeit in den USA, 1911 trennte sich das Paar. 1913 heiratete sie den Baron Leopold von Freytag-Loringhoven in New York, ein Jahr später meldete sich ihr Mann zum Kriegseinsatz nach Deutschland. Die Baroness Elsa machte sich nun selbständig, sie arbeitete als Modell für Maler und Photographen, schrieb Gedichte und gestaltete Kunstobjekte im Stil der wenig später in Zürich aus der Taufe gehobenen Dada-Bewegung; Marcel Duchamp, Man Ray und Djuna Barnes schwärmten für die Baroness, die sich in New York mit kahlgeschorenem, rotlackiertem Kopf oder mit einem BH aus Tomatendosen provokativ in Szene setzte. OS hat einen Teil ihres Lebensweges begleitet, er lernte sie im Herbst/Winter 1898/99 im Berliner Freundeskreis um George kennen. In »Dämon« heißt es: »Sie war ein ausgesprochen hetärenhaftes, geistreiches Geschöpf, aber seit ihrer einen großen Liebe zu einem aus dem ›Kreis‹ schien ihr Gefühlsleben völlig erschöpft.« (S. 226 f.) Mit der »großen Liebe« spielt OS auf die Beziehung zu Lechter an. Wie alle im Kreis war vor allem auch Lechter von der androgynen Ausstrahlung von Else Plötz fasziniert. Ein von Lechter gemaltes Porträt zeigt sie als Orpheus. Es ist möglicherweise kein Zufall, daß OS genau um diese Zeit seinen in Berlin in Druck gegebenen Gedichtband »Orpheus« nennt. Der »Prolog« könnte durchaus auf das Bild von Lechter anspielen: »Vom Herbstesgolde feierlich umrauscht ist seiner Lust ein neues Lied entsprossen; da hat er seine Waldesruh vertauscht / [...] den Klang der Leier in der schlanken Hand wölkt nie der Hass, trübt nimmer die Begier [...].« (S. 6 f.) OS warb in dieser Zeit erfolglos um Else Plötz. Von dem »peinlichen Erlebnis« berichtet er nicht nur in »Dämon«, sondern auch in der Novelle »Klasin Wieland« (1906, in: Gläserner Gott, S. 88–160). Die im Titel genannte weibliche Hauptfigur ist niemand anderes als Else Plötz. Nur spannt der Held der Erzählung nicht seinem Bruder die Frau aus, sondern einem entfernten Vetter. In der Novelle wird auch Lechters Atelier beschrieben: »Alle Zimmer waren durch gemalte Glasscheiben in buntes Halbdunkel gehüllt, in dem man die Formen gotischer Möbel erriet. In einer Schale brannte eine Art

Weihrauch, nur roch es herber.« (S. 144 f.) In diesem kunstvollen Ambiente sieht sich Klasin Wieland gefangen: »Ach, ich bin in einem Gefängnis ... ich bin in seiner Gewalt, weil ich nicht weiß, wo ich hin soll ... all' dieser Plunder von Kirchengerät und dunklen Fenstern erdrückt mich.« (S. 154) OS zufolge wurde Else Plötz von Lechter und dem Berliner Kreis um George verdorben: »Sie wurde nun immer berechnender, beutete die Männer finanziell, körperlich und geistig aus, und hat noch viel Unheil gestiftete.« (Dämon, S. 227) Als Lechter 1900 auf der Weltausstellung in Paris mit dem von ihm gestalteten Saal als großer Künstler gefeiert wurde, nutzte OS die Gelegenheit zu einer heftigen Kritik (vgl. Anm. *mein Artikel über die Pariser Ausstellung* zu S. 158), mit der er sich nicht nur die Sympathien von Lechter und George, sondern vor allem auch von Wolfskehl verscherzte.

154 *Dülberg* – Der Schriftsteller, Übersetzer und Kunstkorrespondent Franz Dülberg (1875–1934). Von ihm stammt auch ein Buch über George (»Stefan George. Ein Führer zu seinem Werk«, 1908), in dem er u. a. OS kritisiert, weil er sich vom »Kreis« abgewandt und den »Beifall der Menge erstrebt« (S. 15) habe.

Den Don Juan verwirft er fast ganz – Dülberg hat sowohl diese frühe Fassung des »Don Juan« wie auch alle späteren Umarbeitungen des Stoffes verworfen. Er lobte zwar die »geistreichen und poetischen Einzelheiten« (Brief, 13.3.1901, N) des Dramas, aber als Werk lehnte er es kategorisch ab.

155 *Endells* – Der Architekt und Kunstgewerbler August Endell (1871 bis 1925). Er studierte Philosophie, Psychologie und Mathematik u. a. bei Theodor Lipps in München. Seit 1918 Professor und Direktor der Kunstakademie Breslau. OS lernte Endell bei einer gemeinsam besuchten Vorlesung von Lipps kennen. Ein sarkastisches Porträt von Endell zeichnete Klages: »Berliner, hochaufgeschossen, rundrückig, bleich, mit scharf vorspringender Habichtsnase, großen wasserblauen Augen, semmelblonden Haaren und dünner Fistelstimme, glich er insgesamt einem vermenschten Storch. Hochintelligent und – wenigstens in kritischer Hinsicht – der ars scribendi mächtig, entwarf er nicht nur völlige Inneneinrichtungen bis ins Letzte und Kleinste (Tische, Stühle, Schränke, Truhen, Beleuchtungskörper usw.), sondern beispielsweise auch seine Kleider, dabei das Storchenmäßige bewußt herausstilisierend (Hosen ohne Jacke unmittelbar an eine andersfarbige Weste schließend, so daß die Beine phantastisch lang erschienen usw.).

Seine erste im großen durchgeführte Leistung war das photographische Atelier ›Elvira‹ in München, dessen Räume ich der nach außen projizierten grauen Hirnrinde (allerdings mit Winkel- statt Bogenbindung) vergleichen möchte.« (Zit. n. Schröder, Klages [1966], S. 247 f.)

155 *Nina* – Nina Burk, die erste Frau von OS. Sie stammte aus Karlsruhe und befand sich um diese Zeit in der Ausbildung als Sängerin. Nach ihrer Scheidung im November 1902 arbeitete sie an der Oper in Karlsruhe. Weitere biographische Daten nicht ermittelt. In »Dämon« heißt es über sie: »Ich hatte eine junge Sängerin kennen gelernt, die sich bei einer Münchener Lehrerin, einer Italienerin, für die Oper ausbildete. Äußerlich war sie damals noch das blonde süddeutsche Mädchen, das aus einem romantischen Gemüt mit großen erstaunten Augen in die rätselhafte Welt blickte.« (S. 254)

156 *im Lahmannschen Sanatorium* – Dr. med. Lahmanns Sanatorium »Weißer Hirsch« bei Dresden. Hier regenerierte sich in den Jahren um 1900 die Schwabinger Boheme: Wolfskehl, Reventlow, Hedwig Kubin u. v. a.

Gräfin Reventlow – Die Schriftstellerin Franziska Gräfin zu Reventlow (1871–1918) wurde in Husum geboren und lebte von 1893 bis 1910 in München, seit 1897 mit ihrem unehelichen Sohn Rolf. Sie praktizierte und propagierte die Verbindung von Mutter und Hetäre.

Hentschels – Der Geologe und Paläontologe Albert Hentschel (1870–1928). Er stammt aus Danzig. Zeitweilig eng befreundet mit Franziska zu Reventlow, mit der er 1900 die erwähnte Griechenlandreise unternahm.

Dr. Weidner – Nicht ermittelt.

Meyrink – Der Schriftsteller Gustav Meyrink (1868–1932). Eine der ersten Erzählungen, »Der heiße Soldat«, erschien 1901 im »Simplicissimus«, befördert vor allem von Ludwig Thoma. Gleichwohl kann es sein, daß OS – wie er behauptet – Meyrink ermutigte, seine »sonderbaren Geschichten« an den »Simplicissimus« zu schicken. Meyrink, der zeitweise als selbständiger Bankier arbeitete, beriet OS auch in Vermögensangelegenheiten. Über Meyrink und seine Wirkung auf die Zeitgenossen schrieb Wolfskehl: »Jahre durch waren Worte, Wendungen, Vergleiche aus Meyrinks Simplicissimus-Beiträgen geradezu in aller Munde und Gedächtnis. Als geflügelte und gestachelte Sentenzen durchschwirrten sie nicht bloß Schwabing [...].« (Wolfskehl, Gustav Meyrink aus meiner Erinnerung, in: Gedichte, Essays, Briefe [1999], S. 96)

156 *Simplicissimus* – Von A. Langen und Th. Th. Heine 1896 gegründete politisch-satirische Wochenschrift.

157 *nach Paris zur Ausstellung* – Pariser Weltausstellung im Jahre 1900.

Ich genoß den Reiz dieser herrlichen Stadt sehr stark – In seinem Aufsatz »Rückblick auf Paris und die Ausstellung« (Wiener Rundschau, 4, 1900) zeigt sich OS von der französischen Metropole und dem Treiben während der Ausstellung eher angewidert. Geläutert von seiner einstigen Paris-Faszination, schreibt er: »Nachdem ich einmal früher längere Zeit hier gelebt, habe ich drei Jahre ohne jedes Heimweh fern von den Boulevards verbracht. Nun kam ich wieder und ärgerte mich über nichts. Ich wußte ja, daß hier überall dreimal soviel Menschen sind, als angenehm wäre; daß es zwar eine französische Höflichkeit gibt, daß sie aber nur selten in Anwendung kommt; daß Kellner und Kutscher Crapule sind, und alle diese Kleinigkeiten die der Deutsche daheim ein klein bischen besser gewöhnt ist.« Zur kulturellen Situation in Frankreich merkt er an: »Die letzten großen Schaffenden sind tot oder alt; von der jungen Generation scheint man nicht mehr viel zu erwarten als Witze und Zieraten.« (S. 393) Besonders abgestoßen zeigt er sich von der sich ausbreitenden Vergnügungskultur, die nun »für wesentlich rohere Nerven zugeschnitten« ist, »als es früher üblich war«. Paris, so sein Fazit, ist »von den Fremden ganz und gar verdorben« (S. 393 f.).

Marguerite Lebreton – Nicht ermittelt.

»Haschisch« – In einem Brief an Wolfskehl vom 7. 7. 1900 (N) meldete OS, daß er nun drei Haschischnovellen fertig habe. Welche das sind, teilt er nicht mit.

Künstlerindividualität – Dülberg bezeichnet die Erzählungen »Haschisch« als »das Eigenste«, was OS bisher geschrieben habe (Brief, 13. 3. 1901, N). Gleich nach der ersten Lektüre des Manuskripts war Dülberg begeistert: »Gestern schrieb ich an Wolfskehl und wies mit einem Satze auch auf den großen Eindruck hin, den mir Ihr ›Haschisch‹ gemacht. Sehr neugierig bin ich darauf, wie er sich diesem Ihrem ersten ganz persönlichen Werke stellt« (22. 12. 1900, N). Dülbergs Brief an Wolfskehl enthält in der Tat die erwähnte lobende Passage: »Haschisch war für mich ein Ereignis, zum erstenmal, wenn auch auf einem ganz abgelegenen Gebiete, das unbefangene und freie Aussprechen der Persönlichkeit – auch das Sensationelle stört nicht.« (22. 12. 1900, N)

157 *»König Schrei«* – 1905 erschienenes Drama von Franz Dülberg.

158 *»Don Juan« wurde fertig* – In »Dämon« schreibt OS, daß er im »Don Juan« »Glanz und Bewegtheit« seines »bisherigen Lebens einfangen wollte« (S. 252). Doch während der Arbeit am »Don Juan« stieß er zufällig auf die Erinnerungen Casanovas. Er entschloß sich, beide Figuren, den intelligenten Verführer Casanova und den Identifikationstyp Don Juan, in Beziehung zu setzen. Die Casanova-Begeisterung »verfälschte freilich das Bild des Helden in meinem Drama. Es konnte darum nicht ganz reif werden. Immer deutlicher stellte sich mir heraus, daß der tragische Don Juan und der geistreich verliebte Casanova zwei grundverschiedene Naturen sind« (Dämon, S. 252).

mein Artikel über die Pariser Ausstellung – Der oben bereits zitierte Artikel »Rückblick auf Paris und die Ausstellung« (1900). Im Mittelpunkt steht der Angriff auf Lechter. OS kritiserte zunächst den gesamten deutschen Pavillon, den er als häßlich und geschmacklos bezeichnete: »ein überladener Berliner Bierpalast«. Das »decorative Hauptstück an der Invaliden Esplanade, der Saal Melchior Lechters«, stellte für OS die Krönung der Geschmacklosigkeit dar. Und er ging noch einen Schritt weiter, er kritisierte, daß eine solche Kunst nicht »charaktervoll deutsch«, sondern im Anspruch »imperialistisch« sei und die »deutsche Culturgeschichte« unterminiere. Ironisch wandte er ein: »Unser Pavillon ist natürlich einer der ›reichsten‹, und man erhält insoferne einen deutschen Eindruck, als Überladung, Prunk neben Geschmacklosigkeit, allgemeine Verwirrung in der Schätzung der Culturwerte die Kennzeichen des heutigen Deutschthums zu sein scheinen.« (S. 394) Um die Tragweite dieses Angriffs zu ermessen, sollte man sich in Erinnerung rufen, daß George, vor allem aber auch der von ihm geschätzte Künstler Lechter alles andere als anerkannt waren. Der Auftritt in Paris war für Lechter (und damit auch für George) ein Durchbruch: Einer der Hauptakteure aus dem»Kreis« war dazu ausersehen, mit seiner Kunst auf internationaler Bühne, in der Hauptstadt der Moderne, die deutschen Kulturwerte auszudrücken. Schmitz wählte vermutlich den Anlaß bewußt, um seine lange aufgestaute Wut loszuwerden. Der Bruch mit Lechter und George war beabsichtigt, die Konsequenz einer sozialen Isolierung unterschätzte er aber wohl. In »Dämon« berichtet OS von einem sonntäglichen Jour fixe in seiner Münchner Wohnung im November des Jahres 1900: »An jenem Abend bei mir entführte ich Wolfskehl einen Augenblick den übrigen Gästen, um ihm in meinem Arbeitszimmer einige aus Paris mitgebrachte Bücher zu zeigen. Gleichzeitig gab ich ihm einen gerade in der Österreichischen [recte: Wiener] Rundschau erschienenen Aufsatz, worin ich alles das zusammenfaßte, was mir auf der Pariser Weltausstellung wesentlich erschienen war. [...] Als Wolfskehl ihn las, erbleichte er. Dann rief er angstvoll aus: ›Um Gottes willen, da haben Sie etwas Schönes angestellt, das wird Stefan George nie verzeihen.‹« (S. 267f.)

158 *So schwach ist Wolfskehl* – In der Tat distanzierte sich Wolfskehl in einem Brief an George sofort von OS und entschuldigte sich beim Meister in aller Form: »Ich kann nur wiederholen, daß ich innerlich völlig mit ihm fertig bin, habe auch Weisung gegeben ihn nicht mehr vorzulassen. Sie aber, wertester Freund und Meister habe ich noch nach sechs Jahren um Entschuldigung zu bitten daß ich in einer – ich glaube der einzigen – Voreiligkeit dieses unsaubere Subjekt in Ihre Nähe gebracht habe.« (Zit. n. Hemecker, Schmitz [1996], S. 72) Die Unterwerfungserklärung gegenüber dem Meister hinderte Wolfskehl nicht, sich schon ab 1902 wieder mit OS zu treffen und auszutauschen. Für OS war der zeitweise Abbruch der Beziehung gleichwohl prekär. In »Dämon« schreibt er, daß er fortan die »offizielle Gesellschaft« in München gemieden habe: »Der Wolfskehlsche Kreis war [...] meine Lebenslust gewesen, und die wurde mir nun plötzlich abgeschnitten.« (S. 269) Für OS war und blieb Wolfskehl eine Art Übervater, den er verehrte, von dem er anerkannt werden wollte, den er aber auch immer wieder einmal provozierte und – wie an dieser Stelle – beschimpfte. In einem Brief, den Wolfskehl im Juni 1947, ein Jahr vor seinem Tod, an Siegfried Guggenheim schrieb, charakterisierte er noch einmal seine Beziehung zu OS: »[...] persönlich waren wir ziemlich intim, wenn auch gelegentlich verkracht, und einmal, nach einer derartigen vieljährigen Eiszeit [...], meldete er sich zum Versöhnungsschwatz, und nach einer ganz angeregten Teestunde entließ ich ihn mit dem Wort: ›Schmitz, alle zwölf Jahre einmal sind Sie ganz reizend!‹ Aber von da ab bis zu seinem frühen Krebstod ging's intim zu. Denn er war bei allem angenommenen Sarkasmus eine Seele von einem Menschen und [...] ich scheine im Grunde

doch ganz nett und verträglich zu sein.« (Wolfskehl, Briefwechsel aus Neuseeland 1938–1948, S. 651)

158 *Ottos Internierung* – Am 14. 2. 1899 schrieb Hedwig Gründler an ihren Bruder Oscar, daß ihr Mann (Otto Gründler) »schwer gehirnleidend« sei, dies habe eine Untersuchung von Professor Kraepelin ergeben. Gründler wurde wenig später in eine Anstalt eingewiesen; er starb im Oktober 1901.

Unter meiner Leitung übersetzt sie französische Literatur – Die Schwester Hedwig, spätere Ehefrau von Alfred Kubin, hatte hervorragende französische und englische Sprachkenntnisse. Im Kubin-Archiv in München haben sich aus ihrer Internatszeit in Vevey (in der Nähe von Genf) zahlreiche Briefe in französischer Sprache erhalten. Im Sommer 1900 schickte sie ihrem Bruder erste Übersetzungsproben. Am 10. 11. 1902 schrieb sie ihm von den ersten eigenen Übersetzungen, die gerade erschienen waren: »Die Zeit« in Wien habe Villiers zum Druck angenommen, und auch ihre Übersetzung von Baudelaires »La chambre double« sei veröffentlicht worden: »Das sind meine Erfolge in der letzten Zeit.« Möglicherweise ging die Anregung von ihrem Bruder aus, daß er aber bei den Übersetzungsarbeiten die Leitung übernommen hätte, davon kann, soweit es die Briefe zeigen, nicht die Rede sein. Hedwig Gründler wies zunächst alle Ansprüche ihres Bruders freundlich, aber bestimmt zurück. Am 16. 11. 1902 schrieb sie: »Dein Vorschlag, einen Roman mit Dir zusammen zu übersetzen, sagt mir in manchen sehr zu. Doch wäre es mir lieber, wenn ich meinen Teil alleine fertigmachen könnte, da das Feilen gerade die interessanteste Arbeit ist.« Gleichwohl gelang es OS in einigen Fällen dann doch noch, die Übersetzung seiner Schwester mit dem eigenen Namen zu schmücken. Zum Beispiel bei der Übersetzung des Buches von Ku Hung Ming: »Der Geist des chinesischen Volkes und der Ausweg aus dem Krieg« (1916). Wie aus einer Notiz auf dem in der Kubin-Bibliothek erhaltenen Buch hervorgeht, stammt die Übersetzung aus dem Englischen von Hedwig Kubin, nur das Vorwort ist von OS.

160 *Fräulein von Basch* – Die Münchner Malerin Helene Eugenie von Basch (1872–1931), eine enge Freundin von Franziska zu Reventlow, die deren Lebensentwurf als Mutter und Hetäre teilte und ihn nachzuleben versuchte. 1907 ging sie mit Billigung von Franziska zu Reventlow eine Scheinehe mit Bohdan von Suchocki ein, um ihr uneheliches Kind zu legitimieren.

160 *des Haupt-Managers Gustav Meyer* – Gemeint ist Gustav Meyrink.

162 *Fremstad* – Die schwedische Opernsängerin Olive Fremstad (1871 bis 1951).

163 *Kunowskis* – OS schreibt »Kunowskys«. Höchstwahrscheinlich ist aber das Malerehepaar Lothar (1866–1936) und Gertrud von Kunowski (1877–1960) gemeint. Im Nachlaß haben sich zwei Briefe erhalten (mit der Unterschrift ›von Kunowski‹), die sich positiv mit den Novellen des »Haschisch«-Zyklus auseinandersetzen (5. und 6. 10. 1902). Lothar von Kunowski war der Verfasser zweier damals viel diskutierter Bücher, die unter dem Obertitel »Durch Kunst zum Leben« erschienen: Bd. 1: »Ein Volk von Genies« (1901); Bd. 2: »Gesetz, Freiheit und Sittlichkeit des künstlerischen Schaffens« (1902). Der Verfasser wurde als Prophet gefeiert und die Schriften als neues Evangelium gepriesen. Es ging in beiden Büchern um die Erneuerung der sittlichen Weltordnung und der Erzeugung eines neuen Kulturmenschen. Das deutsche Volk sollte dabei eine Führungsrolle übernehmen.

30. 6. 1901

165 *Frau Landshoff* – Die Konzertsängerin Philippine Landshoff (1880 bis 1948), Frau des Musikforschers und Dirigenten Ludwig Landshoff; vgl. Anm. *Landshoffs* zu S. 167.

Der weiße Elefant; Pannychis – Titel handschriftlich eingefügt. »Der weiße Elefant. Drama in einem Aufzug« (1901); »Wie Pannychis, die Hetäre, in den Himmel kam. Ein burlesker Akt« (1901).

3. 7. 1901

166 *Regine in meinem Einakter* – »Der weiße Elefant«. Das befreundete Trio, Albrecht, Bernhard und Molly, trifft vor einem großstädtischen Café die Verabredung, gemeinsam für Albrecht, der sich gerade von seiner Geliebten getrennt hat, eine neue Frau zu suchen. Albrecht soll einfach die hübschen Frauen ansprechen und sie an den Tisch bitten, damit man sie in Augenschein nehmen könne. Eine der angesprochenen Frauen ist Regine. In der Regieanweisung heißt es: »Leidenschaftliche Züge, blaß, doch sehr jung, etwa zwanzig Jahre alt.« (S. 161) Regine gibt vor, gerade aus einem Pensionat entlassen worden zu sein, in den zurückliegenden Jahren habe sie von Leidenschaft, Rausch und Liebe geträumt, die sie jetzt endlich erleben wolle. Albrecht, Bernhard und Molly können mit solchen Wünschen wenig anfangen: Sie plädieren zwar für den Lebensgenuß, für einen temporären Rausch, aber ihr »Haupt-

satz« lautet: *»Man ver – liebt sich nicht.«* (S. 174) Im Leben sei kein Raum für den Rausch. Am Ende des Stücks wird Regine selbst zum Exempel dieser Weisheit gemacht: Sie hat vor Jahren ihren Geliebten aus Eifersucht erschossen und offenbart nun, daß sie gerade aus dem Gefängnis entlassen wurde; die leidenschaftliche Liebe wurde ihr zum Verhängnis.

166 *ihre angebliche Theatererfahrung* – In »Dämon« heißt es: »Ich liebte an ihr, was sie haßte, ihre oft rührende Einfachheit und augenblickliche Hingabefähigkeit, dagegen verkannte ich gerade das, worauf sie den meisten Wert legte, ihr zweifellos echtes Theaterblut.« (S. 280)

6. 7. 1901

167 *Landshoffs* – Der Musikforscher und Dirigent Ludwig Landshoff (1874–1941) und seine Frau Philippine. Landshoff war Dirigent des Münchner Bachvereins und ein bekannter Bach-Forscher. 1928 wurde er Rundfunkdirigent in Berlin. 1933 emigrierte er zunächst nach Italien, dann nach Paris und 1941 nach New York. Er war ein Schwager des Verlegers S. Fischer (Hedwig Fischer war seine Schwester).

8. 7. 1901

168 *Matkowsky* – Der Schauspieler Adalbert Matkowsky (1857–1909). Er debütierte 1877 am Hoftheater in Dresden, 1886 ging er nach Hamburg. Seit 1889 trat er am Königlichen Schauspielhaus in Berlin auf und gastierte des öfteren in München. Er galt als einer der besten Shakespeare-Darsteller seiner Zeit.

»Das Leben ein Traum« – Versdrama in drei Akten von Pedro Calderón de la Barca, geschrieben 1634/35.

20. 7. 1901

170 *2. Akt des Don Juan (Miraflores, Messer Maco etc.)* – »Don Juan und die Kurtisane. Drei Szenen« (1900). Miraflores ist eine Kurtisane, die mit dem reichen Händler Messer Maco verbunden ist; sie verkauft ihre Liebe. Das ändert sich, als sie Don Juan kennenlernt. Während der aber nur an ein Abenteuer denkt, hat sich Miraflores unsterblich verliebt. Im 2. Akt treten die beiden in einen Dialog: Miraflores gesteht ihre Liebe und wird von Don Juan zurückgestoßen: »Was gilt ein Kuß, ja, was gilt eine Nacht [...].« (S. 31)

Jacobsen – Der dänische Schriftsteller Jens Peter Jacobsen (1847 bis 1885). Er gehörte mit seinem schmalen Gesamtwerk zu den bedeutendsten europäischen Dichtern seiner Epoche.

170 *»Zähmung der Widerspenstigen«* – »Der Widerspenstigen Zähmung«. Komödie in einem Vorspiel und fünf Akten von William Shakespeare, geschrieben um 1593.

27. 7. 1901

171 *Der kleine Otto* – Der Neffe Otto Gründler (1894–1961). Als der Vater, Otto Hermann Gottfried Gründler, am 26. Oktober 1901 starb, übernahm OS die Vormundschaft. Otto Gründler trat später als Schriftsteller und Essayist hervor und machte sich vor allem als Mitbegründer und Herausgeber der evangelischen Kulturzeitschrift »Zeitwende« einen Namen.

31. 7. 1901

172 *Dornholzhausen* – Heute ein Ortsteil von Bad Homburg v. d. H. Hier lebte einige Zeit die Großmutter von OS und um 1901 auch die ältere Schwester Hedwig. OS hat des öfteren überlegt, sich in eine ruhige, landschaftlich schöne Gegend zurückzuziehen, um schriftstellerisch ungestört arbeiten zu können. Dornholzhausen im Taunus war dafür als idealer Ort immer mal wieder im Gespräch. Während des Ersten Weltkriegs lebte OS einige Zeit in Dornholzhausen und schrieb hier den später verworfenen Band seiner Autobiographie »Der Vertriebene. Ein Entwicklungsroman« (1916).

(Clara Fels) – Nicht ermittelt.

14. 8. 1901

Orta – Stadt in der ital. Provinz und im Kreis Novara, am Ostufer des Lago d'Orta, am Südwestfuße des Monte d'Orta.

173 *Genfer See … Jugenderinnerungen* – Im Sommer 1890 machte OS seine erste größere Reise. Nachdem er ein gutes Schulzeugnis nach Hause gebracht hatte, erhielt er die Erlaubnis, seine Schwester Hedwig zu besuchen, die zu dieser Zeit in Vevey bei Genf in einem Mädchenpensionat untergebracht war. In »Geister« heißt es: »Ich fuhr im August 1890 über Zürich und den Vierwaldstädter See, ging über Furca und durchwanderte das Berner Oberland. Auf der Fahrt von Bern nach Lausanne überschritt ich zum erstenmal die deutsche Sprachgrenze. […] Meine kühnsten Träume wurden Wirklichkeit: da lag nun tatsächlich die sonnige, südliche Welt vor mir. […] Am folgenden Morgen war ich in Vevey. Hedwig, die ich fast ein Jahr nicht gesehen hatte, war an der Bahn. […] Sie durfte nun einige Tage lang mit mir allein die felsigen Täler durchschweifen, die blaue Flut befahren, in Restaurants essen und auf Terrassen Tee trinken.« (S. 337f.)

174 *Genf … pariserische Szenerie* – OS hat das Ambiente am Genfer See in seinen Jugenderinnerungen (»Die Geister des Hauses«) als Erweckungserlebnis beschrieben: Er habe sich hier zum erstenmal als »Weltmann« (S. 339) gefühlt. In »Frauen« führt Cornelius seine gerade geheiratete Frau Amélie an diesen Ort: »Sie speisten in dem ersten Restaurant am Ufer. Er wollte ihr französisches Leben zeigen und sagte, ganz ähnlich ginge es in Paris zu. An einigen Tischen befand sich elegante Demimonde, die Küche war einwandfrei französisch. […] Nachher saßen sie auf einer Terrasse, wo man den Kaffee trank, während unten eine Kapelle spielte, und in grellem Licht ein paar hellgekleidete, dekolletierte Tänzerinnen und Sängerinnen umhersprangen. […] Diese Szenerie schien Amélie zu fesseln, Cornelius war hingerissen, besonders in der Erinnerung an einstige Nächte in dieser Stadt« (S. 432 f.). In enger Anlehnung an sein Tagebuch hat OS in »Frauen« seine Reise und seine Erlebnisse mit Nina geschildert (S. 429 ff.).

175 *Grand Salève* – Der 1300 m hohe Hausberg von Genf, auf frz. Territorium.

Chamonix – Chamonix-Mont-Blanc, frz. Kurort in Savoyen am Fuße des Montblanc.

177 *Spiez* – Spiez am rechten Ufer des Thuner Sees, Anlegeplatz für das Kander- und Simmenthal.

Aeschi – Aeschi, ein beliebter Winter- und Sommerkurort, liegt unweit des Thuner Sees im Berner Oberland.

Brig – Bezirksstadt im Kanton Wallis, Rhonetal.

25. 8. 1901

178 *Simplonstraße* – OS und Nina laufen die bekannte Wanderstrecke zum Simplon-Paß.

179 *Iselle* – Gemeinde in der Region Piemont, wenige Kilometer von Domodossola.

Domodossola – ital. Stadt im Toce-Tal, Piemont. Südlicher Paßort der Simplon-Straße.

180 *Pella … Miasino* – In der Region Piemont, am Lago d'Orta gelegen.

181 *Sie gibt zu …* – Handschriftliche Randbemerkung: »Welcher Schwindel!«

Sie denkt … nur ein Verhältnis miteinander – In »Frauen« will Cornelius Leben und Kunst mit Amélie teilen: »Du sollst an allem teilnehmen, was mich bewegt« (S. 443). Gegen diesen Anspruch begehrt Amélie auf: Es wäre besser gewesen, »statt zu heiraten, nur ein Verhältnis miteinander anzuknüpfen« (S. 443). Für Cornelius, der eine »innere Gemeinschaft« sucht, ist das ein »frivoler Gedanke« (S. 144). Die Bemerkung Amélies markiert im Roman das Ende der Beziehung.

27. 8. 1901

182 *Festa di San Giulio* – Auf der Felseninsel im Lago d'Orta erhebt sich eine antike Kirche, angeblich vom heiligen Julius gegründet; darauf bezieht sich auch die Prozession.

28. 8. 1901

»Weibliche Kultur« – In: Südwestdeutsche Rundschau (1902c).

2. 9. 1901

184 *(Okt. 1907 … Arbeit kümmerte)* – Handschriftliche Ergänzung am unteren Seitenrand.

14. 9. 1901

185 *Chiavari* – Seebad in der ital. Provinz Genua, an der Riviera di Levante (Bucht von Rapallo).

Monte Mottarone – 1 400 m hoch, zwischen Lago d'Orta und Lago Maggiore gelegen.

Baveno – Stadt am westlichen Ufer des Lago Maggiore; Ausgangspunkt der Simplonstraße.

Isola Bella – Die berühmte Borromeische Insel im Lago Maggiore.

Gravellona – Stadt, einige Kilometer vom Lago Maggiore entfernt.

Varallo – Stadt in der ital. Provinz Novara (Piemont); an der Mündung des Masterellone, im Vallo Grande an der Südseite der Penninischen Alpen. Über der Stadt der Wallfahrtsort Sacro Monte.

186 *Gaudenzio Ferrari* – Der ital. Maler Gaudenzio Ferrari (1471 bis 1546). Sein umfangreichstes Werk sind die von OS besichtigten Fresken in 40 Kapellen von Varallo, die den Tod Christi darstellen.

187 *Pegli mit Villa Pallavicini* – Seebad in der Nähe von Genua mit zahlreichen prächtigen Villen, eine der eindrucksvollsten die Villa Pallavicini.

Castellaccio – Eines der Befestigungswerke der äußeren Umwallung Genuas auf dem 3 km nördlich des Hafens gelegenen Monte Sperone.

27. 9. 1901

188 *meiner augenblicklichen Enthaltsamkeit* – Während das Tagebuch an dieser Stelle abbricht, folgt in »Frauen« eine weitere Eintragung: »Wer einmal fühlt, daß er irgend etwas Wesentliches, Un-

vertretbares und Unzerstörbares in sich trägt, der wird in seinem Selbst unverwundbar. Ruhig kann er Schwächen gestehen, Vorwürfe ertragen, Unrecht zugeben. Noch immer bleibt genug Positives übrig. Das macht es für kleinliche und chikanöse Frauen so undankbar mit einem solchen Manne zu leben. Es beschämt sie, daß er ein Unrecht einsieht, und darum nicht gekränkt ist, wenn man es ihm vorwirft. Es enttäuscht sie, daß man sein Selbstgefühl nicht verletzen kann, da er ja seine Fehler und Vorzüge so klar übersieht, wie die Bilanz eines Kassabuches. Und so verzweifeln sie in ohnmächtiger Wut neben dem Mann, der sich unter keinen Umständen auf eine Szene einläßt. Das nennen sie dann den männlichen Egoismus!« (S. 448)

Okt. 1911: Späterer Nachtrag:

188 *Brera* – Palazzo di Brera. 1651 erbautes Jesuitenkonvikt, 1776 Kunstakademie, heute Gemäldegalerie.

189 *Saronno* – Stadt im Kreis Gallarate der Provinz Mailand, ein beliebter Ausflugsort insbesondere wegen seiner berühmten Wallfahrtskirche Santuario della Beata Virgine. Dort sind u. a. auch die von OS erwähnten Fresken von Bernardino Luini zu sehen.

in C. – Steht in der handschriftlichen Ergänzung für Carlsruhe.

Woldemar Sacks – Musiklehrer, Kleinkunstdarsteller, Autor. 1925 erschien von ihm: »Kabarett des Lebens« (Leipzig).

190 *»Die Schildbürger«* – In »Dämon« steht, daß die Anregung dazu von F. Dülberg kam (S. 288 f.). OS wollte aus dem Stoff zunächst ein Drama machen, dann versuchte er einen humoristischen Roman zu schreiben, schließlich gab er die Sache auf: »[...] es hat nie zu etwas Gutem geführt, wenn ich mir eine Aufgabe stellen ließ.« (S. 289)

Frauenleiden – In »Frauen« telegraphiert der Arzt: »*grande hystérie.* Kommen unnötig.« (S. 453)

meines Freundes Hessel – Der Schriftsteller und Übersetzer Franz Hessel (1880–1941), auch »Franzl« oder »Hesselfranz«. Sohn eines wohlhabenden jüdischen Bankiers, wuchs in Berlin auf und studierte in München Literaturgeschichte. Er gehörte zur Boheme und lebte bis 1906 mit Franziska zu Reventlow und Bohdan von Suchocki in der Wohngemeinschaft Kaulbachstraße 63, im »Eckhaus« des »Dame«-Romans. Von 1906 bis 1914 lebte Hessel überwiegend in Paris, zum Teil in einer gemeinsamen Wohnung mit OS. Beide waren eng mit dem französischen Autor Henri-Pierre

Roché befreundet. Hessel heiratete 1913 Helen Grund. 1920 kam Roché nach Deutschland, und aus der Freundschaft zu Franz und Helen Hessel entwickelte sich eine Liebe zu dritt, die zur Vorlage für den 1953 erschienenen Roman »Jules et Jim« wurde; Hessel ist Vorbild für die Figur des Jules. Mit »Der Kramladen des Glücks« (1913) hat er einen Roman über die Schwabinger Boheme geschrieben, der das Milieu in einer behutsamen beleuchteten Entwicklungsgeschichte darstellt und der nahezu zeitgleich mit den »Dames«-Roman von Reventlow und mit »Frauen« von OS erschienen ist.

190 *Schriftstellerin Frau Nisle-Klein* – Charlotte Nisle-Klein schrieb phantastische Literatur um die Jahrhundertwende: »Der Mann mit dem Pferdekopf« (1901).

Hentschels – Das Ehepaar Albert (1870–1928) und Sonja Hentschel (1875–1947). Der Privatgelehrte und Paläontologe Albert Hentschel und sein Bruder Edmund wanderten 1907 mit ihren Ehefrauen Sonja und Olga, die Schwestern waren, nach Mexiko aus. Albert Hentschel wollte dort eine Silbermine übernehmen. Die Hentschels stammten aus Witschenske, Regierungsbezirk Danzig/Westpreußen. Edmund Hentschel war Gutsbesitzer in Witschenske. Auch Bohdan von Suchocki begeisterte sich für die Auswanderungspläne der Hentschels und schloß sich ihnen später an.

191 *Walensee* – Gebirgssee in der Schweiz, liegt zwischen den Kantonen St. Gallen und Glarus.

192 *Mein Verhältnis zu Wolfskehl* – Die Wiederherstellung des freundschaftlichen Verhältnisses war nur von kurzer Dauer. OS kritisierte um diese Zeit vor allem Wolfskehls Rolle in der Boheme heftig. Er charakterisierte ihn als Menschenfischer, der die jungen Leute an sich zieht, sie auspreßt und dann wieder fallenläßt: »Es war etwas Kannibalisches in diesem gierigen Menschenkonsum. Fieberhaft unruhig bewegte sich der ungeheure Körper, der sein Leben nur durch eine dauernde Überheizung des Blutes zu unterhalten schien. […] Es war zugleich etwas elementar Dämonisches und etwas ganz und gar Künstliches in diesem Riesen mit dem schwammigen Leib, den alles an sich raffenden großen weißen Händen, dem flackernden Blick und den assyrischen Götterlippen.« (Frauen, S. 460) Klages zeichnete zu der damaligen Zeit ein ganz ähnliches Porträt von Wolfskehl: »Verharren wir einen Augenblick bei Äußerlichkeiten! Sehr großer Wuchs, tiefdunkles

Haar, Assyrerbart, kühn vorspringende Nase, fast immer unruhig bewegt, mit falterartig taumelnden Schritten sein geräumiges Arbeitszimmer durchmessend, die Augen, hinter schärfsten Gläsern verborgen, bald wie erblindet tastend, bald im Sekundenbruchteil einen stechenden Blick versendend, bald ekstatisch flackernd – ein mindestens nicht alltägliches Bild. Offen liegt zutage und wird keineswegs verheimlicht der unersättliche Hunger nach Menschen. Ob morgens, mittags, nachmittags, abends, nachts, dieser Mann braucht Menschen, will jeden und jede kennen lernen, findet jeden, kaum wahrgenommen, vorläufig interessant, bemerkenswert, wo nicht in irgendeiner Hinsicht unerreichlich« (zit. n. Schröder, Klages [1966], S. 218).

192 *Klages* – Der Philosoph und Graphologe Ludwig Klages (1872 bis 1933). OS äußert sich in »Dämon« sehr kurz und distanziert über Klages. Von Temperament und Charakter kann man sich wohl auch kaum größere Gegensätze vorstellen. Klages war ein introvertierter Beobachter und Grübler; pflichtbewußt, streng gegen sich selbst, verabscheute er hedonistische Lebenseinstellungen und Sinnenfreude. Der Süden war ihm suspekt. Als er 1912 Italien bereiste, fühlte er sich nur in Florenz einigermaßen wohl, weil hier »das Element des Südens [...] durch ein trauliches, heimatverwandtes ergänzt« werde (zit. n. Schröder, Klages [1972], S. 524). In »Dämon« erwähnt OS nur die 1922 erschienene Schrift von Klages: »Vom kosmogonischen Eros«. Über dieses damals vielbeachtete Buch schrieb OS ein kritisches Essay »Die Polarität von Logos und Eros« (Unpolitische, 1923c und 1923d). Bemerkenswert ist, daß sich OS nicht über die graphologischen Forschungen äußerte, obwohl er selbst mindestens ein Gutachten bei Klages in Auftrag gab und auch Schriftproben von anderen Personen zur Begutachtung einschickte. Auch seine Schwester Hedwig ließ im Mai 1904 die Handschrift ihres zukünftigen Ehemanns Alfred Kubin begutachten. Ausgeblendet bleiben auch Klages Äußerungen über den Charakter des Dämonischen. Im frühen »Hestia«-Fragment (1903/04) bezeichnet Klages »die Dämonen als die wahre Essenz aller weltbildenden Kräfte« (zit. n. Schröder, Klages [1966], S. 343) und entwickelt Gedanken, die sich wie der theoretische Hintergrund zur Dämonen-Angst von OS lesen.

Schuler – Der Privatgelehrte und Mysterienforscher Alfred Schuler (1865–1923). 1893 kam er in Kontakt mit Klages, wenig später mit Wolfskehl und George. Nach kurzem Einblick in die akademische Archäologie widmete sich Schuler seinen Privatstudien. Er begeisterte sich für das spätantike Römertum und vertrat eine neuheidnische Blut- und Lichtmystik. Wie alle ›Kosmiker‹ war er stark beeinflußt von den Arbeiten J. J. Bachofens »Versuch über die Gräbersymbolik der Alten« (1859) und »Das Mutterrecht« (1861). Die Auffassungen Schulers von einem »dionysischen Heidentum«, der »Blutleuchte« und dem Logos als zerstörendem, »molochistischem Prinzip« referiert OS in »Dämon« (S. 290 bis 299). OS schreibt, daß er bis 1906 mit Schuler in Kontakt stand, dann habe er ihn lange Zeit aus den Augen verloren. Im Herbst 1922, wenige Monate vor Schulers Tod, traf er ihn noch zweimal: »Das letztemal fand ich ihn schon sehr leidend, er wollte das Zimmer nicht mehr verlassen. Vor ihm lagen auf einer Schale zehn auserwählt schöne spätrömische Silbermünzen, die ihn sein ganzes Leben begleitet hatten und ihn auch jetzt noch, wenn er sich in ihren Anblick versenkte, in ihre Substanz eintauchen ließen, so daß er die elende Gegenwart vergaß.« (Dämon, S. 298)

192 *Die Bedeutung meiner halbjüd. Abstammung* – OS war aus der mütterlichen Linie Schwarzschild/Jacobson »halbjüdischer« Abstammung. In »Dämon« schreibt er, daß in dieser Zeit sein »eigenes Rasseproblem« in ihm lebendig wurde: »[…] ich begann zum erstenmal in mein Inneres zu schauen. Ich erkannte bald, daß sich viele Widersprüche in mir durch die Rassemischung eines arischen Vaters mit einer zu drei Viertel semitischen Mutter erklärten […] und begann nun die ›Substanzen‹ in mir zu scheiden.« (S. 294) Die Erkenntnis und Anerkenntnis seiner »halbjüdischen« Abstammung lösten bei OS eine tiefe Identitätskrise aus. Sein »jüdischer Selbsthaß« ging dabei so weit, daß er sich 1903/04 im »Kosmiker-Streit« auf die Seite der »Arier« stellte (vgl. Anm. *Skandal* zu S. 194). Zur »halbjüdischen« Abstammung von OS und zu seinem Ressentiment gegen das Judentum vgl. H. Blüher, Werke und Tage, S. 360–363. OS hat 1925/26 in der Zeitschrift »Der Jude« in zwei Aufsätzen seine Position zum Judentum dargelegt: »Wünschenswerte und nicht wünschenswerte Juden« und »Der jüdisch-christliche Komplex«. Die Auffasungen von OS führten zu einer öffentlichen Kontroverse mit Martin Buber (Bericht und Berichtigung, in: Der Jude, 9, S. 87ff.).

kurze aber sehr hübsche Liebesgeschichte mit Helene Klages – Die Graphologin Helene Klages (1878–1947). Sie wurde von ihrem Bruder Ludwig, dem sie ein Leben lang sehr verbunden war, in die

Materie eingeführt und arbeitete mit ihm eng zusammen. Die Liebesgeschichte zwischen Helene Klages und OS spielte sich, wie der Briefwechsel im Nachlaß zeigt, in den Jahren 1903/04 ab. Vor allem im Frühjahr und Sommer 1903 scheint das Verhältnis sehr eng gewesen zu sein. Helene Klages bekam am 17.3.1904 eine Tochter (Heidi). Mit einiger Sicherheit war OS aber nicht der Vater. Die Beziehung zwischen den beiden ging bis in den Herbst hinein, dann folgte ein undatierter Brief von Helene Klages: »Ich muß gleich Klarheit schaffen. Ich hab mich gestern zu was hinreißen lassen. Und nun möchte ich, daß Sie mir nicht böse sind. Ich darf Sie nicht mehr sehen. [...] Das *volle Leben* ist nicht mehr für *mich*. [...] Überlassen Sie mich meinem Schicksal.« Helene Klages war nicht nur zeitweise die Geliebte von OS, sie hat ihn auch als Graphologin beraten: OS gab ihr Schriftproben seiner Freundinnen und Geschwister zur Begutachtung. Als die jüngere Schwester, Tilly Alewyn, im Herbst 1903 eine erneute Heirat anstrebte, schrieb Helene Klages ein Gutachten, in der sie sich entschieden gegen die Verbindung aussprach. Zur Graphologin Helene Klages vgl. C. Hagenmeyer, Helene Klages: Eine vergessene Graphologin (2003). Hagenmeyer behauptet, daß OS der Vater von Heidi Klages sei, ohne dafür Belege anzuführen.

192 *»Lothar«* – Der autobiographische Entwicklungsroman »Lothar oder Untergang einer Kindheit« (1905). Das Buch erschien ab der 2. Aufl. 1906 unter dem Titel: »Der Untergang einer Kindheit«. Die Einschätzung von OS zu diesem Buch ist durchaus widersprüchlich. In »Dämon« weist OS auf lobende Worte von André Gide hin, die bei einem persönlichen Gespräch gefallen sein sollen (S. 347). Eine eher kritische Bewertung nimmt OS dann in einer Tagebucheintragung vom 15.8.1906 vor. Lobend über den Entwicklungsroman äußerte sich Hermann Hesse: »Mit enormem Fleiß und bedeutendem Talent stellt hier ein scharfer Beobachter ein Kinderleben dar. Blicke in die Wunder der Kinderseele, in die Abgründe des Unbewußten tun sich auf.« (Münchner Zeitung, 18.11.1904) Auch der Sexualforscher Iwan Bloch sah in dem Buch eine Art Studie zur kindlichen Sexualentwicklung (Das Sexualleben unserer Zeit, 1906, S. 762 f.).

193 *Frau Gimpiewiz* – Nicht ermittelt.

starb Großmama – Am 22.6.1903 starb die Großmutter, die ihren Enkel OS testamentarisch zum Vermögensverwalter bestimmt hatte, womit die Geschwister von den Geldzuteilungen des älteren Bruders abhängig waren. In »Dämon« heißt es: »Ohne meine Zustimmung und Ermutigung hätte sie [die Großmutter] die Energie nicht mehr aufgebracht, diese testamentarische Bestimmung zu treffen, und so fällt auf mich die Verantwortung dafür, die ich noch heute mit gutem Gewissen trage. Ich habe mir allerdings ausbedungen, daß mir ein zweiter Verwalter beigeordnet würde, damit ich nicht in den Verdacht oder in die Versuchung der Autokratie geriete, andererseits wollte ich aber auch nicht, daß die Verwaltung einem nicht brüderlich verfahrenden Fremden allein übergeben würde.« (S. 317) Mit den Geschwistern, vor allem mit Richard, kam es in den folgenden Jahren immer wieder zu Konflikten und zeitweilig auch zu Zerwürfnissen. OS führte ab 1903 ein »Schulden- und Darlehensheft«, von dem sich Teile im Nachlaß erhalten haben. An den Eintragungen wird deutlich, daß alle Geschwister zu irgendeinem Zeitpunkt bei ihrem älteren Bruder Schulden hatten.

[1902]

193 *mit Bruckmanns* – Der Verleger von kunsthistorischen Büchern und Schriften Hugo Bruckmann (1863–1941). Bruckmann machte zunächst eine Lehre bei einem Dresdner Kunsthändler, dann arbeitete er bei einer Bank in Köln und schließlich bei der Berliner Handelsgesellschaft. 1886 trat er in die väterliche Firma, die Friedrich Bruckmann AG, ein. Bis 1908 war er im Vorstand, bis 1917 im Aufsichtsrat tätig. Von 1932 bis zu seinem Tod war er Mitglied der NSDAP-Fraktion im Reichstag. Über den Salon und die Empfänge schreibt OS in »Dämon«: »In dem Hause Hugo Bruckmann besaß die Gastgeberin, eine geborene Prinzessin Cantacuzène, die bei uns so überaus seltene Gabe, nicht nur Leute einzuladen und zu füttern, sondern aus ihnen Gesellschaft zu bilden. Indem sie in der Aristokratie und der offiziellen Welt die mit hinreichender Erziehung herausfand und in Berührung brachte, entstand ein Salon, der so fern war von offiziellem Kastenwesen wie von formloser Bohème. Der Verlegerberuf des Gatten wie die Herkunft der Hausherrin boten die günstigsten Voraussetzungen. Dazu kam, daß sie selbst vom ernstesten geistigen Streben erfüllt war. Besonders Rudolf Kassner und später Ludwig Klages waren ihre philosophischen ›*directeurs de conscience*‹.« (S. 319)

Obrists – Der schweizerische Kunstgewerbler und Kunstpublizist Hermann Obrist (1862–1927). Er gehörte zu den bedeutenden Vertretern des Jugendstils. 1892 betrieb er ein Strickatelier in Florenz, das er 1894 nach München verlegte. 1898 gründete er die Vereinigten Werkstätten für Kunst und Handwerk und die Kunstgewerbeschule Obrist-Debschitz. Im Münchner Kunstgewerbe um 1900 trat Obrist als Vordenker und Neuerer auf. Das Leben müsse Kunst werden, hieß seine Maxime. Nach dem Vorbild von William Morris wollte er Kunst und Handwerk miteinander verbinden.

193 *Debschitz* – Der Maler und Kunsthandwerker Wilhelm von Debschitz (1871–1948). Er war der Sohn eines Generalleutnants im preußischen Kadettenkorps. Seit 1891 lebte er in München und zeigte sich als Maler vor allem von den Romantikern Schwind und Richter beeindruckt. Angeregt vom englischen Kunstgewerbe (William Morris, Walter Cane u. a.), begann er mit illustrativen Arbeiten und kunstgewerblichen Entwürfen. Zusammenarbeit mit Hermann Obrist. Seit 1908 Leitung des Ateliers und der Werkstätten für angewandte Kunst in München. Von 1914 an leitete er in Hannover die Städtische Handwerker- und Kunstgewerbeschule. Die Ehefrau, Wanda von Debschitz, geb. Kunowski, führte als Künstlerin ein Fotoatelier in München.

Agnes – Die Verlobte und spätere Ehefrau von Richard Schmitz Agnes Dieterich. Sie besuchte die Mal- und Kunstgewerbeschule von Wilhelm von Debschitz und arbeitete als Malerin und Illustratorin. Für OS entwarf sie den Umschlag für »Lothar oder Untergang einer Kindheit« (1905).

194 *Skandal* – OS bezieht sich auf den »Kosmiker-Streit« im Frühjahr 1904. Die »Kosmiker« waren ein loser Zusammenschluß, der sich Mitte der 1890er Jahre bildete und zunächst aus den drei Freunden Wolfskehl, Klages und Schuler bestand, zu dem später auch George, Friedrich Gundolf, Ludwig Derleth, Albert Verwey und Hugo von Hofmannsthal gehörten. Im Vordergrund der Diskussionen stand eine von J. J. Bachofen inspirierte Zivilisationskritik, derzufolge sich das Leben in der Moderne immer weiter von den Ursprüngen entfernte und den Kontakt zu den dämonischen Kräften und magischen Praktiken verlor. Klages und Schuler vertraten eine spezielle Variante dieser Zivilisationskritik, sie nahmen eine rassisch gebundene Prädisposition an. Der Geist, besonders der jüdische Geist, wurde als ›molochitisch‹, als lebensfeindlich und zersetzend gebrandmarkt. Als sich Wolfskehl 1903 mehr und mehr in der zionistischen Bewegung engagierte, kam es zu Auseinandersetzungen. Klages forderte im Januar 1904 von George eine Ab-

grenzung vom jüdischen Einfluß, was insbesondere auf eine Trennung von Wolfskehl zielte. George lehnte das ab, und die »Kosmiker« lösten sich in einem großen Spektakel auf. So ließ Schuler durch einen Soldaten Wolfskehl eine förmliche Kriegserklärung übermitteln. OS schlug sich in dieser Auseinandersetzung auf die Seite der »Arier«. In »Dämon« schreibt er: »Anlaß zu dem Zusammenbruch dieser farbigen und geistigen Welt gab das Mißtrauen Schulers und Klages' gegen Wolfskehl. Dieser, ein jüdischer Edeltypus, sprach gar zu plötzlich von semitischer Blutleuchte, die ebenso wie die arische unter der späteren Rassendekadenz immer wieder hervorbreche, und wies nach, daß die erdfremde, zerstörerische Tendenz des Judentums tatsächlich erst nach der Rückkehr aus dem babylonischen Exil bei den Propheten zu bemerken sei. Er verherrlichte in Versen die prä-jahvistische jüdische Substanz. Wolfskehl hatte sich zugleich mit großen Erwartungen dem Zionismus zugewendet, zu dem ich durch ihn erste Beziehungen fand.« (S. 293 f.)

194 *Wolfskehl … désavouierte mich* – Klages und Schuler warfen Wolfskehl vor, interne Informationen aus der »kosmischen Runde« weitergegeben zu haben, unter anderem an OS, der dieses Wissen dann in seinem Roman »Lothar oder Untergang einer Kindheit« verarbeitet hätte. OS zufolge hat Schuler daraufhin den Roman geprüft und zwei eher periphere Stellen beanstandet (Dämon, S. 295). Der Kontakt mit Schuler intensivierte sich offenbar 1904 in der Phase des »Kosmiker-Streits«. OS zeigte sich von Schulers Ideen angetan und wandte sich von Wolfskehl ab. Die Frontlinien der Auseinandersetzung, in der sich theoretische Auffassungen und persönliche Vorbehalte mischten, sind nur schwer zu durchschauen. Wolfskehl distanzierte sich zwar erneut von OS und brach den Kontakt zeitweilig ab, aber von Brüskierung kann man eigentlich nicht reden, es war eine – bis in die zwanziger Jahre anhaltende – Nichtbeachtung. Wie sehr OS diese Tatsache zu schaffen machte, läßt sich an einem an Wolfskehl gerichteten Briefentwurf ablesen. Der Entwurf (N) dürfte Anfang 1904 geschrieben worden sein und zeigt – wenn man die zahlreichen Streichungen und Korrekturen mitliest – ein Ich, das unter starken Affekten steht und Schwierigkeiten hat, sich auszudrücken und Ordnung in die eigenen Gedanken zu bringen.

Alfred Kubin – Der Zeichner, Illustrator und Erzähler Alfred Kubin (1877–1959). Er entwickelte sich in den Jahren vor und während des Ersten Weltkriegs für OS zum wichtigsten Freund und Gesprächspartner. Sie lernten sich um 1902 kennen: In einem Gasthaus, so OS, sei von einem anderen Tisch ein Verwandter zu ihm gekommen, der ihn gebeten habe, bei ihnen Platz zu nehmen, »dort sei ein junger Maler, der mein einziges bisher veröffentlichtes Buch, die phantastischen Erzählungen ›Haschisch‹, mit so viel Interesse gelesen habe, daß er mich gern kennenlernen wolle« (Einsame, S. 46). Anfang 1904 machte Kubin bei Karl Wolfskehl die Bekanntschaft mit Hedwig Gründler (geb. Schmitz). Innerhalb kurzer Zeit entschlossen sie sich zur Heirat, die standesamtliche Trauung fand am 22. 9. 1904 statt. Im Mai 1906 erwarb das Paar das renovierungsbedürftige Schlößchen Zwickledt in Oberösterreich, oberhalb Wernsteins am Inn. Kubin suchte die Einsamkeit, um schöpferisch arbeiten zu können, hielt es jedoch ganz allein nur schwer mit sich aus. In den zahlreichen Briefen zwischen OS und Kubin, aber auch zwischen OS und Hedwig Kubin werden die persönlichen Probleme immer wieder zum Thema. OS besuchte das Paar gewöhnlich um die Jahreswende, häufig auch über Ostern oder nach der Rückkehr von längeren Reisen. Im Tagebuch von 1912 bis 1918 zeichnete OS viele selbstanalytische Gespräche auf, die er während dieser Aufenthalte mit Kubin führte.

194 *K. B.* – Die Schauspielerin Käthchen Brauer; im Tagebuch auch Kätchen bzw. Käti genannt (vgl. Tagebuch, 19. 11. 1906 ff.). Nähere biographische Daten nicht ermittelt.

Gretel J. – Die Schriftstellerin Grete Gulbransson (1882–1934), die mit ihrem Mädchennamen Margarethe Jehly hieß. Um 1900 kam sie aus Bludenz (Vorarlberg) nach München und lernte dort den norwegischen Maler und Zeichner Olaf Gulbransson kennen, der zu den bekanntesten Mitarbeitern der satirischen Zeitschrift »Simplicissimus« gehörte. 1906 heirateten die beiden. Im Jahr 1903/04 machte Gretel Jehly die Bekanntschaft mit OS, in den sie sich allem Anschein nach schnell verliebte. Im Tagebuch nennt sie ihn, in Anknüpfung an den Titel seiner 1898 erschienenen Gedichtsammlung, »Orpheus«. Am 19.11.1904 berichtet sie von einem Besuch: »Verzweifelt komm' ich heim alles scheint mir entsetzlich. Draußen leuchtet die Sonne. Und wie ich Nachmittags Orpheus' schnelle Gestalt den Weg herauf kommen sehe, wird es mir schwindlig. – Meine Geschichte ist so hohl, so miserabel – ich schäme mich, ihm unter die scharfen, glänzenden Augen zu treten. Mit dieser Angst und Eifersucht in der Seele. Aber sobald ich seine starke Gegenwart fühle, werde ich ruhig.« (Tagebücher, Bd. 1, 1998, S. 73) Die weiteren Eintragungen zeigen, daß sie zwischen der Liebe zu Olaf Gulbransson und der zu OS eine ganze Zeit lang schwankte. OS selbst stellte die Sache etwas anders dar, im Tagebuch schreibt er, daß er mit Grete J. »so gut wie verlobt war«, in seiner 1926 veröffentlichten Autobiographie sprach er von einer rein freundschaftlichen Beziehung zu einer jungen Dame, die er in dem Buch Christl nennt: »Einen Lichtstrahl brachte indessen in diesen Winter die aufrichtige Freundschaft mit einer jungen Dame, die keine Schwabingerin war, mich schwärmerisch vergötterte, aber – wahrscheinlich gerade deshalb – in mir nicht die geringsten sinnlichen Gefühle erweckte.« (Dämon, S. 329 f.)

195 *eine absolute Vernunftehe … mit Louisa* – Am 6. 3. 1905 heiratete OS die Stieftochter von Georg Fuchs, Louisa Hoby. Bereits im Winter 1905/06 trennte sich das Paar; im November 1906 erfolgte die Scheidung. Louisa Hoby zog nach Berlin, machte dort eine Ausbildung als Kindergärtnerin und heiratete 1909 Carl Urich. OS schildert seine Ehe mit Louisa in »Frauen«. Er porträtiert sich in der Figur Hermann Sanders', der die Ehe eingeht, um zur Ruhe zu kommen. Bereits in der Hochzeitsnacht bereut er seine Entscheidung, ist jedoch nicht in der Lage, sich sofort zu trennen (S. 420 ff.).

196 *Hyères* –Beliebter Kurort im frz. Departement Var nahe der Mittelmeerküste.

29. 1. 1904

197 *folgenden Traum* – In »Frauen« beginnt Hermann Sanders auf Anregung des Fürsten Casimir Kraminsky ein Tagebuch zu führen, in dem er keine Tageserlebnisse, sondern nur seine Träume aufzeichnet. Dieses fiktionale Traumtagebuch umfaßt sieben Traumerzählungen (S. 486–491), die alle dem Tagebuch entnommen sind. Der erste Traum weist in »Frauen« zwei signifikante inhaltliche Abweichungen auf: Das »zwerghafte Wesen« wird als »Hund des schwarzen Wirtes« (S. 486) identifiziert. Der Traum endet damit, daß der »Hund des Schwarzen Wirtes« in das Bett springt (S. 487). Das verweist auf die Auseinandersetzung mit Nina, die den Hund mit ins Bett nahm (vgl. Tagebuch, Okt. 1911: Späterer Nachtrag). Eine zweite Änderung betrifft den Kondolenzbrief, der im Roman nicht nach Florenz, sondern nach Rom geschickt wird. In Rom lernten sich OS und Wolfskehl kennen und freun-

deten sich an. Daß im Tagebuch Florenz genannt wird, ist möglicherweise nicht ganz zufällig. Wolfskehl lebte in den Jahren 1922–1924 in Florenz, er arbeitete dort als Hauslehrer bei der Baronin Münchhausen. Wenn dies der Hintergrund für die Austauschung bzw. Verschiebung des Ortsnamens ist, dann läßt das auch Rückschlüsse auf eine erneute Überarbeitung des Tagebuchs zu, die allem Anschein nach in der ersten Hälfte der zwanziger Jahre stattgefunden haben muß. Für diese Annahme sprechen auch zwei weitere wichtige Daten: Im Frühjahr 1921 beendete OS endgültig die Psychoanalyse bei Karl Abraham. Anschließend begann er mit der Vorbereitung der dreibändigen Autobiographie, dessen erster Band 1925 erschien.

198 *Petron ... Giton* – OS liest den ersten Teil des »Satyricon« von Gaius Petronius Arbiter. Auf ihrer Reise werden Encolpius und sein Diener und Lustknabe Giton von Askylt begleitet. Die Liebe zum schönen Giton sorgt immer wieder für Konflikte und Streitereien. Der Angsttraum von OS bezieht sich möglicherweise nicht auf die Auseinandersetzung um Giton, sondern auf die akute Impotenz von Encolpius, die das eigentliche Thema des Buches ist und den Helden in peinliche und verzweifelte Situationen bringt.

29. 10. 1904

»Tonio Kröger« ... Traum und Wirklichkeit – Tonio Kröger, »ein Bürger auf Irrwegen«, wie ihn Lisaweta in der Novelle (1903) nennt, kämpft mit den Antinomien von Kunst und Leben, Traum und Wirklichkeit. »Diese Gegenwart«, so stellt er zum Schluß der Novelle fest, »unterschied sich durch nichts von einem dieser betörenden und unzerreißbaren Traumgespinste, in denen man sich fragen kann, ob dies Trug oder Wirklichkeit ist, und sich notgedrungen mit Überzeugung für das letztere entscheidet, um dennoch am Ende zu erwachen [...].« (S. 246) Die von OS behauptete Parallele umfaßt noch ein anderes Element, das hier in auffälliger Weise ausgespart wird: Tonio Kröger gleitet immer mal wieder in Tagträume ab, er stellt sich dann vor, daß der Vater ihn wegen seiner »entarteten Lebensführung« hart angeht. Wie OS lebt Tonio Kröger von der väterlichen Erbschaft, er weigert sich, die durch die Tradition vorgeschriebene Rolle anzunehmen und eine bürgerliche Existenz zu begründen, er setzt sich ab in den Süden, gerät »in Abenteuer des Fleisches«, steigt »tief hinab in Wollust und heiße Schuld und litt unsäglich dabei« (S. 232). Die-

ses Leiden, so mutmaßt Tonio Kröger, ist das Erbteil seines Vaters, der dieses Leben verachtet hätte: »Ein Ekel und Haß gegen die Sinne erfaßte ihn und ein Lechzen nach Reinheit und wohlanständigem Frieden.« Tonio Kröger erscheint in der Charakterisierung von Thomas Mann wie ein literarischer Doppelgänger von OS. An einer Stelle heißt es, »daß er, haltlos zwischen krassen Extremen, zwischen eisiger Geistigkeit und verzehrender Sinnenglut hin und her geworfen, unter Gewissensnöten ein erschöpfendes Leben führte, ein ausbündiges, ausschweifendes und außerordentliches Leben, das er, Tonio Kröger, im Grunde verabscheute. Welch Irrgang! dachte er zuweilen. Wie war es nur möglich, daß ich in alle diese exzentrischen Abenteuer geriet? Ich bin doch kein Zigeuner im grünen Wagen, von Hause aus [...].« (Thomas Mann, Tonio Kröger [1903], in: Sämtliche Erzählungen, 1963, S. 232)

25. [?] 2. 1906

202 *25. Februar.* – Datierung wie die vorhergehende Tagebucheintragung. Auf welches Datum sich die Eintragung bezieht, ist unklar. Da sich beide Eintragungen inhaltlich eng aufeinander beziehen, ist nicht auszuschließen, daß die zweite Eintragung abgetrennt, das Datum aber nicht geändert wurde.
»Zapfenstreich«, »Jugend« – »Zapfenstreich« (1903), Schauspiel von F. A. Beyerlein; »Jugend« (1893), Schauspiel von Max Halbe.

12. 3. 1906

203 *Baronesse Possanner* – Gabriele Freiin Possanner von Ehrenthal (1860–1940), Tochter des Sektionschefs im Finanzministerium Benjamin Freiherr Possanner von Ehrenthal. Studierte 1888–1893 an den Universitäten Genf und Zürich. Promotion zum Dr. med. (1894). Erste promovierte Ärztin in Österreich. 1928 erhielt sie den Titel einer Medizinalrätin.

16. 3. 1906

205 *Lampe* – Der Komponist und Pianist Walther Lampe (1872–1964).

23. 3. 1906

207 *»Dumme Gans«* – Über die »Charakterologie der dummen Gans« hat OS ein Essay geschrieben, es heißt dort: »Es gibt Schimpfworte, deren Wirkung gewissermaßen tödlich ist, denn sie greifen unmittelbar den Kern der Persönlichkeit an, so wie ein vergifteter Pfeil das Mark des Lebens. Wenn man von allen Individualemp-

findlichkeiten oder den Voreingenommenheiten bestimmter Moralen absieht, so gibt es nichts, [...] was eine Frau tiefer berührt als die Qualifikation einer ›dummen Gans‹.« (Weltleute, S. 133) An einer Stelle nimmt OS deutlich Bezug auf die Auseinandersetzung mit Louisa: »Die dumme Gans ist [...] unter Umständen sogar sehr lernbegierig, sie ›begreift‹ schnell und darin liegt gerade ihre Hauptdummheit, daß sie glaubt, die Dinge, auf die es ankomme, könne man lernen: die Gelehrsamkeit erweitert noch ihre Dummheit.« (S. 137)

208 *Baronessen P.* – Die Schwestern Gabriele und Camilla Possanner von Ehrenthal. Camilla (1864–1944) war Malerin.

Bearbeitung von Montmartre – Es soll sich um ein Lustspiel gehandelt haben, daß OS bald darauf wieder verworfen hat; ein Manuskript hat sich nicht erhalten. In »Dämon« nennt er das Stück »mißglückt und unaufführbar« (S. 346). Später hat er es umgeschrieben und 1914 unter dem Titel »Der hysterische Mann. Lustspiel in drei Aufzügen« veröffentlicht.

209 *La Rochefoucauld* – »Schwächliche Charaktere können nicht aufrichtig sein.« (Réflexiones ou sentences et maximes morales, CCCXVI, in: La Rochefoucauld, 150 Maximen, hg. und übertragen von Julius Schmidt, Heidelberg 1979, frz.-dt, S. 23)

Nachtrag vom 5. 4. 1907

Weininger – Der Philosoph, Anthropologe und Sexualforscher Otto Weininger (1880–1903). Bekannt geworden ist Weininger durch sein aufsehenerregendes Werk »Geschlecht und Charakter« (1903). Im ersten Teil untersucht er, ausgehend von der menschlichen Bisexualität, die biologische und psychologische Beziehung und Anziehung zwischen den Geschlechtern. Der sehr viel längere zweite Teil behandelt das Geschlechterproblem aus einer universal-philosophischen Perspektive. Weininger vermischt dabei die wissenschaftlichen Anschauungsweisen der Zeit mit Ressentiments und einer aufgeladenen Polemik. Die Abhandlung richtet sich einerseits gegen die Frau, die – wie Weininger behauptet – kein intelligibles Ich ausbilden könne und ganz von ihrer Geschlechtlichkeit eingenommen sei, andererseits gegen das Judentum. Weininger, der selbst Jude war, überträgt seine These von der Unterlegenheit der Frau gegenüber dem Mann auf die Beziehung von Judentum und Christentum. Vor allem die offen zur Schau getragene Frauenverachtung und der Judenhaß machten das Werk populär. Daß Weininger wenige Monate nach Erscheinen des Buches spektakulär aus dem Leben schied, hat die Popularität des Buches noch befördert. Wie viele seiner Zeitgenossen hat sich OS von den Thesen Weiningers angezogen gefühlt, die Mischung von Antifeminismus und »jüdischem Selbsthaß« (Theodor Lessing) spiegelt sich auch in seiner eigenen Biographie. Auf der anderen Seite stieß er bei Weininger auf Gedanken, die ihn vermutlich bis ins Mark getroffen haben. OS, der sich Don Juan zum Vorbild nahm und wie ein Getriebener lebte, konnte in dem 1904 postum erschienenen Buch »Über die letzten Dinge« lesen: »Ein Surrogat für den Mord ist der Koitus, und nur durch eine Linie vom Mörder getrennt der *Don Juan*. Er ist innerlich genau so *leer* und *verzweifelt* wie der Mörder, und braucht als Stütze die Eroberung durch den Koitus. Es ist die einzige *Ausfüllung der Zeit*, die gewisse Menschen haben (vielleicht existieren diese Menschen übrigens nur als Möglichkeiten im Genie), daß sie koitieren. So ersetzen sie Gott: sie leben *doch*, empfinden doch *Lust*, *obwohl* sie sich heruntergesetzt haben. Wie der Mörder nach dem Morde den Tatort umkreist, weil er die Tat *braucht* (das seiner selbst gewisse Gedächtnis, das es ihm sagen könnte, daß er es gewesen ist, hat er längst nicht mehr), so muß der Don Juan fortwährend Weiber haben, um sich nicht gewahr zu werden; von Don Juan zum Mörder ist, wie gesagt, nur ein Schritt. Es ist das einzige Mittel zur Erfüllung der Zeit (die ihnen keinen Sinn mehr hat, da sie von keiner Vergangenheit mehr beschwert sind, von keiner Zukunft mehr etwas haben wollen), daß der Don Juan verführt, daß der Mörder mordet. So allein *erzeugen* sie eine Gegenwart, stellen die Negation als Position auf; *beides* ist in gewissem Sinne allerdings gegen die *Langeweile* gerichtet.« (S. 130)

209 *»Das Schweifwedeln des Hundes …«* – Die folgenden Sätze finden sich in Weininger, Über die letzten Dinge, S. 132 f.

15. 5. 1906

210 *Panama* – In »Dämon« heißt es: »Alt und jung, Mann und Frau trägt diesem besonderen Frühling zu Ehren Panamahüte mit buntem Band. Nicht alle sind echt, aber alle bedeuten dasselbe.« (S. 354) Der Freund Franz Hessel kleidete sich um diese Zeit ganz ähnlich ein, er kaufte sich einen weißen Anzug und einen Panamahut.

Franzl – Am 18. 2. 1906 erzählte Franz Hessel in einem Brief an OS von seiner geplanten Reise nach Paris, er bat um Rat und Hilfe, vor allem was »Wohnung und Essen etc. etc.« anging. »Wüßte auch gerne […], ob Sie Ende April, wo ich hinkomme, noch da sind. Bis Ende März bin ich noch dahier in München, dann einige Wochen in Berlin (W. Bleibtreustr. 24), dann fahre ich nach Paris und wenn Sie meiner (++) nicht helfen, so werde ich sicher schon auf dem Wege von der Station nach der Stadt auf dem Boulevard Sevastopol totgeschlagen.« (N) Am 2. 3. schrieb Hessel erneut von München aus an OS: »Es ist sehr lieb, daß Sie mir hier Zimmer besorgen wollen. Bitte aber nicht zu teuer: ich höre, Paris sei sehr teuer, besonders das Wohnen. Können Sie da etwas auf Wochen oder *einen* Monat bekommen. Entferntere Bekannte von mir wohnen in Neuilly und Suresnes. Ist das ein angenehmer Frühlingsaufenthalt? Oder meinen Sie als bester Hesselfranz-Kenner, daß ich besser in Paris selbst bleibe? Am schönsten wäre es, in Ihrer Nähe zu wohnen, damit ich Ihnen wieder wie in unseren Jugendtagen in der Leopoldstraße Morgenvisiten mit Milch und Honig machen kann. […] Ich denke zwischen 10 und 15 April nach Paris zu kommen; wenn es [?] geht, schon früher.« (N) Es wird dann doch ein paar Tage später. Am 24. 4. schickte Hessel ein Telegramm: »Ich komme morgen Mittwoch 4 Uhr Nachmittag = Grusz Hessel« (N). Bei den Arbeiten, die Hessel im Mai OS vorlas, handelte es sich u. a. um die in München angesiedelte Novelle »Laura Wunderl« (1908). Über seine Ankunft in Paris und seine ersten Tage in der Stadt berichtete Hessel in der 1923 erschienenen Novellensammlung »Von den Irrtümern der Liebenden«. In der Novelle »Paris in vierzehn Tagen« porträtierte er sich selbst in der Figur des jungen Deutschen Wilhelm, der einen Frühlingsurlaub von vierzehn Tagen macht, um Paris zu erleben. Dabei nimmt er die Hilfe eines Jugendfreundes in Anspruch, des Schriftstellers A. W. Möller, hinter dem sich kein anderer als OS verbirgt.

210 *französ. Gesellschaftsprobleme* – Die Essaysammlung erschien 1907. In »Dämon« schreibt OS, daß das Buch anfangs »einen viel abhandlungsmäßigeren Charakter« gehabt habe. Franz Hessel »brachte mich auf das Aphoristische, impressionistische, als meine eigentliche Originalität, und so gelang mir, das Werk fast ganz von Ballast zu befreien.« (S. 357) Das Buch über Frankreich wurde von der Kritik sehr positiv aufgenommen. Hofmannsthal schreibt in einer ausführlichen Würdigung: »Dieses Buch von Oscar A. H. Schmitz lag da, zwischen den Zeitungen, den Büchern und den

Briefen muß es hereingekommen sein, ich nahm es einmal in die Hand, las darin ein paar Seiten, den nächsten Tag, während ich über etwas anderes nachdachte, kam es mir wieder in die Hand, ich blätterte eine andere Stelle auf, las diese, erinnerte mich plötzlich des Vergnügens, das mir gestern die erste Stelle gewährt hatte, blätterte nach vorwärts, nach rückwärts, las einiges über die Kokotten, einiges gut bemerkte über die Beamten, ein gescheites Zitat aus Vauvenargues oder Diderot, einiges ausgezeichnet Gesagte über die Wesensverwandtschaft der Franzosen mit den Griechen (den antiken Griechen), und als ich, weiterblickend, nichts mehr Neues fand, so bemerkte ich, daß ich das Buch von zweihundert Seiten durchgelesen hatte, ohne recht zu merken wie, das heißt, so wie man eine gut gemachte Zeitung liest. Das Buch, das einen leicht nimmt und leicht losläßt, dessen Inhalte durchlässig sind für das Leben und das sich den Inhalten des Tages amalgamiert, ein solches Buch, das so gut und mit so reinen Ingredienzien gekocht ist, daß es schon in der nächsten Viertelstunde nicht belästigt, das ist Journalismus, aber ausgezeichneter Journalismus [...].« OS habe, so Hofmannsthal, mit seinem Buch einen geistigen Typus kreiert, den es bisher in Deutschland nicht gab, den »kulturellen Journalisten«. (Hofmannsthal, Umrisse eines neuen Journalismus [1907], S. 259–263). Hofmannsthal war so angetan von dem Werk, daß er Freunde und Bekannte auf das Buch aufmerksam machte, so auch Harry Graf Kessler, der aber nach der Lektüre eher skeptisch reagierte: »O. H. Schmitz, ›französische Probleme‹ ist recht unterhaltsam und hell, – ›helle‹ sagt der Sachse. Nur schade, daß er eine so total schiefe, unmögliche Stellung zu England und Allem Englischen einnimmt, und sich auf S. 113 die Absurdität inbetreff von Byrons Vers Kunst leistet. Swinburne und jeder Engländer der Ohr hat, erklären die Kunst Byrons im Don Juan für das Summum an Schmiegsamkeit und Rhythmus, das die englische Sprache in *einer bestimmten Richtung* erreicht hat; Herr O. H. Schmitz aus Pirna oder Stalluscheidt entdeckt, daß der Don Juan in ›schlechten Versen‹ geschrieben ist. Kann es ein komischeres Beispiel der deutschen ›Gebildeten‹ geben? Ich fürchte Herr Schmitz ist noch nicht der Erlöser.« (Brief vom 26. 3. 1907, in: Hofmannsthal – Kessler, Briefwechsel 1898–1929, S. 153)

210 *Korrekturen des »Gläsernen Gott«* – »Gläserner Gott« (1906). *»sentimentalen Roman«* Gemeint ist das 1912/13 realisierte Romanprojekt »Wenn wir Frauen erwachen ...«.

210 *Irene* – OS' Freundin gehörte, neben den ebenfalls in der Tagebucheintragung erwähnten Frauen Liddy, Berta und Grete, zur »Gipsgruppe«. In »Dämon« heißt es: »Im Marignytheater produzierten sich vier Berliner Mädchen in Plastischen Posen. Von ihrer Naivität in der sie umgebenden Pariser Welt, die sie nicht begriffen, verbunden mit Berlinischer Sicherheit, die sich keinen blauen Dunst vormachen läßt, erzählte mir der Franzl köstliche Dinge.« (S. 356) Hessel schreibt in den »Irrtümern der Liebenden« ausführlich von dieser Entdeckung (S. 158 ff.). In Hessels Novelle schildert Meta (Berta) den Auftritt der »Gipsgruppe« im Varieté: »Nun, wir werden ganz weiß geschminkt oder auch bronziert, und dann nehmen wir Stellungen ein, Posen. Aber vieles machen wir auch im Kostüm. Ich mache jetzt zum Beispiel eine Meißner Porzellanfigur. Hier nennen sie es Sèvres. Ich halte ein Lämmchen am Bande. Alle sagen, daß es süß aussieht.« (S. 158 f.)
Marignytheater – Varietétheater an der Avenue Marigny (Champs-Elysées).

211 *Liddy* – Vgl. Anm. *Irene* zu S. 210; nähere biographische Daten nicht ermittelt.
Roché – Der Kunstmakler, Schriftsteller und Übersetzer Henri-Pierre Roché (1879–1959). Die Biographie von Roché weist bemerkenswerte Parallelen zu der von OS auf: Ein Leben lang interessierte sich Roché – literarisch und ganz persönlich – für das Thema der Verführung und die Figur des Don Juan. 1920 veröffentlichte er eine Sammlung von achtundzwanzig Erzählungen, die das Thema variieren. Wie OS führte er ein Tagebuch, in dem er vor allem seine Eroberungen festhielt. Roché kannte die wichtigen Personen der Pariser Kunst- und Literaturszene: Picasso, Braque, Man Ray, Duchamp, Gertrude Stein. Er war wie OS Welt- und Lebemann: Es ist darum kaum ein Zufall, daß sich die beiden 1906 trafen und Freunde wurden. Hessel kam im April als dritter im Bund dazu. OS, Roché und Hessel zogen als »unwiderstehliches Trio« durch Paris, sie teilten die erotischen Abenteuer und tauschten sich – wie im Falle der »Gipsgruppe« – über die Frauen aus. Roché hat über diese Zeit und die Erlebnisse den Roman »Jules et Jim« geschrieben, der im letzten Teil auf die Dreiecksbeziehung Roché, Franz und Helen Hessel fokussiert ist. Aber in den ersten Kapiteln fließen immer wieder Erlebnisse ein, die vorher lagen, wie der Bal des Quat-z'Arts im Mai 1906, den Roché im Roman auf das Jahr 1907 terminiert. Der Roman erschien 1953

und war alles andere als ein Erfolg. Erst die 1962 in die Kinos gekommene Verfilmung durch F. Truffaut machte die deutsch-französische Liebesgeschichte zum Welterfolg. Oskar Werner spielte die Rolle des Jules (F. Hessel), Henri Serre die des Jim (H.-P. Roché) und Jeanne Moreau die Rolle der Cathérine (Helen Hessel).

211 *im »Rabelais«* – Café, Varieté.

Marigny – Café und Restaurant nördlich der Avenue des Champs-Elysées.

212 *Berta* – Vgl. Anm. *Irene* zu S. 210; nähere biographische Daten nicht ermittelt.

Café de la Cascade – Café im Bois de Boulogne, beim Wasserfall.

Suresnes – Ortschaft am Ufer der Seine.

Schnadahüpfln – Eigtl. Schnaderhüpfln; bayr. und österr. Ausdruck für einen improvisiert gesungenen satirischen Vierzeiler.

Grete – Vgl. Anm. *Irene* zu S. 210; nähere biographische Daten nicht zu ermitteln.

St. Cloud – Kleines Städtchen am Ufer der Seine, verdankt seinen Namen einem Enkel des Frankenkönigs Chlodwig.

213 *Pavillon bleu* – Restaurant in St.-Cloud am Place d'Armes.

»hospitalité de la France« – Gastfreundschaft der Franzosen.

Brief von Roché – Im Brief vom 13. 5. 1906 (N) findet sich die Bemerkung über Liddy (»succulente«), nicht aber die von OS zitierte Äußerung über Irene (»femme supérieure«).

Grete ... Peter Altenberg – In Hessels Novelle »Paris in vierzehn Tagen« wird der Protagonist auf ein Manikürekästchen aufmerksam gemacht: »In dem Kästchen lag ein Brief, [...] er war von dem bekannten Wiener Dichter und Frauenfreund, nur ein Gruß aus dem Caféhaus, aber immerhin von ihm.« (S. 119)

18. 5. 1906

214 *»une fausse maigre«* – eine falsche Magere.

215 *Dr. Müller* – Nicht ermittelt.

19. 5. 1906

Franz Lambert – Der Übersetzer Franz Alois Lambert. 1901 erschien seine Übersetzung der Schriften des flämischen Mystikers Johann van Ruysbroeck.

indischen Liebespaaren – Diese Geschichte hat OS auch den Sexualforscher Iwan Bloch mitgeteilt. In »Das Sexualleben unserer Zeit« (1919) heißt es im Kapitel über Fetischismus: »Oscar A. H.

Schmitz teilt mir mit, daß ein englischer Indienreisender ihm erzählte, daß in Indien die Verliebten miteinander bisweilen die Wäsche austauschen. Jeder trägt das von den Ausdünstungen des anderen imprägnierte Hemd.« (S. 646). Auch die sich daran anschließenden Mitteilungen über die Prinzessin Chimay (vgl. Tagebuch, 21. 3. 1897), Baudelaire und Altenberg stammen wahrscheinlich von OS. Bei Bloch heißt es: »Die Liebe der Prinzessin Chimay zu dem Zigeuner Rigó soll eine typische ›Geruchsliebe‹ gewesen sein. Auf Franzosen soll der Geruch von Negerinnen und Mulattinnen besonders erregend wirken, wofür der Dichter Baudelaire als Beispiel angeführt wird, der ja überhaupt den Geruch für den dritten und höchsten Grad der Wollust erklärte. Neuerdings hat Peter Altenberg im ›Prodomos‹ die sexuelle Bedeutung des Gesamtkörpergeruchs geschildert.« (S. 646)

216 *Bal des 4 z'arts* – Bal des Quat-z'Arts. OS beschreibt den berühmten Ball ausführlich in »Französische Gesellschaftsprobleme« in Form eines fiktiven Tagebuchs: »R(oché) sagt, man müsse die Leute reichlich mit Zigarren und Alkohol bewirten, um die schwer erhältlichen Karten für den Ball zu bekommen.« (S. 160) Natürlich ergattern Roché und OS Karten, auch Hessel und Stern haben Glück. Das Thema des diesjährigen Balls lautet: »L'orient antique«: »Heute der große Tag. Mein Zimmer ist in einen ägyptischen Bazar verwandelt, eben kommen H(essel) und R(oché) zum Umkleiden. [...] Um 7 Uhr Versammlung zum Apéritif: Gewoge farbiger Gewänder, nackte Frauen unter bunter durchsichtiger Gaze. Gebrüll. Hin- und Herlaufen vom Saal zur Toilette, deren Tür unter dem Druck eines Knäuels krähender, sich schminkender und pudernder, nähender, zupfender Frauen wiederholt aufplatzt. [...] Der Saal ist in eine buntdurchglühte Wolke von Rauch und Staub gehüllt, rings die farbigen Logen der verschiedenen Ateliers. Alles halbnackt in scheckigen Fetzen, die Männer scheußlich bemalt und tätowiert, ein antiker Gott trägt statt eines Feigenblattes die Aufschrift: ›dames‹. Ein anderer ist bedeckt mit Rosetten aus rotem Seidenpapier und Haar. Die Logen schieben ihre hübschesten Mädchen an die Brüstung, am gelungensten ein bis an die Saaldecke aufgerissenes Drachenmaul, im Schlunde hochrotes Licht, zwischen den Kiefern tanzen erlesen schöne nackte Mädchen, wie auf mittelalterlichen Höllenbildern. Ähnlich geht's auf der Bühne zu, wo die tanzenden Frauen vorläufig noch etwas umgazt sind, sich aber bald ganz entblößen. [...]

H(essel) und ich, wir suchen uns eine lustige Ecke aus, leeren schnell zwei Flaschen. Jetzt muß man betrunken sein. Wir reden und lärmen mit, zitternde Brüste gleiten uns durch die Hände, wir hören um uns und sprechen verschiedene Sprachen durcheinander, alle Hemmungen unserer sonst so würdigen Persönlichkeiten fallen.« (S. 162–166) In seinem Buch »Gesprungene Liebe« (1993) behauptet M. Flügge, daß sich Roché und Hessel auf dem Bal des Quat-z'Arts kennengelernt hätten (S. 53). Wie aus dem Tagebuch von OS und der Korrespondenz hervorgeht, kannten sich Roché und Hessel schon vor diesem Abend. Die Bekanntschaft wurde offenbar von OS vermittelt.

216 *Père Goriot* – Der Roman »Le Père Goriot« (1834/35, dt.: Vater Goriot) von Honoré de Balzac.

»Wurzen« – Eigentl. (bayr., österr.) ausnutzen, ausbeuten. OS verwendet das Substantiv synonym für den frz. Begriff »miché«: Freier.

20. 5. 1906

meinem Buch – »Französische Gesellschaftsprobleme«. Die Szenen über den Bal des Quat-z'Arts zieht auch Iwan Bloch in seiner Studie »Die Prostitution« (1912) heran. Bloch sieht darin eine Form der »Tanzprostitution« und spricht angesichts der von OS beschriebenen Erlebnisse von einer »plastischen Schilderung des Wollustrausches« (S. 140 und ebd. Anm. 323).

coup d'œil – Anblick.

22. [?] 5. 1906

219 *22. Mai.* – Doppelte Datierung.

22. 5. 1906

Literatur- oder Malweib – Um 1900 kamen viele Frauen mit bürgerlichem Hintergrund nach München und nahmen Unterricht in den zahlreichen Malschulen. Der Unterricht bot nicht nur die Möglichkeit einer künstlerischen Ausbildung, sondern der Emanzipation von der Familie. In »Frauen« tritt die Protagonistin Amélie in die Kunstschule von Hans von Luckow ein (OS porträtiert in dieser Figur Wilhelm von Debschitz) und wird vom Leiter eindringlich nach ihren Motiven befragt: »›[...] treiben Sie die Kunst zum Vergnügen, oder müssen Sie Geld verdienen?‹« Als Amélie unsicher eine Antwort stammelt, wird sie von Luckow unterbrochen: »›Also ich weiß schon. Sie haben sich zu Hause mit Ihrer Familie nicht vertragen, und nun wollen Sie hier Ihr Glück suchen. Sie träumen von Selbständigkeit und Unabhängigkeit Ihrer Familie gegenüber. Wenn Ihnen das aber mißglückt, so können Sie jederzeit nach Hause zurückkehren und finden ein warmes Eckchen.‹ […] ›Glauben Sie, daß ich Talent habe?‹ wagte Amélie schüchtern zu fragen. ›Talent!‹ sagte Luckow geringschätzig, ›das haben alle. Wenn es das allein wäre! Es gibt kaum ein junges Mädchen, das nicht irgendein Talent besitzt‹« (S. 145) Die emanzipationswilligen Frauen mit künstlerischen und geistigen Interessen und Ambitionen wurden in der männlich dominierten Boheme mit Ironie und Spott bedacht, weit verbreitet war die Ansicht, diese Frauen würden sich von ihrer »natürlichen« Weiblichkeit entfernen. Der Mann sah sich in seiner eigenen Rolle in Frage gestellt. Von Hermann Sanders heißt es im Roman: »Frauen, die viel mit Theorien um sich warfen, […] beängstigten ihn.« (S. 239)

23. 5. 1906

219 *Coucou* – Kabarett am Boulevard St.-Martin.
»storie grasse« – (ital.) derbe Geschichten.
Nerval, Femmes du Caire – Der Text »Les Femmes du Caire« von Gérard Nerval gehört zu dem 1848 erschienenen ersten (zusammenfassenden) Teil der »Voyage en Orient« (1851). »Les Femmes du Caire« erschien ursprünglich zusammen mit »Scènes de la Vie orientale« in einem Band.
Pläne für Biskra – Die Oasenstadt Biskra am Südrand der algerischen Sahara. OS und Hessel planten eine Reise nach Algerien.

24. 05. 1906

220 *Vuillard* – Der Maler Edouard Vuillard (1868–1940) gründete mit Pierre Bonnard, Paul Sérusier und Maurice Denis die symbolistische Künstlergruppe »Nabis«. Vuillard war von den Farben Gauguins und von der japanischen Kunst fasziniert. Er malte intime Interieurs. Durch die Verwendung von Leimfarbe erzielte er matte Effekte, die an der Bildoberfläche an Fresken erinnern.
auf den Dächern von Cairo oder Damaskus – Eine bei OS häufig vorkommende Wunschprojektion, die nicht nur in der Freundschaft mit Hessel herbeizitiert wird. Von der Freundin Marie-Louise Conty heißt es: »Sie will nur Sonne, ein weißes Haus auf dem Lande mitten zwischen Arabern« (Tagebuch, 21.6.1897). Auch in »Frauen« ist davon die Rede: »Das Neueste ist, daß Marie-Louise mit mir nach Algier fahren möchte, um auf dem Dach eines weißen Hauses, in ein weißes Gewand gehüllt, nachts die Sterne

betrachten zu können.« (S. 297) In »Dämon« schreibt OS über Francine: »Sie träumte von weißen Balkonen unter ewig blauem Himmel, wie sie sie in ihrer Kindheit in Algier gehabt« (S. 173).

220 *Aurélie von Nerval* – Das Prosagedicht »Aurélia ou le Rêve et la vie« (1855, dt.: Aurelia oder Der Traum und das Leben) ist eine Art innere Biographie Nervals. In visionären Bildern und Träumen erzählt er die Beziehung zu der Schauspielerin Jenny Colon (Aurélia). In mystischen Visionen wird die wirkliche Aurélia entrückt in eine Welt jenseits der Wirklichkeit: Aurélia wird zur Maria, zur Frau, zur Mutter.

Fortunio, Zweiheit –Anspielung auf die zwei dämonischen Gestalten Fortunio und Lieflamm (vgl. Anm. *diese dunklen Dinge erschrecken mich* zu S. 17). Das Lieflamm repräsentiert die dunkle Seite, das animalisch Triebhafte, Fortunio wird als positiv besetzter Dämon, als Über-Ich-Projektion vorgestellt: »Es war ein schlanker, magerer, erheblich älterer Junge, noch kein ganz Erwachsener. Er hatte dünne, etwas höhnisch gekräuselte Lippen und glänzende, schwarze Augen, die hochmütig auf mich herabblickten.« (Geister, S. 126) OS gestaltete das Erlebnis 1909 in der Novelle »Fortunio oder Das andere Ich« (Fortunio, S. 1–36). Fortunio wird darin zum Leitbild mit bedrohlichen Zügen: »Es stand ein außergewöhnlich schlanker, fast magerer, junger Mensch vor mir, biegsam wie die stählerne Klinge eines Floretts« (S. 10). Dieser Fortunio ermahnt ihn in einem fort: »›Werde wie ich, stark und klug!‹« (S. 17) Um den Zwiespalt seiner Natur zu überwinden, um die dunkle Seite loszuwerden, versucht der Held Fortunio zu folgen, mit ihm eins zu werden, doch die »Zweiheit« bleibt bestehen: »[…] dennoch war mein altes, schwaches Ich nicht verschwunden.« (S. 16) Fortunio und Lieflamm, die helle und die dunkle Seite, werden zu Determinanten der persönlichen Entwicklung, die in den Jahren kurz vor und während des Ersten Weltkriegs eine zerstörerische Kraft entfalten. Gemeinsam mit Kubin, der diese Dualität ebenfalls in sich wahrnahm, versuchte OS der Dämonenangst Herr zu werden

25. 5. 1906

221 *Dumme Gans* – Vgl. Anm. *»Dumme Gans«* zu S. 207.

27. 5. 1906

Dr. Oberwarth – Nicht ermittelt.

Moulin de la Galette – Tanzcafé und Varieté in der Rue Lepic.

221 *»Abbaye de Thélème«* – Nachtrestaurant und Tanzlokal auf dem Montmartre (Place Pigalle).

28. 5. 1906

Café de la Régence – In der Nähe des Palais-Royal, Rue St.-Honoré.

Tilly und Ludwig – Tilly (Mathilde) Alewyn (geb. Schmitz) hatte im März 1905 den Kaufmann Ludwig Spier geheiratet.

Brasserie Universelle – Avenue de L'Opéra (Boulevard des Capucines).

222 *Lipps, Ethische Grundfragen ... Philister* – Die philosophische Schrift »Die ethischen Grundfragen« von Theodor Lipps erschien 1899. Obwohl sich OS an dieser Stelle sehr abwertend über Lipps äußert, hat er bei ihm in seiner Münchner Studienzeit die mit Abstand meisten Vorlesungen gehört. Lipps galt Ende des 19. Jahrhunderts als einer der bedeutendsten Vertreter der Psychologie. Seine Theorie des Unbewußten und seine Arbeiten über Komik und Humor waren wegweisend für die Entwicklung der Wissenschaft.

29. 5. 1906

das Buch, das ich gerade schreibe – »Französische Gesellschaftsprobleme«.

»Carillon« – »Le Carillon« (1896), Operette in vier Akten von Ernest Blum und Paul Ferrier.

Maxim – Maxim's Bar, berühmtes Nachtlokal an der Place de la Concorde.

1. 6. 1906

223 *Gipsgruppe* – Vgl. Anm. *Irene* zu S. 210.

4. 6. 1906

224 *Ich fühle ... Lebenskraft* – In »Dämon« zitiert OS diese Passage aus dem Tagebuch, verändert aber das Ende des Zitats: »Aber ist es nicht vielleicht auch Lebenskraft, fähig zu sein, dem Dämon des Abgrunds immer wieder in dieser Lebensbuntheit zu entfliehen? ›Oberflächlich sein aus Tiefe‹, diese Maxime Nietzsches will ich mir zu eigen machen. Schon verstehe ich mich nicht ganz schlecht darauf.« (S. 354)

8. 6. 1906

226 *Hallen, Caveau des Innocents* – Zentralmarkthalle (Halles Centrales) unweit der Bourse du Commerce, ein Eisengußpavillon aus der Mitte des 19. Jahrhunderts (1972 abgerissen). Im Südosten

des Square des Innocents, der die Stelle des alten Friedhofs, Cimetière des Innocents, einnimmt. In den Kellergewölben (Caveau) befanden sich verruchte Kneipen und Bars.

10. 6. 1906

227 *Isle-Adam … kleine Sommerwohnung* – L'Isle-Adam, Stadt am Ufer der Oise, die an dieser Stelle zwei Inseln bildet. Vom Zentrum gut 30 Kilometer entfernt. In »Dämon« heißt es: »Isle-Adam war damals noch zwischen seinen Wäldern ein sommerliches Idyll. Außer den Pariser Villenbesitzern, die man hie und da auf der Straße sah, gab es keine Sommergäste.« (S. 360) Die Sommerwohnung, eine kleine Villa, lag eine Eisenbahnstunde von Paris entfernt: »Anfangs waren wir nur über Samstag und Sonntag hingefahren, einmal in Gesellschaft der Gipsgruppe, was uns in dem Städtchen nicht gerade vorteilhaft einführte. Am 1. Juli zogen wir ganz hinaus und lebten nun dort bis in den Herbst, als zwei sehr ernste junge Herren.« (S. 358) Das war wohl der Anspruch, in Wirklichkeit hielt man es auf dem Land nicht mehrere Tage hintereinander aus. Beide litten unter dem Entzug der Großstadt: Hessel verbrachte immer wieder einige Tage in Paris, ebenso OS, der daraus ein Ritual machte: »Ich fuhr jede Woche einmal nachmittags nach Paris und kam erst in der Nacht heim. Dort überließ ich mich dem immer wieder neuen Reiz des Straßenlebens, dinierte früh unter den herbstlich werdenden Bäumen der Champs-Elysées, besuchte dann ein Theater und kehrte mit dem letzten Zug nach Hause zurück.« (S. 362)

Dreyfus – Der Übersetzer und Literat Albert Dreyfus und seine Frau, eine Malerin. Dreyfus gehörte zu den wichtigen Kulturvermittlern zwischen Frankreich und Deutschland. Das Paar bewohnte eine Villa in der Nachbarschaft von OS und war mit ihm und Franz Hessel eng befreundet.

12. 6. 1906

Taverne Royale – An der Place de la Concorde. Im Baedeker von 1905 findet sich die Anmerkung: »In den späten Abend- und Nachtstunden, besonders nach dem Theater Sammelplatz der Lebewelt (nur für Herren).«

13. 6. 1906

Ottilie … dieses ewig unvollkommene Wesen – In Goethes »Wahlverwandtschaften« wird Ottilie nicht als unvollkommenes Wesen geschildert, sondern als jemand, der ganz aus dem Unbewußten, aus einer elementaren Leidenschaft heraus liebt. Die Unbedingtheit gerät in Konflikt mit der kulturellen Ordnung, den sittlichen Normen. Bemerkenswert ist, daß OS nicht auf einen zentralen Begriff des Romans eingeht, der auch für sein eigenes Leben Bedeutung hatte: das Dämonische. Ottilie sieht sich von dunklen, feindseligen Dämonen beherrscht, die ihr Leben aus der Bahn geworfen haben.

228 *Closerie des Lilas* – La Closerie des Lilas, Café am Montparnasse; wurde nach dem Ersten Weltkrieg zum Treffpunkt der Surrealisten und zur Stammkneipe von Ezra Pound und Ernest Hemingway.

15. 6. 1906

229 *Schwester Milli* – Nähere biographische Daten nicht ermittelt.
Lapin Agile – Le Lapin Agile, legendäre Künstlerkneipe auf dem Montmartre, zwischen 1900 und 1914 Treffpunkt der Boheme.

18. 6. 1906

231 *nach Neuilly zur Messe* – Westlicher Vorort von Paris. Der von Mitte Juni bis Anfang Juli in Neuilly stattfindende Jahrmarkt war ein beliebtes Volksfest.

18. [?] 6. 1906

232 *18. Juni* – Doppelte Datierung; wahrscheinlich Tagebucheintragung vom 19. Juni.
Café Rotonde – Bekanntes Künstlercafé am Montparnasse.
Berliner Bondy – Der Maler, Sammler, Kunstkritiker und Schriftsteller Walter Bondy (1880–1940). Er lebte zeitweilig in Berlin, dann bis zum Ersten Weltkrieg in Paris.
Louise Bücking – Tochter einer gutbürgerlichen Marburger Familie. Franz Hessel warb lange um sie; 1907 war sie vorübergehend die Geliebte von Henri-Pierre Roché.
Kaulbachstraße – Ende 1903 zogen Franziska zu Reventlow und ihr Sohn Rolf zusammen mit dem polnischen Maler Bohdan von Suchocki und Franz Hessel in das Eckhaus in der Kaulbachstraße.

20. 6. 1906

Moréas – Jean de Moréas (eigtl. Joannis Papadiamantopoulos, 1856 bis 1910). Er war griechischer Abstammung, schrieb in französischer Sprache und stand zeitweise in Kontakt mit Stefan George. In »Dämon« heißt es über Moréas: »Er fühlte sich ganz als Franzose und meinte Frankreich, wenn er sagte ›*chez nous*‹. Ich ärgerte ihn sehr, als ich ihn fragte, ob es denn bei ihnen wirklich besser sei als in Deutschland, meinte aber mit ›*chez vous*‹ das moderne Griechenland.« (S. 170)

232 *Fort* – Der französische Lyriker und Dramatiker Paul Fort (1872 bis 1960). Stefan Zweig schrieb über Paul Fort in seinem Tagebuch vom Frühjahr 1913: »Er ist graziös, schlank, fein in den Zügen, nervös und von einer galant bestrickenden Liebenswürdigkeit zur Jugend.« (Tagebücher, S. 55).

La Chapelle – Café und Bar, Boulevard la Chapelle.

21. 6. 1906

233 *Vincennes* – Östlicher Vorort von Paris.

Coquet – Restaurant.

Grenelle – Café, Bar, Restaurant am Boulevard de Grenelle.

Agent de mœurs – Sittenpolizei.

22. 6. 1906

234 *Le rouge … bouche.* – Der Lippenstift, der die Individualität des Mundes auslöscht.

26. 6. 1906

Suchocki … 3 Jahre von ihm gelebt – Der polnische Glasmaler, Kunsthandwerker und Puppenspieler Bohdan von Suchocki (1863 bis vermutlich nach 1955). Zwischen 1877 und 1881 kam er nach Berlin, um 1900 zog er nach München und lernte dort Franziska zu Reventlow kennen. Ende 1903 bildeten Reventlow, Suchocki und Hessel eine Wohngemeinschaft in der Kaulbachstraße 63 (vgl. Anm. *Kaulbachstraße* zu S. 232). Anfang 1906 zog Hessel aus. Der notorische Geldmangel von Reventlow und Suchocki wurde immer wieder durch Hessel ausgeglichen. Am 1./2. 5. 1905 schrieb Reventlow an Suchocki: »[…] bitte tritz den Franzl, daß er mir Geld schickt.« (S. 87) Suchocki meldete am 4. 5.: »Franzl hat 200 M. zum Haushalt gegeben« (S. 93). Einen Tag später schrieb Reventlow: »[…] warum sagst Du Franzl nicht, er müßte noch 50 M. hergeben, es ist doch jedes mal so, dass er erst allmählich herausrückt, sag doch ich hätte Dir geschrieben, Metzger und Milch müßten jetzt gezahlt werden.« (S. 94) Am 15. 9. beschwerte sich Reventlow: »Franzl nur 40 M hergegeben mit großer Überwindung und frißt alles auf was man in der Küche stehen läßt.« (S. 120) Als sich die Gehässigkeiten gegen Hessel häuften, weigerte er sich, weiter Geld vorzustrecken, daraufhin versuchte man ihn aus der Wohngemeinschaft hinauszudrängen: »Den Jüdischen-Talmud-Leuchter stecken wir an, wenn wir dem Franz garaus machen!«, schrieb Suchocki am 13. 10. (Reventlow–Suchocki,

Briefwechsel 1903–1909, S. 134). Bohdan von Suchocki wanderte 1907/08 über die Vereinigten Staaten nach Mexiko aus, wo er seine zweite Lebenshälfte verbrachte.

27. 6. 1906

235 *»Dunkles Haus … Sarg hinausgetragen«* – Im veröffentlichten Werk und im Nachlaß nicht ermittelt.

29. 6. 1906

236 *»Est-ce que tu vas …pantalons courts?«* – Gehst du so in deinen kurzen Hosen bis zur Bastille?

237 *Nouvelles Athènes* – Nicht ermittelt.

»fait la noce … 2 ans« – macht seit zwei Jahren Hochzeit.

»Ah quel salaud« – Schwein!

»il faut … s'occupe« – Hier vermutlich im Sinne von »anschaffen«.

»parce qu'entre … à Paris« – Weil Frauengeschichten die Polizei nicht interessieren, selbst wenn sie sich dabei gegenseitig umbringen. Die Frau ist nichts wert in Paris.

»Je te défends … plus.« – Ich verbiete dir, daß du ihm mehr gibst.

»Eh bien … ensemble?« – Nun, wann sehen wir uns wieder, um miteinander zu schlafen?

30. 6. 1906

239 *rätselhafte Amerikanerin … Gaby* – In Hessels Novelle »Paris in vierzehn Tagen« heißt es: »Von seinen neuen Bekannten wäre nur noch jene junge Amerikanerin Gaby zu erwähnen, die er im Hôtel de Ville kennenlernte, und zwar vor einem Bild von Puvis de Chavannes, über das der Führer viel zu berichten wusste, unter anderem, daß der Maler ›un inspiré‹ gewesen. ›Was ist inspiré?‹ wandte sich diese Gaby an Wilhelm und redete dann weiter mit ihm englisch und französisch durcheinander mit amerikanischen Akzent. […] In vertraulichem Ton redete sie von der Otero, Cléo de Merode und anderen Berühmtheiten. Auch die Familie Carnegie kannte sie sehr gut […].« (S. 125 f.)

3. 7. 1906

240 *Brief von Lampe* – Am 29. Juni schrieb Walther Lampe in der Scheidungsangelegenheit und gab den Rat, OS solle sich schuldig erklären und die finanzielle Unterstützung gesondert regeln. Heiselers (s. u.) teilten seine Ansicht. Auch Louisa Schmitz sei dabeigewesen. Über die Situation in München merkte er an: »Von einem Gerede in München ist mir nichts bekannt.« (N)

Heiselers – Der aus Petersburg stammende Dichter Henry von Heiseler (1875–1928). Im Februar 1904 fand in der Wohnung von Henry von Heiseler der berühmte Maskenzug statt. Wolfskehl hatte dazu die dramatische Dichtung »Maskenzug« (1904) verfaßt. George trat als lorbeergeschmückter Dante auf, Wolfskehl als blinder Homer. Die Ehefrau von Heiseler vermittelte in der Scheidungsangelegenheit zwischen OS und der Familie Fuchs.

240 *französische Kultur* – »Erstes Intermezzo: Deutsche und Franzosen«, in: Französische Gesellschaftsprobleme, S. 8–13.

4. 7. 1906

Carnegies – Der amerikanische Großindustrielle Andrew Carnegie (1835–1919).

5. 7. 1906

Perier – Nicht ermittelt.

7. 7. 1906

241 *Franzls Münchener Tagebuchroman* – »Laura Wunderl«. An OS schrieb Hessel später: »Aus meinem Roman sind nun doch wieder Novellen geworden – Laura.« (o. D., N)

8. 7. 1906

(»Der gläserne Gott«) … Mailänder Mädchen – OS und Dreyfus diskutierten über die Novelle »Der Fischzug« (S. 7–87). Lothar, der Held der Erzählung, kommt auf der Zugfahrt nach Italien mit einem Mitreisenden, einem deutschen Industriellen, Herrn Sauer, ins Gespräch und erzählt ihm von den italienischen Frauen und den Freuden der Mailänder Varietétheater. Während der Fahrt liest Lothar in der Zeitung von einem Ehemann, der seine Gattin umgebracht hat und seine Tat damit rechtfertigte, daß seine Frau sittliche Verfehlungen begangen hätte. Der zweifelhafte Charakter der Ehefrau wird von einem Mailänder Mädchen, Eleonora, bestätigt. Augenblicklich ist Lothar von der Idee besessen, diese »spontan fühlende Eleonora zu sehen« (S. 11). Wie ein Getriebener läuft er durch Mailand, um Eleonorea zu finden. Dabei trifft er auch Herrn Sauer wieder, der in der Zwischenzeit Flora, ein Mädchen aus dem Varieté, kennengelernt hat. Der erfahrene Weltmann Lothar spannt Sauer die Begleiterin aus und verabredet sich für den anderen Tag mit Flora, die vorgibt, Eleonora zu kennen. In Wahrheit aber hat es Flora auf Lothar abgesehen, der sich angewidert zurückzieht. Noch einmal begibt er sich auf die Suche nach Eleonora, aber niemand kennt die Adresse des Mailänder Mädchens.

242 *Schwabinger Beobachter* – Von der hektographierten Zeitschrift erschienen in den Jahren 1904/05 drei Hefte. Mit parodistischen Mitteln wurde der hohe Selbstanspruch und der trockene Ernst der »kosmischen Runde« um George, Klages, Schuler, Wolfskehl einer Kritik unterzogen. Klages trat als »Lamentates« oder »Graphomant« auf, George als »Caraculla«, Wolfskehl als »gueule de loup« und »Patriarch«, OS als »Orpheus« und ein Pygmäenchor sollte die Bacchanten und Bacchantinnen auf den Festen und Festzügen von Wolfskehl und George karikieren. Die Initiatoren und Verfasser waren Franziska zu Reventlow und Franz Hessel. Möglicherweise war auch OS an dem konspirativen Unternehmen beteiligt, jedenfalls glaubten das viele aus dem inneren Kreis der Schwabinger Boheme. Die ältere Schwester, Hedwig Gründler, zu dieser Zeit mit Kubin liiert, schrieb am 9. 4. 1904: »Das Neueste ist hier das Erscheinen des ›Schwabinger Beobachter‹ mit dessen Herausgabe man Dich in starkem Zusammenhang wähnt. Ich habe das in Abrede gestellt und wittere Dülberg mit Gehilfen dahinter. Wolfskehls, Ceconis und die Gräfin haben Nummern bekommen, sonst weiß ich nichts davon, sah es nur flüchtig bei Wolfskehls. Unsere ›vorlegitime Hochzeitsreise‹ kommt auch in einer Annonce vor unterschrieben Incubus u. Frau Jadwiga Halbmaske. Auch ein O. Haschisch unterschriebenes Heiratsgesuch lautend etwa: Junger strebsamer Schriftsteller (mit Mäzen und Zukunft) sucht ein Glückliches Heim zu gründen (am liebsten mit Dame einerlei ob blond, braun, mausgrau oder beige. Scheidung nicht ausgeschlossen. O. Haschisch« (Alfred Kubin-Archiv). Für die Insider lag die Verbindung mit OS auf der Hand: »Incubus« spielt auf die Erzählung »Die Geliebte des Teufels« an, die in dem Band »Haschisch« veröffentlicht wurde. Auch »Halbmaske« steht mit einem Buch von Schmitz im Zusammenhang: »Die Halbmaske. Novellen und Essays« (1903).

243 *»der überlebt … zuletzt behält er recht«* – Das Zitat stammt aus dem »Schwabinger Beobachter«, Nr. III: »Schwabinger Walpurgisnacht, Fratzenzug auf das Jahr 1905. Faust, Mephisto«. OS gibt das Zitat nicht ganz richtig wieder und läßt eine Zeile aus. Die Mephisto in den Mund gelegte Strophe lautet korrekt: »Getrost, der kommt zurück, der überlebt euch alle, / Kriecht aus dem Labyrinth wie aus der Mausefalle. / Er wandelt sich in Wesen und Geschlecht. / Der ist von dauerhaftem Zeug, mein Lieber. / Und pass mal auf, zuletzt behält er recht.« (Faber, Männerrunde mit

Gräfin, Anhang, S. 40) OS zitiert diese Strophe nochmals in einer anderen Version in »Dämon Welt«; dort heißt es: »Der ist aus zähem Fleisch und überlebt euch alle, / Kriecht aus dem Labyrinth, wie aus der Mausefalle, / Er wandelt sich in Wesen wie Geschlecht, / Und paßt nur auf, am Schluß behält er recht.« (S. 357)

243 *Sonntagsspaziergang … sanfte Hügel* – 1940, ein Jahr vor seinem Tod im Exil in Sanary-sur-Mer, erinnerte sich Hessel noch einmal an die Spaziergänge mit OS im Sommer 1906: »Ich denke an den Sommer damals in Isle-Adam, damals vor dreißig Jahren, in meiner ersten Pariser Zeit. Feldweg, Ginster, spärlicher Wald mit soviel Strauch- und Wucherwerk zwischen den Wurzeln, ausgetretene Steinstufen zum Landhaus, Bootsfahrt unterm Borkenhäuschen des alten Schiffers und Wirtes vom Château des Ablettes, der kahl und haarumkränzt aussah wie Verlaine, im Garten der lachenden Kinder und der lächelnden Frau der Feigenbaum, der unfruchtbare, und am Wegkreuz vor dem Haus, in dem ich wohnte, die Ulme. Von der aus gingen wir Pfade zwischen Gärten auf die Allee, ein Freund aus dem Münchner, dem Schwabinger Kreise und ich in so vielen Gesprächen aus freierer, wählender und vergleichender Gedankenwelt – voll guter Unruhe, aber mehr um *das Ganze* als um das eigene Schicksal, verlockt und ablehnend, bitter und fromm.« (Letzte Heimkehr, S. 9 f.)

10. 7. 1906

244 *Brief von Dülberg* – Nicht im Nachlaß.

11. 7. 1906

rationalisierende Form – Vermutlich auf Hessels Einwand hin hat OS dann das »Zweite Intermezzo. Mit Franzosen im Ausland« (S. 13–17) in Form von fiktiven Tagebuchblättern geschrieben, die nur lose miteinander verknüpft sind.

12. 7. 1906

245 *Maria Deveaux … wie Mathis geplant hatte* – Von George Mathis (nähere biographische Daten nicht ermittelt) hat sich im Nachlaß ein sechsseitiger Brief vom Mai 1904 erhalten, in dem er zunächst auf die vielen gemeinsamen Gespräche über Frauen und die fehlgeschlagenen Versuche von OS eingeht, eine ideale Frau zu finden. Mathis offeriert OS dann jene Maria Deveaux, die einen Mann braucht und bereit sei, eine Verbindung einzugehen – er schildert sie als eine ideale Partie. In der Zwischenzeit hatte Mathis selbst um Maria Deveaux geworben, wurde aber offenbar von ihr zurückgewiesen (vgl. Tagebuch, 23. 9. 1906).

13. 7. 1906

246 *Gegen Morgen träumte ich* – Diese Traumerzählung findet sich auch in »Frauen«, dort allerdings mit zwei bedeutsamen Änderungen. Nach »Er spricht mich an und lehnt sich an mich« heißt es: »Dabei ist mir auf einmal zumute, als sei er eine Frau, und ich gerate in eine Erregung, die mich völlig erschöpft.« (S. 487) Hinter »Dann stehe ich todmüde an der Grenze«, wird der Satz eingeschoben: »Der Schwarze Wirt soll entscheiden.« (S. 487) Als OS im Sommer 1912 in Dänemark den Maler und Zeichner Rolf von Hoerschelmann traf, kam es zur Diskussion über die in »Frauen« erzählten Träume. In dem immer wiederkehrenden »Schwarzen Wirt« in den Träumen von OS sieht Hoerschelmann ein Symbol für Georg Fuchs (OS an Kubin, 18. 8. 1912, Kubin-Archiv). Es waren unter anderem diese Träume, die Hoerschelmann zum Anlaß nahm, OS eine Psychoanalyse zu empfehlen (OS an Kubin, ebd.), die dieser dann auch wenige Monate später begann.

(P.) – Pollution; vgl. Tagebuch 18. 10. 1906.

Georg Brandes – Der dänische Literaturhistoriker und Kritiker Georg Brandes (1842–1927).

18. 7. 1906

248 *Ergänzungstraum* – Freud weist bei seiner Darstellung der wissenschaftlichen Literatur der Traumprobleme im 1. Kapitel der »Traumdeutung« auf diesen Begriff hin: In der einschlägigen Literatur werde der Traum vom Wachleben gesondert, als etwas Fremdartiges betrachtet. Dieser Ansicht zufolge sind Traum und Leben gesonderte Sphären, die allenfalls symbolisch vermittelt sind. Er verweist auf Fichte, der den Begriff der »Ergänzungsträume« geprägt habe, die er als eine selbstheilende Natur des Geistes auffassen würde (S. 34). Für Hessel ist der Ergänzungstraum offenbar das Verdrängte, der unbewußte Wunsch, der nur in der Phantasie existiert und in keiner Beziehung zur Realität steht.

20. 7. 1906

249 *Chantilly* – Stadt nördlich von Paris. Zu den besonderen Sehenswürdigkeiten gehört das Schloß mit seinem ausgedehnten Park.

Coye – Ortschaft an der Eisenbahnstrecke kurz vor Chantilly. OS und Hessel laufen – wie im Baedeker empfohlen – vom Schloß Chantilly durch den Forêt de Chantilly zum Bahnhof nach Coye.

24. 7. 1906

251 *der kleinen Haiger* – Nicht ermittelt.

27. 7. 1906

Régnier – Der Schriftsteller Henri Régnier (1864–1936), einer der bedeutendsten Vertreter des frz. Symbolismus.

Rebell – Der Schriftsteller Hugues Rebell (1867–1905) schrieb vor allem symbolistische Gedichte, aber auch historische Romane und Novellen.

29. 7. 1906

252 *Stadttraum* – Auch dieser Traum wird in »Frauen« erzählt, bemerkenswert sind einige inhaltliche Varianten: So wird der Bordelltraum in Berlin nicht erwähnt. Es heißt an dieser Stelle: »Abends gehe ich dorthin und treffe Damen aus Schwabing und offenbar auch aus meiner Heimatstadt.« (S. 488) Die zweite Variante betrifft den oben erwähnten »Schwarzen Wirt« (vgl. Anm. *Gegen Morgen träumte ich* zu S. 246). Im letzten Satz des Traums heißt es: »Der Schwarze Wirt kommt herein und verbietet mir, sein Haus je wieder zu betreten.« (S. 488)

253 *die kleinen Dialoge über Frauen* – Französische Gesellschaftsprobleme, IV. Kapitel: »Frauen und Liebe«, Abschnitt: »5. Dialoge«, S. 169–178.

31. 7. 1906

254 *Wieder Stadttraum* – In »Frauen« wird die Traumszene an den Ammersee verlegt (S. 488), und wie in den anderen Traumerzählungen ist ein wesentliches Element der »Schwarze Wirt«. Am Ende heißt es: »Ich möchte mich unter die Tanzenden mengen, aber ich kann nicht, denn der Schwarze Wirt sitzt in der Ecke, und sein Blick bannt mich fest am Tische.« (S. 489)

1. 8. 1906

255 *Gestern Abend allein … träumte* – Die nachfolgende Schilderung findet sich auch in »Frauen«, wird aber im Englischen Garten in München angesiedelt: »Im Englischen Garten war gestern dunstig verschleierter Mondschein. Ganz flaches, unbewegtes Wasser« (S. 489).

256 *»perdez d'abord … il fait noir«* – Zunächst sollten Sie die Gewohnheit aufgeben, auszugehen, wenn es dunkel ist.

Pérez Galdós – Benito Pérez Galdós (1843–1920), bedeutendster spanischer Romanschriftsteller an der Wende zum 20. Jahrhundert, Abgeordneter der Cortes, Vertreter des spanischen Liberalismus.

256 *Rezzonico* – Koseform von Perez.

257 *Café de la Paix* – Berühmtes Café am Boulevard des Capucines.
»On n'y aime … les françaises« – Man mag dort keine Frauen, vor allem keine Französinnen.
Alcazar d'été – Beliebtes Café-concert auf den Champs-Elysées.
»que vous avez raison … à la ligne« – wie recht Sie haben, es ist ein schöner Ort, meine verheiratete Schwester lebt dort und ich fahre oft dorthin, um zu angeln.

2. 8. 1906

258 *Hedwig … ihre Neigung zu mir* – Bereits im Juni hatte sich OS an seine Schwester mit der Bitte gewandt, sie möge in der Scheidungsangelegenheit mit der Familie Fuchs sprechen. Hedwig Kubin ist nur sehr »ungern« zu direkten Gesprächen bereit. Im Juni 1906 schrieb sie: »Deinen Wunsch, mit Frau Fuchs zu verhandeln, kann ich Dir leider nicht erfüllen.« Sie gab zahlreiche, eher ausweichende Gründe an, erst am Schluß wurde sie konkreter: »So lange G. Fuchs als Kritiker bei den M. N. [Münchner Neuesten Nachrichten] ist, dürfen wir Kubins uns nicht mit den Leuten verkrachen, weil er Alfred, der in München bald mit ganz neuen Sachen eine Ausstellung zu arrangieren gedenkt, furchtbar schaden kann.« (Kubin-Archiv) Am 31. Juli schrieb Hedwig Kubin, daß sie ein gewisses Verständnis für Louisa habe: Wer, wie OS, einer Frau »körperliche Mängel zum Vorwurf« mache, der provoziere die Scheidung. Überhaupt sei ihr schleierhaft, wie er eine Frau hätte heiraten können, die für ihn offenbar nicht mehr gewesen sei als »eine flüchtige Carnevalsverliebtheit«. Sie machte den Vorschlag, er solle sich großzügig zeigen und Louisa für »2 Jahre monatlich 180 bis 200 M zur Bestreitung ihrer sämtlichen Bedürfnisse geben« (Kubin-Archiv). Die Briefe wurden aus Zwickledt abgeschickt, im Krankenhaus befand sich Hedwig Kubin zu dieser Zeit offenbar nicht.

3. 8. 1906

259 *»L'inconnue d'hier«* – Die Unbekannte von gestern.

5. 8. 1906

Oppenheim – Der Dramaturg, Theaterleiter und Schriftsteller Adolf Oppenheim (1845–1916). Er war zunächst als Journalist und Verfasser von Theaterstücken tätig. In Berlin, Köln und Düsseldorf arbeitete er dann als Dramaturg. 1893 übernahm er die Leitung des Landestheaters in Laibach. Ab 1910 freier Schriftsteller in München, wo er auch eine Theaterschule leitete. Oppenheim schrieb

Lustspiele (»Eine Stunde Kaiser von Österreich«, 1875) und Kriminalromane (»Märtyrerinnen der Liebe«, 1906).

7. 8. 1906

260 *La Mascotte* – Operette des frz. Komponisten Edmond Audran (1840–1901), 1880 uraufgeführt.

9. 8. 1906

»Lucullus« – Restaurant, Boulevard du Montparnasse.

14. 8. 1906

262 *Bellevue … Terrasse von Meudon* – Bellevue-Funiculaire ist die Haltestelle für die damals beliebte Fahrt auf der Seine. Von hier aus kann man die Seilbahn benutzen, um die wegen ihrer Aussicht auf Paris berühmte Terrasse von Meudon zu erreichen.

15. 8. 1906

264 *Lothar* – »Lothar oder Untergang einer Kindheit« (1905).
König – »Der König« (1908, in: Pepinster, S. 227–270).
Burleskenbuch, wie »der gläserne Gott« – (1904, in: Gläserner Gott, S. 224–243).
Laforgue – Jules Laforgue (1860–1887); geprägt vom Fin de siècle, schrieb er symbolistische Lyrik und modernisierte Sagen- und Legendenstoffe.
Heute Nacht träumte ich – Der Traum wird in »Frauen« mit einer wesentlichen inhaltlichen Variante erzählt: Im Roman ist nicht vom Vater, sondern von der Mutter die Rede, die – wie es ergänzend heißt – für die »Hochzeit ein Konzert zu geben versprochen« hatte. Aus Gram über die Scheidung des Sohnes versucht sie sich zu erschießen. Am Ende versichert der Sohn, »alles aufgeben und wieder bei ihr leben« (S. 490) zu wollen.

17. 8. 1906

265 *Numa Praetorius* – Pseudonym für Eugen Daniel Wilhelm (1866 bis 1951); Mitarbeiter an dem von Magnus Hirschfeld herausgegebenen »Jahrbuch für sexuelle Zwischenstufen«. Zahlreiche Veröffentlichungen zur Bi- und Homosexualität.

20. 8. 1906

Nesles – Kleiner Ort zwischen Isle-Adam und Marines.

21. 8. 1906

Bois de Boulogne … Longchamp … Suresnes – Beliebte Wanderung durch den Park, mit schönen Ausblicken auf das Seinetal.

266 *Frau Lampe* – Else Lampe, geb. von Guaita (1874–1963), Buchbinderin, verh. mit Walther Lampe.

266 *Pousset* – Taverne Pousset, Boulevard des Italiens.
Hessel mit Bruder – Alfred Hessel (1877–1939); er studierte Geschichte unter anderem in München, später Professor in Straßburg und Göttingen.

21. [?] 8. 1906

21. August – Wahrscheinlich handelt es sich um den 22. August.

26. 8. 1906

267 *Abbaye du Val* – Ehemaliges Zisterzienserkloster am Ufer der Oise.

30. 8. 1906

269 *Nöel-Peters* – Restaurant in der Nähe des Boulevard des Italiens (Passage des Princes).
Germaine … Lucienne – Nicht ermittelt.

31. 8. 1906

Gestern wieder in Paris – Die ganze Eintragung wird in »Dämon« zitiert, allerdings nicht wörtlich und mit einer bemerkenswerten Abweichung: Zum leichten Dégoût der Baronin kommt es nicht nach der Annäherung gegenüber OS, sondern als der Bekannte (»der kleine Lamprecht«) auftaucht (vgl. S. 348).
Lamprecht – In »Der bal des quat'z arts 1906« (»Französische Gesellschaftsprobleme«) heißt es: »Lamprecht – so nennen wir einen 19jährigen Maler, der ein Jahr in Lamprecht bei Mannheim lebte und ein komisches Deutsch kauderwälscht« (S. 162 f.).
Brief von Lampe – Nicht im Nachlaß.

270 *Don Juanito* – Komödie in vier Aufzügen (1908).

1. 9. 1906

die dämonischen Larven … stets ihrer Herr sein – In »Fortunio oder Das andere Ich« werden ähnliche Maximen gegen die Dämonenangst formuliert: den Blicken »standhalten«, »stark und klug« (S. 17) sein.

2. 9. 1906

Deutsch-Avricourt – Dorf im Kreis Saarburg, Bezirk Lothringen.

7. 9. 1906

271 *Wir spielten Violinsonaten von Beethoven* – In »Dämon« heißt es: »So spielten wir fast die ganzen Beethovenschen Violinsonaten durch. Wenn Gäste aus Paris kamen, wurde allerlei musikalischer Ulk getrieben, wie Improvisationen von Opern, sei es im Wagnerschen, sei es im italienischen Stil.« (S. 359)

271 *Arlésienne* – George Bizet, L'Arlésienne, Suite Nr. 1 oder 2.

12. 9. 1906

272 *die schlimmsten Intriguen* – In »Dämon« berichtet OS, »daß in München die unwahrscheinlichsten Tratschereien über mich herumgingen« (S. 358). Dies sei ihm unter anderem von Franz Dülberg zugetragen worden. In den erhaltenen Briefen Dülbergs ist von »Tratschereien« nicht die Rede. Im Gegenteil, er schreibt: »Von Deinen Scheidungsangelegenheiten wird hier wenig gesprochen.« (17. 10. 1906, N) Einen ganz anderen Eindruck gibt OS vom persönlichen Gespräch mit Dülberg wieder (vgl. Tagebuch, 22. 9. 1906).

13. 9. 1906

273 *»Je ne voyage presque jamais«* – Ich reise fast nie.
Lampes Vermittelung – Am 24. 9. schrieb Lampe, er fühle sich »wirklich ungeeignet für die Rolle eines Vermittlers. Bei einem zufälligen Zusammentreffen mit Ihrer Frau wäre ich gern bereit in vermittelnden Sinne mit ihr zu reden, wenn sie selbst die Rede auf ihre ebenso schwierige wie heikle Angelegenheit bringen würde. Ich bin aber sicher, daß Ihre Frau auf das peinlichste berührt wäre, wenn ich mich, und sei es auch in Ihrem Auftrag, in ihre Angelegenheit drängen wollte.« (N) Er appellierte an OS, selbst mit seiner Frau zu verhandeln, die von ihm angebotenen 2000 Mark seien aber sicher keine Grundlage für eine Einigung.
Gigi und Georgette – Gigi war der Sohn des Ehepaars Dreyfus, Georgette das Hausmädchen.

274 *bunten Roman* – »Laura Wunderl. Münchner Novellen« (1908).
Se laisser doucement entraîner par la fatalité – Sich sanft von der Fatalität verführen lassen.

15. 9. 1906

276 *Bœuf à la Mode* – Au Bœuf à la Mode, östlich vom Palais-Royal.
La Paresseuse – Nicht ermittelt.
kleinen Maja – Nicht ermittelt.

17. 9. 1906

277 *s'attacher aux agréments … mon avenir* – Sich den Annehmlichkeiten der Stunde widmen, die im Moment hinreichend sein könnten, wenn da nicht die Angst um meine Zukunft wäre.

18. 9. 1906

Martial – Möglicherweise der Maler und Radierer Adolphe Potemont Martial (1828–1883).

278 *Giton* – Der schöne Diener und Lustknabe des Encolpius aus dem Schelmenroman »Satyricon« von Gaius Petronius Arbiter. (vgl. Anm. *Petron … Giton* zu S. 198)

19. 9. 1906

Äquinoctien– Tagundnachtgleiche. Zeitpunkt, in dem die Sonne den Himmelsäquator schneidet (Frühlingsanfang am 21. März und Herbstanfang am 23. September). An diesen beiden Tagen ist der Tagbogen der Sonne genausolang wie der Nachtbogen. Mit dem Satz »Die Stürme der letzten Tage vorbei, Äquinoctien« spielt OS möglicherweise auf eine von Franz Hüll überlieferte Geschichte an: »Das Scheibenkreuz. Ein Beitrag zu den Sagen des Wiener Waldes« (Neulengbacher Zeitung, Nr. 21 vom 25. Mai 1901); dort heißt es: »Und wenn in den Äquinoctien die Stürme das Scheibenkreuz umtosen, sieht das gläubige Auge noch jetzt, wie der Teufel den Jäger um die Säule herumzerrt.«
Mériel – Kleiner Ort am linken Ufer der Oise.

21. 9. 1906

Nirwana … diese Sehnsucht ist vorübergehend – In den kommenden Jahren wird diese Sehnsucht eher stärker. OS und Kubin versuchten vor allem in den Jahren des Ersten Weltkriegs mit Hilfe fernöstlicher Philosophie und Weisheitslehren ihre nervösen und depressiven Zustände zu therapieren. Der Zustand völliger Ruhe, das Nirwana, war dabei das erklärte Ziel der mystischen Versenkung.

279 *il ne faut pas compliquer sa vie* – Man sollte sich das Leben nicht unnötig schwermachen.

22. 9. 1906

Von »Montmartre« und »Gläserner Gott« will er nichts wissen – Dülberg äußerte sich zu den dramatischen Entwürfen und zu den neuen Novellen von OS deutlich kritisch (Briefe vom 26.4. und 1.5. 1906, N). Auch zu dem von der Kritik gelobten Buch »Französische Gesellschaftsprobleme« verhielt er sich eher skeptisch: »Einzelne Partien haben zweifellos schriftstellerische Brillanz, oft ist mit einfachen Mitteln erstaunlich viel erreicht. Vollständig ist es natürlich nicht, auch finde ich den Abschnitt über die Sprache im Verhältnis zu umfangreich« (Karte vom 17.2.1907, N). Zur Kritik Dülbergs und zur Reaktion von OS vgl. Anm. *Kritik über die Novellen … direkt schädlich* zu S. 290.
Véfour – Grand-Véfour, traditionsreiches Restaurant unter den Arkaden des Palais-Royale.

23. 9. 1906

280 *Grand-Café* – Boulevard des Capucines, Nähe Opéra.
Nasse – Der Kunsthistoriker Hermann Nasse (1873–?), er lehrte an der Akademie der bildenden Künste in München.
Juvisy – Juvisy-sur-Orge in der Umgebung von Paris, im Tal der Orge, an der Eisenbahnstrecke nach St-Michel-sur-Orge gelegen.

24. 9. 1906

Auvers – Auvers-sur-l'Oise, zwischen L'Isle-Adam und dem alten Städtchen Pontoise.

26. 9. 1906

281 *»Marquis de Priola« von Lavedan* – 1902 veröffentlichtes Drama des frz. Schriftstellers Henri Lavedan (1859–1940). Er schrieb zahlreiche Boulevardstücke, Dramen und Romane mit gesellschaftskritischem Hintergrund.
Cabotinage – Schmierenschauspielerei.
Le Bargy – Charles le Bargy (1858–1936), frz. Schauspieler und Filmregisseur.
die Idee zu Don Juanito – In »Dämon« heißt es dazu ergänzend: »Im Foyer kommt mir die Idee zu einem deutschen Don Juandrama im modernen Kostüm: die Don Juannatur in einem deutschen Gemütsmenschen. Nachts löschte ich das Licht erst um drei Uhr aus, nach dem der Plan skizziert war.« (S. 349) Der eigentliche Ausgangspunkt für das Drama sei aber der Abend mit der Baronin gewesen (vgl. Tagebuch, 31. 8. 1906): »Aus dieser flüchtigen Situation ist kurz darauf der Plan zu meiner Komödie ›Don Juanito‹ entstanden, die wieder an die Stimmung meines vorehelichen Daseins anknüpft.« (S. 349)

27. 9. 1906

enfermé dans son égotisme – eingeschlossen in seinem Egotismus.

29. 9. 1906

282 *Mère Jeanne. Renée* – Nicht ermittelt.

2. 10. 1906

Druet – Der Photograph und Kunsthändler Eugène Druet (1867 bis 1916). Er war zunächst Weinhändler und besaß bis 1903 ein Café an der Place de l'Alma in Paris. Im selben Jahr gründete er die Galerie Druet, die sich schnell zu einer der wichtigsten Adressen für moderne frz. Kunst entwickelte.

282 *Traum* – Dies ist der siebte und letzte Traum im fiktiven Traumtagebuch in »Frauen« (vgl. Anm. *folgenden Traum* zu S. 197). Im Roman ist es das Haus des Schwarzen Wirtes, in dem sich Irene (Bettina Selch) befindet, und der Mann mit dem Vollbart wird als »Sohn des Schwarzen Wirtes« identifiziert (S. 490 f.).

4. 10. 1906

283 *Die beiden Novellen im »gläsernen Gott« von Lothar* – »Der Fischzug« (S. 7–87) und »Klasin Wieland« (S. 88–160).
Anni – Nicht ermittelt.
Café Stefanie – In der Schwabinger Boheme gab es drei zentrale Lokalitäten: den ›Simplicissimus‹ von Kathi Kobus in der Türkenstraße, das Café Leopold am Siegestor und das Café Stefanie (genannt »Größenwahn«) in der Amalienstraße. Erich Mühsam schrieb über das Café: »Hier verkehrten massenhaft Maler, Schriftsteller, Genieanwärter jeder Art, auch viele ausländische Künstler, Russen, Ungarn und Balkanslawen, kurz, was der Münchener Eingeborene in den Sammelnamen ›Schlawiner‹ zusammenfaßt« (Namen und Menschen, S. 113).

7. 10. 1906

L'énigme von Hervieu – Das Theaterstück hatte 1901 seine Uraufführung. Wie in vielen Stücken und Romanen von Paul Ernest Hervieu (1857–1915) treffen auch hier Geburts- und Geldadel aufeinander. Im Mittelpunkt stehen die Aufklärung eines Ehebruchs und die unterschiedlichen Vorstellungen von Moral und Sitte. Für Hervieu sind die Normen und Werte der modernen Gesellschaft nichts weiter als eine Tarnung, hinter der sich egoistisches Machtstreben und eine triebhafte Sexualität verbergen.
Le voyage de Mr. Perrichon von Labiche – »Le voyage de Monsieur Perrichon«, der 1860 uraufgeführte Schwank in vier Akten von Eugène Labiche (1815–1888), eines der erfolgreichsten Stücke des französischen Theaters im 19. Jahrhundert. Die Komödie ist eine Art Wettstreit um die Hand von Perrichons Tochter. Zwei Verehrer kämpfen um Gunst und Anerkennung. Wie in dem Genre üblich, gibt es zahlreiche Verwicklungen und Intrigen, bis am Ende der Richtige gefunden ist.

8. 10. 1906

284 *Champagne* – Ort in der Nähe von L'Isle-Adam.
Altkönig – Der 790 m hohe Gipfel des Taunus.

11. 10. 1906

284 *Salon d'Automne* – Kunstausstellung, Oktober–Dezember.

285 *Dr. Ernst Meyer* – Nicht ermittelt.

Kunstwart eine schlechte Kritik – Sie stammte von Max Groth: Die Novellen seien ein Beispiel dafür, wie ein Artist heutzutage die Welt betrachtet: »von vornherein sieht er alles [...] unter dem Gesichtspunkt des Gedrucktwerdens. Keine Stimmung, die nicht, kaum taucht sie auf, literarisch fixiert und formuliert würde. Keine Situation, bei der nicht sofort an ihre schriftstellerische Verwertung gedacht würde.« Das Gehirn von Schmitz hätte »stets einen gespitzten Bleistift in der Hand« (Groth, Rez. »Gläserner Gott«, in: Der Kunstwart, 1906/07, S. 37).

Athénée – Théâtre de l'Athénée.

»Triplepatte« – Komödie des frz. Schriftstellers Tristan Bernard aus dem Jahr 1905.

Käti – Die Geliebte Käti Brauer, auch Käthchen Brauer. Vgl. Tagebucheintragung, 4. 11. 1906 ff.

12. 10. 1906

mein Manuskript an verschiedene Zeitschriften – OS veröffentlichte einzelne Abschnitte seines Buches »Französische Gesellschaftsprobleme« auch als Zeitschriftenaufsätze.

14. 10. 1906

Jouy-le-Comte – Ort zwischen L'Isle Adam und Beaumont-sur-Oise.

Fürsten Murat – Vermutlich Joachim Murat. Sein Großvater war der legendäre französische Marschall und spätere König von Neapel, Joachim Murat (1767–1815).

15. 10. 1906

286 *Gauguin Noa-Noa* – Paul Gauguin schrieb mit »Noa-Noa« (1891 bis 1893) einen autobiographischen Roman, in dem er unter anderem von seinem Leben und dem naturhaften Dasein der Einwohner in der Südsee berichtete. Die Reise und der Aufenthalt waren entscheidend für die Entwicklung seiner Malerei.

16. 10. 1906

in Paris Wohnung genommen – In »Dämon« heißt es: »Franzl bevorzugte das Viertel Montparnasse, das Pariser Schwabing. So zogen wir denn in ein Hotel von wahrhaft Strindbergischem Charakter, das der Franzl eben darum ›fabelhaft‹ fand. O ihr glücklichen Impressionisten! Aus etwa einem halben Dutzend trotz der Herbstkühle offenen Fenstern des quadratischen Hofes hörte man unermüdliches Klavier-, Violin- und Gesangüben. Ein Amerikaner über mir hatte eine Zimmerorgel. Nachts erschienen an mehreren Fenstern weiße Gestalten, die zu mir herüberspähten. Ich fragte den Franzl, ob es Gespenster oder Kokotten seien. Er meinte: beides. Bedient wurden wir von einem auf Kopf und Wangen völlig kahlen Zwerg, der mir täglich meine Sachen in Unordnung brachte, wie ich damals zu vermuten geneigt war, mit Absicht.« (S. 362f.) Auch Hessel erinnert sich in der »Pariser Romanze« an ein Etablissement, bei dem es sich wahrscheinlich um das von OS beschriebene Hotel handelt. Hessel aber betrachtet das Treiben im Haus gelassen und mit fasziniertem Blick: »Dort wurden alle Stimmen und Schreie von Paris zu einem Chor, fern und laut, der wunderbar einwiegte und weckte. Die Treppe, sehr breit für ein so schmales Haus, hatte müdegetretene Stufen. In ihrem Staube lagen abgefallene Blumenblätter. Denn auf dem schwindsüchtig grünen Platz vor der Türe war Blumenmarkt, und es wohnten viele Frauen im Hotel. Nicht solche, die ihr Glück gemacht haben, zu denen Kavaliere und Lieferanten teure Buketts tragen und auf deren Treppen Seidenpapier liegt. Nein, meine Nachbarinnen kauften ihre Blumen selbst und billig. Es waren Anfängerinnen, die noch nicht wußten, sollten sie ins fleißige Schneideratelier unten in der Stadt oder zum Nachmittagstanztee im Moulin Rouge oder bergauf zu den Malern des ›Hügels‹. Und so taten sie dies alles durcheinander, und weil sie sehr früh oder sehr spät aufstanden, sahen sie immer ein wenig verschlafen aus. Und von ihren ausgetretenen bürgerlichen Stiefelchen waren wohl die Stufen der Treppe so müde, und auch von den erschöpften, einst niedlichen Stoffschuhen der Älteren, die ›das Leben‹ mitgemacht, kein Glück gehabt hatten und nun mit ein wenig Elend häuslich geworden waren. Gingen ihre Türen auf, so roch es nach den guten Kräutern des pot-au-feu, nach Kamillen, Lindenblüten und Lavendel. Und Kätzchen schlüpften an ihren Röcken vorbei. Ich kannte keine von meinen Nachbarinnen und war doch mit allen vertraut.« (S. 12f.)

286 *Mr. Cornu* – Nicht ermittelt.

Dr. Epstein – Möglicherweise Moritz Epstein (1844–1915). Zunächst war Epstein Redakteur der Wiener »Morgenpost«, später Korrespondent der »Frankfurter Zeitung« und Mitarbeiter der »Neuen Freien Presse«.

Diriks – Der norwegische Maler Karl Edvard Diriks (1855–1930). Er studierte zunächst Architektur in Karlsruhe und Berlin. Dort schloß er sich dem Kreis um Max Klinger an. 1878 wechselte er zur Malerei und studierte u. a. in Weimar. Für einige Zeit kehrte er nach Kristiana zurück. 1899 wurde er in Paris ansässig und fand mit seiner Malerei, in der vor allem Naturmotive eine Rolle spielten, große Aufmerksamkeit.

286 *Löhr* – Der Bildhauer Franz Löhr (1874–1918). Er war ursprünglich Goldschmied, wurde dann Schüler der Zeichenakademie in Hanau. In Paris bildete er sich autodidaktisch als Bildhauer weiter. Ein wichtiges Vorbild war Rodin. Zwischen 1905 und 1911 wurden in verschiedenen Pariser Salons Werkpräsentation von Löhr gezeigt.

17. 10. 1906

»Ah quelle belle distraction la musique!« – Was für eine schöne Zerstreuung ist doch die Musik.

»Beethoven … mon mari« – Beethoven war der Lieblingskomponist meines Mannes.

18. 10. 1906

287 *Eine Bücherkiste ist abhanden gekommen* – Am 22.11.1906 konnte Hessel melden: »Lieber Schmitz, Ihre Kiste habe ich gefunden und weitergeschickt.« (N)

Jouven – Einfaches Speiselokal, Boulevard du Montparnasse.

Antiphon – Kleine Hartgummikugeln, die seit 1885 als Ohrenschutz benutzt wurden.

Die beiden letzten Nächte P. – Pollution.

19. 10. 1906

Münchener Maler von Bartels – Hans von Bartels (1856–1913). Er ließ sich 1885 in München nieder und wurde 1891 zum Professor für Malerei ernannt. Sein Sohn, der spätere Komponist und Musikkritiker Wolfgang von Bartels (1883–1938), studierte in München und Paris.

Chacun raconte l'histoire de son dépucelage – Jeder erzählt die Geschichte seiner Entjungferung.

Trocadéro und École Militaire – Palais du Trocadéro, großer Dekorationsbau im orientalischen Stil beherbergt mehrere Museen. Die Hauptfront ist dem Marsfeld zugewandt, gegenüberliegend, am Ende des Marsfelds, die École Militaire. Die ehemalige königliche Offiziersschule beherbergt die französische Militärakademie.

20. 10. 1906

288 *Olga Markowna* – Nicht ermittelt.

288 *wie wir in St. Jean de Luz* – OS und Louisa hielten sich 1905 auf ihrer Reise nach Spanien einige Zeit in dem südfranzösischen Ferienort unterhalb von Biarritz auf. OS schrieb dort am 28. August ein Testament zugunsten von Louisa Hoby. Sehr detailliert gab er darin Anweisung, wie im Falle seines Todes zu verfahren sei: »Von dem Vorkommen des Lebendig-begraben-werdens überzeugt, wünsche ich, daß mir eine Stunde, bevor meine Leiche im Sarg verschlossen wird, durch einen Arzt die Pulsadern geöffnet werden.«

Café du Dôme – Berühmter Künstlertreffpunkt am Boulevard Montparnasse. Viele Jahre später erinnerte sich Hessel wehmütig an die Zeit vor dem Ersten Weltkrieg in Paris, an die Cafés und speziell an das Café du Dôme: »Daß es in den Cafés und auf den Caféterrassen am Boulevard Montparnasse nicht mehr so aussieht, wie zu ›unserer Zeit‹, hat man mir schon längst erzählt, und es ist wohl weiter nicht merkwürdig. Verdrießlich ist nur, daß ich diese einfachen Tatsachen nicht für mich übernehmen kann. Sooft ich am ›Dôme‹ vorbeikomme, seh ich nach unserem Tisch damals, der ist nicht da.« (Hessel, Vorschule des Journalismus. Ein Pariser Tagebuch, S. 295)

21. 10. 1906

»Ce bruit des ouvriers … ne travaille« – Der Lärm der Arbeiter weckt jeden Morgen um fünf Uhr die Bürger, diese Parasiten des Proletariats, die erst mittags aufstehen. Aber wir werden sie schon runterholen, sobald die Métro aufs Gleis kommt. Wir werden sie zweiteilen. Ob sie arbeiten? So was arbeitet nie.

22. 10. 1906

Corbeil – Stadt im Süden von Paris am Ufer der Seine und der Essonne (heute Corbeil-Essonnes).

Mr. Weber – Nicht ermittelt.

französischen Dialoge für das Buch – »Dialoge«, in: Französische Gesellschaftsprobleme, S. 169–178.

23. 10. 1906

289 *Zukunft* – »Die Zukunft«, von 1892 bis 1922 von Maximilian Harden herausgegebene politische Wochenschrift.

Paulette Philippi – Nicht ermittelt.

Il est très intelligent, sympatique, mais je me ferme devant lui – Er ist sehr intelligent, sympathisch, aber ich verschließe mich ihm.

24. 10. 1906

290 *Berthelot* – Der Chemiker Marcelin Berthelot (1827–1907); er veröffentlichte Arbeiten über Thermochemie, aber auch eine Geschichte der Alchemie.

Claude Bernard – Der Physiologe Claude Bernard (1813–1878), Verfasser medizinwissenschaftlicher Schriften. Seine Auffassungen über den Determinismus in der Physiologie und besonders seine Schrift »Introduction à l'étude de la médecine experimentale« beeinflußten das Denken Zolas stark.

Park Montsouris – Parc de Montsouris, Boulevard Jourdan, 1868 nach englischem Muster angelegter Park.

Geschichte von der Hundedame, aus seinem Tagebuch: Gaby – In »Laura Wunderl« wird im vierten Kapitel von einer Blondine erzählt, die als »Dresseuse« mit ihren Hunden in einem Münchner Varieté auftritt (S. 31 ff.). Bei Gaby handelt es sich vermutlich um die Amerikanerin, die sowohl von Franz Hessel wie auch von OS beschrieben wird (vgl. Anm. *rätselhafte Amerikanerin … Gaby* zu S. 239).

Capus Les Passagères – Die 1906 uraufgeführte Komödie in vier Akten von Alfred Capus (1858–1922). Capus war Schriftsteller, Journalist, Mitherausgeber der Zeitung »Le Figaro«, schrieb heiter-ironische Theaterstücke und Romane.

Guitry, Roggers und Huguenet – Der frz. Schauspieler Lucien Guitry (1860–1925), Vater des bekannten Schauspielers, Filmregisseurs und Dramatikers Sascha Guitry (1885–1957). Die amerikanische Schauspielerin Henriette Roggers (1881–1950), die in den zwanziger Jahren in Paris lebte. Der frz. Schauspieler Félix Huguenet (1858–1926).

Uhde – Der Schriftsteller, Kunstkritiker und Feuilletonist Hermann Uhde-Bernays (1873–1965). Uhdes Vater war der Schriftsteller Hermann Uhde, ein Vetter des Malers Fritz von Uhde, der in Paris lebte. Nach dem Tod des Vaters in früher Kindheit wuchs Uhde bei seinem Stiefvater Michael Bernays auf. Uhde-Bernays studierte zunächst Jura, dann Philologie. Er promovierte über Shakespeare. 1904 ließ er sich in München als freier Schriftsteller nieder, er hatte freundschaftlichen Kontakt zu Wedekind und Eduard Graf von Keyserling. 1908 übernahm er in Leipzig die »Leipziger Monatshefte für Kunstwissenschaft«. Über die Zeit der Jahrhundertwende in München hat Ude-Bernays ein Erinnerungsbuch geschrieben: »Im Lichte der Freiheit« (1947).

290 *Tag ... der Ereignisse als Datum* – Das erklärt wohl das doppelte Datum dieser und der folgenden Eintragung (»24. Oktober«).

24. [?] 10. 1906

zwei superlativen Briefen – Im Nachlaß nicht erhalten. In den Briefen und Karten aus den Monaten April, Mai und Juni äußert sich Dülberg eher kritisch.

Kritik über die Novellen ... direkt schädlich – Der Einschätzung von OS kann man nur zustimmen. Dülberg läßt im Grunde kein gutes Haar an den Novellen: Die Sprache sei mit »oft etwas überspitzter Eleganz gehandhabt; man glaubte zuweilen einen Ausländer zu hören, der ganz ausgezeichnet Deutsch gelernt hat. Die Wirkungen pikanter Unterhaltungslektüre werden nicht immer verschmäht [...].« Im Grunde handele es sich um keine Novellen, es fehle ihnen die »sichere Geradheit des Baues und das überraschende der Schlußwendung«. Nach der Kritik an Sprache und Form nimmt sich Dülberg den Inhalt vor. Der Verfasser sei »nicht frei genug über seinen Stoff«. Als Beleg führt er die Novelle »Klasin Wieland« an, also die Verarbeitung der Else-Plötz-Geschichte, die Dülberg – wie der Briefwechsel mit OS zeigt – gut kannte. Er kritisiert den pathetischen, hymnenhaften Ton der Erzählung und fordert statt dessen »kräftige Ironie« (Dülberg, Rez. »Gläserner Gott«, in: Das literarische Echo, 9/1906–07), Sp. 468).

25. 10. 1906

291 *Théâtre Grevin* – Am Boulevard Montmartre im Theatersaal spielte man damals Lustspiele, Vaudevilles, Operetten. Im Untergeschoß wurden kinematographische Vorstellungen und Konzerte gegeben.

Capus la Châtelaine – Komödie in vier Akten von Alfred Capus.

26. 10. 1906

»Müllern« – Gymnastische Übungen nach der Methode des Dänen J. P. Müller: täglich morgens 15 Minuten, unbekleidet und ohne jedes Gerät. Die Übungen zielen auf die Kräftigung der Rumpfmuskulatur, die Anregung der Haut und der inneren Organe. Kafka war zeitweise ein Anhänger dieser Methode.

Amiel – Henri Frédéric Amiel (1831–1881), schweizerischer Schriftsteller. Aufsehen erregten die nach seinem Tod veröffentlichten intimen Tagebücher (1883–1884). OS war von der Lektüre, die er am 29. Oktober (vgl. Tagebucheintragung) beendete, so fasziniert, daß er gleich zu Beginn seines Buches »Französische Gesellschaftsprobleme« mehrere Zitate von Amiel als Motto voranstellt und die Tagebücher als »grundlegende Seelendokumente« (S. 8) preist.

27. 10. 1906

292 *Café d'Harcourt* – Café im Quartier Latin.

293 *John Jack Vrieslander* – Der aus Holland stammende, in Berlin und München lebende Maler John Jack Vrieslander (1879–1957). Er war um 1900 ein Freund von Alfred Kubin. Beide gehörten zu der von Wassily Kandinsky geleiteten progressiven Münchner Künstlervereinigung »Phalanx«. Im Januar 1904 stellte die Vereinigung die beiden Zeichner gemeinsam in einer Ausstellung vor. Zwischen Kubin und Vrieslander gab es stilistisch um diese Zeit gewisse Berührungspunkte. Beide waren vom Lebensgefühl der Dekadenz geprägt, und in beiden Werken finden sich Elemente des Symbolismus und des Jugendstils.

29. 10. 1906

Bouffes Parisiens – Kleines Theater an der Passage Choiseul (Rue Monsigny).

Polaire – Die berühmte algerisch-französische Tänzerin, Sängerin und Schauspielerin Pauline Polaire (geb. Emilie-Marie Bouchard, 1879–1939). Sie war mit Sidonie-Gabrielle Colette befreundet.

31. 10. 1906

294 *se fiche-t-elle de moi* – bin ich ihr schnuppe.

295 *»Ah oui, à la taverne … Je viendrai vendredi pour patiner.«* – »Ah, ja, in der Taverne war ich immer sehr ernst.« »Ja, das war fast ein bißchen entmutigend.« »Gehen wir?« »Werde ich Sie heute abend wiedersehen?« »Nein, heute abend bin ich nicht frei, das ist mein Freund.« »Ich komme am Freitag zum Schlittschuhlaufen.«

Jeanne Bloch – Die kleine Sängerin Jeanne Bloch (1858–1916) mit den beeindruckenden, körperlichen Dimensionen. Sie trat zumeist mit dem Sänger und Komiker Claudius (Maurice Jouet) in den Café-concerts oder im Varietétheater auf.

1. 11. 1906

296 *Lavenue* – Café-Restaurant am Bahnhof Montparnasse.

Pascin – Jules Pascin, eigtl. Julius Pincas (1885–1930), Zeichner und Maler; studierte einige Zeit in München, war Mitarbeiter am »Simplicissimus« und ein Bekannter Alfred Kubins.

2. 11. 1906

296 *Manuskript von Claar zurück* – Es handelt sich höchstwahrscheinlich um die separat veröffentlichten Kapitel aus »Französische Gesellschaftsprobleme«. Maximilian Claar (1873–1938) arbeitete seit 1898 als Publizist, unter anderem als Mitarbeiter der »Münchner Neuesten Nachrichten«.

Rütten & Loening … Buch über Frankreich – »Französische Gesellschaftsprobleme«; das Buch erschien 1907 in dem Berliner Verlag Dr. Wedekind.

Maillol – Der Maler Aristide Maillol (1861–1944). Er schuf zunächst Wandteppiche und ließ sich dabei von den Farben Gauguins anregen. Dann wechselte er zur Bildhauerei und gestaltete in Stein und Bronze.

Foutez-moi la paix! – Lassen Sie mich in Frieden!

Lilas – Vgl. Anm. *Closerie des Lilas* zu S. 228.

3. 11. 1906

297 *Marise* – Nicht ermittelt.

Dr. Burg – Nicht ermittelt.

Lotharstimmungen – »Lothar oder Untergang einer Kindheit«. Der Protagonist streift auch durch eine altertümliche Stadt: Homburg v. d. H.

4. 11. 1906

kleinen Otto – Otto Gründler, der Sohn von Hedwig Kubin aus erster Ehe.

Schloß – Karl Schloß (1876–1944). Er wuchs als Sohn jüdischer Eltern in Alzey auf, der Vater hatte eine Zigarrenfabrik. Schloß ging zum Studium nach München und Heidelberg. 1900 ließ er sich als freier Schriftsteller in München nieder, veröffentlichte in den Zeitschriften »Insel« und »Jugend« sowie einen Band Lyrik. 1910 ging er zurück nach Alzey und arbeitete in der väterlichen Firma. Im Januar 1944 wurde er in Auschwitz ermordet.

298 *Gaupp* – Nähere biographische Daten nicht ermittelt. Wird in einem Brief von Reventlow an OS erwähnt (Ende Sept. 1906, S. 486); er hielt sich zu dieser Zeit in Paris auf.

Sternberg – Leo Sternberg (1876–1937), Jurist und Schriftsteller, studierte Rechtswissenschaft und Kunstgeschichte in München, Marburg und Berlin, veröffentlichte Gedichte, Dramen und Novellen.

5. 11. 1906

298 *Fräulein Brentano und Fräulein Thieme* – Nicht ermittelt.
Edgar Steiger – Der deutsch-schweizerische Schriftsteller und Journalist Edgar Steiger (1858–1919). In München schrieb er vor allem Theaterkritiken für die Zeitschriften »Jugend« und »Simplicissimus«.
Baron Dungern – Der Jurist Otto Karl Ludwig Freiherr von Dungern (1895–1967), ein Cousin des langjährigen Kessler-Freundes Otto Freiherr von Dungern. Seit 1911 war Otto Karl Ludwig von Dungern Professor des Staats- und Verwaltungsrechts an der Universität Czernowitz, seit 1916 in Graz.
Dr. Prager – Nicht ermittelt.
Marquis Bayros – Der österreichische Maler und Exlibriskünstler Franz von Bayros (1866–1924). Als Maler und Illustrator spezialisierte er sich auf erotische Darstellungen im Stil von Beardsley.
Baron Seebach – Nikolaus Graf von Seebach(1854–1930), von 1894 bis 1919 Intendant der Königlichen Hoftheater in Dresden.
von Maassen – Der E. T. A. Hoffmann-Herausgeber Carl Georg von Maassen (1880–1940). Er war Mitbegründer der »Münchner Bibliophilen Gesellschaft« und Vorsitzender der »Hermetischen Gesellschaft«, zu der auch Erich Mühsam, Rolf von Hoerschelmann und OS gehörten. OS und Maassen waren lange Jahre befreundet. Über Maassen als Privatgelehrten und bibliophilen Sammler vgl. auch Karl Wolfskehl, Der platonische Epikuräer, in: GW, Bd. 2 (1960), S. 531–538.

6. 11. 1906

299 *peinliche Intima* – Möglicherweise eine Reaktion auf den in »Dämon« geschilderten »Vertrauensbruch«: »Meine Frau hatte ihrem Anwalt ihre Tagebücher aus Spanien ausgeliefert. Wir waren dort sehr für die nationalen Tänze interessiert gewesen. Um sie zu sehen, mußte man bisweilen etwas zweifelhafte Lokale aufsuchen [...]. Nun mußte ich in der Anklageschrift lesen, ich hätte auf der Reise Bordelle besucht und meine Frau in solche mitgeschleppt.« (S. 361)
Frau Dr. Müller – Nicht ermittelt.
Bernsteins – Der Münchener Kritiker, Schriftsteller und Rechtsanwalt Max Bernstein (1854–1925) und seine Frau Elsa Bernstein (geb. Porges, 1866–1949). Elsa Bernstein war die Tochter des Musikschriftstellers Heinrich Porges, mit dem OS bekannt war (vgl. Anm. *Musikdirektor Porges* zu S. 23). Unter dem Pseudonym

Ernst Rosmer schrieb Elsa Bernstein zahlreiche Stücke für die Bühne.

7. 11. 1906

299 *Ludwig Heller* – Der Münchner Schauspieler und Regisseur Ludwig Heller (1872–1919).

Lilli Marberg – Die Schauspielerin Lilli Marberg (1876–1962).

8. 11. 1906

300 *Gusti* – Gusti Fried, geb. Rathgeber, erste Frau von Otto Julius Bierbaum, seit 1899 mit Oscar Fried verheiratet.

9. 11. 1906

Dr. Hauck – Nicht ermittelt.

Dr. Pflaum – Nicht ermittelt.

Monistenbund … Eine jammervolle Gesellschaft – 1906 wurde der Deutsche Monistenbund von Ernst Haeckel gegründet. Die freigeistige Bewegung mit philosophisch-naturwissenschaftlichem Charakter basierte auf dem Prinzip der Einheit des Wirklichen. OS setzte sich später kritisch mit den Ideen auseinander; in »Monismus und Humanismus« (1913), vor allem aber in dem Buch »Die Weltanschauung der Halbgebildeten« (1914).

Maler Adler – Friedrich Adler (1878–1942), er studierte an der Kunstgewerbeschule bei Hermann Obrist und Wilhelm von Debschitz. Zwischen 1904 und 1907 lehrte er an der Schule. Von 1907 bis 1933 war er Lehrer an der Kunstgewerbeschule Hamburg. In den zwanziger Jahren entwickelte er für die Adler Textilwerke die industrielle Anwendung der Batik-Technik. 1942 wurde Adler in Auschwitz ermordet.

10. 11. 1906

301 *Parin* – Der Maler und Zeichner Gino Parin, eigtl. Friedrich Pollack (1876–1944).

Friedrich Huch – Der Schriftsteller Friedrich Huch (1873–1913). Zwischen 1903 und 1913 lebte er in München-Schwabing. In dieser Zeit entstanden seine Romane »Peter Michel« (1901), »Geschwister« (1903) und »Pitt und Fox« (1909). Er war mit Thomas Mann und Heinrich Wölfflin befreundet. Besondere Beachtung fanden im Kreis der »Kosmiker« seine Traumaufzeichnungen (»Träume«, 1904).

Frau von Schewitsch – Helene von Schewitsch, verw. Racowitza (1846–1911), Schauspielerin und Schriftstellerin, Tochter des Historikers und Diplomaten Wilhelm Freiherr von Dönniges, in dritter Ehe verheiratet mit dem russisch-amerikanischen Journalisten Serge von Schewitsch.

301 *Dr. Hartmann* – Nicht ermittelt.

11. 11. 1906

Reventlow ... Ehebruch – In »Dämon« wird berichtet, daß Franziska zu Reventlow dieses Angebot bei der ersten Scheidung im Herbst 1902 machte: »Zu dem zu begehenden Ehebruch erklärte sich die Gräfin Fanny jubelnd bereit, aber wie aus dem früher mitgeteilten Brief hervorgeht, hatte sie in der fraglichen Zeit eine geschwollene Backe. So mußte ich die Gastfreundschaft einer Dame aus den Promenoirs des Deutschen Theaters in Anspruch nehmen.« (S. 285 f.) Wahrscheinlich handelt es sich hier um eine falsch datierte Zuordnung, denn die besagte Zahnoperation fand 1906 statt (vgl. Tagebuch vom 15. 11. 1906). Das Angebot von Franziska zu Reventlow hatte aber auch damit zu tun, daß sich beide um diese Zeit besonders nahestanden. Das zeigt sich auch daran, daß ihr OS, auf ihre Bitte, im September 1906 ein Darlehen von 200 Mark umstandslos gewährte (vgl. Reventlow, Briefe, S. 485) Zu einer Liebesbeziehung kam es aber nicht. In »Dämon« heißt es: »Hie und da schien es doch dazu kommen zu wollen, – wir nannten das den ›roten Faden‹, der sich durch unsere Freundschaft zog –, aber im letzten Augenblick traten stets Hindernisse ein« (S. 276). Von diesem »roten Faden« und den Hindernissen schreibt Franziska zu Reventlow auch in einem Brief an OS vom März 1909: »Ja, der rote Faden – als wir ihn das letzte Mal knüpfen wollten, gelegentlich Ihrer Scheidung, bekam ich eine geschwollene Backe, und als ich von Korfu zurückkam, hatte ich das deutliche Gefühl, nun sei es wieder Ihrerseits zu spät – es ist wirklich wahr, die beiden Königskinder sind Waisenkinder dagegen.« (Briefe, S. 540)

Fräulein Nachtigall – Nicht ermittelt.

die kleine Glasenapp – Die Schriftstellerin Imogen von Glasenapp (1876–1939). 1914 heiratete sie den Dramatiker und Lyriker Alexander von Bernus.

12. 11. 1906

302 *»Jugend« ... Dr. Sinzheimer* – Die illustrierte Kulturzeitschrift »Jugend« (1896–1940), das zentrale Periodikum des Jugendstils, das der Epoche den Namen gab. Siegfried Sinzheimer (1865–1917) war langjähriger Redakteur der Zeitschrift.

Gumppenberg – Der Schriftsteller Hanns Freiherr von Gumppenberg (1866–1928), Mitbegründer und Mitglied des Kabaretts

»Die Elf Scharfrichter«. Er schrieb Dramen, Lustspiele und Parodien und gab unter anderem die Literatur- und Kulturzeitschrift »Licht und Schatten« heraus, in der auch OS publizierte.

302 *»Französische Kultureinheit und Absolutismus«* – In »Französische Gesellschaftsprobleme« unter dem Titel »Kultureinheit und Absolutismus« (S. 29–37).

13. 11. 1906

303 *Baronin Scheve ... Grünwald ... Villa Ceconi* – Die Malerin Baronin Sophie von Scheve (1869–?) wohnte 1906 vorübergehend im Haus des Ehepaars Ermanno Ceconi und Ricarda Huch im Grünwald, der sogenannten Villa oder Casa Ceconi. Über Sophie von Scheve und die Casa Ceconi berichtet Ricarda Huch in ihren »Erinnerungen an das eigene Leben« (S. 311 ff.).

304 *die Balance der 2 Pole* – Bezieht sich auf die Diskussionen zwischen OS und Kubin in den Jahren zwischen 1913 und 1918. Beide entwickelten in dieser Zeit ein Weltbild, in dem es eine dunkle (mütterliche) und eine lichte (männliche) Sphäre gibt, die den Menschen zu zerreißen drohen, wenn er nicht aus eigener Kraft – zum Beispiel durch eine Verbindung von Psychoanalyse und Yoga – eine Balance findet.

15. 11. 1906

305 *einen ehewidrigen Brief* – Der ›Ehebruch‹, der in »Dämon« beschrieben wird (Anm. *Reventlow ... Ehebruch* zu S. 301), scheint demnach nicht stattgefunden zu haben, weshalb sich OS zur Abfassung eines solchen Briefs bereit erklärte. Gegenüber Hessel behauptete OS offenbar, die Idee habe er im Zuge der Verhandlungen selbst ins Spiel gebracht. Hessel schrieb am 22. 11.: »Ich freue mich mit Ihnen über den befriedigenden Ausgang Ihrer Affäre, speziell über die Idee des sittenwidrigen Briefes. Was sagen denn die moralischen Anwälte zu dieser Frivolität?« (N) Der Brief hat sich im Nachlaß nicht erhalten, er ist aber in einem Kuvert mit den zwei Scheidungsurteilen gewesen, das der dritten Ehefrau von OS, Emeline Primer, vor ihrer Hochzeit überreicht wurde. Am 29.3.1929 schrieb OS an seine zukünftige Frau: »Aus ›Ergo Sum‹ wirst Du Dich erinnern, daß vor 25 Jahren Ehen nur geschieden werden konnten, wenn schwere Verschuldungen vorlagen. Da nun solche nicht vorlagen, mußte der Tatbestand künstlich geschaffen werden. Im ersten Fall mußte ich (mit Einverständnis meiner Frau) extra einen Ehebruch begehen, mit einer Frau, die dazu bereit war. Das zweite Mal wurde es mir leichter gemacht. Mein

Anwalt empfahl mir einfach, an meine Frau einen Brief zu schreiben, in dem ich so ehewidrige Ansichten aufstellte, daß einer Frau die Fortsetzung der Ehe mit jemand, der solche Ansichten hat, nicht zugemutet werden konnte.« Was das Kuvert und speziell den kompromittierenden Brief angeht, so fügte OS hinzu: »Du bist frei die Urteile zu lesen, aber lieber ist mir, Du tust es nicht«. Er schlug vor, nach der Trauung das Kuvert zu vernichten.

305 *Bayros ... Ehe mit der Tochter von Johann Strauß* – Franz von Bayros hatte 1896 Alice, die Stieftochter von Johann Strauß, geheiratet. Die Ehe wurde nach einem Jahr für ungültig erklärt.

16. 11. 1906

Wanda Falckenberg – Ehefrau des Regisseurs, Theaterleiters und Schriftstellers Otto Falckenberg.

Baronin Bernus ... Spitzbubengesicht – Die Frau des Herausgebers, Dramatikers und Lyrikers Alexander von Bernus (1880–1965). Von 1902 bis 1905 gab er die Zeitschrift »Freistatt« heraus. Zu den Mitarbeitern gehörten u. a. Frank Wedekind, Richard Dehmel, Ricarda Huch, OS. Mit Will Vesper gründete er 1907 die »Schwabinger Schattenspiele«. Bernus, seine Frau und Vesper schrieben die Stücke; auch von Wolfskehl wurde im November 1907 ein Stück aufgeführt: »Wolf Dietrich und die rauhe Els«. Der Kreis um George und die intellektuelle Szene von Schwabing waren von dem Theater begeistert. Schon zur Eröffnung im Frühjahr 1907 kam, wie Rolf von Hoerschelmann berichtet, die »Creme der Boheme von Schwabing [...]. Man saß im verdunkelten Raume vor einer metergroßen, von hinten beleuchteten Bühnenfläche und sah nach dem Verklingen zarten Geigenspiels die kleinen Schattenfiguren vor sich agieren« (Leben ohne Alltag, S. 136). Der Familiensitz der Bernus', Stift Neuburg, wurde in diesen Jahren zu einem Treffpunkt für Literaten und Künstler. Bernus war eng befreundet mit Kubin und Wolfskehl. Angezogen von theosophischen und anthroposophischen Anschauungen, gründete Bernus 1916 die Zeitschrift »Das Reich«.

Anna von Knierim – Nicht ermittelt.

Susi von Zimmermann – Nicht ermittelt.

18. 11. 1906

306 *Frau von Davitschoff* – Lela von Davitschoff, Schriftstellerin; publizierte 1905 den Frauenroman »Die Tugendhaften«.

307 *Agnes' Gesundung* – Wie aus Briefen von Hedwig Kubin aus dem Jahr 1905 hervorgeht, litt sie offenbar an einer Nervenkrankheit, möglicherweise an einer Depression.

20. 11. 1906

310 *»Amethyst«* – »Der Amethyst« (1906). Erotische Anthologie, hg. von Franz Blei mit Zeichnungen von Beardsley, Kubin, Th. Th. Heine, Rops, Bayros.

21. 11. 1906

311 *»Münchener Jugend«* – Die Zeitschrift; vgl. Anm. *»Jugend« … Dr. Sinzheimer* zu S. 302.

22. 11. 1906

312 *mit meinem Artikel* – Unklar; möglicherweise eines der umgearbeiteten Kapitel aus »Französische Gesellschaftsprobleme«.
Herr von Rekulé – Nicht ermittelt.
Gretel – Nicht ermittelt.

23. 11. 1906

313 *Prof. Bie* – Der Musikschriftsteller, Kunstkritiker und Publizist Oskar Bie (1864–1938). 1892 übernahm er als Nachfolger von Otto Brahm die Leitung der »Freien Bühne«, ab 1904 redigierte er die »Neue Rundschau«. Daneben arbeitete er als Kunst- und Musikkritiker. Von 1921 an lehrte er an der Berliner Hochschule für Musik.
Julius Bard – Berliner Verleger, der von 1900 bis 1931 vor allem Kunstbücher und Museumskataloge herausbrachte.
Greve … Endell – Else Endell (geb. Plötz) ließ sich im Januar 1904 von ihrem Mann August Endell scheiden, um ihren damaligen Geliebten, den Schriftsteller und Übersetzer Felix Paul Greve (1879 bis 1948), zu heiraten (vgl. Anm. *das mir heute so peinliche Erlebnis mit Else Plötz* zu S. 154). Um zu einer schnellen Trennung zu kommen, nahm Else die Schuld auf sich. Die schuldhafte Scheidung verhinderte aber zunächst die Heiratspläne mit Greve. Im November 1906 klagte Greve gegen das ergangene Scheidungsurteil und machte dabei geltend, daß Endell impotent sei und die Schuld – zumindest zum Teil – bei ihm liege. Endell räumte dies offenbar ein. Am 14. 12. 1906 wurde OS von Greve zu einem »Hochzeitsfrühstück« eingeladen, alle Hindernisse seien beseitigt, schrieb er (Brief im N). Der Vorwurf der Erpressung erwies sich jedenfalls – wie auch OS feststellen mußte (vgl. Tagebuch, 25. 11. 1906) – als im wesentlichen unbegründet. OS war die ganze Angelegenheit sichtlich peinlich, nicht nur weil es um seine frühere

Geliebte ging, sondern weil er von zwei Freunden zur Stellungnahme aufgefordert wurde. Mit Endell war er seit seinen Studienjahren befreundet, und Greve hatte er um 1902 kennengelernt. 1903 widmete er ihm den Sammelband »Halbmaske«. OS hat den genialisch auftretenden Greve außerordentlich geschätzt. Greve war vor allem ein Freund der »Haschisch«-Erzählungen. Zu anderen Veröffentlichungen von OS äußerte er sich eher skeptisch, so auch zu den beiden ersten Novellen im »Gläsernen Gott«, »Fischzug« und »Klasin Wieland«: »Die Lotharnovellen sind fein, elegant, vielleicht ein wenig zu koquett? Ein Schönheitsfehler der zweiten ist das nicht ganz waschechte Berlinerisch.« (6. 11. 1906, N)

24. 11. 1906

314 *Ruth Saint Denis* – Die berühmte amerikanische Tänzerin, Choreographin und Pädagogin Ruth Saint Denis (1877–1968). Sie war durch Theosophie, Transzendentalismus und Buddhismus beeinflußt. 1906 machte sie ihre erste und einzige große Europatournee. Im Sommer trat sie im Pariser Théâtre Marigny auf; August Rodin hat sie bei diesem Auftritt gezeichnet. OS saß möglicherweise ebenfalls im Saal. Auch Hofmannsthal war von der Tänzerin fasziniert und schrieb das Essay »Die unvergleichliche Tänzerin«. 1915 gründete Ruth Saint Denis mit ihrem Ehemann Ted Shawn in Los Angeles die Denishawn-Tanzschule.

Kunowskis ... seine Apostelpläne – Höchstwahrscheinlich das Malerehepaar Lothar und Gertrud von Kunowski (vgl. Anm. *Kunowskis* zu S. 163). Die »Apostelpläne« sind möglicherweise eine Anspielung auf die beiden Erweckungsbücher »Durch Kunst zum Leben« (1901/02).

25. 11. 1906

315 *Tausend-und-eine-Nacht-Erzählungen* – Greve arbeitete damals an einer Neuübersetzung von »Tausendundeine Nacht«.

316 *Fräulein Höflich* – Die Schauspielerin Lucie Höflich (1883–1956). Sie wurde als Helene Lucie von Holwede in Hannover geboren. 1903 bis 1932 arbeitete sie am Deutschen Nationaltheater in Berlin. 1913 wurde sie Filmschauspielerin (»Freie Liebe«, »Katharina die Große«). An der Seite ihres Mannes Emil Jannings spielte sie in »Ein Walzertraum« und »Tartüff«.

26. 11. 1906

Dr. Bloch – Der Arzt und Sexualforscher Iwan Bloch (1872–1929). OS war nicht nur bei ihm in Behandlung, sondern hat für dessen

Publikationen auch Informationen und Material zur Verfügung gestellt (vgl. die Anm. *indischen Liebespaaren* zu S. 215 und Anm. *meinem Buch* zu S. 216). So bezieht sich Bloch im 12. Kapitel (»Verführung, Genußleben und wilde Liebe«) seines Werks »Das Sexualleben unserer Zeit« nicht nur ausgiebig auf die Studie von OS über »Don Juan, Casanova und andere erotische Charaktere« (vgl. S. 302 ff.), er beruft sich auch auf persönliche Mitteilungen, auf Notizen und Beobachtungen von OS (vgl. S. 645 ff.). Bloch war voll des Lobes über den »Kulturforscher« OS und pries seine Arbeiten als »originell und geistreich«. Der Grad und die Intensität der Zusammenarbeit ist schwer abzuschätzen, das gilt auch für die Behandlung von OS. Die 1912 begonnene Analyse bei Karl Abraham könnte von Bloch angeregt worden sein. Zwischen Abraham und Bloch gab es einen direkten Kontakt. Bloch gehörte im August 1908 zu den Gründungsmitgliedern der Berliner Psychoanalytischen Vereinigung. An Sigmund Freud schrieb Abraham am 21. 8. 1908: »Am 27. wird die Berliner Psychoanalytische Vereinigung zum ersten Male tagen. Folgende Herren (nur Ärzte) werden zunächst teilnehmen: Hirschfeld, Iwan Bloch, Juliusburger und Körber« (Freud – Abraham, Briefe 1907–1926, S. 60).

316 *Fräulein Dr. Stöcker* – Die Sozialreformerin und Pazifistin Helene Stöcker (1869–1943). 1905 gründete sie den Bund für »Mutterschutz und Sexualreform«, 1921 die »Internationale der Kriegsgegner«.

Kurt Wiegand – Kurt Wiegand-Verlag, Berlin.

Oesterheld – Der Verleger Erich Oesterheld gründete 1906 sein Unternehmen.

317 *»Der Teufel lacht dazu«* – Phantastisch-satirische Revue von Julius Freund, Musik von Victor Hollaender.

27. 11. 1906

»Moderner Geist in der französischen Kultur« – »Moderner Geist in Frankreich« (Französische Gesellschaftsprobleme, S. 49–66).

Dr. Robert – Dr. Eugen Robert, Theaterleiter, Regisseur.

»Blaubuchs« – »Das Blaubuch. Wochenschrift für öffentliches Leben, Literatur und Kunst«, 1906 von Heinrich Jlgenstein und Albert Kalthoff gegründet und herausgegeben.

Dr. Jlgenstein – Der Dramatiker, Lustspielautor und Redakteur Heinrich Jlgenstein (1875–1946). Er war vor allem in den zwanziger Jahren ein erfolgreicher Autor von Komödien. 1933 emigrierte er in die Schweiz.

317 *Kienzl* – Hermann Kienzl (1865–1928), Schriftsteller und Dramaturg.

28. 11. 1906

318 *Meydenbauer* – OS lernte den Sohn des Geheimen Rats Hans Meydenbauer an der Leipziger Universität kennen und freundete sich mit ihm an. In den Tagebucheintragungen der folgenden Jahre wird er noch des öfteren genannt. In »Dämon« heißt er Hans Pernau: »Er überragte uns alle an Körpergröße. Obwohl hellblond, hatte er einen scharf geschnittenen Römerkopf mit etwas harten Zügen, die dann im Laufe der Jahre immer milder wurden. Mit beispielloser Rücksichtslosigkeit behandelte er Menschen, die um die Dinge herumredeten« (S. 54). Meydenbauer war für OS das Vorbild für eine gelungene bürgerliche Karriere, er saß »stets an einflußreichen, interessanten Stellen [...]. Obwohl er immer kritischer gegenüber dem Wilhelminischen Deutschland wurde und für die Gesichtspunkte der Opposition ein staatsmännisches Verständnis fand, hat er sich 1918 nicht entschließen können, unter revolutionärem Regime weiter zu dienen und ist in die Industrie übergegangen.« (S. 56)

Frau Inge auf Österrot – Gemeint ist das frühe Ibsen-Stück »Frau Inger auf Östrot«. Ibsen bekannte sich zu der Autorschaft zunächst nicht. Das Stück wurde am 2. Januar 1855 uraufgeführt und 1857 in mehreren Folgen in der Zeitschrift »Illustreret Nyhedsblad« erstmals abgedruckt. 1874 überarbeitete Ibsen das Stück, dabei veränderte er auch den Titel. Das Stück hieß nun: »Frau Inger auf Österraad«.

29. 11. 1906

Axel Juncker – Der Buchhändler und Verleger Axel Juncker (1870 bis 1952), ansässig in Berlin und Stuttgart.

»Verein für Kunst« ... Herwarth Walden ... Else Lasker-Schüler – 1907 wurde der Berliner Verein für Kunst von Herwarth Walden gegründet. Im Verein traten später berühmt gewordene Schriftsteller auf, die hier erstmals aus ihren Werken lasen. Else Lasker-Schüler, die 1901 Walden geheiratete hatte, war aktiv an der Organisation beteiligt. 1910 begründete Walden die berühmte Zeitschrift »Der Sturm«, die neben Franz Pfemferts »Die Aktion« zum Zentrum der literarischen Diskussion in Deutschland wurde.

Peter Hille – Der Lyriker, Dramatiker, Erzähler Peter Hille (1854 bis 1904). Er war eine Kultfigur der Berliner Boheme; neben Else

Lasker-Schüler war er mit Erich Mühsam, Dehmel und Bierbaum befreundet. Berühmt waren die Abende im »Cabaret zum Peter Hille«.

1. 12. 1906

319 *Dora Hitz* – Die Malerin Dora Hitz (1856–1924). Nach einem Studium u. a. bei Eugène Carrière zog sie 1892 nach Berlin und gründete eine Malschule für Damen. Sie war Gründungsmitglied der Berliner Sezession.

Hedwig Lachmann ... Dr. G. Landauer – Die Lyrikerin und Übersetzerin Hedwig Lachmann (1865–1918). 1899 begegnete sie dem Essayisten, Journalisten, Übersetzer und Politiker Gustav Landauer (1870–1919), den sie später heiratete. Der Sohn jüdischer Eltern studierte Philosophie, Germanistik und Kunstgeschichte, brach jedoch 1893 sein Studium ab und lebte fortan als Publizist und Vortragsreisender. Sein Denken wurde beeinflußt durch Fritz Mauthners Sprachkritik, durch Meister Eckharts Schriften, von denen er 1903 eine Übersetzung anfertigte, und durch Tolstoi und Kropotkin. Auf Bitten Eisners trat er im November 1918 in die Münchner Räteregierung ein. Anfang Mai 1919 wurde Landauer von Soldaten des Freikorps ermordet.

Frl. von Brocken – Nicht ermittelt.

2. 12. 1906

320 *Julie Wolfthorn* –Die Malerin und Graphikerin Julie Wolfthorn (1864–1944). Als Julie Wolf im westpreußischen Ort Thorn geboren. Neben Käthe Kollwitz und Dora Hitz zählte sie zu den führenden Künstlerinnen Deutschlands. Viele Jahrzehnte lebte sie in Berlin-Tiergarten im Haus Kurfürstenstraße 50. Hier gingen Künstler und Literaten – so auch OS – ein und aus. Die Jüdin Julie Wolfthorn wurde 1942 nach Theresienstadt deportiert und dort 1944 ermordet.

Frau Erna Franck – Nicht ermittelt.

Damenklub ... Lyceum – Der Lyceum-Club wurde 1905 in Berlin gegründet, er sollte künstlerisch und geistig tätige Frauen zusammenführen. Die Idee stammt ursprünglich von der Engländerin Constance Smedly, die 1902 in London einen solchen Club gründete.

Hanns Heinz Ewers – Der Schriftsteller, Drehbuchautor und Journalist Hanns Heinz Ewers (1871–1943). In der Zeit vor und unmittelbar nach dem Ersten Weltkrieg war er ein erfolgreicher Autor, der sich vor allem mit phantastischen Geschichten einen

Namen machte, die mit schockierenden Darstellungen von Gewalt und Sexualität aufgeladen waren. Ewers gilt auch als einer der Pioniere des deutschen Kunstfilms. Von ihm stammt das Drehbuch zu »Der Student von Prag« (1913). OS spielt mit seiner Bemerkung, daß Ewers »in der ganzen Welt herumgereist« sei und »einige Bücher geschrieben« habe, auf die großen Reisen des Schriftstellers durch Europa, Asien und Amerika an. Viele Eindrücke und Erlebnisse von diesen Reisen gingen in die phantastischen Erzählungen von Ewers ein. Wie OS berief sich Ewers in seiner Phantastik auf E. T. A. Hoffmann und Edgar Allan Poe.

7. 12. 1906

323 *Martin Meyer* – In »Dämon« wird er als ein von F. Dülberg vermittelter Mäzen vorgestellt, der zunächst 1903 die Kosten des Sammelbandes »Halbmaske« trug und später auch die Drucklegung weiterer Bücher von OS vorfinanzierte (vgl. S. 289).

Josti – Café Josti am Potsdamer Platz.

9. 12. 1906

324 *Vortrag von Hofmannsthal* – Veröffentlicht unter dem Titel »Der Dichter und diese Zeit. Ein Vortrag«. In: Hofmannsthal, GW in Einzelausgaben, Prosa II (1951), S. 264–298.

11. 12. 1906

325 *Deutsch-Amerikanischen Theate*r – OS schreibt »Theatre Américain«. Es wurde 1905 von dem Deutsch-Amerikaner Adolf Philipp gegründet und existierte bis 1908. August Endell hatte 1901 die Räume im Auftrag des Dramatikers und Komponisten Ernst von Wolzogen umgebaut. Zu dieser Zeit trug es den Namen »Das Bunte Theater«. Wolzogen gründete hier seine berühmte Kleinkunstbühne »Das Überbrettl« (1901).

12.12.06

Dr. Georg Altmann – Der Dramaturg Georg Altmann (1884 bis 1962). Von 1913 bis 1927 Direktor des Kleinen Theaters in Berlin, anschließend im Schauspielhaus Hannover. 1933 Emigration in die Vereinigten Staaten.

13. 12. 1906

Hagemann – Der Theaterwissenschaftler, Intendant, Regisseur und Schriftsteller Carl Hagemann (1871–1945).

Barnowskys – Viktor Barnowsky (1875–1952), eigtl. Isidor Abrahamowsky, Schauspieler, Regisseur, Theaterdirektor, 1905 Nachfolger von Max Reinhardt am Kleinen Theater Unter den Linden;

1913–1924 leitete er das Lessingtheater, 1925–1930 die Barnowsky-Bühnen in Berlin-Kreuzberg.

325 *Dr. Lanz* – Nicht ermittelt.

Sanitätsrat Klein – Nicht ermittelt.

Major von François – Major Curt von François (1852–1931), 1894/95 Kommandeur der Schutztruppe in Deutsch-Südwest-Afrika, später Reichstagsabgeordneter.

Hofmaler des Kaisers, namens Noster – Der Maler Ludwig Noster (1859–1910). OS spielt auf Nosters Bild »Kaiser Wilhelm II. als Alter Herr des Corps Borussia Bonn« (1897) an.

326 *Julia Ginsberg* – Nicht ermittelt.

14. 12. 1906

Kinderschriftsteller Straßburger – Egon H. Straßburger, bekannt geworden durch das Kinderbuch »Firlefranz der Puppendoktor« (1921) und den Band »Kinder« (1931, mit Fotos von László Moholy-Nagy, Lore Feininger u. a.).

15. 12. 1906

328 *Dr. Legband und Frau* – Der Theaterleiter, Theaterhistoriker und Regisseur Dr. Paul Legband (1876–1942).

Oskar Kruse – (1874–1919), Berliner Maler; Schwager der Puppenmutter Käthe Kruse.

16. 12. 1906

Fräulein von Bunsen – Die Schriftstellerin, Aquarellistin und Salonnière Marie Freiin von Bunsen (1860–1941).

Dr. Brahm – Der Theaterkritiker und -leiter Otto Brahm (1856 bis 1912). Bei der Gründung der Freien Bühne 1889 zum ersten Vorsitzenden ernannt. Seit 1894 Direktor des Deutschen Theaters, von 1905 bis zu seinem Tod Direktor des Lessing-Theaters.

Frau Eckmann-Simon – Möglicherweise die Frau des Malers und Kunstgewerblers Otto Eckmann (1865–1902).

Paula Dehmel – Die Kinderbuchautorin Paula Dehmel (geb. Oppenheimer, 1862–1918). Sie war die Schwester des Soziologen Franz Oppenheimer und von 1889 bis 1899 mit dem Schriftsteller Richard Dehmel verheiratet.

17. 12. 1906

329 *Ada und Anni* – Nicht ermittelt.

18. 12. 1906

Frau Geh. Rat Dohme – Emma Dohme (1854–1918, geb. Alenfeld); ihr Salon war in Berlin ein Treffpunkt für Künstler und Literaten.

330 *Mme. Tardif* – Nicht ermittelt.
Spiro – Vermutlich der Maler Eugen Spiro (1874–1972), 1915 bis 1933 Präsident der Berliner Sezession.

19. 12. 1906

Siegfried Jacobsohn – Der Herausgeber und Journalist Siegfried Jacobsohn (1881–1926). Er gründete 1905 die einflußreiche Theaterzeitschrift »Die Schaubühne«. Die Zeitschrift wandelte sich zu einem kulturpolitischen Organ, ab 1918 erschien sie unter dem Titel »Weltbühne«. Nach dem Tod von Jacobsohn wurde die Zeitschrift kurze Zeit von Kurt Tucholsky geleitet, dann, von 1927 bis zum Verbot 1933, von Carl von Ossietzky.

20. 12. 1906

von Hörner – Vermutlich der Dichter und Maler Herbert von Hoerner (1884–1950).
331 *Ringelspiel* – Komödie (1906) von Hermann Bahr.

22. 12. 1906

333 *Wilhelm von Scholz … Meroë* – Der Schriftsteller Wilhelm von Scholz (1874–1969). Als Dramatiker erlebte er in diesen Jahren seinen Durchbruch, vor allem mit dem 1905 aufgeführten Stück »Der Jude von Konstanz«. Scholz war ein engagierter Verfechter national-konservativer Einstellungen. Mit seinem Werk fühlte er sich dem Neuklassizismus verbunden, der alle modernen Tendenzen in der Literatur ablehnte und eine Rückbesinnung auf die klassischen Kunsttraditionen forderte. Das 1906 erschienene Königsdrama »Meroë« sah er selbst als Modellfall für die Wiederbelebung der klassischen Form (vgl. Scholz, An Ilm und Isar, S. 143–146). Scholz war eng mit dem Schriftsteller Paul Ernst befreundet, der zu den Hauptpropagandisten der neuklassischen Bewegung (»Der Weg zur Form«, 1906) gehörte. Beide standen der um 1900 entstandenen Heimatkunstbewegung nahe und hatten mit ihren Ideen von Autorität und Führerschaft großen Einfluß auf den sich entwickelnden Nationalsozialismus in Deutschland.
Van de Velde – Der belgische Architekt und Künstler Henry van de Velde (1863–1957).
»c'est grand, il n'y a pas de trou là dedans« – es ist großartig, da fehlt nichts.

22. 12. 1906

Frau Eurich-Schreiber – Nicht ermittelt.
Ussin – Sohn von Tilly Spier aus der ersten Ehe mit Georg Alewyn.

26. 12. 1906

334 *Familie Hafgreen* – Nicht ermittelt.
Fräulein Brach – Nicht ermittelt.

335 *Julius Spier* – Bruder von Ludwig Spier.
Betty Meyer – Nicht ermittelt.
Frau Dormitzer – Nicht ermittelt.

27. 12. 1906

Herr Geck – Der Redakteur und Schriftsteller Rudolf Geck (1868 bis 1936). 1896 trat er in die »Frankfurter Zeitung« ein und wurde Redakteur unter Fedor Mamroth. Nach dessen Tod übernahm er das Feuilleton.

»Beziehungen des französischen Menschen zum Geld« – Unter dem Titel »Beziehungen zu Geld und Luxus« in: Französische Gesellschaftsprobleme, S. 67–75.

336 *Landwehrmanns Heimkehr* –1871 entstandenes Gemälde von Wilhelm Robert Heck (1831–1889).

Komponist Sekles – OS schreibt »Szekles«. Es handelt sich aber mit Sicherheit um den Komponisten und Musikpädagogen Bernhard Sekles (1872–1934). Er war zunächst Kapellmeister am Mainzer Stadttheater, arbeitete später lange Jahre am Konservatorium in Frankfurt und richtete dort 1928 die erste europäische Jazzklasse ein.

28. 12. 06

Muth – Der Publizist Carl Muth (1867–1944). 1895 wurde er Chefredakteur der katholischen Zeitschrift »Alte und Neue Welt«. Muth war der Gründer und Herausgeber der Zeitschrift »Hochland« (1903–1941), in der auch OS publizierte.

337 *Novelle: das Verhängnis* – In: Pepinster, S. 55–66.

Arthur Pfungst – Der Fabrikant, Verleger, Dichter, Übersetzer, Buddhist Arthur Pfungst (1864–1912). Er war der Mitinitiator der ethischen Bewegung.

30. 12. 1906

Frau Altheim – Nicht ermittelt.

31. 12. 1906

338 *Familie Brach* – Nicht ermittelt.

Bibliographie

Oscar A. H. Schmitz

Schmitz, Oscar A. H. (1897a): Johannes, der Gottselige. Eine Prosadichtung. In: Die Gesellschaft, 13 (1897), S. 36–53. Wieder abgedruckt in: Pepinster (1915), S. 84–114.

– (1897b): Kultur und Moral. In: Kritik, 10, S. 409–412.

– (1897c): Über Dichtung. In: Pan, 3, S. 31 ff.

– (1897d): Die Abendröte der Kunst. In: Pan, 3, S. 185–190.

– (1897e): Über das Empfinden der Landschaft. In: Wiener Rundschau, 1, S. 255–260.

– (1897f): Blanche (Gedicht). In: Wiener Rundschau, 1, II, S. 526.

– (1897g): Die junge Generation. In: Wiener Rundschau, 1, II, S. 921 bis 928.

– (1897h): Leben I und II. In: Wiener Rundschau 1, I, S. 165 und S. 207.

– (1897/98): Die Intellektuellen. In: Wiener Rundschau, 2, S. 390–393.

– (1898a): Eos. Eine Dichtung. In: Neue deutsche Rundschau, 9, S. 406 bis 413. Wieder abgedruckt in: Pepinster; unter dem Titel »Morgenröte« (1915), S. 67–82.

– (1898b): Orpheus. Lieder des Fahrenden. De profundis. Katafalke. Roma. Berlin (Lazarus). [Orpheus]

– (1898c): Von den Worten. In: Die Zeit, 15, S. 199 f.

– (1898/99a): Hellenismus und Gothik. In: Wiener Rundschau, 3, S. 16 bis 21.

– (1900): Rückblick auf Paris und die Ausstellung. In: Wiener Rundschau, 4, S. 393–396.

– (1901): Mißkultur! Zur Charakteristik der bürgerlichen Auffassung. In: Südwestdeutsche Rundschau, S. 621 ff.

– (1902a): Haschisch. Erzählungen. Frankfurt. (Südwestdeutscher Verlag), Neuauflage hg. von Wilhelm W. Hemecker auf der Grundlage der 8. Auflage aus dem Jahr 1917 (Text) und der 4. Auflage aus dem Jahr 1913 mit dreizehn Zeichnungen von Alfred Kubin (Georg Müller). Wien (Steirische Verlagsanstalt) 2002. [Haschisch]

– (1902b): Der weiße Elefant. Drama in einem Akt. München (Georg Müller).

– (1902c): Weibliche Kultur. In: Südwestdeutsche Rundschau, S. 92–95.

– (1903): Halbmaske. Novellen und Essays. Stuttgart (Juncker). [Halbmaske]
– (1904): [Rez.]: Ellen Olestjerne. In: Freistatt, 6: 481 f.
– (1905a): Lothar oder Untergang einer Kindheit. Stuttgart. (Juncker). Das Buch erschien ab der 2. Aufl. 1906 unter dem Titel: Der Untergang einer Kindheit. [Lothar]
– (1905b): Der Herr des Lebens. 2 Aufzüge. Stuttgart (Juncker).
– (1905c): Die Rächerin. 3 Szenen. Stuttgart (Juncker).
– (1906a): Don Juan, Casanova und andere erotische Charaktere. Stuttgart (Juncker). [Don Juan]
– (1906b): Der gläserne Gott. Novellen. Stuttgart (Juncker). [Gläserner Gott]
– (1906c): Französische Kultureinheit und der Absolutismus. In: Beilage zur Allgemeinen Zeitung, München, Nr. 268.
– (1907a): Französische Gesellschaftsprobleme. Berlin (Wedekind).
– (1907b): Moderner Geist in Frankreich. In: Das Blaubuch, II, S. 178 bis 184.
– (1907c): Französische Liebe. In: Mutterschutz. Frankfurt am Main, S. 51–61.
– (1907d): Liebe und Entgelt. In: Mutterschutz. Frankfurt am Main, S. 377–381.
– (1908a): Don Juanito. Komödie in vier Aufzügen. Berlin (Wedekind).
– (1908b): Die Spaltung der modernen Kultur. In: Morgen, 2. Jg., 1. Halbjahr, S. 534–539.
– (1908c): Die Deutsche Kultur und Protestantismus. In: Morgen, 2. Jg., 2. Halbjahr, 1. Teil, S. 1459–1463 und 2. Teil, S. 1486–1492.
– (1908d): Zur Formulierung des Deutschtums. In: Morgen, 2. Jg., 2. Halbjahr, S. 1675 ff.
– (1909): Fortunio oder Das andere Ich. In: Süddeutsche Monatshefte, 6, S. 659–673.
– (1910): Das andere Ich. Drei Erlebnisse. (Fortunio, Der Schlafhändler, Die Begegnung der Götter). München (Georg Müller). [Fortunio]
– (1911a): Brevier für Weltleute. Essays über Gesellschaft, Mode, Frauen, Reisen, Lebenskunst, Kunst, Philosophie. München u. Leipzig (Georg Müller). [Weltleute]
– (1911b): Die Kunst der Politik. Berlin (Meyer & Jessen); ab der 3. Aufl. 1916 unter dem Titel: Englands politisches Vermächtnis. München (Georg Müller).
– (1912a): Fahrten ins Blaue. Ein Mittelmeerbuch. München (Georg Müller) 4. und 5. Tausend 1925. [Fahrten]

– (1912b): Herr von Pepinster und sein Popanz. Eine Gespenstergeschichte. In: Die Neue Rundschau, 23: 1709–1723.
– (1913a): Casanova und andere Gestalten aus der großen Welt. München u. Leipzig (Georg Müller) 3. veränderte u. vermehrte Aufl. 1918. [Casanova]
– (1913b): »Wenn wir Frauen erwachen ...« Ein Sittenroman aus dem neuen Deutschland. München u. Leipzig (Georg Müller); ab der 8. Aufl. 1921 unter dem Titel: Bürgerliche Bohème. München (Georg Müller). Neuausgabe nach der 10. Aufl. 1925 unter dem Titel: Bürgerliche Bohème. Bonn (Weidle Verlag). [Frauen]
– (1913c): Der Schriftsteller im Kampf ums Dasein. In: Zehnjahreskatalog. Georg Müller Verlag München: Schriftsteller, Verleger und Publikum. Eine Rundfrage, S. 111–118.
– (1913d): Monismus und Humanismus. In: Österreichische Rundschau, 34, S. 308 ff.
– (1913e): Monismus und Religion. In: Konservative Monatsschrift, S. 541 ff.
– (1914a): Das Land ohne Musik. Englische Gesellschaftsprobleme. München (Georg Müller), 3. veränderte Aufl.
– (1914b): Das Land der Wirklichkeit. München (Georg Müller).
– (1914c): Don Juan und die Kurtisane. Fünf Einakter. München (Georg Müller).
– (1914d): Die Weltanschauung der Halbgebildeten. München (Georg Müller).
– (1914e): Der hysterische Mann. Lustspiel in drei Aufzügen. München und Leipzig (Georg Müller).
– (1914/15): Hetärentum und Frauenemanzipation. In: Der Neue Merkur: 1, II, S. 193–202.
– (1915a): Herr von Pepinster und sein Popanz. Geschichten vom Doppelleben. Mit vierzehn Zeichnungen von Alfred Kubin. München u. Leipzig (Georg Müller). [Pepinster]
– (1915b): Das wirkliche Deutschland. München (Georg Müller).
– (1916a): Der Vertriebene. Ein Entwicklungsroman. München (Georg Müller).
– (1916b): Die Judenfrage. In: Die Zukunft, Nr. 35, S. 243 ff.
– (1918a): Menschheitsdämmerung. Märchenhafte Geschichten. München (Georg Müller).
– (1918b): Ein deutscher Don Juan. Komödie in 3 Aufzügen. München (Georg Müller).
– (1922): Der Geist der Astrologie. München (Georg Müller).

– (1923a): Psychoanalyse und Yoga. Darmstadt (Otto Reichl).
– (1923b): Brevier für Einsame. Fingerzeige zu neuem Leben. München (Georg Müller). [Einsame]
– (1923c): Brevier für Unpolitische. Wegweiser zum öffentlichen Leben. München (Georg Müller). [Unpolitische]
– (1923d): Die Polarität von Logos und Eros. In: Der Leuchter. Jahrbuch der Schule der Weisheit. Hg. von Graf Hermann Keyserling. Vierter Band. Darmstadt, S. 307–322.
– (1923e): Selbstbiographie. In: Oscar A. H. Schmitz zum fünfzigsten Geburtstage. Mit einer Selbstbiographie des Dichters und seinem Horoskop sowie Beiträgen von Hugo von Hofmannsthal, Hermann Bahr, Thomas Mann, Stefan Zweig, Hermann Hesse, Graf Hermann Keyserling. München (Georg Müller).
– (1925a): Die Geister des Hauses. Jugenderinnerungen. München (Georg Müller). [Geister]
– (1925b): Heimliche Geschichten. (Novellen mit einem Nachwort von Anton Schnack). Leipzig (Reclam).
– (1925c): Aus Lehr- und Wanderjahren. Erinnerungen von Oscar A. H. Schmitz. In: Die Neue Rundschau, 36, 2: 1207–1221.
– (1925/26a): Wünschenswerte und nicht wünschenswerte Juden. In: Der Jude, 9, H. 1, S. 17–33.
– (1925/26b): Der jüdisch–christliche Komplex. In: Der Jude, 9, H. 3, S. 68–87.
Schmitz, Oscar A. H. (1926): Dämon Welt. Jahre der Entwicklung. München (Georg Müller). [Dämon]
– (1927a): Ergo Sum. Jahre des Reifens. München (Georg Müller). [Ergo Sum]
– (1927b): Geschichten im Zwielicht. München (Georg Müller).
– (1928a): Länder und Leute. Essays über Menschen, Länder und Völker. München (Georg Müller).
– (1928b): [Beitrag zu] Stefan Georges Stellung im deutschen Geistesleben. Eine Reihe autobiographischer Notizen. In: Die Literarische Welt 4, S. 6.
– (1970): Sinnsuche oder Psychoanalyse. Briefwechsel Graf Hermann Keyserling – Oskar A. H. Schmitz aus den Tagen der Schule der Weisheit. Hg. von der Gesellschaft Hessischer Literaturfreunde. Darmstadt.

Sonstige Literatur

Aischylos: Der gefesselte Prometheus. Übertragen von Carlo Philips. Leipzig (Insel) (o. J.).

[anonym] (1509): Fortunatus. Von Fortunatus und seinem Seckel auch Wünschhütlein. Mit einem Vorwort von Renate Noll-Wiemann. Hildesheim, New York (Georg Olms) 1974.

Bachofen, Johann Jakob (1859): Versuch über die Gräbersymbolik der Alten. Basel (Bahnmeier).

Bachofen, Johann Jakob (1861): Das Mutterrecht. Eine Untersuchung über die Gynaikokratie der alten Welt nach ihrer religiösen und rechtlichen Natur. Frankfurt am Main (Suhrkamp) 1978.

Baedekers Paris. Nebst einigen Routen durch das nördliche Frankreich. 16. Aufl., Leipzig (Karl Baedeker) 1905.

Baedekers Paris. Paris und Umgebung. 20. Aufl., Leipzig (Karl Baedeker) 1931.

Bahr, Hermann (1891): Russische Reise. Dresden u. Leipzig (E. Pierson's Verlag).

Bahr, Hermann (1919): Tagebücher. Innsbruck–Wien–München (Tyrolia). (Zu Schmitz, S. 137–145)

Bäthe, Kristian (1965): Wer wohnte in Schwabing? Wegweiser für Schwabinger Spaziergänge. München (Süddeutscher Verlag). (Zu Schmitz, S. 199)

Barbey d'Aurevilly, Jules (1948): Die Teuflischen. Aus dem Französischen von Georg Goyert. Mit Zeichnungen von Alfred Kubin. München (Desch).

Bloch, Iwan (1906): Das Sexualleben unserer Zeit in seinen Beziehungen zur modernen Kultur. Berlin, 10.–12. verbesserte Aufl., 1919, (Louis Marcus); (Auseinandersetzung mit Schmitz' Buch »Don Juan, Casanova und andere erotische Charaktere« (1906) im 12. Kapitel: Verführung, Genußleben und wilde Liebe, S. 302 ff. Des weiteren beruft sich Bloch auf eine Mitteilung Schmitz' zum Geruchsfetischismus, S. 645 f.

Bloch, Iwan (1912): Handbuch der gesamten Sexualwissenschaft in Einzeldarstellungen. Band I: Die Prostitution. Berlin (Louis Marcus). (Zu Schmitz, S. 140 f.)

Blüher, Hans (1953): Werke und Tage. Geschichte eines Denkers. München (Paul List).

Boehringer, Robert (1967): Mein Bild von Stefan George. 2 Bde.: Textband und Tafelband. 2., ergänzte Aufl. Düsseldorf u. München (Küpper/Bondi).

Bohdal, Klaus (1969): Oskar A.H. Schmitz. Eine Monographie mit besonderer Berücksichtigung der Schwabinger Zeit des Dichters und seiner phantastischen Erzählungen. Inaugural-Dissertation zur Erlangung des Grades eines Doktors der Philosophie der Philosophischen Fakultät der Karl-Franzens-Universität Graz.

Bohrer, Karl Heinz (1978): Die Ästhetik des Schreckens. Die pessimistische Romantik und Ernst Jüngers Frühwerk. München u. Wien (Hanser). (Zu Schmitz, S. 252–255)

Buber, Martin 1925/26: Bericht und Berichtigung (Zu Schmitz: Der Jüdisch-christliche Komplex). In: Der Jude, 9, S. 87–89.

Carossa, Hans (1978): Briefe II: 1919–1936. Hg. von Eva Kampmann-Carossa. Frankfurt am Main (Insel). (Zu Schmitz, S. 126f.)

Dauthendey, Max (1912): Der Geist meines Vaters. Aufzeichnungen aus einem begrabenen Jahrhundert. München (Albert Langen).

Dülberg, Franz (1906/07) Rez: »Oscar A. H. Schmitz: ›Der gläserne Gott‹. Novellen«. In: Das literarische Echo, 9, Sp. 468–469.

Dülberg, Franz (1908): Stefan George. Ein Führer zu seinem Werke. München u. Leipzig (Georg Müller).

Dülberg, Franz (1932): Oscar A. H. Schmitz. Eine Begegnungskette. In: Preußische Jahrbücher, Bd. 229, S 150–159.

Endell, August (1995): Vom Sehen. Texte 1896–1925. Über Architektur, Formkunst und ›Die Schönheit der großen Stadt‹. Hg. von Helge David. Basel, Berlin, Boston (Birkhäuser).

Eulenburg, Herbert (1921): Ein Zeitschriftsteller. In: Das Tage-Buch 2, S. 493–495.

Exner, Lisbeth (2004): Hetäre der Avantgarde. Else Greve und der George-Kreis. Bayerischer Rundfunk (Radiokultur), Sendung 13. Mai 2004. (Zu Schmitz, S. 9–12 [Manuskriptfassung])

Faber, Richard (1994): Männerrunde mit Gräfin. Die ›Kosmiker‹ Derleth, George, Klages, Schuler, Wolfskehl und Franziska zu Reventlow. Mit einem Nachdruck des »Schwabinger Beobachters«. Frankfurt am Main (Lang).

Fischer, Ottokar (1908): Rez: Oscar A. H. Schmitz: Don Juan, Casanova und andere erotische Charaktere. In: Euphorion, 15. Jg., S. 401 ff.

Flügge, Manfred (1993): Gesprungene Liebe. Die wahre Geschichte zu »Jules und Jim«. Berlin (Aufbau).

Flügge Manfred (Hg.) (1989): Letzte Heimkehr nach Paris. Franz Hessel und die Seinen im Exil. Berlin (Arsenal).

Freud, Sigmund (1900/1972): Die Traumdeutung. Studienausgabe Bd. 2. Hg. von Alexander Mitscherlich u.a. Frankfurt am Main (S. Fischer).

Freud, Sigmund u. Abraham, Karl (1965): Briefe 1907–1926. Hg. von Hilda C. Abraham und Ernst L. Freud. Frankfurt am Main (Fischer).

Fuchs Georg (1936): Sturm und Drang in München um die Jahrhundertwende. Mit 58 zeitgenössischen Bildern und Karikaturen. München (Callwey).

Gammel, Irene (2003): Die Dada Baroness. Das wilde Leben der Elsa von Freytag-Loringhoven. Aus dem Amerikanischen von Claudia Kotte in Zusammenarbeit mit der Autorin. Nachwort: Gisela Freytag von Loringhoven. Berlin (edition ebersbach) 2003.

Germanese, Donatella (2000): Pan (1910–1915). Schriftsteller im Kontext einer Zeitschrift. Würzburg (Königshausen & Neumann).

Gilman, Sander L. (1992): Rasse, Sexualität und Seuche. Stereotype aus der Innenwelt der westlichen Kultur. Ins Deutsche übertragen von Helmut Rohlfing u. a. Reinbek bei Hamburg (Rowohlt Taschenbuch).

Gilman, Sander L. (1993): Jüdischer Selbsthaß. Antisemitismus und die verborgene Sprache der Juden. Aus dem Amerikanischen von Isabella König. Frankfurt am Main (Jüdischer Verlag im Suhrkamp Verlag).

Gnüg, Hiltrud (1988): Kult der Kälte. Der klassische Dandy im Spiegel der Weltliteratur. Stuttgart (Metzler).

Gnüg, Hiltrud (1989): Don Juan. Eine Einführung. München u. Zürich (Artemis).

Groth, Max (1906/07) Rez: Neue Erzählungen (Schmitz: »Gläserner Gott«). In: Der Kunstwart, 20, I (1906/07), S. 36f.

Gulbransson, Grete (1998): Der grüne Vogel des Äthers. Grete Gulbransson Tagebücher. Band I: 1904–1912. Hg. und kommentiert von Ulrike Lang. Frankfurt am Main (Stroemfeld/Roter Stern).

Gumppenberg, Hanns von (1929): Lebenserinnerungen. Aus dem Nachlaß des Dichters. Berlin, Zürich (Eigenbrödler).

Hagenmeyer, Christa (2003): Helene Klages: Eine vergessene Graphologin. In: Angewandte Graphologie und Persönlichkeitsdiagnostik. Zeitschrift für praktische Schriftpsychologie und verwandte Wissensbereiche, Jg. 51, H. 2 (August 2003), S. 2–22.

Halbe, Max (1935): Jahrhundertwende. Geschichte meines Lebens. 1893–1914. Danzig (A.W. Kasemann).

Heine, Heinrich (1991): Romanzero. Zweites Buch. Lamentazionen. Rückschau. In: Kritische Gesamtausgabe des Werkes. In Verbindung mit dem Heinrich-Heine-Institut hg. von Manfred Windfuhr: Bd. 3/1: Romanzero, Gedichte 1853 u. 1854. Lyrischer Nachlaß. Bearbeitet von Franke Bartelt u. Alberto Destro. Hamburg (Hoffmann u. Campe).

Heisserer, Dirk (1993): Wo die Geister wandern. Eine Topographie der Schwabinger Bohème um 1900. München (Diederichs).

Hemecker, Wilhelm W.: Oscar A. H. Schmitz und die »Blätter für die Kunst«. In: Castrum Peregrini, 45 (1996), H. 225, S. 62–76.

Hemecker, Wilhelm W. (2002): Einführung. In: Oscar A. H. Schmitz: Haschisch. Erzählungen. Mit dreizehn Zeichnungen von Alfred Kubin. Hg. von Wilhelm W. Hemecker. Wien (Gutenberg), S. 9–19.

Herbertz, Eva-Maria (2005): »Der heimliche König von Schwabylon«. Der Graphiker und Sammler Rolf von Hoerschelmann in Selbstzeugnissen und Bilddokumenten. München (Allitera Verlag). (Zu Schmitz, S. 155, 183, 185 f.)

Hessel, Franz (1913): Der Kramladen des Glücks. Frankfurt am Main (Suhrkamp) 1983.

Hessel, Franz (1920): Pariser Romanze. Papiere eines Verschollenen. Frankfurt am Main (Suhrkamp) 1985.

Hessel, Franz (1999): Sämtliche Werke in fünf Bänden. Hg. von Hartmut Vollmer und Bernd Witte. Bd. 2: Prosasammlungen (Laura Wunderl. Münchner Novellen (1908), Von den Irrtümern der Liebenden. Eine Nachtwache (1922), Teigwaren, leicht gefärbt (1926), Nachfeier (1929), Ermunterung zum Genuß (1933). Hg. und mit einem Nachwort versehen von Karin Grund-Ferroud. Oldenburg (Igel).

Hildesheimer, Wolfgang (1977): Mozart. Frankfurt am Main (Suhrkamp).

Hoberg, Annegret (Hg.) (1990): Alfred Kubin 1877–1959. München (edition spangenberg).

Hoerschelmann, Rolf von (1947): Leben ohne Alltag. Berlin (Wedding).

Hofmannsthal, Hugo von: Umrisse eines neuen Journalismus (1907). In: Gesammelte Werke in Einzelausgaben. Prosa II. Hg. v. Herbert Steiner. Frankfurt am Main 1959, S. 259–263; zuerst veröffentlicht in: Die Zeit, Wien, April 1907.

Hofmannsthal, Hugo von u. Kessler, Harry Graf: Briefwechsel 1898 bis 1929. Hg. von Hilde Burger. Frankfurt am Main (Insel) 1968, S. 153.

Hollitscher, Arthur (1911): Der Mann von Welt. Rezension: Oscar A. H. Schmitz: Brevier für Weltleute. In: Die Neue Rundschau, 22. Jg., Bd. 1, S. 861 ff.

Holitscher, Arthur (1973): Reisen. Ausgewählte Reportagen und autobiographische Berichte. Berlin (Volk und Welt).

Huch, Ricarda (1980): Erinnerungen an das eigene Leben. Mit einem Vorwort von Bernd Balzer. Köln (Kiepenheuer & Witsch).

Huch, Roderich (1973): Alfred Schuler, Ludwig Klages und Stefan George. Erinnerungen an Kreise und Krisen der Jahrhundertwende in München-Schwabing. In: Castrum Peregrini, Bd. 110, S. 5–49.

Huse, Norbert (1990): Kleine Kunstgeschichte Münchens. München (Beck).

Huysmans, Joris-Karl (1884): Gegen den Strich (A Rebours). Aus dem Französischen von Brigitta Restorff. Hg. und mit einem Nachwort versehen von Ulla Momm. Bremen (Manholt) 1991.

Jost, Dominik (1965): Ludwig Derleth. Gestalt und Leistung. Stuttgart (Metzler).

Kassner, Rudolf (1954): Buch der Erinnerungen. Erlenbach–Zürich (Eugen Rentsch).

Klages, Ludwig (1922): Vom kosmogonischen Eros. Stuttgart (Günther), 5. Aufl. 1951.

Kreuzer, Helmut (1968): Die Boheme. Beiträge zu ihrer Beschreibung. Stuttgart (Metzler).

Kubin, Alfred (1909): Die andere Seite. Ein phantastischer Roman. Reinbek bei Hamburg (Rowohlt) 1994.

Kunowski, Lothar von (1901/02): Durch Kunst zum Leben. Bd. 1: Ein Volk von Genies (1901), Bd. 2: Gesetz, Freiheit und Sittlichkeit der Künste (1902). München (Diederichs).

Kuprin, Aleksandr Iwanowitsch (1910): Die Gruft. Deutsch von Carlo Philips. München u. Leipzig (Georg Müller).

Le Rider, Jacques (2000): Kein Tag ohne Schreiben. Tagebuchliteratur der Wiener Moderne. Aus dem Französischen von Eva Werth. Wien (Passagen Verlag).

Lessing, Theodor (1930): Der jüdische Selbsthaß. Mit einem Essay von Boris Groys. München (Matthes & Seitz) 1984.

Mallarmé, Stéphane (1984): Sämtliche Gedichte. Französisch und Deutsch. Hg. und übertragen von Carl Fischer. Heidelberg (Lambert Schneider).

Mann, Otto (1925): Der Dandy. Ein Kulturproblem der Moderne. Heidelberg (Rothe) 1962.

Mann, Thomas (1903): Tonio Kröger. In: Frühe Erzählungen. Hg. u. Nachwort von Peter de Mendelssohn. Frankfurt am Main (S. Fischer).

Mantegazza, Paolo (1888): Die Physiologie der Liebe. Übersetzung von Eduard Engel. Jena.

Meyer, Richard M. (1898): Ein neuer Dichterkreis (Rede in der Gesellschaft für deutsche Literatur am 17. März 1897). In: Preußische Jahrbücher 1898, 1, S. 33–54. Wieder abgedruckt in: Stefan George in sei-

ner Zeit. Dokumente zur Wirkungsgeschichte. Bd. 1. Hg. von Ralph-Rainer Wuthenow. Stuttgart (Klett) 1980, S. 15–26.
Müller-Kampel, Beatrix (1993): Dämon, Schwärmer, Biedermann. Don Juan in der deutschen Literatur bis 1918. Berlin (Erich Schmidt).
Mühsam, Erich (1949): Namen und Menschen. Unpolitische Erinnerungen. Berlin (Guhl) 1977.
Posadas, Carmen (2003): La Belle Otero. Die große Verführerin der Belle Èpoque. Ein Leben wie ein Roman. Aus dem Spanischen von Ursula Guinaldo. Hamburg, Wien (Europa Verlag).
Praz, Mario (1930): Liebe, Tod und Teufel. Die schwarze Romantik. Übersetzung aus dem Italienischen von Lisa Rüdiger. 4. Aufl. München (dtv) 1994.
Prousts Figuren und ihre Vorbilder (1988). Photos von Paul Nadar. Text von William Howard Adams. Frankfurt am Main (Suhrkamp).
Reventlow, Franziska zu (2004): Herrn Dames Aufzeichnungen oder Begebenheiten aus einem merkwürdigen Stadtteil. Mit einem Nachwort hg. von Andreas Thomasberger. Bd. 2. Romane 2: Sämtliche Werke in fünf Bänden. Hg. von Michael Schardt. Oldenburg (Igel), S. 9–12. [Dames]
Reventlow, Franziska zu (2004): Tagebücher 1886 bis 1910. Mit einem Nachwort hg. von Brigitta Kubitscheck. Bd. 3: Sämtliche Werke in fünf Bänden. Hg. von Michael Schardt. Oldenburg (Igel).
Reventlow, Franziska zu (2004): Briefe 1890 bis 1917. Mit einem Nachwort hg. von Martin-M. Langner. Bd. 4: Sämtliche Werke in fünf Bänden. Hg. von Michael Schardt. Oldenburg (Igel).
Reventlow, Franziska zu (2004): Gedichte, Skizzen, Novellen, Kritisches, Schwabinger Beobachter, Übersetzung. Mit einem Nachwort hg. von Baal Müller. Bd. 5: Sämtliche Werke in fünf Bänden. Hg. von Michael Schardt. Oldenburg (Igel), (Virargines oder Hetären S. 210–20).
Roché, Henri-Pierre (1953): Jules und Jim (1983). Deutsch von Peter Ruhff. Neu durchgesehen von Klaus Völker. Henri-Pierre Roché: Werke 1. Frankfurt am Main (Zweitausendeins).
Roché, Henri-Pierre (1920–1921): Carnets. Les Années Jules et Jim. Première Partie. Avant-propos de François Truffaut. Éditeur: André Dimanche. Marseille (Harry Ransom Humanities Research Center) 1990.
Sainte-Beuve, Charles-Augustin (1834): Volupté. Paris (Garnier-Flammarion) 1969.
Schröder, Hans Eggert (1966 ff.): Ludwig Klages. Die Geschichte seines Lebens. Erster Teil: Die Jugend. Bonn (Bouvier) 1966; Zweiter Teil: Das Werk. Erster Halbband (1905–1920). Bonn (Bouvier) 1972; Zwei-

ter Halbband (1920–1956). Bearbeitet und hg. von Franz Tenigl. Bonn, Berlin (Bouvier) 1992.

Schlösser, Manfred u. Zimmermann, Erich (1969): Karl Wolfskehl 1869 bis 1969. Leben und Werk in Dokumenten. Darmstadt (Agora).

Schnack, Anton (1925): Nachwort zu: Oscar A. H. Schmitz: Heimliche Geschichten. Leipzig (Reclam), S. 73–77.

Schopenhauer, Arthur (1859): Die Welt als Wille und Vorstellung. 2. Bde. Zürich (Haffmans) 1988.

Scholz, Wilhelm von (1939): An Ilm und Isar. Leipzig (List).

Seidel, Willy (1930): Jossa und die Junggesellen. Ein heiterer Roman aus dem heutigen Schwabing. München (Langen).

Sembach, Klaus-Jürgen, u. Haeseler, Gottfried von (1977): August Endell. Der Architekt des Photoateliers Elvira. 1871–1925. Museum Villa Stuck, Ausstellung vom 9. 2. bis 24. 4. 1977. München.

Siemes, Isabelle (2000): Die Prostituierte in der literarischen Moderne 1890–1933. Düsseldorf (Hagemann). (Zu Schmitz, S. 95–104)

Sloterdijk, Peter (1978): Literatur und Lebenserfahrung. Autobiographien der Zwanziger Jahre. München (Hanser). (Zu Schmitz, S. 196 ff., S. 228 ff. und 255 ff.)

Sombart, Nicolaus (1984): Jugend in Berlin 1933–1943. Ein Bericht. München u. Wien (Hanser).

Sombart, Nicolaus (1991): Die deutschen Männer und ihre Feinde. Carl Schmitt – ein deutsches Schicksal zwischen Männerbund und Matriarchatsmythos. München u. Wien (Hanser).

Spengler, Oswald (1913/14) Rez: Schmitz: Das Land der Wirklichkeit (Französische Gesellschaftsprobleme). In: Der Bücherwurm, 4, S. 117.

Stern, Paul (1897): Einfühlung und Association in der neueren Ästhetik. Ein Beitrag zur psychologischen Analyse der ästhetischen Anschauung. Hamburg (Voss).

Strindberg, Frida (1936): Lieb Leid und Zeit. Eine unvergeßliche Ehe. Mit zahlreichen unveröffentlichten Briefen von August Strindberg. Hamburg, Leipzig (H. Goverts Verlag).

Swoboda, Hermann (1905): Studien zur Grundlegung der Psychologie. Leipzig u. Wien (Franz Deuticke).

Swoboda, Hermann (1917): Das Siebenjahr. Untersuchungen über die Zeitliche Gesetzmäßigkeit des Menschenlebens. Band 1: Vererbung. Wien, Leipzig (Orion).

Tucholsky, Kurt (1917): [Buchempfehlung. Oscar A. H. Schmitz: Das Land ohne Musik. Englische Gesellschaftsprobleme. Der Flieger Nr. 25, 27. 5. 1917] In: Gesamtausgabe. Texte und Briefe. Hg. von

Antje Bonitz, Dirk Grathoff, Michael Hepp, Gerhard Kraiker. Bd. 2: Texte: 1914–1918. Hg. von Bernhard Tempel. Reinbek b. Hamburg (Rowohlt) 2003, S. 567.

Tucholsky, Kurt (1929), (Peter Panter): Auf dem Nachtisch. Weltbühne, 15.10.1929. In: Gesamtausgabe. Texte und Briefe. Hg. von Antje Bonitz, Dirk Grathoff, Michael Hepp, Gerhard Kraiker. Bd. 11: Texte 1929. Hg. von Ute Maack und Viktor Otto. Reinbek b. Hamburg (Rowohlt) 2005, S. 391–400. (Zu Schmitz siehe insbesondere S. 400)

Vallentin, Berthold (1961): Gespräche mit Stefan George 1902–1931. In: Castrum Peregrini Presse, Amsterdam. (Zu Schmitz, S. 32 f.)

Weininger, Otto (1903): Geschlecht und Charakter. Eine prinzipielle Untersuchung. München (Matthes & Seitz) 1980.

Weininger, Otto (1904): Über die letzten Dinge. Im Anhang: Theodor Lessing, Otto Weininger. München (Matthes & Seitz) 1980.

Weininger, Otto (1990): Eros und Psyche. Studien und Briefe 1899–1902. Hg. von Hannelore Rodlauer. Wien (Österreichische Akademie der Wissenschaften).

Wichner, Ernst u. Wiesner, Herbert (Hg.) (1998): Franz Hessel. Nur was uns anschaut, sehen wir. Literaturhaus Berlin.

Wolfskehl, Karl (1966): Briefe und Aufsätze. München 1925–1933. Mit einer Einleitung und Anmerkungen hg. von Margot Ruben. Hamburg (Claassen).

Wolfskehl, Karl (1988): Briefwechsel aus Neuseeland 1938–1948. Hg. v. Cornelia Blasberg. 2. Bde. Darmstadt (Luchterhand Literaturverlag). (Zu Schmitz, S. 651)

Wolfskehl, Karl (1993): »Jüdisch, römisch, deutsch zugleich …« Briefwechsel aus Italien 1933–1938. Hg. von Cornelia Blasberg. Hamburg (Luchterhand Literaturverlag). (Zu Schmitz, S. 108, 319, 404)

Wolfskehl, Karl (1999): Gedichte, Essays, Briefe. In Verbindung mit dem Deutschen Literaturarchiv Marbach am Neckar herausgegeben von Cornelia Blasberg und Paul Hoffmann. Frankfurt am Main (Suhrkamp).

Wolfskehl, Karl und Hanna (1976/77): Briefwechsel mit Friedrich Gundolf 1899–1931. Bd. 1. Hg. von Karlhans Kluncker. Amsterdam. (Zu Schmitz, S. 53, 73, 102)

Wolters, Friedrich (1930): Stefan George und die Blätter für die Kunst. Deutsche Geistesgeschichte seit 1890. Berlin (Bondi). (Zu Schmitz, S. 128–130 und 273 f.)

Worbs, Michael (1983): Nervenkunst. Literatur und Psychoanalyse im Wien der Jahrhundertwende. Frankfurt am Main (Europäische Verlagsanstalt).

Zweig, Stefan (1902/03): Skizzen- und Novellenbücher. (Rezension zu Schmitz: »Haschisch«). In: Das literarische Echo, 5, Sp. 744–748.

Zweig, Stefan (1984): Tagebücher. Hg., mit Anmerkungen und einer Nachbemerkung versehen von Knut Beck. Frankfurt am Main (S. Fischer).

Register

Personenregister

Bildnachweis

Deutsches Literaturarchiv Marbach: 1, 2, 3, 4, 5, 6, 7, 19, 20, 21
Monacensia. Literaturarchiv und Bibliothek München: 12
ullstein bild – Filip Kestler: 11
Aus: Alfred Kubin 1877–1959. Hg. von Annegret Hoberg. Ausstellungskat. Städtische Galerie im Lenbachhaus, München: 10
Aus: Irene Gammel: Die Dada Baroness. Das wilde Leben der Elsa von Freytag-Loringhoven. Berlin 2003: 8, 9
Aus: Franz Hessel: Nur was uns anschaut, sehen wir. Ausstellungskat. Literaturhaus Berlin 1998: 13
Aus: Carmen Posadas: La Belle Otero. Die große Verführerin der Belle Époque. Ein Leben wie ein Roman. Hamburg, Wien 2003: 14
Aus: Prousts Figuren und ihre Vorbilder. Frankfurt am Main 1988: 15
Aus: Sylvie Buisson, Christian Parisot: Paris Montmartre. Die Maler und ihre Welt: 1860–1920. Paris 1996: 16
Aus: Manfred Flügge: Gesprungene Liebe. Die wahre Geschichte zu »Jules und Jim«. Berlin und Weimar 1993: 17, 18

Inhaltsverzeichnis